JERUSALÉM NO TEMPO DE JESUS

Dados Internacionais de Catalogação na Publicação (CIP)
(Câmara Brasileira do Livro, SP, Brasil)

J54j Jeremias, Joachim, 1900-1979
Jerusalém no tempo de Jesus : pesquisa de história econômico-social no período neotestamentário / Joachim Jeremias ; [tradução de M. Cecília de M. Duprat ; revisão de Honório Dalbosco]. – Santo André (SP): Academia Cristã; São Paulo: Paulus, 2010.

ISBN 978-85-98481-41-8

1. Bíblia. N.T. – História de fatos contemporâneos 2. Jerusalém – Vida social e costumes I. Título.

CDD-225.95
-309.133
82-1831 -330.933

Índice para catálogo sistemático:

1. Jerusalém : Palestina antiga – Condições econômicas 330.933
2. Jerusalém : Palestina antiga – Condições sociais 309.133
3. Jerusalém : Palestina antiga – História econômica 330.933
4. Jerusalém : Palestina antiga – História social 309.133
5. Novo Testamento : História de fatos contemporâneos 225.95

JOACHIM JEREMIAS

JERUSALÉM NO TEMPO DE JESUS

Pesquisas de história econômico-social no período neotestamentário

São Paulo - SP
2022

ACADEMIA CRISTÃ

PAULUS

Título original
Jerusalem zur Zeit Jesu

ISBN 85-05-00497-3

Tradução da 3ª ed. alemã, refundida de
M. Cecília de M. Duprat

Revisão
H. Dalbosco

MISTO
Papel produzido a partir de fontes responsáveis
FSC® C108975
FSC
www.fsc.org

Editora Academia Crista
Rua José do Passo Bruques, 181 - Jardim Avelino
03227-070 - São Paulo, SP - Brasil
Tel.: (11) 3297-5730
E-mail: editorial@editoraacademiacrista.com.br
Site: www.editoraacademiacrista.com.br

Paulus Editora
Rua Francisco Cruz, 229
04117-091-Sao Paulo-SP
Tels.: (11) 5087-3700
editorial@paulus.com.br
paulus.com.br

EDIÇÕES UTILIZADAS

Mishna: Stettin, 1865. Em caso de dúvida, na ed. príncipe do Talmude de Jerusalém, Veneza, 1523.

Tosefta: Pasewalk, 1880 (reimpresso em Jerusalém, 1963). Em caso de dúvida: ms. de Erfurt (hoje em Berlim, *Staatbibl.* Ms. or. 2º 1220).

Mekilta Ex: Veneza, 1545 (citações: versículo bíblico, folio com a coluna a-d, número da linha).

Sifra Lv: ed. príncipe, Veneza, 1545 (citações: versículo bíblico, folio com a coluna a-d; número da coluna e da linha).

Sifre Nm e Dt: ed. príncipe, Veneza, 1545 (citações: versículo bíblico, folio com a coluna a-d, número da coluna e da linha).

Talmud Yerushalmi: ed. príncipe, Veneza, 1523.

Talmud Babli: Lemberg, 1861

Midrash Rabba sobre o Pentateuco: Stettin, 1864 (citações: Parasha, versículo bíblico, folio com a coluna a-d. número da linha).

Midrash sobre as cinco Megillot: ed. príncipe, Pesaro, 1519; indicação das passagens conforme Stettin, 1864 (como para o Midrash Rabba).

Tenhuma: Stettin, 1864.

Pirqe de Rabi Eliezer: Varsóvia, 1878.

Abbot de Rabi Natan (ARN); Viena, 1887, ed. S. Schechter.

Pesiqta rabbati: Viena, 1880, ed. M. Friedmann.

Documento de Damasco: Berlim, 1933, ed. de L. Rost.

Flávio Josefo: Berlim, 1885-1894 (reimpresso em Berlim, 1955), ed. de B. Niese.

Fílon de Alexandria: Berlim, 1896-1926 (reimpresso em Berlim, 1962-1963), ed. L. Cohn-P. Wendland.

ABREVIATURAS

Para os livros da Bíblia, utilizamos as abreviaturas da *Bíblia de Jerusalém*.

Escritos rabínicos

1. Mishna. Eis os trabalhos cujos títulos são abreviados:

'A. Z. ('Aboda zara)
'Ar. ('Arakin)
B. B. (Baba batra)
B. M. (Baba meṣi'a)
B. Q. (Baba qamma)
Bek. (Bekorot)
Ber. (Berakot)
Bik. (Bikkurim)
'Ed. ('Eduyyot)
'Er. ('Erubin)
Giṭ. (Giṭṭin)
Ḥag. (Ḥagiga)
Ḣor. (Ḣorayot)
Ḥul. (Ḥullin)
K̇el. (K̇elim)
Ker. (Keritot)
Ket. (Ketubot)
Kil. (Kilayim)
M. Q. (Mo'éd qatan)
M. Sh. (Ma'asér shéni)
Ma'as. (Ma'asrot)
Mak. (Makkot)
Maksh. (Makshirin)
Meg. (Megilla)
Men. (Menaḥot)
Mid. (Middot)
Miqw. (Miqwaot)
Naz. (Nazir)
Ned. (Nedarim)
Neg. (Nega'im)
Ohal. (Ohalot)
Pes. (Pesaḥim)
P. A. (Pirqé abot)
Qid. (Qiddushin)
R. H. (Rosh ha-shana)
Sanh. (Sanhédrin)
Shab. (Shabbat)
Shebu. (Shebu'ot)
Sheq. (Sheqalim)
Ta'an. (Ta'anit)
Tem. (Temura)
Ter. (Terumot)
Yad. (Yadayim)
Yeb. (Yebamot)
Zeb. (Zebaḥim)

2. A Tosefta é assinalada por Tos. antes do título do tratado.
3. O Talmude babilônio, por b. antes do título.
4. O Talmude palestinense, por j. antes do título.

b. = ben,
bar. = baraita [1],
R. = Rabi.

1. Tradição antiga não inserida na Mishna.

PUBLICAÇÕES MODERNAS

Bacher, *Ag. Tann.* = W. Bacher, *Die Agada der Tannaiten,* t. I, 2ª ed., Strasbourg, 1903; t. II, Strasbourg, 1890.

Billerbeck = (H. L. Strack e) P. Billerbeck, *Kommentar zun Neuen Testament aus Talmud und Midrasch,* 6 vol., Munich, 1922-1961.

Büchler, *Priester* = A. Büchler, *Die Priester und der Cultus im letzten Jahrzehnt des jerusalemischen Tempels,* Viena, 1895.

BZAW = *Beihefte zur Zeitschrift für die alttestamentliche Wissenschaft,* Giessen, depois Berlin, 1896ss.

CCL = *Corpus Christianorum. Series Latina,* Turnhout.

CIJ = *Corpus Inscriptionum Judaicarum,* I-II (*Sussidi allo studio delle antichità cristiane* I e 3), ed. J.-B. Frey, Roma, 1936 e 1952.

CSEL = *Corpus Scriptorum Ecclesiasticorum Latinorum,* Viena, Praga, Leipzig.

Dalman, *Handwörterbuch* = C. Dalman, *Aramäisch-neuhebräisches Handwörterbuch zu Targum, Talmud und Midrasch,* 3ª ed, Göttingen, 1938.

Dalman, *Itinéraires* = G. Dalman, *Les itinéraires de Jésus. Topographie des Évangiles,* ed. revista e completada pelo autor, Paris, 1930, trad. franc. de *Orte und Wege Jesu,* 3ª ed., Gütersloh, 1924.

Delitzsch, *Jüd. Handwerkerleben* = F. Delitzsch, *Jüdisches Handwerkerleben zur Zeit Jesu,* 2ª ed., Erlangen, 1875.

Derenbourg, *Essai* = J. Derenbourg, *Essai sur l'histoire et la géographie de la Palestine d'après les Thalmuds et les autres sources rabbiniques,* Paris, 1867.

Festschrift Schwarz = *Festschrift A. Schwarz zum siebzigsten Geburtstag,* ed. por S. Kraus, Berlin e Viena, 1917.

GCS = *Die Griechischen Christlichen Schriftsteller der ersten Jahrhunderte,* Leipzig depois Berlin.

Gottheil, *JE* VII = M. Gottheil, art. *Jerusalem,* em *Jewish Encyclopedia.* vol. VII, New York, 1904.

Guthe, *PRE* VIII = H. Guthe, ar. *Jerusalem,* em *Realencyklopädie für protestantische Theologie und Kirche,* 3ª ed., vol. VIII, Leipzig, 1900.

Guthe, *Griech.-röm. Städte* = H. Guthe, *Die griechisch-römischen Städte des Ostjordanlandes,* Leipzig, 1918.

Hirschensohn = J. C. Hirschensohn, *Sepher šebha' ḥokmoth,* Lemberg, 1883.

HThR = *Harvard Theological Review,* Cambridge, Mass., 1908ss.

HUCA = *Hebrew Union College Annual,* Cincinnati, 1924ss.

JE = *The Jewish Encyclopedia,* 12 vol., New York, 1901-1906.

Jeremias, *Sabbathjahr* = J. Jeremias, *Sabbathjahr und neutestamentliche Chronologie,* em *ZNW* 27 (1928), 98-103 (reimpresso em J. Jeremias, *Abba. Studien zur neutestamentlichen Theologie und Zeitgeschichte,* Göttingen, 1966, 233-238).

JQR = *Jewish Quarterly Review,* Londres, 1889ss.

Krauss, *Talm. Arch.* = S. Krauss, *Talmudische Archäologie,* 3 vol., Leipzig, 1910-1912 (reimpresso Hildesheim, 1966).

Levy, *Wörterbuch* = J. Levy, *Neuhebräisches und chaldäisches Wörterbuch über die Talmudim und Midraschim,* 4 vol., Leipzig, 1876-1889 (reimpresso Darmstadt, 1963).

MGWJ = *Monatsschrift für Geschichte und Wissenschaft des Judent(h)ums,* Dresde, depois Leipzig, etc. (numerosas mudanças), 1851ss.
Meyer, *Ursprung,* II = E. Meyer, *Ursprung und Anfänge des Christentums,* t. II, Stuttgart, 1921 (reimpresso Darmstadt, 1962).
Mitteis-Wilcken, I/I = L. Mitteis e U. Wilcken, *Grundzüge und Chrestomathie der Papyruskunde,* t. I/I, Leipzig, 1912.
Neubauer, *Géogr.* = A. Neubauer, *La géographie du Talmud,* Paris, 1868.
Otto, *Herodes* = W. Otto, *Herodes. Beiträge zur Geschichte des letzten jüdischen Königshauses,* Stuttgart, 1913, 1ª ed.
PJB = *Palästinajahrbuch,* Berlin, 1905ss.
RB = *Revue biblique,* Paris, 1892ss.
REJ = *Revue des études juives,* Paris, 1880ss.
Schlatter, *Gesch. Isr.* = A. Schlatter, *Geschichte Israels von Alexander dem Grossen bis Hadrian,* 3ª ed., Stuttgart, 1925.
Schlatter, *Joch. b. Zak.* = A. Schlatter, *Jochanan ben Zakkai, der Zeitgenosse der Apostel,* Gütersloh, 1899 (reimpresso em A. Schlatter, *Synagoge und Kirche bis zum Bar-Kochba-Aufstand,* Stuttgart, 1966, 175-237).
Schlatter, *Tage* = A. Schlatter, *Die Tage Trajans und Hadrians,* Gütersloh, 1897 (reimpresso em A. Schlatter, *Synagoge und Kirche bis zum Bar-Kochba-Aufstand,* Stuttgart, 1966, 9-97).
Schlatter, *Theologie* = A. Schlatter, *Die Theologie des Judentums nach dem Bericht des Josefus,* Gütersloh, 1932.
Schürer = E. Schürer, *Geschichte des jüdischen Volks im Zeitalter Jesu Christ,* 4ª ed., vol. I-III, Leipzig, 1901-1909 (reimpresso Hildesheim, 1964).
Smith = G. A. Smith, *Jerusalem. The Topography, Economics and History from the Earliest Times to A. D. 70,* 72 vol., Londres, 1908.
Strack, *Einleitung* = H. L. Strack, *Einleitung in Talmud und Midrasch,* 5ª ed., Munich, 1921 (reimpresso 1961).
Weber, *Religionssoziologie,* III = M. Weber, *Gesammelte Aufsätze zur Religionssoziologie,* t. III, Tübingen, 1921.
Wellhausen, *Pharisäer* = J. Wellhausen, *Die Pharisäer und die Sadducäer. Eine Untersuchung zur inneren jüdischen Geschichte,* Greifswald, 1974 (reimpresso Hanover, 1924; Göttingen, 1967).
ZAW = *Zeitschrift für die alttestamentliche Wissenschaft.* Giessen, depois Berlin, 1881ss.
ZDPV = *Zeitschrift des Deutschen Palästina-Vereins,* Leipzig, depois Wiesbaden, 1878ss.
ZNW = *Zeitschrift für die neutestamentliche Wissenschaft,* Giessen, depois Berlin, 1900ss.

Primeira Parte

A SITUAÇÃO ECONÔMICA DA CIDADE DE JERUSALÉM

Sob a dominação romana até sua destruição por Tito (6-70 d.C)

Para obtermos um quadro completo da economia de uma cidade do Antigo Oriente, procuramos saber quais as profissões existentes, seu comércio, o movimento de estrangeiros etc. Por desejarmos ainda salientar as características da cidade, foi necessário, após ter examinado a situação, pesquisar-lhe as causas.

Capítulo I

AS PROFISSÕES

Naquela época, a forma típica de atividade profissional é o artesanato. Em tal gênero de empreendimento, o produtor, contando com todos os meios necessários, fabrica suas peças e, sem outra forma de transação, vende-as, ele mesmo, aos consumidores, a seus clientes.

No judaísmo de então, as profissões eram altamente valorizadas. "Quem não ensina uma profissão ao filho, é como se lhe ensinasse o banditismo" [1]. No que diz respeito a Jerusalém, temos um testemunho particular: "R. Yohanan dizia três coisas em nome do povo daquela cidade: ... Antes faze de teu sábado um dia da semana, do que recorrer aos homens" [2]. A prática correspondia a essa teoria. *Bik.* III 3 descreve a entrada em Jerusalém das procissões de primícias: os mais altos funcionários do Templo iam a seu encontro; nota-se, como particularidade, que os próprios artífices de Jerusalém levantavam-se à passagem da procissão para saudá-la. Tal atitude representava extraordinário sinal de respeito, e assim deviam saudar os doutores, pondo-se de pé; entretanto, durante o trabalho, os operários não eram obrigados a seguir esse costume [3]. A alta consideração inspirada pelos artífices e pelo que faziam decorre também do fato de, naquela época, a maioria dos escribas exercer uma profissão. Paulo, que estudou em Jerusalém (At 22,3), era *skenopoiós* (At 18,3): fabricava tendas (R. Knopf), segundo outros, tecia tapetes (H. Achelis) ou toldos para as tendas (J. Leipoldt). Dentre as profissões que os mais antigos doutores mencionados no Talmude exerciam, podemos ver: fabricante de pregos, comerciante de linho, padeiro, fabricante (ou co-

1. b. *Qid.* 29ª.
2. b. *Pes.* 113ª e par.
3. Cf. b. *Qid.* 33ª.

merciante) de cevadinha, curtidor, copista, fabricante de sandálias, arquiteto, comerciante de betume, alfaiate [4].

Sabemos, porém, da existência de profissões tidas como desprezíveis; a de tecelão, por exemplo, e muitas outras [5]. As razões desse desprezo são diversas: consideradas como sujas, baseadas notoriamente na fraude, reservadas às mulheres. Mais adiante as examinaremos [6].

Depois desta rápida visão sobre a importância das profissões no judaísmo de então, voltamo-nos para a cidade de Jerusalém.

A. AS PROFISSÕES EM JERUSALÉM E SUA ORGANIZAÇÃO

Em primeiro lugar, examinemos aqui a situação existente. Que profissões encontramos em Jerusalém e qual a sua organização? Mostram as fontes que o Templo, durante a sua construção e uma vez em funcionamento, constituía por si só um centro de atividades profissionais muito variadas; temos, pois, de considerá-lo à parte, fora das páginas dedicadas às profissões que correspondiam às necessidades gerais.

1. Profissões de interesse geral

Geograficamente, a província da Judéia pertencia à província da Síria, assim como do ponto de vista da civilização e da política (é difícil determinar a situação do governador romano da Síria em relação ao da Judéia, o que, aliás, nada altera; na realidade, esse último parece ter sido subordinado ao primeiro). Na Síria de então, os principais produtos fabricados dentro da província eram

4. Cf. Billerbeck, II, 745s.
5. Ver *infra,* p. 12.
6. *Infra,* p. 404. As profissões reconhecidas em Jerusalém são, naquele local, impressas em itálico.

artigos de lã, como tapetes, cobertas e tecidos, ungüentos e resina perfumada[7]. Encontramos, igualmente, esses artigos como produtos de Jerusalém.

Vamos tratar em primeiro lugar das profissões ligadas à fabricação de artigos domésticos, em seguida, profissões relativas à alimentação e aos artigos de luxo, finalmente, veremos as profissões que se referem à construção.

a. *Artigos domésticos*

Em B. Q. X 9 está escrito: "Entretanto, pode-se comprar de mulheres *artigos de lã* na Judéia e artigos de linho na Galiléia". De acordo com esse texto, o trabalho da lã era uma especialidade da Judéia. *Ket* V 5 o menciona como trabalho imposto à mulher casada. Em Jerusalém, vendia-se lã num dos bazares da cidade. *'Er.* X 9 conta: "H. Yosé dizia que tal venda aconteceu no beco dos cardadores de lã"[8] e Levy traduz do mesmo modo[9]: "O comércio dos vendedores de lã"; com efeito, a mesma palavra indica aquele que prepara um artigo e aquele que o vende. *B. j.* V 8, 1 § 331 conta-nos que o comércio das lãs de Jerusalém realizava-se no bairro chamado "cidade nova". Após a cardagem era preciso fiar a lã; encontrava-se então pronta para a tecelagem.

Em Jerusalém teciam também os fios. No Apocalipse siríaco de Baruc, composto pouco depois de 70 d.C., interpelam-se as jovens de Jerusalém: "E vós, jovens que teceis fios de linho e de seda com o ouro de Ofir"[10]. Essa indicação, acrescentada do fato de se tratar de oitenta jovens que teciam artisticamente no Templo,[11] e uma observação de Flávio Josefo poderiam levar-nos à conclusão de que a tecelagem era um ofício exclusivamente feminino. Com efeito, em *Ant.* XVIII 9, 1, § 314, Josefo fala de dois judeus babilônicos que aprendiam a tecer, "porque,

7 Guth, *Griech.-röm. Städte,* 40.
8 Cf. b. *'Er.* 101ª.
9 Levy, *Wörterbuch,* IV, 200 a.
10 *Baruch syriaque* X 19.
11 Ver *infra,* p. 40.

entre os nativos (da Mesopotâmia), não é desonroso para os homens trabalharem também a lã". Na realidade, se homens se dedicassem à tecelagem, a ocupação passava a ser desprezível. Na Palestina, um tecelão não podia ser sumo sacerdote. O recinto dos tecelões se encontrava em Jerusalém, no bairro desprezível da Porta do Monturo [12]. Foi sinal de grande liberalidade e contado como tal, o fato de Hillel e Shammai, numa discussão, terem admitido o testemunho de dois honrados tecelões de Jerusalém [13]. Tecelões artistas são talvez atestados, em Jerusalém, na pessoa dos *ṭarsiyyîm* [14].

A função de *pisoeiro* relaciona-se intimamente com a de tecelão. Pela feltragem dos pêlos, o pisoeiro devia tornar impermeável o tecido vindo da tecelagem. Eram eles, na maioria, não-judeus; seu bairro situava-se na cidade alta [15], e alguns, também vistos fora de Jerusalém. O monumento dito do Pisoeiro constituía o ângulo nordeste da muralha mais setentrional [16]. Em 62 d.C., os judeus lançaram do alto do pináculo do Templo, Tiago, o Justo, irmão de Jesus; foi um pisoeiro que, com seu bastão, desferiu-lhe o golpe mortal [17].

Depois de passar por esse profissional, o tecido era encaminhado para o *alfaiate*. No Midrash [18] há referências

12. *'Er.* I 3.
13. *Ibid.*
14. Em b. *Meg.* 26ª, trata-se da sinagoga dos *ṭarsiyyîm* em Jerusalém. Essa palavra designa ou a pertença à cidade de Tarso, ou uma profissão. Se não se traduzir essa palavra por "habitantes de Tarso" (em nossa opinião seria a boa tradução), consideram-se essas pessoas como fundidores de cobre (Delitzsch, *Jüd. Handwerkerleben*, 38; Schürer, II, 524, n. 77, cf. 87, n. 247), tecelões ou mineiros (Levy, *Wörterbuch,* II, 193 b), tecelões de arte ou artífices de metal (Dalman, *Handwörterbuch,* 177 a, que, a par desses dois sentidos, indica igualmente "habitantes de Tarso"), ou melhor, fabricantes de trajes tarsos (Krauss, *Talm. Arch.,* II, 625, n. 67). C. Wessely, *Studien zur Paläographie und Papyruskunde,* Leipzig, 1901, 2s., mostrou que esse último sentido era, realmente, para a designação de *tarsikários,* em diversos papiros. Remete ao "Edito do maximum" de Diocleciano, cap. 26-28, onde trata de artigos de linho tarso-alexandrinos.
15. Ver *infra,* p. 31.
16. *B. j.* V 4, 2 § 147.
17. Eusébio, *Hist. eccl.* II 23,18; cf. *Ant.* XX 9, 1, § 200.
18. *Lam. R.* I, 2 sobre I (18ª 31); I, 9 sobre I, I (21ª 17).

aos alfaiates de Jerusalém. Um comércio de roupas é atestado na cidade nova [19].

A *indústria do couro* serve também para a vestimenta. Não se pode dizer com certeza se havia centros de curtume em Jerusalém. Segundo *B. B.* II 9, tinham de ser instalados a cinqüenta côvados de uma (ou: da) cidade e somente a leste. Como Jerusalém é a cidade, pura e simplesmente [20], tal prescrição no começo lhe concernia, sem dúvida alguma; podemos pelo menos constatar que a prescrição desse mesmo texto da Mishna a respeito dos túmulos era observada em Jerusalém. Embora, no princípio, a prescrição para os curtumes dissesse respeito a Jerusalém, havia lá curtidores, mas suas oficinas sempre fora dos muros. Material não lhes faltava. Segundo R. Hananya [21], chefe do clero, a pele da vítima, em cada sacrifício, pertencia aos sacerdotes, mesmo num sacrifício achado mais tarde impuro [22]. Os estalajadeiros de Jerusalém tinham o hábito de tirar compulsoriamente dos peregrinos, as peles das vítimas santas [23] — trata-se antes de tudo da vítima pascal que fora imolada pelo seu proprietário e cuja pele não pertencia ao sacerdote. A menção de *mercadores de sandálias* em Jerusalém é certa [24].

Ouvimos falar de algumas outras profissões que garantiam principalmente as necessidades domésticas. *B. j.* V 8, 1 § 331 menciona o bazar dos *ferreiros*. Esse artesanato tinha sua sede na cidade nova. São mencionados em *M. Sh.* V 15 e *Soṭt* IX 10, os ferreiros como "operários em bronze e ferro" que trabalharam (em dias semifestivos [25], durante os quais se proibiam os trabalhos ruidosos) até que o sumo sacerdote Yohanan (João Hircano, 134-104 a.C.) os interditou. Durante a Guerra judaica contra os romanos (66-70 d.C.), esse artesanato foi, ao que parece, rapidamente convertido em indústria de guerra:

19. *B. j.* V 8, 1, § 331.
20. Por ex., *Sanh.* I 5: "Não se acrescenta nada à cidade nem ao adro do Templo".
21. Muitos mss têm a lição Ḥanina.
22. *'Ed.* II 2.
23. b. *Yoma* 12ª.
24. *Lam. R.* I, 14 sobre I, 1 (22ᵇ 4).
25. Tos. *Soṭa* XIII 10 (320, 4).

"Em Jerusalém, eles recompuseram... muitas máquinas de guerra, e, em toda a cidade, forjaram armas de arremesso e couraças completas"[26].

Pelo que dizem, não podia haver *olarias* em Jerusalém por causa de fumaça; é o que ensina o Talmude[27]. No entanto, Jr 18,2-3 indica a casa de um oleiro em Jerusalém, e Mt 27,7 fala do campo do oleiro; esses dados pesam mais do que a tradição rabínica. É verdade que somente o primeiro texto constitui um testemunho indiscutível; com efeito, conforme o veremos[28], Mt 27,7 poderia ter sido influenciado por Jr 18,2-3.

b. *A alimentação*

Entre os produtos alimentícios deve ser mencionado em primeiro lugar o *óleo*. Eupolemo e o Pseudo-Aristeu contam que os arredores de Jerusalém eram ricos em oliveirais. O Pseudo-Aristeu, § 112, cita oliveiras em primeiro lugar dentre as árvores e plantas da cidade e seus arredores. Realmente, o solo lhes é propício e os oliveirais eram, no tempo de Jesus, mais extensos do que hoje, porque em toda a Palestina, em conseqüência da má exploração do governo turco, o número de árvores se encontra extraordinariamente reduzido em relação às épocas anteriores. Em Jerusalém, diferentes topônimos, advindos de "óleo" e "olivas", "oliveiras", constituem uma indicação neste sentido. A leste da cidade se encontra o "monte das Oliveiras"[29], ou "monte do Oliveiral"[30]; o Talmude refere-se a *ṭûr zêta,* quer dizer, "montanha das Olivas"[31]. Dificilmente teria sido dado este nome àquela colina se as plantações de oliveiras não tivessem atingido uma extensão particularmente notável em relação às das redondezas, e se as azeitonas não fossem importantes para a economia da cidade. O Talmude confirma a cultura no monte das Oliveiras: segundo b. *Pes.*

26. *B. j.* II 22, I, § 648s; cf. VI 6, 2, § 327.
27. b. *B. Q.* 82^{b}; b. *Zeb.* 96^{a}. Essas prescrições rituais reunidas quanto à Jerusalém não são dignas de fé, ver *infra,* p. 66 (jardins) e p. 70, n. 153 (galinhas).
28. Ver *infra,* p. 197.
29. Mt 21,1;24,3 e *passim.*
30. Lc 19,29;21,37; At 1,12; *Ant.* VII 9, 2 § 202.
31. O Targum (cf. Billerbeck, I, 840); j. *Ta'an.* IV 8, 69^{a} 35 (V/1, 191), cf. Guthe, *PRE* VIII, 667.

14ª, na época do último Templo, ali arava-se a terra. Quanto ao sul da cidade, Jerônimo refere-se às oliveiras no vale do Hinnom[32]. Sobre os nomes de lugares originados de "óleo" e "olivas", "oliveiras" nas zonas mais afastadas de Jerusalém, consultar Smith, I, p. 300, n. 3.

O aproveitamento das azeitonas dava-se em Jerusalém e nas proximidades da cidade. Segundo *Men.* VIII 3, é de Peréia que se importava uma parte do óleo necessário ao Templo. Havia, porém, um problema: como conciliar a santidade do óleo com o transporte em território pagão? O Talmude nos responde: ia-se buscar as azeitonas na Peréia, mas somente em Jerusalém eram prensadas[33]. Com efeito, muitos lagares foram encontrados no norte da cidade. Além do mais, lemos no Novo Testamento: "E foram a um lugar cujo nome é Getsêmani"[34]; "havia lá um jardim", diz Jo 18,1 a propósito do lugar. Getsêmani significa lagar, máquina onde se espremem uvas, azeitonas, prensa para bálsamos[35]. A Mishna dá explicações a respeito das prensas de óleo que têm "suas portas dentro (da cidade), suas salas fora[36]. Dificilmente ter-se-ia pensado em instalar lagares de óleo nos muros da cidade. Convém, portanto, supor que se trata não da cidade de Jerusalém propriamente dita, mas do distrito urbano mais extenso[37], ou que os lagares de óleo sejam evocados somente a título de exemplo de casuística. Permanece, porém, a certeza de que esta passagem da Mishna supõe lagares de óleo para Jerusalém. Mostram-nos também que os negócios entre comerciantes de azeite e de vinho, em Jerusalém eram consideráveis[38].

Jr 37,21 presume haver uma loja de *padeiros* na época antiga. A propósito de uma fome que grassara, fala-se dos padeiros de Jerusalém[39]. Conforme esse último texto

32. Jerônimo, *In Hieremian* II 45 sobre Jr 7,30-31 (CCL 74,83s).
33. j. *Ḥag.* III 4, 79c 3 (IV/1, 298).
34. Mc 14,32; Mt 26,36; Lc 22,39.
35. G. Dalman, *Grammatik des jüdisch-palästinischen Aramäisch²*, Leipzig, 1905 (reimpresso Darmstadt, 1960), 191.
36. M. *Sh.* III 7.
37. Ver *infra*, pp. 63 e 89; cf. Billerbeck, I, 840.
38. b. *Beṣa* 29a.
39. *Ant.* XV 9, 2, § 309.

indica, a existência dessa profissão não era óbvia, porque o pão costumava ser feito em casa.

Os *açougueiros* de Jerusalém [40] estavam, como noutros lugares, organizados em corporação na "rua dos açougueiros" [41]. Havia ainda, na cidade, uma loja de vendedores de aves domésticas em ponto de consumo [42].

Fala-se também de um ateniense que fazia vir ovos e queijos do mercado de Jerusalém [43].

Vejamos, por fim, a profissão de *carregador de água,* tão curiosa hoje para nós. Josefo confirma o comércio de água durante os anos de seca: "Antes de sua chegada (a de Tito), como sabeis, a fonte de Siloé secara, assim como todas as outras situadas diante da cidade; precisava-se então comprar água na ânfora" [44]. Mc 14,13 refere-se a um portador de água ("ide à cidade; ali encontrareis um homem levando uma bilha de água"); podemos mencionar esse texto neste parágrafo, a menos que se tratasse de um empregado.

c. *Artigos de luxo*

A *preparação de bálsamos e de resinas* aparece também como uma atividade de Jerusalém. Conta-se que os comerciantes (ou fabricantes) de arômatas [45] em Jerusalém diziam: "Se acrescentássemos um pouco de mel aos perfumes a queimar, o odor seria tão forte que o mundo inteiro não o poderia suportar" [46].

Dentro do contexto convém lembrar uma lenda do Talmude: "Os bosques de Jerusalém eram formados de

40. Cf. *infra,* p. 404.
41. Tos. *Nidda* VI 17 (648, 21); b. *Nidda* 57ᵇ.
42. *'Er* X 9.
43. *Lam.* R. I, 10 sobre I, I (21ᵇ I).
44. *B. j.* V 9, § 410.
45. *Paṭṭamîm;* assim traduz Dalman, *Handwörterbuch,* 331ᵇ (ele traduzia "fabricantes de arômatas" em sua primeira edição). "Apoticários", segundo Levy, *Wörterbuch,* IV, 27 *a.*
46. *j. Yoma* IV 5, 41ᵈ 37 (III/2, 209). Encontra-se o mesmo termo *paṭṭamîm* em *'Er.* X 9 e j. *Soṭa* VIII 3, 22ᶜ 16, par. j. *Sheq.* VI 1, 49ᶜ (III/2, 300); é possível que se trate também aqui de fabricantes [comerciantes] de arômatas. Comumente traduzem-se essas passagens, dando à palavra o outro sentido reconhecido: "comerciante de gado gordo".

cinamomos; quando queimados exalavam um agradável perfume"[47]. De acordo com tal lenda, quantidade de cinamomos teriam sido plantados em Jerusalém: coisa que, é claro, deve ser completamente excluída. Apenas uma coisa é certa: empregavam-se suas folhas entre os perfumes queimados no Templo[48].

A *venda de bálsamos* é conhecida em Jerusalém. Fala-se das mulheres de Galiléia presentes aos pés da cruz de Jesus que "compraram arômatas (misturados aos bálsamos) para ungir o Mestre"[49]; e conta-se que Nicodemos veio ao sepulcro "trazendo uma mistura de mirra e aloés de aproximadamente 100 libras (romanas"), (Jo 19,39).

Naquela época já se fabricava, em Jerusalém, um óleo de rosa. Segundo b. *B. Q.* 82[b], não se permitia fazer jardins na cidade[50], mas, excepcionalmente temos uma menção expressa do roseiral[51]. Na literatura talmúdica, os comerciantes de bálsamos representam papel importante[52]. Com seu fausto ostensivo e seu cortejo de mulheres, a corte de Herodes, o Grande, contribuiu para o desenvolvimento dessas profissões.

As profissões de luxo foram as que mais prósperas se tornaram devido à corte herodiana. Convém lembrar, em primeiro lugar, o *artesanato artístico.* Tinha sua sede na cidade alta. Já na época de Pompéia, sabemos da existência de uma peça rara, de ouro, vinda de Jerusalém; "vinhedo ou jardim, esse trabalho era chamado *terpolé* (prazer dos olhos)", conta o capadócio Estrabão[53].

Ouvimos por vezes falar de um enfeite *'îr šèl zahab,* quer dizer, "cidade de ouro"[54]. Esse adorno é igualmente chamado *y^{e}rûšalayim d^{e}dah^{e}ba,* isto é, "Jerusalém de ouro"[55]. Discute-se para saber se as mulheres, aos sábados, podem usar tais enfeites, e colocam a "Jerusalém de ouro"

47. b. *Shab.* 63[a].
48. *B. j* VI 8, 3, § 390.
49. Mc 16,1; cf. Lc 23,56-57.
50. Para a crítica deste dado ver *infra,* p. 62.
51. *Ma'as.* II 5; Tos. Neg. VI 2 (626, 15).
52. Krauss, *Talm. Arch.*, I, 242.
53. Citado por Josefo, *Ant.* XIV 3, 1, § 35.
54. *Kel.* XI 8; *Shab.* VI 1; *Sota* IX 16, 24[c] 6 (IV/2, 341s).
55. b. *Shab.* IV 6 (115, 19).

entre os adornos da cabeça [56]. Segundo *ARN* rec. B cap. 12, 30^b 10 e *passim*, as nobres eram as únicas a usarem este atavio. Conclui-se, pois que essa "Jerusalém de ouro" era um enfeite feminino de alto preço. Temos de vê-lo como uma espécie de diadema crenado. Segundo tudo indica — o próprio nome leva a essa suposição — esse adorno era a princípio fabricado em Jerusalém. Nos nossos dias, a manufatura das lembranças locais constitui um ramo especialmente florescente do artesanato artístico na cidade. Em Éfeso, tal indústria é atestada na época do apóstolo Paulo. At 19,23-40 conta o motim dos ourives do lugar (19,24: "um fabricante de templos de Ártemis"). Se levarmos em conta a enorme importância das festas anuais de peregrinação para a cidade santa, concluímos que se compravam muitas vezes estes enfeites como recordação de Jerusalém.

A *fabricação de sinetes* com figuras cunhadas é de modo indireto comprovada por R. Eleazar ben Sadoc (cerca de 100 d.C.) que conta [57]: "Havia em Jerusalém toda espécie de figuras impressas, com exceção de rostos humanos *(parṣûpôt* do grego *prósopon)"*.

A profissão de *copista* também fazia parte das profissões de arte. Em b. *B. B.* 1^a, é descrita a atividade dos copistas de Jerusalém pelo enrolamento dos manuscritos [58].

d. *Os edifícios*

1) As construções

Os príncipes da família herodiana primavam pelo gosto de construir; outros foram levados a imitá-los. Sob seu domínio e no período que se seguiu, a indústria de construção teve grande expansão em Jerusalém. Mencionemos as principais construções.

56. Tos. *Shab.* IV 6 (115, 19).
57. Tos. *'A. Z.* V 2 (468, 15); o par. j. *'A. Z.* III 1, 42^c 58 (VI/2, 209) menciona R. Eleazar b. Shimeon (cerca de 180 d.C.) como autor.
58. Sobre a construção artística, ver *infra*, p. 25ss.

Herodes, o Grande (37-4 a.C.).

— Restauração do Templo [59] (20-19 a.C. a 62-64 d.C.).

— Construção do palácio de Herodes, perto da muralha oeste, ao lado da Porta Ocidental que dava ingresso a Lida [60], hoje Porta de Jafa [61].

— Construção, no mesmo local, das três torres de Herodes: Hippicus, Fasael, Mariana [62].

— Dominando o Templo, do lado norte, a fortaleza Antônia erguia-se no lugar onde, em nossa opinião, erigia-se outrora a fortaleza do Templo chamada Bîrah e Bâris [63].

— O suntuoso túmulo que Herodes fez construir para si [64], não utilizado, porém, por ter sido o rei enterrado no Herodium.

— O teatro construído por Herodes, em Jerusalém [65].

— Quanto ao hipódromo da cidade [66], talvez convenha remontá-lo ao reino de Herodes [67].

— Construção de um aqueduto[68].

— Monumento acima da entrada do túmulo de Davi [69].

59. Ver *Infra,* p. 34ss.
60. *Lam* R. I, 32, sobre 1, 5 (29b 5).
61. *B. j.* V 4, 4, § 176ss.
62. *B. j.* V 4, 3-4, § 161ss.
63. *B. j.* V 5, 8, § 238ss.
64. *B. j.* V 3, 2, § 108 e *passim*: "até o túmulo de Herodes".
65. *Ant.* XV 8, 1, § 268.
66. *Ant.* XVII 10, 2, § 255; *B. j.* II 3, 1, § 44.
67. Isso não é possível se devemos considerar como um estádio o "ginásio" e o "lugar de exercícios" de que falam 1Mc 1,14; 2Mc 4,9.12.14, e identificá-lo ao hipódromo (Dalman, *Orte und Wege,* Gütersloh, 1924, 293, n. 5); opinião diferente em *Itinéraires;* ver um pouco abaixo, na presente nota. Nesse caso, o hipódromo teria sido construído em 174-171 a.C. Mas 2Mc 4,14 fala *palaístra.* O ginásio seria, pois, ao que parece, uma palestra. Por conseguinte, pode ser que precisemos identificá-lo com o Xisto (Guthe, *PRE* VIII, 684; Dalman, *Itinéraires,* 359, com reservas em sua nota 5); aqui, são antes de tudo dados topográficos que se correspondem. O nome atual da rua, hâret el-Meidân, rua do hipódromo (geralmente tais tradições são garantidas), permite procurar o hipódromo na cidade alta. É, pois, possível, até mesmo certo, que Herodes seja o construtor deste hipódromo. Quanto ao "muito grande anfiteatro construído na planície" (*Ant.* XV 8, I, § 268), poderíamos procurar sua colocação na planície de Jericó (*Ant.* XVII 8, 2 § 194; *B. j.* I 33, 8 § 666).
68. Ver *infra,* p. 25.
69. *Ant.* XVI 7, I, § 182; cf. VII 15, 3 § 394.

Agripa I (41-44 d.C.). Segundo *B. j.* II 11, 6, § 218; *Ant.* XIX 7, 2, § 326; *B. j.* V 4, 2, § 148. 152-155, Agripa I construiu a muralha mais setentrional de Jerusalém que englobava uma zona considerável. Media cerca de 3.530 m. de comprimento[70], segundo Josefo. O historiador não poupa elogios à solidez dessa muralha. Tinha, segundo dizem, 10 côvados de espessura, construída em cantaria de 20 côvados de comprimento e 10 de largura.

Convém dizer aqui uma palavra sobre o côvado, medida de extensão então em uso e que iremos utilizar para os cálculos (ver especialmente *infra,* p. 116ss). Não há uma opinião concorde sobre o comprimento do côvado palestino daquela época. É preciso lembrar que diferentes côvados estavam em uso ao mesmo tempo, dentro de Jerusalém. Lemos em *Kel.* XVII 9: numa sala do Templo "havia dois côvados, um no canto nordeste, outro no canto sudeste. O primeiro era mais longo que metade da largura de um dedo que o primeiro (portanto mais comprido que a largura de um dedo do côvado de Moisés). Encomendava-se o trabalho aos operários segundo o côvado de Moisés e entregavam-no segundo o côvado mais longo", isto é, segundo o côvado meia polegada mais longo se as encomendas eram em prata ou em ouro; conforme o côvado, uma polegada mais longo para as outras encomendas. Os rabinos distinguiam 6 côvados: a) côvado para as construções; b) côvado para os utensílios; c) côvado para a base do altar; d) côvado para a circunferência do altar; e) côvado mosaico; f) côvado real. O Templo foi construído segundo o côvado para as construções[71].

É de se notar que os dados de Josefo sobre as medidas do Templo concordam com as do tratado *Middot* da Mishna, como por exemplo, para a largura e altura do frontão do santuário. Josefo pode ter utilizado dois côvados:

a) *O côvado romano* (*cubitus*) de 6 *palmi* (largura da mão) de 74 mm = 444 mm de comprimento[72]. Certo é que Josefo possuía terras na Judéia[73], mas viveu e escreveu em

70. 6105 m = 33 estádios, perímetro total da cidade segundo *B. j.* V 4, 3, § 159, menos 2575 m aproximadamente =lados oeste, sul e leste, datando do período anterior a Agripa I.

71. F. Hultsch, *Griechische und römische Metrologie,* 2ª ed. rev. Berlim, 1882, 441.

72. Assim Krauss, *Talm. Arch.,* II, 388ss segundo F. Lübker, *Reallexikon des classischen Alterhums,* 7ª ed., Leipzig, 1891.

73. *Vita* 76, § 422.

Roma [74]; pode-se, pois, realmente, esperar dele que se utilize do côvado romano.

b) *O côvado do sistema filitariano.* Esse sistema assim chamado segundo o sobrenome dos reis de Pérgamo (*filétairos*), era de uso corrente no império, desde a fundação da província da Ásia em 133 a.C. O côvado filitariano tinha 525mm de comprimento [75], e era usado na Palestina e no Egito, como nos mostra Julião de Ascalão (autor bizantino) [76]; o côvado romano não o substituiu. Esse dado vale igualmente para o período anterior a Julião de Ascalão; Dídimo de Alexandria (fim do século I antes de nossa era) o indica para o Egito. Segundo Dídimo, o côvado egípcio da época romana valia 1,5 pés ptolemaico = 525 mm, isto é, o comprimento já corrente no Egito no século III antes de nossa era [77]. Por conseguinte, podemos supor que o côvado filitariano era de uso também na Palestina do século I de nossa era. Conclui-se, pois, que o côvado da literatura rabínica é de 525 mm. Vimos há pouco que Josefo dá ao côvado o mesmo comprimento que a Mishna que é também a do côvado filitariano de 525 mm.

Por conseguinte, as cantarias da muralha de Agripa I teriam 10,50 m de comprimento e 5,25 m de largura; a própria muralha teria 5,25 m de espessura.

Noventa sólidas torres a protegiam [78]. A mais importante era a torre Poéfinus, octagonal, ao nordeste e que tinha, como dizem [79], 70 côvados de altura, isto é, 36,75 m. Por uma denúncia de C. Víbio Marso, governador da Síria, o imperador Cláudio interditou a construção desta muralha [80]. Somente no começo da revolta (66 d.C.) foi terminada [81].

74. Ver suas relações com os soberanos romanos, *Vita* 76, § 422ss; Shürer, I, 76.
75. Hultsch, *op. cit.* 597; O. Holtzmann, *Neutestamentliche Zeitgeschichte,* Fribourg-en-Brisgau, 1895, 118 e sua edição do tratado mishnaico *Middoth* (col. *Die Mischna*), Giessen, 1913, 12-15.
76. Ed. F. Hultsch, *Metrologicorum scriptorum reliquiae* (col. Teubner) t. 1, Leipzig, 1864, 54s e 200s.
77. O. Holtzmann, *Middoth,* 14.
78. *B. j.* V 4, 3, § 158.
79. *Ibid.,* § 159s.
80. *Ant.* XIX 7, 2, § 326s.
81. *B. j.* II 20, 3, § 563; V. 4, 2, § 152-155; VI 6, 2, § 331.

Agripa II (50-53, rei de Cálcis; 53-100, rei de Batanéia, Traconítide, Gaulanítida, Abilínia e de um território ao pé do Líbano, chamado eparquia de Varus) [82].

a) Aumentou o palácio dos asmoneus (Macabeus). Esse edifício situava-se na extremidade nordeste da colina, abrangendo a cidade alta, a oeste do Templo e acima do Xisto [83]. Agripa II certamente não ergueu uma nova construção, mas aumentou o palácio: "Erigiu uma obra de grande vulto no palácio de Jerusalém perto do Xisto. Esse palácio fora outrora construído pelos asmoneus" [84]. De todo modo, deste palácio — o que não era antes o caso — o rei gozava de uma visão de conjunto da esplanada do Templo. Os sacerdotes fizeram construir um muro para interceptar a vista. As querelas que se seguiram chegaram até Nero [85]. Neste palácio havia talvez uma janela para as audiências [86], como se vê em antigas representações egípcias e como o confirma 2Rs 9,30, referindo-se ao palácio de Acab e de Jezabel [87]. Segundo *B.* j. II 17, 6, § 427, o povo encolerizado incendiou o edifício no início da insurreição.

b) O término dos trabalhos do Templo (entre 62 e 64 d.C.) incentivou Agripa II para outro empreendimento. Mais de 18.000 operários achavam-se sem trabalho. O rei podia usar o tesouro do Templo; estimulado pela maioria da população de Jerusalém, pôs-se, num ato de solidariedade social, a favorecer trabalho àquela gente. Para exterminar a miséria em que viviam, mandou, às custas do tesouro do Templo, calçar as ruas de Jerusalém com pedras brancas (provavelmente calcáreas) [88].

Descobriu-se em Jerusalém uma rua assim calçada; seguiram-lhe o traçado ao longo do muro ocidental e de uma parte do muro meridional da esplanada do Templo. Esse calçamento de pedra, a 13 m abaixo do nível atual,

82. *B. j.* II 12, 8, § 247; *Ant.* XX 7, 1, § 138; cf. Schürer, I, 587.
83. *Ant.* XIV 1, 2, § 7; *B. j.* I 6, 1, § 122; *Ant.* XIV 4, 2, § 59; *B. j.* I 7, 2, § 143; cf. Lc 23,7-11.
84. *Ant.* XX 8, 11, § 189ss.
85. *Ant.* XX 8, 11, § 194s.
86. *B. j.* II 16, 3, § 344; 17, 1, § 406.
87. H. Gressmann, *Der Messias,* Göttingen, 1929, 45ss.
88. *Ant.* XX 9, 7, § 222.

sustentava as aduelas do "arco de Robinson" (assim chamavam-se os vestígios de um arco descoberto por Robinson; ligava antigamente a esplanada do Templo à cidade alta); indica o período anterior a 70 de nossa era [89]. Ao norte da piscina de Siloé, Bliss descobriu outra rua calçada, nalguns lugares com 7,50 m de largura. Era, talvez, a continuação da primeira, há pouco mencionada. Vêem-se as nítidas marcas da passagem para pedestres. Essa rua continuava pela parte sul da cidade que, desde o tempo do imperador Adriano, deixou de estar incluída no recinto das fortificações. Por conseguinte, essa pavimentação poderia ser anterior à destruição de Jerusalém em 70. É possível, pois, que tenhamos, nesses dois locais, restos do calçamento empreendido sob Agripa II.

c) Entretanto, essa obra não se prolongou. Para evitar o desemprego que de novo ameaçava os operários do Templo, Agripa II, antes de 66, de acordo com os sacerdotes em exercício e o povo, empreendeu novos trabalhos de construção no santuário [90].

Os príncipes de Adiabena, reino situado na fronteira do império romano e parto, ergueram outros grandes edifícios [91]. Ouvimos falar de um palácio do rei Monobaze [92]; o contexto leva-nos a situá-lo na parte meridional da colina oriental. Em *B. j.* VI 6, 3 § 355, Josefo menciona o palácio da rainha Helena de Adiabena. Achava-se no centro de Acra, portanto, igualmente sobre a colina oriental [93]. A posição exata do palácio da princesa Grapté de Adiabena não nos é confirmada. O contexto leva a situá-lo não muito longe do Templo, e o procuramos igualmente na colina oriental [94]. A rainha Helena determinou a construção, a três estádios ao norte de Jerusalém, de um túmulo em forma de três pirâmides. Eusébio [95] refere-se às colu-

89. P. Thomsen, *Denkmäler Palästinas aus der Zeit Jesu,* Leipzig, 1916, 29ss.
90. Ver *infra,* p. 34.
91. *B. j.* II 19, 2, § 520; VI 6, 4, § 356; *Naz.* III 6; j. *Sukka* I 1, 51^b 22 e 25 (IV/1, 2); j. *Naz.* III 6, 52^d 38 (V/2, 116).
92. *B. j.* V 6, 1, § 252.
93. *B. j.* V 4, 1, § 137.
94. *B. j.* IV 9, 11, § 567.
95. *Hist. eccl.* II 12, 3.

nas deste monumento; segundo Pausanias [96], sua magnificência igualava-se à do túmulo de Mausolo em Halicarnasso. Era, pois, para a época, uma construção particularmente imponente.

Entre os trabalhos de construção de grande envergadura, deve-se mencionar a de um aqueduto por *Pôncio Pilatos* [97]. Para essa obra muniu-se do dinheiro do tesouro do Templo, o que provocou a revolta do povo. Para acalmar a multidão desenfreada, Pilatos teve de enviar soldados que distribuíram cacetadas. O aqueduto era, sem dúvida, como aquele descrito pelo Pseudo-Aristeu, § 90, revestido de chumbo e argamassa.

Encontraram-se, perto de Jerusalém os restos de dois aquedutos que traziam água à cidade [98]. O conduto "superior" era romano (segundo uma inscrição de 165 d.C.). O conduto "inferior" é mais antigo; sua técnica corresponde à do aqueduto construído por Herodes, para levar água ao monte dos Francos (perto de Belém) onde se encontrava a fortaleza de Herodium que ele mandou construir [99]. Tudo faz crer que o conduto inferior é o que Pilatos instalou.

Ouvimos falar, finalmente, dentro do período que estudamos, da construção ou da restauração, sobre o Ofel, de uma sinagoga com hospedaria para estrangeiros e uma instalação de banhos [100].

2) Operários das construções

A construção comum

A pedra era o material mais empregado. Para a restauração do Templo, Herodes mandou preparar 1.000 carriolas destinadas a trazer as pedras necessárias [101]. *B. j.* VII 2, 2, § 26 conta a evasão de um chefe dos judeus

96. *Descr. Graeciae* VIII 16.
97. *B. j.* II 9, 4, § 175; *Ant.* XVIII 3, 2, § 60.
98. Guthe, *PRE* VIII, 682 e 686.
99. *Ant.* XV 9, 4, § 323ss.
100. Segundo uma inscrição descoberta por R. Weill; texto em *CIJ* II, n. 1404.
101. *Ant.* XV 11, 2, § 390.

revoltados, Simão, que tentou fugir com sua escolta por um túnel; serviam-se de *empreiteiros* com os instrumentos necessários. As cavernas reais mencionadas em *B. j.* V 4, 2, § 147, ao longo das quais mais tarde passou a terceira galeria, a setentrional, segundo Josefo, devem ter servido durante muito tempo como passagem. Ainda hoje, existe uma enorme gruta chamada "Caverna do algodão"; forma o subsolo de uma parte da cidade e se estende, a partir da encosta atual, a 196 m em direção sul. Sua entrada situa-se acima do muro norte atual. Em b. *'Er.* 61ᵇ, fala-se da Caverna de Sedecias como de uma caverna especialmente ampla e deserta; segundo o Midraxe *Tanḥuma* [102], tinha 12 milhas de extensão (milhas egípcias de 1.575 m), isto é, 18,900 quilômetros. Essa caverna é, talvez, igual a uma das duas mencionadas; se situarmos o traçado da encosta mais setentrional no local da muralha norte atual [103], temos a possibilidade de identificar as três cavernas. Segundo *Para* II 3, "sob o monte do Templo e sob o adro havia uma caverna". Os subterrâneos da cidade representaram grande papel por ocasião da tomada de Jerusalém; muito tempo ainda após a queda da cidade, os habitantes ali se mantinham escondidos.

Certo Simão, da cidade de Siknin, que *perfurava fontes, poços e subterrâneos,* é localizado na Jerusalém antes da destruição em 70 d.C. [104]. Mencionam também um *instalador de fornos* [105].

As construções artísticas

As construções antes indicadas (pp. 19ss) são, na maioria, monumentos estilizados; as profissões de arte tinham, pois, um vasto campo de atividade. De modo especial o palácio de Herodes, segundo a descrição de Josefo [106], era rico em obras raras de arte. Na decoração externa e interna, na escolha dos materiais e sua execução, na riqueza

102. *Tanḥuma, bemidbar,* § 9, 485, 7; cf. Billerbeck, II, 592ss.
103. Ver *infra,* p. 21.
104. *Qoh.* R. 4, 8 sobre 4, 17 (91ᵇ 12).
105. *Lam.* R. 1, 15 sobre 1, 1 (23ª 9).
106 *B. j.* V 4, 4, § 176ss.

das variedades e no requinte de pormenores, as profissões artísticas rivalizavam-se; segundo *B. j.* V 4, 4 § 178ss, escultores, tecelões artísticos, instaladores de repuxos e projetistas de jardins aprazíveis, artífices para o trabalho de ouro e prata foram contratados.

De modo especial nunca faltava serviço para os *escultores* de Jerusalém, conforme verificamos nas construções daquela época, cuja notícia chega até nós. Os principais são os chamados "túmulos dos reis" e os três monumentos funerários do vale do Cédron, hoje túmulo de Absalão, de Tiago e de Zacarias.

Os "túmulos dos reis" são o de Helena de Adiabena [107]; *B.* j. V 4, 2, § 147 "em frente ao túmulo de Helena"; *Ant.* XX 4, 3, § 95 "nas três pirâmides que sua mãe fizera construir a três estádios da cidade" [108]. Uma cornija com guirlandas de frutos e folhagens em forma de volutas, está parcialmente conservada. Diante da entrada que conduz à instalação funerária, acham-se restos de colunas entre as quais se viam capitéis jônicos e dóricos, meias colunas e pilastras de ângulo. Imediatamente acima dos capitéis, vê-se um friso decorado; a trave mestra é dórica. No túmulo de Tiago, há colunas de capitéis dóricos encimadas por um friso dórico com tríglifos [109]. No túmulo de Zacarias podemos ver capitéis jônicos. Esses quatro monumentos são, para nós, o único testemunho da contribuição de Jerusalém à escultura monumental, antes da destruição pelos romanos.

Entre as profissões artísticas ligadas à construção é preciso assinalar ainda os *fabricantes de mosaicos.* Em diversos pontos de Jerusalém, por exemplo, no sudeste do Cenáculo, encontraram-se calçamentos dessas pequenas pedras variegadas; poderiam datar, em parte, do período anterior a 70 d.C.

107. *Supra,* p. 29.
108. Cf. *B. j.* V 2, 2, § 55; 3, 3, § 119.
109. Devemos determinar a data destes monumentos segundo os dados da história da arte. O túmulo de Absalão e a pirâmide de Zacarias são mencionados, pela primeira vez, em 333 d.C. (*Itin. Burdigalense* 595, ed. P. Geyer, *Itinera hierosolymitana saeculi III-VIII, CSEL* 39, 1898, 23, linhas 10-13). Entretanto, não há dúvidas de que esses monumentos são anteriores à ruína de Jerusalém de 70 d.C.

Manutenção das construções

Ao lado de operários e artistas eram ainda necessárias pessoas para a manutenção das construções.

Com o tesouro do Templo pagavam a conservação do "canal das águas" [110], dos muros, das torres e de tudo quanto a cidade necessitava [111]. Abrangia também o trato dos poços e das cisternas, limpeza e vigilância das ruas. Uma passagem de b. *Beṣa* 29ª bar. corresponde a essas informações: um bem que não se deve adjudicar nem ao Templo nem a proprietários é dispensado pelos tesoureiros do Templo para as necessidades públicas, a saber: poços, cisternas, subterrâneos ou seja, o fornecimento de água na cidade [112]. b. *B. M.* 26ª menciona talvez os *varredores de ruas*; segundo R. Shemaya bas Zeéra, as ruas de Jerusalém [113] eram varridas diariamente. Essa informação sobre a limpeza urbana concorda com o fato de ser o vale do Hinom o local onde eram lançados o lixo e descargas. Josefo menciona [114] um lugar chamado *Besou* (variante *Beehsó*); conforme a etimologia proposta por Neubauer, esse nome significa "lugar do lixo" [115]. Ainda segundo Josefo, situava-se entre a Torre Hippicus e a Porta dos Essênios, no sul. Perto do vale do Hinom encontrava-se, igualmente, a porta de Jerusalém, chamada Porta Esterquilina [116]. Um fato concorda com esses dados. Desde os tempos antigos, o vale do Hinom era depreciado; ligavam-no ao culto de Moloc [117]; passava por ser o lugar da Geena (inferno) que

110. Segundo J. J. Rabe, *Mischnah,* t. 2, Onolzbach, 1761, 147 sobre *Sheq.* IV 2, tratar-se-ia do canal que levava do adro exterior ao vale do Cédron (ver *infra,* p. 65). Mas pode-se pensar também no aqueduto indicado *supra,* p. 24. Apoderando-se do tesouro do Templo para construir o aqueduto, Pilatos teria, pois, por uma atitude autoritária, castigado a negligência da administração comunal de Jerusalém, o Sinédrio, que não cumpria suas obrigações de maneira satisfatória. Teria, pois, utilizado os fundos do Templo como deveria.

111. *Sheq.* IV 2.

112. Cf. b. *B. Q.* 94ᵇ.

113. Cf. b. *Pes.* 7ª.

114. *B. j.* V 4, 2, § 145.

115. Neubauer, *Géogr.,* 139ss.

116. *'Ed.* I 3; cf. *supra,* p. 13, colocação das tecelagens, profissão desprezível.

117. 2Rs 23,10; Jr 2,23 e *passim.*

lhe tomou o nome. Ainda hoje, levam para lá entulhos, carniças e resíduos de toda espécie.

É preciso mencionar aqui a existência dos esgotos, cujas instalações estão à altura das de nossa época. Bliss os mencionou em diversas ocasiões. Tinham, interiormente, 1,78 a 2,36 m de altura, 0,76 a 0,91 m de largura. Eram, ao que parece, providos de orifícios para receber a água das ruas, e mesmo de bueiros para a limpeza [118].

Segundo Krauss, a existência de *guarda de túmulos* é provável [119]; para assim afirmar apóia-se na menção de um quarto de dormir no túmulo de Absalão [120].

e. *As outras profissões*

Hoje, a profissão médica não é considerada artesanal, mas antigamente, conforme vamos provar, o *médico* era tido como um artífice, no sentido próprio da palavra na época. Artesanato se diz *'ûmmanût* = artesanato, profissão, destreza; um *'ûmman* (*'ûmmana*) é um artífice, um artista, um sangrador, um cirurgião, um banhista, aquele que circuncida. Em outras palavras: o substantivo que significa artífice designa também o médico. Por conseguinte, devemos falar da profissão dos médicos entre as demais profissões.

De acordo com o Talmude, havia médicos em cada cidade e em cada povoação. *B. Q.* VIII 1 prescreve que, para golpes e ferimentos, o responsável deve pagar os honorários do médico. No século I de nossa era, podemos verificar a existência de médico em Pega [121] e Lida [122]. Após uma queda de cavalo, Josefo [123] fez-se tratar por médicos em Kepharnokos (sem dúvida = Kepharnomos = Kepharnaum = Cafarnaum) [124]. Num lugar à beira do lago

118. P. Thompsen, *Denkmäler Palästinas aus der Zeit Jesu,* Leipzig, 1916, 25.
119. Krauss, *Talm. Arch.*, II, 80ss.
120. *'Er.* V 1; b. *'Er.* 51ª; Tos. *'Er.* VI 5 (144, 25).
121. Tos. *Yeb.* VI 7 (248, 6).
122. Tos. *Ohal.* IV 2 (600, 29).
123. *Vita* 72, § 403s.
124. *B. j.* III 10, 8, § 519.

de Genesaré, Cafarnaum, seguramente, uma mulher veio procurar Jesus; "muito sofrera nas mãos de muitos médicos, tendo gasto tudo o que possuía, sem nenhum resultado" [125]. Um médico, Tobias, é expressamente citado em Jerusalém [126]; Herodes tinha médicos particulares [127]. A Mishna contém informação interessante a respeito dos médicos de Jerusalém: tinham processos especiais que lhes permitiam tratar dos doentes nos dias de festa sem se tornarem leviticamente impuros: "Era assim que faziam, em Jerusalém, as pessoas vitimadas pela úlcera. Na noite de Páscoa iam procurar um médico. Esse retalhava o local da ferida até a deixar do tamanho de um grão de cevada; depois fixava [a úlcera] numa espinha. O doente puxava (para que a úlcera se desprendesse). Ele e o médico podiam, então, celebrar a Páscoa" [128].

Havia *barbeiros* em Jerusalém; é o que nos leva a concluir Ez 5,1 [129]. Trifão, barbeiro da corte é mencionado em *B.* j. I 27, 5s, § 547-551; *Ant.* XVI 11, 6 § 387s.

A lavagem da roupa era normalmente ocupação das mulheres; entretanto, havia também *lavandeiros* profissionais [130].

Finalmente, em relação ao Templo encontra-se menção expressa de *trocadores* [131]. Deviam também representar algum papel no tráfico do dinheiro profano; podemos facilmente vê-los graças ao que será dito, mais adiante [132], acerca dos diferentes dinheiros.

Concluímos, pois, que as principais atividades de Jerusalém eram o artesanato de arte, a construção de estilo, a construção comum, a tecelagem e a fabricação do óleo.

Temos, assim, um panorama das profissões daquela cidade (excetuando-se as relacionadas com o Templo) na época anterior a 70 d.C. Mas o quadro não está completo. Ainda hoje, no Oriente, as profissões são rigorosamente

125. Mc 5, 26; cf. Lc 8, 43.
126. *R. H.* I 7; b. *R. H.* 22ª.
127. *B. j.* I 33, 5, § 657.
128. *Ker.* III 8.
129. Cf. *infra,* p. 41.
130. Tos. *Migw.* IV 10 (656, 36).
131. Billerbeck, I, 761ss.
132. Cf. *infra,* p. 49.

organizadas. Era o mesmo caso há mil e novecentos anos. Para completar o quadro, devemos, pois, expor a organização de cada profissão.

f. *A organização interna de cada profissão*

A disposição da cidade

A cidade dividia-se em duas partes que o vale do Tiropeon [133] separava: a oeste, a cidade alta (*šûq ha-'elyon*) a leste a cidade baixa (*šûq ha-tahtôn* = Acra) [134]. O nome grego "mercado do alto e do baixo" [135], como o nome indígena, são característicos. Em árabe, *šûq* designa, ainda hoje, bazar. Na cidade alta e na cidade baixa achavam-se os dois bazares principais. O fato é confirmado pelo chamado Mapa de Madaba, mosaico do século VI de nossa era, ainda visível numa igreja grega de Madaba. Particularmente neste domínio, o Oriente é conservador; entre 70 d.C. e o século VI, por conseguinte, a situação pouco mudou. Neste mapa, duas ruas de colunatas atravessam a cidade: a grande rua do mercado e a pequena. O traçado da primeira corresponde ao *šûq* Bâb el-'Amûd atual (bazar da porta de Damasco) e o seu prolongamento ao ḥâret en-Hebî Dâûd; atravessava os arrabaldes e a cidade alta. A segunda rua de colunatas corresponde à rua el-Wâd atual; seguia mais ou menos o fundo do vale do Tiropeon. De acordo com Josefo [136], o segundo cinto de muralhas setentrional continha a parte norte do bairro de Acra (= cidade baixa) [137]; confirma, assim, a extensão para o norte do bairro de Acra, além da colina sudeste (Ofel). Devido à extensão do Templo, o vale do Tiropeon era a única ligação entre o bairro norte e o bairro sul, e de

133. *B. j.* V 4, 1, § 136ss; Tos. *Ḥul.* III 23 (505, 28); Tos. *Sanh.* XIV 14 (437, 28); *Lam. R.* 1, 49 sobre 1, 16 (35ª 24) e *passim.*
134. *B. j.* V 4, 1, § 137.
135. *Ibid.*
136. *B. j.* V 4, 2, § 146.
137. *B. j.* V 4, 1, § 137.

Acra. O bairro atravessado pela pequena rua de colunatas faz parte ainda da cidade baixa.

Inúmeras ruas transversais com início no leste e no oeste e atravessando o vale do Tiropeon ligavam as duas principais ruas comerciais [138]. A mais importante era a transversal que ia do palácio de Herodes até o Templo, e chegava a esse pela ponte de Xisto. O tarîq Bâb es-Silsileh, um dos principais bazares atuais, a ele corresponde.

A distribuição das profissões na cidade

Nas ruas encontravam-se as lojas (*ḥanûyôt*) dos artesãos. As procissões festivas com molhos de primícias passavam seguramente pela pequena rua de colunatas, onde se encontrava o mercado da cidade baixa, até a ponte de Xisto e de lá se encaminhavam para o Templo. No bazar da cidade baixa, nós o sabemos [139], os artesãos trabalhavam sentados em oficinas que davam para a rua [140]. Na esplanada do Templo havia lojas [141] também. Não muito distante encontravam-se as lojas do monte das Oliveiras [142] e as de Beth Hino [143], assim como as do Benê Hanun ou Hanan [144]. Conforme vimos [145], a fabricação e a venda dos produtos se faziam nessas lojas.

Deduzimos que cada profissão tinha suas lojas num mesmo quarteirão da cidade [146], e explorava o seu bazar (*šûq*).

Às portas da cidade encontrava-se, ao que parece, o beco dos alfaiates. O Midraxe [147] assim supõe no caso de Jerusalém e Tiro; concorda com o fato de o "comércio

138. *Ibid.*, § 140.
139. Ver *supra*, p. 10.
140. *Bik.* III 3; b. *Qid.* 33ª.
141. b. *R. H.* 31ª; b. *Shab.* 15ª; b. *'A. Z.* 8ᵇ; *Lam. R.* 4, 7 sobre 4, 4 (57ᵇ 9); ver *infra*, p. 71.
142. *Lam. R.* 2, 5 sobre 2, 2 (44ª 1).
143. b. *B. M.* 88ª; b. *Ḥul.* 53ª.
144. j. *Pea* I 6, 16ᶜ 47 (II/1, 28); *Sifre* Dt 14,22, § 105 (42ª 165, 33); cf. *infra*, p. ...
145. *Supra*, p. 10.
146. *Supra*, p. 12.
147. *Lam. R.* 1, 2 sobre 1, 1 (18ª 31).

das roupas", segundo Josefo [148], localizar-se no arrabalde setentrional, "a cidade nova". Aí se achavam igualmente o bazar dos comerciantes de lã *šuq šel šammarîm* [149] e o bazar dos ferreiros [150].

Seguramente, na cidade alta é que se instalavam os profissionais de arte [151]. Além do mais, ali moravam os pisoeiros pagãos [152]; por isso, o escarro de um habitante da cidade alta era tido como impuro [153].

A isso se acrescentam dados veterotestamentários. Sf 1, 10-11 implora a maldição sobre a parte setentrional da Jerusalém de então: Porta dos Peixes, cidade nova, colinas, *maktésh* (sentido incerto, primitivamente, "mortífero"); indica assim que o inimigo vem do norte. No versículo 11 é dito: "Clamem, habitantes do norte, pois, todo o povo de Canaã está aniquilado". Essas últimas palavras designam, sem dúvida, os comerciantes fenícios identificados em Jerusalém por Ne 13,16. Como podemos observar num rápido olhar sobre o mapa, é, antes de tudo, o nordeste que está em jogo. A Porta dos Peixes, situada na junção do segundo muro setentrional e do vale do Tiropeon [154], deve seu nome aos comerciantes de peixes de Tiro; é uma confirmação a mais da presença de pagãos no norte da cidade. O costume segundo o qual os artesãos e comerciantes pagãos habitavam no nordeste da cidade teria sido mantido até o tempo de Jesus.

A desprezada profissão dos tecelões tinha sua sede na parte meridional da cidade baixa, na Porta Esterquilina [155].

A organização de cada profissão

Quanto a este ponto os dados que temos são poucos. Podemos, entretanto, supor uma organização pelo fato de ser, cada profissão, localmente agrupada. Os operários de

148. *B. j.* V 8, 1, § 331.
149. *B. j. ibid.*; *'Er.* X 9; b. *'Er.* 101ª.
150. *B. j.* V 8, 1, § 331.
151. *Supra,* p. 18.
152. j. *Sheq.* VIII 1, 51ª 20 (III/2, 319).
153. *Sheq.* VIII 1.
154. Ne 3, 3; 12,39; So 1, 10; 2Cor 33,14.
155. Ver *supra,* pp. 13 e 28.

profissão idêntica instalavam-se no mesmo bairro; era costume, mas tais agrupamentos profissionais podiam também ser o resultado de certa necessidade de organização corporativa.

Em b. *Sukka* 28ª e b.B. B. 134ª, faz-se menção de "fábulas dos pisoeiros e das raposas". Delitzsch conclui que a organização de profissões "constituía um meio de vida; cada um tinha suas idéias, traçadas de modo particular, e somente aqueles a quem elas eram familiares podiam compreendê-las" [156]. Essa opinião é fácil de conceber em função do contexto. Como vimos acima [157], os médicos de Jerusalém tinham seus métodos pessoais de assistência aos doentes. Aqueles que preparavam para o Templo os pães da proposição e os perfumes a queimar [158] possuíam certos segredos de fabricação conservados de maneira muito estrita.

Se os *ṭarsiyyîm* [159] figuravam em Jerusalém como tecelões de arte ou então como fundidores de cobre ou ainda como fabricantes de vestes de Tarso (o que nos parece inviável na passagem que se refere a eles, entretanto não podemos duvidar de que a palavra existisse com esses significados), uma sinagoga endossa esta profissão em Jerusalém.

A organização das profissões exprimia-se, antes de tudo, pelo seu agrupamento local; tudo faz crer que daí resultava uma organização corporativa.

2. Organização de profissões dedicadas à construção do templo e para o culto

a. *A construção do Templo*

"Quarenta e seis anos foram precisos para se construir este Templo, e tu pretendes levantá-lo em três dias!",

156. Delitzsch, *Jüd. Handwerkerleben,* 37.
157. *Supra,* p. 29.
158. *Yoma* III 2.
159. *Supra,* p. 13, n. 14.

dizem os judeus a Jesus (cf. Jo 2,20) por volta do ano 27. Nesta data, o trabalho não estava ainda concluído. Herodes começara novas construções em 20-19 antes de nossa era [160]. Somente em 62-64 d.C., no tempo do governador Albino [161], é que o Templo ficou definitivamente terminado. Eis as alterações: elevação do edifício do Santuário de 60 para 100 côvados; restauração do adro sagrado interior; construção de uma grande porta entre o átrio das mulheres e o dos israelitas; ampliação do adro exterior para o norte e para o sul, graças a gigantescos embasamentos; decoração com pórticos em torno de toda a esplanada do Templo [162]. Pouco tempo após o término das novas construções e ainda antes do início da revolta de 66, foi empreendida uma nova série de trabalhos, talvez por solicitude social em relação aos operários do Templo, desempregados [163]. O edifício do santuário deveria ser provido de novos embasamentos e alteado em 20 côvados. A madeira para a construção já tinha sido trazida do Líbano e preparada [164], quando, em 66, a revolta explodiu contra os romanos.

Segundo o cálculo que nos chega, mais de 18.000 trabalhadores viram-se sem recursos no fim das obras (62-64) [165]. No começo da construção foram contratados 10.000 operários leigos e 1.000 sacerdotes transformados em artesãos. Mesmo que se dê a Josefo o desconto de seu permanente exagero bem oriental, certo é que um exército de operários pôs-se à obra.

Especialmente canteiros, carpinteiros e artífices em ouro, prata e bronze ali trabalhavam. Para a construção dos edifícios sagrados, interditados aos leigos, foi preciso

160. Segundo *Ant.* XV 1, 1, § 380, o 18º ano de seu reino; segundo *B. j.* I 21, 1, § 401, o 15º ano. Herodes, o Grande, foi nomeado rei da Judéia em 40 a.C.; mas só em 37, com a tomada de Jerusalém é que, efetivamente, começou a exercer seu poder. De acordo com esses dados, havia uma dupla maneira de calcular os anos de seu reinado (*B. j.* I 33, 8, § 665; *Ant.* XVII 8, 1, § 190s).

161. *Ant.* XX 9, 7, § 219.

162. Schlatter, *Gesch. Isr.*, 240.

163. *Supra,* p. 23.

164. *B. j.* V 1, 5, § 36.

165. *Supra,* p. 23.

formar sacerdotes [166]; ensinavam a uns a talha ou lapidação das pedras, a outros, o ofício de carpinteiro.

Os *canteiros* deviam, de início, retirar seu material das pedreiras; dava-se mais valor aos blocos de maiores tamanhos. Não podemos crer, porém, em Josefo [167], quando nos fala de pedras com 45 côvados (23,625 m) de comprimento, 5 côvados (2,625 m) de altura e 6 côvados (3,15 m) de largura. O material era em parte precioso. Segundo b. *Sukka* 51[b], o Templo foi construído em mármore amarelo, preto e branco. A esplanada igualmente calçada com diferentes pedras [168]. Muitos *escultores* contribuíram também com seu trabalho. Tiveram de esculpir os capitéis das cento e sessenta e duas colunas coríntias da galeria meridional, dita "real" [169], talhar as balaustradas de pedra: umas, com três côvados de altura, separavam o adro interno do adro externo, somente acessível aos pagãos; as outras, com um côvado de altura, separavam, no adro interno os sacerdotes e o povo. Foi preciso também gravar as placas de advertência: eram colocadas de distância em distância sobre a balaustrada externa; redigidas em grego e latim, advertiam todos os não-judeus de que não podiam, sob pena de morte, transpor aquela balaustrada [170].

Os *carpinteiros* deviam preparar o madeiramento. Uma parte era de cedro [171] e os troncos vinham do Líbano. Os pórticos que rodeavam a esplanada do Templo eram recobertos de *lambris* da mesma madeira. Também o cedro foi utilizado para o embasamento do santuário.

Nos relatos de Josefo, mais ainda do que nos da Mishna, o Templo inteiro resplandecia de ouro. O Talmude adverte quanto a esses dados: "Além do mais, ele [Herodes] queria recobri-lo [o Templo] de ouro. Os sá-

166. *Ant.* XV 11, 2, § 390.
167. *B. j.* V 5, 6, § 224.
168. *B. j.* V. 5, 2, § 192.
169. *Ant.* XV 11, 5, § 414.
170. Uma dessas estelas de pedra com inscrição foi encontrada em 1871; ver. Ch. Clermont-Ganneau, "Une stèle du Temple de Jérusalem", na *Revue archéologique,* n. s. 23 (1872), 214-234 e 290-296; outra foi publicada em 1936, ver *CIJ* II, n. 1400.
171. *Mid.* III 5. 8; IV 5.

bios disseram-lhe: Deixe-o como está; é mais belo assim; assemelha-se às ondas do mar" [172]. Quando Josefo fala do aspecto do Templo, acha bom observar: "Mesmo onde não estava recoberto de ouro", diz ele explicitamente, "brilhava de modo a cegar" [173]. Embora aceitando as informações de Josefo com a reserva crítica necessária, um fato não deixa dúvidas: o Templo foi construído com a maior ostentação possível e abriu um vasto campo de atividade ao artesanato de arte, tanto no trabalho do ouro como no da prata e do bronze.

Para ter acesso ao Templo, não importa por que lado se viesse, era necessário passar sob pórticos recobertos de ouro e prata. Um único fazia exceção, conforme nos relata a Mishna, segundo Josefo: "Todas as portas eram recobertas de ouro, menos a Porta de Nicanor por ter-se aí realizado um milagre"; segundo outros, porque seu bronze brilhava (como o ouro) [174].

Penetremos mais ainda. No átrio das mulheres vemos lampadários de ouro, encimados por quatro taças do mesmo material [175]. Em uma das tesourarias [176], podemos ver as taças e os utensílios sacros de ouro e de prata [177]. Algumas dessas taças (*b^e^zîkîn*) não tinham pé [178]; sinal de que guardavam uma antiga tradição. Quanto aos objetos que serviam no Dia das Expiações, ostentavam alças de ouro; o rei Nonobaze de Adiabena encomendou-os [179].

172. b. *Sukka* 51^{b}.
173. *B. j.* V 5, 6, § 223.
174. *Mid.* II 3; cf. *B. j.* V 5, 3, § 201. Realmente, a Porta de Nicanor, entre o átrio das mulheres e o dos israelitas, era de bronze de Corinto (b. *Yoma* 38^{a}; Tos. *Yoma* II 4 [183, 20]). At 3, 2 dá-nos o nome dessa porta: "Porta Formosa"; confirma o fato de representar algo especial. A essas indicações corresponde a descrição de Josefo (*B. j.* V 5, 3s, § 201ss): nove portas, alizares e dentéis incluídos, inteiramente recobertas de ouro e prata; uma só era de bronze de Corinto e sobrepujava as outras em valor (*B. j.* V 5, 3, § 201). Por ocasião do incêndio das portas durante a tomada do Templo, seu revestimento fundiu e as partes de madeira foram também atingidas pelas chamas (*B. j.* VI 4, 2, § 232).
175. *Sukka* V 2.
176. Mc 12,41; Lc 21,1.
177. *Yoma* IV 4 e *passim.*
178. *Pes.* V 5; b. *Pes.* 64^{a}.
179. *Yoma* III 10.

O próprio edifício do Templo e seu interior exibiam o maior luxo. Segundo Josefo, a fachada, de 100 côvados quadrados (= 27,5 m^2) era recoberta de placas de ouro; igualmente a parede e a porta entre o vestíbulo e o santo [180]. Tos. *Men.* XIII 19 (535,27) mostra não haver exagero nessa descrição: o vestíbulo era inteiramente recoberto de placas áureas "de 100 côvados quadrados, grossas como um dinar de ouro". Sobre o telhado, setas do mesmo metal para afugentar os passarinhos, "proteção contra os corvos" [181]. No vestíbulo, correntes de ouro caíam das traves do teto [182]. Viam-se aí duas mesas, uma de mármore e outra de ouro [183], ouro maciço, conforme *B. j.* VI 8, 3, § 388. Encimando a entrada que levava do vestíbulo ao Santo, estendia-se uma vinha de ouro [184]; era incessantemente enriquecida graças aos dons de novos ornatos que os sacerdotes se encarregavam de pendurar [185]. Acima dessa entrada havia um espelho que refletia os raios do sol nascente através da porta principal (que não tinha batentes) [186]; doação da rainha Helena de Adiabena [187]. No vestíbulo achavam-se, sem dúvida, outras ofertas. Em tempos idos, Augusto e sua mulher ofereceram crateras de bronze [188] e outros dons [189]; seu genro Marcos Agripa também presenteara largamente [190].

O Santo, situado atrás do vestíbulo, continha peças raras de arte que se tornaram mais tarde a parte mais brilhante do cortejo triunfal de Tito [191], e a seguir depositadas num templo de Roma, ao lado dos mais belos objetos do mundo. Eram o maciço candelabro de sete braços, pesando dois talentos, e a mesa maciça dos pães da pro-

180. *B. j.* V 5, 4, § 207ss.
181. *Mid.* IV 6; *B. j.* V 5, 6, § 224.
182. *Mid.* III 8.
183. *Men.* XI 7.
184. *B. j.* V 5, 4, § 210.
185. *Mid.* III 8.
186. b. *Yoma* 37^b.
187. *Yoma* III 10.
188. *B. j.* V 13, 6, § 562.
189. Fílon, *Leg. ad Caium,* § 156 e 312ss.
190. *Ibid.,* § 296.
191. *B. j.* VII 5, 5, § 148s.

posição, pesando, igualmente, muitos talentos [192]. Alcançamos, finalmente, o Santo dos santos que está vazio; suas paredes são recobertas de ouro [193]. O ouro era, dizem, tão abundante em Jerusalém e especialmente no Templo que, após a tomada da cidade, uma imensa oferta desse metal invadiu toda a província da Síria (!); aconteceu que, no dizer de Josefo [194], "a libra de ouro passou a ser vendida pela metade do seu antigo preço"!

Um artesão de arte que inventou um mecanismo para as vascas do Templo, é explicitamente citado em *Tamid* I 4; III 8; *Yoma* III 10 e b. *Yoma* 37ª.

b. *O culto*

Durante os oitenta e dois a oitenta e quatro anos da restauração do Templo [195], o culto nunca foi interrompido, por uma hora sequer.

Entre os artesãos que garantiam as necessidades do culto, mencionemos, em primeiro lugar, aqueles que preparavam *os pães da proposição e os perfumes a serem queimados.* A preparação dos pães da proposição era confiada à família de Garmo [196]; além dos pães, a família estava incumbida de fazer os doces de forno para a oferenda cotidiana do sumo sacerdote [197]. A fabricação dos perfumes para queimar era hereditária na família de Entinos [198]. Chega a nosso conhecimento uma greve dessas duas famílias; o relato é composto de fragmentos [199]. Termina com a retomada do trabalho depois que o salário foi dobrado. Podemos, portanto, deduzir que se tratava de uma greve para reajuste salarial.

192. *C. Ap.* I 22. § 198; *B.j.* VI 8, 3, § 388; VII 5, 5, § 148; b. *Men.* 98ᵇ; ver o arco do triunfo de Tito na *sacra via* de Roma.
193. *Mid.* IV 1; *Sheq.* III 6 (178, 7), cf. Mishna *Sheq.* IV 4.
194. *B.j.* VI 6, 1, 317.
195. Ver *supra*, p. 34.
196. *Yoma* III, 11; *Sheq.* V, 1; *Tamid* III 3.
197. *Men.* XI 3; *Tamid* I 3; cf. Tos. *Yoma* II 5 (183, 25); Tos. *Men.* IX 2 (525, 31); b. *Zeb.* 96ª; *Mid.* I 6.
198. *Sheq.* V I; *Yoma* I 5; III 11; *Sheq.* IV 5.
199. b. *Yoma* 38ª.

Ainda se tornava necessário um cuidado constante com as *cortinas do Templo.* "Eleazar era o encarregado de [mandar confeccionar novas] cortinas [quando preciso]", dizem em *Sheq.* V 1, numa lista de altos funcionários do Templo. Todos os anos determinados tecelões de arte e fabricantes de malhas deviam confeccionar duas das cortinas do santuário, com 20 côvados de largura por 40 de comprimento. Segundo b. *Yoma* 54ª e b. *Ket.* 106ª, essas cortinas encontravam-se penduradas em treze lugares diferentes. Cada uma delas era tecida com 72 tranças de 24 fios e em 6 cores [200]. Segundo a Mishna [201], 82 jovens confeccionam cada ano duas cortinas [202].

Alguns *ourives* tiveram trabalho durante a construção do Templo e depois, foram continuamente solicitados. Segundo *Sheq.* IV 4, compravam placas de ouro com o excedente da taxa cada ano paga pelos judeus do mundo inteiro sob a forma de imposto da didracma [203]; segundo Tos. *Sheq.* I 8 (174, 13), o mesmo emprego era reservado ao suplemento que se devia pagar no momento em que se trocava dinheiro para outros fins alheios às prescrições [204]. Essas placas de ouro serviam para o revestimento do Santo dos santos.

Um *encarregado das fontes* [205] era responsável pelo fornecimento da água no Templo.

Precisamos mencionar também o *médico do Templo* [206]. Devia intervir quando os sacerdotes se feriam durante o serviço [207]. Dois fatos indicam quão intenso deveria ser seu trabalho. Os sacerdotes tinham de caminhar, pés descalços, sobre as lajes da esplanada do Templo, mesmo no inverno. Adoeciam, portanto, com freqüência.

200. *Sheq.* V 1; b. *Yoma* 71ᵇ; Tos. *Sheq.* III 13 (178, 20). — *B. j.* V 5, 4, § 212s: 4 cores.

201. *Sheq.* VIII 5; (variantes), cf. b. *Ket.* 106ª; j. *Sheq.* VIII 4, 51ᵇ 13 (III/2, 320).

202. Para a crítica, ver *infra,* p. 54, n. 48.

203. Ex 30,13; Mt 17,24-27; *Ant.* III 8, 2, § 194; XVIII 9, 1, § 312; *B. j.* V 5, 1 § 187; VII 6, 6, § 218; Mishna e Tosefta, tratado *Sheqalim,* Fílon, *De spec. leg.* I, § 77s e *passim.*

204. *Sheq.* I 6s.

205. *Sheq.* V, 1.

206. *Sheq.* V 1; *Sheq.* V 2, 48ᵈ 26 (III/2, 293).

207. *'Er.* X 13s.

Além do mais, alimentavam-se constantemente de carne e só bebiam água, pois o vinho lhes era interditado; todas essas circunstâncias causavam-lhes sérias perturbações na saúde [208].

Era ainda indispensável a presença de *barbeiros* no Templo. A cerimônia dos votos de nazir, da consagração dos levitas e da purificação após a cura da lepra supõem o quanto eram necessários.

c. *A organização dos operários no Templo*

O Templo constituía assim o centro de uma colônia de profissões, especialmente durante a sua reconstrução, mas também durante o serviço litúrgico contínuo; com o tempo, sólidas tradições se tinham constituído. O trabalho era feito por empreitada. Uma medida de precaução devia proteger o santuário contra os abusos; utilizavam-se duas medidas diferentes de cumprimento, uma na distribuição dos trabalhos, a outra na sua entrega [209].

Os salários eram altos; a propósito da greve por um aumento [210], citam-se algarismos fantásticos. Os operários sempre eram pagos no ato, mesmo quando tivessem trabalhado apenas uma hora [211]. O tesouro do Templo era obrigado a suprir as necessidades dos operários vítimas do desemprego. Foi certamente com esta finalidade que, após os trabalhos de restauração do Templo, empreendeu-se a pavimentação das ruas de Jerusalém [212]. A decisão, pouco tempo depois, dessa nova iniciativa, deve ter sido pelo mesmo motivo [213]. Graças às condições favoráveis de salário, os operários do Templo eram os que gozavam melhor posição dentre os trabalhadores da cidade.

Pertencer a determinadas corporações dedicadas ao culto do Templo fortalece o privilégio de algumas famí-

208. *Sheq.* V 1; j. *Sheq.* V 2, 48^{d} 26 (III/2, 293).
209. *Kel.* XVIII 9; cf. *supra*, p. ...
210. *Supra,* p. 40.
211. *Ant.* XX 9, 7, § 220.
212. *Supra,* p. 23.
213. *Supra,* p. 24.

lias; as profissões se transmitiam de pai para filho: entre essas, a preparação dos pães da proposição e a dos perfumes para queimar[214].

B. INFLUÊNCIA DAS CARACTERÍSTICAS DE JERUSALÉM SOBRE AS PROFISSÕES

1) *A situação da cidade*

Jerusalém foi vista por nós[215] como integrada à província da Síria, na medida em que as principais profissões dessa província também figuravam entre as mais importantes daquela cidade.

Entretanto, a Cidade Santa se distinguia de maneira fundamental de todas as outras grandes cidades da província: situava-se numa região realmente desfavorável às profissões. A pedra era a única matéria-prima encontrada com abundância nas cercanias. Nas montanhas da Judéia, os rebanhos forneciam lã e peles, e os oliveirais, madeira e azeitonas. Apenas isso. A maioria das matérias-primas faltava. A carência dos metais e minérios ricos era total e de má qualidade a argila fornecida pela redondeza. Faltava, sobretudo, água. Jerusalém dispunha de uma única fonte de certa importância, a de Siloé, no sul da cidade. Na época da seca, precisavam comprá-la[216] dos vendedores ambulantes e mesmo em tempos normais o uso da água das cisternas tinha de ser parcimonioso ou fazê-la vir de longe pelos aquedutos. Um fato prova a que ponto a situação de Jerusalém mostrava-se pouco propícia ao desenvolvimento das profissões: ao longo de sua história não encontramos uma única profissão cujos produtos seriam uma especialidade local.

214. *Supra,* 39.
215. *Supra,* pp. 11-19.
216. *Supra,* p. 17.

2) *Importância política e religiosa da cidade*

A despeito dessa situação desfavorável, o Pseudo--Aristeu, § 114, diz que a cidade era "rica em profissões"; com razão dá-lhe esse qualificativo. Precisamente por causa de suas condições desfavoráveis, Jerusalém, cidade no tempo de Jesus com 25.000 habitantes aproximadamente (ver mais abaixo, na p. 120s), precisava estabelecer um comércio ativo visto ter de importar as matérias-primas. Jerusalém mantinha, pois, menores transações com países longínquos do que com as regiões vizinhas.

De que meios, de que recursos dispunha a cidade para financiar este comércio? Procuraremos reunir os principais elementos.

a) Em primeiro lugar figuram as imensas receitas do Templo. Compõem-se de dons que afluem do mundo inteiro, de taxas previstas pela Lei sob forma do imposto da didracma [217], do comércio das vítimas, do cumprimento dos votos, da entrega da lenha etc., além dos rendimentos de seus imóveis. Em contrapartida, as despesas eram imensas, de modo especial no tocante aos trabalhos da construção do Templo.

b) O afluxo de estrangeiros habilitava a cidade com outra fonte de renda e particularmente importante por ocasião das peregrinações durante as festas. Todo israelita piedoso tinha de gastar em Jerusalém um décimo do rendimento de sua terra; é o que se chamava o segundo dízimo [218].

c) Cabe ainda mencionar o rendimento dos impostos, pelo menos durante os períodos em que os senhores independentes residiam em Jerusalém (até 6 d.C., Arquelau; 41-44 d.C., Agripa I). Segundo Josefo, Arquelau arrecadava, anualmente, da Iduméia, Judéia e Samaria seis milhões de dracmas *(Ant.* XVII II, 4 § 320); de seu reino, muito maior, Agripa recolhia doze milhões de dracmas

217. *Supra,* p. 40.
218. *Ma'ăśér šénî,* cf. *infra,* p. 69, n. 151.

(XIX 8, 2, § 352). A parte mais substancial dessas quantias [219] pode certamente ter sido empregada em Jerusalém no sustento da corte e para as construções.

d) Precisamos lembrar ainda que Jerusalém atraía homens que possuíam grandes capitais; importantes negociantes, coletores de impostos, judeus da diáspora que se tornaram ricos; mais de um aí se fixavam por convicção religiosa.

Esses sólidos rendimentos bastavam para assegurar as importações. Por sua vez, a própria cidade fabricava, além de artigos de uso diário, produtos de luxo como ungüentos e mercadorias semelhantes. O "frasco de alabastro contendo um nardo de alto preço", mencionado por ocasião da unção de Jesus em Betânia (Mc 14,3) continha, sem dúvida, um produto da cidade.

Este rápido esboço nos mostra que a importância política e sobretudo a função religiosa é que deram desenvolvimento às profissões de toda espécie.

Em todas as épocas — ver as narrativas do Antigo Testamento relativas ao rei Salomão —, o prazer de construir e a vaidade da ostentação desenvolveram a indústria da construção e as profissões de arte na capital. Durante esse período de que nos ocupamos, Jerusalém foi capital apenas por pouco tempo: de 41 a 44 d.C., sob Agripa I. Mas os membros da família herodiana (por exemplo, Herodes Antipas [Lc 23,7] e Agripa II) vinham à cidade por ocasião das festas, visto nela não habitarem permanentemente [220]. Sentiam-se, porém, pertencentes a Jerusalém; a prova está no fato de Agripa II fazer novas construções no palácio dos asmoneus.

O pessoal da corte e os detentores do capital nacional estabelecidos em Jerusalém criaram uma série de ne-

219. Para avaliar o poder de aquisição destas quantias, ver adiante os dados sobre os salários dos operários (p. 159) e o preço dos gêneros (pp. 170-175).

220. *B. j.* IV 3, 4, § 140s indica, quanto a Jerusalém, dois homens da família real; já *B. j. ibid.*, refere-se a um homem da família real a quem, visto o seu prestígio, haviam confiado as finanças públicas; cf. Fílon, *Leg. ad Caium*, § 278.

cessidades para sua vida de pessoas civilizadas; favoreciam assim as profissões que fabricavam artigos de luxo.

Mais do que a importância política, prevalecia a importância religiosa: Jerusalém era a cidade do Templo. O fato de residir na cidade santa impunha, sem dúvida, determinadas obrigações. Observavam-se aí, de modo mais escrupuloso do que em qualquer outro lugar, as severas prescrições relativas à observância do sábado (ver o tratado *Shabbat* da Mishna) que excluía qualquer trabalho. E em Jerusalém as prescrições de pureza legal, que acarretavam tantos inconvenientes para a vida diária [221], representaram um papel diferente do das cidades onde viviam muitos pagãos.

Entretanto, as vantagens que o Templo oferecia aos trabalhadores pesavam incomparavelmente mais. Com os fundos do Templo pagava-se a manutenção dos edifícios da cidade [222], os cuidados com sua limpeza [223], a pavimentação das ruas [224] e talvez também o serviço de água [225].

A importância do Templo fazia-se porém sentir além dos limites da cidade. Desde a reforma do rei Josias (621 a.C.) que centralizou o culto em Jerusalém, segundo as prescrições do Deuteronômio, o único santuário dos judeus achava-se em Jerusalém. A importância do templo de Onias em Leontópolis (170 a.C. — 73 d.C.) foi tão insignificante que, realmente, o Templo de Jerusalém continuou sendo o único santuário judaico do mundo. Os peregrinos de todo o orbe lá iam três vezes por ano. Entre esses peregrinos encontravam-se pessoas ricas como o ministro das finanças da rainha de Etiópia (At 8,27), e membros da família real de Adiabena, cujos enormes projetos de construção [226] tanto favoreceram esse gênero de atividade. Os peregrinos constituíam uma grande fonte de renda. Ao comprarem presentes para o Templo, davam pos-

221. Mishna, os 12 tratados da VI parte, *Tohorot*.
222. *Supra*, p. 27.
223. *Supra*, p. 28.
224. *Supra*, p. 23.
225. *Supra*, p. 28.
226. *Supra*, p. 24.

sibilidades de ganho aos seus artífices [227]. Eram esses peregrinos que faziam viver a indústria de lembranças locais [228].

Mas o fator principal media-se pelo Templo, como centro de uma colônia de profissões. Um exército de operários trabalhou na sua construção; o culto mantinha incessantemente um grupo de pessoas a seu serviço. Curioso o resultado desta circunstância: a situação da cidade era inteiramente desfavorável ao desenvolvimento das profissões; entretanto, dada a sua importância econômica, política e religiosa, conseguiu incentivá-las tornando-as prósperas.

227. *Supra,* p. 38.
228. *Supra,* p. 18.

Capítulo II

O COMÉRCIO

A. INFORMAÇÕES SOBRE O COMÉRCIO DE JERUSALÉM

1. Generalidades

O nível atingido por Jerusalém antes de 70 d.C. no desenvolvimento da circulação dos produtos, é, em geral, o de uma economia urbana. Temos de aceitar essa expressão no sentido em que a apresenta Bücher [1] (etapa em que os bens passam diretamente da produção econômica aos consumidores), e no sentido que lhe dá Schmoller [2] (etapa em que a cidade é detentora da organização econômica).

A profissão de comerciante foi sempre altamente valorizada. Os próprios sacerdotes comerciavam: Tos. *Terum.* X 9 (43, 4) e j. *Pea* I 6, 16^c^ 53(II/ 1, 28) falam de uma loja mantida por um deles. No que se refere a Jerusalém, Tos. *Beṣa* III 8 (205, 26) menciona dois doutores, Eleazar ben Sadoc e Abba Shaul, filhos da Batanéia, que ali foram comerciantes "durante toda a sua vida" [3]. A família pontifícia também praticava um comércio florescente [4].

Tentaremos esboçar a trajetória de um produto comercial em direção a Jerusalém e no interior da cidade.

1. C. Bücher, *Die Entstehung der Volkswirtschaft,* 8ª ed., Tübingen, 1911.

2. G. Schmoller, *Grundriss der allgemeinem Volkswirtschaftslehre,* II, Leipzig, 1904.

3. R. Eléazar (ben Sadoc), o Ancião, deve ter nascido pouco depois de 35 a.C. Era, com efeito, muito jovem no tempo de Agripa I (41-44) e estudava a Torá por ocasião da fome que grassou entre 45 e 50 (ver *infra,* p. 170). Abba Shaul ben Batnit vivia igualmente em Jerusalém antes da destruição do Templo; assim se deduz que, dada a sua reta consciência, ele entregava a espuma do vinho ao tesoureiro do Templo (b. *Beṣa* 29ª bar.).

4. *Infra,* p. 71s.

Caravanas de camelos, por vezes importantes [5], traziam de longe, para aquela cidade, artigos comerciais. Para o comércio com as regiões próximas, utilizavam-se jumentos como animais de carga [6]. Visto o habitual mau estado dos caminhos, os carrinhos de mão só eram utilizados para curtas distâncias. Herodes mandou fabricar mil, a fim de transportar as pedras destinadas à construção do Templo [7]. Os camponeses traziam, eles mesmos, para a cidade, os produtos das cercanias.

A segurança das estradas era questão vital para o comércio. Herodes tomara medidas enérgicas, com o intuito de reprimir o banditismo que reinava então. Cuidara de garantir a tranqüilidade no interior do país e rechaçar para suas fronteiras as tribos do deserto que constituíam permanente ameaça. Nos decênios seguintes o governo romano também se preocupou com a proteção do comércio. Já em época primitiva, existia um plano de defesa contra o povo do deserto; Paul Karge o observou [8]. Sob Trajano, os romanos o retomaram, erguendo os *limes* [9]. Entretanto, a literatura rabínica menciona repetidamente as façanhas dos salteadores [10], o que nos dá idéia de quão freqüentes eram os casos de banditismo. No que diz respeito a Jerusalém, ouvimos falar de alguns que teriam ocorrido, e da necessidade de combater os assaltantes.

Chegado são e salvo ao mercado de Jerusalém, o comerciante devia então pagar sua taxa ao cobrador encarregado da alfândega do mercado de Jerusalém [11]. Esses cobradores eram, na maioria, judeus, conforme nos mostram os evangelhos. Exigiam de modo inexorável o pagamento

5. *Lam. R.* 1, 2 sobre 1, 1 (18ª 29) menciona uma caravana de 200 camelos dirigindo-se para Jerusalém, passando por Tiro.
6. *Demay* IV 7.
7. *Ant.* XV II, 2, § 390.
8. Paul Karge, *Rephaim, Collectanea Hierosolymitana* 1, Paderborn, 1917.
9. Guthe, *Griech.-röm. Städte,* 33ss.
10. *Ber,* I 3; *Shab.* II 5; *B. Q.* VI 1 e *passim*; cf. Levy, *Wörterbuch,* II, 503s e S. Krauss, *Griechische und lateinische Lehnwörter im Talmud, Midrasch und Targum* II, Berlim, 1899 (reimpresso, Hildesheim, 1964), 315s.
11. *Ant.* XVII 8, 4, § 205: "A alfândega cobrada sobre compras e vendas".

das contribuições. Entretanto, um alijamento se produziu a partir do ano 37 d.C.: o governador Vitélio suprimiu as taxas sobre a venda das colheitas [12].

Após ter pago a alfândega, encaminhavam-se para o bazar correspondente à mercadoria em questão. Havia diversos mercados: o de cereais, de frutas e legumes, de gado, de madeira. Existia um mercado de gado gordo e mesmo um estrado de pedra para a venda pública de escravos onde eram expostos até aparecer algum comprador. Os mercadores atraíam a clientela, exaltando seus produtos e a levavam a comprar, apregoando em altas vozes; no que diz respeito a Jerusalém, b. *Pes.* 116 confirma esse fato de modo explícito. No momento da compra toda a atenção no peso era pouca, pois, Jerusalém tinha seu sistema próprio. Naquela cidade, contava-se, de preferência, por *qab* e não, como noutros lugares, por "décimos" [13]. Além de tudo, essa medida do *qab* tinha, manifestamente, um valor particular; em todo caso, b. *Yoma* 44^{b} refere-se ao *qab* de Jerusalém. A medida de capacidade superior, a *s^{e}'ah,* era, na capital, um quinto maior do que a "do deserto"; em contrapartida, um sexto menor que o *s^{e}'ah* de Séforis [14]. Para o ajuste das contas, mercadores e peregrinos podiam trocar nos cambistas [15] o dinheiro estrangeiro que traziam. Ao que se diz, Jerusalém tinha, igualmente, uma moeda própria. Tos. *M. Sh.* II 4 (88,16) fala de *ma'ah* de Jerusalém; j. *Ket.* I 2, 25^{b} 10 (V/1, 7s) de *sela'* de Jerusalém. *Bek* VIII 7 e Tos. *Ket.* XIII 3 (275-22) estabelecem a equivalência entre uma moeda de prata de Jerusalém e uma de Tiro. É estranho à primeira vista. O fato se explica quando se lê a seguinte observação tanaíta: "Que vem a ser uma moeda de Jerusalém? (Uma moeda que mostra) Davi e Sh^{e}lômô (Salomão) de um lado, Jerusalém do outro" [16]. Trata-se de moedas de prata cunhadas em Jerusalém no quarto ano da Primeira Revolta (68/69 d.C.). Traz no anverso *sheqel Yiśra'el shd,* no reverso "Jerusalém

12. *Ant.* XVIII 4, 3, § 90.
13. *Men.* VII 1-2; Tos. *Men.* VIII 16 (524, 16).
14. *Men.* VII 1; b. *'Er.* 83^{a-b}; Tos. *'Ed.* I 2 (454, 31).
15. *'Ed.* I 9-10; *Sheq.* I 3.
16. b. *B. Q.* 97^{b}.

[cidade] santa"[17]. Tomavam *shd* no sentido de "Sh(ᵉlômô e) D(avid em vez de *shᵉnat 'arba'* "ano quatro"[18].

Além das prescrições relativas à santificação do sábado, válidas de modo geral, e das prescrições sobre as relações comerciais com os pagãos, certos convênios particulares estavam em vigor em Jerusalém para as transações comerciais; b. *B. Q.* 82ᵇ cita um deles, relativo à venda de casas. Exerciam, antes de tudo, uma rígida vigilância quanto à importação de gado impuro, de carne e de peles impuras. Da época imediatamente posterior a 198 a.C. conservamos um edito do rei selêucida Antíoco III, o Grande[19]. Quando não houvesse impedimento de ordem cultual para a transação comercial, era preciso então fixar o preço. Cidade grande, Jerusalém mantinha preços altos. *Ma'as* II 5 apresenta-nos um caso significativo. Segundo esse texto, compravam-se em Jerusalém três ou quatro figos por um as. Em compensação, fora da cidade, podia-se obter 10 ou 20 pelo mesmo preço (*Ma'as* II 6). Nos arredores de Jerusalém os terrenos eram especialmente caros; j. *Yoma* IV, 41ᵇ49 (III/2, 201) o supõe[20].

A polícia vigiava pela ordem do comércio. O Talmude cita os encarregados do mercado[21], os que fixam as taxas[22] e seus vigias[23]. Chega a nós, vinda de Jerusalém, uma decisão[24] de um dos três "juízes criminais" sobre uma questão de direito comercial: tratava-se de saber se, por ocasião da venda de um asno, o arreio estava incluído. Contam-nos ainda um caso de fixação, de modo indireto, do teto dos preços da parte de Shimeon, filho de Gamaliel I, mestre de Paulo (At 22,3); esse Shimeon era conhecido no tempo da guerra judaica como membro importante do

17. A. Reifenberg, *Ancient Jewish Coins,* 2ª ed., Jerusalém, 1947, 58 e pl. X 143.

18. L. Goldschmidt, *Der babylonische Talmud neu übertragen,* vol. VII, Berlim, 1933 = 1964, 337, n. 103.

19. *Ant.* XII 3, 4, § 146; ver *infra,* p. 68.

20. Cf. Levy, *Wörterbuch,* II, 369 b em *kesep,* e *infra,* p. 71.

21. j. *B. B.* V 11 15ª 61 (VI/1, 194); Tos. *Kel. B. Q.* VI 19 (576, 31); j. *Demay* II I, 22ᶜ 21 (II/1, 140).

22. b. *'A. Z.* 58ª; b. *B. Q.* 98ª.

23. b. *B. B.* 89ª.

24. *B. B.* V 2.

Sinédrio [25]. "Uma vez em Jerusalém, dois *qinnîm* [ninhos; neste caso dois pássaros para o sacrifício, cf. por exemplo, Lc 2,24, apresentação de Jesus no Templo] chegaram a custar um denário de ouro [cada um]. Então, Rabban Shimeon, filho de Gamaliel, declarou: 'Por esta morada [o Templo]! Não dormirei esta noite antes de tê-los feito baixar a um denário [de prata]'. Encaminhou-se, pois, para o tribunal e determinou: em certos casos, é suficiente, em lugar de cinco sacrifícios de pássaros, trazer um só [temia ele que os pobres, em conseqüência do preço elevado, não pudessem oferecer sacrifícios]. No mesmo dia os dois *qinnîm* baixaram para 1/4 de denário [de prata] cada um" [26]. Um denário de ouro vale 25 denários de prata; segundo este relato da Mishna, a decisão do Sinédrio acarretou, pois, uma diminuição de 100 para 1.

Vejamos ainda o próprio mercador! Os produtos das cidades vizinhas passavam diretamente do produtor aos consumidores. E, na Palestina de então, praticava-se, mesmo com freqüência, o sistema de troca [27]. O Midraxe conta um caso sucedido em Jerusalém: "Uma mulher disse ao marido: pega um colar ou uma argola de nariz; vai ao mercado e traz-nos em troca qualquer coisa para comer" [28]. Não podemos, todavia, tirar uma conclusão segura desse relato; trata-se, com efeito, de uma situação particular durante o cerco dos romanos em 70 d.C.

Surgem ainda circunstâncias diversas quando, por exemplo, existe um único intermediário; nesse caso os lojistas [29] ou os vendedores a varejo. Acontecia mesmo que particulares fizessem suas transações comerciais. Certa vez, um alfaiate de Jerusalém comprou no leilão de uma caravana, grande quantidade de pimenta para revendê-la a um colega de trabalho que se encarregou de distribuí-la [30].

Em j. *Pes.* X 3, 37^d 9 (III/2, 150), há referências a mercadores ambulantes em Jerusalém que vendiam especia-

25. Deve ter havido influência da assembléia governamental: *Vita* 38s, § 189ss.
26. *Ker.* I 7.
27. Krauss, *Talm. Arch.*, II, 351, com provas.
28. *Lam. R.* 2, 20 sobre 2, 12 (48^a 1).
29. Tos. *Beṣa* III 8 (205, 27).
30. *Lam. R.* I, 2 sobre 1, 1 (18^b 4).

rias; em passagem paralela b. *Pes.* 116ª, são chamados *taggerê ḥărak*, "mercadores de grãos torrados"[31].

Há também os grandes negociantes; podemos vê-los como homens que tinham empregados e viajavam. Eram eles, principalmente, que se serviam em Jerusalém do vestíbulo para o acerto das contas[32]. Evidentemente, aí também eram feitas transações de grande vulto. Após o término de altos negócios, acontecia, conforme dizem, que, no ajuste das especulações, um deles saía perdendo toda a sua fortuna[33].

Os mercadores de Jerusalém mostravam-se muito prudentes na hora de acertar as contas; nada assinavam antes de saber quais eram os consignatários[34].

2. O comércio com países distantes

Após esse esboço, examinaremos, sucessivamente, os diferentes artigos comerciais. De início, trataremos do comércio com países distantes, a começar pela Grécia.

A influência da *Grécia*, diretamente ou por intermédio da civilização helenística em geral sobre o comércio palestinense, sempre se mostrou extremamente forte. Temos a prova no grande número de palavras emprestadas do grego, já contidas na Mishna; referem-se a todos os setores da vida cotidiana e, em primeiro lugar, aos do comércio. Encontramos também, mas em menor número, palavras latinas[35]. Como a influência de Jerusalém dentro

31. Cf. *infra*, p. 147, n. 26. Numa variante se lê *taggerê ha-dak*, "mercadores de produtos moídos". Uma conjectura assinalada por Krauss, *Talm. Arch.* II, 688, n. 314 propõe *taggerê ḥaran* "negociantes de Haran". Nesse caso, trata-se da presença, em Jerusalém, de mercadores vindos de Ḥaran, na Mesopotâmia (os romanos chamavam a cidade Carrhae); importavam, sem dúvida, especiarias da Mesopotâmia.

32. *Pesiqta rabbati* 41, 173ª 7.

33. *Ex. R.* 54, 4 sobre 39, 32 (116ᵇ 17). Segundo este texto, a construção situava-se fora de Jerusalém, a fim de que não houvesse confusões dentro da cidade em caso de grandes perdas. Em Jerusalém, com efeito, é preciso ser alegre. — Mesma coisa em *Lam. R.* 2, 24 sobre 2, 15 48ᵇ 12), com alusão ao Sl 48,3: "Alegria para a terra inteira". Não podemos atribuir nenhum valor histórico a essa especulação.

34. *Lam. R.* 4, 4 sobre 4, 2 (57ª 8).

35. Schürer, II, 71ss.

da Judéia era predominante, temos de perceber, no período antes de 70 d.C., a influência estrangeira concentrada principalmente em Jerusalém. De certo modo, foi a corte de Herodes que a introduziu na cidade.

À guisa de minúcias sobre o comércio com a Grécia, não podemos deixar de assinalar que na época de Hircano II (76-67, 63-40 a.C.), muitos mercadores atenienses viviam em Jerusalém. Tal fato explica, sem dúvida, o sentido da frase que lemos, segundo a qual alguns atenienses achavam-se em Jerusalém para assuntos privados e não somente a título oficial. Essa circunstância deve ter estabelecido relações duradouras e um intenso tráfico; sem isso, Hircano II não teria recebido como presente a coroa de ouro de Atenas em sinal de reconhecimento, e sua estátua não teria sido erigida naquela cidade [36]. Segundo os testemunhos concordes de Josefo e do Talmude, a porta mais valiosa do Templo era de bronze de Corinto [37].

Pouco antes de 66 d.C., Agripa II, de acordo com o povo e os sacerdotes em exercício, resolveu construir novos embasamentos no santuário e levantá-lo 20 côvados. Com grande despesa importou a madeira do *Líbano*, exigindo que só mandassem troncos bem retos [38]. Também do Líbano veio a madeira de cedro para os *lambris* dos pórticos [39] e dos matadouros [40].

A principal indústria de *Sídon* era a vidraria [41]. *Kel.* IV 3 menciona os pratos e copos de Sídon. Um hierosolimitano, Yosé ben Yoḥanan, decretou, com Yosé ben Yoézer de Serada, que os utensílios de vidro seriam suscetíveis de tornarem-se ritualmente impuros [42]. Esses dois homens figuram, por volta de 150 a.C., entre os mais antigos escribas mencionados no Talmude; a importação do vidro em Jerusalém começou, portanto, muito cedo.

36. *Ant.* XIV 8, 5, § 153.
37. *Supra,* p. 37.
38. *B. j.* V I, 5, § 36.
39. *B. j.* V 5, 2, § 190.
40. *Mid.* III 5; quanto à madeira de cedro como material para o Templo, ver também *Mid.* III 8; IV 5.
41. Schürer, II, 81, n. 229.
42. b. *Shab.* 14^{b}; j. *Shab.* I 7, 3^{d} 37 (III/1, 20); cf. j. *Ket.* VIII 11, 32^{c} 4 V/1, 110).

Já encontramos [43] vendedores de peixes e outros mercadores de *Tiro*; comerciavam suas mercadorias no norte da cidade. Como Sídon, Tiro era afamada pelos seus vidros preciosos e pela púrpura.

Avalia-se por vezes a moeda de Jerusalém segundo o valor da moeda de Tiro [44], o que faz supor relações comerciais entre as duas cidades. Segundo Tos. *Ket.* XIII 3 (275, 22) e, freqüentemente, o padrão monetário de Jerusalém correspondia ao de Tiro. A predominância do padrão de Tiro explica-se pelas relações comerciais intensas, mas também pelo fato de somente o valor de Tiro ter curso no Templo.

Escravos de ambos os sexos vinham principalmente da Síria, passando por Tiro; muitas vezes chegavam de mais longe e passavam, como mercadoria em trânsito, pelo grande mercado de escravos em Tiro. A importação dessa classe representou papel considerável: havia em Jerusalém uma pedra onde os expunham para a venda pública [45]. Não raro, Josefo fala de escravos dos dois sexos, especialmente a propósito da corte de Herodes, o Grande. Também a literatura rabínica faz deles freqüentes referências; lemos, por exemplo, que um ateniense comprou um escravo em Jerusalém [46].

Por ocasião de uma fome que grassou na Palestina, a rainha Helena de Adiabena mandou vir de *Chipre* grande carga de figos frescos [47].

A *Babilônia* fornecia tecidos valiosos: jacinto, escarlate, bisso, púrpura. Utilizavam-nos, por exemplo, para o véu do Santo [48] e para a tiara do sumo sacerdote [49]. As vestes do sacerdote em exercício eram de bisso [50], material

43. *Supra*, p. 33; Ne 13,16.
44. *Supra*, p. 49; Tos. *Ket.* XIII 3 (275, 22) e *passim*.
45. *Sifra* Lv 42 (55 c 220, 16); *Sifre* Dt 3,23, § 26 (31ᶜ 124, 11); Krauss *Talm. Arch.*, II, 362.
46. *Lam. R.* 1, 13 sobre 1, 1 (22ª 1).
47. *Ant.* XX 2, 5, § 51.
48. *B. j.* V 5, 4, § 212s; essa indicação é mais digna de fé do que os relatos talmúdicos sobre a confecção desses véus em Jerusalém por 82 jovens, cf. *Supra*, p. 40. Pode-se, porém, pensar em reparações ou outros trabalhos feitos no local.
49. *B. j.* V 5, 7, § 235.
50. *Ibid.*, § 229.

largamente empregado na liturgia do Dia da Expiação; entre o sacerdote e o povo estendiam-se metros de bisso [51]. Havia ainda no Templo grandes reservas de tecidos de púrpura e escarlate para as cortinas [52]. Lc 16,19 menciona a púrpura e o bisso como trajes de pessoas de posses. O tirano Simão, em Jerusalém, por ocasião de sua tentativa de fuga [53], revestiu-se de um manto de púrpura com o fito de amedrontar os soldados romanos [54]. Na cena do evangelho que descreve as zombarias dos soldados romanos, lemos que esses jogaram sobre Jesus uma capa (a capa escarlate de Mt 27,28). Convém observar que não era de púrpura, e sim, de cor escarlate.

Se, em b. *Pes.* 116ª, a retificação de Krauss é exata [55], importavam-se especiarias da Mesopotâmia. Confere com um dado fornecido pelo Midraxe: uma caravana de duzentos camelos passa por Tiro e segue para Jerusalém com um carregamento de pimenta" [56].

Quanto às relações com a *Pérsia,* temos uma indicação no baixo-relevo da porta oriental do Templo; por curioso que pareça, representava a cidade de Susa [57]; podemos supor que se tratasse de um presente votivo.

O Templo importava tecidos até mesmo da *Índia.* "Na noite [do Dia da expiação] o sumo sacerdote apresentava-se vestido de tecido das Índias [58].

Foram sempre muito intensas as relações comerciais com o Oriente, sobretudo com a *Arábia*: "Os árabes trazem para o país grande quantidade de arômatas [mais exatamente, matérias-primas para a fabricação dos perfumes em Jerusalém, como comentamos acima, p. 17], de pedras preciosas e de ouro [59]. Já no Antigo Testamento, há alusão ao incenso da Arábia [60]. Os perfumes queimados

51. *Yoma* III 4.
52. *B. j.* VI 8, 3, § 390.
53. *Supra,* p. 25.
54. *B. j.* VII 2, 2, § 29.
55. Ver *supra,* p. 51, n. 31.
56. *Lam. R.* 1, 2 sobre 1, 1, (18ª 29).
57. *Kel.* XVII 9.
58. *Yoma* III 7.
59. Pseudo-Aristeu, § 114.
60. Is 60,6; Jr 6,20.

no Templo vinham, em grande parte, do deserto [61]. O cinamomo e a cássia são indicados como perfumes para o Templo em *B. j.* VI 8, 3, § 390; são duas plantas de clima tropical e sub-tropical. O Pseudo-Aristeu, § 119, menciona a importação de cobre e ferro da Arábia.

Herodes organizava, em Jerusalém, lutas de feras [62]; para isso precisava fazer vir do deserto árabe leões e outros animais selvagens. No século II antes de nossa era, Eupolemo menciona entregas de carne provindas da Arábia [63]; para compreender esse texto, porém, é preciso levar em conta o que será dito mais adiante sobre a extensão do reino nabateu na época de Eupolemo [64].

Durante uma grande fome, Herodes, o Grande, fez vir trigo do Egito [65]; Helena de Adiabena procedeu da mesma forma em igual circunstância [66]. Tos *Maksh* III 4 (675, 22) fala do frumento do Egito importado por Jerusalém.

Do leste do delta do Nilo vinha linho de Pelússia, que o sumo sacerdote usava na manhã do Dia das expiações [67]. Na fúnebre história da família de Herodes, o veneno representou grande papel; *B. j.* I 30, 5 § 592 menciona aquele que Antipas, filho de Herodes, o Grande, fazia vir do Egito. Segundo j. *Soṭa* I 6, 17ª 19 (IV/2), amarravam, com cordas egípcias, na esplanada do Templo, a mulher suspeita de adultério.

O comércio com países distantes representou, pois, grande papel para Jerusalém, se bem que as fontes das quais dispomos sejam devidas ao acaso. A parte que o Templo ocupava no comércio de Jerusalém era especialmente importante; tratava-se, aliás, de produtos alimentares, metais preciosos, artigos de luxo, e tecidos.

61. *B. j.* V 5, 5, § 218.
62. *Ant.* XV 8, 1, § 273.
63. Eusébio, *Praep. ev.* IX 33, 1 (*GCS* 43, 1, 540s).
64. Ver *infra,* p. 57, n. 69.
65. *Ant.* XV 9, 2, § 307.
66. *Ant.* XX 2, 5, § 51.
67. *Yoma* III 7.

3. O comércio com as regiões próximas

Outrora, como hoje, o comércio com regiões próximas visava especialmente ao reabastecimento da grande cidade. Quais as principais mercadorias importadas? Sobre o assunto temos duas informações.

Pouco depois de 150 antes de nossa era, Eupolemo redigiu seu trabalho *Sobre a profecia de Elias.* Contém uma carta fictícia dirigida por Salomão ao rei de Tiro, na qual trata da alimentação dos operários enviados por esse último à Judéia. "Dei instruções na Galiléia, Samaria, Moab e Amon para que essas regiões lhes fornecessem o necessário: todo mês 10.000 *kor* de trigo... Quanto ao óleo e outras mercadorias, é a Judéia que proverá; a Arábia entregará os animais abatidos" [68]. Conforme esses dados, as principais mercadorias importadas em Jerusalém eram o trigo, o óleo e a carne. A Judéia fornecia o óleo ou as azeitonas. O resto da Palestina mandava o trigo. O gado vinha da Transjordânia [69]. Sem dúvida alguma Eupolemo reflete a situação de seu tempo [70]. Entretanto, os fatos enquadram-se nos dois séculos que seguem a época de Eupolemo.

A literatura rabínica fornece outra informação relativa às principais necessidades de produtos alimentares em Jerusalém. Segundo b. *Git.* 56[a], quando explodiu a revolta contra os romanos, três [71] conselheiros (provavelmente

68. Relato de Alexandre Polyhistor, cerca de 40 a.C., transmitido por Eusébio, *Praep.* ev. IX 33, 1 (*GCS* 43, 1, 540s).

69. No que diz respeito à entrega de animais da Arábia, convém fazer uma observação. Na época em que Eupolemo escrevia, as tribos dos nabateus não estavam confinadas à região de Petra. Tinham estendido seu domínio sobre uma parte da Transjordânia. Pouco tempo depois, suas incursões faziam tremer egípcios e sírios (1Mc 5,25 e 9,35; Justino, *Hist. Philippic.* XXXIX 5, 5-6). Por conseguinte, quando se fala de animais de corte importados da Arábia, trata-se em grande parte de animais vindos dessas regiões da Transjordânia; na época em que Eupolemo escrevia, eram essas habitadas por judeus mas submetidas aos árabes.

70. Smith, I, 315.

71. Mesmo número em *Gn. R.* 42, 1 sobre 14, 1 (85[a] 4). Em contrapartida, *Lam. R.* 1, 32 sobre 1, 5 (28[b] 5) fala de quatro, certamente devido a algum equívoco.

membros do Sinédrio)[72] declararam que iriam garantir o abastecimento da cidade durante vinte e um anos. O primeiro entregaria a farinha e a cevada, o segundo, o vinho, o sal e o óleo; o terceiro se incumbiria da lenha. Nessas disposições, observar-se-á que não há menção de animais.

a. *Trigo*

Com muito acerto os dois documentos citados mencionam o trigo em primeiro lugar. Da importação do trigo dependia inteiramente a sobrevivência da cidade; em épocas de penúria, era especialmente o trigo que faltava. Como podemos deduzir, a maior parte das importações de mercadorias consistia nesse cereal. De onde o faziam vir?

Cultivava-se o trigo nos arredores de Jerusalém. Segundo o Pseudo-Aristeu, § 112, os campos de Jerusalém eram inteiramente cultivados e via-se quantidade de oliveiras, cereais e legumes secos. Simão de Cirene chega à cidade pelo norte ou pelo oeste, quando o obrigam a carregar a cruz de Jesus; voltava "do campo" (Mc 15,21; Lc 23,26). Na comunidade cristã primitiva de Jerusalém, havia proprietários de grandes extensões de terra (At 4,34-37; 5,1-10). Josefo menciona os campos que possuía "em Jerusalém"[73]. *Men.* X 2 transcreve a prescrição segundo a qual o feixe da apresentação, formado de espigas de trigo, deve vir das redondezas de Jerusalém. *Bik.* II 2 estende-se sobre a questão de como se deve proceder com o trigo das primícias misturado ao trigo comum, no caso de ter sido semeado em Jerusalém; ainda aqui[74], Jerusalém deve designar o distrito da cidade. *Demay* VI 4 apresenta o caso de um camponês que arrendou a metade do campo de um habitante de Jerusalém. Em b. *B. M.* 90ª, há uma referência à debulha do trigo no interior de Betfagé.

72. Cf. *Gn. R.* 42, 1 sobre 14, 1 (85ª 4): "grandes da cidade". *Qoh. R.* 7, 18 sobre 7, 11 (104ª 9); *Lam. R.* 1, 32 sobre 1, 5 (28ᵇ 5): *bûlewᵉtes = bouleutés.*
73. *Vita* 76, § 422.
74. Ver *supra,* p. 16.

Uma questão preliminar ergue-se aqui: esses "campos", "domínios", "propriedades" não compreendiam também os vergéis? Além do mais, o Pseudo-Aristeu, no contexto da passagem há pouco citada, diz-nos que os produtos do solo vinham principalmente da Samaria e da "planície que confina com a Iduméia" [75]. É preciso ainda lembrar que o solo pedregoso e calcáreo dos montes da Judéia eram pouco favoráveis à cultura do trigo. Segundo *'Ar* III 2, o terreno que cerca Jerusalém é notoriamente pobre e os nomes dos vilarejos o confirmam. Sabemos, por exemplo, que inúmeras cidades devem seus nomes aos produtos agrícolas que lhes são peculiares. Ora, atualmente, num raio de 18 quilômetros em torno de Jerusalém, encontra-se apenas uma vez um nome composto de "trigo" [76]. Se acrescentarmos a isso os dados de Eupolemo relativos à importação de trigo em Jerusalém [77], ficaremos convencidos de que as cercanias da cidade e a Judéia não podiam atender, senão de modo precário, ao consumo daquele cereal.

A farinha para o Templo devia ser de primeira qualidade. Segundo *Men.* VIII, faziam-na vir de Micmas e de Zanoá, em segundo lugar de Efraim "na planície" (Hafaraim?) [78]. Micmas situava-se no nordeste de Jerusalém, Zanoá no sudeste, ambas na Judéia. Se o terceiro lugar se identifica com Aifraim [79], localizamo-lo a 5 milhas romanas ((7,390 km) a leste de Betel [80]. Sendo exata essa localização, deveria achar-se em território judaico [81], e não em território samaritano [82], o que seria totalmente inadmissível, visto tratar-se de farinha para o Templo. Mas como o lugar se situa "na planície", é preciso ler, seguramente, Hafaraim e, por conseguinte, procurar a terceira localidade

75. Pseudo-Aristeu, § 107.
76. Smith, I, 298.
77. *Supra*, p. 57.
78. *Men.* VIII 1. Segundo I. Kahan, seria Hapharaim perto de Séforis (Js 19,19); Hapharaim é a informação de muitos mss, cf. R. N. Rabbinowicz, *Sepher diqdûqê sôph^{e}rîm* (em hebraico = *Variae lectiones in Mischnam et Talmud Babylonicum*), t. XV, Munich, 1886, sobre *Men.* VIII 1.
79. Eusébio, *Onomasticon* 223 (*GCS* 11, 1, 28).
80. Cf. Jo 11,54; b. *Men.* 85ª.
81. Assim igualmente em 1Mc 11,34; *Ant.* XIII 4, 9, § 127.
82. Neubauer, *Géogr.*, 155, situa-o em território samaritano.

no limite ocidental da fértil planície de Esdrelon. É, pois, principalmente da Judéia que se fazia vir a farinha para o Templo. Entretanto, não se deve avaliar a importância da Judéia pela cota de trigo enviada a Jerusalém; tratava-se, com efeito, de trigo para o Templo e, neste caso, a Samaria e a Peréia estavam excluídas [83].

A maior parte de trigo seria fornecido pela Transjordânia [84]. O Hauran passava por celeiro de trigo da Palestina e da Síria. Herodes cuidara de garantir a segurança da Transjordânia. Certamente, não alcançou o resultado esperado, enviando 3.000 idumeus à Traconítide mas a segurança se deu após o estabelecimento, na região da Batanéia, a oeste da Traconítide [85], do valoroso Zamaris, judeu babilônico e de seus partidários. Essa medida foi tomada nos últimos anos antes do início de nossa era. Começou a partir daí a ascensão da Transjordânia.

Entre as regiões produtoras de trigo, Eupolemo cita, ao lado da Transjordânia, a Samaria e a Galiléia. Da cidade de Samaria Herodes fez vir trigo, vinho, óleo e gado no momento em que fazia o cerco de Jerusalém e quando as tropas romanas, enviadas em reforço, queixavam-se da carência de víveres [86]. A propósito do feixe de espigas da apresentação e dos dois pães do Templo, diz b. *Men.* 85ª: "Ter-se-ia feito vir também o trigo de Corazim [87] e de Kephar-Akim se esses lugares fossem mais próximos de Jerusalém". Essas duas localidades são certamente Corazim [88], perto de Cafarnaum, e a própria Cafarnaum [89]. Segundo essa asserção, o trigo da Galiléia passava em Jerusalém por ser de primeira qualidade, e, portanto, utilizável no Templo. Mas, por causa do transporte em território pagão, não podia servir para aquele santuário, sendo somente aproveitado para a população da cidade.

83. Cf. *supra,* p. 16.
84. Cf. Eupolemo, *supra,* p. 57.
85. *Ant.* XVII, 2, 1-3, § 23ss.
86. *B. j.* I 15, 6 § 297ss.
87. Variantes: Barziyin, Karwis. Tos. *Men.* IX 2 (525, 34): Barḥaim; cf. Rabbinowicz, *Variae lectiones* (citado *supra,* n. 78).
88. Mt 11,21; Lc 10,13.
89. Também L. Goldschmidt, *Der babylonische Talmud,* t. VIII, Leipzig, 1909 = La Haye, 1933, 705, n. 79.

A respeito do comércio de trigo em Jerusalém, sabemos da existência de um mercado deste cereal cujas transações eram consideráveis [90] e a venda da farinha começava logo após a oferta do feixe da apresentação em 16 Nisã [91]. É curioso observar que são muito escassos os detalhes sobre a compra do trigo para Jerusalém. Talvez seja esta a razão: o trigo vinha de regiões longínquas. Quando se tratava de produtos da circunvizinhança, o pequeno comerciante trazia pessoalmente a sua mercadoria; em contrapartida, o transporte das cargas vindas de longe ficava reservado às caravanas. Os grandes negociantes, muitas vezes desonestos, encontravam nesse comércio um campo de atividade que lhes convinha sobremodo [92]. Assim hoje, como o foi em tempos remotos, conforme no-lo mostram as prédicas sociais dos profetas no Antigo Testamento. Apesar de sua importância, o comércio de trigo em Jerusalém não se efetuava às claras. Era assunto de bastidores. . .

b. *Frutas e legumes*

Em segundo lugar, b. *Git.* 56ª e Eupolemo [93] mencionam a importação de frutas e produtos derivados.

Formulamos também aqui uma pergunta: que entendemos por cultura de frutas e legumes nos arredores da Jerusalém antiga?

O solo calcáreo das cercanias da cidade convém sobretudo às oliveiras e, num grau menor, à cultura do trigo e da vinha. Em sua descrição dos arredores, o Pseudo-Aristeu, § 112, observa a seguinte ordem: "A região é toda plantada de oliveiras, cereais, legumes secos, [rica] também em vinhedos e abundância de mel; quanto às outras frutas e tâmaras não se poderia descrever". De modo mais geral apoiamo-nos, de preferência, nos dados do livro de Enoc (I Enoc) e de Josefo. O livro de Enoc, redigido após a invasão dos partos em 48-38 a.C., assim se exprime, opondo os arredores de Jerusalém ao vale do

90. *Lam. R.* 1, 2 sobre 1, 1 (18ᵇ 16).
91. *Men.* X 5; b. *Git.* 56ª.
92. Ver *supra*, p. 52.
93. Ver *supra*, p. 57.

Hinom: "Por que será essa terra tão abençoada e fartamente arborizada, enquanto a ravina, no centro, é amaldiçoada?"[94].

Conta Josefo que Herodes, durante o cerco de 37 a.C., mandou cortar todas as árvores da região[95], a bem dizer, da região do norte. O bosque deve, porém, ter brotado ou a derrubada não foi total. Com efeito, por ocasião do cerco de 70 d.C., os romanos desbastaram, para começar, a região diante da cidade[96], e depois o campo, num raio de 90 estádios (isto é, 16,650 km)[97]; enfim, num raio de 100 estádios (18,500 km)[98]; assim sendo, desbastaram uma área outrora rica em árvores e jardins de lazer[99]. Entre esses, viam-se belos vinhedos; é o que *Ta'an* comenta (IV 8) e onde R. Shimeon ben Gamaliel se refere à grande festa popular de 15 ab: sob as vinhas, as jovens de Jerusalém dançavam diante dos rapazes.

Conforme vimos há pouco[100], o Pseudo-Aristeu deve exagerar em suas informações acerca de uma abundante cultura de trigo. Devemos também aceitar, com reservas, suas outras indicações a respeito da produção de frutas nos arrabaldes de Jerusalém. Quem se impressionou pelos estragos que a má exploração dos turcos acarretou para o reflorestamento, irá supor, de imediato, que a região era, antigamente, mais reflorestada do que hoje. Podemos, com efeito, comprovar essa asserção no que diz respeito ao leste e ao oeste do vale do Jordão. Sem dúvida, dois grandes cercos contribuíram para o desflorestamento das cercanias da cidade (Pompeu em 63 a.C.; Herodes em 37 a.C.; é provável que somente em parte); foram, porém, rapidamente reflorestados e, de 37 a.C. até 66 d.C. não houve outro cerco. Acrescentemos a isso, que o solo é favorável aos oliveirais e bem menos à vinha[101]. Podemos,

94. I *Enoc* XXVII 1, cf. XXVI 1; sobre o vale do Hinnon, ver *supra*, p. 128.
95. *B. j.* I 17, 8, § 344.
96. *B. j.* V 6, 2, § 264.
97. *B. j.* V 12, 4, § 523; VI 1, 1, § 5.
98. *B. j.* VI 2, 7, § 151.
99. *B. j.* VI 1, 1, § 6.
100. *Supra*, p. 58.
101. Ver *supra*, p. 61.

portanto, supor um reflorestamento mais denso do que o de hoje.

Indicações minuciosas vêm confirmar este resultado. Segundo b. *B. Q.* 82ᵇ, dentro da própria Jerusalém não podia haver jardins. O Talmude [102] cita uma única exceção: um roseiral, datando da época dos profetas [103]. Em *M. Sh.* III 7, discute-se o caso de uma árvore plantada dentro do limite de Jerusalém, cujos frutos caíam para o lado da cidade. É impossível encontrar árvores na muralha da encosta ou sobre ela; é preciso, portanto, supor que nessa passagem o nome "Jerusalém" indique o perímetro urbano e não a cidade propriamente dita. Encontramos caso análogo a propósito dos lagares para o óleo [104].

Segundo Jo 12,13 "a multidão tomou ramos de palmeira e saiu ao encontro de Jesus", haveria então palmeiras na cidade. Em relato paralelo dos sinóticos, não são as multidões provindas de Jerusalém ao encontro de Jesus que lhe prestam homenagem, e sim os peregrinos, vindos para a festa, em cujo cortejo Jesus se incorpora, encaminhando-se para a cidade. Nessa narrativa dos sinóticos, além do mais, não se trata de palmas colhidas em Jerusalém que servem para ornamentar o caminho de Jesus, mas de galhos folhudos cortados das árvores entre Betânia ou Betfagé e Jerusalém [105]. Levemos, porém, em consideração os seguintes pontos: ainda hoje há algumas palmeiras em Jerusalém e o Pseudo-Aristeu, § 112, cita tâmaras na lista dos produtos da cidade [106]. Por conseguinte, a informação de João integra o domínio das possibilidades. Concluímos daí também [107] que as proibições enumeradas em b. *B. Q.* 82ᵇ, tendo, ao que se diz, força de lei para Jerusalém, não passam de puras teorias. Havia lá, com efeito, um roseiral, onde se encontravam, igualmente, figueiras [108] e palmeiras.

102. b. *B. Q.* 82ᵇ; *Ma'as.* II 5; Tos. *Neg.* VI 2 (625, 14).
103. Ver *supra,* p. 18.
104. *Supra,* p. 16.
105. Mc 11,1.8; Mt 21,1-8.
106. Ver *supra,* p. 61.
107. Ver *supra,* p. 15 e *infra,* p. 70, n. 153.
108. *Ma'as.* II 5.

Após essa exposição, façamos o circuito da cidade. Já comprovamos a existência de oliveiras a leste e ao sul [109]. Na torre noroeste da encosta mais setentrional, a torre Pséfinus, Tito se viu em situação difícil por ocasião de uma patrulha; com efeito, os jardins com seus muros e incontáveis cercas criaram-lhe obstáculos [110]. Outrora, toda a parte norte abrangia uma região de jardins (mais exatamente, de pomares). Antes da construção da terceira encosta setentrional por Agripa I (41-44 d.C.), já existiam ali alguns jardins que a encosta em questão englobou por fim. O nome da porta que constitui o ponto de partida da segunda encosta bem o exprime: Porta dos Jardins (*Gennáth)* [111]. Contamos com uma única referência a respeito de sua situação: achava-se na primeira encosta setentrional. Quanto ao mais, sua posição é discutida e mantém-se questão ardente para os estudiosos cristãos em suas pesquisas sobre a topografia da Jerualém antiga. Com efeito, a posição dessa Porta dos Jardins, quer dizer, do começo da segunda encosta setentrional, depende em parte da localização da colina do Gólgota e, portanto, da autenticidade do local da igreja atual do Santo Sepulcro. O jardim de José de Arimatéia, membro do Sinédrio (Jo 20,15; 19,41), situava-se na vizinhança da segunda encosta setentrional; foi incluído na cidade após a construção da terceira encosta (41-44 d.C.). Um jardineiro cuidava desse jardim (Jo 20,15). Mesmo depois de a terceira encosta setentrional ter incluído no perímetro da cidade os jardins situados diante da segunda encosta, sabemos que havia jardins ao norte. Com seu exército, Tito avançou a partir do monte Scopus, situado ao norte de Jerusalém, e alcançou jardins, plantações de árvores e recantos guarnecidos de árvores selecionadas [112].

Chegamos a leste da cidade. Segundo Jo 18,1, existia um jardim perto do lagar do Getsêmani, na área superior do vale do Cédron. Era, seguramente, um oliveiral, conforme o indica o lagar para o óleo. No caminho de Jeru-

109. Ver *supra,* p. 15.
110. *B. j.* V 2, 2, § 57.
111. *B. j.* V 4, 2, § 146.
112. *B. j.* V 3, 2, § 107.

salém até Betânia, situado a leste, vemos belo arvoredo [113]. Os evangelhos falam da maldição de uma figueira [114]; trata-se, evidentemente, de uma figueira destacada das outras árvores ao longo deste caminho. Neste mesmo percurso, entre Jerusalém e Betânia, achava-se Betfagé; segundo as indicações que possuímos, deve-se traduzir este nome por "casa dos figos verdes" [115]. Se nos dirigirmos para o sudeste, chegamos ao curso inferior do Cédron. Nesse local, o vale favorecia a construção de jardins e o próprio vale do Cédron é um wadi. Com água apenas no inverno [116], mas com um afluxo artificial, o sangue das vítimas que descia do Templo. Isso dava-lhe extraordinária fertilidade. A esplanada do Templo, calçada, era ligeiramente inclinada, a fim de que pudessem lavar o sangue das vítimas [117]. A entrada do canal que o escoava achava-se junto ao altar [118]; nele jogavam diretamente o sangue dos animais impróprios para os sacrifícios [119]. Esse canal de escoamento subterrâneo, chegava até o vale do Cédron [120]. Dos tesoureiros do Templo os jardineiros compravam o sangue e o utilizavam como adubo; aquele que o usasse sem pagar, roubava do Templo [121].

Na colina ocidental do vale do Cédron, ao sul da esplanada do Templo, os vinhedos eram sem dúvida cultivados. Dalman mostrou essa probabilidade, baseando-se nas escavações de R. Weill, de 5 de novembro de 1913 a 8 de março de 1914, na vertente oriental do Ofel [122]. Na encosta, Weill descobriu três patamares em forma de ter-

113. Mt 21,8; Mc 11,8.
114. Mc 11,13-14; Mt 21,18-22.
115. Outras hipóteses sobre o derivado da palavra em Dalman, *Itinéraires,* 352 e n. 2.
116. *Ant.* VIII 1, 5, § 17; Jo 18,1.
117. Pseudo-Aristeu, § 88 e 90.
118. *Mid.* III 2.
119. *Zeb.* VIII 7.
120. *Tamid* IV 1; *Mid.* III 2; *Yoma* V 6; *Pes.* V 8; *Me'ila* III e *passim.*
121. *Yoma* V 6. — Tratava-se de uma grande quantidade de sangue, sobretudo durante as festas; b. *Pes.* 65b o faz ver quando diz: "Era o orgulho dos filhos de Aarão mergulhar os pés, até o tornozelo, no sangue [das vítimas]" (esse texto fala da quantidade de sangue no átrio dos sacerdotes e não no canal).
122. Cf. *ZDPV* 45 (1922), 27.

raços, com vestígios de muros, um muro transversal de 40 m. de comprimento e um torreão; segundo Dalman, todos faziam parte de uma vinha [123].

Mais ao sul, em direção da piscina de Siloé, a "fonte" de Siloé (na realidade a fonte brota mais ao norte = fonte de Gion) alimentara com suas águas os jardins do vale do Cédron [124]. Na confluência dos vales do Cédron e do Hinon, floresciam, já em épocas remotas, os jardins reais. Uma fonte aí brotava [125], En Rogel, segundo a tradição [126]. Nesses jardins é que se encontravam os lagares reais [127].

A sudeste da cidade, o nome do vilarejo *Erebínthom oîkos* indica a cultura de grão-de-bico [128].

Os dados gerais relativos às plantações de frutas e legumes situadas nas cercanias de Jerusalém confirmam a existência do varejo. Tais plantações forneciam, suficientemente, legumes, azeitonas, uvas, figos e grão-de-bico.

Além das frutas trazidas das redondezas, faziam vir, sobretudo da Judéia, azeitonas (óleo) e uva (vinho).

O vinho servia, no Templo, para as libações. Segundo *Men* VIII, 6, vinha sobretudo de Quiriat-Jearim (situada seguramente no wadi Far'ah ao norte de Jericó) e de Atulaim (ao norte de Guilgal); apreciavam menos o vinho produzido em Bet-Rema e Bet-Labão, ambas situadas na montanha, e de Quefar Segana na planície [129]. Seguindo o texto da Mishna, vemos que as outras regiões da Palestina teriam podido igualmente fornecer vinho para o Templo, o que nos permite procurar as cinco localidades em questão, todas na Judéia, de acordo com a localização aceita. Acrescentemos a essas indicações três grupos de dados: freqüentes topônimos da Judéia confirmam a cultura da vinha; subsistem numerosos vestígios de lagares de uva; finalmente, o Antigo Testamento [130] e o Tal-

123. Cf. Zc 14,10; ver um pouco mais adiante.
124. *B. j.* V 9, 4, § 410.
125. *Ant.* VII 14, 4, § 347.
126. 1Rs 1,9.
127. Zc 14,10. Esse dado deve indicar o limite meridional da cidade.
128. *B. j.* V 12, 2, § 507.
129. Sobre a localização, ver Neubauer, *Géogr.*, 82ss e S. Klein em *Festschrift Schwarz,* 391.
130. Smith, I, 303 e n. 2.

mude [131] apresentam a Judéia como a região de vinhateiros por excelência. Podemos afirmar, portanto, que a Judéia fornecia vinho e uva para Jerusalém.

As azeitonas constituíam a principal produção frutífera da Judéia; Eupolemo [132] e o Pseudo-Aristeu [133] estão de acordo neste ponto. A existência de inúmeros topônimos da Judéia [134] e a qualidade do terreno [135] confirmam as informações. Segundo *Men.* VIII 3 o óleo necessário para o Templo vinha de Técua na Judéia e de Ragab na Peréia [136]. De acordo com j. *Hag.* III 4, 79^{c} 3 (IV/1, 298), a Peréia mandava azeitonas mas não o azeite [137]. Tos. *Men.* IX 5 (526, 5) menciona Gosh Halab (= Giscala em Josefo) na Galiléia, como terceiro lugar de produção; pode ser, porém, que, na base dessa última afirmação o autor tenha querido realçar não tanto um fato histórico quanto a necessidade de fazer uma enumeração completa das três partes da Palestina judaica. Um único texto [138] menciona o transporte de frutas da Galiléia para venda em Jerusalém.

Caminhemos agora até o mercado de frutas e legumes da cidade santa. Conforme o que acabamos de constatar, ali encontramos figos que se poderia comprar igualmente no roseiral [139], e frutas de sicômoro [140]. Uma só dessas frutas constituía a alimentação do piedoso Sadoc; entretanto, dispunha de mais de cem por dia. Na Páscoa, devido ao grande número de peregrinos, forçoso era trazer para o mercado, grande quantidade de legumes e determinados condimentos, necessários à celebração ritual da ceia pascal. A alface, por exemplo, era obrigatória [141];

131. Klein, *Loc. cit.*, 389-392.
132. *Supra,* p. 57.
133. § 112; ver *supra,* p. 61: "inteiramente plantada com oliveiras".
134. Smith, I, 300, n. 3.
135. *Supra,* p. 62.
136. *Ant.* XIII 15, 5, § 398; hoje Rāgib, a identificar certamente com Erga, mencionada a 15 milhas ao oeste de Gerasa (Eusébio, *Onomasticon* 216 (*GCS* II, 1, 16).
137. Ver *supra,* p. 15.
138. *Ma'as.* II 3.
139. *Ma'as.* II 5.
140. *Lam. R.* 1, 32 sobre 1, 5 (29^{b} 11).
141. *Pes.* X 3.

permitiam, porém, a chicória, o agrião, o bredo, ervas amargas [142]. Na Páscoa, o mercado de Jerusalém devia também expor condimentos, vinho e vinagre; misturados às frutas esmagadas formavam a massa ritual (*ḥărôset*) [143]: o vinho, como bebida, fazia igualmente parte da refeição ritual; mesmo os mais pobres deveriam beber pelo menos quatro taças [144]. Os trezentos tonéis de vinho trazidos do monte de Simeão serviam, ao que parece, para esse uso ou para qualquer outra necessidade cultual [145].

Recapitulemos o que as informações nos fornecem acerca do cultivo nos arrabaldes da cidade e da importação do trigo, frutas e legumes. Fazia-se vir a maior parte do trigo de outras regiões da Palestina, sobretudo da Transjordânia e não só da Judéia. A Galiléia e a Samaria ocupavam o segundo lugar no fornecimento desse cereal. O abastecimento de frutas e legumes para a cidade era de modo especial garantido pela produção das cercanias (vinho, figos, legumes) e pela Judéia (azeitonas e uvas).

c. *Gado*

Ao lado da importação de trigo e azeitonas, Eupolemo [146] menciona a de gado. Conforme conta Josefo, Antíoco, o Grande (príncipe da Palestina provisoriamente em 219-217 a.C., e depois, definitivamente em 198), proclamou para todo o seu reino, uma ordem relativa à importação de animais em Jerusalém: "Assim também fica proibida a introdução na cidade de carne de cavalo, de muares, onagros ou de asnos domésticos, pantera, raposa, lebre e, em geral, de qualquer animal que os judeus não

142. *Pes.* I 6.
143. *Pes.* X 3.
144. *Pes.* X 1.
145. *Lam. R.* 2, sobre 2, 2, (44ª 4), cf. j. *Ta'na.* IV 8, 69ª 37 (IV/1, 191); resulta do fato de o contexto apresentar essa exportação de vinho como um mérito do monte de Simeão. Assim também, o paralelismo com o monte das Oliveiras (*ibid.*), onde se encontravam as lojas dos vendedores de animais para os sacrifícios, indica uma utilização do vinho para as necessidades cultuais.
146. Ver *supra*, p. 57.

têm licença de comer. Além disso, não é permitido deixar entrar a pele desses animais nem fazer criação deles na cidade. Somente são autorizados os que vão servir nos sacrifícios tradicionais, necessários para aplacar a ira de Deus" [147]. Essa ordem limitou, pois, a importação de animais, só permitindo a dos que iam servir para o culto. Revela uma importação em grande escala no início do século II antes de nossa era.

De onde faziam vir os animais?

"Grande variedade de animais ali encontrava pastagens abundantes", diz o Pseudo-Aristeu [148]. Com efeito, a região das estepes dos montes da Judéia é propícia às pastagens, mas unicamente para os rebanhos de carneiros e cabras. A essa informação do Pseudo-Aristeu corresponde exatamente o quadro dado por b. *Men.* 87ª, com a fórmula de introdução tanaíta ("Nossos mestres ensinaram"), indicando uma data anterior a 200 d.C. Trata-se das necessidades do Templo: "Procuravam-se carneiros em Moab, cordeiros no Hebron, novilhos em Saron, pombos na Montanha real". Saron era a planície costeira entre Jafa e Lida [149], grandemente propícia à criação de bois. A Montanha real são os montes da Judéia.

Se a isso acrescentarmos a indicação de Eupolemo [150], segundo a qual os animais de corte vinham da Arábia, ou melhor, da Transjordânia, temos o seguinte quadro: os montes da Judéia forneciam carneiros, cabras e pombas; a Transjordânia, animais cevados, especialmente carneiros; na planície costeira, vitelos.

Jerusalém contava com diversos mercados de animais, uns para os profanos e outros para o destinados aos sacrifícios.

1. Um deles só vendia animais vivos [151].

147. *Ant.* XII 3, 4, § 146.
148. § 112.
149. Para a localização, ver At 9,35.
150. *Supra,* p. 147.
151. *Sheq.* VII 2. Essa passagem deixa supor que aí se comprava a maior parte dos animais com "o dinheiro do dízimo". Cada israelita piedoso era, com efeito, obrigado a dispender em Jerusalém, o décimo

2. Outro comerciava animais cevados, sendo explicitamente um mercado de carne[152]. Aí se vendiam galinhas também.

Aos mercados de animais profanos acrescentavam-se os mercados de animais para os sacrifícios[153].

3. No monte das Oliveiras, havia dois cedros. Sob uma dessas árvores achavam-se "quatro lojas onde vendiam o que era necessário aos sacrifícios de purificação"; essas palavras indicam especialmente pombos, cordeiros, carneiros, óleo e farinha. "Sob outro cedro, vinham buscar, todo mês, 40 *s^e'ah* de rolas para os sacrifícios[154]. Não sabemos, exatamente, onde fica situado Migdal Seboaya ((variante: Sabbaaya) = Migdal dos tintureiros; havia lá, segundo dizem, trezentas lojas de comerciantes de animais

do lucro de sua terra e talvez também de seus animais (a isso se chamava segundo dízimo). Os fiéis usavam grande parte desse dinheiro para os sacrifícios pacíficos e sacrifícios de ação de graças, isto é, sacrifícios que podiam ser consumidos após terem dado aos sacerdotes a parte que lhes cabia. Além do mais, a Mishna deixa supor que todo ano compras eram feitas com o dinheiro do segundo dízimo, portanto, que as pessoas do campo deixavam esse dinheiro para seus amigos de Jerusalém. É muito importante para a situação social da cidade (ver *supra,* p. 43).

152. Sobre os diferentes sentidos da palavra *paṭṭamîm,* ver *supra,* p. 17; Levy, *Wörterbuch,* IV, 27 *b.*

153. Segundo *B. Q.* VII 7; Tos. *B. Q.* VIII 10 (361, 29); b. *B. Q.* 82ᵇ, a criação de galinhas era proibida em Jerusalém. Temia-se, com efeito, que as galinhas, ao ciscar, pusessem à luz coisas impuras. Em contrapartida, encontramos referência de um galo em Jerusalém; cantou na hora da negação de Pedro (Mc 14,72; Mt 26,74; Lc 22,60; Jo 18,27). Segundo a Mishna, o canto do galo seria, no Templo, como ponto de referência: "Ao canto do galo, tocavam as trombetas" (*Sukka* V 4, cf. *Tamid* V 4, cf. *Tamid* I 2 e *Yoma* I 8). Uma só vez a Mishna menciona um galo de Jerusalém e assim mesmo num contexto lendário. R. Yuda ben Baba, segundo *'Ed.* VI 1, declarou: "Apedrejaram um galo em Jerusalém, porque ele matara um homem" (dizem que com o bico, furara o crâneo de uma criança). Em suma, podemos afirmar que se criavam galinhas em Jerusalém. A pretensa proibição de criá-las não é mais digna de crença do que as outras proibições mencionadas nessa passagem de b. *B. Q.* 82ᵇ (cf. *supra,* pp. 16 e 63). Tos. *B. Q.* VIII 10 (361, 29) traz uma confirmação: a criação daquelas aves é permitida se, para ciscar, elas tiverem um jardim ou um monte de esterco. Mencionam a esse respeito, a existência de jardins em Jerusalém (*supra,* p. 62); confirma, pois, a inverossimilhança de b. *B. Q.* 82ᵇ e passagens paralelas.

154. *Lam R.* 2, 5 sobre 2, 2, (44ª 2); cf. j. *Ta'an.* IV 8, 69ª 36 (IV/1, 191). A esse respeito é preciso mencionar um texto de Josefo que descreve o muro do cerco de Tito (*B. j.* V 12, 2, § 505). Este

ritualmente puros para os sacrifícios [155], e oitenta de tecelões trabalhando em lã fina [156]. Neubauer situa essa localidade nos arredores de Tiberíades [157]. Seriam, pois, obrigados a transportar, através de um território pagão, os animais para os sacrifícios; essa afirmação de Neubauer parece-nos, portanto, duvidosa. Haveria, talvez, nas cercanias de Jerusalém um lugar com esse nome. Segundo o Midraxe [158], um servente da sinagoga preparava neste local as lâmpadas para o sábado, ia rezar no Templo e tinha tempo de voltar para acender as lâmpadas; conclui-se, pois, que essa localidade ficava muito próxima de Jerusalém. Aceitemos, entretanto, essa informação com alguma reserva, já que o contexto narra fato análogo com mulheres de Lida.

No Templo, em Jerusalém, somente um comércio de animais para os sacrifícios nos é confirmado. Jesus chega à esplanada do Templo, derruba as "mesas dos cambistas" [159] e "as cadeiras dos que vendiam pombos" [160]; segundo Jo 2,14, tratava-se de "vendedores de bois, de ovelhas e de pombos".

Mais de uma vez a exatidão dessas asserções foi posta em dúvida. Não há motivo, porém. Já Zc 14,21 (quer dizer, o Deuterozacarias, séculos IV/III antes de nossa era) fala da presença de mercadores no Santuário. *Sheq.* I 3 e Tos. *Sheq.* I 6 (174, 6) garantem, igualmente, a existência de cambistas na esplanada do Templo. Convém talvez procurar, nessa esplanada, as lojas situadas ao longo do aqueduto [161]. Correspondiam, pois, às lojas onde, quarenta anos antes da ruína de Jerusalém, o Sinédrio — dizem — estabelece sua sede. (Esse dado é manifestamente uma representação figurada da anulação da pena de mor-

muro sobe até o monte das Oliveiras e "engloba a colina até o rochedo chamado 'Rochedo do pombal' ". Seu nome provém certamente das cavidades feitas na rocha onde se abrigam os pombos.

155. *Lam. R.* 2, 5 sobre 2, 2 (44ª 18).

156. j. *Ta'an* IV 8, 69ª 42 (IV/1, 191).

157. Neubauer, *Géogr.*, 217s; cf. F. Buhl, *Geographie des alten Palästina,* Fribourg-en-Bisgau e Leipzig, 1896, 226.

158. *Lam. R.* 3, 9 sobre 3, 9 (50ᵇ 23ss).

159. Mc 11,15; Mt 21,12; cf. também Jo 2,14.

160. Mc 11,15; Mt 21,12.

161. *Lam. R.* 4, 7 sobre 4, 4 (57ᵇ 8); cf. *supra,* p. 24.

te [162]). A correspondência dessas lojas àquelas que o Midraxe [163] menciona é indiscutível, já que, como citam explicitamente os textos do Talmude [164], o Sinédrio não se instalou "na cidade" senão mais tarde. Devemos, pois, procurar aqui os vendedores de pombos para os sacrifícios, o que já comentamos acima, à p. 51.

Mc 11,15 e Mt 21,12 mencionam somente os vendedores de pombos. Mas antes, ambos falam de "vendedores e compradores"; esses termos talvez pretendam designar os comerciantes de animais (Jo 2,14). Realmente, uma tradição rabínica alude a um comércio de animais no recinto do Templo. Segundo j. *Beṣa* II 4, 61[c] 13 (IV/1, 119), R. Baba b. Buta, contemporâneo de Herodes, o Grande, fez vir três mil cabeças de animais de pequeno porte e os pôs à venda na montanha do Templo, para os holocaustos e sacrifícios pacíficos [165]. Além disso, como vimos na p. 32, havia lojas, Benê Hanun ou Hanan; é possível que tenhamos de reconhecê-las como as lojas de Beth Hino e, talvez, como as que foram acima indicadas, p. 70, 3. Tais lojas pertenciam, certamente, à família do sumo sacerdote [166]. Acrescentemos ao fato dois outros dados. Josefo [167] classifica o sumo sacerdote Ananias (em função de 47 a 55 d.C., aproximadamente) como "um homem de negócios, finório e astuto"; por outro lado, segundo Toṣefta [168], o amor de Mamon e o ódio mútuo foram, como dizem, as causas da ruína do Templo. Podemos, pois, concluir que, no átrio dos Gentios, a despeito da santidade do recinto pode ter havido um comércio florescente de animais para os sacrifícios. Talvez fosse a influente família pontifical de Anás que o exercia.

162. b. *R. H.* 31[a]; b. *Sanh.* 41[a]; b. *Shab.* 15[a]; b. *'A. Z.* 8[b].
163. Ver n. 161.
164. Ver n. 162.
165. Cf. Tos. *Ḥag.* II 11 (236, 6); Billerbeck, I, 851s.
166. É também a opinião de Derenbourg, *Essai,* 459.
167. *Ant.* XX 9, 2, § 205.
168. Tos. *Men.* XIII 22 (534, 2).

d. *Matérias-primas e mercadorias*

1. Para a construção das casas, empregava-se especialmente a pedra; as cercanias da cidade podiam fornecê-la [169]. As pedras para o altar e sua rampa vieram de Betacarém [170].

2. Empregavam também a madeira, sobretudo traves para a construção do teto [171]. Tos. *'Ed.* III 3 (459, 25) e b. *Zeb* 113ª mencionam explicitamente um entreposto, em Jerusalém, para o madeirame, onde foram encontrados restos de ossos. *Lam. R.* 1, 2 sobre 1, 1 (18ᵇ 13) deixa supor que as casas de lá teriam comumente três andares. Se assim era, a necessidade de madeira de construção terá sido considerável. Antigamente, os arredores de Jerusalém eram mais arborizados do que o são hoje [172]; a região próxima fornecia, pois, a maior parte da madeira de construção. Em todo caso, os campos diante da cidade garantiam o abastecimento de lenha para aquecimento; é o que nos mostra o relato do comportamento de Simão, chefe dos salteadores [173]. Cada pessoa buscava em Mosa as folhas de salgueiro usadas na festa das Tendas; encontramos este lugar na região da atual Kolonieh, a oeste de Jerusalém, na estrada de Jafa. R. Yosé, o Galileu, exige que se asse o cordeiro pascal com o auxílio de um espeto de madeira de romãzeira [174]; sendo tal prescrição observada, uma enorme quantidade dessa madeira seria utilizada por ocasião da Páscoa para as milhares de vítimas.

A par desses usos profanos, a madeira tinha também a sua utilidade no Templo. Para a construção do santuário foi empregado sobretudo o cedro do Líbano [175]. Segundo o Midraxe [176], a arca da aliança teve de ser fabricada com a madeira da acácia que Jacó trouxera de Migdal

169. Ver *supra,* p. 30.
170. *Mid.* III 4. Situado na Judéia, Jr 6,1 e Ne 3,14; segundo Jerônimo, *In Hieremiam* II 8 sobre 6, 1 (*CCL* 74, 63), sobre a colina entre Jerusalém e Técua.
171. *Ohal.* XII 5s; Tos. *Ohal.* V 5 (602, 16).
172. Ver *supra,* p. 61.
173. *B. j. IV* 9, 8, § 541.
174. *Pes.* VII 1.
175. Ver *supra,* p. 53.
176. *Gn. R.* 94, 4 sobre 46, 1 (202ª 13).

Seboaya ou Sabbaaya [177]. Para o sacrifício diário, serviam-se da madeira da figueira, da nogueira e do pinho resinoso; a madeira de oliveira e os sarmentos eram impróprios para tal uso [178]. O braseiro onde se assava a novilha vermelha no monte das Oliveiras era feito de madeira de cedro, louro, cipreste e figueira [179].

O Templo fora construído da maneira mais grandiosa possível e, no culto conservaram com tenacidade, antigas tradições. Esses dois motivos explicam a preferência pelo cedro, embora obrigados a fazê-lo vir de regiões distantes. Em contrapartida era proibido empregar a madeira de oliveira, muito mais abundante nas vizinhanças.

Josefo menciona um mercado de madeira na parte setentrional da cidade [180], onde se encontravam as que podiam servir para usos profanos.

3. Os homens do campo iam a Jerusalém para vender lã. Por vezes vinham de longe, como podemos deduzir do que lemos: "um mercador foi até Jerusalém para vender lã" [181]. Usava-se a lã de púrpura quando era queimada a novilha vermelha [182].

4. Os objetos de cerâmica trazidos de Modiit (27 km de Jerusalém) ou de mais perto, e vendidos naquela cidade, passavam por ritualmente puros. Se viessem de mais longe, consideravam-nos impuros [183].

5. Escravos dos dois sexos faziam parte das "mercadorias", no sentido específico da época. Conforme vimos [184], existia uma pedra na cidade onde eram eles expostos e destinados à venda pública [185].

A Palestina fornecia, portanto, como matérias-primas e "mercadorias": madeira, pedra, lã, cerâmica, escravos;

177. *Cant. R.* 1, 55 sobre 1, 12 (21ª 2).
178. *Tamid* II 3.
179. *Para* III 10.
180. *B. j.* II 19, 4, § 530.
181. *Lam. R.* 2, 24 sobre 2, 15 (48ᵇ 16).
182. *Para* III 10.
183. *Ḥag.* III 5.
184. *Supra,* p. 54.
185. Sobre a questão dos escravos, ver *infra,* pp. 157s, 414ss, 442ss; 455ss.

tudo isso, salvo o que o Templo não podia prescindir, vinha em grande parte da Judéia.

Resumindo: o comércio com as regiões próximas devia sobretudo suprir às necessidades de Jerusalém com produtos alimentares. Em segundo lugar, fornecia matérias-primas às diferentes profissões da cidade.

B. INFLUÊNCIAS DAS CARACTERÍSTICAS DE JERUSALÉM SOBRE O COMÉRCIO

1. A situação da cidade

Em conseqüência do desenvolvimento da proteção militar [186] e da política colonizadora do império romano, a zona civilizada síria estendia-se mais a leste do que hoje. Na Transjordânia, uma civilização florescente se expandia. Com efeito, a província da Síria da qual dependia então a província da Judéia [187], "ocupava, ao lado do Egito, o primeiro lugar entre as províncias do império romano no que concerne ao comércio e às profissões" [188]. Quanto às condições de civilização, a situação apresentava-se, pois, favorável para o comércio de Jerusalém.

Voltemos nosso olhar para a própria cidade. Sua posição central salta aos olhos. Já na época, causava forte impressão aos escritores. Jerusalém situa-se bem no meio da Judéia [189]. Siloé — bem entendido *pars pro toto,* para indicar Jerusalém — é o ponto central de todo Israel [190]. Mais ainda: Jerusalém é o centro do mundo habitado [191], o ponto central da terra inteira [192]. Devido a sua localização, a cidade é designada como umbigo do mundo [193]; os

186. Ver *supra,* p. 60.
187. Ver *supra,* p. 11.
188. Guthe, *Griech.-röm. Städte,* 40s.
189. Pseudo-Aristeu, § 83; *B. j.* III 3, 5, § 52.
190. j. *Ḥag.* I 1, 76a 47 (IV/1, 260).
191. Ez 5,5; cf. Gottheil, *JE* VII, 129.
192. 1 *Enoc* XXVI 1.
193. Ez, 38,12; *B. j.* III 3, 5, § 52.

pagãos e Satanás devem subir até ela (Ap 20,9). *Jubileus* VIII 19 enfatiza a expressão referente à montanha de Sião, chamando-a de "o umbigo da terra".

Além de sua posição, a cidade beneficiava-se de relações marítimas fáceis pelos portos de Ascalon, Jafa, Gaza e Acra. Um ponto de particular importância: Jerusalém situa-se a igual distância de todos esses portos. Ocupa, portanto, uma posição central em relação a eles, como bem observa o Pseudo-Aristeu, § 115.

Todavia, cometeríamos um erro se concluíssemos dessas constatações que as relações comerciais se processavam comodamente. De que adiantaria a Jerusalém ser o centro da província, ter comércio próspero e fáceis ligações marítimas, se permanecia uma cidade isolada, na montanha? Tal era o caso.

Em todos os tempos e ainda em nossos dias, as montanhas da Judéia, com suas grutas e escaninhos sem conta, constituem terreno favorável à atividade dos bandidos, apesar da grande vigilância do governo. Por volta do final do século passado, vilarejos inteiros, como Abu-Gosh entre Jafa e Jerusalém e Abu-Dîs ao sudeste da cidade, eram ainda antros de criminosos bem conhecidos. Com efeito, de períodos anteriores a 70 d.C., ouvimos falar de casos de banditismo ou de sua ameaça nas estradas que levavam a Jerusalém. *Sheq.* II 1 narra o caso de pessoas que traziam à Capital a taxa para o Templo e eram atacadas no caminho; em *R. H.* I 9, trata-se de testemunhas que vinham informar em Jerusalém ter visto a lua nova.

Jesus conta (Lc 10,30-37) — é verdade que somente em parábola — a história de um viajante agredido na estrada que ia de Jerusalém a Jericó, roubado e largado semimorto (a parábola leva-nos à conclusão de que três viajantes fazem, sem escolta, o mesmo caminho). Convém ainda lembrar um relato de Josefo onde se narra o caso de um escravo imperial atacado e assaltado na estrada que vai para Jerusalém por Bet-Horon. Os romanos vingaram-se cruelmente, saqueando os vilarejos vizinhos. Jesus dirige esta censura ao guarda do Templo que vem prendê-lo: "Como a um ladrão, saístes para prender-me com espadas e paus!" (Mc 14,48). Deduz-se que a guarda do

Templo tinha por dever intervir contra os bandidos. Dois ladrões foram crucificados com Jesus (Mc 15,27). Segundo Jo 18,40, Barrabás, a princípio condenado à morte, era um assaltante [194].

Assim que a revolta na cidade manietou as autoridades de Jerusalém, os saques recrudesceram no país [195]. Um tribunal particular teria que julgar casos de pilhagem [196] e, ao mesmo tempo, tomar medidas policiais contra os culpados.

Todavia, para Jerusalém, a falta de vias pesava mais do que o perigo de ataques pelos gatunos. Como mostra o mapa, altas montanhas cercam a cidade que se situa num contraforte sul-sudeste da linha de divisão das águas, contraforte guarnecido de profundas ravinas a leste, ao sul e a oeste. Uma conclusão se impõe: a posição natural desta cidade sobre este contraforte, ou melhor, esta fortaleza, não favorece um núcleo comercial.

Em Jerusalém, nenhuma via atravessa a linha divisória das águas no sentido leste-oeste; a mais próxima se encontra muito ao Norte. A ligação de Jerusalém com o oeste, e sobretudo com o leste, é difícil e pouco acessível. Por essa razão, Jerusalém nunca teve possibilidades de ser local de acesso para os produtos da rica Transjordânia, em expansão naquela época, ou de constituir um centro comercial para as tribos nômades do deserto. Por conseguinte, o vau do Jordão em Jericó ficou inteiramente distanciado; o mesmo aconteceu com aquele que, não longe da foz do Jaboc, estabeleceu a ligação com a Samaria (Sebaste) pelo wadi Far'ah. As principais transações da Transjordânia com o mar eram feitas pelo Jordão, quase imediatamente ao sul do lago de Genesaré, pela estrada Gadara-Tiberíades, ou 20 km mais ao sul, pela estrada Gadara-Citópolis. Podiam também transpor o Jordão no vau situado a 12 km ao norte do lago de Genesaré, no ponto

194. Os sinóticos chamam-no de revolucionário e assassino; fazem, portanto, pensar nalgum membro do partido dos Sicários, inimigos dos romanos.

195. *B. j.* IV 7, 2, § 406ss.

196. *Ket.* XIII 1 segundo a variante *g^e^zelot;* é assim que lê b. *Ket.* 105^a^.

Djisr Benât Yaqub; era a *via maris,* antigo caminho das caravanas, unindo Damasco à planície de Esdrelon. Essa averiguação prova que as mercadorias provindas da Arábia por Bosra e Gadara e utilizando as duas passagens do Jordão dos itinerários Gadara-Tiberíades e Gadara-Citópolis deviam fazer uma volta considerável.

Um único caminho natural passa pelas cercanias de Jerusalém. Trata-se da via norte-sul que segue a linha divisória das águas; vai de Nablus (Neápolis, Siquém) a Hebrom. Na verdade, é uma das mais insignificantes para o comércio palestino. Apresenta interesse apenas para o tráfico interno. Qualquer comércio com lugares distantes devia convergir para o mar; esse eixo norte-sul só teria adquirido importância através de um cruzamento com ligação oeste-leste. Foi justamente aí que a natureza pouco favoreceu Jerusalém. O principal interesse da via norte-sul era religar o sul da Palestina a Jerusalém. A cidade representou, pois, um maior papel para a região das estepes do sul palestino do que para a Samaria ao norte; entretanto, a Samaria era mais civilizada do que o sul palestino e sua população mais numerosa. Conseqüentemente, a ligação que acompanhava a linha divisória das águas apenas permitiu a Jerusalém ser o centro do comércio natural da Palestina meridional.

A bem dizer, criou-se, assim, a partir de Jerusalém, ligações em direção do leste e do oeste. Foi-lhes dada maior atenção em virtude da importância de Jerusalém e das necessidades dessa grande cidade. Entretanto, isso em nada alterou o fato de a cidade ter importância apenas para o comércio interno. Jerusalém foi um centro comercial somente para o sul da Palestina.

Josefo explica essa situação de maneira muito clara: "Não moramos numa região marítima e não desfrutamos do alto comércio nem das relações com os estrangeiros que dele resultam... em compensação, recebemos um país fértil e o cultivamos" [197]. A Judéia não desempenhou o menor papel no comércio mundial.

197. *C. Ap.* I 12, § 60.

A despeito dessa situação geográfica desfavorável ao comércio, Jerusalém desfrutou de um comércio importante. A que se deve o fato?

2. A importância política e religiosa da cidade

Uma parte do país "é plana na região denominada Samaria e na que pertence à Iduméia, mas a parte do centro é montanhosa". É preciso, portanto, "cultivar a terra com um cuidado contínuo, a fim de que também eles [os habitantes das montanhas] possam obter colheita abundante" [198]. Esse texto do Pseudo-Aristeu pode-nos parecer cômico pelo motivo que o autor — declaradamente judeu apresentou —: os habitantes da planície devem penar, por uma questão de pedagogia, a fim de estimular o pessoal da montanha a trabalhar; observa, porém, a situação com acerto: a cidade necessita importar provisões. A que ponto isto era imprescindível podemos constatar na penúria que sofreu Antíoco em Jerusalém durante a luta dos macabeus [199], a fome que grassava na cidade durante os cercos [200] e a situação durante a escassez alimentar, muitas vezes repetida no tempo de Herodes e de Cláudio. A cidade tinha de alimentar não somente a sua população, mas também as multidões de peregrinos que, três vezes por ano afluíam, numerosas, para as grandes festas. Em comparação com tais necessidades, as primícias nada representavam para o reabastecimento de Jerusalém. Algumas passagens da literatura rabínica permitem-nos questionar até que ponto eram efetivamente quitadas. Ademais, pertenciam aos sacerdotes [201]. Quanto às outras taxas em gêneros, podiam ser entregues ao sacerdote do lugar onde moravam.

Outra circunstância tornava a situação ainda mais penosa: as cercanias não apresentavam condições favoráveis à cultura do trigo [202] e lá não se desenvolvia a criação de

198. Pseudo-Aristeu, § 107, cf. § 108-112.
199. *B. j.* I 1, 5, § 46.
200. *B. j.* I 18, 1, § 347. — *Ant.* XIV 16, 2, § 471: em 37 a.C.
201 *Bik.* II 1.
202. Ver *supra*, p. 58.

gado [203]. De modo geral, a Palestina podia satisfazer às necessidades da cidade com produtos alimentares. Somente por ocasião de total penúria ou após as guerras é que se tornava imperioso comerciar com países longínquos.

Em conseqüência de sua situação geográfica, a cidade era carente não só de gêneros essenciais, mas também de riquezas de necessidade vital, como matérias-primas, especialmente metais. Assim sendo, devia importar as matérias-primas, em parte da Palestina [204], em parte de países distantes [205].

De que produtos de exportação o comércio dispunha para suas transações com tais países?

Observemos, de início, que era muito densa a população da Síria, a Palestina incluída. Como conseqüência, entre os produtos de seu solo, trigo, azeite e vinho, somente o vinho, ao que parece, era exportado em grande quantidade [206]. No que concerne a Jerusalém em particular, a exportação do trigo apresentava-se impraticável. Não encontramos [207] nenhum produto fabricado em Jerusalém que tivesse sido uma produção característica do artesanato da cidade. Em compensação, Eupolemo [208] e o Pseudo-Aristeu [209] mencionam o óleo à frente dos produtos da Judéia ou das cercanias de Jerusalém [210]. Acrescentemos que a demanda de óleo na Síria setentrional [211] era por vezes tão grande que os preços se elevavam enormemente. Em Giscala, na Galiléia setentrional, 80 sesteiros de óleo não valiam mais do que 4 dracmas, ao passo que, 30 quilômetros a nordeste, em Cesaréia de Filipe, no vale do Hermom, 2 sesteiros custavam 1 dracma, quer dizer, dez vezes mais [212]. É, pois, razoável que se exportasse óleo de Jeru-

203. Ver *supra,* p. 68.
204. Ver *supra,* p. 73.
205. Ver *supra,* p. 56.
206. Guthe, *Griech.-röm. Städte,* 40.
207. Ver *supra,* p. 43.
208. Ver *supra,* p. 57.
209. Ver *supra,* p. 58.
210. Ver *supra,* p. 15: oliveirais e preparação das azeitonas nas cercanias de Jerusalém.
211. *B. j.* II 21, 2, § 591; *Vita* 13, § 74s.
212. *Vita* 13, § 75; *B. j.* II 21, 2, § 592: 8 vezes mais caros.

salém, como pensam alguns historiadores[213]. Entretanto, não existe uma prova. O único dado que possuo sobre a exportação de Jerusalém, encontra-se em *Lam. R.* 1, 13 sobre 1, 1 (22ª 5): trata-se de um camelo que volta de Jerusalém, carregando dois odres, um cheio de vinho, o outro, de vinagre. Tratando-se de um caso jocoso no texto, não podemos tirar daí conclusões radicais sobre a exportação da cidade santa.

A importância política da cidade exerceu sobre o comércio dupla influência: direta e indireta.

A influência direta: o nível de vida faustoso dos reis impunha gastos consideráveis. Quando Herodes construiu seu palácio, fez vir do mundo inteiro o mais precioso material[214]. No dizer de Josefo, esse palácio sobrepujava o Templo em esplendor. Ao material de luxo trazido pelo comércio com países distantes, acrescentavam-se produções da civilização estrangeira. Herodes dizia "simpatizar mais com gregos do que com judeus"[215]. Essa preferência se traduzia especialmente na equipagem de sua corte.

A influência indireta: desde sempre, o centro político constituíra um pólo de atração para as riquezas nacionais. Encontravam-se em Jerusalém os encarregados da alfândega, do comércio[216] e os dos distritos alfandegários mais desenvolvidos. Temos um exemplo, no século II antes de nossa era, com o responsável dos impostos, José[217]. Originário da cidade de Fichola, estabeleceu-se em Jerusalém; daí dirigia o recolhimento das taxas da Síria, Fenícia, Judéia e Samaria[218]. Manteve-se nessa atividade durante 22 anos. Possuía um depósito em Alexandria; cada vez que seu intendente recebia ordem, dali retirava as quantias para os pagamentos da administração das finanças reais. Muitas vezes esses homens se estabeleciam também como banqueiros na capital. Desde tempos remotos (Is 5,8; Mq 2,1-5), o camponês, impelido pela necessidade, via-se obrigado a

213. Smith, I, 15 e 335.
214. *B. j.* V 4, 4, § 178.
215. *Ant.* XIX 7, 3, § 329.
216. Ver *supra*, p. 48.
217. *Ant.* XII 4, 1ss, § 160ss.
218. *Ant.* XII 4, 4, § 175.

hipotecar suas terras e sua colheita [219]. Depositava o dinheiro no Templo; segundo 4 *Mac.* IV 3, "milhares de fortunas particulares aí se encontravam reunidas" [220]. Podemos reconhecer tais pessoas como fortes negociantes [221]. Muitos se retiravam para Jerusalém, a fim de ali gastar o seu capital, mas também para morrer num lugar santo.

Esse capital exercia dupla influência no comércio. Atraía-o para Jerusalém, favorecendo as transações comerciais. Por outro lado dava saída às mercadorias: as pessoas abastadas podiam exceder-se no luxo de seus trajes, adornos etc., e era sobretudo o comércio com os países distantes que deveria satisfazê-lo.

Imensa foi a quantidade de material devorado pelo Templo durante os oitenta e dois anos de sua restauração! A dignidade da Casa Santa exigia o maior brilho — basta pensarmos na profusão de ouro utilizado — e material de primeira qualidade. Citemos apenas os mármores preto, amarelo e branco [222], assim como a madeira de cedro. É compreensível, pois, que, na descrição do comércio com os países distantes, o Templo represente a parte mais importante das transações [223].

Para o culto do santuário, igualmente, a lenha, o vinho, o óleo, o trigo e o incenso deviam ser de primeira qualidade. Buscavam até na Índia o tecido para as vestes que o sumo sacerdote usaria no dia das expiações; as doze pedras de seu peitoral [224] ostentavam-se como as mais preciosas do mundo. E que quantidade de vítimas — novilhos, bezerros, carneiros, cabras, rolas — o culto reclamava! Todos os dias ofereciam-se vítimas bem determinadas como sacrifícios públicos da comunidade [225]. Durante a festa da Páscoa, diariamente, dois vitelos, um carneiro e sete cordeiros serviam de holocausto; um bode de sacri-

219. Ver *supra,* p. 61.
220. Cf. *B. j.* VI 5, 2, § 282.
221 Ver *supra,* p. 52.
222. b. *Sukka* 51ᵇ.
223. Ver *supra,* p. 56.
224. *B. j.* V 5, 7, § 234.
225. *Ant.* III 10, 1 § 237.

fício expiatório[226]. Alguns sacrifícios privados cotidianos eram igualmente oferecidos. Correspondiam a vários motivos: expiação de numerosas transgressões, reparação, ação de graças: esses sacrifícios permitiam recuperar a pureza ritual. Em circunstâncias especiais, ofereciam-se hecatombes. Por exemplo, para celebrar o término do Templo, Herodes mandou sacrificar trezentos bois[227]. Por ocasião de sua visita a Jerusalém, Marcos Agripa, genro de Augusto, "sacrificou uma hecatombe"[228]. O número de sacrifícios aumentava sobretudo durante as festas: "De acordo com as prescrições da Lei, todos os dias e especialmente por ocasião das assembléias e das festas, oferecem-se inúmeros sacrifícios, cada um para si, particularmente e para todo o povo, de modo público"[229].

O Pseudo-Aristeu, § 88, fala dos sacrifícios oferecidos por dezenas de milhares nos dias festivos. Um pequeno dado mostra o volume da importação de animais para os sacrifícios: considerava-se destinado a eles todo o gado que se encontrasse nas cercanias de Jerusalém, num raio que correspondesse à distância de Midgal-Eder[230].

Não nos referimos, porém, ainda ao essencial. Três vezes por ano, o Templo atraía a Jerusalém enormes multidões de peregrinos. Os judeus chegavam de todas as partes do mundo, especialmente para a Páscoa. Era preciso alimentar essa massa humana. Sem dúvida já providas em parte pelo segundo dízimo[231], isto é, o décimo de todos os produtos colhidos e talvez, também dos animais que seria preciso comer em Jerusalém, mas o transporte de gêneros só era possível das regiões mais próximas.

Aqueles que moravam longe viam-se obrigados a trocar por dinheiro o dízimo dos produtos recolhidos e, conforme as prescrições, gastar a quantia em Jerusalém.

À alimentação dos peregrinos acrescentava-se para a peregrinação da Páscoa, a demanda de animais pascais.

226. *Ant.* III 10, 5, § 249.
227. *Ant.* XV 11, 6, § 422.
228. *Ant.* XVI 2, 1, § 14.
229. Fílon, *De vita Mosis* II, § 159.
230. *Sheq.* VII 4 [Migdal-Eder, cf. Gn 35, 21, encontra-se perto de Belém. N. do T.].
231. Ver *supra*, p. 69, n. 151.

Desde a reforma cultual de Josias, em 621 a.C., somente em Jerusalém se podia imolar o cordeiro pascal. Josefo exagera, certamente, quando fala de 255.600 (outra vez: 256.500) vítimas pascais[232]. Não resta dúvida, porém, de que o número se elevava a milhares.

Era o Templo, portanto, o responsável pela importância do comércio de Jerusalém. Pela concentração do tesouro do Templo ao qual cada judeu devia pagar anualmente a sua cota, os judeus do mundo inteiro contribuíam para o comércio da Cidade Santa.

232. *B. j.* VI 9, 3, § 424.

Capítulo III

O MOVIMENTO DE ESTRANGEIROS

A. INFLUÊNCIA DO ESTRANGEIRO NA CIDADE [1]

1. Generalidades

a. *As viagens a Jerusalém*

Se dispuséssemos de meios para levantar uma estatística sobre entradas e saídas de estrangeiros em Jerusalém, constataríamos grandes oscilações, permanecendo, entretanto, quase constantes o ano todo.

Observaríamos que a época das viagens começa por volta de fevereiro-março. Tal fato relaciona-se com fatores climáticos. Esses meses marcam o fim do período das chuvas e somente então começa-se a pensar nas viagens; anteriormente, os caminhos encharcados constituíam um grande obstáculo [2]. "Pedi para que vossa fuga não aconteça no inverno" (Mt 24,20). Portanto, Jerusalém recebia os estrangeiros durante os meses secos, quer dizer, de março a setembro. Durante esses meses a leva de estrangeiros, três vezes por ano, era de grande vulto na ocorrência das três grandes peregrinações que atraíam fiéis do mundo inteiro: Páscoa, Pentecostes, festa das Tendas (Dt 16, 1-16), mas a da Páscoa intensificava-se ao máximo.

Sigamos um viajante a caminho de Jerusalém. Uma vez passado o período das chuvas, começavam os preparativos. O comerciante aprontava a sua mercadoria. Os que partiam para Jerusalém por motivo religioso, talvez para

1. Para formar um quadro completo, mencionamos aqui todas as pessoas que não são hierosolimitanas (incluindo, pois, por exemplo, grupos estrangeiros).

2. *Ta'an.* I 3.

uma das festas, aproveitavam a ocasião para levar à cidade santa as suas "taxas" (segundo o costume da época, incluímos neste termo o segundo dízimo que não era entregue, porém gasto privadamente na própria Jerusalém, onde deviam consumi-lo).

Eis as "taxas" obrigatórias: o imposto da didracma, os *bikkûrîm* (primícias; em geral, cada uma das vinte e quatro seções as enviava agrupadas para Jerusalém)[3] e o segundo dízimo. *Ant.* XVIII 9, 1, § 313, menciona "numerosas miríades" que acompanhavam os impostos em dinheiro de Nearda e Nisibe (na Mesopotâmia) a Jerusalém; ficamos assim sabendo que se utilizavam as caravanas que se formavam por ocasião das festas, pelo menos a das regiões afastadas, a fim de transportar o dinheiro do Templo. *Halla* IV 10-11 discute o caso de transporte de primícias por particulares; isso confirma que o traziam também privadamente. Vinha para Jerusalém o fermento para a massa sem ser, todavia, obrigatório; podiam oferecê-lo ao sacerdote local[4]. De qualquer forma, cada israelita levava consigo, para Jerusalém, em produtos ou em dinheiro, seu segundo dízimo[5].

Entre os preparativos figurava igualmente a escolha dos companheiros de caminhada. Com efeito, diante da constante ameaça de salteadores[6], ninguém ousava empreender sozinho a viagem. Na época das festas, grandes caravanas se organizavam. *Ant XVIII* 9, I § 313 refere-se a milhares de pessoas que se reuniam em Babilônia; sem dúvida alguma, tratava-se de caravanas para as festas. Lc 2,44 fala da caravana do povo de Nazaré; parentes e conhecidos dos pais de Jesus nela tomavam parte. A caravana das festas na qual Jesus subiu até Jerusalém pela última vez passou por Jericó (Mc 10,46).

Em geral, viajava-se a pé. Hillel, o Ancião, assim fez, como dizem, a peregrinação de Babilônia a Jerusalém[7]. Evidentemente ia-se muito mais depressa no lombo de um

3. *Bik.* III 2ss.
4. *Ḥalla* IV 10.
5. Ver *supra,* p. 69, n. 151.
6. Ver *supra,* p. 76s.
7. *ARN* B cap. 27, 55^b 33, cf. A cap. 12, 55^a 14; ver Krauss, *Talm. Arch.* II, 677, n. 161.

burro; por isso lemos, na passagem citada, o dito irônico lançado por um homem que passava montado num asno a Hillel que estava a pé. Num jumento é que Jesus fez sua entrada em Jerusalém (Mc 11,1-10. Raramente utilizava-se de um meio de locomoção para ir a Jerusalém ou de lá voltar; foi o caso do ministro das finanças da etíope Candace (At 8,27-39). As viagens a pé constituíam uso geral para as peregrinações, conclui-se de *Hag* I 1. Além do mais, consideravam-nas como meritórias.

Os caminhos eram geralmente maus [8]. O Sinédrio, enquanto suprema autoridade indígena deles devia se ocupar, mas pouco fez para melhorá-los. A prova está na sua negligência, quanto ao aqueduto de Jerusalém [9]; onde as estradas estavam sob a responsabilidade dos romanos, a situação era bem melhor. Desde sempre, entretanto, parece terem cuidado muito mais da estrada dos peregrinos em direção a Babilônia [10] (saindo de Jerusalém para o norte [11]). Herodes esforçou-se por garantir sua segurança. Instalou em Batanéia o judeu babilônico Zamaris; era ele que protegia, contra os ataques dos ladrões de Traconites, as caravanas de festa que vinham da Babilônia [12].

Semelhante viagem, sobretudo se empreendida em grande caravana, devia contar com atrasos e paradas; *Ta'an.* I 3 fornece-nos alguns dados a respeito de sua duração. Rabban Gamaliel ordena que se dê início às orações para a chuva em 7 marcheschvan somente. (Apóia essa ordem no fato de ser o 15º dia após a festa de tisri); deste modo, os peregrinos têm a possibilidade de chegar ao Eufrates sem se molharem. A distância entre Jerusalém e o Eufrates é de mais de 600 km. Gamaliel calcula para a caravana etapas diárias de 45 km aproximadamente, avaliação essa um tanto exagerada para grupo tão numeroso.

8. Ver *supra,* p. 85.
9. Ver *supra,* p. 28, n. 110.
10. Krauss, *Talm. Arch.,* II 323.
11. Ver *supra,* p. 78.
12. *Ant.* XVII 2, 2-3, § 26ss.

b. *A hospedagem em Jerusalém*

Chegado são e salvo a Jerusalém, forçoso seria procurar um alojamento. Em tempos comuns não havia dificuldade para encontrar acomodação num dos albergues que Jerusalém [13], como todos os burgos (Lc 2,7: Belém), possuía. Os membros das comunidades religiosas, os essênios, os fariseus, os cristãos eram recebidos pelos amigos. Os habitantes de Cirene, de Alexandria, das províncias da Cilícia e da Ásia desciam até Ofel para a hospedaria anexada à sua sinagoga [14]. R. Weill aí encontrou uma inscrição; diz expressamente que naquele lugar foram instalados "quartos e feitas distribuições de águas, a fim de servir de albergue àqueles que [vindos] do estrangeiro, viessem a necessitar" [15]. Em dias de festa, bem mais difícil se tornava encontrar alojamento. Poucos estrangeiros possuíam casa própria em Jerusalém. Por esse motivo, os príncipes herodianos estrangeiros, vindos para as grandes festas (Herodes Antipas, tetrarca da Galiléia e da Peréia [Lc 23,7]; Agripa II), providenciaram uma morada permanente no palácio dos macabeus, logo acima do Xisto; os príncipes e princesas de Adiabena fizeram o mesmo nos moldes de seus palácios, na colina oriental [16].

Onde se alojava a multidão de peregrinos? Constituía um dos dez milagres de Deus no santuário, terem todos onde se abrigar, e, jamais uma pessoa disse a outra: "O povo é numeroso, não encontro onde dormir na cidade" [17]. Parte dos peregrinos podia alojar-se na própria Jerusalém; num único lugar nem sequer deviam pensar instalar-se: na esplanada do Templo, onde uma inscrição rezava: "A ninguém é permitido entrar na esplanada do Templo com seu bastão, suas sandálias, seu alforje ou a poeira nos pés" [18]. Podemos, porém, supor que construções perten-

13. *Lam. R.* I, 2 sobre 1, 1 (18ª 24).
14. Ver *supra*, p. 95.
15. *CIJ* II, n. 1404, lig. 6-8.
16. Ver *supra*, p. 24.
17. *P. A.* V 5.
18. *Ber.* IX 5; b. *Yeb.* 6^b.

centes ao Templo [19] ofereciam abrigo aos peregrinos. Mesmo que se leve em conta tal possibilidade, compreendemos ser totalmente impossível àquelas imensas multidões terem como se alojar dentro dos muros. Uma parte das pessoas podia ainda encontrar abrigo nos povoados existentes nos arredores da cidade, como, por exemplo, Betfagé ou Betânia. Nesse local Jesus permaneceu por ocasião de sua última estada em Jerusalém [20]. O maior número de peregrinos era, pois, obrigado a erguer tendas em torno da cidade. (Passar a noite ao relento seria impraticável, pelo menos no tempo de Páscoa, quando as madrugadas eram ainda frias). *Ant.* XVII 9, 3, § 217 o confirma e refere-se a peregrinos para a Páscoa, armando suas tendas; segundo o paralelo de *B. j.* II 1, 3, § 12, faziam-no na "planície", expressão que designa, provavelmente, o campo diante da atual Porta de Damasco.

Aquele, porém, que participava da Páscoa, era obrigado a passar a noite pascal (noite de 14 para 15 nisân) em Jerusalém. A cidade propriamente dita não podia conter o afluxo de peregrinos. Para facilitar a observância desta prescrição, estendera-se o distrito urbano tão longe que englobava até mesmo Betfagé [21].

Segundo Mc 11,11-12 e Mt 21,17, Jesus e seus discípulos, nos últimos dias antes de sua morte, passaram a noite em Betânia. Já Lc 21,37 diz: "Passavam-se as noites ao relento, no monte chamado das Oliveiras". Na realidade, não há contradição nisso, pois Betânia encontra-se no perímetro do monte das Oliveiras, mas, no contexto do evangelho de Lucas, o comentário suscita uma dificuldade. Com efeito, Lc 22,39 emprega a mesma expressão ("dirigiu-se ao monte das Oliveiras") para designar o Getsêmani. Mas Lc 21,37 não passa, evidentemente, de um resumo da tradição de Marcos (Mc 11,11; 17,19) redigida pelo próprio Lucas. Deve-se, então, concluir que Lucas, não conhecendo a posição geográfica do lugar em que prenderam Jesus, isto é, o Getsêmani, considerou-a, de modo inexato, como sendo o lugar em que, ordinariamente Jesus passava a noite. Em contrapartida, a informação conce-

19. Propriedade do Templo, cf. *supra,* p. 43.
20. Mc 11,11-12; Mt 21,17.
21. O texto mais claro é *Men.* XI 2; cf. Neubauer, *Géogr.,* 147ss; Dalman, *Itinéraires,* 329-333; ver *supra,* pp. 16 e 62.

dida por Lc 22,39 vem da fonte lucana especial, conforme o demonstra a expressão "segundo seu costume"[22]. É perfeitamente exata; porque "segundo seu costume" refere-se não ao fato de passar a noite, mas ao fato de Jesus ir, com seus discípulos, a lugar determinado do monte das Oliveiras; Jo 18,2 confirma a explicação. Esse lugar é, certamente, o jardim do Getsêmani[23]. À diferença de Betânia, o Getsêmani, sobre a vertente ocidental do monte das Oliveiras, encontrava-se ainda dentro do distrito da Grande Jerusalém que não se deveria deixar durante a noite pascal[24].

De acordo com a distribuição das diferentes seções da população nos quarteirões da cidade, cada grupo de peregrinos para a festa tinha seu lugar de acampamento[25] fixo. Baseando-nos no fato de que Jesus tinha o hábito de passar a noite em Betânia, podemos supor que o acampamento dos peregrinos galileus encontrava-se a leste da cidade.

2. Movimento de estrangeiros provenientes de países distantes

Acabamos de evocar a caminhada de um viajante rumo a Jerusalém e seu alojamento na cidade santa. Lancemos agora um olhar sobre o movimento de estrangeiros, segundo seu país de origem. Aqui também, como acima, para

22. A meu ver, Lucas não compôs seu evangelho inspirando-se no evangelho de Marcos e da fonte dos logia (Q), conforme o quer a teoria das duas fontes em sua forma clássica. A base de Lucas é sua "fonte especial", evangelho cujo autor desconhecido havia amalgamado matérias particulares com alguns logia (extraídos da tradição oral e não de uma fonte escrita 'Q') e o relato da Paixão. Nesse escrito, Lucas inseriu alguns itens escolhidos em Marcos (ver J. Jeremias, "Perikopen-Umstellungen bei Lukas?" em *New Testament Studies* 4 (1957-1958) 115-119 = em J. Jeremias, *Abba. Studien zur neutestamentlichen Theologie und Zeitgeschichte,* Göttingen, 1966, 93-97). Seja qual for a visão do fato, parece-me que o relato lucano da Paixão, a partir de Lc 22,14, não é extraído de Marcos, mas provém de uma tradição independente. É o que nos interessa no momento a propósito do versículo 22,39.

23. Mc 14,26,32; Mt 26,30.36.

24. Ver *supra,* p. 89.

25. Ver a inscrição citada *supra,* p. 88.

o comércio, trataremos, primeiramente, dos países distantes e, depois, das regiões próximas.

Podemos ler em At 2,9-11, inserida no relato do milagre de Pentecostes, uma lista de "homens piedosos de todas as nações, que estavam em Jerusalém". Trata-se de judeus e prosélitos que ali estavam como peregrinos para a festa. Nessa enumeração encontramos representantes de quase todos os países então conhecidos; trata-se de "partos, medos e elamitas, habitantes da Mesopotâmia, da Judéia e Capadócia, do Ponto e da Ásia, da Frígia e da Panfília, do Egito e da parte da Líbia limítrofe de Cirene, romanos adventícios, judeus e prosélitos, cretenses e árabes".

A verificação desses dados será feita mais adiante, quando examinarmos as relações de Jerusalém com o estrangeiro, país por país. A lista de At 2,9-11 é estilizada e só a podemos aceitar na medida que suas indicações forem confirmadas por outras testemunhas. A título, porém, de comparação, devemos assinalar, desde já, duas outras enumerações:

1º Um trecho de At (6,9), num contexto visivelmente não estilizado e muito bem informado (6,1ss) que descreve sobriamente os fatos. Diz, por exemplo, em relação a Jerusalém: "Vieram então alguns da sinagoga chamada dos Libertos [26], dos cireneus e dos alexandrinos, dos da Cilícia e da Ásia". Trata-se de judeus residentes em Jerusalém. Possuíam uma sinagoga comum, com albergues para os estrangeiros [27]; a passagem indica que, enquanto helenistas, moravam juntos, no mesmo quarteirão, semelhante aos quarteirões dos diferentes grupos judaicos em Jerusalém no início deste século.

2º Um texto de Fílon, *Leg. ad Caium,* § 281s, refere-se a uma carta de Agripa I a Calígula, onde diz, ao falar de Jerusalém: é a capital dos judeus da Judéia, mas também dos judeus do Egito, Fenícia, Síria, Celessíria, Panfília, Cilícia, Ásia, Bitínia, Ponto, Europa, Tessália, Beócia, Macedônia, Eólia, Ática, Argos, Corinto, Peloponeso, ilhas

26. Ver *supra,* p. 93.
27. Ver *infra,* p. 95.

de Eubéia, Chipre, Creta, países do Transeufrates, Babilônia e suas satrapias vizinhas. Essa lista, é verdade, não menciona, de modo explícito, as viagens a Jerusalém, mas estão implicitamente incluídas, já que a peregrinação ao Templo era obrigatória para todo judeu adulto.

Vejamos agora o movimento de estrangeiros provenientes de cada país em particular.

a. *Gália e Germânia*

Os muros da Jerusalém antiga abrigaram gauleses e germanos. O imperador Augusto (29 a.C. — 14 d.C.) enviara a Herodes, o Grande, a guarda pessoal de Cleópatra, última rainha do Egito que se suicidara em 30 a.C. Essa guarda era composta de quatrocentos gauleses [28]. Dizem que Herodes ordenou aos soldados gauleses que afogassem seu cunhado, Jônatas (somente aqui é chamado por este nome; Aristóbulo nas demais referências), em Jericó, durante um banho [29]. Na descrição do cortejo fúnebre de Herodes, ao lado de trácios e gauleses, mencionam-se, igualmente, os germanos, membros de sua guarda [30]. Após a morte de Herodes, seu filho, o etnarca Arquelau (4 a.C. — 6 d.C.), encarregou-se dessas tropas, mas depois de sua deposição (6 d.C.), foram os romanos que dela se encarregaram. É duvidoso, porém, que as tenham deixado na Palestina, após o ano 6.

b. *Roma*

Desde o ano 6 d.C., a Judéia era província romana; tinha um governador romano, assim como soldados e funcionários. Em Jerusalém, havia um destacamento romano, isto é, uma *cohors miliaria equitata*, sob o comando de um tribuno. Conseqüentemente, as relações com Roma eram

28. *B. j.* I 20, 3 § 397. Pode-se tratar de gauleses ou de gálatas. Mas, como o demonstra o emprego desse termo *Galátai* em *B. j.* II 16, 4, § 364. 371 e VII 4, 2, § 76 (cf. C. Ap. I 12, § 67), devemos nos ater somente ao sentido de "gaulês".
29. *B. j.* I 22, 2, § 437.
30. *Ant.* XVII 8, 3, § 198; *B. j.* I 33, 9, § 672.

freqüentes. Já antes ouvimos falar das viagens de Herodes e de seus filhos a Roma; de Agripa II àquela cidade [31]; fala-se também de romanos que vêm a Jerusalém, na maioria das vezes em missão oficial. Em contrapartida, na guarnição de Jerusalém, como a cidade fazia parte de uma província procuratória, nem mesmo os oficiais eram romanos (At 22,28). Mas em Cesaréia, sede do procurador, encontrava-se a "coorte chamada itálica" (At 10,1). O procurador permanecia regularmente em Jerusalém por ocasião da festa de Páscoa, com um destacamento de soldados; essas tropas de Cesaréia certamente dele faziam parte. De Roma voltou a maior parte dos "libertos", aprisionados na campanha de Pompeu e em seguida libertados [32]; parecem ligados à sinagoga citada em At 6,9 ("da sinagoga chamada dos Libertos") [33]. Os judeus de Roma que vinham em peregrinação para as festas (At 2,10) alojavam-se, sem dúvida, na hospedaria contígua a essa sinagoga. At 28,21 supõe relações regulares, através de cartas e por contatos pessoais, entre os judeus de Roma e a suprema autoridade judaica, o Sinédrio.

c. *Grécia*

Entre outras, a influência helenística é sensível na quantidade de palavras gregas transpostas para a literatura rabínica. É a civilização e não a política que condiciona essa influência. Por tal motivo, é mais importante do que a influência exercida por Roma.

Já no tempo de Hircano II (76-67, 63-40 a.C.), encontramos atenienses em Jerusalém; assuntos oficiais assim como particulares davam-lhes oportunidade de estabelecer intensa circulação entre as duas cidades [34]. Herodes tinha mercenários trácios em sua guarda pessoal [35]; Euricles, um lacedemônio, representou papel importante na corte de Herodes [36]. O que chamamos de segunda e ter-

31. *Ant.* XX 8, 11, § 193ss; *Vita* 3, § 13ss e *passim.*
32. Fílon, *Leg. ad Caium* § 155.
33. Ver *infra,* p. 95.
34. *Ant.* XIV 8, 5, § 149ss; ver *supra,* p. 53.
35. *Ant.* XVII 8, 3, § 198; *B. j.* I 33, 9, § 672.
36. *B. j.* I 26, 1-4, § 513ss.

ceira viagem missionária de Paulo é uma prova das relações entre Jerusalém e a Grécia. De volta de sua terceira viagem, encontramos, acompanhando-o para o caminho de Jerusalém, mensageiros para as coletas, um da comunidade cristã de Beréia e dois da de Tessalônica (At 20,4). No relato de *Lam. R.* 1, 5-14 sobre 1, 1 (20[a]-22[b]), as relações com Atenas representam relevante papel: trata-se de hierosolimitanos, dirigindo-se para Atenas e de atenienses, fixando-se em Jerusalém.

d. *Chipre*

Ouvimos falar, em Jerusalém, de alguns cipriotas (At 11,20); são judeu-cristãos obrigados, pela perseguição aos seguidores de Cristo, a deixar a cidade e partir para a Antioquia. Lá anunciaram o Evangelho aos gregos, portanto, a não-judeus; é um progresso de relevada importância. Barnabé, levita originário de Chipre, possuía um campo nas redondezas de Jerusalém (At 4,36-37; Gl 2,1 etc.). Podemos contar também com Mnason, de Chipre, "discípulo dos primeiros dias" (At 21,16), entre os membros da comunidade cristã primitiva de Jerusalém.

e. *Ásia Menor*

Existia, na Ásia Menor, uma importante diáspora judaica. Encontramos, em Jerusalém, representantes de todas as regiões da Ásia Menor. São habitantes dos seguintes países:

1. *A província da Ásia.* Mencionam-se juntos, judeus da província da Ásia e outros helenistas pertencentes a uma mesma sinagoga (At 6,9). Entre os mensageiros para as coletas que acompanham Paulo, há dois asiáticos. Alguns judeus da Ásia, presentes em Jerusalém para a festa de Pentecostes reconhecem Paulo no Templo e querem linchá-lo (At 21,27). São, de modo verossímil, pessoas de Éfeso, pois viram, em companhia de Paulo, Trófimo de Éfeso a quem conheciam. Da província da Ásia, traziam-se a Jerusalém somas vultosas para o Templo. Em Apa-

méia, Laodicéia, Adrumeto e Pérgamo, Flacos, procônsul da Ásia em 62-61 a.C., manda confiscar o dinheiro destinado ao Templo. É o que nos conta Cícero [37].

2. *A ilha de Cós*. Everato de Cós acha-se em Jerusalém no período que seguiu o dos príncipes herodianos. Dessa ilha eram enviadas grandes quantias para o Templo; lá também Mitridates deu ordens para confiscarem o dinheiro destinado ao Templo [38].

3. *A província da Galácia*. Gaio de Derbe e Timóteo de Listra encaminham-se para Jerusalém com Paulo (At 20,4 cf. 16,1-8). Os missionários judaizantes que a Epístola aos Gálatas censura vinham, provavelmente, de Jerusalém.

4. *Pisídia*. Em *B. j.* I 4, 3, § 88, vemos gente da Pisídia em Jerusalém, no exército de mercenários de Alexandre Janeu.

5. *Cilícia*. Homens da Cilícia serviam no exército de mercenários de Alexandre Janeu [39]. Paulo, originário de Tarso, estudou em Jerusalém (At 22,3). Esses homens estabelecidos em Jerusalém, assim como outros helenistas, pertencem a uma comunidade com sinagoga comum (At 6,9: "Alguns vieram da sinagoga chamada dos Libertos, cireneus e alexandrinos, e outros da Cilícia e da Ásia"). Encontramos igualmente referência a essa sinagoga na literatura talmúdica; ora chamavam-na de sinagoga dos Alexandrinos [40], ora, sinagoga dos Tarsiotas [41] (= pessoas de

37. *Pro Flacco* 28.
38. *Ant.* XIV 7, 2, § 112.
39. *B. j.* I 4, 3, § 88.
40. Tos. *Meg.* III 6 (224, 26); j. *Meg.* III 1, 73d 35 (IV/I, 236).
41. b. *Meg.* 26a. — Verificamos que, na variante de b. *Meg.* 26a, "Tarsiotas" (*ṭarsiyyîm*) designa os habitantes de Tarso. Tratar-se-ia antes de operários (Schürer, II, 87, n. 247; 524, n. 77 e outros, cf. *supra*, pp. 13 e 34. São para o sentido geográfico: Derenbourg, *Essai*, 263; Neubauer, *Géogr.*, 293 n. 5 e 315; Gottheil, *JE* VII, 129). Contra essa interpretação é preciso, entretanto, dizer: 1º b. *Meg.* 7 emprega a mesma palavra "Tarsiotas"; dado o contexto, o sentido é um só, pois, trata-se de pessoas que falam na sua língua materna. 2º De resto, não se pode comprovar a existência, em Jerusalém, de sinagogas de corporações profissionais. 3º em b. *Meg.* 26a, "Tarsiotas" é uma variante de "Alexandrinos" que figura em Tos. *Meg.* III 6 (224, 26), e j. *Meg.*

Cilícia). É, sem dúvida, essa sinagoga que R. Weill descobriu no Ofel. Por ocasião das escavações de 1913-1914 ele encontrou, entre vestígios de construção, várias inscrições [42]; uma delas indicava: essa sinagoga foi construída por Teodoto, filho de Vetenos, sacerdote e presidente da sinagoga; uma hospedaria e instalação de banhos foram-lhe anexadas. O nome do pai, Vetenos e a menção da hospedaria contígua à sinagoga levaram o Pe. Vincent [43], acompanhado por R. Weill e G. Dalman, a deduzir que se tratava da sinagoga dos Libertos (At 6,9) [44]. Segundo nossas conclusões, essa sinagoga é a dos alexandrinos ou dos tarsiotas.

6. *Capadócia.* Arquelau, rei da Capadócia, visitou a Cidade santa [45].

f. *Mesopotâmia*

Desde a deportação dos judeus pelos assírios (722 a.C.) e os babilônios (597 a 587 a.C.) havia uma numerosa comunidade judaica na Mesopotâmia; sabemo-lo através de informações diretas [46] e pelas relações ativas, no domínio do espírito, entre a Palestina e a Babilônia, país de origem do Talmude de Babilônia.

Intenso intercâmbio reinava, portanto, entre Jerusalém e a Mesopotâmia. Anauel, juiz babilônio, foi sumo sacerdote em 37-36 a.C., e depois, a partir de 34, pela segunda vez [47]. *Para* III 5 fala de um Hanameel, sumo sacerdote oriundo do Egito; sob seu pontificado, foi queimada uma novilha vermelha. Se, como é provável, trata-se da mesma pessoa, preferimos as informações de Josefo [48].

III 1, 73^{d} 32 (IV/1, 236); isso torna provável o fato de que o nome da sinagoga variava. Assim poderíamos explicar igualmente a enumeração particular de At 6,9.

42. Texto em *CIJ* II, n. 1404.

43. L. H. Vincent, *Découverte de la "Synagogue des Affranchis" à Jérusalem,* em *RB* 30 (1921), 127-277.

44. Ver *supra,* p. 93.

45. *B. j.* I 25, 1-6, § 499ss; cf. I 23, 4, § 456; 26, 4, § 530; 27, 2, § 538.

46. *Ant.* XI 5, 2, § 131ss; XV 2, 2, § 14; 3, 1, § 39; Fílon, *Leg. ad Caium,* 282.

47. *Ant.* XV 2, 4, § 22; 3, 1, § 39, 3, 3, § 56.

48. Ver *infra,* p. 100.

Conta-se que os sacerdotes de Jerusalém, originários de Babilônia, comiam, crua, no dia das expiações, a carne do sacrifício suplementar; não sentiam, com isso, nenhuma repugnância [49]. Hillel, o escriba bem conhecido, que ensinava no início de nossa era, chamava-se "o Babilônio"; conforme contam, ele foi a pé de Babilônia a Jerusalém (ver *supra,* p. 86).

Além de sacerdotes e escribas, encontramos ainda outros babilônios na Cidade santa. Josefo, *Vita* II, § 47, escreve: "Alguns babilônios... encontrando-se em Jerusalém". O babilônio Silas é um chefe notável da revolta contra Roma [50]. Uma mulher de Carquemis mora em Jerusalém [51]. "Magos do Oriente" teriam ido a Jerusalém para se informarem acerca do Rei do mundo (Mt 2,1-6), do mesmo modo que uma embaixada do povo parto vai em 66 d.C., até junto de Nero, a fim de lhe testemunhar honras divinas. Eram igualmente babilônios, sem dúvida pagãos e não fiéis zelosos que, com gritos de mofa, arrancavam pêlos do bode expiatório, no Dia das expiações enquanto o conduziam ao local do sacrifício [52]. Posteriormente à queda de Jerusalém (70 d.C.), alguns babilônios vieram à Cidade santa, trazidos por um voto de nazireato [53].

Estamos informados de que peregrinos da Mesopotâmia, encaminhando-se para as festas, reuniam-se aos milhares em Nearda e Nísibe; levavam consigo para o Templo, as quantias oferecidas pela comunidade judaica mesopotâmica, e faziam juntos a viagem a Jerusalém [54]. Zamaris, judeu estabelecido na região da Batanéia, zelava pela segurança da caravana [55]. Esses judeus entregavam, como taxa, o imposto da didracma [56]. Por questões de pureza ritual, não eram entretanto aceitos dons de primícia (animais ou frutos) provenientes de Babilônia [57].

49. *Men.* XI 7.
50. *B. j.* II 19, 2, § 520; III 2, 1-2, § 11.19.
51. *'Ed.* V 6.
52. *Yoma* VI 4.
53. *Naz.* V 5.
54. *Ant.* XVIII 9, 1, § 310-313, ver *supra,* p. 86; cf. *Ta'an.* I 3, ver *supra,* p. 87, *Ned.* V 4-5.
55. *Ant.* XVII 2, 2, § 26.
56. *Sheq.* II 4; *Ant.* XVIII 9, 1, § 312s.
57. *Ḥalla* IV 11.

g. *As regiões do império parto situadas a leste da Mesopotâmia*

Naquela época, somente uma pequena parte da Mesopotâmia — a região nordeste — pertencia ao império romano. O restante e a zona que abrangia sua fronteira oriental pertenciam ao império parto.

O rei de Adiabena dependia do rei dos partos. A família real achegara-se ao judaísmo e reatara relações com Jerusalém. O rei Monobaze[58], assim como sua mãe, a rainha Helena, possuía um palácio em Jerusalém[59]. Segundo a Mishna, Helena viera a Jerusalém quando estava para expirar um nazireato de sete anos[60]. Entre outros membros da família real de Adiabena, encontramos em Jerusalém, Grapté que ali possuía um palácio[60 bis]; também parentes do rei Monobaze[61] e filhos e irmãos do rei Izates[62]. Esses príncipes combateram do lado judaico contra os romanos em 66 e 70 d.C. As lutas contra Cestius Gallus em 66, nas quais tomaram parte os príncipes de Adiabena, citados em *B. j.* II, 19, 2, § 520, tiveram início na época da festa da Páscoa; é, portanto, para se supor que esses príncipes encontravam-se em Jerusalém por ocasião da peregrinação pascal. Em 70, Chageiras de Adiabena combateu do lado judaico[63].

Da Média era originário o escriba Naum, o Medo[64]; conforme b. *Ket.* 105ª, fazia parte de um tribunal de Jerusalém.

h. *Síria*

De todos os países, fora da Palestina, era a Síria que, proporcionalmente, contava com o maior número de ju-

58. *B. j.* V 6, 1, § 252.
59. *B. j.* VI 6, 3, § 355. Quanto a seus presentes para o Templo, ver *supra*, p. 38; sobre a atividade social de Helena durante uma crise de alimentos em Jerusalém, ver *supra*, p. 54.
60. *Naz.* III 6.
60bis. *B. J.* IV, 9, 11, § 567.
61. *B. j.* II, 19, 2, § 520.
62. *B. j.* VI 6, 4, § 356.
63. *B. j.* V 11, 5, § 474.
64. *Shab.* II 1; *Naz* V 4; *B. B.* V 2; b. *'A. Z.* 7ᵇ.

deus [65]. Com efeito, existia entre a Síria e a Palestina forte relacionamento. Ao contrário do que estava estabelecido para a Babilônia [66], aceitavam as primícias vindas da Síria [67]. Inúmeros mensageiros eram enviados de Jerusalém para a Síria, a fim de anunciar o início da nova lua que determinava as datas das festas [68]. Na época da conversão de Paulo, o Sinédrio comunicava-se com as sinagogas de Damasco [69]; a comunidade cristã de Jerusalém mantinha também relações ativas, sobretudo com Antioquia, capital da Síria [70]. Um prosélito daquela cidade foi membro da comunidade cristã primitiva de Jerusalém (At 6,5). Miriam, judia de Palmira, cidade da Síria reconhecida autônoma pelos romanos, é mencionada por ocasião dos sacrifícios que ela oferece como nazir [71].

i. *Arábia (reino nabateu)*

Relações políticas uniam aos árabes os reis judaicos do século I a.C. Com freqüência o rei dos árabes prestava a sua colaboração, enviando tropas e auxílios particulares [72]. Na corte de Herodes encontramos um guarda-costas árabe. Depois de uma tentativa de assassínio de Herodes, dois outros árabes são presos com o criminoso. O primeiro é um amigo de Sileos, ministro de Aretas IV, rei dos árabes; o outro é o xeque de uma tribo árabe [73]. Quando Paulo foi obrigado a fugir de Damasco para Jerusalém [74], aquela cidade [75] encontrava-se aparentemente em poder de um etnarca desse Aretas IV ("etnarca" tanto pode designar um governador quanto um enviado; mas esse homem parece ter tido em mão o poder militar). Pouco tempo antes

65. *B. j.* VII 3, 3, § 43.
66. *Supra,* p. 97.
67. *Ḥalla* IV 11.
68. *Ṙ. H.* I 4.
69. At 9,2.
70. At 11,27. — Coletas em Antioquia para Jerusalém: At 11,29-30;12.25. — Gl 1,18-21; At 15, especialmente 15,2.4.30; Gl 2,11-12.
71. *Naz.* VI 11.
72. *B. j.* I 6, 2, § 124ss; 9, 3, § 187.
73. *B. j.* I 29, 3, § 577.
74. At 9,26; Gl 1,18.
75. 2Cor 11,32; At 9,24-25.

da conversão de Paulo, Damasco teria passado da soberania de Roma, sob a qual fez parte da Síria, à dos árabes.

j. *O Egito*

Com sua numerosa comunidade judaica, o Egito representava importante papel no movimento dos estrangeiros em Jerusalém. Os egípcios que moravam nessa cidade eram, com outros helenistas, incorporados a uma mesma sinagoga (At 6,9). Por causa deles, é por vezes chamada "sinagoga dos alexandrinos"[76]. Herodes investiu no sumo sacerdócio a Simão, filho de um judeu egípcio, o alexandrino Boetos, a fim de poder desposar sua filha Mariana. Depois, sete[77] outros membros dessa família tornaram-se igualmente sumos sacerdotes. Segundo *Para* III 5, um deles, Anauel[78], originário de Babilônia (ver *supra,* p. 96) era egípcio[79]. Um escriba hierosolimitano, Hanna ben Abishalom, membro de um tribunal de Jerusalém[80], tinha o cognome de "o Egípcio".

76. Tos. *Meg.* III 6 (224, 26); j. *Meg.* III 1, 73[d] 32 (IV/1, 236).
77. Ver *infra,* p. 266, n. 303.
78. *Ant.* XV 2, 4, § 22; *Para* III 5: Ḥanamel.
79. Existe um fato curioso, cujas causas não são claras: de modo manifesto, na Palestina, os judeus de Babilônia não eram apreciados. Em compensação, demonstravam grande apreço aos judeus do Egito. Em todo caso, quando querem contar algo elogioso a respeito dos babilônios — como o fato de terem dado um sumo sacerdote — imputa-se essa dignidade a um egípcio (*Para* III 5). Os comentários a respeito dos babilônios não são especialmente favoráveis: os sacerdotes babilônios comem carne crua, o que constituía uma abominação para os judeus; por outro lado, os babilônios zombam do bode expiatório (*supra,* p. 97). Ora, nesses dois últimos casos, o Talmude de Babilônia afirma que se tratava de alexandrinos. Eis em que termos ele comenta a cena irônica do bode expiatório (*Yoma* VI 4); (Rabba b. Bar-Ḥana diz: "Não se trata de babilônios e sim de alexandrinos; e como os palestinos odiavam os babilônios, designavam aqueles [os alexandrinos que, no dizer do Talmude de Babilônia, insultavam o bode expiatório] de acordo com esses [os babilônios inocentes, segundo o mesmo relato]" (b. *Yoma* 66[b]). O mesmo em *Men.* XI 7 (*supra,* p. 96). Portanto, o Talmude de Babilônia procura, abertamente, salvar a honra dos babilônios. A única certeza que podemos obter desses comentários do Talmude parece ser a de que, na Palestina, os babilônios não eram favoravelmente julgados.
80. *Ket.* XIII 1-9; b. *Ket.* 105[a]; ver *supra,* p. 77.

Como muitos judeus egípcios, Fílon peregrinou a Jerusalém[81].

Por ocasião do casamento dos sacerdotes que habitavam no Egito, esses procuravam verificar, conforme as prescrições, a genealogia de sua futura esposa[82]. Por outro lado, trazia-se de Alexandria para Jerusalém a "arrecadação da massa" (*Hallah*)[83], que, devido às regras de pureza legal, não era, entretanto, aceita. Esses fatos mostram-nos que o culto não se concentrava de modo algum no templo de Onias para todos os judeus egípcios[84]. Informações particulares relativas a esse templo conferem-lhe a mesma imagem. Josefo[85] observa que, a começar pelas suas dimensões, o templo era pequeno e pobre comparado com o de Jerusalém. *Men.* XIII descreve as ordens dos doutores da Cidade santa, concernentes aos sacrifícios e aos sacerdotes daquele templo de Leontópolis. Segundo suas recomendações, os sacerdotes que oficiavam lá não podiam exercer seu ministério no Templo de Jerusalém.

Mesmo para os judeus egípcios, Jerusalém era o centro religioso. Disso temos uma prova: um egípcio foi o incentivador de um dos muitos movimentos messiânicos que queriam alcançar Jerusalém. Reuniu em torno de si grande multidão: segundo At 21,38, quatro mil zelotas (membros do partido fanaticamente revolucionário); segundo *B. j.* II 13, § 261, trinta mil partidários. Pretendia ele, no monte das Oliveiras, mostrar a seus partidários o desmoronamento das muralhas de Jerusalém[86] e, após esse milagre messiânico, tornar-se senhor da Cidade santa[87].

Finalmente, temos também no Talmude provas de intercâmbio entre o Egito e Jerusalém. No Templo, por ocasião de uma greve dos fabricantes de perfumes para queimar e de pães da proposição, fizeram vir do Egito, para

81. Fragmento do *De providentia* em Eusébio, *Praep. ev.* VIII 14, 64 (*GCS* 43, 1, 477).
82. C. *Ap.* I 7, § 30-33; cf. *infra,* pp. 295 e 378.
83. *Ḥalla* V 10.
84. Ver *supra,* p. 45.
85. *Ant.* XII 9, 7, § 388; XIII 3, 1-3, § 62ss; 10, 4, § 285; XX 10, 3, § 236s; *B. j.* I 1, 1, § 33; VII 10, 2-4, § 421ss.
86. *Ant.* XX 8, 6, § 169s.
87. *B. j.* II 13, 5, § 262.

substituí-los, pessoas que lá exerciam essas profissões. A tentativa fracassou, porém, porque não tinham a competência necessária [88]. Experiências igualmente desastrosas as que tiveram com os artífices de Alexandria que deveriam reparar, no Templo, o címbalo de bronze e os que vieram para reparar a peça de cobre na qual se trituravam os arômatas para os perfumes a queimar e que estava rachada. Em ambos os casos foi preciso refazer o trabalho executado por eles [89]. Uma última informação indica o tráfico existente com o Egito. Sob Alexandre Janeu (103-76 a.C.), R. Yoshna ben Perahia foge de Jerusalém para a Alexandria com um aluno chamado Jesus [90]. Uma carta de Jerusalém tê-lo-ia convocado a voltar.

k. *Cirene*

Foi encontrado o túmulo de uma família judaica de Cirene, no vale do Cédron [91]; Simão, aquele a quem os soldados romanos obrigaram a levar a cruz de Jesus ao Gólgota [92] era dessa localidade. Os cireneus que moravam em Jerusalém pertenciam à sinagoga mencionada em At 6,9. Os peregrinos que vinham de Cirene para a festa — mais exatamente da Líbia cirenaica, com Cirene por capital — alojavam-se, talvez, na hospedaria contígua a essa sinagoga. Parte desse povo passou para o cristianismo; unidos aos cristãos de Chipre, esses cristãos de Cirene ousaram, em Antioquia, pregar o evangelho até mesmo a não-judeus (At 11,20).

88. b. *Yoma* 38^{a-b}.
89. b. *'Ar.* 10^{b} bar.; cf. Billerbeck, III, 450.
90. b. *Sanh.* 107^{b}; b. *Soṭa* 47^{a}. — Billerbeck, I, 85, quanto ao nome do rei, deixa supor uma confusão com Herodes que, segundo *Ant.* XIV 9, 4, § 175, mandou massacrar em 37 a.C. os membros do Sinédrio com exceção de Shemaya. Essa hipótese, entretanto, não se impõe. Com efeito, o Talmude fala muitas vezes da perseguição de Shimeon ben Shetah, o escriba, por Alexandre Janeu e Josefo faz-nos conhecer as lutas sangrentas desse rei, durante longos anos, contra o povo dominado pela influência farisaica. O paralelo, em j. *Ḥag.* II 2, 77^{d} 30 (IV/1, 277s), coloca Yuda ben Tabbai no lugar de Yoshua; isso também confirma a cronologia do Talmude.
91. N. Avigad, "A depository of Inscribed Ossuaries in the Kidron Valley" em *Israel Exploration Journal* 12 (1962) 1-12.
92. Mc 15,21; Mt 27,32; Lc 23,26.

Um sumo sacerdote, Ismael, foi decapitado em Cirene[93]; desconhecemos os motivos.

1. *Etiópia*

Mesmo da Etiópia alguns estrangeiros vinham a Jerusalém. Em At 8,27-39, vemos o ministro das finanças da etíope Candace retornando de Jerusalém onde estivera por motivos religiosos.

Em resumo: os estrangeiros vinham a Jerusalém de quase todo o mundo então conhecido, atraídos, antes de tudo, por motivos religiosos; em segundo lugar por razões de natureza política ou econômica. Eram, especialmente, sírios, babilônios, egípcios e gente da Ásia Menor.

3. Movimento de estrangeiros provenientes de regiões próximas

Desde sempre, a circulação interna da Palestina representava a maior parte do tráfico voltado para Jerusalém. Conforme vimos, o comércio da cidade atraía sobremodo os habitantes das regiões mais próximas. O mesmo acontecia por motivos comerciais, conforme podemos perceber pelas interligações de estradas[94], já que a natureza forçava os habitantes da Palestina meridional a virem a Jerusalém. De toda a Palestina a Judéia era a que mais ligada estava a Jerusalém. O país fora dividido pelos romanos[95] em onze toparquias judaicas com base, sem dúvida, na divisão da Palestina em vinte e quatro distritos sacerdotais[96]; vinham a Jerusalém pagar seus impostos. As medidas policiais concernentes à Judéia repousavam em parte sobre os ombros das autoridades de Jerusalém e da guarda do Templo à sua disposição. Em determinados casos, os tribunais da província da Judéia iam a Jerusalém pedir uma decisão. Os casos especialmente difíceis eram apresentados ao Sinédrio de Jerusalém que então repre-

93. *B. j.* VI 2, 2, § 114.
94. Ver *supra,* 77s.
95. *B. j.* III 3, 5, § 54.
96. Ver *infra.* 374.

sentava o papel de tribunal supremo; nos casos duvidosos, o escriba vinha do campo — de Masfa, por exemplo [97] — até Jerusalém, para aí obter melhores informações.

A província da Judéia também participava mais do culto de Jerusalém do que o resto da Palestina. Somente quem estava domiciliado nos arredores da cidade podia vir praticar seu culto no santuário, aos sábados. As testemunhas que iam anunciar a lua nova à comissão competente, composta de sacerdotes, eram naturalmente da cidade, ou pelo menos, de muito perto [98]. A maioria dos sacerdotes morava na Judéia. Segundo *Ned* II, 4, os galileus não conheciam o costume de consagrar alguma oferenda em proveito dos sacerdotes, por ser muito pequeno o número desses em sua terra. Na Judéia, nem todos moravam em Jerusalém. Ali residiam, por exemplo, os sumos sacerdotes, o sacerdote Sadoc [99], Josefo [100]. Já o sacerdote Zacarias morava, segundo a tradição, em Aïn Karim, na região montanhosa da Judéia (Lc 1,39). O sacerdote Matatias, antepassado dos macabeus, residia em Modin (1Mc 2,1). Na parábola do bom samaritano, vemos um sacerdote que passa, indo de Jerusalém a Jericó (Lc 10,31). Segundo Orígenes [101], Betfagé era uma cidade de sacerdotes. Finalmente, *Terum* II 4 prescreve que, onde morar um sacerdote, deve-se dar-lhe o "arrecadado". Essas explicações permitem considerar como verossímeis os dados que temos, segundo os quais a Palestina era dividida em vinte e quatro seções, alternando-se no serviço do santuário; a que estava em exercício mandava para o Templo seus sacerdotes e levitas, com alguns representantes do povo [102].

A província da Judéia, graças, a distâncias menores, tinha a possibilidade de se fazer representar em número mais considerável nas peregrinações por ocasião das fes-

97. *Pea* II 6.
98. *R. H.* I 7.
99. *Lam. R.* 1, 49 sobre 1, 16 (35ª 22), onde ele é chamado *kôhen gadôl,* chefe dos sacerdotes. (Sobre o sumo sacerdote e chefe dos sacerdotes ver *infra,* pp. 243-248).
100. *Vita* 2, § 7.
101. *Comm. in Mt* 2, 4s, XVI 17 (*GCS* 40, 531s).
102. *Ta'an.* IV 2; *Bik.* III 2; *Para* III 11.

tas. Ouvimos dizer que uma cidade inteira da importância e tamanho de Lida[103], tomava parte na festa das Tendas, de tal forma que apenas umas cinqüenta pessoas ficavam em casa[104]. Tal fato só pode ocorrer na Judéia...

À medida que as distâncias aumentavam, o comércio era feito, de preferência, pelas caravanas e grandes negociantes[105]; portanto, os deveres religiosos, mais do que o comércio, faziam as outras regiões da Palestina participar do movimento rumo a Jerusalém. Excetuavam-se somente os samaritanos cujo culto se concentrava no Garizim (Jo 4,20-21). Encontramos em Jerusalém, o carpinteiro José com Maria e Jesus, vindos de Nazaré por ocasião de uma festa (Lc 2,41-44). Assim também, a rainha Berenice, filha do rei Agripa I e irmã do rei Agripa II, veio à Cidade santa para um nazireato[106]; veio certamente, de Cesaréia de Filipe (66 d.C.; nessa data já deveria estar divorciada de seu marido Polemon da Cilícia). O dever religioso atraía à Cidade santa ricos e pobres.

Quando um movimento perturbava a nação, o número de peregrinos para as festas crescia enormemente. Não é preciso dizer que o ajuntamento das multidões em Jerusalém adquiria também uma importância política; variados exemplos o demonstram. Foi assim, por razões políticas que no ano 6 d.C., reuniu-se em Jerusalém uma "multidão incontável" de judeus armados, vindos da Galiléia, Iduméia, Jericó, Peréia e sobretudo da Judéia[107]. Qualquer movimento messiânico tinha como fito alcançar Jerusalém. A sede principal das correntes anti-romanas e das idéias messiânicas era a Galiléia. É difícil acreditar que a atitude de Pilatos no santuário, contra os peregrinos vindos da Galiléia para a Páscoa (Lc 13,1), não tivesse motivo concreto. Foi na Galiléia que se desenvolveu o partido dos zelotas; com o tempo, teve nas mãos a sorte do povo inteiro. Judas, cuja revolta contra os romanos (6-7 d.C.) deu o impulso decisivo à formação do movimento zelota,

103. Era a sede de uma toparquia (*B. j.* III 3, 5, § 55).
104. *B. j.* II 19, I, § 515s: em 66 d.C.
105. Ver *supra,* p. 61.
106. *B. j.* II 15, 1, § 313.
107. *B. j.* II 3, 1, § 43.

era originário da Galiléia; seu pai Ezequias já chefiava um movimento partidarista que na Galiléia lutou contra Herodes. Em 66, Menaém, filho de Judas, foi um dos principais chefes da revolta contra os romanos [108]. As peregrinações por ocasião das festas em Jerusalém ajudavam tais movimentos a estabelecer um elo com a Cidade santa.

B. INFLUÊNCIAS DAS CARACTERÍSTICAS DE JERUSALÉM SOBRE O MOVIMENTO DE ESTRANGEIROS

1. Situação da cidade

O que dissemos nas pp. 75-79 da situação geográfica da cidade em relação ao comércio, vale para o movimento de estrangeiros.

2. Importância política e religiosa da cidade

A situação econômica da cidade tinha influência no tráfico dos estrangeiros na medida em que fazia vir para Jerusalém mercadores do mundo inteiro, especialmente da Judéia e do resto da Palestina.

Jerusalém era ainda o centro da vida política judaica. Três características da cidade justificam o grande atrativo que exercia sobre os estrangeiros: era a antiga capital, a sede do supremo tribunal, a meta das peregrinações para as festas.

Jerusalém era *a antiga capital.* A corte de Herodes, onde o espírito helenista reinava com influência total, a luta das feras, os jogos dos ginásios e das musas, os espetáculos, as corridas de bigas que Herodes organizava no hipódromo e no teatro [109], constituíam para os estrangeiros um poderoso centro de atração. Como também to-

108. *B. j.* II 17, 8s, § 433ss.
109. *Ant.* XV 8, 1, § 268ss.

mavam parte ativa ou passiva nos jogos esportivos pessoas vindas de fora, muitos intelectuais e outros de formação helenística eram hóspedes da corte de Herodes. Acrescentam-se ainda numerosas relações oficiais mantidas por Herodes e por Agripa I, que traziam a Jerusalém emissários, mensageiros e guardas de corpo estrangeiros. Já vimos [110] de que maneira a capital, embora no interior do país, constituía um centro de atração para muitos, sobretudo para os detentores da riqueza nacional.

Jerusalém era também a *sede do supremo tribunal:* nela o Sinédrio estava sediado. Sendo a sua origem e natureza, esse Sinédrio era a primeira assembléia do país; por tal característica, sua atribuição estendia-se aos judeus do mundo inteiro. Em princípio assim era; seu prestígio de suprema instância garantia-lhe ser ouvido por todos, mas, concretamente, pouco podia usar de autoridade fora da Judéia. Paulo recebe cartas para as sinagogas de Damasco, com ordem de prender os cristãos e entregá-los ao Sinédrio (At 9,2). Os judeus de Roma dizem a Paulo não terem recebido, a seu respeito, instruções escritas da Judéia (At 28,21). Dentro do país a influência do Sinédrio fazia-se sentir mais forte. Desde que a Judéia tornara-se província romana, em 6 d.C., o Sinédrio impôs-se como a mais alta representação política. Uma de suas comissões constituía a assembléia financeira para as onze toparquias judaicas [111], divisões que os romanos tinham imposto ao país. Naquela época, o Sinédrio era, além do mais, nos assuntos da comuna a suprema instância judiciária judaica para a província.

Dada a sua importância, o Sinédrio entretinha relações com os judeus do mundo inteiro e, dentro da Judéia, unia administrativamente todos os vilarejos de Jerusalém.

No Templo, três festas de peregrinações eram celebradas cada ano. Em conseqüência da importância política dos agrupamentos para as festas, já vimos [112] como as caravanas cresciam nos anos de agitações.

110. *Supra,* p. 81.
111. *B. j.* III 3, 5, § 54.
112. Ver p. 105.

Desde o ano 6 d.C., Jerusalém era uma *cidade romana de província,* com guarnição de tropa, mas tal fato não teve senão influência mínima na circulação dos estrangeiros. Para a festa de Páscoa, certamente de modo habitual, o procurador romano vinha de Cesaréia para Jerusalém com uma forte escolta de soldados e aí exercia a justiça.

Assim sendo, dada a importância de Jerusalém como centro da vida política judaica, o povo afluía, em grande número, para assuntos públicos ou privados.

Enfim, a importância religiosa da cidade foi absolutamente decisiva na atração que exercia sobre os estrangeiros.

Jerusalém era, em primeiro lugar, um dos centros mais importantes para a *formação religiosa* dos judeus. Atraía sábios da Babilônia e do Egito e a reputação mundial de seus homens doutos fazia acorrer os alunos. Gozava de prestígio entre as mais diversas *correntes religiosas.* Nela se achava o ponto de convergência da vida farisaica; nela se encontrou, durante muito tempo, o centro da cristandade mundial (cf. Gl 2,1-10); lá estão também os essênios. Para os cristãos, os lugares santos — é impensável que assim não tenha sido desde o início — e a presença das mais antigas testemunhas do evangelho constituíram um centro permanente de atração. Conforme mostram Gl 2,10; 1Cor 16,1-3; 2Cor 8-9 (cf. At 20,4), os cristãos do mundo inteiro enviavam suas ofertas à comunidade de Jerusalém.

A *expectativa religiosa* prendia-se a Jerusalém; por isso, todos os movimentos messiânicos, muito numerosos na época, voltavam-se para ela. Muita gente ali se estabelecia, a fim de morrer naquele local santo e ser enterrado lá onde se realizarão a ressurreição e o juízo final.

Acima de tudo, porém, havia o Templo. Jerusalém era a *pátria do culto judaico,* lugar da presença divina na terra. Ali vinham para rezar, pois, as orações chegavam mais diretamente aos ouvidos do Senhor. No Templo, o nazir, após o cumprimento de seu voto, e o não-judeu desejoso de se tornar prosélito integrado, vinham oferecer seus sacrifícios [113]; levavam para o julgamento de Deus a *sôṭah,* mulher suspeita de adultério. Ao Templo traziam-se as primícias; ali, após cada nascimento, as mães se purificavam pelo sacrifício prescrito e os judeus do mundo inteiro para lá enviavam suas taxas. Cada um por sua vez, os grupos de sacerdotes, levitas e israelitas se revezavam; ao Templo, três vezes por ano, afluía o judaísmo disperso por todas as nações.

É difícil formarmos uma idéia da imensidão desses agrupamentos por ocasião das três festas anuais, sobretudo durante a Páscoa. Vamos tentar fazê-lo, examinando as prescrições relativas à participação e sua observância; depois, procuraremos calcular o número dos peregrinos.

Nas três festas principais, "todos estão obrigados a comparecer [diante de Deus = no Templo], exceto o surdo, o débil mental, o menor, o homem com órgãos obstruídos [= sexo duvidoso], o andrógino, as mulheres, os escravos não libertos, o coxo, o cego, o enfermo, o ancião e aquele que estiver impedido de subir a pé [à montanha do Templo]". A escola de Shamai assim define o termo "menor": "aquele que não pode [ainda] montar a cavalo nos ombros do pai para subir a Jerusalém, à montanha do Templo'; a escola de Hilel diz: "aquele que não pode [ainda] dar a mão ao pai para subir a Jerusalém, à montanha do Templo" [114]. Conforme essas indicações, o termo "israelita" tem por perífrase "aquele que vai a Jerusalém".

A prática corresponderia à teoria? Em Lc 2,41, lemos que os pais de Jesus "subiram a Jerusalém para a festa de Páscoa, segundo o costume". Podemos, portanto, concluir: 1. os pobres — segundo Lc 2,24, os pais de Jesus servem-se do privilégio dos pobres de apenas oferecer dois pombos — ou aqueles que, morando muito distante, se permitiam fazer, durante cada ano somente a viagem pascal; 2. as mulheres tomavam parte nas viagens para as festas, se bem que não fossem obrigadas [115]. Lemos em Lc 2,42: "Quando Jesus completou doze anos", seus pais le-

113. *Ker.* II 1; b. *Ker.* 81ª.
114. *Ḥag.* I 1.
115. *Ibid.*

varam-no com eles, a Jerusalém, por ocasião da Páscoa. Podemos, pois, supor: 3. que era costume, para os de fora, trazer os filhos quando já tivessem completado seu 12º ano. O sacerdote Josefo levava consigo seus filhos menores e as pessoas de sua casa para a segunda Páscoa (em certos casos de impedimento, podiam celebrar a Páscoa um mês depois [116]). Mas impediram-no, a fim de não criar precedentes para a celebração da segunda Páscoa. Esse simples fato revela quanto Josefo era zeloso [117]. Aliás, alguns textos do Talmude indicam o décimo terceiro ano como a idade a partir da qual o israelita fica obrigado a submeter-se aos preceitos da Lei; esse dado não contradiz Lc 2,42; era hábito começarem a levar as crianças de doze anos às peregrinações, para habituá-las ao preceito que deveria atingi-las a partir do ano seguinte.

Da diáspora chegavam também peregrinos para as festas; além de Josefo e informações acima citadas, pp. 92, temos o testemunho de Fílon: "Com efeito, miríades chegavam de miríades de cidades para cada festa no Templo, uns por via terrestre, outros por mar, do Oriente e do Ocidente, do Setentrião e das regiões austrais" [118]. Sem dúvida, esses peregrinos da diáspora que vinham para as festas podiam desfrutar da concessão indicada acima (cf. Lc 2,41), que permitia fazer somente uma viagem por ano. É mesmo possível que tenham podido, em circunstâncias difíceis, gozar de uma dispensa ainda maior, análoga, por exemplo, à que existe no Islã, e fazer a viagem uma só vez na vida.

Dentre os prosélitos, os que já eram prosélitos integrados deviam vir em peregrinação, para as festas [119]. Encontramos, igualmente, em Jerusalém para a mesma finalidade, os semiprosélitos: "havia lá alguns gregos, entre os que tinham subido para adorar, na festa" (Jo 12,20); trata-se aqui de pagãos incircuncisos, os "tementes de Deus". Era esse também o caso do ministro das finanças da etíope Candace. Em *B. j.* VI 9, 3, § 427, Josefo menciona "es-

116. *Pes.* IX.
117. *Ḥalla* IV 11.
118. Fílon, *De spec. leg.* I 12, § 69.
119. Cf. Gl 5,3; Paulo reproduz a prescrição judaica.

trangeiros vindos para o culto divino". Em todos esses casos, trata-se de uma participação livre.

É essa, portanto, a síntese das prescrições e das narrativas com seus casos particulares: todo israelita e todo prosélito integrado de sexo masculino, em condições de viajar, era obrigado a tomar parte nas peregrinações anuais para as festas; entretanto, algumas concessões foram introduzidas em favor dos que viviam no exterior. Disso possuímos prova, com o endosso de números em *Vita* 65, § 354; essa informação é mais digna de fé do que qualquer outra, visto Josefo, nessa passagem erguer polêmica contra Justo, de Tiberíades e dar, abertamente, grande importância à precisão. Trata-se de Tiberíades que se tornou capital da Galiléia sob Herodes Antipas. Seu conselho compunha-se de seiscentos membros [120], o que permite concluir que a população da cidade era considerável. Entretanto, segundo *Vita* 65, § 354, somente dois mil homens de Tiberíades achavam-se em Jerusalém entre os sediados, isto é, entre os que celebravam a Páscoa [121] do ano 70.

Excurso

O número de peregrinos para a Páscoa

Conseguimos obter, de quatro fontes, informações acerca da multidão daqueles que participavam da Páscoa, quer dizer, do número de peregrinos para a festa e da população de Jerusalém. Pelo que lemos, parece-nos que tal cálculo para os peregrinos se baseia no número das vítimas pascais.

1. Segundo b. *Pes.* 64^b e *Lam. R.* 1, 2 sobre 1, 1 (18^b 22), Agripa (mais exatamente, Agripa II, ver n. 2) mandou deixar de lado um rim de cada vítima pascal. Eis o resultado quanto ao número das vítimas pascais: "O dobro do número

120. *B. j.* II 21, 9, § 641.
121. *B. j.* VI, 9, 3, § 421.

daqueles que saíram do Egito (600.000 segundo Ex 12,37), sem contar as pessoas impuras e aquelas que estavam ausentes, em viagens; e nenhum cordeiro pascal era dividido por menos de 10 pessoas" [122] (segundo *Lam. R.* o número daqueles que comiam uma vítima podia variar de 10 a 100). Temos, por conseguinte: 600.000 × 2 × 10 = 12 milhões de peregrinos para a Páscoa.

2. Narra-nos Josefo [123] que, por ocasião de uma Páscoa entre 63 e 66 d.C. contaram-se as vítimas; chegou-se a 255.600 (variante: 256.500) vítimas e a 2.700.000 pessoas celebrando a festa. Quando Josefo [124] fala de três milhões de participantes, trata-se, provavelmente, de número redondo.

3. Eis os números fornecidos por Josefo a propósito do cerco que começou repentinamente por ocasião da Páscoa de 70 d.C.:

mortos	1.100.000 (*B. j.* VI 9, 3, § 420)
prisioneiros	97.000 (*B. j.* VI 9, 3, § 420)
fugiram para a ravina arborizada de Jarde	3.000 (*B. j.* VII 6, 5, § 210ss)
Total	1.200.000 participantes da Páscoa

4. Tácito [125] fornece-nos uma quarta indicação; segundo seu parecer, um total de 600.000 homens devem ter ficado confinados em Jerusalém, no ano 70. Devemos ter certa reserva quanto a esse número, porque Tácito seguramente se baseou em Josefo, e nesse [126] encontra-se o seguinte dado: os trânsfugas contaram que o número de cadáveres dos pobres lançados fora das portas totalizavam 600.000; quanto ao número de outros mortos, é impossível avaliar.

É provável que Tácito, tomando por engano este número como sendo do conjunto de assediados, o tenha utilizado.

Esses quatro textos apresentam cifras tão vultosas que não podemos considerá-las verídicas.

Devemos então desistir de encontrar o número real dos peregrinos de Páscoa? Não, porque uma passagem da Mishna vem em nosso auxílio. Lemos em *Pes.* V 5 que, em 14 nisân,

122. b. *Pes.* 64^b.
123. *B. j.* VI 9, 3, § 422ss.
124. *B. j.* II 14, 3, § 280.
125. *Hist.* V 13.
126. *B. j.* V 13, 7, § 569.

os judeus se dividiam em 3 grupos para imolar as vítimas: "O primeiro grupo entrou e encheu o adro; as portas foram fechadas e a trombeta soou demoradamente..."; V 7: "Saído o primeiro grupo, entrou o segundo; à saída do segundo, o terceiro entrou..." esse último, não é, entretanto, tão numeroso quanto os dois precedentes.

Sabemos que no tempo de Jesus, as vítimas eram imoladas no Templo e não em casa. Já se evidencia pelo fato de ser o cordeiro pascal uma vítima; seu sangue devia ser utilizado ritualmente (derramado sobre o altar, 2Cr 35,11)[127]. A vítima pascal é explicitamente chamada de sacrifício em Ex 12,27;34,25; Nm 9,7.13; *Ant.* II 14, 6, § 312s; III 10, 5, § 248; *B. j.* VI 9, 3, § 423 (*thusía*); Fílon, *De Vita Mosis* II, § 224 (*thúein*); no Novo Testamento: Mc 14,12; Lc 22,7; 1Cor 5,7 (*thueín, thúesthai*). Além disso, as prescrições de Dt 16, 2.6, a regulamentação de 2Cr 35,5-6[128] e a regra rabínica relativa aos sacrifícios de menor santidade[129], exigem que a imolação se realize no Templo. É o que os relatos igualmente mostram sobre a maneira de contar os ossos ou os rins dos cordeiros da Páscoa; só se poderia fazer este cômputo se a imolação fosse executada unicamente no Templo. É, finalmente, o que atestam todos os textos segundo os quais a imolação deveria ser feita por leigos, como nos diz Fílon[130]. Concorda com *Pes.* V 6 onde está escrito: "Um israelita degolou e o sacerdote recolheu o sangue". No Antigo Testamento, Lv 1,5 prescreve a imolação de uma vítima por leigos. Todas essas minúcias indicam que o ato cultual se realizava no Templo.

O tratado *Middot* da Mishna e Josefo fazem-nos conhecer as dimensões do Templo. Torna-se, pois, possível avaliar, pelo menos de modo aproximativo, o espaço ocupado pelos três grupos e daí deduzir o número dos participantes da festa.

Que espaço poderia ocupar um grupo que entrou para imolar as vítimas?

Um grupo é admitido no "adro"; deve-se entender como sendo o espaço a oeste da Porta de Nicanor, o "adro interior" onde se encontravam o local da imolação e o altar dos holocaustos. Imaginemos as divisões da esplanada do Templo.

127. Cf. H. L. Strack, *Pesahim*, Leipzig, 1911, 6ª.
128. Cf. *Jubileus* XLIX 19s.
129. *Zeb.* V 8.
130. *De vita Mosis* II [III], § 224; *De decalogo*, § 159; *De spec. leg.* II, § 145.

A Mishna [131] fala de 10 degraus de santidade; foram construídos em círculos concêntricos em torno do Santo dos santos:

I. O país de Israel.
II. A cidade de Jerusalém.
III. A montanha do Templo.
IV. O *ḥel,* terraço com uma balaustrada que o separava do resto da esplanada do Templo; essa balaustrada demarcava o limite que os pagãos não podiam ultrapassar (ver *supra,* p. 36).
V. O átrio das mulheres.
VI. O átrio dos israelitas.
VII. O átrio dos sacerdotes.
VIII. O espaço entre o altar dos holocaustos e o edifício do Templo.
IX. O edifício do Templo.
X. O Santo dos santos.

Conforme essa divisão, o adro interior em questão compreende os círculos de santidade VI e VII: átrio dos israelitas e átrio dos sacerdotes. Sem dúvida, os círculos VIII, IX e X fazem igualmente parte do adro interior, mas em caso algum os leigos podiam aí penetrar. Em compensação, o espaço situado atrás de cada lado do edifício do Templo não pertencia ao domínio fechado, em princípio, para os leigos [132].

A Mishna dá-nos as seguintes medidas: o espaço do círculo VI (*a* no desenho, átrio dos israelitas) media 135 × 11 côv. = 1.485 côv.^{2}. Ignoramos o espaço do círculo VII (*b,* átrio dos sacerdotes), mas podemos conhecê-lo de modo indireto, porque o espaço total dos círculos VII + VIII (espaço entre *c,* o altar dos holocaustos e o edifício do Templo) + IX/X (edifício do Templo) mediam 135 × 176 côv. = 23.760 côv.^{2}. Dessas três unidades conhecemos as duas últimas. O círculo VIII media 32 × (19 + 3) côv. = 704 côv.^{2}, os círculos IX/X mediam 100 × 22 (*f,* vestíbulo) + 80 × 70 (edifício principal) côv. = 7.800 côv.^{2}. Subtraindo então VIII + IX/X do total de VII + VIII + IX/X: 23.760 − (704 + 7.800) = 15.256 côv.^{2}. É o espaço do círculo VII. Dessa superfície, o altar (*c,* 32 × 32 côv. = 1.024 côv.^{2}) e seus degraus (*d,* 32 × 16 côv. = 512 côv.^{2}) eram interditados aos leigos que vinham imolar os animais pascais; é preciso, portanto, sub-

131. *Kel.* I 6-9.
132. *B. j.* V 5, 6, § 226.

O ÁTRIO INTERIOR

(Círculos VI-X) segundo os dados da Mishna e de Josefo.

Esboço do autor.

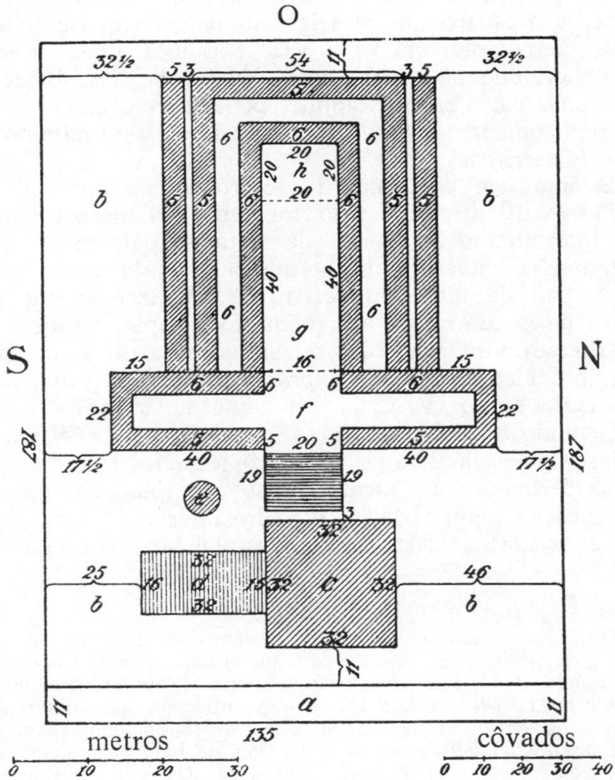

Explicações do esboço

a	=	átrio dos israelitas	círculo VI
b	=	átrio dos sacerdotes	
c	=	altar dos holocaustos	
d	=	degraus do altar	círculo VII
e	=	lavabo para as abluções dos sacerdotes	
f	=	vestíbulo	círculo IX
g	=	Santo	
h	=	Santo dos santos	círculo X

As medidas são indicadas em côvados.

traí-los. Nosso número, para o círculo VII desce, por conseguinte a 13.720 côv.^{2}. Com o círculo VI, de 1.485 côv.^{2} (ver *supra*) temos um espaço de 15.205 côv.^{2}(isto é, 1 côv.^{2} equivalendo a 0,276 m^2 (ver *supra,* p. 22), de 4.196,58 m^2. Isso representa o espaço que os leigos tinham, ou quase, à sua disposição para imolar em VI e VII. Teríamos ainda de subtrair a superfície que não conhecemos, do lavabo das abluções (*e*), das colunas etc. Por conseguinte, podemos calcular *um espaço de aproximadamente 4.000 m^2, para um grupo admitido com o fito de sacrificar.*

Estamos em condições de controlar esse número.

Pes. V 10 discute o caso em que o 14 nisân cai num sábado, interditando as pessoas de voltarem para casa imediatamente após a imolação; dizem que o segundo grupo esperava então o cair da tarde no *ḥêl,* isto é, no terraço que enquadrava a parte central da esplanada do Templo, a saber, o conjunto do adro interior, com o santuário, e do átrio das mulheres; é o círculo IV (ver *supra,* p. 115). Um grupo poderia, pois, manter-se no IV. Qual era a sua superfície?

Segundo a Mishna e Josefo [133], a largura do *ḥêl* era de 10 côvados. Conhecemos, aliás, seu perímetro interior que é idêntico ao perímetro da parte central da esplanada; essa parte comprendia, repetimos, além do adro interior, o átrio das mulheres e, ao norte, a leste e ao sul, as alas laterais do edifício [134].

133. *Mid.* II 3; *B. j.* V 5, 2, § 197.

134. O adro interior não era diretamente contíguo ao terraço; havia entre os dois, as alas de edifícios. Josefo e a Mishna ressaltam essa minúcia. *Mid.* I 1 chama de edifícios as portas que levam do adro interior ao *ḥêl* (*Mid.* I 5). Isso é confirmado pela descrição mais detalhada dos edifícios das portas, especialmente aquele chamado "nicho da lareira" (I 6-9) e outro que temos de identificar com uma das portas indicadas em II 7. Esses "edifícios das portas" tinham uma êxedra, pórtico circular com assentos e, em cima, um quarto (*Mid.* I 5, *B. j.* V 5, 3, § 203); essa êxedra media 30 côvados de largura (*B. j. ibid.*). Mas, entre o *ḥêl* e o adro interior não havia apenas os edifícios das portas, porque as alas os ligavam entre si. Nas alas norte e sul do adro interior achavam-se, segundo *B. j.* V 5 2, § 200, as salas do tesouro; segundo *Mid.* V 3-4, seis salas tinham função cultual ou qualquer outro destino análogo. Entre o átrio das mulheres e o *ḥêl,* havia também edifícios de portas e outras construções. De modo particular, fala-se de 4 salas, de 40 côvados quadrados nos 4 cantos do átrio das mulheres (*Mid.* II 5). Não se deve procurar essas salas no próprio átrio das mulheres; com efeito, a porta de Nicanor, os 15 degraus em semicírculo da escada que para lá conduziam e as salas indicadas em *Mid* I 7, abaixo do átrio dos israelitas ocupavam toda a parte ocidental do átrio das mulheres, abrangendo 150 côvados.

O lado maior do perímetro interior compõe-se, pois, da seguinte maneira: lado maior do adro interior + lado maior do átrio das mulheres + largura da ala, portanto 187 + 135 + 40 = 362 côv.; o lado menor, por sua vez: lado menor dos átrios + largura das alas norte e sul, portanto 135 + 40 + 40 = 215 côv. O perímetro interior do *ḥêl* mede, pois (2 × 362) + (2 × 215) = 1.154 côv. Obtemos seu perímetro exterior, acrescentando a largura do *ḥêl* de 10 côvados a cada extremidade dos dois lados, maior e menor, do perímetro interior; o perímetro exterior mede, portanto, 2 × (362 + 10 + 10) + 2 × (215 + 10 + 10) = 1.234 côvados. Para chegar à superfície do *ḥêl* é preciso multiplicar sua largura pela metade de seus dois perímetros interior e exterior adicionados, portanto, $\frac{1154 + 1234}{2} \times 10 = 11.940$ côv.^{2}, isto é, 1 côv.^{2} equivalendo a 0,276 m^2, 3.295,44 m^2. É esse o espaço do *ḥêl* onde podiam se agrupar, segundo *Pes.* V 10, todos aqueles que teriam ocupado antes o átrio interior para imolar seus animais pascais [135].

No adro interior, era naturalmente necessário haver lugar para imolar os animais; além disso, os sacerdotes dispostos em filas, também ocupavam lugar. O fato diminui aproximadamente de 1/5 o espaço disponível para os leigos. Finalmente, os resultados se correspondem. Um grupo exigia mais ou menos um espaço de 3.200 m^2 quando não imolava.

Quantos homens podiam ocupar esse espaço? Mantinham-se bem rentes um ao outro. Entre os dez milagres que se rea-

Esses dados não deixam margem a dúvidas: havia alas que ligavam os edifícios das portas. Circundavam a área sagrada ao norte, a leste e ao sul. A largura seria de 40 côvados, correspondendo às salas do átrio das mulheres.

Entre o átrio das mulheres e o dos israelitas não existia, ao que parece, nenhuma construção. É o que *Mid.* II 7 deixa entender quando se refere às salas abaixo do átrio dos israelitas, abertas do lado do átrio das mulheres.

135. É possível que o segundo grupo tenha podido, além do terraço, dispor das escadas desse terraço. Segundo Josefo (*B. j.* V 5, 2, § 195, 198) entre o átrio dos gentios (limitado por uma balaustrada de pedra) e o terraço, havia 14 degraus, e 5 entre o terraço e os átrios centrais. *Mid.* II 3 menciona apenas 12 degraus de 0,5 côvados de altura; a largura não é indicada. Se fizermos o cálculo dessas escadas, teremos, segundo Josefo, uma superfície de aproximadamente 6.600 m^2. Esses cálculos elevados poderiam igualmente confirmar os resultados da p. 116: poderíamos supor, então, que ficassem menos premidos no *ḥêl* do que no átrio.

lizava no Templo, o oitavo era que houvesse lugares suficientes [136]. Entretanto, nem sempre terminava tudo bem. Lemos em b. *Pes.* 64ᵇ: "Os rabis ensinavam [é a fórmula de introdução tanaíta que indica uma época anterior a 200 d.C.]: jamais qualquer pessoa ficou esmagada no adro do Templo, salvo numa Páscoa, no tempo de Hilel, durante a qual um velho foi pisado. Por esse motivo chamaram-na 'Páscoa dos esmagados'". Josefo refere-se também a essa falta de lugar: Por ocasião de uma Páscoa, entre 48 a 52 d.C. — o 4º dia da festa e não no próprio dia do sacrifício durante um pânico ocorrido, 30.000 homens ficaram esmagados [137].

Visto a estreiteza do lugar, podemos contar dois homens por metro quadrado, cada um com uma vítima, raramente duas [138]. Seriam, então, 6.400 homens. Por conseguinte, havia mais ou menos 6.400 vítimas em cada grupo. As informações de Josefo a respeito da Páscoa do ano 4 a.C. a elas correspondem: durante os sacrifícios, 3.000 homens foram mortos pelos soldados de Arquelau [139]; os outros conseguiram fugir.

Havia ali três grupos: o último não era tão numeroso quanto os dois outros, pois todo o mundo acorria para tomar parte nos dois primeiros. Alcançamos, assim, um total de 18.000 vítimas pascais.

Quantos peregrinos havia, no total, para a Páscoa? Cada vítima era prevista para uma mesa comum [140]. Qual era a importância? Discutia-se a possibilidade de um particular imolar para ele somente uma vítima [141]. A respeito do limite máximo, eis o que dizem: "Para uma comunidade de 100 pessoas, calcula-se que cada uma receba o equivalente, em tamanho, a uma azeitona". Esse número não era aceito [142]. *Pes* IX 10s, cita, como exemplos, mesas comuns de 5, 10 e 12 pessoas. Se a última ceia de Jesus foi uma refeição pascal, nela tomaram parte Jesus e os doze apóstolos, isto é, treze pessoas. Josefo [143], o Talmude [144] e o Midraxe [145] concordam quando supõem uma média de 10 participantes. Devemos nos ater a esse número.

136. *P. A.* V 5.
137. *B. j.* II 12, I, § 227.
138. *Pes.* VIII 2.
139. *B. j.* II 1, 3, § 12s; *Ant.* XVII 9, 3, § 218.
140. *Fratría, hăbûrah, Pes.* VII 3.
141. *Pes.* VIII; interdito segundo *B. j.* VI 9, 3, § 423.
142. *Pes.* VIII 7.
143. *B. j.* VI 9, 3, § 423.
144. b. *Pes.* 64ᵇ.
145. *Lam. R.* 1, 2 sobre 1, 1 (19ª 2).

Por conseguinte, obtemos, como número de participantes à Páscoa: 18.000 × 10 = 180.000. Subtraindo alguns 55.000 habitantes de Jerusalém[146], obtemos um número aproximativo de 125.000 peregrinos para a Páscoa. Devemos, talvez, diminuir ou aumentar esse número em pouco mais da metade.

O movimento dos estrangeiros era tão considerável em Jerusalém que, durante as festas, seu número superava largamente o dos habitantes. Esse fator é que conferia maior importância à vida econômica da cidade.

Lancemos um olhar retrospectivo. A pesquisa levou-nos a uma cidade na montanha, pobre em água; seus arrabaldes com precária produção de matérias-primas para as profissões; sua situação desfavorável ao comércio e à circulação. E no entanto, essa cidade contém, dentro de seus muros, profissões prósperas e estabeleceu um comércio que se estende para muito longe. Conta, sobretudo, com uma vaga de estrangeiros que chegam de todos os países do mundo então conhecido e que, por momentos, supera o número de seus habitantes. A razão consiste em encontrar-se nela o santuário dos judeus do mundo inteiro.

Epílogo (1966) da enumeração dos peregrinos para a Páscoa

Para tentar calcular o número de peregrinos vindos para a Páscoa, os escritores da antigüidade, visto o seu exagero, não nos fornecem ajuda maior: só contamos, portanto, com uma via possível: partir do espaço disponível para aqueles que sacrificam o cordeiro pascal. Por esse motivo, ainda hoje (1966) considero como justificado, do ponto de vista metodológico, o caminho que segui em 1923. Quanto ao resultado, posso igualmente prender-me a ele; com efeito, após ter chegado ao número de 125.000 peregrinos, tive por sorte, a prudência de acrescentar que se deveria talvez reduzir esse número à metade[147].

146. Para calcular a população de Jerusalém, os escritores da antigüidade são falhos (Pseudo-Hecateu [em *C. Ap.* I 22, § 197], quan-

Hoje, eu fixaria esses números ainda mais para baixo. Para começar, no que diz respeito à população de Jerusalém [148], remeto os leitores a meu artigo *Die Einwohnerzahl Jerusalém zur Zeit Jesu* [149]. Nesse estudo, parto, como acima, n. 146 da dimensão da cidade; mas chego a um número menos expressivo. Com efeito: a) de dentro das muralhas, no tempo de Jesus, subtraio o espaço inabitado: Templo, monumentos etc.; b) levo em conta, apoiado nos resultados das pesquisas, o fato de ser menos populoso o espaço outrora situado fora da cidade e a ela anexado depois pelo muro setentrional de Agripa I (41-44 d.C.); c) baseando-me nos dados relativos à densidade da população de Jerusalém em 1881, fixo para a cidade do tempo de Jesus, dentro dos muros, a densidade da população de 1 habitante por 35 m^2 (e não de 1 por 25 m^2). Na época de Jesus, podemos contar com uma população aproximada de 20.000 habitantes dentro do recinto da cidade, e de 5 a 10.000 fora dos muros. Esse número de 25 a 30.000 poderia representar o limite máximo.

to à época anterior a 100 a.C.: 120.000 habitantes; *Lam. R.* 1, 2 sobre 1, 1, [18ᵇ 14] cita números que elevam a 9,5 bilhões de habitantes). Somos, pois, obrigados a calcular o número dos habitantes de acordo com a superfície de Jerusalém. Como vimos *supra* (p. 21, n. 70, os três lados ocidental, meridional e oriental do contraforte anterior a Agripa I mediam, ao todo, mais ou menòs 2.575 m; a isso acrescenta-se o terceiro contraforte setentrional começado sob Agripa I. Se a compararmos com a muralha setentrional atual, ela deveria ter 2.025 m. de comprimento; mas, se dermos crédito às informações de Josefo, citadas *supra* (p. 21), chegamos a 3.530 m. aproximadamente. Portanto, o perímetro da cidade era mais ou menos ou de 4.600 m. ou de 6.105 m.; sua superfície seria, por conseguinte ou $\left(\frac{4.600}{4}\right)^2 = 1.322.000$ m^2, ou $\left(\frac{6.105}{4}\right)^2 = 2.329.000$ m^2. Há cinqüenta anos, a densidade da população, na cidade e arredores era, aproximadamente, de 1 habitante por 30 m^2. A antiga cidade limitava-se ao interior dos muros; não incorremos, portanto, em erro, supondo uma densidade um pouco maior: 1 habitante por 25 m^2. Damos, então, para a Jerusalém antiga, uma população de aproximadamente 55.000 ou 95.000 habitantes. O número inferior é mais seguro (ver, entretanto, abaixo, p. 119).

147. *Supra,* p. 118.

148. *Ibid.*

149. Em ZDPV 66 (1943), 24-31 (reimpresso em J. Jeremias, *Abba. Studien zur neutestamentlichen Theologie und Zeitgeschichte,* Göttingen, 1966, 335-341.

Quanto ao cálculo (pp. 116-120) do espaço disponível para as pessoas que vinham oferecer seu sacrifício, consideramo-lo certo. Hoje, eu faria apenas uma pergunta: devemos levar em conta, realmente, todo o espaço ocupado, a superfície de trás incluída, e de cada lado do edifício do Templo onde aqueles que vinham imolar se comprimiam? Como, porém, representá-los assim, comprimidos um ao outro, trazendo nos ombros a vítima que iam oferecer? (p. 118). Assim sendo, não estará também no total de 180.000 participantes à festa incluída à população local? Um fato, porém, não deixa dúvidas: por ocasião da Páscoa, o afluxo de peregrinos, vindos do mundo inteiro, era muito grande; seu número superava, várias vezes, a população de Jerusalém.

Segunda Parte

A SITUAÇÃO SOCIAL

A. RICOS E POBRES

Capítulo I

OS RICOS

A. A CORTE

Como capital, sob os soberanos da dinastia herodiana, Jerusalém conheceu um esplendor indescritível. Luxuosas construções foram erguidas na Cidade santa [1]; a cada quatro anos Herodes organizava festas com jogos espetaculares [2]; no santuário recém-construído, o culto se desenrolava com brilho nunca visto. Mas, pelo gênero de vida faustoso da corte é que a riqueza dos soberanos se exibia à população de Jerusalém de maneira mais significativa.

A corte regia a vida oficial; mesmo na época da dominação estrangeira de Roma [3], as cortes principescas ali representaram grande papel, se bem que seu brilho não fosse senão um resquício do que fora noutros tempos. Visitemos o palácio [4]. À porta, temos de passar diante dos postos da guarda do corpo. Herodes vivia, com razão, num perpétuo receio dos próprios súditos e, por isso, mantinha forte segurança pessoal [5]. Certa vez, mandou quinhentos destes homens da guarda para ajudar o imperador Augusto [6]. Um segundo caso, permite-nos calcular-lhe a importância: além de sua guarda pessoal [7], trata-se de "tropas trácias, germânicas e gaulesas" [8]. Antes de ingressar no serviço de Herodes, os gauleses constituíram a guarda pes-

1. Ver *supra*, p. 19.
2. *Ant.* XV 8, 1 § 268.
3. 6-41 d.C.; 44-66 d.C.
4. Para esboçar o quadro que segue, baseamo-nos na situação da corte de Herodes, o Grande, por ser a que mais conhecemos.
5. *Doruphóroi, somatophúlakes.* Deve-se distinguir esses últimos dos oficiais da câmara real que trazem o mesmo título.
6. *Ant.* XV 9, 3, § 317.
7. *Ant.* XVI 7, 1, § 182; XVII 7, 1, § 187; ver a nota seguinte.
8. *Ant.* XVII 8, 3, § 198; *B. j.* I 33, 9, § 672.

soal de Cleópatra, rainha do Egito; só esses já se elevavam a quatrocentos homens [9].

Os porteiros [10] indagam o que desejamos. Fazem parte do serviço doméstico que compreende quinhentas pessoas [11]; a maioria se compõe de escravos, em parte, também, de libertos [12]. Entre esses domésticos, alguns eunucos [13]. Aqueles que Herodes enviou a Arquelau, rei da Capadócia, eram escravos; os três oficiais da câmara real citados mais abaixo [14], pertenciam, sem dúvida, ao grupo dos libertos. Do serviço doméstico fazem parte ainda os copeiros reais, sob as ordens do mestre da copa [15] e, sem dúvida também, os barbeiros da corte [16] e médicos pessoais [17]. Da época do rei Alexandre Janeu (103-76 a.C.), o Talmude confirma a existência do trançador de coroas reais [18]. Havia ainda os carrascos que tinham tão dolorosas incumbências, especialmente nos últimos anos de Herodes [19].

Dentro do próprio palácio encontramos funcionários da corte. Há o secretário do rei, em cujas mãos passa toda a correspondência [20]. É o tesoureiro Josefo que dirige os assuntos materiais [21], como, por exemplo, a compra de uma pérola preciosa para o tesouro real [22]. Dois homens estão absortos numa conversa. São Andrômaco e Gemelo, preceptores e companheiros de viagem dos príncipes reais [23]. Seus filhos são *súntrofoi* dos príncipes Alexandre e Aristóbulo; encontramos, com efeito, na corte de Herodes, um

9. *B. j.* I 20, 3, § 397.
10. *Ant.* XVII 5, 2, § 90.
11. *Ant.* XVII 8, 3, § 199; *B. j.* I 33, 9, § 673.
12. *B. j.* I, 33, 9, § 673.
13. *B. j.* I 25, 6, § 511, ver também *Ant.* XVII 2, 4, § 44.
14. *Infra,* p. 129.
15. *Ant.* XVI 10, 3, § 316.
16. *B. j.* I 27, 5-6, § 547ss (no plural); cf. *Ant.* XVI 11, 6-7, § 387ss.
17. *Ant.* XV 7, 7, § 246; XVII 6, 5, § 172; *B. j.* I 33, 5, § 657.
18. b. *B. B.* 133b — Em algumas moedas, os imperadores romanos usam coroa. Por zombaria, os soldados romanos colocam sobre a cabeça de Jesus uma coroa real trançada de espinhos (Mc 15,17; Mt 27,29; Jo 19,2.5).
19. *B. j.* I 30, 5, § 592; 32, 3, § 635 e *passim.*
20. *Ant.* XVI 10, 4, § 319; *B. j.* I 26, 3, § 529.
21. *Ant.* XV 6, 5, § 185.
22. b. *B. B.* 133b.
23. *Ant.* XVI 8, 3-4, § 242ss.

hábito das cortes helenísticas segundo o qual os filhos dos maiorais são educados com os príncipes. At 13,1, menciona, na pessoa de Manaén, um *súntrofos* do príncipe Herodes Antipas, educado na corte de Jerusalém. O "guarda do corpo", Corinto, conduz-nos agora aos aposentos reais. É chamado *somatofúlax,* mas dois fatos nos impedem de contá-lo entre os guardas do corpo: tratava-se de um dos funcionários da corte mais íntimos de Herodes [24] e sobretudo ele era um *súntrofos* de Herodes [25] (devemos lembrar aqui que Corinto tinha origem árabe, assim como a mãe de Herodes, Kypros). De preferência precisamos considerar esse título de *somatofúlax* como um título na hierarquia da corte, correspondendo, talvez, ao de oficial da câmara real que também encontramos nas cortes helenísticas [26]. Otto [27] foi quem, em primeiro lugar, chamou a atenção sobre este ponto; observou que dois outros "guardas do corpo", Jucundus e Tirano [28] são chamados, em passagem paralela da *Guerra judaica,* comandantes da cavalaria [29]. Três outros oficiais da câmara real de Herodes, seu escanção, aquele que deitava vinho na taça e a apresentava ao rei, e seu camareiro, eram eunucos [30]. Josefo mostra que esses camareiros reais eram pessoas influentes; o terceiro, que entrava no quarto de dormir do rei, era o encarregado dos mais importantes assuntos do governo [31]. Quanto a Blasto, que ocupava o mesmo posto na corte de Jerusalém sob Agripa I, serviu de mediador, talvez em 44 d.C., na conclusão do tratado de paz entre seu senhor e as cidades de Tiro e Sidônia (At 12,20).

Nos apartamentos reais encontramos, em torno do soberano, algumas pessoas íntimas, "primos e amigos". De modo algum o termo "primo" designa unicamente o grau de parentesco. Esses "primos e amigos" são os primeiros

24. *Ant.* XVII 3, 2, § 55s.
25. *B. j.* I 29, 3, § 576.
26. Otto, *Herodes,* col. 87 n.
27. *O. c.,* col. 86-87, e 87 n.
28. *Ant.* XVI 10, 3, § 314.
29. *B. j.* I 26, 3, § 527.
30. *Ant.* XVI 8, 1, § 230; *B. j.* I 24, 7, § 488, cf. *Ant.* XV 7, 4, § 226.
31. *Ant.* XVI 8, 1, § 230.

colocados na hierarquia da corte, segundo o modelo de todas as cortes helenísticas[32]. Além dos primos, sobrinhos, cunhados e outros parentes do rei[33] eram os notáveis gregos que, na corte de Herodes, faziam parte dessa categoria. Com efeito, quando após a morte do soberano, o povo exigiu o afastamento dos gregos, não cogitava de hóspedes, mas de pessoas de sua *entourage* permanente[34]. O mais conhecido desses familiares de Herodes é Nicolau de Damasco, homem sábio e culto, filósofo e historiador da corte; a seu lado encontra-se seu irmão Ptolomeu[35]. Citemos também outro Ptolomeu, ministro das finanças e chanceler[36] e o reitor grego Ireneu[37]. De muitos outros "amigos" de Herodes conhecemos apenas os nomes. É talvez na corte que devamos procurar o comandante das tropas sob Herodes[38], Arquelau[39] e Agripa I[40], enquanto é certamente na corte que encontramos Volúmnio, comandante de campo[41]. Por causa de seu nome, Otto se pergunta se não se trata de um oficial de instrução romana[42]. Foi enviado a César[43] como mensageiro, juntamente com Olimpo, "amigo" de Herodes, e uma escolta[44]. Encontramos, finalmente, com bastante freqüência outros hóspedes de Herodes: Marcos Agripa[45], genro do imperador Augusto, Arquelau[46], rei da Capadócia, Euricles[47] de Esparta, Evara-

32. Otto, *Herodes,* col. 86.
33. Cf., por ex., *Ant.* XVII 9, 3, § 219ss; *B. j.* II 2, 1, § 15.
34. Nicolau de Damasco, Fragmento 136, 8, ed. F. Jacoby, *Die Fragmente der griechischen Historiker,* 2. Teil A, Berlim, 1926 (reimpresso Leyde, 1957), 424; cf. *Ant.* XVII 9, I, 207; *B. j.* II 1, 2, § 7.
35. *Ant.* XVII 9, 4, § 225; *B. j.* II 2, 3, § 21.
36. *Ant.* XVI 7, 2, § 191; XVII 8, 2, § 195; *B. j.* I 33, 8, § 667.
37. *Ant.* XVII 9, 4, § 226; *B. j.* II 2, 3, § 21.
38. *Ant.* XVII 6, 3, § 156; *B. j.* I 33, 3, § 652.
39. *B. j.* II 1, 3, § 8; Josefo, oficial nomeado em *Ant.* XVII 10, 9, § 294 e *B. j.* II 5, 2, § 74, primo de Arquelau e sobrinho de Herodes, é talvez o comandante chefe.
40. *Ant.* XIX 7, 1, § 317; 8, 3, § 353.
41. Era, talvez, comandante da caserna situada ao lado do palácio e dele fazendo parte (*B. j.* II 15, 5, § 329; 17, 8, § 440.
42. Otto, *Herodes,* col. 60.
43. *Ant.* XVI 10, 7, § 317; 8, 3, § 353.
44. *Ant.* XVI 10, 9, § 354.
45. *Ant.* XVI 2, 1, § 13s; 2, 4, § 55s; Fílon, *Leg. ad Caium,* § 294.
46. *Ant.* XVI 8, 6, § 261s; *B. j.* I 25, 6, § 511.
47. *Ant.* XVI 10, 1, § 301; *B. j.* I 26, 1, § 513; 26, 4, § 530.

tos [48] de Cós, Melas [49], enviado do rei da Capadócia. Na maioria das vezes essas importantes pessoas deixavam a corte de Jerusalém carregadas de preciosos presentes oferecidos pelo anfitrião.

Por mais helenística que a corte se apresentasse no seu funcionamento exterior, não deixava, na sua essência, de ser oriental. É o que vamos mostrar ao falar agora do harém. A lei permitia ao rei a poligamia [50]. A Mishna concede-lhe dezoito mulheres no máximo [51]; o Talmude menciona vinte e quatro a quarenta e oito, seguindo dois ensinamentos diferentes dos tanaítas, portanto, antigos [52]. Não é, pois, de admirar que ouçamos falar [53], de passagem, das concubinas do rei Alexandre Janeu (103-76 a.C.). Quando Antígono, último rei asmoneu quis, em 40 a.C., com o auxílio dos partos, apoderar-se do trono, ele lhes prometeu, entre outros "dons", quinhentas judias [54]; por esse número referia-se ao cortejo de mulheres pertencentes à corte, quer dizer, a Hircano, o etnarca dos judeus em exercício, assim como das de dois outros tetrarcas da Judéia, residentes também em Jerusalém, Herodes [55] e seu irmão Fasael [56].

Herodes, o Grande (37-4 a.C.) tevé dez mulheres [57]. sendo que pelo menos nove — as que se encontravam com vida em 7-6 — ao mesmo tempo [58]. Na verdade, somente Mariana, a asmonéia, parece ter merecido o título de rainha [59]. O harém de Herodes deveria, porém, ser mais

48. *Ant.* XVI 10, 2, § 312; *B. j.* I 26, 5, § 532.
49. *Ant.* XVI 10, 6-7, § 325ss.
50. Dt 17,17; cf. *Ant.* IV 8, 17, § 224.
51. *Sanh.* II 4.
52. b. *Sanh.* 21ª bar.
53. *Ant.* XIII 14, 2, § 380; *B. j.* I 4, 6, § 97.
54. *Ant.* XIV 13, 3, § 331; 13, 5, § 343; 13, 10 § 365; *B. j.* I 13, 1, § 248; 13, 4, § 257; 13, 11, § 273.
55. O futuro rei.
56. Segundo *B. j.* I 13, 4, § 257, trata-se da promessa de "a maioria das mulheres que lhes [Hircano e Fasael] pertenciam"; segundo *Ant.* XIV 13, 10, § 365, foram essas mulheres que fugiram com Herodes, tendo esse salvo toda a corte.
57. *Ant.* XVII 1, 3, § 19; *B. j.* I 28, 4, § 562; cf. *Ant.* XV 9, 3, § 319ss; XVII 1, 2, § 14; *B. j.* I 24, 2, § 477.
58. *B. j.* I 28, 4, § 562.
59. *B. j.* I 24, 6, § 485.

numeroso, como o prova o envio de uma concubina a Arquelau, rei da Capadócia[60]. Convém lembrar que a mãe de Herodes, temporariamente, sua irmã Salomé[61] e Alexandra[62], mãe da rainha Mariana, moravam também no palácio. Segundo o costume (cf. Pr 31,1), as crianças, durante seus primeiros anos, eram educadas pela mãe, portanto ficavam no harém. Esse setor da corte dispunha também de vultoso corpo de empregados; sabemos da existência de um eunuco da rainha Mariana[63], de escravos de Doris, mulher de Herodes[64].

Ao lado da corte do soberano, havia ainda outras cortes de menores proporções. Encontramo-las igualmente em palácio: pelo menos as dos príncipes reais Alexandre, Aristóbulo, Antipater (12 a.C.), e a de Peroras, irmão de Herodes[65]. Tinham sua própria *entourage* ("amigos") e criadagem particular[66].

Josefo dá-nos algumas informações sobre as rendas que permitiam aos soberanos arcar com tão fabulosas despesas. Calcula as rendas dos sucessores de Herodes que teriam dividido entre si o seu domínio[67]. Segundo tais cálculos, Herodes Antipas recebia 200 talentos de impostos, Filipe, 100, Arquelau 400 (*B. j.*) ou 600 (*Ant.*), Salomé 60; ao todo, o domínio de Herodes recolhia, pois 760 ou 960 talentos.

Levando em conta os dados sobre a renda de Agripa I, podemos optar pela quantia mais alta. As cidades de Gaza, Gadara, Hipos faziam também parte do domínio real; após a morte de Herodes, foram anexadas à provín-

60. *B. j.* I 25, 6, § 511.
61. Após a condenação à morte de seu primeiro marido (35 ou 34 a.C.), até o seu segundo casamento contraído depois de 30 (em 30 ela ainda fazia parte da corte de Jerusalém, *Ant.* XV 6, 5, § 184), assim como após a condenação à morte de seu segundo marido, acontecida em 25.
62. *Ant.* XV 6, 5, § 183ss.
63. *Ant.* XV 7, 4, § 226.
64. *Ant.* XVII 5, 3, § 93.
65. Otto, *Herodes,* col. 87s; cf. *B. j.* I 23, 5, § 457ss.
66. Empregados de Alexandre e de Aristóbulo *Ant.* XVI 4, 1, § 97; um liberto de Antipater *Ant.* XVII 4, 3, § 79; libertos de Féroras XVII 4, I, § 61; mulheres escravas de Féroras XVI 7, 3, § 194, cf. XVII 4, 1-2, § 61ss; *B. j.* I 30, 2, § 584.
67. *Ant.* XVII 11, 4-5, § 317ss; *B. j.* II 6, 3, § 93ss.

cia da Síria. Ademais, a Samaria ficou isenta, na mesma época, do quarto dos impostos [68]. É preciso, portanto, avaliar, em mais de 1.000 talentos a receita dos impostos de Herodes.

A renda de Agripa I chegava a doze milhões de dracmas [69]; trata-se de dracmas de prata áticas, moeda da qual Josefo se serve, como noutras passagens para seus cálculos. O domínio de Agripa I era maior do que o de Herodes — tendo Agripa recebido as posses de Cláudio na zona montanhosa do Líbano e o reino de Lisânias, isto é, a região de Abila, perto do Líbano [70]. Podemos, portanto, imaginar que a cota de seus impostos era bem maior do que a de Herodes.

Herodes com 1.000 talentos de renda [71], Agripa I com 1.200 não podiam enfrentar todas as despesas [72], mas Herodes possuía a mais, uma considerável fortuna particular. É o que se conclui dos legados de seu testamento. As censuras lançadas contra ele, expressas em Roma pelos judeus em 4 a.C., parecem bem fundadas: conseguiu obter vultosas riquezas, apoderando-se dos bens de altas personagens da realeza, após mandar executá-las [73]. Além do mais, o imperador Augusto cedeu-lhe, em 12 a.C., as minas de cobre de Soli, em Chipre [74]; tal gesto beneficiou-o com importante receita. Finalmente, os presentes, ou melhor, as

68. *Ant.* XVII 11, 4, § 319; *B. j.* II 6, 3, § 96.
69. *Ant.* XIX 8, 2, § 352.
70. *Ant.* XIX 5, 1, § 275; *B. j.* II 11, 5, § 215.
71. O valor do talento que serve de base aos cálculos é o talento hebraico que equivale a 10.000 dracmas de prata áticas. Podemos mostrá-lo de duas maneiras: a) comparando *Ant.* XVII 6, 1, § 146 e 11, 5, § 321s. com 8, 7, § 190: no testamento de Herodes, um legado de 1.500 talentos transcrito 15 milhões de dracmas, portanto, um talento vale 10.000 dracmas; b) comparando as rendas de Herodes com as de Agripa I. Para avaliar as somas das rendas das quais tratamos é preciso mencionar os seguintes fatos: Herodes deu a sua filha um dote de 300 talentos (*B. j.* I 24, 5, § 483); seu irmão Féroras sacava todo ano 100 talentos de suas posses, além dos subsídios de sua tetrarquia de Peréia (*B. j.*, ibid.); Zenódoro vendeu a Auranítide aos árabes por 50 talentos (*Ant.* XV 10, 2, § 352).
72. Otto, *Herodes,* col. 91s.
73. *Ant.* XVII 11, 2, § 307.
74. *Ant.* XVI 4, 5, § 128; não sabemos, com certeza, se Herodes recebeu toda a mina e a metade liberada do arrendamento ou somente a metade como renda líquida da arrecadação.

gratificações cobriam, com certeza, alguns rombos das finanças do rei [75].

B. A CLASSE RICA

1. O luxo

No primeiro capítulo deste estudo, comentamos diversos aspectos do luxo nas casas, nos trajes e na criadagem, assim como os inúmeros sacrifícios, os presentes ao Templo, os monumentos funerários das pessoas ricas de Jerusalém. Fomos extraindo, ocasionalmente, de fontes diversas, as características deste luxo. Dois homens apostaram 400 *zûz* (denários) para ver quem conseguia encolerizar Hilel [76]. Rabi Meir conta que alguns ricaços de Jerusalém amarravam com cordões de ouro seu *lûlab* (ramos) para a cerimônia da festa das Tendas [77]. O hierosolimitano rico tem sua casa de campo; assim, por exemplo, o ministro das finanças de Herodes, Ptolomeu, a quem pertence o vilarejo de Arus [78]. Outra informação fornece-nos uma indicação a este respeito: a rainha Helena de Adiabena, de quem Josefo comprova a visita a Jerusalém [79], possuía em Lida uma tenda conforme às prescrições rituais para a festa do mesmo nome [80].

Foram os banquetes dos ricos que exerceram uma grande função, com suas características especiais, todas nascidas em Jerusalém. Significa que aquela cidade servia de modelo para outros países por suas maneiras requintadas.

Também lá, um anfitrião podia distinguir-se de modo espetacular pelo grande número de convidados, ou de modo mais real pelo tratamento dispensado a seus convi-

75. Ver, por ex., *Ant.* XVIII 11, 2, § 308.
76. b. *Shab.* 30^{b}-31^{a} bar.
77. *Sukka* III 8.
78. *Ant.* XVII 10, 9, § 289; *B. j.* II 5, 1, § 69.
79. *Ant.* XX 2, 5, § 49.
80. j. *Sukka* I 1, 51^{d} 22 (IV/1, 2); cf. Neubauer, *Géogr.*, 77.

vas [81]. Era costume contratar um cozinheiro por um salário elevado; se não se saísse bem na sua incumbência, devia, por uma penitência proporcional ao prestígio do dono da casa e de seus convidados, reparar o vexame que ocasionou a seu amo [82]. Em Jerusalém bebia-se o vinho de mesa em copos de cristal sem misturar-lhe água [83]. Criado o ambiente festivo, todos certamente dançavam — faz-nos pensar nas rondas de homens, semelhantes àquelas que se exibiam em festas religiosas — ao bater das mãos como o fizeram, por exemplo, os "grandes" de Jerusalém por ocasião da festa da circuncisão de Elisha Ben Abuya, cujo pai pertencia à alta sociedade [84]. Hábitos bem estabelecidos regiam os convites. A pessoa convidada esperava que lhe fossem comunicados os nomes dos outros convivas [85] e que, independentemente do primeiro convite, algum emissário a chamasse no próprio dia do banquete [86]. Esse costume parece ter vigorado igualmente na Palestina [87] e no Egito [88]. Com efeito, os convites por escrito, encontrados em papiros egípcios, foram em geral enviados somente na véspera da festa ou no próprio dia, o que confirma tratar-se, realmente, de uma segunda solicitação.

O convidado dobrava as largas mangas de sua veste [89], talvez para não ser incomodado ao comer. Um véu suspenso do lado de fora da casa indicava às pessoas que ainda seriam acolhidas. Esse véu era retirado após ser servida a terceira entrada [90]. Segundo um relato digno de fé [91], os

81. *Lam. R.* 4, 2 sobre 4, 2 (56ª 26).
82. *Ibid.*; Hirschensohn, 133; b. *B. B.* 93ᵇ.
83. *Lam. R.* 4, 5 sobre 4, 2 (57ᵇ I).
84. j. *Ḥag.* II 1, 77ᵇ 33 (IV/1, 272); Billerbeck, I, 682. O pai: *Qoh. R.* 7, 18 sobre 7, 8 (104ª 9); Schlatter, *Tage*, 25.
85. *Lam.* R. 4, 4 sobre 4, 2 (57ª 8).
86. *Lam. R.* 4, 2 sobre 4, 2 (56ª 25).
87. Mt 22,3 e sobretudo Lc 14,16-17. O próprio texto desta passagem e de Mt 22,11s, assim como as analogias rabínicas (por ex., b. *Shab.* 153ª, cf. *Qoh. R.* 9, 6 sobre 9, 8 [114ᵇ 7], mostram que se trata de um segundo convite).
88. Mitteis-Wilcken, I/1, 419.
89. *Lam. R.* 4, 4 sobre 4, 2 (57ª 10). Cf. j. *Demay* IV 6, 24ª 53 (II/1, 173).
90. Tos. *Ber.* IV 10 (10, 19); *Lam. R.* 4, 4 sobre 4, 2 (57ª 13); b. *B. B.* 93ᵇ. Relato que provém de Rabban Shimeon ben Gamaliel II.
91. *Pes.* IX 11; confirmado pela Hagada de Páscoa (*ha laḥma*). A indicação a respeito da hospitalidade de ben Kalba Shabua, conse-

hierosolimitanos convidavam, para a ceia pascal, os pobres da rua. Em certas ocasiões da vida política, "toda a população" de Jerusalém era convidada para uma refeição, como o fez Marcos Agripa por ocasião de sua visita à Cidade santa [92], e Arquelau na morte de seu pai Herodes [93].

Uma segunda parte importante das despesas relacionava-se com as mulheres. Naquela época, a poligamia era permitida aos judeus [94]. Numa casa onde havia diversas mulheres, a manutenção representava tal sobrecarga financeira que, de modo geral, só encontramos a poligamia nos ambientes de alto nível econômico.

É a círculos ricos de Jerusalém que nos conduz b. *Yeb.* 15[b]. A discussão concentra-se num ponto controvertido a respeito do casamento levirático. Todos sabem em que consiste o levirato: se o marido morre sem deixar filho, o irmão do defunto é obrigado a casar-se com a viúva. Que acontece se o falecido deixou diversas mulheres, sendo uma, a própria sobrinha? Sem dúvida, o irmão não pode desposar essa que é sua filha. E o que acontece com as outras mulheres? A escola de Shammai autorizava semelhante casamento para satisfazer a lei do levirato; a escola de Hilel, proibia-o. A esse respeito, o levita R. Yoshua ben Hananya conta que duas famílias hierosolimitanas de elevado nível, das quais se originaram alguns sumos pontífices em exercício, descendiam dessas "concubinas da filha" [95]. Por conseguinte, ouvimos falar de dois

lheiro de Jerusalém que alimentava os famintos é simplesmente uma interpretação de seu nome (b. *Git.* 56[a]).

92. *Ant.* XVI 2, 1, § 14; 2, 4, § 55.

93. *Ant.* XVII 8, 4, § 200; *B. j.* II 1, 1, § 1.

94. J. Leipoldt, *Jesus und die Frauen,* Leipzig, 1921, 44-49 e notas fornecem-nos inúmeras provas.

95. Uma dessas famílias chama-se "família de Quphaé"; I. Kahan aproxima esse nome do nome do sumo sacerdote Josefo, chamado Qayapha (Caifás), conhecido através do Novo Testamento. Excetuando-se esse Qayapha, o sumo sacerdote da família de Quphaé só pode ser um dos dois sacerdotes seguintes: ou Elionaios, filho de Kanthperas segundo Josefo (*Ant.* XIX 8, I, § 342, em exercício pelo ano 44 d.C.), chamado ben ha-Qayyaph em *Para* III 5; ou o sumo sacerdote Josefo Qabi (= Kabi) que, segundo Josefo (*Ant.* XX 8, II, § 196), era filho do sumo sacerdote Simão e exerceu suas funções até 62 d.C. (Para clareza do texto transcrevemos aqui Qayapha [N.T., Josefo] com um Q, visto esse nome derivar de *qayyaph* do hebraico mixnaico; o mesmo com Qabi, com Q).

casos [96] de poligamia em Jerusalém, pelo menos do primeiro casamento das mulheres. Se para o segundo casamento, como é provável, aproveitaram-se da licença da escola de Shamai [97], de se casar com o cunhado, teríamos maiores informações sobre essas famílias, pelo fato de se terem tornado sumos sacerdotes os descendentes das duas mulheres. Porque os segundos esposos seriam irmãos dos primeiros e ambos pertenceriam, por conseguinte, à famílias de sumos sacerdotes. Teríamos, portanto, nesse caso, uma prova de poligamia em Jerusalém em quatro famílias de sumos sacerdotes.

Em Josefo encontramos outros exemplos de poligamia em famílias da alta sociedade. Ele conta que Tobias José tinha duas mulheres [98] e Alexandre Janeu, diversas concubinas ao lado de uma esposa legítima [99]. Sabemos de um funcionário da administração do rei Agripa também casado com duas mulheres; uma morava em Tiberíades, a outra em Séforis [100]. Esses casos fazem-nos constatar a existência de poligamia na alta sociedade de Jerusalém, mas sem ser de regra.

Nesses meios, as jovens recebiam grandes quantias por dote. No contrato do casamento de Miriam, por exemplo, filha de Nicodemos (Naqdemon ben Gorion) constava um milhão de denários de ouro, aos quais o sogro acrescentou algo mais [101]. Assim sendo, as pretensões dessas jovens senhoras eram consideráveis. Tinham o direito de gastar um décimo de seu dote [102], unicamente para seus ca-

96. Não é dito que as duas mulheres, pelo seu primeiro casamento, eram as esposas do mesmo marido; certamente, trata-se de dois casos análogos.

97. Cf. os casos narrados em b. *Yeb.* 15ª 16ª por R. Tarphon e Rabban Gamaliel assim como o próprio texto que relata a controvérsia no tempo de R. Dosa ben Arkinos (16ª), onde são expressamente mencionados dois irmãos que tiveram de desposar concubinas. É assim que A. Buchler, "Familienreinheit und Familienmakel in Jerusalem vor dem Jahre 70", em *Festschrift Schwarz,* 136, explica a passagem.

98. *Ant.* XII 4, 6, § 186ss.

99. *B. j.* I 4, 6, § 97; *Ant.* XIII 14, 2, § 380.

100. b. *Sukka* 27ª. — Trata-se, sem dúvida, de Agripa I. Com efeito, segundo o que sabemos, Séforis não fazia parte do domínio de Agripa II. Nero deu Tiberíades a Argipa II, *Ant.* XX 8, 4, § 159; *B. j.* II 13, 2, § 252.

101. b. *Ket.* 66ᵇ.

102. *Ibid.*

prichos e luxo: perfumes e vestuário [103], enfeites [104], dentes postiços reforçados por fios de ouro e prata [105] etc. A questão discutida, porém é saber se o uso desse décimo era-lhes permitido cada ano ou somente no primeiro.

Considerava-se o mundo das grandes damas de Jerusalém como um mundo cercado de mimos e cuidados. Marta [106], viúva do sumo sacerdote R. Yoshua, dispunha — assim contam — para a sua manutenção diária, de duas porções de vinho fixadas pelos doutores; a nora de Naqdemon ben Gorion, de dois *s*^e^*'ah* (mais de 26 litros) de vinho para uma semana [107]. A filha dele amaldiçoou os doutores que, na hora de estabelecer sua subvenção de viúva, fixaram-na somente em 400 denários de ouro para suas despesas supérfluas [108]. Não é, pois, de admirar que Marta não tenha resistido à grande fome decorrente do assédio de Jerusalém em 70 d.C. Na hora de sua morte, atirou à rua tudo o que tinha em ouro e prata; compreendia, tarde demais, que a fortuna de nada serve [109]. É interessante observar que alguns deveres relativos à sua condição tinham-se introduzido entre as grandes damas da cidade. Por exemplo, para aliviar os condenados conduzidos à execução, mandavam dar-lhes vinho misturado com incenso [110]. Segundo Abba Shaul, teriam igualmente garantido a manutenção das mulheres que educavam seus filhos para o rito da novilha vermelha [111].

2. Os representantes da classe rica

Em todos os tempos, Jerusalém atraiu o capital nacional do país: altos negociantes, grandes proprietários

103. b. *Yoma* 39^{b}.
104. Ver *supra*, p. 18; *Kel.* XII 7.
105. *Shab.* VI 5.
106. Ver *infra*, p. 217, n. 61.
107. *Lam. R.* 50 sobre 1, 16 (35^{b} 5); b. *Ket.* 65^{a}.
108. b. *Ket.* 66^{b}; *Lam. R.* 1, 51 sobre 1, 16 (35^{b} 13): 500 denários.
109. b. *Git.* 56^{a}.
110. b. *Sanh.* 43^{a} bar. Cf. as "filhas de Jerusalém" que acompanhavam Jesus até o local da crucifixão (Lc 23,27-31); pode ser, portanto, que elas tenham oferecido o vinho misturado com mirra e apresentado a Jesus antes de ser pregado na cruz (Mc 15,23; Mt 27,34).
111. b. *Ket.* 106^{a}.

de imóveis, arrendatários de impostos e pessoas que viviam de rendas [112].

Encontramos alguns representantes dessa classe entre os membros do Sinédrio. O conselheiro Nicodemos [113] era rico; dizem que levou ao túmulo de Jesus, para ungi-lo, 100 libras romanas de mirra e aloés (Jo 19,39). A literatura rabínica [114] menciona hierosolimitanos, altos comerciantes de trigo, vinho, óleo e lenha, fazendo parte do Conselho entre 66 e 70 d.C. A tradição refere-se particularmente a um dentre esses, Nicodemos (Naqdemon ben Gorion) [115], importante negociante de trigo. Comenta o luxo reinante em sua casa, seu vasto programa de beneficência, nem sempre isento de certa ambição, e a perda de suas riquezas: durante a confusão que precedeu a destruição de Jerusalém, segundo Josefo durante o inverno de 69-70, a população incendiou seus celeiros repletos de trigo e cevada [116]. José de Arimatéia, membro do Sinédrio, é um *euschémon* (Mc 15,43): os papiros nos mostraram que esse termo parece designar o rico proprietário de imóveis [117]. Sabemos, com efeito, que se tratava de um homem rico (Mt 27,57); possuía, ao norte da cidade, um jardim com um túmulo de família talhado na rocha (Jo 19,41; cf. 20,15). É bem provável que todos os seus bens se encontrassem na sua pátria. Evidentemente, o terreno de Je-

112. Ver *supra*, pp. 81, 52, 61; Smith, I, 367.

113. Jo 7,50;3,1; cf. 12,42.

114. Ver *supra*, p. 58.

115. Será o mesmo Nicodemos do evangelho de João? Josefo cita um notável de Jerusalém, muito considerado, cujo nome é Gorion (*B. j.* IV 3, 9, § 159) ou Gurion (6, 1, § 358). Se é o mesmo pai de Naqdemon, havia, pois, por volta de 70 d.C., como membros vivos da família: Gorion, seu filho Naqdemon, assim como a filha desse último (cf. *supra*, p. 137; essa filha ainda vive por volta do ano 70, Schlatter, *Joch. b. Zak.*, 67, n. 2). Mas naquele ano, Gorion ainda participa da vida pública; é, pois, difícil que tenha nascido antes do começo de nossa era. Na época de Jesus, seu filho Nicodemos não podia já ser homem feito, membro do Sinédrio.

116. b. *Git.* 56ª. O incêndio pelos zelotas, na Jerusalém em revolta, das reservas dos cereais são bem comprovados pela tradição: *B. j.* V 1, 4, § 25; Tácito, *Hist.* V 12; *Lam. R.* 1, 32 sobre 1, 5 (28ᵇ 7); *Qoh. R.* 7, 24 sobre 7, 11 (105ª 26); Schlatter, *Joch. b. Zak.*, 62.

117. Ver a discussão de J. Leipoldt, em *Theolog. Literaturblatt* 39 (1918) col. 180s, sobre os papiros de Basiléia publicados por E. Rabel em *Abhandlungen der königlichen Gesellschaft der Wissenschaften zu Göttingen*. Phil.-hist. Klasse, n. s. 16, 3, Berlim, 1917.

rusalém pertencia à família há pouco tempo, visto o túmulo ter sido recentemente talhado.

A nobreza sacerdotal fazia parte dos meios ricos. Na cidade alta residiam o sumo sacerdote Ananias [118], o chefe dos sacerdotes, Sadoc [119] e, segundo a tradição, os sumos sacerdotes Anás e Caifás. Segundo o relato de João (18, 13), Jesus, após sua prisão, foi conduzido à casa onde Anás residia enquanto ex-sumo sacerdote e sogro do sumo sacerdote em exercício. Naquele palácio havia um grande pátio (Jo 18,15); um porteiro (Jo 18,16) e outros servos [120] que pertenciam à casa. O túmulo de Anás, ao sudeste da cidade, devia ser um grande monumento, dominando a região [121]. Caifás, o sumo sacerdote em exercício, à casa de quem levaram Jesus, morava num lugar que dispunha de local para qualquer sessão extraordinária do Sinédrio [122]. A propriedade contava, com efeito, com uma construção na entrada [123] e elevado número de servos [124] e servas para o serviço [125].

Segundo o que nos transmite a tradição, reinava grande luxo nas residências das famílias pontifícias [126]. Eis o que se conta de Marta [127], pertencente à família dos Boetos. No Dia das expiações, todos deviam ir ao Templo a pé. Ora, quando Marta desejava ver o marido Yoshua ben Gamaliel oficiar nessa festa, fazia estender um tapete entre sua casa e a porta do santuário [128]. Os homicidas que encontraram asilo numa das cidades de refúgio, só podiam recuperar a liberdade após a morte do sumo sacerdote em

118. *R. j.* II 17, 6, § 426.

119. *Lam. R.* 1, 49 sobre 1, 16 (35ª 23).

120. Jo 18,18 que inclui, sem dúvida, o destacamento que prendeu Jesus.

121. *B. j.* V 12, 2, § 506.

122. Mt 26,57; Mc 14,53; Lc 22,66.

123. Mt 26,71; Mc 14,68.

124. Mt 26,51; Mc 14,47; Lc 22,50; Jo 18,10.26: ajudantes do sumo sacerdote que participaram da prisão de Jesus. Ver também Mt 26,58; Mc 14,54; Lc 22,55.

125. Ajudantes dos chefes dos sacerdotes em Tos. *Men.* XIII 21 (533, 36); *Ant.* XX 8, 8, § 181; 9, 2, § 206.

126. Quanto à poligamia, ver *supra,* p. ...

127. *Lam. R.* 1, 50 sobre 1, 16 (35ᵇ 1) a chama Miriam; por outro lado, *Yeb.* VI 4 e b. *Yeb.* 61ª, assim como b. *Giṭ.* 56ª dão-lhe o nome de Marta.

128. *Lam. R.* 1, 16 (35ᵇ 2).

exercício; a fim de impedi-los de rezar para pedir a morte dos sumos sacerdotes, as mães desses se encarregavam de toda a alimentação e vestimenta [129] daqueles condenados. Falava-se também das despesas feitas pelas mães dos sumos sacerdotes para o Dia das expiações. Com efeito, nesse dia, o sumo sacerdote se revestia com trajes brancos durante a parte da cerimônia chamada "culto público" que compreendia o serviço no Santo dos Santos; durante o "serviço privado", ostentava os paramentos de sumo sacerdote [130]. Tinha também o privilégio de usar uma roupa de baixo pessoal, espécie de túnica colante que descia até os tornozelos [131]. Segundo o costume, era a mãe que lhe oferecia essa peça. Tal túnica passava em seguida para a comunidade que pagara 30 minas, contribuindo para as despesas de sua confecção. A genitora do sumo sacerdote rabi Ishmael ben Phiabi (em função até 61 d.C.) deu-lhe uma túnica no valor de 100 minas, isto é, um talento.

A mãe do sumo sacerdote rabi Eleazar ben Harsom [132] encomendou uma que custou 20.000 — minas, devemos completar, de acordo com o contexto, mas na realidade, trata-se de denários (20.000 denários = 2 talentos). Essa túnica era tecida com material tão transparente que os sacerdotes não a aceitaram depois [133].

A própria função de sumo sacerdote exigia recursos. Basta pensarmos nas vítimas do Dia das expiações que o sumo sacerdote deveria pagar por conta própria [134]. Conta-se que Yoshua ben Gamaliel (63-65 d.C.) comprou a função de sumo sacerdote e que isso se repetiu diversas ve-

129. *Mak.* II 6.

130. Sobre esses ornamentos, ver *Ant.* III 7, 4-7, § 159ss; outros textos em Schürer, II, 319, n. 6.

131. Descrito em *Ant.* III 7, 2, § 153s; cf. 7, 4, § 159.

132. *Lam. R.* 2, 5 sobre 2, 2 (44ª 6) o cita como um rico escriba do tempo de Adriano; Josefo dá-nos outra genealogia quanto aos sumos sacerdotes de antes de 70 d.C., de nome Eleazar. Essas duas informações conferem a identidade — aliás também estabelecida por Schlatter, *Tage,* 54-56 — com "Eleazar, o sacerdote", sumo sacerdote da revolta de Bar Kokba conhecido pelas moedas dessa revolta (132-135 [6] d.C.).

133. Sobre a túnica, b. *Yoma* 35ᵇ bar. e Tos. *Yoma* I 21s (182, 26); Schlatter, *Tage,* 54s.

134. *Ant.* III 10, 3, § 242; cf. Lv 16,3.

zes [135]. Para obter tal função, sua mulher Marta ou Miriam pagou — assim dizem — 3 *qab* (de 2,02 litros [136]) de denários ao rei Janeu [137] (provavelmente o nome de Janeu, que reinou de 103 a 76 a.C. figura aqui intencionalmente pelo de Agripa II; a literatura rabínica sempre envolve Agripa [138] com um juízo muito favorável).

Ignoramos quais podiam ser os salários regulares dos sumos sacerdotes. No dizer de Josefo, durante os anos de agitação que precederam a guerra judeu-romana de 66 d.C., "a impudência e a audácia dos chefes dos sacerdotes foram tais que ousaram enviar seus escravos às eiras para furtar os dízimos reservados aos sacerdotes" [39]. "Dessa forma, os sacerdotes, antes sustentados pelos dízimos, chegaram a morrer de fome" [140]. A isso podemos acrescentar uma informação tanaíta [141]: primitivamente, os sacerdotes conservavam no Templo, na sala da casa Parva, peles das vítimas que lhes cabiam. À tarde, distribuíam-nas aos sacerdotes em exercício naquele dia na seção do serviço (havia vinte e quatro seções que se revezavam cada semana). Pessoas violentas chegaram, os "magnos do sacerdócio", termo que designa, de acordo com o contexto, os membros das famílias pontifícias e roubaram as peles. Esses dois depoimentos concordes permitem tirar uma conclusão: a nobreza pontifícia não participava do que era destinado aos simples sacerdotes [142].

De onde, então, extraía seus recursos? Observemos, de início, que os bens da nobreza sacerdotal [143] são fabulosos comparados com a situação miserável dos sacerdotes comuns. Convém também lembrar que essa nobreza parece interessar-se sobremaneira pelo tesouro do Templo, colocando seus descendentes nos postos de tesoureiros do

135. Por ex., 2Mc 4,7-10.24.32.
136. Dalman, *Handwörterbuck,* 368 *b* na palavra *qab.*
137. b. *Yeb.* 61ª.
138. O Talmude não faz distinção entre Agripa I e Agripa II; talvez só conheça um desses dois reis.
139. *Ant.* XX 8, 8, § 181; cf. 9, 2, § 206.
140. *Ant.* XX 9, 2, § 207; cf. 8, 8, § 181.
141. b. *Pes.* 57ª bar.
142. *Kohen hedyôṭ* em oposição a *gedôlê kehûnnah.*
143. Ver a nota precedente.

santuário [144]. Acrescentemos um paralelo tomado na Palestina moderna. Dentro do clero da Igreja grega, os membros do convento do Santo Sepulcro, na maioria gregos, possuíam grandes rendas enquanto os padres do campo, os árabes, viviam muito pobremente. Durante a Primeira Guerra Mundial essa situação levou-os a sustentar uma greve durante vários anos [145]. Esses dados permitem-nos supor que a nobreza sacerdotal tirava do tesouro do Templo quantias regulares. Devemos mencionar ainda as rendas particulares. É de crer que uma parte das famílias tenha sido proprietária de imóveis. Eleazar ben Harsom, por exemplo, que pertencia talvez a essa nobreza sacerdotal [146], herdou, ao que dizem, de seu pai, mil vilarejos e mil barcos e tinha tantos escravos que esses nem chegavam a conhecer o amo [147]. Também não nos esqueçamos do comércio de animais para os sacrifícios do qual se encarregava a família pontifícia de Anás [148], e da maneira acima citada como os sacerdotes comuns eram roubados e de outros atos de violência [149] e corrupção [150].

Encontramos ainda forte nepotismo nas nomeações para os postos mais lucrativos e mais influentes [151] dos funcionários do Templo, como os de tesoureiros e de comandantes do Templo [152]. Em 52 d.C., Anan, filho do sumo sacerdote Ananias, é comandante do Templo [153] — título esse dado ao chefe dos sacerdotes —, que substituía imediatamente o sumo sacerdote dentro da ordem hierárquica [154]. Eleazar, outro filho de Ananias, ocupa o mesmo cargo [155], em 66 d.C.

144. b. *Pes.* 57ª bar.; Tos. *Men.* XIII 21 (533, 36).
145. Informação de meu pai.
146. Ver *supra,* p. 141, n. 132.
147. b. *Yoma* 35ᵇ bar.; cf. *Lam. R.* 2, 5 sobre 2, 2 (44ª 6).
148. Ver *supra,* p. 72.
149. O caso do roubo de troncos de sicômoro em Jericó, contado por b. *Pes.* 57ª bar., faz parte desses atos de violência, conforme demonstra o contexto.
150. Por ex., *Vita* 39, § 195.
151. b. *Pes.* 57ª bar.; Tos. *Men.* XIII 21 (533, 36).
152. *'Ammarkal*; Schürer, II, 326s: funcionário do tesouro, ver *infra,* p. 230s.
153. *Ant.* XX 6, 2, § 131; cf. *B. j.* II 12, 6 § 243.
154. *Sᵉgan ha-kôhănîm;* cf. Schürer, II, 320s.
155. *B. j.* II 17, 2, § 409; *Ant.* XX 9, 3, § 208.

Capítulo II

A CLASSE MÉDIA

Ao lado do alto negociante que importa de longe as mercadorias e as estoca em grandes entrepostos, temos o pequeno comerciante que explora sua loja num dos mercados [1]. Além desses, os artesãos, quando proprietários de oficinas e não trabalhando como assalariados [2], fazem parte dessa classe média. Nada encontramos sobre exploração industrial. Embora estejamos nos referindo à Jerusalém do tempo de Jesus, isto vale, de modo geral, para a Jerusalém jordânica atual.

São escassos os dados precisos sobre a situação financeira dessa classe. Nada podemos deduzir de certos exageros que lemos. Por exemplo: um cidadão de Jerusalém enchera um celeiro [3] de denários [4]; um alfaiate da cidade dispunha de 2 *kor* (mais ou menos 790 litros) [5] de denários [6]. Outra informação não nos esclarece muito mais: como podemos seguramente afirmar, gastavam-se as economias na compra de coifas e enfeites [7]; já naquela época, era costume furar moedas e com elas fazer adornos para a cabeça. Concluímos, sem a menor dúvida, que essa classe gozava de maiores oportunidades na medida em que estava ligada ao Templo e aos peregrinos. No Templo, funcionários e operários recebiam alta remuneração; podemos nos lembrar do relato — um tanto exagerado, talvez — segundo o qual os padeiros que faziam os pães da proposição e os fabricantes de perfume para queimar, te-

1. Os papiros egípcios distinguem os *hémporoi* (altos negociantes) e os *kápeloi* (pequenos comerciantes), Mitteis-Wilcken, I/1, 268.

2. Igual distinção entre os egípcios daquela época, Mitteis-Wilcken, I/1, 260.

3. *'illîta.*

4. b. *B. B.* 133ᵇ.

5. Ver *infra*, p. 182, n. 70.

6. *Lam. R.* 1, 2 sobre 1, 1 (18ᵇ 6).

7. *Kel.* XII 7; cf. *Lam. R.* 2, 20 sobre 2, 12 (48ª 2).

riam recebido, por dia, primeiro 12, depois 24 (e até 48, segundo R. Yuda) minas [8] (= aproximadamente 1/8, 1/4, 1/2 talento).

Era de praxe não entregar o salário no fim do dia a não ser que fosse exigido; normalmente, entregavam-no dentro das doze ou vinte e quatro horas após o término do trabalho [9]. Em contrapartida, no Templo, seguiam escrupulosamente a prescrição veterotestamentária (Dt 24, 15) que ordenava pagar o salário no mesmo dia [10]. Sem dúvida, obter lucros muito grandes do Templo era tido por falta grave. Mas é certo, também, que o Templo tinha vistas largas na maneira de conduzir os assuntos e assumira medidas de caráter social [11]; tal atitude o dignifica.

O comércio hoteleiro [12] era mantido, quase exclusivamente, pelos peregrinos. Na maioria das vezes, alojavam-se em grandes áreas análogas às dos *kans* atuais, onde havia lugar para os animais de carga e de tiro. Na primeira Páscoa [13], segundo opinião dominante, na segunda [14] também, — festa das Tendas [15] — e quando traziam as primícias [16], era-se obrigado a passar a noite na própria Jerusalém, mas certas dificuldades técnicas levaram a formar "a grande Jerusalém": Betfagé foi englobada no distrito onde se podia passar a noite [17]. Na verdade, essa atenuante não era válida para o oitavo dia da festa das Tendas (servia apenas para quando se traziam as primícias), de qualquer forma, ao que parece, os peregrinos tomavam a refeição pascal na própria cidade [18].

8. b. *Yoma* 38ª.
9. *B. M.* IX 11-12; Billerbeck, I, 832.
10. *Ant.* XX 9, 7, § 220.
11. Ver *supra,* p. 23 e 41.
12. Ver *supra,* p. 88.
13. b. *Pes.* 95ᵇ e *passim*; cf. Dalman, *Itinéraires,* 330.
14. Tos. *Pes.* VIII 8 (168, 30); para a segunda Páscoa, ver *supra,* p. 110.
15. b. *Sukka* 47ª.
16. b. *Sukka* 47ᵇ bar.
17. Ver *supra,* p. 89.
18. *Mak* III 3 ordena que flagelem aquele que "come 'santidades leves' fora dos muros [de Jerusalém]"; a Páscoa fazia parte dessas "coisas sagradas temporárias". Para explicar tal prescrição, não é necessário supor a existência real desses muros; *'Ed* VIII 6 confirma-nos. Sem dúvida, *ḥômah* designa o contraforte da cidade de Jerusa-

Uma prescrição proibia alugar casas em Jerusalém, por serem propriedade comum de todo Israel; essa interdição devia ser observada pelo menos por aqueles que tinham a convicção de que Jerusalém não fora distribuída às tribos, mas mantinha-se propriedade comum de Israel. Mais ainda: segundo diz R. Eleazar ben Sadoc, educado em Jerusalém [19], não se podia sequer alugar lugares para deitar. De que modo procediam, podemos ver pela continuação do texto: "Os estalajadeiros tomavam compulsoriamente a pele dos animais oferecidos em sacrifício [pelos seus hóspedes]". Diz Abbayé: "Podemos concluir ser uso deixar o cântaro e a pele ao seu hoteleiro" [20]. Abbayé revive o costume de seu tempo (após 300 d.C.), o direito de os estalajadeiros hierosolimitanos guardarem a pele das vítimas. À custa delas, ganhavam grandes quantias, porque a pele, pelo menos a da ovelha egípcia, valia de 4 a 5 *sela'*, isto é, de 16 a 20 denários [21]. A título de comparação, será útil dizer que o serviço de um diarista valia, em média, 1 denário por dia. Eventualmente, podia-se participar da refeição pascal de seu hospedeiro, em troca de pagamento; se o 14 nisân caía num sábado, deixava-se a capa como garantia e ajustavam-se as contas após a festa [22].

lém, mas, em *Men.* VII 3 e alhures, o termo designa o contraforte, certamente fictício de Betfagé. E talvez permitissem também comer a vítima pascal no perímetro da "grande Jerusalém"; com efeito, lemos em b. *Pes.* 91ª: imola-se um cordeiro para um prisioneiro que está em prisão pagã e com a garantia de sair dela (cf. *Pes.* VIII 6), no caso em que essa prisão esteja dentro dos "muros" de Betfagé. Mas não era de regra comer a vítima pascal fora do contraforte de Jerusalém. Sabemos mesmo que os escrupulosos observadores da Lei (os "companheiros", *ḥăberîm*) comiam as "santidades leves" não em Jerusalém em geral, mas numa parte somente; das duas zonas da cidade chamadas "os dois *biṣ'în*", eles rejeitavam a parte superior e consideravam somente como válida a parte inferior (Tos. *Sanh.* III 4; 418, 21). No que diz respeito à prática, atemo-nos, pois, e com razão, à refeição pascal de Jesus (os Sinóticos apresentam a Ceia como uma refeição pascal); Jesus tomou-a dentro de Jerusalém, se bem que tenha passado a noite no distrito da "grande Jerusalém" (ver *supra*, p. 89s).

19. Pode-se tratar de Eleazar, o Ancião, ver Strack, *Einleitung*, 124 e 130.

20. b. *Yoma* 12ª bar.; b. *Meg.* 26ª

21. Krauss, *Talm. Arch.*, II, 113; sobre o grande valor das peles, ver Fílon, *De spec. leg.* I, § 151.

22. *Shab.* XXIII I; segundo b. *Shab.* 148ᵇ, só poderia ser admissível o sentido que acabamos de enunciar.

A vinda de peregrinos constituía importante fonte de renda para o comércio de gêneros alimentícios e para as profissões responsáveis pelo reabastecimento. Convém lembrar, em primeiro lugar, os sacrifícios que o peregrino deveria oferecer; variavam conforme o fito de cada peregrinação. Para a festa Pascal, era o cordeiro pascal [23] e os sacrifícios espontâneos [24]; a esses, juntavam-se os quatro copos de vinho [25], as ervas amargas [26], as geléias, o pão ázimo. As despesas extras feitas pelos peregrinos com alimentação eram ainda maiores do que essas despesas exigidas pelos deveres religiosos. Com palavras entusiásticas, Fílon enaltece os dias de festa na Cidade santa: no meio de uma existência agitada, são momentos de trégua que permitem às pessoas libertarem-se de qualquer preocupação e distenderem-se um pouco [27]. Mas, para que o prazer fosse completo, eram precisas fartas refeições, abundantemente regadas de bom vinho. "Banqueteavam-se durante sete dias e não recuavam diante das maiores despesas"; é assim que Josefo descreve a festa pascal do povo [28]. Convém acrescentar que essa espécie de luxo era não só justificada, mas obrigatória. Trata-se daquele dever, já mencionado, de gastar em Jerusalém todo o dinheiro do segundo dízimo; de acordo com a Lei (Dt 14,26) devia-se comprar, com tal importância, gado, bebida fermentada e tudo quanto se desejasse. A Mishna [29] diz que o segundo dízimo deve ser empregado para comer, beber e perfumar-se. Josefo acrescenta: para "banquetear" [30]. De modo particular, ouvimos dizer que se dava importância maior à carne, como ainda

23. Quanto ao número das vítimas pascais, ver *supra*, p. 118.
24. Holocaustos e sacrifícios de comunhão, *Hag.* I 3.
25. *Pes.* X 1.
26. Os comerciantes acima citados (p. 51) gritavam às pessoas: "Ide! comprai as especiarias conforme a Lei" (j. *Pes.* X 3, 37^{d} 9 III/2, 150). Segundo a explicação muito clara de I. Kahan, é preciso ver nos *tagg^{e}rê ḥărak* negociantes de grãos torrados; na explicação de Rashi (cf. Hirschensohn, 133): "comerciantes de treliças para janelas", esperaríamos o plural *ḥărakkîn*. No tempo da Páscoa, os vendedores de guloseimas torradas ou de outras espécies, que ainda hoje fazem parte do cenário de Jerusalém, acrescentavam a venda de especiarias.
27. *De spec. leg.* I, § 69; cf. *Ant.* XV 3, 3, § 50 e *passim.*
28. *Ant.* XI 4, 8, § 110.
29. *M. Sh.* II 1.
30. *Ant.* IV 8, 8, § 205; 8, 22, § 240.

entre os árabes de nossos dias: "Enquanto durou o santuário, não havia alegria sem carne"[31]. As pessoas se proviam de caça, especialmente de veados ou carnes de açougue[32], podiam escolher à vontade entre uma matança profana ou oferecer um sacrifício de comunhão, no qual as partes gordurosas eram levadas ao altar e o animal ficava para o proprietário[33].

Teria sido costume, por exemplo, oferecer também, na noite de Páscoa, um sacrifício de festa (sacrifício de comunhão); comiam-no antes ou depois, se as rações da vítima pascal fossem muito pequenas. Deixava, porém, de ser uso, se a vítima pascal desse fartamente de comer[34]. Com freqüência, os fiéis se reuniam para comprar, juntos, um animal. Somente assim podemos explicar um trecho da Mishna: a escola de Shammai exige que se gaste 2 *ma'ah* de prata para o holocausto da festa (os holocaustos daqueles que não dispunham de dinheiro para oferecê-lo e que não podiam ser pagos com o segundo dízimo) e 1 *ma'ah* de prata para o sacrifício da comunhão; os hilelitas invertiam essas duas quantias[35]. Por 1 *ma'ah* (= 1/6 de denário[36]), não se conseguia um animal inteiro. As famílias que contavam com inúmeros comensais viam-se obrigadas a oferecer mais sacrifícios de comunhão; em contrapartida, onde havia poucas bocas e maior riqueza, ofereciam maior número de holocaustos[37]. Como bedida, compravam vinho[38] que adocicavam com mel[39], por vezes, e zurrapa[40]. Despendiam o segundo dízimo também em peixe[41], azeite[42], frutas (azeitonas, uvas[43], nozes, amêndoas[44]), legu-

31. b. *Pes.* 109ª bar.
32. *M. Sh.* I 3. 4; III 11
33. *M. Sh.* I 3. 4; *Ant.* IV 8, 8, § 205.
34. *Pes.* VI 3.
35. *Ḥag.* I 2-3.
36. Billerbeck, I, 293.
37. *Ḥag.* I 5.
38. *M. Sh.* I 3, 4; III 12; b. *Pes.* 109ª bar.
39. *M. Sh.* II 1.
40. *Ibid.* I 3.
41. *Ibid.* II 1.
42. *Pes.* VII 3.
43. *M. Sh.* I 4.
44. *Ibid.* I 3.

mes (alho [45], alforva [46], cigirão [47]) e condimentos para cocção [48]. Como gulodices, davam-se às crianças nozes e amêndoas torradas [49]. Podia acontecer que trouxessem o segundo dízimo parcialmente em gêneros; entretanto, era de regra trazê-lo em dinheiro e despendê-lo em Jerusalém [50]. Muitas vezes depositavam-no num pequeno restaurante ou loja onde se compravam pratos feitos, e gastava-se o equivalente [51].

As outras profissões da cidade eram favorecidas igualmente em seus negócios graças à presença dos peregrinos. Para cumprir o preceito que recomendava alegria durante a festa, necessário se tornava dar também prazer às mulheres. Para a Páscoa, os judeus de Babilônia ofereciam às esposas vestidos multicores, e os da Palestina, vestidos de linho branco [52]. Essas compras se efetuavam muitas vezes na própria Cidade santa. Supõe-se que os peregrinos levavam para casa muitas recordações de Jerusalém [53]. Além disso, a generosidade traduzia-se em presentes para o Templo; levavam objetos relacionados com as profissões exercidas na cidade.

Entre os da classe média, devem-se mencionar os *sacerdotes comuns*. A maioria deles morava em diferentes partes do país, divididos em vinte e quatro classes sacerdotais. Dentre esses, aqueles que residiam na própria cidade parecem ter sido pessoas abastadas e cultas. Josefo pertencia a uma rica família sacerdotal, residente de Jerusalém há várias gerações [54]. Era razoavelmente elevado o número de sacerdotes hierosolimitanos que, como os escribas, possuíam uma boa cultura. Podemos citar R. Sadoc (por volta de 50 d.C.) e seu filho Eleazar [55]; Hananya [56],

45. *Ibid.* II 1.
46. *M. Sh.* II 3.
47. *Ibid.* II 4.
48. *Ibid.* II 1.
49. b. *Pes.* 108ᵇ-109ᵃ bar.
50. *M. Sh.* I 5-6.
51. *Ibid.* II 9-10.
52. b. *Pes.* 109ᵃ bar.
53. Ver *supra*, p. 18.
54. *Vita* I, § 1,6, ver *infra*, p. 155.
55. Ver *infra*, p. 382.
56. *Pes.* I 6 e *passim*.

comandante do Templo (mais ou menos 70); Eliezer ben Hircano [57] (90, aproximadamente); Gozoros, fariseu e sacerdote que, em 66-67 fez parte de uma embaixada na Galiléia [58]; R. Shimeon ben Nathanael e o sacerdote Yosé, alunos de R. Yohanan ben Zakkai [59]. Talvez devamos também ver sacerdotes-escribas na família hierosolimitana, chamada Rabban Yohanan. Contam que havia uma família em Jerusalém cujos filhos morriam ao atingir 18 anos. Aconselharam-se com Yohanan ben Zakkai; ele supôs tratar-se de descendentes de Heli nos quais se cumpria a maldição lançada sobre esse sacerdote (1Sm 2,33). Recomendou-lhes dedicarem-se à Lei; tal atitude afastaria a maldição. Para desviá-la, definitivamente, a família tomou o nome de Yohanan [60]. Ora, Heli, sacerdote de Silo (1Sm 1,9), pertencia à família aarônida [61]; seus descendentes eram sacerdotes e, se dermos crédito ao que acabamos de saber, em parte, escribas. Em contrapartida, quanto ao sumo sacerdote Yoshua ben Gamaliel [62] ter sido rabi, não nos parece provável, visto o que conhecemos dos sumos sacerdotes; a fonte dessa afirmação poderia ser uma falsa identificação entre seu pai e Gamaliel, o conhecido escriba (At 5,34-39;22,3). Quanto aos *levitas,* encontramos também alguns que se distinguiam pela fortuna ou cultura, como Yohanan ben Gudgeda, chefe dos levitas, e Yoshua ben Hananya. Pode bem ser que o levita Barnabé (At 4,36-37), companheiro de Paulo e organizador da primeira viagem missionária, fizesse igualmente parte desse grupo.

A respeito dos emolumentos dos sacerdotes, convém fazer uma nítida distinção entre as prescrições e a prática. Quanto às prescrições, podemos remeter ao excelente re-

57. j. *Sota* III 4, 19ª 28 (IV/2, 261).
58. *Vita* 39, § 196s; seu nome é, por vezes, Yozaros.
59. *P. A.* II 8.
60. b. *R. H.* 18ª
61. Seu neto Aquitol (1Sm 14,3) tinha um filho Aquimelet (1Sm 22,20); esse último é tido como descendente de Itamar (1Cr 24,3), filho mais moço de Aarão (1Cr 24,1; Ex 6,23). Convém observar que, para o levantamento das genealogias, o testemunho escriturístico era suficiente para os contemporâneos de Jesus. Não cogitavam de reflexões histórico-críticas sobre o valor desse testemunho.
62. Ver *supra*, p. 141.

sumo de Schürer[63]; esse quadro levaria a pensar que os sacerdotes tinham excelentes condições de vida. Quais eram, porém, as quantias efetivamente percebidas? Os fiéis observadores da Lei, nós o sabemos, pagavam muito escrupulosamente certas taxas, mas constituíam um número reduzido. Qual a atitude do povo em geral? Às altas taxas do Estado acrescentemos as pesadas e inúmeras contribuições para o culto e os sacerdotes. Concluídos os cálculos, reconhecemos improvável que a maioria do povo tenha pago tais taxas, conforme as prescrições. Com efeito, temos conhecimento de inúmeras queixas a este respeito[64]. Um tratado inteiro da Mishna[65] é consagrado aos produtos colhidos *d^emay*, isto é, produtos colhidos sobre os quais paira uma dúvida: teriam arrecadado o dízimo dos sacerdotes[66] e o segundo dízimo? Na Galiléia, conhecia-se, evidentemente, os dízimos[67], mas não o anátema em benefício dos sacerdotes ou consagração de produtos para eles[68]; Fílon[69] parece ignorar completamente a arrecadação para os sacerdotes[70] e a expressão que designa as pessoas não instruídas, *'am ha-'ares,* indica aqueles dos quais não se pode esperar uma obediência pontual às prescrições da Lei. Esses dados todos já nos fazem ver que a obediência às prescrições legais não é, de modo algum, generalizada.

Um fato de grande importância nos mostra o valor das prescrições teóricas: é somente de determinados tributos que podemos constatar com certeza o pagamento (nem assim sabemos em que proporção ele se efetuava...).

1. A quantidade de vítimas que os sacerdotes, oficiando de tempos em tempos em Jerusalém, recebiam. "Não sabeis que aqueles que desempenham funções no Templo, vivem dos rendimentos do santuário, e aqueles que servem ao altar têm parte no que é sobre ele oferecido? [quer

63. Schürer, II, 301-312.
64. Por ex., *P. A.* V 8s; *Mek.* Ex 19,1 (25^c 25ss) epar., Schlatter, *Joch. b. Zak.,* 67 e n. 2.
65. *D^emay.*
66. Ou seja, 1% da colheita.
67. *Vita* 12, § 63; 15, § 80.
68. *Ned.* II 4.
69. Ver *infra,* p. 153, n. 90.
70. *T^erûmah,* quer dizer, aproximadamente 2% da colheita.

dizer, as suas vítimas]?", afirma são Paulo[71]. Dos dois pombos oferecidos por Maria em Jerusalém (Lc 2,24), o que era destinado ao sacrifício expiatório reverteu, como sempre, para o sacerdote[72]. Algumas pequenas informações colhidas aqui e acolá, têm, inegavelmente, um cunho de historicidade, como, por exemplo, as que dizem respeito ao sorteio das porções de vítimas para os sacerdotes[73], à intervenção do médico do Templo nos casos de doenças abdominais[74] e o recurso à água do Geon para facilitar a digestão dos sacerdotes, quando ingeriam excessiva quantidade de carne[75]. As peles dos sacrifícios pelo pecado, dos sacrifícios de reparação e dos holocaustos também valiam como porções das vítimas; possuímos dados concretos de sua distribuição[76].

2. Ofereciam-se, igualmente, as primícias dos produtos colhidos; é o que mostra a descrição sugestiva da procissão organizada naquela ocasião[77], e, antes de tudo, o relato segundo o qual o rei Agripa tomava parte nessa oferenda[78].

3. A terceira taxa para os sacerdotes que podemos notificar é o dízimo dos produtos agrícolas. Mas, fato curioso, é totalmente omitida nos compêndios da época sobre os emolumentos dos sacerdotes[79]. Eis o motivo: esses sumários basearam-se unicamente na legislação mosaica e não na prática. Por Josefo sabemos com certeza que o dízimo pertencente aos levitas, segundo a prescrição mosaica (Nm 18,21-32), era dado aos sacerdotes já antes do início da guerra judaico-romana em 66 d.C. Fornece-nos ele as seguintes informações: por diversas vezes os sacer-

71. 1Cor 9,13; cf. 10,18; Hb 13,10.
72. *Ant.* III 9, 3, § 230.
73. *Shab.* XXIII 2.
74. Ver *supra*, p. 41.
75. *ARN* A cap. 35, 105ª 24; Neubauer, *Géogr.*, 145.
76. b. *Pes.* 57ª bar.; cf. b. *B. Q.* 109ª-110ᵇ; b. *Tem.* 20ᵇ.
77. *Bik.* III 1-9.
78. *Bik.* III 4; Agripa I ou Agripa II?
79. *Ant.* IV 4, 4, § 69ss; 8, 22, § 240ss; III 9, 1-4, § 224ss; Fílon, *De spec. leg.* I § 131-161; *Ḥalla* IV 9-11, e a adição a *Ḥalla* IV 11 no ms de Munique do Talmude (encontramos variantes em L. Goldschmidt, *Der babylonische Talmud,* t. I, Berlim, 1897 = Haia, 1933, 310) = b. *B. Q.* 110ᵇ. Outros textos rabínicos em Schürer, II, 301, n. 6.

dotes chefes fizeram seus servos retirarem o dízimo pertencente aos sacerdotes [80]; na Galiléia, seus companheiros de embaixada receberam o dízimo que, como sacerdotes, era-lhes devido; ele próprio, embora fosse sacerdote, renunciou a tal dízimo [81]. A epístola aos Hebreus confirma o que sabemos sobre o dízimo sacerdotal: "Ora, os filhos de Levi, chamados ao sacerdócio, devem, segundo a Lei, estabelecer o dízimo para o povo" (Hb 7,5). E o Pseudo-Hecateu de Abdero [82] refere-se aos sacerdotes dos judeus como sendo aqueles "que recebem o dízimo dos produtos colhidos". Freqüentemente o Talmude enfatiza o pagamento do dízimo aos levitas e não aos sacerdotes [83]. Explica-se através de considerações exegéticas sobre a prescrição veterotestamentária. Não se trata de índices da prática corrente, pois, noutras passagens o Talmude dá a entender que, na realidade, pagava-se o dízimo aos sacerdotes. Discutem o motivo por que os levitas teriam sido castigados com a supressão do dízimo [84]. Noutra passagem falam da arrecadação do dízimo pelo sacerdote Rabi Eleazar ben Azarya, contemporâneo de R. Aqiba [85]; comentam proverbialmente sobre o sacerdote que perambula pelas eiras [86]. Contam, finalmente, que o sumo sacerdote Yohanan (João Hircano, 134-104 a.C.) aboliu a declaração do dízimo [87]; a explicação rabínica é razoável [88]: foi pelo fato de o dízimo não ser mais pago aos levitas.

Fílon alude a um dízimo para os sacerdotes [89], mas suas informações nos confundem seriamente. Ao lado daquele, destinado aos sacerdotes, apresenta outro para os levitas; além disso, sustenta que os dízimos dos sacerdotes, acrescentados aos produtos do solo, estendem-se igualmente ao gado [90].

80. *Ant.* XX 8, 8, § 181; 9, 2, § 206.
81. *Vita* 12, § 63; 15, § 80.
82. Citado por Josefo, *C. Ap.* I 22, § 188.
83. *M. Sh.* V 9; *Ter.* IV 2 e *passim.*
84. b. *Yeb.* 86^a; cf. *Soṭa* 47^b-48^a.
85. b. *Yeb.* 86^a.
86. b. *Ket.* 105^b.
87. *M. Sh.* V 15 = *Soṭa* IX 10.
88. b. *Soṭa* 47^b-48^a.
89. *De virt.*, § 95.
90. Dízimo para os levitas: *De spec. leg.* I § 156. Dízimo para

Por coneguinte, esse dízimo dos sacerdotes, no dizer de Fílon, só pode ser o segundo do qual fazia parte o dízimo dos animais. Tanto quanto sei, até agora não se definiu o fato. Ora, esse segundo dízimo sempre foi gasto pelo seu proprietário, em Jerusalém. Não podemos, portanto, atribuir qualquer valor histórico a essa informação de Fílon. Com efeito; prendia-se ele ao próprio texto da Escritura e tudo ignorava quanto à prática.

A existência do dízimo dos sacerdotes é, pois, confirmada, mas resta-nos saber desde quando é pago. A abolição do dízimo é atribuída ao rabino Yohanan ben Zakkai [91] — o que nos leva às últimas décadas anteriores a 70 d.C. — e ao sumo sacerdote João Hircano [92]. O fato de, antes de 100 a.C., o Pseudo-Hecateu falar do dízimo dos sacerdotes é um argumento em favor da segunda informação (João Hircano). Como sabemos, os fiéis observadores da Lei entregavam o dízimo muito escrupulosamente; pagavam-no até mesmo das plantas mais insignificantes como a hortelã, endro, cominho etc. (Mt 23,23; Lc 11,42). Assim como de todas as suas compras (Lc 18,12; em produtos do solo, é bom acrescentar). Conhecemos essa última cláusula pela oração do fariseu na parábola do fariseu e do publicano; vigorava, sem dúvida, pois, nem sempre se podia saber se o produtor já pagara, na forma prescrita, o dízimo sobre os produtos colhidos [93].

os sacerdotes segundo Fílon, arrecadação também sobre o gado: *De virt.*, § 95. É interessante comparar *De spec. leg.* I § 131-144 com a passagem citada na nota precedente. Em ambos os casos temos uma lista dos rendimentos dos sacerdotes:

De spec leg. I, § 131-144	*De virt.*, § 95
Arrecadação sobre a massa	
Taxa sobre as posses em produtos colhidos	*Primícias dos produtos colhidos*
Primogênitos dos animais	*Primogênitos dos animais*
Taxa sobre a produção de colheitas e do gado	Dízimo dos produtos colhidos e do gado

A comparação mostra que a taxa sobre as posses corresponde aos *bikkûrîm;* o dízimo ("para os sacerdotes", na realidade o segundo dízimo [ver *infra,* p. 157]) é considerado como uma taxa sobre a produção. Conclui-se, enfim, que Fílon desconhece a *t^{e}rûmah.*

91. Tos. *Soṭa* XIII 10 (230, 3), Schlatter, *Joch. b. Zak.*, 29, n. 2.

92. *M. Sh.* V 15 = *Soṭa* IX 10.

93. Com outras palavras, caso não se tratasse de produtos *d^{e}may.*

Podemos, portanto, levar em consideração somente essas três espécies de benefício aos sacerdotes. Sabemos que grandes camadas do povo não pagavam, ou faziam-no de modo insuficiente; assim sendo, as taxas destinadas aos sacerdotes e muitas outras não eram sequer entregues. As informações que temos da situação financeira deles, confirma essas observações.

Para julgar devidamente tal contexto, cometeríamos um erro se nos baseássemos na condição do sacerdote [94] Flávio Josefo, o escritor. Esse homem recebeu, durante muitos anos, esmerada e completa [95] educação, quase sempre em Tiberíades [96]; era proprietário de imóveis e possuía terras em Jerusalém, certamente a oeste da cidade [97]. E já pela sua origem, pertencia à mais alta linhagem, na primeira das 24 classes sacerdotais [98]; deste modo, Josefo não serve de exemplo para a condição geral dos sacerdotes comuns. A grande maioria vivia pobremente. Quando suas eiras foram pilhadas, uma parte deles morreu de fome [99], segundo o relato talvez um pouco exagerado de Josefo. Com termos escolhidos, Fílon pinta as grandes rendas dos sacerdotes para realçar a excelência da Lei mosaica. Ele mesmo, entretanto, deveria reconhecer: os sacerdotes gozariam até do supérfluo, se todos os fiéis pagassem regularmente suas taxas; mas a indiferença de uma parte do povo foi sempre a causa da pobreza em que viviam [100].

94. *Vita* 15, § 80.
95. *Vita* 2, § 7ss.
96. *Vita* 53, § 274.
97. *Vita* 76, § 422; após a destruição de Jerusalém, na parte oeste da cidade e nos arredores, encontrava-se o campo da 10ª legião (*B. j.* VII 1, 2, § 5) de que se refere *Vita* 76, § 422.
98. *Vita* I, § 2.
99. *Ant.* XX 8, 8, § 181; 9, 2, § 207.
100. *De spec. leg.* I, § 153-155.

CAPÍTULO III

OS POBRES

Não possuímos quase papiros palestinenses[1]. Para conhecer as camadas pobres da população, ficamos, pois, reduzidos às fontes literárias. Ora, tudo o que se refere à transmissão de pormenores, deixa muito a desejar. Sem dúvida ouvimos falar de uma viúva pobre de Jerusalém, cujos meios de subsistência não passam de 2 *lepta* (= 1/4 de asse), isto é, de alguns centavos que não deviam bastar para sua manutenção diária[2]; deitou-os no cofre do Templo[3]. Outra, só dispunha de um pouco de farinha para a oferta alimentar, fato esse que motivou comentário desairoso por parte do sacerdote em exercício[4]. Outro pobre procurava pegar todo dia quatro rolas e levava duas ao Templo. Assim fez até mesmo no dia em que o rei Agripa quis oferecer mil sacrifícios e, conseqüentemente, proibiu que houvesse outros[5]. Não é garantida, porém, a historicidade desses relatos. Possuímos, com efeito, um texto budista análogo que se relaciona sobretudo com a história do óbulo da viúva; outro texto muito se assemelha à história do pobre que pegava as rolas[6]. No segundo caso, um sonho esclarece o sacerdote sobre o valor da oferta alimentar da mulher; no terceiro caso, igualmente, um sonho informa ao rei o valor das rolas oferecidas. Ora, é um tema que ressalta de modo especialmente claro na tradução chinesa do texto búdico, semelhante ao relato do

1. Trata-se de descobertas em Qumrã e no wadi Murabba'ât, assim como no lado sudoeste do mar Morto e no wadi Far'ah. Infelizmente não nos fornecem indicações sobre a Jerusalém anterior a 70 d.C.

2. A ração de pão diária distribuída aos pobres, garantindo-lhes estritamente o indispensável, já custava 2 asses (ver *infra*, p. 173).

3. Mc 12,41-44; Lc 21,1-4.

4. *Lv R.* 3, 5 sobre 2, 1 (9ª 18).

5. *Ibid.* 9ª 5.

6. H. Haas, *"Das Scherflein der Witwe" und seine Entsprechung im Tripitaka*, Leipzig, 1922.

óbulo da viúva: um conhecimento sobrenatural permite reconhecer o valor do dom feito pela viúva. A respeito de pobres, não temos à nossa disposição elementos garantidos. Entretanto, mesmo que gostássemos de ter maiores indicações, as fontes são suficientes para esboçar um quadro de como viviam as camadas pobres.

Entre essas, é preciso distinguir aqueles que garantiam sua subsistência pelo trabalho e os que viviam, em parte ou totalmente, da ajuda alheia.

A. ESCRAVOS E DIARISTAS

Muitos papiros confirmam o comércio de escravos na Palestina do século III antes de nossa era [7]; o estrado de pedra para a venda pública dos escravos [8] é uma prova para a Jerusalém do tempo de Jesus. Os escravos não representaram grande papel na economia rural; é o que deduzimos das informações rabínicas e neotestamentárias [9], assim como dos papiros egípcios [10]. Encontramos escravos, sobretudo na cidade, como domésticos; mesmo aí não são muito numerosos, salvo, por exemplo, na corte de Herodes. A Mishna menciona um eunuco hierosolimitano [11]; era talvez um servo de harém. Diversas vezes se encontram escravos libertos. "Tua filha é núbil, liberta teu escravo e casa-o com ela", é o que repetem como um provérbio local [12].

Um escravo liberto trabalha para Tobias, médico de Jerusalém [13], no tempo de Shemaya e Abtalião, durante o

7. *Papiri greci e latini* (*Pubblicazioni della Società italiana per la ricerca dei papiri greci et latini in Egitto*), vol. IV, Florença, 1917, n. 406.
8. Ver *supra*, p. 54.
9. Nas parábolas de Jesus que se passam no campo, os empregados eram, como o mostra Mt 20,1-16, operáros alugados por um tempo bastante longo (cf. *B. M.* IX 11-12).
10. Mitteis-Wilcken, I/1, 260 e 274.
11. *Yeb.* VIII 4.
12. b. *Pes.* 113ª.
13. *R. H.* I 7.

reinado de Herodes, o Grande. Dão de beber as águas da maldição (Nm 5,11-31) a um escravo hierosolimitano, liberto [14]. Afirmou-se que, já durante o segundo período do estado judaico (a partir da época macabaica), era impossível para um judeu de nascença tornar-se escravo de outro judeu [15]. Entretanto, os textos invocados nesse sentitdo [16] são, manifestamente, afirmações teóricas; não houve escravos judeus, pretendem elas, a não ser enquanto durou o ano jubilar. Observamos que o Antigo Testamento leva em consideração a escravidão dos judeus de nascença [17]; que a literatura rabínica fala freqüentemente de escravos judeus e delimita sua situação jurídica em relação à dos escravos pagãos [18]. Nada disso prova ainda que a situação no tempo de Jesus correspondesse a esses dados.

Para penetrarmos naquele contexto, devemos observar que Josefo supõe em vigor, para a época de Herodes, o Grande, a prescrição veterotestamentária (Ex 22,2), segundo a qual podia-se vender como escravo o judeu ladrão que não estivesse em condições de fazer a restituição devida. Josefo confirma, efetivamente, a ratificação pelo rei [19] dessa penalidade. Além do mais, convém dizer que é secundária a questão de saber se havia escravos de origem judaica, pois, na maior parte das vezes, os escravos pagãos recebiam a circuncisão e, por conseguinte, tornavam-se judeus [20]. Foi então determinado o tipo de imolação imposto aos escravos [21]. Encontramo-los a oferecer duas vítimas pascais nos átrios dos sacerdotes: uma por si e outra por seu senhor [22]. De outro modo, a vida em comum

14. *'Ed.* V 6.
15. Krauss, *Talm. Arch.*, II, 83.
16. b. *'Ar.* 29ª e par. (b. *Qid.* 69ª; b. *Git.* 65ª).
17. Ex 21,2; Lv 25,39.47 (israelita); Ex 21,3 (esposa); 21,6 (jovem); 22,2 (ladrão).
18. O escravo judeu é chamado *'ebed* como o escravo pagão. Do ponto de vista jurídico, o escravo judeu é comparado aos filhos maiores; o escravo pagão aos filhos menores (*B. M.* I 5; *'Ar.* VIII 4s; *M. Sh.* IV 4).
19. *Ant.* XVI 1, 1, § 1ss.
20. Tinham um ano para reflexão; em caso de recusa eram revendidos a não-judeus, cf. E. Riehm, *Handwörterbuch des biblischen Altertums* 2ª ed., t. II, Leipzig e Bielefeld, 1894, 1524 *a.*
21. *Ber.* III 3.
22. *Pes.* VIII 2.

do amo e do escravo não teria sido possível para os judeus observantes. Só muito sumariamente poderíamos considerar os libertos como prosélitos, salvo, por exemplo, na corte onde pouco se preocupavam com considerações religiosas. É o que provam os fatos acima narrados: aconselhar que se case a filha com um escravo liberto. Portanto, na maioria dos casos torna-se impossível a constatação da origem do escravo o que, ao final das contas, pouco importa.

Os diaristas eram mais numerosos que os escravos. É diarista aquele homem alugado por um rico hierosolimitano como cursor [23]. Os diaristas ganhavam uma média de 1 denário [24], com refeição [25]. O pobre que vivia a caçar pombos pegava, cada dia, 4 rolas. Diariamente oferecia duas em sacrifício [26]. Ao preço de 1/8 de denário a rola em Jerusalém [27], isso representava um ganho diário de 1/4 de denário. Considerava-se esse ganho como notoriamente fraco [28]. Catastrófica a situação de um diarista, quando não encontrava trabalho; foi o que aconteceu a Hilel, em Jerusalém [29].

B. A PARTE DA POPULAÇÃO AMPARADA POR AUXÍLIO PÚBLICO

A alta percentagem da população que vivia principal ou totalmente de auxílios constitui uma característica de Jerusalém. Convém mencionar, em primeiro lugar, os *escribas*. Era-lhes proibido receber qualquer remuneração pela sua atividade [30]. Os evangelhos mostram que essa prescrição vigorava no tempo de Jesus: "de graça recebestes, de graça dai. Não procureis ouro nem prata, nem cobre

23. b. *Ket.* 67ᵇ bar.
24. Mt 20,2.9; cf. Tb 5,15: o companheiro de viagem de Tobias recebeu 1 dracma por dia, além do sustento.
25. Cf. *B. M.* VII 1.
26. Ver *supra*, p. 156.
27. *Ker* I 7.
28. b. *Yoma* 35ᵇ bar.
29. *Ibid.*
30. *P. A.* I 13; *Bek.* IV 6; b. *Ned.* 37ᵃ. 62ᵃ.

[e não os leveis] nos vossos cintos [31]. Não tomeis alforje para o caminho, nem duas túnicas, nem sandálias, nem cajados! Pois o operário é digno de seu salário" [32]. A Mishna atribui essa prescrição a um mestre de Jerusalém, Hilel, e R. Sadoc, rabi naquela cidade antes de 70 d.C., o confirma [33]. Hilel pagava para entrar na "escola de Shemaya e de Abtalião [34]; Schürer apoia-se nessa informação para concluir que tais mestres não ministravam suas lições gratuitamente [35], mas se esquece de que não se trata de modo algum de um salário: a quantia entregue pelos alunos revertia para o guardião da "escola". Somente mais tarde, anulada a prescrição, permitiu-se ao escriba, se exercesse uma profissão, indenizar-se pelo tempo dedicado ao ensino ou como juiz, atividades essas que ele podia comprovar [36].

De que viviam os escribas? Entre os rabinos citados no Talmude, mais de 100 tinham uma profissão e eram conhecidos pelos nomes das profissões [37]. A maioria, é verdade, pertence a uma época mais tardia. Em contrapartida, o livro do Sirácida (início do século II a.C.) põe em dúvida a compatibilidade de uma profissão secular com a atividade do escriba (Eclo 38,24-39 II) e mais tarde, até o século II de nossa era, discute-se essa compatibilidade [38]. Tal fato pode suscitar dúvida: seria já costume, no tempo de Jesus, acumular o estudo da Lei e o exercício de outra profissão? No entanto, os testemunhos que possuímos — todos referentes a Jerusalém — mostram que nessa época já havia escribas que exerciam profissões. Shamai afastou com sua vara de carpinteiro um pagão que queria se tornar prosélito [39]. Hilel que viveu também por volta do início de

31. Uma longa echarpe que servia também para guardar o dinheiro.
32. Mt 10,8-10; cf. Mc 6,8; Lc 9,3.
33. *P. A.* IV 5; I 13.
34. b. *Yoma* 35^b bar.
35. Schürer, II, 380.
36. b. *Ket.* 105^a; *Pesiqta de Rab Kahana* XXVIII 4, ed. S. Buber, Lyck, 1868, 178^a 17; F. Weber, *Jüdische Theologie auf Grund des Talmud und verwandter Schriften* 2ª ed., Leipzig, 1897, 130.
37. Delitzsch, *Jüd. Handwerkerleben,* 75, dá-nos inúmeros exemplos. Weber, *Religionssoziologie,* III, 410-411.
38. b. *Ber.* 35^b.
39. b. *Shab.* 31^a. Cf. Mc 6,3: Jesus é chamado *tékton* (carpin-

nossa era, foi diarista pelo menos durante seus estudos [40]. São Paulo exercia uma profissão durante sua atividade missionária (At 18,3); tornado apóstolo conservou o hábito de ganhar a vida como rabi de Jerusalém. As informações seguintes nos conduzem aos últimos decênios antes da destruição de Jerusalém. R. Yoḥanan ben Zakkai, pelo menos no início de seus estudos [41], trabalhava no setor comercial; R. Eleazar ben Sadoc [42] e Abba Shaul ben Batnit [43], lecionavam e mantinham lojas na cidade. Com freqüência, portanto, os escribas do tempo de Jesus exerciam uma profissão ao lado do ensino, mas era sobretudo de auxílios que viviam. Antes da Segunda Guerra Mundial, a condição de vida, na Palestina, dos conhecedores da Torá, leva a tal conclusão, e as fontes o confirmam quanto ao período antigo. Segundo Franz Delitzsch, "os doutores ou 'os alunos dos sábios' [44] [sem nada haver de fixo, nem mesmo para o ensino]... ficavam reduzidos à gratidão espontânea de seus alunos... à consideração deles quando da distribuição dos dízimos para os pobres e, em certos casos, também aos subsídios da caixa do Templo" [45]. Dizia-se que era meritório oferecer hospitalidade ao escriba e fazê-lo participar dos recursos [46] de que a pessoa dispunha ou gerir os negócios em seu lugar [47]. Além do mais, segundo Neḥonya ben Ha-qana [48], mestre na época do segundo Templo, destituem-se os doutores do jugo do governo (quer dizer dos impostos) [49] e de assuntos seculares (isto é, da preocupação de sua subsistência). Os evangelhos confirmam que essas disposições vigoravam. No que diz respeito à hospitalidade oferecida

teiro, arquiteto ou ferreiro); devemos lembrar que era costume fazer com que o filho aprendesse o ofício do pai, e que Jesus se compraz em usar a imagem da construção de uma casa.

40. b. *Yoma* 35[b] bar.

41. b. *Sanh.* 41[a]; *Sifre* Dt 34,7; § 357 (63[c] 26); *Gn. R.* 100, 11 sobre 50, 14; Schlatter, *Joch. b. Zak.*, 9.

42. Tos. *Beṣa* III 8 (205, 25); Hirschensohn, 133; cf. *supra*, p. 47. e também Tos. *Pes.* X 10 (173, 7).

43. Tos. *Beṣa* III 8 (205, 27); b. *Beṣa* 29[a] bar.

44. *Talmîdê ḥăkamim.*

45. Delitzsch, *Jud. Handwerleben*, 78s.

46. b. *Ber.* 63[b].

47. b. *Ber.* 34[b].

48. *P. A.* III 5.

49. Cf. b. *B. B.* 8.

ao mestre, lembramo-nos das palavras de Jesus: "O operário é digno de seu alimento [50]"; ("seu salário" em Lc 10,7). Ao invocar uma prescrição de Jesus (1Cor 9,14), Paulo considera que essa palavra vale [51] para quem ensina (cf. Gl 6,6). Lembremo-nos, igualmente, do aviso de Jesus aos discípulos de se fazerem acolher e receber como convidados durante o trabalho de evangelização (Lc 9,4;10,7-8), da maneira pela qual Jesus era recebido como hóspede em Betânia, na casa das duas irmãs [52].

No que toca às pessoas abastadas que subvencionavam as necessidades do Mestre, convém lembrar as mulheres que o acompanhavam; punham seus bens à disposição dele. Por outro lado, diversas espórtulas foram oferecidas a Jesus e aos discípulos durante sua vida errante [53]. Quanto ao período anterior a 70 d.C., não pudemos nos certificar da existência de coletas para os doutores [54]. As pessoas não procediam sempre de modo correto ao aceitar os subsídios; verificamos tal fato repetidamente. Dizem, por exemplo, que o rei Alexandre Janeu (103-76 a.C.) em seu leito de morte preveniu a esposa [55] contra os falsos devotos que exteriormente se assemelham aos fariseus [56], mas que, na realidade, são maus homens, ávidos de lucros [57]. Essa sede de lucro fazia-os ambicionar as vantagens dessa terra e não as da outra vida; é o que demonstra o contexto da cena, muitas vezes citada, mas hoje parcialmente incompreensível, referindo-se às sete espécies de fariseus [58]. A isso se acrescentam outras informações. Dizem que os fariseus receberam gra-

50. Mt 10,10; "seu salário" segundo Lc 10,7. O caráter primitivo do texto de Mt é garantido pelas analogias rabínicas assim como por Paulo que as retoma de maneira livre em 1Cor 9,14.

51. 1Cor 9,3-18; 2Cor 11,8-9; Fl 4,10-20.

52. Lc 10,38-42; Jo 11,1.

53. Lc 8,1-3; Mc 15,41; Jo 12,6.

54. j. *Hor.* III 7, 48ª 40 (VI/2, 276); o ensinamento segundo o qual alguns rabinos juntavam contribuições para sustentar os doutores refere-se ao período em torno do ano 100 d.C.

55. *Ant.* XIII 15, 5, § 400-402.

56. A maioria dos escribas era de fariseus.

57. b. *Soṭa* 22ᵇ.

58. b. *Soṭa* 22ᵇ bar.; paralelos em Derenbourg, *Essai,* 3 e n. 1. Cf. em b. *Soṭa* 22ᵇ o primeiro nomeado, o *parûš šikmî*: sua prática religiosa era guiada por motivos impuros, à semelhança de Siquém (Gn 34,2-5).

tificações das mulheres de Féroras, irmão de Herodes [59]; o evangelho afirma que eles "amam o dinheiro" (Lc 16,14) e os escribas são censurados por explorar as viúvas [60]. Conforme mostra o próprio texto dessa última passagem ("eles devoram as casas das viúvas"); é difícil pensar que se trata, para os escribas, de cobrar, de modo ilícito, as consultas jurídicas ou de não reconhecer às viúvas seus direitos, ou então que se trata da *prosbole* de Hilel (que permitia alterar a Lei sobre a quitação das dívidas por ocasião do ano sabático) que despejaria de suas casas as viúvas endividadas. Provavelmente, o texto refere-se aos escribas parasitas, exploradores da hospitalidade de pessoas pouco afortunadas [61].

As informações tradicionais sobre a situação financeira dos escribas concordam com o que precede. Não é certo que no tempo de Jesus houvesse em Jerusalém muitos escribas ricos. Segundo o Talmude, Shiméon ben Shetaḥ era cunhado do rei Alexandre Janeu e irmão da rainha Alexandra [62]. Trata-se de uma lenda que deve sua origem ao fato de ser a rainha amiga dos fariseus. Em compensação, conta-se de Abba Shaul, proprietário de um loja onde se vendia vinho, que ele recuperava, para o tesouro do Templo, a espuma que se formava ao encher os recipientes, pois essa espuma a ninguém pertencia; desse modo, conseguia encher trezentos barris de vinho [63]. Tal exagero deve apenas caracterizar sua delicadeza de consciência. Rabi Eleazar ben Sadoc, seu companheiro de trabalho, comprou para si a sinagoga helenista de Jerusalém; era, entretanto, uma construção pequenina [64]. Se rabi Eleazar ben Harson, sumo sacerdote, grande proprietário de imóveis, pertenceu

59. *B. j.* I 29, 2, § 571.

60. Mc 12,40; Lc 20,47. Essa palavra foi pronunciada em Jerusalém.

61. Cf. *Assunção de Moisés* VII 6: *comestores,* glutões.

62. b. *Soṭa* 47ª e *passim.*

63. b. *Beṣa* 29ª bar.

64. Tos. *Meg.* III 6 (224, 26); Schlatter, *Tage,* 81. — Edifício pequenino, b. *Meg.* 26ª; o ms de Munique do Talmude (ver L. Goldschmidt, *Der babylonische Talmud,* t. III, Berlim, 1899 = Haia, 1933, 643) indica, como comprador, Eleazar ben Azarya; não se pode constatar a existência dessa personagem em Jerusalém.

a Jerusalém, foi somente no período de Adriano, e na qualidade de sumo sacerdote [65].

Por outro lado, sabemos com certeza que uma parte dos escribas, aqueles, por exemplo, que eram sacerdotes [66], percebiam salários fixos. Os escribas que exerciam uma função no Templo gozavam do mesmo sistema; pagavam-nos com o dinheiro do imposto anual daquele santuário. Dizem que alguns doutores tinham por função ensinar aos sacerdotes as regras do sangramento; outros, de ensiná-los a fazer as ofertas alimentares segundo as prescrições [67]. Da mesma forma, três ou quatro [68] doutores, juízes que constituíam um tribunal de Jerusalém inúmeras vezes citados [69], eram pagos pelo Templo; recebiam, conforme afirmam, 99 minas (1 talento, aproximadamente); lastimamos que não nos digam em que período [70].

Esses casos de rendas fixas não podem induzir-nos ao erro: os escribas pertenciam, em sua maioria, à classe pobre. Visto a sua situação real, o Talmude de Babilônia limita ao fato de um doutor não ter necessidade de mendigar o princípio segundo o qual ele não se empobrece [71]. O Talmude muitas vezes menciona a mulher, jamais [72] as mulheres de um doutor; a principal razão consiste, sem dúvida, mais na pobreza de condição do que numa estima da monogamia. Citemos alguns exemplos dessa pobreza no século II de nossa era. Dois alunos de Rabban Gamaliel II, cuja ciência era tão grande que chegava a "poder contar as gotas do mar", não tinham um pedaço de pão para comer, nem uma peça de roupa para vestir [73]. R. Aqiba, o célebre doutor da Lei e sua mulher, em pleno inverno tinham de se deitar sobre palha, e Aqiba nunca conseguiu dinheiro suficiente para oferecer à esposa a alegria de um enfeite [74]. R. Yuda ben Elai, o doutor tantas vezes citado

65. Ver *supra*, p. 141. n. 132.
66. Ver *supra*, p. 149.
67. b. *Ket.* 106ª.
68. b. *Ket.* 105ª.
69. *Ibid.*; *Ket.* XIII 1ss; b. *B. Q.* 58ᵇ.
70. b. *Ket.* 105ª.
71. b. *Shab.* 151ᵇ.
72. J. Bergel, *Die Eheverhältnisse der alten Juden*, Leipzig, 1881, 10.
73. b. *Hor.* 10ª.
74. b. *Ned.* 50ª.

na Mishna [75], tinha uma única capa; ele e a mulher usavam-na alternadamente para sair [76]; seis de seus alunos possuíam um só casaco para se cobrirem [77].

Voltemos nossa atenção para Jerusalém. Antes de tudo lembremo-nos de Hilel. Nascido em Babilônia, de uma pobre família de exilados, veio a pé para Jerusalém [78]. Trabalhou como diarista por um *ṭ^e^rop-pa'îq,* isto é, por meio denário. Após pagar o guardião da escola, só lhe restava um quarto de denário para sua manutenção e a de sua família [79]. Conta-se que um dia não encontrou trabalho; deixou, pois, de pagar a entrada no estabelecimento em que estudava. Apesar do rigor do inverno, ficou do lado de fora a ouvir pela janela; foi encontrado semi-enregelado [80]. Somente quando se tornou um mestre célebre, com oitenta alunos [81] em determinados momentos, é que conseguiu melhorar sua situação. Estaria em condições de alugar, em benefício de um rico empobrecido, cavalo e cursor [82], ou de mandar sangrar um boi para si, no átrio do Templo [83]. Citemos dois outros casos de pobreza entre os escribas de Jerusalém. R. Yoḥanan, filho da hauranita, vive miseravelmente de pão seco durante um período de estiagem [84]. Contra a vontade de seu pai, R. Eliezer ben Hircanos decidiu estudar; vive em meio a grandes privações, até que seu mestre Raban Yoḥanan ben Zakkai constata a fome [85] do discípulo. Para confirmar o que foi dito, podemos mencionar a pobreza de Jesus. Veio de uma família pobre (para o sacrifício de purificação, Maria serviu-se do privilégio dos pobres: oferecer duas rolas [86]); sua existência apre-

75. Mais de 600 vezes.
76. b. *Ned.* 49^b^-50^a^.
77. b. *Sanh.* 20^a^.
78. Ver *supra,* p. 86.
79. b. *Yoma* 35^b^ bar.
80. *Ibid.* Ele estava coberto de neve; acontece cair neve em Jerusalém, mas raramente.
81. b. *B. B.* 134^a^.
82. b. *Ket.* 67^b^ bar.
83. F. Delitzsch, *Jesus und Hilel,* 3ª ed., Francfort-sur-le-Main. 1875, 35.
84. b. *Yeb.* 67^b^.
85. *ARN* 30; Schlatter, *Joch. b. Zak.,* 23.
86. Lc 2,24; cf. Lv 12,8.

senta tantas privações que não tem onde repousar a cabeça [87]; pessoalmente, não traz dinheiro consigo (a história do estáter e do "tributo a César" o demonstram [88]) e ele aceita esmolas [89]. Podemos, portanto, de um modo geral, colocar os rabinos entre as camadas pobres da população [90].

Quando a tradição diz que os hierosolimitanos têm uma vaidade de pobres, é uma homenagem que lhes presta [91]. Na verdade, Jerusalém já no tempo de Jesus, apresentava-se como um centro de mendicância. A distribuição das esmolas era considerada particularmente meritória se feita na Cidade santa, que mantinha essa mendicância. Não é de admirar que já então houvesse pessoas que simulavam cegueira, fingiam-se de surdas, estropiadas, hidrópicas, coxas [92] etc. A semelhança entre hoje e antigamente é tão grande que, ainda há uma dezena de anos, encontravam-se leprosos, pedindo esmolas nos seus lugares habituais, no caminho do Getsêmani. A entrada na Cidade santa era-lhes proibida; para protegerem-se das intempéries, sentavam-se sob as portas, consideradas como ainda não fazendo parte da cidade propriamente dita [93].

Em Jerusalém, a mendicância concentra-se em torno dos lugares santos; por conseguinte, naquela época, em torno do Templo. Os mendigos não tinham acesso a todos os lugares do Templo. No texto de 2Sm 5,8, reproduzindo

87. Mt 8,20; Lc 9,58.
88. Mt 17,24-27. Cf. Mc 12,13-17; Mt 22,15-22; Lc 20,20-26.
89. Lc 8,1-3. É preciso reconhecer que existem, exteriormente, numerosos paralelos na maneira de viver entre os escribas e Jesus rodeado pelos seus discípulos; não impede, porém, que Jesus tenha-se oposto ao grupo de escribas de seu tempo.
90. Cf. Weber, *Religionsoziologie,* III, 409: "Um meio de intelectuais plebeus". A. Büchler, *The Political and Social Leaders of the Jewish Community of Sepphoris,* Londres, 1909, 5: "Em geral, os próprios rabis eram pessoas do povo". Cf. Krauss, *Talm. Arch.,* III, 66.
91. b. *Pes.* 113[a].
92. *Pea* VIII 9; b. *Ket.* 67[b]-68.
93. b. *Pes.* 85[b]. Em b. *Sanh.* 98[a], diz que o Messias encontra-se em Roma, às portas da cidade, entre os doentes e gente miserável, e cura suas feridas. Segundo b. *Sanh.* 98[b], pelo menos segundo a informação *ḥiwwara,* a enfermidade do Messias é a lepra; mesma opinião em Rashi sobre Is 53,4-5 (Billerbeck, I, 481, n. 2). Certamente transportaram para Roma a situação da Palestina onde os leprosos ficavam sentados às portas da cidade; b. *Sanh.* 98[a] confirma, pois, a indicação de b. *Pes.* relativa aos leprosos de Jerusalém.

o provérbio "cegos e coxos não entrarão na casa", a LXX acrescenta "do Senhor". Mas no átrio dos israelitas e no dos sacerdotes, encontravam-se sacerdotes mancos e vítimas de defeitos físicos [94]. Faremos bem, portanto, em não concluir da LXX, 2Sm 5,8 que havia ali certas discriminações. Com efeito, os estropiados podiam penetrar no adro interior, mas somente sob certas condições. Eis a prescrição: "Se a perna de pau tem uma cavidade para receber pedaços de pano [que impedem o atrito do coto do membro amputado], ela pode tornar-se impura. [E na verdade], as muletas podem se tornar impuras por compressão [se o estropiado que delas se serve é impuro, ele transmite sua impureza às muletas]; pode-se [entretanto] pegá-las para sair num dia de sábado, assim como para entrar no adro. Um suporte ou muletas podem [também] ficar impuros por compressão [ver *supra*]; não é permitido, entretanto, tomá-los para sair em dia de sábado ou para penetrar no adro" [95]. Assim, pois, os aleijados em condições de mover-se por si mesmos com uma muleta tinham abertamente o direito de entrar na parte do santuário proibido aos pagãos; em contrapartida, não o podiam aqueles que não estavam em estado de se mover sozinhos (completamente estropiados, entre outros os que não tinham as duas pernas) e que deviam se sentar numa cadeira estofada na qual eram transportados. O coxo que não conseguia andar por si mesmo, mencionado nos Atos dos apóstolos (3,2), pode ser um exemplo disso. Deixa-se ficar junto à "Porta Formosa", a Porta de Nicanor que liga o átrio dos israelitas ao átrio das mulheres, mas (At 3,8) ainda nesse átrio. Esse coxo mendiga (At 3,2.3,10); seus amigos o colocam lá nas horas de oração quando o fluxo e refluxo das pessoas é especialmente grande no Templo. Talvez seja no pátio dos pagãos que devamos procurar os cegos e aleijados que se encontram com Jesus no santuário e lhe pedem a cura (Mt 21,14).

Havia, porém, muitos mendigos fora desse local; vemo-los às portas externas da esplanada do Templo. Numa

94. *Mid.* II 5; j. *Yoma* I 1, 38[d] (III/2, 165); b. *Sukka* 44[a]; cf. Billerbeck II, 795s.
95. *Shab.* VI 8.

dessas portas meridionais é que se deve procurar o mendigo pobre de nascença (Jo 9,1.8) cuja cura por Jesus o evangelho nos conta. A cena precedente (Jo 8,58-59) desenrola-se no Templo, mais precisamente, no átrio dos gentios, onde poderiam existir pedras para as reparações do Templo e que os inimigos de Jesus tomam nas mãos com o intuito de lapidá-lo.

Sem dúvida, a cura narrada imediatamente após esse incidente não pode ter-se dado tão logo; é provável que o redator tivesse em mente um fator de ordem local, pois, se Jesus envia o cego à piscina de Siloé (Jo 9,7) é por tê-lo encontrado ao sul do Templo. Podemos também considerar como mendigos, os enfermos, os cegos, os coxos e paralíticos presentes à piscina de Bezata (Jo 5,2-3); segundo relato análogo em At 3,2-8 (cf. Jo 9,1-7), é fácil supor que a troca de palavras entre Jesus e o enfermo (Jo 5,6), deu-se quando esse último lhe pediu esmola. Essa piscina foi lugar sempre freqüentado para pedir graças e curas (provam-no suficientemente os objetos doados, encontrados durante escavações; mesmo após 70 era tida como curativa); os enfermos tinham, pois, inúmeras ocasiões para mendigar.

Não é, porém, somente nos mendigos que se deve pensar para justificar a impressão de que Jerusalém, já no tempo de Jesus, era a cidade dos vagabundos e que um numeroso proletariado, vivendo da importância religiosa da Cidade santa, era-lhe uma das particularidades mais singulares. A noção de cidade, dizem, incluía o fato de nela existirem pelo menos dez "pessoas ociosas" [96], isto é, pessoas que renunciaram a uma ocupação pessoal para consagrar-se totalmente à participação do culto. Jerusalém contava com esses também; R. Eleazar ben Sadoc fala das confrarias que visitavam as famílias enlutadas e que tomavam parte nas refeições de núpcias e nas festas de circuncisão, assim como na cerimônia de reunir os ossos (sem dúvida em casos de reinumação [97]); era proibido aos escribas viverem assim como parasitas.

96. *Meg.* I 3, cf. b. *Meg.* 3b.
97. Tratado *Semaḥot* XII; Tos. *Meg.* IV 15 (226, 13); A. Büchler,

Constatamos, com espanto, o número de pessoas dessa categoria que surgiram nos últimos anos antes da destruição; alguns bandos se formaram então, amedrontando toda a Jerusalém [98], e a seguir, trouxeram a guerra civil para a cidade. Indubitavelmente, havia, entre esses revolucionários, alguns ardorosos patriotas e homens repletos de entusiasmo religioso, mas também muita gente que Josefo aponta, com razão, como escravos, pessoas sem eira nem beira, escória do povo [99].

Um fato nos mostra, de modo particularmente esclarecedor, a que ponto, no movimento zelota, o fator social foi importante: a exaltação com que esses libertadores do povo, em 66 d.C., incendiaram os arquivos de Jerusalém para destruir as provas de dívidas que ali estavam guardadas [100].

L'enterrement des criminels d'après le Talmud et le Midrash, em *REJ* 46 (1903), 76.

98. *B. j.* II 14, 1, § 275.
99. *B. j.* V 10, 5, § 443.
100. *B. j.* II 17, 6, § 427.

Capítulo IV

FATORES DETERMINANTES PARA O DESENVOLVIMENTO DAS CONDIÇÕES ECONÔMICAS DOS HABITANTES DE JERUSALÉM

A. A SITUAÇÃO ECONÔMICO-GEOGRÁFICA

A situação de Jerusalém constituía grande obstáculo à vida econômica da cidade. Na primeira parte (p. 119), vimos Jerusalém como uma cidade montanhosa, pobre de água, carente de matérias-primas para as profissões, com localização pouco favorável para o comércio e ao tráfico. Esse fato acarretava um custo de vida muito alto.

1. O custo de vida em tempo normal

De modo geral, sabemos que gado e pérolas [1], produtos colhidos e vinho [2], alcançavam preços mais altos na cidade do que no campo. Mencionaremos dados minuciosos a respeito dos preços em Jerusalém. "O país de Israel foi dividido [entre as tribos] com base em três critérios: segundo a sorte, segundo o Urim e o Tumim [a consulta por oráculos] e segundo o valor em dinheiro", diz o Talmude [3]; se a interpretação retomada por Levy é exata [4], o terceiro critério, quando à repartição do país, seria a consideração do maior valor do terreno nas cercanias de Jerusalém. O único dado que conheço a respeito do preço de um terreno em Jerusalém, é o de Mt 27,6-7; na realidade, a informação não indica a superfície do campo em

1. *'Ar.* VI 5.
2. M. *Sh.* IV 1.
3. j. *Yoma* IV 1, 41^{b} 49 (III/2, 201).
4. Levy, *Wörterbuch,* II, 369 *b.*

questão. O campo do oleiro, comprado pela administração do Templo de Jerusalém [5], deve ter custado trinta moedas de prata, quer dizer, uns 120 denários romanos ou dracmas de prata áticas [6]; essa quantia é confirmada como preço médio de um campo [7].

Baseando-nos num caso específico [8], sabemos que as frutas custavam, em Jerusalém, três a seis vezes mais do que no campo. Devido à imensa demanda de pombos para os sacrifícios, o especulador, na cidade, fazia o preço subir até cem vezes o preço corrente [9]. Os artigos de luxo vendidos na grande cidade, alcançavam preços altos, conforme deduzimos da comparação de seu preço com os do campo há pouco citados. Um exemplo é o perfume com que Jesus foi ungido em Betânia e que custou mais de 300 denários [10]. A quantia para o casamento, *mohar,* que o pai de uma hierosolimitana recebia por ocasião do noivado de um futuro esposo não da cidade, era, ao que dizem, sobremaneira elevada; igualmente, o dote que a noiva estrangeira trazia a seu noivo de Jerusalém. "O habitante de uma cidade que desposasse uma nativa de Jerusalém dava-lhe [como quantia devida ao casamento] o peso dela em ouro; a jovem de uma cidade pequena que desposasse um homem de Jerusalém entregava-lhe [como dote ou bens parafernais] o peso dele em ouro" [11]. De acordo com

5. Ver o excurso consagrado à historicidade de Mt 27,7, *infra,* p. 195ss.

6. Muitas vezes se diz, erroneamente, que as 30 moedas de prata (*argúria*) que constituem o preço da traição de Judas valem 60 denários. Na realidade *argúrion* pode ter somente dois valores: 1º O denário romano de prata = uma dracma de prata ática que era, na época a moeda de prata corrente na Palestina; é o que diz Josefo. 2º Uma equivalência do *kesep* do Antigo Testamento = 1 *šeqel* de prata. No Talmude, em Fílon, Josefo, Orígenes, Díon Cássio, o *šeqel* é avaliado em 4 denários. — O segundo valor é mais provável, pois: a) uma citação do Antigo Testamento (Zc 11,13), fundamenta a quantia de 30 moedas de prata (Mt 26,15;27,3.5-6.9); b) a mais antiga exegese (*Codex Bezae Cantabrigiensis* = D, cinco manuscritos da *Vetus latina,* dois minúsculos, Eusébio, a tradução de Orígenes dão *argúrion* por *stater*) supõem esse valor.

7. Ver *infra,* p. 196.

8. *Ma'as.* II 5s., cf. *supra,* p. 50.

9. *Ker.* I 7, cf. *supra,* p. 51.

10. Mc 14,5; Jo 12,3.

11. *Lam. R.* 4, 2 sobre 4, 2 (56ª 23); Hirschensohn, 134.

esse texto, uma razão determinante explica em primeiro lugar a importância das quantias necessárias ao casamento: a grande estima que geralmente se dedicava ao Templo, à cidade e as enormes perspectivas que proporcionava a cada um. Nessas quantias reflete-se, igualmente, o fato de ser o custo de vida mais alto em Jerusalém.

2. O custo de vida em época de calamidade

Em épocas de calamidade [12], a desfavorável situação econômico-geográfica de Jerusalém fazia-se sentir em toda a sua crueza, antes de tudo sob a forma de carência de víveres, também de tecidos para as roupas [13] e conseqüente alta de preços. Ouvimos falar de uma seca prolongada, de um tufão, de um abalo sísmico, de epidemias, uma delas agravada pelo longo período sem chuvas. A todas essas calamidades, juntam-se combates na cidade e os cercos.

Jerusalém sofreu, de modo particularmente penoso, com todas essas adversidades; é o que mostram as informações sobre a fome que grassou durante o reinado de Cláudio. Em Antioquia, os cristãos organizaram uma coleta, a fim de socorrer os irmãos da Judéia (At 11,28-30), isto é, para a comunidade de Jerusalém [14], embora a carência de gêneros e a fome atingissem o mundo inteiro (At 11,28). Da mesma forma, o relato do auxílio organizado pela rainha Helena de Adiabena por ocasião dessa crise, mostra que Jerusalém estava particularmente necessitada [15]. A esse respeito, narra-nos Josefo que naquele momento era ainda possível dispor de grande quantidade de cereais para as necessidades cultuais; em contrapartida, os sacerdotes viam-se desprovidos de alimentos [16]. Na li-

12. Ver o excurso dedicado às calamidades em Jerusalém, *infra*, p. 197ss.
13. *Ant.* XV 9, 2, § 310.
14. Conforme vemos em At 12,25; cf. 11,1 com 11,2;11,27-28 com 21,10 e *passim*.
15. *Ant.* XX 2, 5, § 51.
16. *Ant.* III 15, 3, § 321.

teratura rabínica [17] encontramos um exemplo individual que se relaciona exatamente com essa fome que assolava o país. De acordo com o relato, Eleazar ben Sadoc, estudante da Torá em Jerusalém, viu seu mestre R. Yohana, filho da hauranita, comer um pedaço de pão seco. Seu pai, R. Sadoc, enviou azeitonas para o mestre. Esse recusou-as devido a sua umidade; aceitou-as somente após R. Sadoc ter-lhe garantido que a conservação fora feita conforme as prescrições.

Durante esses períodos, os preços subiam assustadoramente. O especulador aproveitava-se da situação de desespero: "A nuvem [trazendo a chuva] é a desgraça dos especuladores [literalmente: aqueles que fixam os preços do mercado]" [18]. Os dados sobre o preço do trigo permitem-nos confirmar o que foi dito, através de números. O texto seguinte [19] fornece-nos o preço normal: "A um pobre, um vagabundo, não se dá menos [do 'prato dos pobres' que dispõe de víveres para o socorro cotidiano dos necessitados] do que um pedaço de pão que custa um *dupondius* (= 2 asses), [feito com trigo ou farinha], portanto 4 *s^e'ah* valem 1 *selá'* ". Nesse caso, o indigente, o vagabundo, recebe da caixa de beneficência uma ração — sem dúvida cotidiana — de um pedaço de pão, custando 2 asses = 1/12 de denário [20]. Esse pão, pelo que sabemos, é feito com trigo ou farinha, dos quais 4 *s^e'ah* [21] = aproximadamente 52,5 litros podem ser comprados por 1 *sela'* = 4 denários [22]. Nosso texto fornece-nos, pois, duas informações: 1º, o preço do trigo ou da farinha era de 1 denário por 1 *s^e'ah* = mais ou menos 13 litros; 2º, a quan-

17. b. *Yeb.* 15^b; Tos. *Sukka* II 3 (193, 27) = Tos. *'Ed.* II 2 (457, 13), Schlatter, *Tage,* 80s.

18. *Gn. R.* 13, 11 sobre Gn 2, 5 (28^b 18). Palavra por palavra: "A nuvem que aniquila [*šôber*] os maléficos desígnios [*'êdan*] daqueles que fixam os preços do mercado". Mas, assim o indica I. Kahan, convém abolir tanto *šôber* como *'êdan*. Em ambos os casos, o sentido é aquele que indicamos em nosso texto.

19. *Pea* VIII 7.

20. Segundo o cálculo dos rabinos, cf. Billerbeck, I, 291.

21. Segundo *Ant.* IX 4, 5, § 85, 1 o *s^e'ah* corresponde a 1,5 *modius* itálico. Ora 1 *modius* = 8,751; portanto, 1 *s^e'ah* = 13,125 l aproximadamente.

22. *M. Sh.* II 9 e *passim.*

tidade mínima de pão necessário por um dia equivalia a 1/12 de denário e representava uma quantidade de trigo de 13/12 = aproximadamente 1 litro.

O cálculo dos discípulos de Jesus[23] concorda com essas informações; no relato neotestamentário (Mc 6,44), os discípulos calculam que seria preciso gastar 200 denários para fornecer pão a toda aquela multidão. Contam, pois, para cada um $\frac{200}{5.000}$ = 1/25 de denário, quer dizer, o preço normal da metade de uma ração diária. As informações da época, fora da Palestina, concordam exatamente com os números obtidos. Segundo Cícero[24], 12 *choenix*[25] = 13.128 litros de frumento custavam 1 denário. De acordo com Ateneu[26], a ração diária para um homem era de 1 *choenix* = 1,094 litros de frumento. O preço do trigo e a quantidade de pão necessária por dia correspondem aos dados rabínicos.

Quais seriam os preços em tempos de calamidade pública? Em 64 a.C., um tufão varreu toda a colheita "a ponto de o *modius* de trigo ser vendido por 11 dracmas"[27]. Portanto, por 11 dracmas conseguia-se 8,752 litros, por 1 dracma 0,796 litro. Em tempos comuns, obtinham-se 13 litros por 1 dracma. Os preços multiplicados por 16. Um litro, quantidade diária necessária para um homem, custava 1,25 denários (em tempo comum passava, como acabamos de ver, a 1/12 de denário, portanto, mais do que o salário diário médio [ver acima, p. 159]).

Josefo[28] fornece-nos também os preços durante a fome que grassou sob Cláudio. "O *'iśśarôn* valia 4 dracmas". Um *'iśśarôn*[29] equivale a 3,94 litros; obtinham-se, portanto, 3,94 litros por 4 dracmas, quase 1 litro por 1 dracma. Os preços se multiplicavam, pois, por 13.

23. Mc 6,37; cf. Jo 6,7,10.
24. *In Verren* III 81.
25. De 1,994 l.
26. III 20.
27. *Ant.* XIV 2, 2, § 28.
28. *Ant.* III 15, 3, § 320.
29. Em Nm 15,4 para o *'iśśarôn* do Texto massorético, a Setenta lit: 1/10 *oifí* (*'épah*). Ora, segundo *Ant.* VIII 2, 9, § 57, um *bat*

A cidade teve de suportar sofrimentos particularmente grandes nesses períodos de necessidades prementes, conseqüência de sua posição econômico-geográfica desfavorável.

B. A SITUAÇÃO POLÍTICA

Em 6 d.C., com a deposição do etnarca Arquelau, a Judéia perdeu, em proveito dos romanos, a independência política que possuía desde a época de Judas Macabeu (165-161 a.C.), em parte essa perda foi efetiva e em algumas ocasiões somente ilusória. Uma única vez, antes do desaparecimento do Estado judaico, a história viu um rei dos judeus na pessoa de Agripa I (41-44 d.C.). Em que medida a situação política influiu na condição material dos habitantes da capital?

1. As taxas

O Estado manifestou desde o início o seu poder, cobrando taxas.

Sob *Herodes, o Grande,* recolhiam-nas de modo inflexível. Para suas imensas despesas, o rei tinha necessidade de recursos incessantemente novos: "Como despendia muito acima de suas posses, era obrigado a mostrar-se empedernido em relação a seus súditos", impondo-lhes altos impostos, no dizer de Josefo [30]. Sem dúvida, Herodes visava [31], ao mesmo tempo, desenvolver as condições de progresso, o que onerava as forças econômicas do país: segurança através de fortalezas e postos de colonos; criação por esses colonos de zonas de progresso cultural; de-

(= *'épah,* Ez 45,11; b. *Men,* 77ª) = 72 sextários de 0,547 l. Portanto o *'épah* = 72 sextários = 39,4 l = 3 *s^e'ah.* Assim também, segundo b. *Men.* 77ª e o Targum de Onquelos em Ex 16,36,1 *'épah* = 3 *s^e'ah.* Por conseguinte, 1 *'iśśarôn* = 1/10 de *'épah* = 3,94 l.

30. *Ant.* XVI 5, 4, § 154.

31. Otto, *Herodes,* col. 93-95.

senvolvimento econômico do país pela disposição de cidades e construção de portos, pelo número de profissões e aumento do comércio [32], e, sobretudo, pela edificação do Templo. Todo esse conjunto favoreceu a grandeza do país; de outra forma não teria podido suportar os imensos dispêndios de Herodes.

Mesmo que se leve em conta a sua intervenção em favor do povo durante a fome que se declarou pelo ano 25 a.C., e de algumas isenções de impostos, não temos ainda o direito de considerar exageradas as queixas do povo transmitidas a Roma após sua morte [33]. Ao lado das despesas internas — o que acabamos de ver — havia as despesas no estrangeiro; eram mais consideráveis e não contribuíam para o bem do povo. Ouvimos referências sobre dádivas, construções utilitárias e construção de aparato, por vezes em grandes dimensões, oferecidas às seguintes cidades e ilhas estrangeiras: ilhas de Cios, Cós, Rodes; cidades de Laodicéia, Trípoli, Biblos, Beirute, Sídon, Tiro, Ptolemaida, Ascalen; Nicópolis, Olímpia; Esparta, Atenas, Pérgamo, Antioquia, Damasco [34].

Diante dessa enumeração podemos crer em Josefo [35] quando nos diz que um insaciável orgulho constituía o traço fundamental da personalidade do monarca; era a mola de seu comportamento imbuído de grandeza. Os impostos e alfândegas, relativamente aceitáveis, só em fraca medida conseguiam cobrir as despesas. As dádivas — a Herodes, a seus parentes e "amigos", assim como aos coletores de impostos e demais encarregados desse serviço [36] e a seus subordinados [37] — a confiscação de bens e imposições extraordinárias devem ter pesado enormemente sobre o povo. Queixou-se esse, com amargura, do modo como comunas inteiras foram prejudicadas consoante pro-

32. Quanto a Jerusalém, ver *supra,* pp. 44s, 81s, 106s.
33. Otto, *Herodes,* col. 95.
34. *Ibid.,* col. 75-77.
35. *Ant.* XVI 5, 4, § 153.
36. Não podemos resolver a questão: administração ou arrendamento estariam em uso sob Herodes? Cf. Otto, *Herodes,* col. 97.
37. Pelo que se pode concluir do texto alterado de *Ant.* XVII 11, 2 § 308.

cedimentos tirânicos [38], da dilapidação do dinheiro de uma população sugada ao extremo [39]. Ao morrer, lemos ainda em Josefo, Herodes deixou um povo totalmente arruinado, de moral arrasada [40], submetido a toda espécie de desdita [41]. Se, ao mesmo tempo que constatamos o volume de suas despesas, lembrarmo-nos de que Herodes, ao alcançar o poder, era tão pobre que foi obrigado a derreter objetos preciosos de seus bens pessoais para ter dinheiro líquido [42] na mão, e que, pouco tempo depois, dispunha de tão enormes meios, podemos dar todo crédito às queixas erguidas contra ele.

O etnarca *Arquelau* não tratou melhor o seu povo; em 6 d.C., o imperador Augusto o depôs por causa da sua crueldade e o exilou; seus bens pessoais foram confiscados [43].

Agripa I herdou de seu avô Herodes o amor ao fausto [44]; dono de tendências perdulárias, os lucros de seu extenso reino não lhe forneciam o necessário [45]. A seu respeito não ouvimos queixas; pelo contrário, parece ter sido amado pelo povo [46]. Tudo faz crer que sabia cobrir as excessivas despesas pessoais sem sacrificar seus súditos de modo desmedido; defendia-se, contraindo dívidas; já o fizera antes mesmo de se tornar rei, em diferentes ocasiões.

38. *B. j.* II 6, 2, § 84-91; *Ant.* XVII 11, 2, § 304-310.

39. *B. j.* I 26, 2, § 524; II 6, 2, § 84-86.

40. *B. j.* II 6, 2, § 85s; *Ant.* XVIII 11, 2, § 304ss. Hilel que pertence a época de Herodes, o Grande, e de Arquelau, já expressara sua opinião sobre a maneira de escapar da alfândega graças a um pau oco que permite fazer o contrabando (cf. *Kel.* XVII, 16). Segundo a Tosefta, R. Yoḥanan ben Zakkai que ensinava em Jerusalém nos anos anteriores a 70 d.C., pronunciou-se igualmente; fazia um claro apelo ao ensino tradicional (Schlatter, *Joch. b. Zak.*, 30). Em *Kil.* IX 2, discute-se a respeito do contrabando praticado graças a diversas peças de roupas enfiadas uma na outra; em *Ned.* III 4 e b. 27^b, fala-se de contrabando praticado através de falso juramento; ver, aliás, Billerbeck, I. 379s.

41. *B. j.* II 6, 2, § 87.

42. O fato deve ter ocorrido antes da confiscação que se processou então (*Ant.* XV 1, 2, § 5), supondo que não se trate de uma repetição do relato da fundição de objetos preciosos pertencentes ao rei que se deu mais tarde (*Ant.* XV 9, 2, § 306).

43. *Ant.* XVII 13, 2, § 342ss; *B. J.* II 7, 3, § 111.

44. *Ant.* XIX 7, 3, § 428; *B. j.* II 11, 6, § 218.

45. *Ant.* XIX 8, 2, § 352.

46. *Ibid.*, § 349.

Num dos casos, trata-se de uma dívida de mais de um milhão de dracmas de prata áticas[47]. Mesmo como rei, agiu assim para obter as quantias[48] almejadas.

No tempo do domínio romano (6-41, 44-46 d.C.), o nível dos impostos manteve-se mais ou menos inalterado, isto é, subiu a 600 talentos para a província da Judéia[49]. Em 66, as autoridades de Jerusalém perceberam 40 talentos de impostos atrasados[50]; se se trata do imposto anual da toparquia de Jerusalém, seria uma confirmação, pois é bem provável que a mais importante das onze toparquias pagasse essa taxa, não incluídos os direitos alfandegários. Tácito mostra-nos até que ponto o povo se ressentia do peso das taxas: no ano 17 d.C., as províncias da Síria e da Judéia solicitaram uma redução[51]. Durante o cerco de Jerusalém, em 70 d.C., a recusa do imposto, segundo *B. j.* V 9, 4, § 405, é a única causa da guerra. Visto dessa forma, deduzimos ser falso, mas característico do papel que as taxas representavam. Seria absolutamente impossível avaliar os subsídios e gratificações pagos às autoridades e serviços administrativos. "A ninguém molesteis com extorsões; não denuncieis falsamente e contentai-vos com vosso soldo" (Lc 3,14); tal é a exortação de João Batista aos soldados, em sua "pregação profissional". Mateus (Mt 28,12) menciona um caso de corrupção entre soldados romanos em Jerusalém. Por corrupção ou compra, o quiliarca Cláudio Lísias, comandando a praça de Jerusalém, adquiriu o direito de cidadania romana (At 22,28). A corrupção atingiu os postos mais elevados. Basta ver as numerosas queixas relativas à venalidade dos procuradores; dessa censura nem Pilatos[52] ficou isento: Félix reteve Paulo em Cesaréia na esperança de obter dele gratificações (At 24,26), mas é sobretudo Josefo que, nesse campo, conta-nos fatos desagradáveis.

47. *Ant.* XVIII 6, 3-4, § 157 e 163.
48. *Ant.* XIX 8, 2, § 352.
49. *Ant.* XVII 11. 4, § 320; *B. j.* II 6, 3, § 97.
50. *B. j.* II 17, 1, § 405.
51. Tácito. *Annal.* Schürer, I, 474, n. 96.
52. Fílon, *Leg. ad Caium,* § 302.

2. Lutas e saques

Na situação política confusa da época, Jerusalém teve de sofrer particularmente enquanto capital dos judeus e cidade de seu santuário. Durante o reinado de Herodes, gozou de certa trégua, mas após sua morte e especialmente sob o domínio romano, as angústias da guerra reapareceram.

C. RELIGIÃO E CULTO

1. A beneficência

A esmola representa grande papel na piedade judaica. "Muitas esmolas, muita paz" [53], ensinava Hilel. Ter compaixão do próximo é sinal que permite reconhecer a descendência de Abraão [54]. Em Jerusalém corre este ditado: "O sal da riqueza, é a prática da caridade (*ḥesed*)" [55].

Nunca se deve subestimar o papel que a prática da caridade representa na pregação de Jesus. "Vendei vossos bens e dai esmola" (Lc 12,33). "Qualquer de vós que não renunciar a tudo o que possui, não pode ser meu discípulo" (Lc 14,33). Sem dúvida esses são trechos característicos de são Lucas, que ama os pobres, no entanto, não podemos considerá-los secundários. Com efeito, a perícope do moço rico figura nos três sinóticos [56]. Deturpamos por vezes essa perícope ao dar uma explicação errônea do "perfeito" e de "teus bens" (Mt: "o que possuis", Mc: "tudo o que possuis"; Lc) [57]. Vejamos como interpretá-la:

a) É inadmissível considerar "perfeito" como designação de um grupo particular de pessoas sem defeitos ou

53. *P. A. II* 7.
54. b. *Beṣa* 32ᵇ.
55. b. *Ket.* 66ᵇ bar.; outra forma, *ibid.*: "O sal da riqueza é a economia *ḥaser* ".
56. Mt 19,16-30; Mc 10,17-31; Lc 18,18-30.
57. Mc 10,21; Mt 19,21; Lc 18,22.

de pessoas que tendem à perfeição, às quais Jesus pede determinadas atitudes. Sem dúvida, no entendimento helenístico "perfeito" poderia ter esse sentido [58], mas, na compreensão do baixo judaísmo, perfeito é o justo que observa fielmente a Torá [59]. Quando Jesus diz: "Se queres ser perfeito", não introduz, pois, nenhum termo novo; apenas exprime, de modo diferente, a idéia contida em Mt 19,17: "Se queres entrar para a Vida", forma que retomou na questão do moço rico (Mt 19,16). Conseqüentemente, na idéia de Jesus, a utilização das riquezas com o fito de dar esmolas faz parte do cumprimento dos mandamentos.

b) Se há nesse texto uma palavra cujo sentido deva ser tomado com prudência, é a palavra "tudo"; a literatura da época bem o demonstra.

Segundo a Mishna [60], deve-se dedicar ao santuário por anátema, somente uma parte das próprias riquezas; as disposições que prevêem qualquer acréscimo não são válidas. Usa-se essa passagem como prova de que também deve haver um limite à prática da caridade. No século I de nossa era, já estava em vigor a prescrição [61] que proibia dispor de mais de um quinto da fortuna pessoal para fins beneficentes. Zaqueu, chefe dos publicanos, promete distribuir a metade de seus bens em esmolas e ainda reparar os danos causados (Lc 19,8); Jesus louva-lhe o intento e declara-o bem-aventurado. A expressão "vender todos os seus bens" [62] não pode, pois, ser sempre tomada ao pé da letra. Esses testemunhos mostram até onde, na prática, podia-se empregar os bens com fitos caritativos. Em contrapartida, sabemos de um homem — R. Yoḥanan — que cumpriu o preceito ao pé da letra: vendeu tudo o que possuía como propriedades imobiliárias para consagrar-se ao estudo da Torá; nada reservou para manter-se na velhice [63].

58. Ver, por ex., *Poimandrés* IV 4, onde "perfeito" significa "iniciado".
59. *Saddiq gamûr,* cf. Billerbeck, I, 816.
60. *'Ar.* VIII 4.
61. j. *Pea* I 1, 15^b 23 (II/1, 5).
62. *Makar kol mah šéyyes lô,* b. *Pes.* 49^a bar.
63. *Pesiqta de Rab Kahana* XXVIII 13, ed. S. Buber, Lyck, 1868, 178^b 5.

Devemos, pois, aceitar a interpretação segundo a qual "vender tudo" não deve ser tomado literalmente, mas como expressando, de modo empolgante, a exigência da caridade. Mesmo nesse caso, certo é que tal exigência representou papel considerável na pregação de Jesus.

Após esse panorama do valor da caridade na época, vejamos agora a situação de Jerusalém e, inicialmente, a *beneficência exercida por particulares.*

O piedoso hierosolimitano que freqüentava o Templo e cruzava, talvez com um mendigo, paralítico de nascença, à porta do santuário chamada "Porta Formosa" (At 3,2-10), dava-lhe, evidentemente, uma esmola. Se visse um pobre, doente ou louco, diante de sua casa, dava-lhe de comer [64]. Naqdemon ben Gorion usava um processo curioso: quando se dirigia para sua escola, estendia pelo caminho que percorria, mantas de lã; atrás dele, os pobres podiam apanhá-las [65]. Convém também salientar a generosidade da família real. Agripa I era tido como muito caridoso [66] e muito louvado foi o vasto programa que Herodes pôs em prática durante a grande fome de 25-24 (23) a.C. Naquele momento, o rei não recuou diante de sacrifícios pessoais: "mandou fundir todos os ornamentos de prata e ouro de seu palácio, sem excluir peças preciosas ou objetos de arte" [67]. Conta-nos Josefo [68] as medidas tomadas por Herodes:

"*a)* Inicialmente, após pesquisa minuciosa, distribuiu trigo a todos aqueles que estavam em condições de preparar pessoalmente o seu alimento.

b) Entretanto, a velhice ou qualquer enfermidade deixava inúmeras pessoas sem poder fazer o próprio pão. Procurou então prover às suas necessidades, empregando padeiros". Essa última medida apresenta, de maneira característica, a situação das zonas urbanas e faz-nos logo pensar em Jerusalém.

64. *B. j.* VI 5, 3, § 307.
65. b. *Ket.* 66[b]-67[a] bar.
66. *Ant.* XIX 7, 3, § 328 e 330; cf. 6. 1, § 293s.
67. *Ant.* XV 9, 2, § 306.
68. *Ibid.*, § 309.

"*c)* Tomou, finalmente, as providências indispensáveis para que a população pudesse atravessar o inverno sem perigo, pois a falta de tecidos e de roupa fazia-se também sentir [juntamente com a fome]".

A quantia, digna de fé [69], de 80.000 *kor* = mais ou menos 315.200 hectolitros [70] de trigo, distribuídos no reino de Herodes, dá uma idéia de quão amplas foram as medidas tomadas.

O peregrino piedoso exercia a caridade durante a sua peregrinação; se a praticasse na própria Jerusalém, o ato seria especialmente meritório. Não é por acaso que o mendigo cego [71] de Jericó fica sentado à beira do caminho dos peregrinos. Quando Judas afasta-se do círculo dos discípulos, após a última ceia, uma inadvertência fê-los crer que Jesus encarregara-o de distribuir esmolas [72]. Quando Paulo chega a Jerusalém para a festa de Pentecostes (At 20,16) recomendam-lhe pagar as despesas que o voto de nazireato exige de quatro cristãos de Jerusalém (At 21,24); (trata-se de sacrifícios a oferecer [73]). Não era essa uma forma desusada de caridade: Shimeon ben Shetaḥ, assim nos contam, convenceu Alexandre Janeu (103-76 a.C.) a encarregar-se das despesas de cento e cinqüenta nazireus [74]; quando atingiu o poder, Agripa I (41-44 d.C.) "mandou barbear e cortar os cabelos de grande número de nazireus, arcando com a despesa" [75]. Durante a fome que grassou entre 47 e 49, a ingerência da rainha Helena foi particularmente eficiente. "Ao chegar a Jerusalém, a fome dizimava a cidade e a falta de gêneros provocava a morte de inúmeros habitantes. Ordenou, pois, que fosse comprada grande

69. No fim do século passado, a Bélgica era obrigada a importar, anualmente, 6 milhões de hectolitros de trigo para a panificação.

70. 1 *kor* = 30 *s*ᵉ*'ah* = 3,94 hectolitros (segundo Josefo, 1 *kor* = 10 medimnes áticas de 51, 84 l cada [*Ant.* XV 9, 2, § 314; cf. F. Lübker, *Reallexikon des classischen Altertums,* 8ª ed., Leipzig, 1914, 1148]).

71. Mc 10,46 par. Lc 18,35. — Mt 20,30 (cf. 9,27) fala de dois cegos.

72. Jo 13,29; cf. Mt 26,9; Mc 14,5; Jo 12,5.

73. At 21,26; cf. 24,17: "oblações".

74. Schürer, I, 279s.; Billerbeck, II, 755s.

75. *Ant.* XIX 6, I, § 294.

quantidade de trigo em Alexandria; enviou outros súditos a Chipre para trazerem volumosa carga de figos secos"[76]. Izates de Adiabena interveio, igualmente, remetendo certa quantia em dinheiro[77]. Segundo o Talmude, todo o tesouro real teria sido empregado para tal fim[78].

Era de uso corrente que os peregrinos praticassem a caridade em Jerusalém. Esse hábito se deduz do que Josefo[79] nos diz: em Jerusalém gastava-se em beneficências certa parte do segundo dízimo e o produto das árvores e vinhas de quatro anos[80]. Vista essa afirmação, parece útil mencionar o texto do *Sinaiticus* em Tb 1,6-8: supõe, evidentemente, que o dízimo dos pobres do terceiro e sexto ano da semana de anos fosse distribuído em Jerusalém aos pobres, viúvas e prosélitos. Entretanto, não exclui que fossem em geral os pobres do lugar onde a pessoa residia que recebessem o terceiro dízimo[31], na medida, é evidente, em que tivesse sido pago.

Intermediária entre a beneficência privada e pública, existia a *beneficência das comunidades religiosas.* Podemos comprová-lo, observando o que se passa entre os essênios: em cada cidade, portanto, em Jerusalém também, havia um funcionário particular da ordem encarregado de prover de roupas e outras coisas necessárias, os irmãos em trânsito[82]. Constatamos igualmente essa ajuda na comunidade cristã de Jerusalém. Dentro da comunidade primitiva, vemos uma comunidade de bens[83], voluntária[84], que se

76. *Ant.* XX 2, 5, § 51.
77. *Ibid.,* § 53.
78. b. *B. B.* 11ª bar. É por erro que esse relato do Talmude refere-se a Monobaze de Adiabena, porque trata-se, segundo toda verossimilhança, do mesmo fato.
79. *Ant.* IV 8, 19, § 227.
80. Ver *infra,* p. ...
81. Cf. Dt 26,12;14,28s.
82. *B. j.* II 8, 4, § 125.
83. At 2,44-45;4,32-37;5,1-11. Muitas vezes se tem contestado essa comunhão de bens da comunidade primitiva. Os motivos invocados para negá-la não me parecem convincentes, se observarmos que os cristãos permaneciam livres de participar ou não dessa posse em comum. A maneira particular de salientar o exemplo de Barnabé (At 4,36-37), explica-se, pois, pela importância desta pessoa. A casa, numa propriedade privada (12,12-13) era, obviamente, o lugar em que a comunidade se reunia. A presença de pobres na comunidade (6,1) é

estendia às propriedades prediais [85] e tornava o benefício possível. Mesmo para quem vê no relato dos Atos dos Apóstolos sobre essa comunidade de bens unicamente um ideal apresentado por uma história, reconhecerá sem dificuldade, a extensão dos benefícios prestados pela comunidade primitiva que se provia de meios na venda das propriedades. A distribuição era feita a partir de uma central (dos Apóstolos) (At 4,37;5,2) através de colaboradores voluntários (At 6,1-6). Temos informações mais precisas na parte do livro dos Atos relativa à instituição das sete pessoas encarregadas dos pobres (*ib.*). Segundo esse relato, vigorava um "serviço de mesas" (At 6,2); a comunidade alimentava os que não tinham recursos.

Para melhor compreender como se processava essa ajuda, será útil fazer uma comparação entre as duas instituições judaicas correspondentes: o *tamḥûy* ("prato dos pobres") e a *qûppah* ("cesta dos pobres"). Vejamos o que distinguia uma da outra. O *tamḥûy* era distribuído todos os dias aos pobres em trânsito; compunha-se de alimento (pão, favas, frutas; na Páscoa era acrescentado o vinho prescrito). A *qûppah,* distribuída todas as semanas aos po-

explicada se a comunhão de bens se estende apenas às propriedades imobiliárias. — Aquele que põe em dúvida a existência da comunidade de bens deve, antes de tudo, explicar a origem dos relatos dos Atos. Algumas expressões dos Atos são um eco do ideal comunitário helenístico (Platão; Jambblique, *Vida de Pitágoras;* ver E. Preuschen, *Die Apostelgeschichte,* Tübingen, 1912, 28); mas não basta provar que o autor dos Atos imprimiu, de si próprio, à comunidade primitiva, um ideal diferente. — Em paga, deve-se salientar que uma comunhão de bens é compreensível se levarmos em conta três fatos. *a*) Como vimos (p. 179s), Jesus exigiu, por diversas vezes, que se renuncie aos próprios bens em favor dos pobres; *b*) Jesus e os discípulos deram o exemplo; viviam à custa de uma caixa comum e haviam abandonado seus bens (Jo 13,29;12,6; Mt 19,29 e par.); *c*) há também o exemplo dos essênios que tinham, como a comunidade primitiva, refeições em comum (*B. j.* II 8, 5 § 129s). — At 5,1-11 é uma prova formal da comunhão de bens; com efeito, o pecado de Ananias não é o de ter mantido, mas o de ter subtraído algo de um bem consagrado a Deus; cf. 5,2 ("ele sonegou") e 5,3 (*pseúdesthai* com o acusativo: "enganar"; ver Blas-Debrunner, *Grammatik des neutest. Griechisch,* 12ª ed., Göttingen, 1965, § 187, 4; mesmo em At 5,4, o verbo poderia ter esse sentido, apesar de o dativo ser, sem dúvida aqui, um semitismo (cf. *kîheś l*ᵉ).

84. At. 5,4;2,45;4,32.
85. At 2,45;4,34.36-37;5,1-11.

bres da cidade, compunha-se de alimento e roupas [86]. Concluímos, com certeza: essas instituições serviram de certo modo como modelos à comunidade primitiva. A distribuição cotidiana de subsídios remete ao *tamḥûy*, como a seu modelo; assim também, o recebimento de víveres por pessoas domiciliadas no lugar (trata-se, antes de tudo, das viúvas) remete à *qûppah*. É possível que os auxílios aos pobres, entre os judeus, só se tenha organizado em duas direções em época mais tardia e, primitivamente, tenham sido, como a ajuda cristã, distribuídos todos os dias também às pessoas moradoras do lugar. É mais provável, porém, que, diariamente, a refeição em comum da comunidade primitiva constituísse, por si mesma, uma distribuição cotidiana de esmolas aos membros desfavorecidos.

Seja como for, eis como podemos compreender a manutenção dos pobres pelos cristãos:

a) era feita *in natura* (pelo que se depreende dos próprios At 6,2);

b) garantia a subsistência por vinte e quatro horas (= duas refeições) [87];

c) provavelmente, a distribuição centralizava-se num único lugar. Podemos esboçar o seguinte quadro: todos os dias os cristãos de Jerusalém se reuniam numa casa [88], casa da reunião, talvez à noite [89], para uma refeição que se desenrolava num quadro litúrgico [90], sob a direção dos doze apóstolos (At 6,2;2,42). Com os donativos recebidos serviam os pobres — as viúvas em primeiro lugar — e eles recebiam, ao mesmo tempo, alimento para o dia se-

86. *Pea* VIII 7; b. *B. B.* 8b bar; b. *B. M.* 38a; Tos. *B. M.* III 9 (376, 20) (favos e frutos); Mishna *Pes.* X 1 (vinho).

87. Cf. *Pea* VIII 7.

88. Em At 2,46 *kat' oikon* opõe-se "ao Templo", no sentido de "à casa" como em Fm 2. Isso não significa dizer "em cada casa", conforme o demonstra a presença de todos os apóstolos assim como as passagens de At 12,12-2,1-2;1,15 onde se encontra toda a comunidade reunida.

89. Em At 12,12, a comunidade reúne-se ainda durante a noite (12,6).

90. At 2,42-46; fração do pão (essa expressão designa a refeição vespertina; é, propositadamente imprecisa, levada em conta a disciplina do mistério).

guinte. Os Atos dos Apóstolos descrevem assim essa festa diária: "Eles se mostravam assíduos ao ensinamento dos apóstolos, à comunhão fraterna [isto é: repartição dos bens] [91], à fração do pão e às orações" (At 2,42).

Com o correr do tempo, as coletas feitas nas comunidades do exterior aumentaram os meios da comunidade primitiva para a sua ação caritativa. Por ocasião da grande fome que grassou entre 47 e 49 d.C., fez-se, talvez pela primeira vez, uma coleta desse gênero em Antioquia, com o fito de amenizar a situação desesperadora da comunidade de Jerusalém (At 11,27-30;12,25). Em seguida, repetiram-se as coletas para a Cidade santa, pelo menos uma vez, por ocasião da terceira viagem missionária de Paulo durante a qual o apóstolo organizou um serviço de auxílios [92]. Analisando tais coletas, K. Holl [93] associou à obrigação da manutenção dos "pobres", com a qual Paulo (Gl 2,10) e os apóstolos estão de acordo, a existência de uma taxa regular das comunidades pagãs para Jerusalém; é difícil, porém, aceitar que tenha razão.

Vejamos agora qual a prática da *beneficência pública.* Não nos cabe descrever a legislação veterotestamentária e rabínica no setor social. À guisa de introdução, lembremos apenas as principais prescrições: a) o ano sabático, durante o qual se deviam anular todas as dívidas [94]; o uso da cláusula chamada *prosbole,* introduzida por Hilel [95], permitia escapar dessa obrigação. b) o dízimo dos pobres [96]: no terceiro e sexto ano, o fiel devia dar aos pobres, após ter deduzido as taxas já prescritas, um décimo do que restava dos produtos colhidos. A Mishna lastima que tantas vezes esse dízimo deixe de ser pago; ao que tudo indica, vêem nessa negligência a causa da manifes-

91. Quer dizer, a prática da caridade (*koinonía*), cf. Rm 15,26; Fl 1,5;4,14-16.

92. Gal 2,10; 1Cor 16,1-4; 2Cor 8,9; Rm 15,25-32; At 24,17.

93. "Der Kirchenbegriff des Paulus in seinem Verhältnis zu dem der Urgemeinde" em *Sitzungsberichte der Preussischen Akademie der Wissenschaften,* Berlin, 1921, 920-947.

94. Ver o tratado mishnaico *Shebiit.*

95. *Shebiit* X 4.

96. *Pea* VIII 2-9; *M. Sh.* V 6. 9-10; e *passim.* Ver *infra,* p. 189ss, o processo do segundo dízimo.

tação crescente da peste cada quatro e sétimo ano da semana de anos, porque sucedem o terceiro e sexto ano que são os determinados para o dízimo dos pobres [97]. c) Os direitos regulares do campo [98], respiga [99], o que é deixado (por exemplo, o feixe esquecido) [100], grãos que caem durante a vindima [101] e rebusca das vinhas [102]. A esse respeito também há queixas de que as prescrições não são observadas [103](mas, conforme vemos em alguns trechos, os pobres sabiam fazer valer os seus direitos).

d) Assinalemos ainda uma série de prescrições sociais mencionadas no Talmude [104], e que remontam, segundo dizem, a Josué. De acordo com essas disposições poderiam também levar a pastar o gado em campos alheios, cortar lenha nas matas de outros, ceifar qualquer pasto, salvo nos campos de feno grego, e pescar à vontade no lago de Genesaré.

Que instituições públicas vemos nós em Jerusalém no campo da beneficência? O que já dissemos da manutenção dos pobres pela comunidade cristã primitiva levou-nos a crer na existência, dentro do judaísmo, de instituições semelhantes anteriores. Com efeito, delas ouvimos falar, por exemplo, a propósito de uma questão de direito, discutida entre Hanan ben Abishalom, juiz em Jerusalém e os sacerdotes chefes, e sobre a qual R. Yoḥanan ben Zakkai expõe sua opinião. Ficamos sabendo que uma mulher cujo marido partiu para o estrangeiro pode pedir subsídios à comunidade [105]; deve recebê-los do "cesto do pobre" (*qûppah*). A Mishna prevê ainda que um pobre deve receber do "prato dos pobres" (*tamḥûy*) os 4 copos de vinho prescritos para a Páscoa, no caso de não poder obtê-los de outra maneira [106]; esse costume remonta, provavelmente, à época em que se celebrava ainda a Pás-

97. *P. A.* V 9.
98. *Pea* I 1ss.
99. *Pea* IV 10ss.
100. *Pea* V 7ss.
101. *Pea* VII 3.
102. *Pea* VII 5s.
103. *P. A.* V 9.
104. b. *B. Q.* 80b-81a bar.
105. *Ket.* XIII 1-2.
106. *Pes.* X 1

coa em Jerusalém. Há uma instituição que só se encontra aí: a caixa de auxílio para a pobreza envergonhada. "Havia duas salas no Templo: uma se chamava 'Sala dos silenciosos' [em outra fonte: dos pecadores]; a outra, 'Sala dos utensílios'. Na Sala dos silenciosos [ou dos pecadores], as pessoas, temendo o pecado, depositavam [suas dádivas] em silêncio [= secretamente] e os pobres de boas famílias [pobreza envergonhada] eram atendidos em segredo" [107]. É provável que Jesus tivesse em mente essa prática quando mencionou a esmola "feita em segredo" (Mt 6,4), em oposição à caridade praticada publicamente, ao som da trombeta. Essa caixa achava-se no Templo; podemos, pois, supor que outras instituições de auxílio estivessem também naquele santuário, tanto mais que Hanan, o juiz há pouco mencionado que decide uma questão de subsídio, fazia parte dos escribas mantidos pelo Templo; sabe-se, igualmente, que os sacerdotes chefes podiam opinar nesses assuntos.

Ligadas também ao culto no Templo encontramos certas medidas sociais [108]. Para prestar serviços no santuário, algumas aptidões físicas tornavam-se imprescindíveis, ficando o Sinédrio incumbido de comprová-las [109]. Aos sacerdotes, portadores de qualquer tara, não lhes era permitido oficiar, mas tinham acesso ao santuário onde eram encaminhados para outros trabalhos. Incumbiam-nos, por exemplo, de, na sala nordeste do átrio das mulheres, separarem a madeira bichada [110] da madeira sã. Rabi Tarfoni viu seu tio, manco de uma perna, soar a trombeta, como sacerdote, no adro [111], e assim fazia numa festa das Tendas [112]. Nesses serviços, os sacerdotes em questão tinham direito a um salário correspondente a sua origem, isto é, conforme sua pertença à família sacerdotal, revezando-se no serviço [113]. Para os pobres, o culto concedia, em casos determinados, algumas atenuantes importantes. Por exem-

107. *Sheq.* V 6.
108. Ver *supra*, p. 23s (operários do Templo).
109. *Mid.* V 4.
110. *Mid.* II 5.
111. j. *Yoma* I 1, 38[d] 32 (III/2, 165).
112. Tos. *Soṭa* VII 16 (308, 8).
113. *B. j.* V 5, 7, § 228.

plo, no caso dos sacrifícios pelo pecado, em lugar de uma ovelha podia oferecer duas rolas, e na condição de pobreza extrema, até mesmo uma oferenda alimentar [114]. As pessoas podiam também colocar seu dinheiro em lugar seguro, no Templo [115]; conta-se que as viúvas e órfãos serviam-se dessa possibilidade (2Mc 3,10).

Convém mencionar ainda uma medida social que, primitivamente, dizia respeito apenas a Jerusalém. Trata-se da situação da viúva. Em Jerusalém, era costume prever, por testamento, que continuaria a morar na casa de seu marido durante a viuvez, e viver dos bens por ele deixados. Tal medida tornou-se um direito para a viúva israelita; poderia desfrutá-lo mesmo que não existisse uma disposição testamentária expressa [116].

2. O movimento de peregrinos como fonte de rendas

Poderíamos obter uma imagem aproximativa das despesas dos peregrinos se pudéssemos demonstrar a sua real observância das prescrições segundo as quais, conforme a interpretação rabínica de alguma passagens da Lei mosaica, cada israelita estaria obrigado a gastar em Jerusalém sua parte da renda anual. Trata-se do segundo dízimo, do dízimo do gado e dos produtos das árvores e das vinhas de quatro anos [117].

Existia uma diferença entre as disposições da Lei relativas aos dízimos dos produtos do solo e dos frutos destinados aos funcionários do culto [118]. Essa diferença levou a exegese a aí encontrar a prescrição de dois dízimos: um primeiro, de doação obrigatória, e um segundo que o proprietário deveria gastar em Jerusalém. Se não quisessem levar esse segundo dízimo *in natura,* poderiam trocá-lo por

114. Lv 5,7-13; *Ant.* III 9, 3, § 230.

115. 2Mc 3,4-6.10-15; 4 *Mac.* IV 1-3.7; *B. j.* VI 5, 2, § 282. Ainda em nossos dias, na Palestina, usam-se os santuários como lugares seguros para depósitos. Em 1914, vi no túmulo de um santo (*weli*) grandes moedas empilhadas.

116. *Ket.* IV 12.

117. Indicação dos textos e bibliografia em Schürer, II, 306, n. 22 nº 1-3.

118. Nm 18,20-32 e Lv 27,30-31; Dt 14,22-26.

dinheiro, mas nesse caso, a pessoa via-se obrigada a acrescentar-lhe um quarto se não usasse de algum estratagema, exposto na Mishna [119], para eximir-se de tal acréscimo. De qualquer modo, era proibido gastar o segundo dízimo noutro lugar que não a cidade santa. O tratado míshnico *Ma'aśer šenî* "segundo dízimo" expõe todas as questões que se levantam sobre o assunto.

As prescrições sobre o segundo dízimo passaram por diversos processos evolutivos. O mais antigo testemunho de um segundo dízimo ao lado daquele que se era obrigado a dar aos funcionários do culto, encontra-se na Setenta, em Dt 26,12, o livro dos *Jubileus* XXXII, 8-14 e Tb 1,6-8 [120], segundo a mais antiga das duas recensões existentes, a do *Sinaiticus* [121]. De acordo com essa mais an-

119. *M. Sh.* IV 4-5.

120. O livro dos *Jubileus* data de 100 a.C., aproximadamente (cf. O. Eissfeldt, *Einleitung in das Alte Testament,* 3ª ed., Tübingen, 1964, 824), o de Tobias é, seguramente, pré-macabaico (*o. c.,* 793).

121. Tb 1,6-8. Comprovando a anterioridade, quanto ao livro de Tobias, do *Sinaiticus* em relação ao *Alexandrinus-Vaticanus,* Schürer, III, 243, invoca, com motivo justo, dois fatos: para *Sin.*, o dízimo do gado em 1,6 é ainda uma taxa dada aos sacerdotes, o que *Alex.* refuta, conforme a prescrição posterior; em contrapartida, em *Alex.* o estilo foi burilado. Um exame mais acurado de Tb 1,6-8 confirma a maior antiguidade de *Sin.*:

Sinaiticus	*Alexandrinus-Vaticanus*
"6 Apressava-me em ir a Jerusalém com as primícias, os primogênitos dos animais, os dízimos do gado e a primeira tonsura das ovelhas 7 e oferecia-os aos sacerdotes, filhos de Aarão [que oficiam] no altar.	"6 Eu ia a Jerusalém com as primícias e os dízimos dos produtos colhidos e a primeira de todas as ovelhas 7 e eu os dava aos sacerdotes, filhos de Aarão [que oficiam] no altar.
E o dízimo do trigo, do vinho, do óleo, das romãs, dos figos e outras frutas, dava-os aos filhos de Levi que se dedicavam ao serviço do altar em Jerusalém.	E de todos os produtos colhidos eu dava o dízimo aos filhos de Levi que se dedicam ao serviço em Jerusalém.
O segundo dízimo, eu o convertia em dinheiro seis anos seguidos e ia gastá-lo em Jerusalém todo ano	O segundo dízimo, eu o vendia e ia gastá-lo em Jerusalém todo ano.
8 e eu o dava aos órfãos e às viúvas e levava-os aos prosélitos que se uniram aos israelitas e eu lhes dava no terceiro ano e o comíamos segundo as prescrições.	8 E o terceiro dízimo eu o dava àqueles a quem se destinava".

tiga concepção, as pessoas deviam, no terceiro e no sexto ano da semana de anos, transformar o segundo dízimo num dízimo para os pobres [122]. Por conseguinte, deviam somente pagá-lo no primeiro, segundo, quarto e quinto ano da semana de anos [123]; no sétimo ano o solo deveria ficar totalmente de pousio.

Encontramos outra interpretação na forma de texto mais recente (*Alexandrinus-Vaticanus*) da passagem de Tobias há pouco citada, texto que fala de três dízimos. Como Josefo explica [124], considerava-se como taxa autônoma o dízimo para os pobres do terceiro e sexto ano. Além do mais, o segundo dízimo devia ser pago nos seis primeiros anos da semana de anos. Em contrapartida, a literatura rabínica [125] parece defender a antiga modalidade, isto é, a transformação, no terceiro e sexto ano, do segundo dízimo em dízimo para os pobres. (Para Fílon [126], enfim, o segundo dízimo é uma taxa destinada aos sacerdotes, enquanto o primeiro dízimo destina-se aos levitas). Essas profundas mudanças já permitem, por si mesmas, duvidar de que o segundo dízimo tenha sido um costume religioso praticado de modo geral. Tais dúvidas se reforçam pelo fato de um

Sanh. apresenta um sentido claro: os versículos 6-7 *a* citam as taxas devidas aos sacerdotes; 7*b*, a dos levitas; 7 *c*-8, as outras prestações. Em contrapartida, *Alex.-Vat.* não expõe um sentido claro: A) Em 6-7 *a*, apesar da conclusão "eu os dava aos sacerdotes", as taxas para esses sacerdotes não foram citadas. Porque, entre as primícias e o produto da tosquia das ovelhas oferecidas aos sacerdotes, figuram "os dízimos dos produtos colhidos". Já que, na continuação, *Alex-Vat.* cita o dízimo para os levitas, o segundo e o terceiro dízimos não se pode tratar de outro dízimo dos produtos colhidos a ser dados aos sacerdotes. B) Em 6, trata-se, antes, do conjunto das taxas que Tobias traz a Jerusalém. A conclusão, em 7 *a* ("eu as dava aos sacerdotes") não tem sentido. C) Eis a explicação desse fato. *Alex-Vat.* queria suprimir o dízimo do gado, citado em *Sanh.*, como taxa para os sacerdotes. Por esse motivo, em lugar de "o dízimo do gado" (onde o plural é filologicamente admissível) ele pôs de maneira maquinal "os dízimos dos produtos colhidos" (embora nem o singular nem o plural para o dízimo dos produtos colhidos concordem com o contexto). No livro de Tobias, *Shan.* é, pois, o texto mais antigo.

122. Remete-se a Dt 14,28-29;26,12.

123. O livro *Jubileus* é também dessa opinião; isso se conclui da época em que foi redigido e do fato de só conhecer dois dízimos.

124. *Ant.* IV 8, 22, § 240.

125. *M. Sh.* V 9.

126. Ver *supra*, p. 153, n. 90.

tratado inteiro da Mishna, o tratado *D^e^may,* determinar o que deve ser feito dos produtos colhidos dos quais não se sabe se o produtor pagou o previsto para os sacerdotes e o segundo dízimo.

Primitivamente, o dízimo sobre o gado também fazia parte das taxas destinadas aos funcionários do culto [127]. A literatura rabínica o inclui no número das taxas que o proprietário deve consumir em Jerusalém. Com efeito, segundo a Mishna, podia-se, no caso de animais puros, deixar de pagá-la [128], mas era preciso levá-la *in natura* a Jerusalém; lá estrangulavam-se os animais em sacrifício de comunhão (com a única diferença de que se omitia a imposição das mãos) [129], e o proprietário podia consumi-las após ter dado aos sacerdotes as partes que lhes cabiam. As próprias prescrições relativas ao dízimo do gado passaram por muitas mudanças, conforme no-lo mostra a lista seguinte [130]:

	Dízimo do gado	Primeiro dízimo Dízimo (dos produtos colhidos)	Segundo dízimo Dízimo (dos produtos colhidos)
Tobias (*Sin*)	sacerdotes	levitas	proprietário
Tobias (*Alex*) ...	——	levitas	proprietário
Livro dos *Jubileus*	sacerdotes	sacerdotes	proprietário
Josefo	——	sacerdotes	proprietário
Talmude	proprietário	sacerdotes	proprietário
Fílon	sacerdotes	levitas (lev.)	sacerdotes

127. Conclusão extraída de Lv 27,32-33.
128. *M. Sh.* I 2.
129. *Ḥag.* I 4; *Zeb.* V 8: "Santidade média" designa o dízimo do gado.
130. Tb 1,6-8; — *Jubileus* XXXII 15, cf. 2. 8; XIII 26; — *Bek.* IX 1-8 e *passim;* — quanto a Fílon, ver *supra,* p. 153, n. 190. Temos pouco o que aproveitar das informações de Fílon; com efeito, ele não descreve a situação real, mas exprime, ao que parece, suas próprias idéias a respeito das prescrições da Lei.

As variantes dizem respeito sobretudo às relações entre o dízimo do gado e o primeiro e segundo dízimos. Levando em conta o silêncio de Josefo, chegamos a uma conclusão: é difícil que essa taxa do dízimo do gado tenha sido efetivamente quitada [131].

De acordo com a Lei (Lv 19,23-25), não se devia colher fruto das árvores e das vinhas nos três primeiros anos; o quarto ano seria consagrado a Deus. Fílon repete simplesmente esta prescrição [132]. Segundo o livro dos *Jubileus* devia-se depositar sobre o altar uma parte da colheita do quarto ano e dar a outra aos funcionários do culto [133]. Por outro lado, Josefo [134] e a Mishna [135] estão de acordo em concluir que o proprietário devia gastar o equivalente dessa colheita do quarto ano, em Jerusalém.

Expressamos dúvidas sobre a observação geral dessas prescrições. Entretanto, inúmeros círculos deviam observá-las quanto ao segundo dízimo e às rendas do quarto ano: essa conclusão ressalta das duas informações seguintes que conservaram, visivelmente, alguns elementos históricos: "moedas encontradas diante de [lojas dos] comerciantes de gado são sempre consideradas como dinheiro do dízimo; [se o encontrarem] em Jerusalém, na hora de uma festa, é dinheiro do dízimo; em outras ocasiões, trata-se de dinheiro profano" [136]. Portanto, em Jerusalém, qualquer dinheiro encontrado por ocasião de uma festa, passava por dízimo. Mas o primeiro dízimo era dado, na hora, aos sacerdotes do local [137], *in natura* [138]. Ora, trata-se aqui de um dízimo trazido para Jerusalém, sobretudo em período de festa, e transformado em dinheiro; só pode ser o segundo dízimo. A isso corresponde o fato de que

131. Pode igualmente valer para o período mais antigo. I. Benzinger, *Hebräische Archäologie* 2ª ed., Tübingen, 1907, 385 opina que o dízimo do gado, como subvenção para os funcionários do culto era, "com efeito, simplesmente impraticável".
132. *De virt.*, § 159.
133. *Jubileus* VII 36.
134. *Ant.* IV 8, 19, § 227.
135. *Pea* VII 7; *M. Sh.* V 1-5; o tratado *'Orla* inteiro.
136. *Sheq.* VII 2.
137. *Vita* 12, § 63; 15 § 80.
138. *Ant.* XX 8, 8, § 181; 9, 2, § 206.

se trata de dinheiro utilizado em primeiro lugar[139] na compra de gado. A outra indicação é um pormenor fornecido por Rabban Shiméon ben Gamaliel (II): distribuíam-se em Jerusalém as colheitas do quarto ano aos vizinhos, parentes e conhecidos "para decorar os bazares de Jerusalém"[140], a fim de que uma oferta de aparência ostensiva em produtos colhidos fizesse baixar os preços[141].

Podemos, portanto, dizer que as prescrições em questão contribuíram para aumentar a importância do movimento de peregrinos como fonte de renda para Jerusalém.

3. Lucros tributados à cidade pelo culto

O culto constituía a principal fonte de renda para a cidade. Garantia o meio de vida da nobreza sacerdotal, dos sacerdotes e dos funcionários do Templo. As enormes despesas do tesouro do santuário (basta lembrar a sua reconstrução) e o que os piedosos fiéis davam para o culto (sacrifícios, presentes) proporcionavam diferentes possibilidades de benefícios às profissões e ao comércio da cidade.

Para terminar, é preciso ver a característica de Jerusalém quanto à situação financeira dos habitantes.

a) no fato de que grande parte da população vive de caridade;

b) na tensão resultante das oposições sociais entre essas camadas pobres de um lado, a presença da corte e da nobreza sacerdotal de outro;

c) no fato de a cidade dever sua prosperidade à sua importância religiosa.

139. O dinheiro encontrado a qualquer momento do ano junto aos comerciantes de gado era considerado como dinheiro do dízimo; isso deve, pois, expressar a "possibilidade mais estrita". Com efeito, é sumamente provável que, mesmo nesse caso, se tratasse do dinheiro do segundo dízimo.

140. Tos. *M. Sh.* V 14 (96, 10); b. *Besa* 5ª; b. *R. H.* 31ᵇ.

141. R. Shimeon ben Yoḥai é de opinião diferente; mas essa opinião só concerne à questão seguinte: deve-se levar a Jerusalém os produtos colhidos *in natura* ou sua equivalência em dinheiro?

Excurso I

A historicidade de Mateus 27,7

Os chefes dos sacerdotes compraram o campo de um oleiro com o preço da traição de Judas. Esse dado parece-nos duvidoso. Com efeito:

1. talvez resulte da passagem de Zc 11,13 considerada como uma profecia: "E tomei trinta siclos de prata e lancei-os na Casa de Iahweh, ao oleiro" (texto massor.);

2. esse dado só é encontrado em Mt (segundo At 1,18-19); o próprio Judas teria comprado o campo.

Não podemos deixar de citar quatro grupos de fatores.

a) A indicação, segundo a qual Judas traz o dinheiro para o santuário, passa erroneamente por ter sido tomada da profecia. Esse texto é explicado da seguinte maneira: Mt procura levar em consideração tanto o *yôser* do texto massorético de Zc 11,13 ("e lancei-os na Casa de Iahweh, ao oleiro") quanto a lição *'ôsar* admitida pela tradução siríaca do Antigo Testamento (= tesouro; "e lancei-os na Casa de Iahweh, no tesouro"); por esse motivo, Mt chama o campo "campo do oleiro" (Mt 27,7) e traz Judas ao Templo para que ele traga o dinheiro no intento de fazê-lo chegar ao tesouro do Templo, conforme podemos deduzir de Mt 27,6. Portanto, concluímos nós, nem a qualificação como campo do oleiro, nem a passagem segundo a qual Judas traz dinheiro ao Templo poderiam ser dados históricos.

Essa explicação supõe que o mesmo homem que atribui a citação a Jeremias em vez de a Zacarias (Mt 27,9) possui conhecimentos de crítica textual sem impor-se, porém. Parece mais provável que Mt tenha lido *vôser* com o texto massorético, conforme o demonstra 27,10; o fato de Judas levar o dinheiro ao Templo é decorrente do costume e, sem dúvida, histórico.

A Mishna descreve-nos um hábito já em uso antes do tempo de Jesus. Em certos casos, aquele que possuía primitivamente o dinheiro, evitava retomá-lo; traziam então a quantia ao Templo e ela podia, assim, anular a compra. *'Ar.* IX 4: se alguém deseja fazer uso de seu direito de recuperar a casa vendida, dentro de doze meses, e se, para impedi-lo o comprador se esconde, deve, segundo Hilel, o Ancião, lançar o dinheiro na sala do tesouro do Templo. O comprador pode, se o desejar, vir buscar seu dinheiro. É provável que tenha acontecido caso análogo, baseando-nos em Mt 27,5; Judas traz o dinheiro ao Templo, não com o intuito de fazê-lo chegar ao tesouro do santuário, mas para anular uma transação já efetuada; nesse caso, com efeito, não se trata de uma casa, como na passagem da Mishna citada há pouco, mas da própria pessoa de Jesus que foi comprada. O processo é o seguinte: o comprador, chefe dos sacerdotes e anciãos, isto é, o Sinédrio (Mt 27,3), recusa retomar o dinheiro. Judas o traz ao Templo para assim anular a compra. No Templo, considera-se o dinheiro como um bem abandonado; os chefes dos sacerdotes têm competência para decidir sobre seu uso (Mt 27,6). Convém observar o seguinte: Mt 27,3 refere-se aos sumos sacerdotes como membros do Sinédrio; 27,6, porém, menciona-os em sua missão específica, como corpo administrativo do Templo. Chegamos, pois, à seguinte conclusão: o trecho, segundo o qual Judas traz o dinheiro ao Templo não é condicionado pela profecia; justifica o fato de, na citação de Mt 27,9-10, não haver referência ao Templo.

b) Os sumos sacerdotes, com escrúpulo de depositar o dinheiro no tesouro do Templo, decidem comprar com aquela quantia um cemitério para o sepultamento dos estrangeiros (isto é, dos peregrinos); essa passagem é, igualmente, digna de fé. Conforme reza o Talmude, os bens adquiridos de maneira ilegal ou não pertencendo a ninguém (por exemplo, objeto roubado cujo dono não se consegue mais encontrar) não eram colocados no tesouro do Templo; utilizavam-nos para as necessidades públicas (decantação da água de Jerusalém, por exemplo)[142].

c) O campo custou 120 denários[143]; é o preço médio avaliado para as terras. Em *'Ar.* VIII 1, há uma exceção, mas trata-se de um exemplo de casuística: o preço do campo é de um asse = 1/14 de denário[144]. *'Ar.* IX 2 menciona 1 e 2 minas, isto é, 100 e 200 denários; *'Ar.* VIII 2 fala de um campo pelo qual oferecem 10, 20, 30, 40, 50 *šeqel,* de 4 denários cada um[145], quer dizer, 40, 80, 120, 160, 200 denários. O pre-

142. b. Besa 29ª bar.; b. B. Q. 94ᵇ; e também Billerbeck, I, 37 sobre Dt 23,19.

143. Ver *supra,* p. 171, n. 6.

144. Billerbeck, I, 291; quanto a essa quantia, tinha-se 2 (Mt 10, 29 ou 2,5 (Lc 12,6) avezinhas!

145. Em *'Ar.* III 3, um *šeqel* do Ant. Test. vale 1 *sela'* = 4 denários.

ço médio de um campo é, portanto, de 120 denários, aproximadamente.

d) Não foi a profecia que levou a chamar o campo Hakeldama (At 1,19; cf. Mt 27,8), e sua utilização como lugar de sepultamento para os estrangeiros. Realmente, o nome Hakeldama, então de emprego geral para o campo significava, primitivamente, "cemitério"; se assim é, podemos concluir que, na verdade, a administração do Templo o utilizava para os sepultamentos.

Por conseguinte, considero perfeitamente plausível que Judas tenha trazido a quantia de dinheiro ao Templo para anular a compra, e que a administração daquele santuário tenha utilizado esse dinheiro para adquirir um cemitério. Em seguida, alguns aspectos foram determinados pelo texto de Zc 11,13, visto como uma profecia: a designação do campo como um campo do oleiro, quando o nome mais corrente era o de Hakeldama; sua localização pela tradição no vale do Hinom, localização que talvez tenha a sua origem numa fusão da passagem de Zacarias com os textos de Jeremias (Jr 19,1-2;18, 2-3). No que diz respeito ao preço da traição, nenhum juízo é possível.

Excurso II

As calamidades em Jerusalém

A exposição seguinte abrange o período de 169 a.C. (primeira tomada de Jerusalém por Antíoco Epífanes) a 70 d.C. (destruição de Jerusalém); exclui os casos que concernem unicamente aos eventos militares.

1. Na época de Antíoco V Eupator, Jerusalém foi assediada (163 a.C.); os campos estavam de pousio, pois era o ano sabático (164-163), o que agravou a situação de fome. Os assediados foram os que mais sofreram, porque as provisões da cidade esgotaram-se logo, mas os sitiadores não foram menos poupados [146].

146. *Ant.* XII 9, 5, § 378; cf. 1Mc 6,49.53-54.

2. Uma seca violenta ocorreu algum tempo antes de 65 a.C. (antes que Hircano II e Aretas, rei dos árabes tivessem assediado Aristóbulo II no Templo). Um homem piedoso, Onias, obteve, graças às suas orações, a chuva tão ardentemente desejada [147]. Trata-se, com certeza, do mesmo fato narrado pela literatura rabínica: passado o semi-adar (início de março) que marca, geralmente, o fim do período das chuvas, não havia ainda caído uma gota de água; foi então que a oração de Honi, o "fazedor de círculos" atraiu a chuva. A eficácia da oração foi tão grande, assim contam, que o povo se viu obrigado a refugiar-se na esplanada do Templo, porque o aguaceiro provocou enorme inundação. Vemos, pois, que o fato se deu em Jerusalém [148].

3. Depois da Páscoa de 64 a.C., um tufão destruiu as colheitas em todo o país [149].

4. O cerco de Jerusalém por Herodes em 37 a.C. aconteceu no ano sabático de 38-37; a fome grassou com violência na cidade. Os próprios invasores sofreram a penúria, porque seus adversários haviam saqueado toda a redondeza [150].

5. No 7º ano de Herodes (contando a partir da tomada de Jerusalém em 37 e não de sua investidura à realeza em 40 a.C.), um tremor de terra matou, no campo, grande quantidade de reses [151].

6. Após a morte da rainha Mariana, em 29 a.C., uma peste assolou o país [152].

7. Outra grande fome grassou no 13º ano de Herodes e foi particularmente devastadora. Processou-se por etapas:

a) Começou com uma seca persistente que tornou o país improdutivo e nele planta alguma brotava. *b)* A falta de gêneros acarretou uma transformação nas condições de vida; como conseqüência, diversas enfermidades e uma epidemia se espalharam. Os infortúnios se agravaram reciprocamente porque a falta de cuidados e de alimentos fez piorar as más condições de saúde e a enfermidade, espécie de peste, matava violentamente. A morte daqueles que eram atingidos por ela, tirava a alegria

147. *Ant.* XIV 2, 1, § 22.
148. *Ta'an.* III 8; b. *Ta'an.* 23ª bar.
149. *Ant.* XIV 2, 2, § 28.
150. *Ant.* XIV 16, 2, § 471; XV 1, 2, § 7; *B. j.* I 18, 1, § 347.
151. *B. j.* I 19, 3, § 370s; *Ant.* XV 5, 2, § 121.
152. *Ant.* XV 7, 7, § 243.

e a vontade de viver aos que restavam, pois não encontravam meios para combater o mal. *c)* A segunda colheita foi também muito fraca [153]. *d*) Havia também falta de roupas porque os rebanhos foram dizimados ou transformados em alimento; a lã deixou, pois, de existir, assim como outras matérias necessárias à tecelagem" [154].

8. Sob o imperador Cláudio (24 de janeiro 41-13 de outubro 54) houve outra grande fome na Palestina. O vasto noticiário consagrado a esse fato permite-nos avaliar a sua amplitude.

a) Grassava violenta fome em Jerusalém quando Helena de Adiabena ali foi em peregrinação [155]. Temos informações mais precisas de sua data em *Ant.* XX 5, 2, § 101: a menção desse período desastroso é introduzida por *epì toútois* [156]. Se esse *epì toútois* for tomado como um masculino conforme pede a tradução latina e, como tal, adapta-se ao contexto, significa que a fome ocorreu sob os dois procuradores Cúspio Fado e Tibério Alexandre. Se, pelo contrário, tomarmos este *epì toútois* como um neutro, será preciso situar o período da fome somente durante a procuradoria de Tibério Alexandre; é assim que compreendo o *Abrégé* (*Epitomé*) *des Antiquités judaiques* e pode ser que seja esse o único sentido exato. Por questão lingüística, Josefo, para as datas, emprega sempre *epì* com o genitivo e nunca com o dativo. De qualquer modo, a fome ocorreu sob Tibério Alexandre.

Eis o que sabemos a respeito da data da procuradoria desses dois homens. Cúspio Fado tomou posse de suas funções após a morte de Agripa I, portanto, após a Páscoa do ano 44 de nossa era [157]; um edito do ano 45 deixa supor que ainda ocupava o cargo nessa data [158]. Só conhecemos de maneira aproximada a data do fim da procuradoria de Tibério Alexandre. Sua deposição é contada imediatamente antes da morte do rei Herodes de Cálcis que ocorreu no 8º ano (24 de janeiro 48-24 de janeiro 49) do governo de Cláudio; temos, portanto, de situar essa deposição no ano 48 [159]. Por conseguinte, a mudança

153. *Ibid.* 9, 1, § 299s.
154. *Ibid.* 9, 2, § 310.
155. *Ant.* XX 2, 5, § 51.
156. Informação de todos os mss; igual referência em Eusébio, *Hist. eccl.* II 12, 1 que cita a passagem, e na tradução latina: *horum temporibus;* encontramos o singular somente no *Abrégé* (*Epitomé*) *des Antiquités judaiques,* ed. B. Niese, Berlin, 1896, 352.
157. *Ibid.* 1, 1, § 1s.
158. *Ibid.* 1, 2, § 14.
159. *Ibid.* 5, 2, § 103s.

de procurador aconteceu em 46 ou 47, e a fome sobreveio entre 46 e 48.

b) Em *Ant.* III, 15, 3, § 320, há menção de uma fome que se propagou no tempo de Cláudio (24 de janeiro 48-13 de outubro 54) e do sumo sacerdote Ishmael: atingiu especialmente a cidade de Jerusalém. De que fome se trata? A resposta depende do pontificado do sumo sacerdote Ishmael. De início, poderíamos situar este pontificado posteriormente a 54; com efeito, Josefo narra a instalação de Ishmael [160] somente após o advento de Nero [161], sucessor de Cláudio em 54. Não precisamos, porém, dar maior importância a essa ordem do relato, pois, em *Ant.* XX 7, 1-8, 4, § 137ss, Josefo descreve primeiramente, de maneira conjunta, a história familiar dos descendentes de Herodes e os acontecimentos de Roma, antes de se voltar para a situação na Palestina. Em contrapartida, um fato é certo: Ishmael foi entronizado antes da nomeação de Pórcio Festo como governador da Judéia [162], portanto, no tempo do governador Antonio Félix. Foi após a revogação de Ventídio Cumano [163], no fim de 52 d.C., que Antonio Félix tornou-se governador da província da Judéia [164]. Anteriormente, apenas administrara a província de Samaria [165], enquanto a província da Judéia, como a Galiléia, estava submetida a Cumano [166]. As informações de Josefo confirmam a data de fins de 52 para a nomeação de Antonio Félix como governador da Judéia: a ampliação do território de Agripa II no início de 53 foi posterior à nomeação de Félix [167]. Vemos, porém, através de At 23,2;24-1 que Ananias, predecessor do sumo sacerdote Ishmael, ocupava ainda o cargo sob Félix e isso (At 20,16) por ocasião de um Pentecostes, portanto, Pentecostes de 53. Segundo *Ant.* III, 15, 3, § 320 a fome castigou no tempo de Ishmael, por ocasião de uma Páscoa; é portanto mais provável que a Páscoa de 54 é que esteja em causa. Mas essa possibilidade não entra tampouco em cogitação se dermos fé à cronologia dos Atos. Segundo esses, Paulo chegou a Jerusalém por volta do Pentecostes de 55, e, nessa data, por conseguinte, Ananias exercia ainda as suas funções (At 23,2;24,1). Um engano deve ter-se

160. *Ibid.* 8, 8, § 179.
161. *Ibid.* 8, 1-3, § 148ss.
162. *Ibid.* 8, 9, § 182.
163. Tácito, *Ann.* XII 54.
164. *Ant.* XX 7, 1, § 137; *B. j.* II 12, 8, § 247.
165. Tácito, *Ann.* XII 54.
166. *Ant.* XX 5, 2-4, § 100-117.
167. *Ant.* XX 7, 1, § 138; *B. j.* II 12, 8, § 247.

insinuado em Josefo em *Ant.* III 15, 3, § 320, já que Ishmael não era sumo sacerdote sob Cláudio. No quadro da narrativa de Cláudio, Josefo não se refere à fome acima citada que ocorreu entre 46 e 48; devemos, portanto, colocar, no lugar de Ishmael um de seus dois predecessores, Josefo ou Ananias, e relacionar *Ant.* III 15, 3, § 320 à mesma fome.

c) Inspirando-nos no ciclo do ano sabático, é possível obter outras informações sobre a fome durante o reinado de Cláudio, à qual se reporta igualmente a predição de Ágabo (At 11,28). Como sabemos, o ano entre o outono de 47 e o outono de 48 foi um ano sabático [168]. As etapas da fome poderiam ter sido estas: o verão de 47 fez perder as colheitas; o ano sabático (outono 47 — outono 48) agrava a fome e a prolonga até a colheita seguinte, verão de 49.

*d)*É possível que a literatura rabínica mencione também essa fome sob Cláudio. Eleazar, o Ancião, filho de R. Sadoc descreve uma lembrança de sua juventude. Enquanto aprendia a Torá junto de R. Yoḥanan, filho da hauranita, viu seu mestre comer um simples pedaço de pão "porque eram anos de seca" [169]. Schlater tira dessa frase a conclusão seguinte [170]: é mais fácil deduzir-se que se trata da fome sob Cláudio do que a do cerco de Jerusalém em 70. É também nesse período do reinado de Cláudio que as informações particulares, relativas a Eleazar, antes de tudo Tos. *Sanh.* IX, 11 (429, 30) o situam; segundo essa passagem, Eleazar, ainda criança, montado nos ombros de seu pai, foi testemunha da condenação à morte, por fogo, da filha de um sacerdote. Esse acontecimento supõe uma época em que os judeus podiam decretar julgamentos criminosos, sem entraves; o fato se coaduna melhor ao período do reino de Agripa I [171]. É verdade que Eleazar deve ter recebido a instrução extremamente jovem, pois Agripa I, em cujo reinado Eleazar seria ainda uma criança, só ocupou o trono durante três anos.

9. Devemos situar pouco antes de 66 d.C., a penúria de água em Jerusalém que se deu durante uma das três festas de peregrinação. A alusão ao comandante romano e o fato de ci-

168. *Sota* VII 8 prova a observância do ano sabático de 40-41, ver meu artigo *Sabbathjahr,* em ZNW 27 (1928), 100, n. 9.

169. b. *Yeb.* 15^b; Tos. *Sukka* II 3 (193, 27); Tos. *'Ed.* II 2 (457, 14).

170. Schlatter, *Tage,* 80s.

171. Ver *infra,* p. 246, n. 222.

tarem Naqdemon ben Gorion como homem de notoriedade, indicam que se trata de um período anterior a 66; esse Naqdemon, durante a guerra judeu-romana, era um dos homens mais ricos de Jerusalém [172]. Casos semelhantes de falta de chuva nos anos que precederam a destruição do Templo é que nos fazem pensar no relato segundo o qual Yohanan ben Zakkai consegue fazer chover após uma seca persistente [173].

10. Foi sem dúvida no fim do verão do ano 69 que se deu a seca mencionada por Josefo: "Antes de sua chegada (a de Tito), como o sabeis, a fonte de Siloé estava seca assim como todas as outras, situadas diante da cidade devia-se, pois, comprar a água na ânfora" [174]. Aliás, o período compreendido entre o outono de 68 e o outono de 69 foi um ano sabático [175].

A título de complemento, observemos que o nome "gafanhoto de Jerusalém" podia muito bem fazer alusão a ocasionais pragas de gafanhotos [176].

172. b.*Ta'an* 19b-20a ḅar.
173. j. *Ta'an* III 13, 67a (IV/1, 175).
174. *B. j.* V 9, § 410.
175. Schürer, I, 35.
176. b. *Ḥul.* 65a. Na primavera de 1915, presenciei a maneira como Jerusalém foi infestada por pesadas nuvens de gafanhotos.

B. A ALTA E A BAIXA CAMADA

I Seção: As classes altas

II Seção: A preservação da pureza do povo

PRIMEIRA SEÇÃO

AS CLASSES ALTAS

Capítulo I

O CLERO

A. O DETENTOR DA PRIMAZIA

O sumo sacerdote em exercício

B. OS CHEFES DOS SACERDOTES

O Comandante do Templo

1. Culto	2. Vigilância do Templo	3. Finanças do Templo
Os chefes das 24 seções hebdomadárias e de suas seções cotidianas	Vigilantes do Templo	

C. OS SACERDOTES

24 seções hebdomadárias

compreendendo, cada uma, 4 a 9 seções diárias
com 7.200 sacerdotes aproximadamente

D. OS LEVITAS (CLERUS MINOR)

24 seções hebdomadárias, cada uma dividida em:

1. Cantores e músicos
2. Funcionários e guardas do Templo

com 9.600 levitas aproximadamente

A. O SUMO SACERDOTE [1]

"Em outros povos, critérios diferentes determinam a nobreza; entre nós, é a posse do sacerdócio a prova de origem ilustre"; assim se exprime Josefo em sua *Autobiografia* [2]. Com efeito, no tempo de Jesus, Israel é puramente uma teocracia. Assim, é o clero que, em primeiro lugar, compõe a nobreza e, no período em que não há rei, o pontífice em exercício é a personagem mais importante do povo. É, pois, do sumo sacerdote (*kôhen gadôl*) que nos ocuparemos agora, enquanto mais alta personagem do clero e, conseqüentemente, do povo todo.

O papel de chefe, representado pelo sumo sacerdote repousava no caráter de natureza cultual, a "santidade eterna" (*q^edûššat 'ôlam* [3], *character indelebilis*), que a função lhe conferia e habilitava a cumprir a expiação pela comunidade [4], enquanto mandatário de Deus [5]. Esse caráter, oriundo de sua função, era-lhe conferido pela investidura, a tradição dos paramentos pontificais compostos de oito peças [6]. Essa veste possuía uma virtude expiatória; cada

1. A respeito do clero, importante documentação em Schürer II, 267-363; uma única ressalva: Schürer, infelizmente, não leva em consideração os textos do Talmude transmitidos fora da Mishna. Ver ainda, A. Büchler, *Die Priester und der Cultus im letzten Jehrzehnt des jerusalemischen Tempels,* Viena, 1895. Sua tese básica é a de um grande tumulto no Templo em 62 d.C. e nos anos seguintes (vitória dos fariseus sobre os saduceus); a bem dizer, ele falha na sua demonstração, porque não há o menor elemento concreto nesse sentido. Para a descrição do Templo herodiano, ver a excelente pesquisa de G. Dalman, *Der zweite Tempel zu Jerusalem* em *PJB* 5 (1909), 29-57. W. Bousset-H. Gressmann, *Die Religion des Judentums im späthellenitischen Zeitalter,* 3ª ed., Tübingen 1926 (reimpresso em 1960) subestima consideravelmente a importância do culto e do clero, e omite a maioria das questões de que vamos tratar nas páginas seguintes.

2. *Vita* I, § 1.

3. *Naz.* VII 1.

4. Ex 30,10; Lv 16.

5. b. *Qid* 23b: quando oferece sacrifícios, o sacerdote é mandatário de Deus.

6. Compunham-se das quatro peças da vestimenta dos sacerdotes: túnica de bisso, calção de bisso, turbante, cinto e, além dessas, quatro peças particulares: peitoral, o efó (larga faixa de fazenda munida de alças) a túnica de baixo com capuz, o diadema de ouro (colocado sobre o turbante). Ex 28-29; Eclo 45,6-13; Pseudo-Aristeu § 96-99; *B. j.*

uma dessas oito peças expiava pecados determinados [7]. Assim sendo, tal veste constituía, para os judeus, um símbolo de sua religião; somente assim poderemos compreender os fatos que vamos narrar. Para se preservar das agitações dos judeus, Herodes, o Grande, Arquelau e, depois dele, os romanos, não conheceram meio mais eficaz do que colocar as vestes do sumo sacerdote sob sua guarda na fortaleza Antônia. Só as devolviam para uso do sumo pontífice nos dias de festa. Assim se explica a luta tenaz mantida pelos judeus para recuperarem-nas, luta só terminada quando o imperador Cláudio restituíu-as [8] através de um decreto assinado de próprio punho com data de 28 de junho de 45 d.C. Compreendemos então que a luta pela veste do sumo sacerdote foi, para os judeus, uma luta religiosa.

Um fato exprime bem o caráter de natureza cultual que a função conferia ao sumo sacerdote: sua morte [9] possuía uma virtude expiatória. Quando morria um sumo sacerdote, todos os homicidas que, diante da vingança do sangue tinham fugido para as cidades de refúgio [10], viam-se livres no mesmo dia; podiam voltar para casa [11], e até mesmo retomar sua profissão anterior, segundo a opinião dominante [12] dos doutores. Em virtude do caráter de natu-

V 5, 7, § 231ss; *Ant.* III 7, 4-7, § 159ss; Fílon, *De vita Mosis* II, § 109-135; *De spec. leg.* I, § 84-91; *Yoma* VII 5 e *passim*.

7. A enumeração da virtude expiatória das oito partes dos paramentos do sumo sacerdote encontra-se em *Cant.* R. 4, 7 sobre 4, 2 (47ª 2) e b. *Zeb.* 88ᵇ. Fornecem-nos ainda outras informações. Segundo Tos. *Pes.* VI 5 (165,7) o diadema de ouro expia a impureza do sangue da vítima e a do fiel quando ele oferece a vítima, mas, para os sacrifícios de nazirato e o da Páscoa, expia somente a impureza do sangue da vítima e a mancha do ofertante causada por um "túmulo do abismo" (mancha desconhecida, vinda de um cadáver); cf. j. *Yoma* I 2, 39ª 26 (III/2, 169).

8. *Ant.* XVIII 4, 3, § 90ss; ver também XV 11, 4, § 403ss. A veste ficou entre as mãos dos romanos de 6 a 37 d.C. (restituição por Vitélio). Em 44, o procurador Cúspio Fado quis de novo apossar-se da veste para tê-la sob sua guarda; uma delegação judaica obteve então em Roma que o edito de Cláudio impedisse tal medida e que a restituição por Vitélio fosse confirmada.

9. Quanto à virtude expiatória da oferenda alimentar cotidiana do sumo sacerdote, ver Billerbeck, III, 697 *e*.

10. Nm 35,9-34; Dt 19,1-13; cf. Ex 21,23.

11. Nm 35,25; *Mak.* II 6.

12. *Mak.* II 8.

reza cultual que lhe conferia o cargo, o sumo sacerdote, por sua morte, expiava as faltas de homicídios cometidos por negligência.

Esse caráter conferido ao sumo sacerdote, pela sua função, acarretava privilégios e deveres determinados, de natureza especial.

O *privilégio* mais importante permitia-lhe, e somente a ele entre os mortais, penetrar no Santo dos santos um dia por ano. A tríplice [13] entrada neste recinto, no Dia das expiações, significava a entrada diante do Deus propício; tal dignidade traduzia-se nas aparições divinas particulares com que era honrado o sumo sacerdote nesse Santo dos santos. Simão, o justo (por volta de 200 a.C.) [14] e João Hircano (134-104 a.C.) [15] ouviram vozes celestes, vindas do Santo dos santos. O mesmo Simão, o Justo [16], e Ishmael (I aproximadamente 15-16, ou II 55-61 d.C.) [17] tiveram visões neste lugar, e Jo 11,51, atribui, de modo absolutamente geral ao sumo sacerdote, a faculdade de profetizar. A mínima falha nas regras litúrgicas acarretaria uma sentença de Deus [18]; era, pois, com tremor que o sumo sacer-

13. *Yoma* V 1-4. De modo curioso Tos. *Kel. B. Q.* I 7 (569, 32) e *Nb.* R. 7, 8 sobre 5, 2 (37ª 20), indica 4 entradas e até mesmo 5, segundo R. Yosé (*Nb. R., ibid.*).

14. b. *Sot* 33ª bar. e par. — O brilhante trabalho de G. F. Moore, "Simeon the Righteous" em *Jewish Studies in Memory of Israel Abrahams,* Nova Iorque, 1927, 348-464, demonstrou que Simão, o Justo, vivia depois de 200 a.C., e que o pretenso Simão I, que teria vivido (*Ant.* XII 2, 5 § 157) no tempo de Ptolomeu I (323 [306]-285 a.C.), deve sua existência a Josefo que desdobrou tal personagem. H. Guthe, *Geschichte des Volkes Israel,* 3ª ed., Tübingen 1910, 318, já reconhecera essa dublagem de Simeão, mas considerava como histórico o Simão do Tempo de Ptolomeu I.

15. b. *Soṭa* 33ª bar. e par.; *Ant.* XIII 10, 3, § 282; cf. § 300 e 322.

16. b. *Yoma* 39ª-ᵇ bar. e par. A baraíta vem de Tos. *Soṭa* XIII 8 (319, 22) onde, entretanto, o nome de Simão não é citado.

17. b. *Ber.* 7ª bar.; essa passagem confunde um sumo sacerdote Ishmael com R. Ishmael b. Elisha executado cerca de 135 d.C. (Billerbeck, II, 79, n. 1).

18. b *Yoma* 19ᵇ bar. descreve a punição de um sumo sacerdote saduceu. Em *Yoma* V 1 e j. *Yoma* V2, 42ᶜ 17 (III/2, 218), está prescrito que o sumo sacerdote deve fazer somente uma oração bem curta no Santo dos santos, a fim de que o povo não se assuste e não chegue a recear que lhe tenha sucedido alguma desgraça. Uma vez terminado de modo feliz o serviço do Dia das expiações, toda a multidão reconduz solenemente o sumo sacerdote até sua casa (b. *Yoma*

dote cumpria suas funções no lugar sacrossanto, sombrio, vazio e silencioso, que se encontrava por trás do duplo véu.

Em segundo lugar mencionaremos os privilégios do sumo sacerdote no campo cultual. Goza, antes de tudo, da permissão de tomar parte na oferta de um sacrifício cada vez que o desejar [19]. Também é direito seu oferecer um sacrifício, embora estando de luto, prática proibida aos outros sacerdotes [20]. Além do mais, no momento de distribuir as "coisas santas do Templo" entre os sacerdotes em serviço, o sumo sacerdote podia selecionar, em primeiro lugar, aquilo que desejasse [21]. Durante essa separação, tinha licença de escolher para si: 1) um sacrifício pelo pecado (animais [22] ou aves) [23]; 2) um sacrifício de reparação [24]; 3) uma porção das oferendas alimentares [25] (tiradas do que havia sido separado para ser oferecido no altar); 4) quatro ou cinco (até seis, segundo outros) dos doze pães de proposição (ázimos) distribuídos cada semana [26]; 5) um dos dois pães de primícias (fermentados) para a festa de

71^b); lá, ele continua a festa com seus amigos "pois tudo terminou a contento" (*Yoma* VII 4).

19. *Yoma* I 2; *Tamid* VII 3. Segundo b. *Yoma* 17^b, esse privilégio estendia-se a todos os sacrifícios; cf. j. *Yoma* I 2, 39^a 23 (III/2, 168) onde se conta que o sumo sacerdote na semana que precede o Dia das expiações oferecera, igualmente, os sacrifícios pelos votos e sacrifícios voluntários.

20. *Hor.* III 5; deduzia-se a posição particular do sumo sacerdote de Lv 10 onde Aarão, apesar da morte de dois filhos, oferece o bode em sacrifício expiatório e somente recusa comer a carne do sacrifício (Lv 10,19).

21. *Yoma* I 2; Tos. *Yoma* I 5 (180, 19); j. *Yoma* I 2, 38^d 63-69^a 4 (III/2, 167); b. *Yoma* 17^b; *Sifra* Lv 2, 3 (6^d 24, 18); *Sifra* Lv 24, 8 (53^a 209, 26). Do texto de Lv 2, 3 "quanto a Aarão e seus filhos, rabi Yuda I († 217) concluiu que o sumo sacerdote tinha direito à metade das porções reservadas aos sacerdotes (Tos. *Yoma* I 5 [180, 20]). Trata-se aí de um ponto de vista teórico que nada tem a ver com a prática na época em que o Templo existia. Essa prática apenas conhecia o direito do sumo sacerdote de ser o primeiro a escolher.

22. Tos. *Yoma* I 5 (180, 19); b. *Yoma* 17^b.

23. *Sifra* Lv 2, 3 (6^d 24, 27).

24. Tos. *Yoma* I 5 (180, 19); b. *Yoma* 17^b.

25. j. *Yoma* I 2, 39^a II (III/2, 168); *Sifra* Lv 2, 3 (6^d 24, 18).

26. Quatro ou cinco pães: Tos. *Yoma* I 5 (180, 20); b. *Yoma* 17^b. — Seis pães: j. *Yoma* I 2, 38^d 64 (III/2, 167). — Direito de escolher em primeiro lugar, sem indicação do número de pães: *Sifra* Lv 24, 9 (53^a 209, 26).

Pentecostes (Lv 23,17)[27]; 6) um couro dos holocaustos[28]. Entre os outros privilégios é bom realçar a presidência do grande conselho (Sinédrio), suprema assembléia dos judeus no campo administrativo e judiciário, e sobre o princípio de direito segundo o qual o sumo sacerdote, em caso de crime, teria de submeter-se somente à decisão do Grande Sinédrio[29].

Obviamente, os *deveres* inerentes ao cargo de sumo sacerdote eram de natureza principalmente cultual. A Lei de modo expresso prescrevia um único dever para o sumo sacerdote: o de oficiar no Dia das expiações (Lv 16), mas os costumes foram-lhe acrescentando outras obrigações litúrgicas. Segundo a Mishna[30], deveria participar da cerimônia na qual era queimada uma novilha vermelha[31] e executar seu serviço durante a semana que precedia o Dia das expiações[32], a fim de cumprir as prescrições dos escribas fariseus relativas à celebração litúrgica daquele Dia. Segundo Josefo e o Talmude, havia ainda um costume em vigor que obrigava o sumo sacerdote a oficiar aos sábados, nas neomênias, nas três festas de peregrinação (Páscoa-*moṣṣôt,* Pentecostes, festa das Tendas) e por ocasião das assembléias populares[33]. A Lei ordenava a "Aarão e a seus

27. Tos. *Yoma* I 5 (180, 19); j. *Yoma* I 2, 38[d] 63 (III/2, 167); b. *Yoma* 17[b].

28. j. *Yoma* I 2, 38[d] 63-69[a] 3 (III/2, 167). b. *Pes.* 57[a] bar. e Tos. *Zeb.* XI 16 (497, 2-3) falam do roubo das peles pelos "maiorais do clero"; essas opiniões constituem duas informações a mais, pois, trata-se de um abuso do direito do sumo sacerdote de escolher em primeiro lugar.

29. *Sin.* I 5.

30. *Para* III 5 e *passim.*

31. A regulamentação sobre a novilha vermelha acha-se em Nm 19.

32. *Yoma* I 2: "Ao longo dos sete dias, *a*) ele espargia o sangue [do holocausto cotidiano, de manhã e à tarde, no altar dos holocaustos]; *b*) oferecia o sacrifício dos perfumes [sobre o altar dos perfumes no Santo]; *c*) preparava as lâmpadas [do candelabro de sete braços no Santo] e *d*) oferecia a cabeça e o quarto do animal [holocausto diário, obrigatório, manhã e noite, no altar dos holocaustos]".

33. *Ant.* XV II, 4, § 408: antes de uma festa (XVIII 4, 3, § 94: antes das três festas de peregrinação e antes do Dia das expiações), vai-se buscar a veste do sumo sacerdote na fortaleza Antônia. 1Mc 10,21; *Ant.* XIII 13, 5, § 372; XV 3, 3, § 51 (Jonatan, Alexandre Janeu e Aristóbulo oficiaram numa festa das Tendas) confirmam igualmente que o sumo sacerdote não oficiava somente no Dia das expia-

filhos" fazer, na manhã e na tarde de sua unção, uma oferenda alimentar cozida sobre uma chapa; na época que estudamos, essa oferta era feita todos os dias [34]. O sumo sacerdote, entretanto, não precisava oferecê-la diariamente, mas somente pagá-la [35].

Entre as obrigações financeiras do sumo sacerdote figurava o pagamento de um novilho imolado em sacrifício pelo pecado, no Dia das expiações (Lv 16,3) [36] e a quitação das despesas para a construção da ponte sobre o vale do Cédron. Segundo um relato digno de fé, embora exagerado em seus detalhes, deviam construir essa ponte enquanto uma novilha vermelha fosse queimada (Nm 19,1-10) no Monte das Oliveiras [37]. Dizem que durante os três últimos séculos antes da ruína do Templo, tal só se deu umas cinco ou seis vezes [38].

Outros deveres do cargo pontifício tinham por finalidade preservar no sumo sacerdote sua aptidão ritual para oficiar; trata-se das *prescrições de pureza.* O contato com um cadáver tornava-o impuro; Nm 19,11-16 exigia uma cerimônia purificatória de sete dias antes de o sacerdote poder exercer de novo sua função. A fim de evitar-lhe tão grande impureza, era-lhe proibido manchar-se com o contato de um morto (Lv 21,11). A Lei não lhe permi-

ções. A indicação de Josefo em *B. j.* V 5, 7, § 230 é muito exata: o sumo sacerdote oficiava "aos sábados, nas neomênias, nas festas ancestrais [isto é, tradicionais] e nas outras assembléias públicas anuais". Essa informação concorda plenamente com o que diz R. Yoshua ben Levi (250 d.C.) narrado por R. Uqba: o sumo sacerdote oficiava aos sábados e nos dias de festa (j. *Yoma* I 2, 39ª 25 (III/2, 168s).

34. Lv 6,12-16; *Ant.* III 10, 7, § 257; LXX 1Cr 9,31; Eclo 45,14; Fílon, *De spec. leg.* I,] 256; *Yoma* II 3; III 4, e *passim* na Mishna, a oferenda se compunha, ao todo, de um décimo do *'epah* (3,94 l) de flor de farinha misturada com óleo que se fazia cozinhar; cortavam-se em pedaços os bolos assim obtidos e eram ainda regados com óleo. De manhã e à tarde, a metade era ofertada (Schürer, II, 348).

35. Pagamento pelo sumo sacerdote: *Ant.* III 10, 7, § 257, cf. *Sheq.* VII 6. Oferenda cotidiana pela seção de sacerdotes em serviço: *Yoma* II 3-5; *Tamid* III 1; IV 3.

36. *Ant.* III 10, 3, § 242;*Hor.* III 4.

37. j. *Sheq.* IV 3, 48ª 35 (III/2, 285). Sem dúvida, *Sheq.* IV 2 ensina que a ponte era paga com os denários do Templo, mas Abba Shaul contesta o fato e garante que os sacerdotes custeavam a construção.

38. *Para* III 5. Rabi Meir: 5 vezes; os rabinos: 7 vezes.

tia tocar num cadáver nem entrar numa casa mortuária; nos enterros, não podia caminhar imediatamente atrás do caixão [39]. Proibiam-lhe também [40] deixar crescer os cabelos em desalinho e rasgar as vestes em sinal de luto [41]. A proibição de se macular ao contato de um cadáver não sofria exceção nem no caso de um parente próximo; essa minúcia faz compreender todo o seu rigor. Para os outros sacerdotes tal determinação deixaria de ser prescrita no caso de familiares: esposa, pais, filhos, irmãos, irmãs solteiras que moravam na casa do irmão [42]. Para o sumo sacerdote havia uma única exceção: dizia respeito ao "morto de preceito" [43], isto é, não deixando nenhum parente. Quem encontrasse seu corpo devia prestar-lhe os últimos serviços. Assim mesmo, essa exceção era discutida. Os fariseus aceitavam-na, colocando a misericórdia acima do cumprimento estrito do preceito de pureza pelo sumo sacerdote; mas os saduceus, os indefectíveis defensores da letra da Bíblia, afastavam até mesmo essa única exceção [44].

Para o Dia das expiações, o sumo sacerdote devia revestir-se da mais alta pureza levítica. Na semana precedente, era obrigado a submeter-se, durante sete dias, à cerimônia de purificação prescrita em Nm 19,11-16, a fim de apagar alguma eventual impureza ritual contraída ao contato com um cadáver [45]. Além disso, durante aquela semana, a partir do 3 tisri, devia instalar-se por sete noi-

39. *Sanh.* II 1 (no dizer de R. Meir).
40. Lv 21,10;10,6.
41. Aos outros sacerdotes era proibido somente cortar os cabelos e a ponta da barba e se tatuarem (Lv 21,5-6) em sinal de luto; segundo Ez 44,20 era-lhes igualmente proibido deixar crescer o cabelo em desalinho, como sinal de luto.
42. Lv 21,1-4; Ez 44,25-27. O texto não fala de esposa, mas, segundo os rabinos (*Sifra* Lv 21,2) (46[d] 184, 39), ela era indicada no termo *še'erô* "sua parenta mais próxima". Segundo *Sifra* Lv 21,3 (47[a] 185, 25) a mulher de José, sacerdote que vivia na época do segundo Templo, morreu no dia da preparação da festa de Páscoa. José não queria macular-se em contato com o cadáver de sua mulher; dessa forma, os rabinos fizeram-no contrair aquela impureza ritual contra a sua vontade.
43. b. *Naz.* 47[b].
44. *Naz.* VIII 1, "onde os doutores" representam o ponto de vista saduceu.
45. *Para* III 1; Fílon, *De somniis* I, § 214.

tes, mais exatamente, logo após o fim do holocausto vespertino [46], no cômodo que lhe estava reservado no Templo, do lado sul do átrio dos sacerdotes [47] e aí passar a noite [48]; desse modo o sumo sacerdote protegia-se contra qualquer possibilidade de contágio da impureza levítica, proveniente, em particular, de sua mulher [49]. Esse isolamento do sumo sacerdote durante a noite, no correr da semana que precedia o Dia das expiações, foi talvez decretado por volta do ano 20 d.C., após uma mancha contraída pelo sumo sacerdote Shimeon, filho de Kamith (17-18 d.C.). Na véspera do Dia das expiações, ao cair da tarde, ele recebeu o escarro de um árabe e viu-se, por conseguinte, inapto para oficiar [50] no Dia das expiações [51].

46. j. *Yoma* I 2, 39ª 22 (III/2, 168), relato de R. Yoshua ben Levi (aproximadamente, 250 d.C.).
47. *Yoma* I 1 dá a esse compartimento o nome de *liškat parhedrîn* (Tos. *Yoma* I 1 (180, 3 e *passim*: *liškat parhedrîn*) = câmara dos *próedroi* = câmara dos presidentes do Tribunal. É errado interpretar essa expressão no sentido de câmara dos *páredroi* = quarto dos assessores do Tribunal (assim Levi: *Wörterbuch* IV, 103 b). Falso igualmente o nome dado por R. Yuda: *liškat palwatîn* = câmara dos *bouleutaí* (Tos. *Yoma* I 1, 180, 5), pois, evidentemente, essa câmara em oposição à sala das sessões (*liškat ha-gazît*) não se destinava a todos os membros do Sinédrio, mas somente ao sumo sacerdote que ocupava a presidência. A baraíta de b. *Yoma* 8ᵇ considera como marca de desprezo o fato de o sumo sacerdote ser chamado presidente do Tribunal: desde que os sumos sacerdotes exerciam sua função não mais para sempre, porém, somente por doze meses (em média) à maneira dos presidentes das assembléias, ter-se-ia chamado o seu escritório de câmara dos presidentes do Tribunal. Não há nisto nenhum desprezo. *Mid.* V 4 diz-nos que o escritório do sumo sacerdote achava-se na parte sul do adro dos sacerdotes; um mesmo teto recobria esse escritório e a sala vizinha, a Sala das pedras talhadas. Essa última era a sala das sessões do Sinédrio; metade encontrava-se em domínio sagrado e metade em domínio profano (b. *Yoma* 25ª). O escritório do sumo sacerdote, situado ao lado da sala das sessões, devia o seu nome ao fato de o sumo sacerdote ser o presidente do Grande Conselho, o que se justificava plenamente.
48. *Yoma* I 1.
49. Tos. *Yoma* I 1 (180, 2)ª: proteger-se contra uma impureza de *niddah,* pois ela terminava tornando-o impuro por sete dias.
50. Trata-se de uma transposição da impureza ritual de *niddah,* cf. sobre este ponto A. Büchler, *The Levitical Impurity of the Gentile in Palestine before the Year 70,* em *JQR,* n. s. 17 (1926-1927), 1-81, especialmente 8.
51. b. *Yoma* 47ª: escarro de um árabe. Tos. *Yoma* IV 20 (189, 13); j. *Yoma* I, 1, 38ᵈ 6 (III/2, 164); j. *Meg.* I 12, 72ª 49 (não traduzido em IV/1, 220 que remete ao par. III/2, 164); j. *Hor.* III 5,

Devia-se, pois, evitar, tanto quanto possível, a repetição de semelhante caso de impureza levítica antes daquele Dia. Havia ainda um terceiro meio para defender o sumo sacerdote de qualquer nódoa antes dessa festa: na noite que a precedia, mantinham-no desperto [52] para evitar-lhe a impureza prevista no final de Lv 22,4.

Essas regras de pureza tinham por finalidade preservar a aptidão ritual do sumo sacerdote prestes a oficiar, mas tornava-se ainda necessário garantir à sua descendência a pureza de origem, porque, segundo a Lei, sua função era hereditária. No intuito de garantir tal pureza, o pontífice submetia-se a diversas *prescrições ligadas a seu casamento*. Segundo o Antigo Testamento, o sumo sacerdote devia desposar uma jovem virgem; não podia aceitar nem uma viúva, nem uma divorciada, nem uma repudiada, nem uma prostituta (Lv 21,13-15). A exegese rabínica explicava essa prescrição, limitando o termo "jovem" àquela que tivesse doze anos e doze anos e meio [53]; por outro lado, reforçava as proibições: por "viúva" entendia também [54] aquela cujo noivo tivesse morrido [55]; a noiva, cujo noivado tivesse sido rompido era também considerada como divorciada [56]; "repudiada" designava, assim dizem, a filha

47^d 11 (não traduzido em VI/2, 274); *Lv. R.* 20, 7 sobre 16, 1-2 (53^b 26); *Nm. R.* 2, 22 sobre 3, 4 (II^b 33); *Tanḥuma, 'aḥarê môt,* § 7, 433, 24: escarro de um xeque ("rei") árabe. b. *Yoma* 47^a: escarro de um "grande senhor" (não judeu). — A variante: escarro de um saduceu (b. *Nidda* 33^b bar.; Tos. *Nidda* V 3 [645, 24]) é, manifestamente, uma correção anti-saducéia; não se concebe que um sumo sacerdote tenha-se considerado como maculado pelo escarro de um saduceu a ponto de não mais poder oficiar no Dia das expiações, tanto mais que os saduceus observavam muito rigorosamente a Lei — mas, é claro, segundo a exegese saducéia do texto da Bíblia — os próprios sumos sacerdotes eram saduceus.

52. *Yoma* I 6-7.

53. *Yeb.* VI 4; outra interpretação (*ibid.*), sustentada por rabi Eleazar e rabi Shimeon, rejeitava essa limitação do termo moça àquelas que tinham entre doze anos e doze e meio. A jovem que tivesse perdido a virgindade por um infeliz acaso, via-se também excluída (*ibid.*).

54. *Yeb.* VI 4.

55. A interdição do casamento levirático (desposar a viúva de um irmão que morreu sem deixar filhos), *Sanh.* II 1, já estava contida no próprio texto de Lv 21,14 (47^d 188,1).

56. Fílon, *De spec. leg.* I, § 107.

de um sacerdote casado ilegalmente [57]; o termo "prostituída" compreendia a prosélita, a escrava liberta e a deflorada (como, por exemplo, a prisioneira de guerra) [58]. Assim, pois, a exegese rabínica reforçava a prescrição para o casamento do sumo sacerdote; só podia tomar para mulher, uma jovem, virgem, de 12 a 12 anos e meio, nascida de um sacerdote, de um levita ou de um israelita de descendência legítima.

Fílon, guiado pelo texto de Lv 21,13 segundo a Setenta [59], limita à filha de sacerdote a possibilidade de casamento com um sumo sacerdote, excluindo, pois, a filha de levita e a filha de israelita [60]. Fílon faz-se eco, sem dúvida, não da prescrição em vigor na Palestina, mas do costume ali reinante; em todo caso, bem o sabemos, diversos sumos sacerdotes tiveram como esposas, filhas de sacerdotes [61]. Em contrapartida, eis os raros casos de mulheres de sumos sacerdotes que não eram de descendência sacerdotal: a esposa de Alexandre Janeu, sumo sacerdote asmoneu [62], e a de Pinḥas de Habta, que os zelotas nomearam sumo sacerdote em 67 d.C., e que o Rabi Hananya ben Gamaliel II (por volta de 120) chama "nosso genro", quer dizer, parente por aliança [63]. Esse último caso, transmitido por uma tradição digna de fé, pouco significa,

57. *Sifra* Lv 21,14 (47ᵈ 188, 1).
58. *Yeb.* VI 5.
59. "Ele deve casar-se com uma virgem *de sua parentela.* Essas três últimas palavras (*ek toû génous*) são um acréscimo da LXX.
60. *De spec. leg.* I, § 110.
61. *a*) Segundo *Ant.* XVII 6, 4, § 164, o sumo sacerdote Matias, filho de Teófilo (5-4 a.C.), era cunhado do sumo sacerdote Yozar (4 a.C.); sua mulher e Yozar eram filhos do sumo sacerdote Simão (chamado Boetos, 22 aprox.-5). *b*) O sumo sacerdote Caifás (cerca de 18-37 d.C.) desposara uma filha do sumo sacerdote Anás, (6-15 d.C.), Jo 18,13. c) o sumo sacerdote Yoshua, filho de Gamaliel (63 ap. 65), casara-se com Marta (*Lam. R.* 1, 50 sobre 1, 16 [35ᵇ 1]: Miriam) da família pontifícia dos Boetos (*Yeb.* V 4; b. *Yoma* 18ᵃ; cf. *supra,* p. 142). — Essas esposas eram todas de famílias pontifícias; podemos, pois, concluir que os sumos sacerdotes preferiam contrair matrimônio com moças de descendência sacerdotal.
62. Em b. *Ber.* 48ᵃ e *passim* diz-se que Alexandre Janeu era casado com uma irmã do rabi Shimeon ben Shetaḥ que não era sacerdote. Infelizmente não pudemos verificar a autenticidade dessa informação. É dificilmente merecedora de crédito.
63. Tos. *Yoma* I 6 (180, 26); *Sifra* Lv 21,10 (47ᶜ 187, 10). — Segundo *Gn.* R. 98, 22 sobre 49, 20 (214ᵃ 5) e 71, 13 sobre 30 (155ᵇ

aliás, porque, antes de se tornar sumo sacerdote, Pinhas foi simples sacerdote do campo e canteiro.

As prescrições para o casamento de um sumo sacerdote tinham de ser observadas. Quando um deles infringia a regra, provocava indignação nos círculos farisaicos, estendendo mesmo essa indignação ao povo todo. Assim, o asmoneu João Hircano (134-104 a.C.) teve de ouvir do fariseu Eleazar severa admoestação: ele era um sumo sacerdote ilegítimo e deveria renunciar a seu cargo, ele e seus descendentes, pois, sua mãe, a mulher do sumo sacerdote Simão (142/1-134 a.C.), fora prisioneira de guerra sob Antíoco IV Epífanes e, por conseguinte, deixara de ser, desde aquela época, a esposa legítima do sumo sacerdote [64]; como já vimos [65], a escrava de guerra era igualada à repudiada; seus filhos tidos por filhos ilegítimos de sacerdotes, inaptos ao sacerdócio [66].

Alexandre Janeu (103-76), filho de João Hircano, foi submetido publicamente à mesma admoestação; enquanto filho — é provável que se tratasse de neto — de uma prisioneira de guerra, não lhe foi permitido exercer a função de sumo sacerdote. Mais ainda: o povo exaltou-se de tal maneira que o bombardeou, por ocasião de uma festa das Tendas, com os *'êtrôgîm* (cidras-limões) que todos os israelitas traziam nas mãos, assim como o *lûlab* (ramo da festa) durante a celebração da manhã, no Templo [67]. A ad-

6), os sumos sacerdotes ter-se-iam casado, de preferência, com jovens da tribo de Aser; trata-se de um jogo de palavras sem valor histórico sobre Gn 49,20.

64. *Ant.* XIII 10, 5, § 288ss. Exigiu-se de João Hircano renunciar também à função de sumo sacerdote a favor dos descendentes; tal fato é dedutível das suas repetidas censuras dirigidas ao filho. Josefo demonstra que eram sem fundamento. O Talmude refere-se ao caso em b. *Qid.* 66ª: um fariseu idoso exige que Alexandre Janeu renuncie ao pontificado pois sua mãe foi prisioneira de guerra. De modo geral, esse relato concorda com o de Josefo, mas confunde as personagens: João Hircano é transformado em Alexandre Janeu e o fariseu Eleazar torna-se um inimigo dos fariseus.

65. *Supra,* p. 216.

66. *C. Ap.* I 7, § 35.

67. *Ant.* XIII 13, 5, § 371s. — Tos. *Sukka* III 16 (197, 22), cf. Mishna *Sukka* IV 9, conta como o povo atacou um sumo sacerdote boetúsio (saduceu) a golpes de *'etrôgî* porque, diziam eles, por ocasião da festa das Tendas, esse sumo sacerdote derramou a libação sobre seus pés (os saduceus rejeitavam esse rito como não bíblico). Pode, provavelmente, tratar-se do caso que pôs Alexandre Janeu em cena.

vertência a Alexandre Janeu, anteriormente já dirigida a seu pai, assim como a transmissão dos dois fatos tanto por Josefo como pelo Talmude, bem demonstram a grande importância atribuída à transgressão desse preceito relativo ao matrimônio do sumo sacerdote. Os fariseus não tiveram receio de manifestar em público a sua desaprovação, e até mesmo lançá-la à face do soberano, apesar do perigo evidente que essa atitude representava para a vida deles. Mais ainda: com base nessa advertência, rejeitaram o soberano pontificado asmoneu ilegítimo [68].

Podemos citar ainda outro caso de transgressão da regra relativa ao casamento do sumo sacerdote. Na ocasião em que Yoshua, filho de Gamaliel (63-65 d.C., aproximadamente) foi nomeado sumo sacerdote, estava noivo de uma viúva, Marta, da família dos Boetos [69]. Uma vez sumo sacerdote, casou-se; tal decisão era-lhe permitida como sacerdote, mas não como sumo sacerdote [70]. Contam [71] que Marta dera ao rei Agripa II uma vultosa quantia para fazer com que seu noivo fosse nomeado sumo sacerdote. Desse relato deduzimos que o casamento projetado com uma viúva, casamento ilegal para um sumo sacerdote, ameaçava impedir a nomeação de Yoshua ao soberano pontificado. Podemos concluir que, também nessa circunstância, o desprezo da Lei causou indignação ao povo e aos círculos fariseus. Só posteriormente (*Yeb.* VI 4) tentaram legalizar o caso.

Entre as obrigações que a função impunha ao sumo sacerdote, constava também um cerimonial correspondente à sua posição; esse cerimonial que o envolvia não se limitava, de modo algum, às funções litúrgicas. Por exemplo: para apresentar condolências, aproximava-se com cortejo pomposo. À sua direita mantinha-se sempre o comandante do Templo. Se era o próprio sacerdote que estava de luto, à sua esquerda ficava o chefe da seção dos sacerdotes em exercício naquele dia. Se, pelo contrário, o sumo

68. Sobre a ilegitimidade do sacerdócio asmoneu, ver *infra,* p. 250ss.

69. *Yeb.* VI 4. — *Lam. R.* 1, 50 sobre 1, 16 (35^{b} 1) chama a noiva, Miriam.

70. Apesar da proibição da Lei, Alexandre Janeu parece ter-se também casado com sua cunhada viúva, Alexandra (Schürer, I, 277, n. 2).

71. b. *Yoma,* 18^{a}; b. *Yeb.* 61^{a}, cf. p. 142.

sacerdote é que apresentava suas condolências, seu predecessor no cargo pontifício colocava-se à sua esquerda[72]. As prescrições seguintes faziam igualmente parte desse cerimonial: "Ninguém pode vê-lo nu; não se pode vê-lo enquanto corta os cabelos ou toma seu banho"[73]. Enfim, esperava-se do sumo sacerdote uma apresentação particularmente cuidada; dizem ser de uso o "corte juliano" para o cabelo, quer dizer, o cabelo bem curto[74].

Mesmo *após sua deposição,* o sumo sacerdote conservava o título e o prestígio. Ainda mais: se, após uma impureza ritual, o sumo sacerdote não pudesse oficiar no Dia das expiações, outro sacerdote o substituía na cerimônia[75], fato freqüentemente repetido[76]. Ora, esse sacerdote que substituía o sumo sacerdote passava a constar na lista dos sumos sacerdotes, embora só tivesse exercido a função, como substituto, durante algumas horas.

Observamos, continuamente, a influência dos sumos sacerdotes depostos. Pensemos no papel que representou Anás (em exercício de 6 a 15) no processo de Jesus[77]. Lembremo-nos no sumo sacerdote Jônatas, filho de Anás (em exercício da Páscoa a Pentecostes de 37); em 52 dirigiu uma importante embaixada judaica junto ao governador da Síria, Umídio Quadrato, e foi enviado, com Ananias, o sumo sacerdote em exercício, ao imperador que, sob seu desejo, confiou o governo da Palestina a Félix[78]. Os sumos sacerdotes depostos, Anan, filho de Anan (em exercício em 62 d.C.)[79], e Yoshua, filho de Gamaliel (em exercício de 63 a 65, aproximadamente)[80], representaram papel determinante no início da revolta contra os romanos.

72. Tos. *Sanh.* IV 1 (420, 13), cf. Mishna *Sanh.* II 1.
73. Tos. *Sanh.* IV 1 (420, 14).
74. b. *Sanh.* 22^b; b. *Ned.* 51^a (Billerbeck, III, 440, n. 1).
75. Tos. *Yoma* I 4 (180, 12).
76. Em 5 a.C., Josefo, filho de Ellem, substituiu Matias, filho de Teófilo (*Ant. XVII* 6, 4, § 166; Tos. *Yoma* I 4 [180, 14]; b. *Yoma* 12^b; j. *Yoma* I 1, 38^d 1 [III/2, 164]. Shimeon, filho de Kamith (17-18 d.C.), foi obrigado a se deixar substituir, ver *supra,* p. 215.
77. Jo 18,13.24; cf. At 4,6; Lc 3,2.
78. *B. j.* II 12, 5-6, § 240ss; *Ant.* XX 8, 5, § 162.
79. *B. j.* II 20, 3, § 563; 22, 1-2, § 648-654; IV 3, 7ss, § 151ss; *Vita* 38, § 193s; 39, § 195ss; 44, § 216ss.
80. *B. j.* IV 3, 9, § 160; 4, 3, § 238ss; *Vita* 38, § 193; 41 § 204.

Após sua deposição, o sumo sacerdote conservava não somente uma grande parte de seu prestígio, mas também o caráter que sua função lhe conferia. A prescrição que limitava a escolha da mulher para o casamento, assim como a proibição de manchar-se em contato com os mortos, vigoraram, para ele, como antes [81]. Embora interrompidas as suas funções, sua morte conservava uma virtude expiatória para os criminosos que se encontravam nas cidades de refúgio [82]. "A única diferença entre um sumo sacerdote em exercício e um deposto consiste no [pagamento e oferenda do] novilho no Dia das expiações e no [pagamento] do décimo *'épha* [de fina flor de farinha a ser queimada todos os dias]" [83]. Mesmo após a sua deposição, como podemos notar, o sumo sacerdote conserva, em *character indelebilis,* o caráter conferido pelo seu cargo que o torna primeira pessoa da teocracia. Possui uma "santidade eterna" [84].

Esse caráter de natureza cultual conferido pelo cargo de sumo sacerdote era o fundamento incontestado de sua posição privilegiada na comunidade, mas o quadro ficaria incompleto se não formulássemos uma pergunta: em que medida *a situação histórica* influenciava a posição do sumo pontífice? Convém lembrar, em primeiro lugar, toda uma série de fatos que tendiam a minimizar a importância do sumo sacerdote. A extensão progressiva do poder político era dos mais radicais. Segundo uma antiga tradição, o sumo sacerdote que recebera a unção assumia o compromisso para o resto de sua vida e transmitia o pontificado como herança, a seus descendentes. Na época herodiana e romana — não sabemos desde quando [85] nem por quê, — a unção prescrita pela Lei (Ex 29,7;30,22-33) deixara de vigorar; a consagração do sumo sacerdote fazia-se por investidura [86]. Esse fato já lhe diminuía o pres-

81. *Hor.* III 4.
82. *Mak.* II 6; *Hor.* III 4.
83. *Hor.* III 4; *Meg.* I 9.
84. *Naz.* VII 1.
85. Segundo uma tradição rabínica (b. *Yoma* 52b), desde o tempo do rei Josias que escondeu — dizem — o óleo santo para a unção.
86. Quer dizer, pela imposição das quatro partes da veste do sumo sacerdote, ver *supra,* p. 208, n. 6.

tígio. Os chefes políticos não davam importância a certas prescrições; Herodes, por exemplo, instituiu Aristóbulo, o último sumo sacerdote asmoneu (35 a.C.) [87], com dezessete anos [88], quando a idade canônica para os sacerdotes era, normalmente, vinte anos [89]. Tal ocorrência também não contribuía para aumentar o crédito inerente à função. Um fato novo, porém, abalou profundamente a situação. Para destruir a importância da função pontifical, Herodes ousou nomear ou destituir a seu bel-prazer os sumos sacerdotes e, desprezando os privilégios da antiga aristocracia dos sumos sacerdotes sadoquitas, chegou a nomear sumo sacerdote qualquer membro de família sacerdotal comum; assim sendo, mesmo sob os romanos, o cargo deixou de ser vitalício e hereditário. Herodes alcançou seu fito, pelo menos em parte. Uma total dependência dos sumos sacerdotes em relação aos chefes políticos, alguns casos de simonia [90] e a rivalidade dos chefes dos sacerdotes [91] foram as conseqüências das novas disposições.

Além do mais, a influência crescente dos fariseus fazia-se sentir, sobretudo no Sinédrio, mas também no culto. Os sumos sacerdotes de idéias saducéias tiveram, pois, de

87. Aliás, pouco tempo depois, mandou-o matar, ver *infra*, p. 261.
88. *Ant.* XV 3, 3, § 51.
89. Em b. *Ḥul.* 24a-b (Tos. *Zeb.* XI 6 [496,3], com variantes) temos três pontos de vista: *a*) Um sacerdote encontra-se apto ao serviço desde que se manifestam os primeiros sinais da puberdade. *b*) A partir da idade de vinte anos (por analogia com Esd 3,8 que estabelece essa idade como idade canônica dos levitas). *c*) "Desde que surjam os primeiros sinais de puberdade, um sacerdote está apto ao serviço, mas seus irmãos, os sacerdotes, não o deixam oficiar antes de seu vigésimo ano". — Esse terceiro ponto de vista representa a prática corrente, já que o midraxe tanaíta *Sifra* Lv 21, 17 (47d 188, 29) tem apenas essa tradição para informar.
90. Ver *supra*, p. 219; ainda b. *Yoma* 8b-9a bar.; j. *Yoma* I 1, 38c 38 (III/2, 162), e *passim*.
91. Eis o texto de j. *Yoma* I 1, 38c 43 (III/2, 162s) relativo aos candidatos ao cargo de pontífice; cada um excede o outro nas gratificações. Ver também j. *Yoma* I 1, 38d (III/2, 164): em 5 a.C., no Dia das expiações, Josefo, filho de Ellem, substitui seu parente Matias, filho de Teófilo, que uma impureza ritual impede de oficiar. Nessa ocasião, Josefo tenta afastar de seu cargo o sumo sacerdote legítimo. Apresenta ao rei (Herodes) uma dúvida aparentemente inocente, mas que, na verdade, constituía uma cilada: "O novilho [do sacrifício pelo pecado] e o carneiro [do holocausto] devem ser pagos por mim ou pelo sumo sacerdote [em exercício]?" Josefo espera que o rei responda "por ti". e assim o confirma como sumo sacerdote; mas Herodes

fazer calar suas vozes e opiniões no Sinédrio; e no Templo precisavam cumprir os ritos segundo a tradição farisaica. Não se pode dizer que os sumos sacerdotes se tenham eximido de qualquer responsabilidade no declínio de sua influência. Casos de nepotismo [92], eventuais conquistas abusivas [93], transgressões das prescrições em vigor para seu matrimônio [94], prática do comércio na esplanada do Templo [95], talvez mesmo falta de formação teológica do pontífice [96]; esses fatores, principalmente nas camadas do povo submetidas à influência dos fariseus, contribuíram para diminuir o prestígio da função pontifical. Nesse ponto, porém, é preciso não exagerar.

Por outro lado, no século I de nossa era, a importância do sumo sacerdote via-se reforçada de modo considerável. Com efeito, enquanto chefe do Sinédrio e primeiro representante do povo, neste período em que não havia mais rei, o sumo sacerdote representava o povo judeu diante dos romanos. E entre os sumos sacerdotes da época, houve homens eminentes que, graças a sua personalidade, tiveram poder e prestígio, como, por exemplo, Anás, Caifás e os sumos sacerdotes que no início da revolta entraram em cena contra os romanos. É preciso observar o seguinte: o caráter de natureza cultual conferido pela função pontifícia, que permitia ao sumo sacerdote e a ele só entre os mortais, a entrada no Santo dos santos, exaltava-o de tal modo acima de seus semelhantes que a situação histórica nenhuma importância representava para a sua posição. Porque "ninguém arroga a si mesmo a honra [de ser sumo sacerdote]; é chamado por Deus, exatamente como Aarão" (Hb 5,4).

descobre a armadilha (par. em Tos. *Yoma* I 4 [180, 16]; j. *Hor.* III 5, 47[d] 7 [não traduzido em VI/2, 274]).

92. *Supra,* p. 144s.

93. *Supra,* p. 141s.

94. *Supra,* p. 218s.

95. Ver *supra,* p. 72.

96. *Yoma* I 6: para manter-se acordado durante a noite que precede o Dia das expiações, o sumo sacerdote que estava habituado a ler, lia algumas passagens do Antigo Testamento; se, pelo contrário, não estava habituado a isso, alguém fazia-lhe a leitura: "Zacharya ben Qebutal dizia: Muitas vezes li Daniel para ele"; cf. *Hor.* III 8.

B. OS CHEFES DOS SACERDOTES E OS CHEFES DOS LEVITAS

"*a*) O sumo sacerdote, ungido com o óleo da unção[97] precede [na hierarquia] o sumo sacerdote, diferençado [dos outros sacerdotes] somente pela investidura[98]; o sumo sacerdote diferençado pela investidura precede o sacerdote ungido para a guerra (Dt 20,2-4);

b) aquele que é ungido para a guerra [precede] o *comandante do Templo* (*sagan*)[99];

c) esse [precede] o *chefe da seção sacerdotal hebdomadária* (*nôš ha-mišmar*);

d) esse, *o chefe da seção sacerdotal cotidiana* (*roš bêt 'ab*);

e) esse, *o vigilante do Templo* (*'ammarkal*);

f) esse, *o tesoureiro* (*gizbar*);

g) esse, *o sacerdote comum* (*kôhen hedyôṭ*);

h) esse, o levita[100]" (continuação desta lista, p. 364)[101].

O quadro demonstra que havia, além da função do sumo sacerdote, cinco postos principais (*b-f*) dentro da assembléia do clero. Passamos a analisá-los. A esse respeito, convém observar que as funções de comandante do Templo, de vigilante e tesoureiro (*b, e, f*) achavam-se tão intimamente ligadas ao culto do santuário que supunham uma presença permanente de seus titulares em Jerusalém; em compensação, os sacerdotes investidos da função de chefe das 24 seções sacerdotais hebdomadárias (*c, d*), do-

97. O rito da consagração do sumo sacerdote prescrito pela Lei, mas que não estava mais em uso na época herodiana e romana.

98. Rito da consagração do sumo sacerdote que estava em uso na época herodiana e romana. Em lugar do sumo sacerdote investido, j. *Hor.* III 9, 48ᵇ 33 (VI/2, 278) menciona "o profeta".

99. b. *Ta'an*, 31ª bar. coloca o comandante do Templo acima do sacerdote ungido para a guerra. Em j. *Hor.* III 9, 48ᵇ 34 (VI/2, 278) falta o comandante do Templo.

100. Tos. *Hor.* II 10 (476, 27); j. *Hor.* III 9, 48ᵇ 33 (VI/2, 278).

101. Encontramos hierarquia semelhante em Qumrân em 1 *QM* II 1-4: sumo sacerdote, seu substituto, 12 chefes de sacerdotes, os chefes das seções hebdomadárias de sacerdotes, 12 chefes de levitas e os chefes das seções hebdomadárias de levitas (indicação de G. Klinzing).

miciliados por todo o país, só tinham serviço no Templo uma semana em 24, e mais as três festas anuais de peregrinação.

O sacerdote de grau mais elevado depois do sumo sacerdote, era o *comandante do Templo* [102] *(s*ᵉ*gan ha-kôhamîm* [103]; Josefo e o Novo Testamento: *strategòs [toû hieroû])* [104]. Sua função era uma daquelas que se encontravam ligadas por todo o ano ao culto do Templo e pertencia a um único titular.

A posição privilegiada do comandante do Templo manifestava-se da seguinte maneira: nas cerimônias solenes era o assistente do sumo sacerdote e ocupava, à sua direita, o lugar de honra [105]; talvez tivesse, ao mesmo tempo, de cuidar para que o sumo sacerdote cumprisse corretamente os ritos [106]. Era ainda costume designá-lo, uma semana antes

102. Schürer, II, 320s; Billerbeck, II, 628-630.

103. *P. A.* III 2 e *passim* = chefe do clero. Por sua vez, j. *Sheq.* V 3, 49ª 30-36 (III/2, 295) põe *q*ᵉ*tîlîkôs* (variante *k*ᵉ*talîkos*) = *katholikós* e supõe, erroneamente, apoiando-se em 2Cr 31,12, que havia duas pessoas dessa condição, quando os dez homens nomeados em 2Cr 31,13 devem designar os três tesoureiros e os sete vigilantes do Templo. Segundo j. *Sheq.* V 3, 49ª 33 (III/2, 295) a hierarquia é a seguinte: sumo sacerdote, *katholikós,* vigilante do Templo, tesoureiro.

104. *Ant.* XX 6, 2, § 131 e *passim*; At 4,1;5,24.26.

105. *Yoma* III 9; IV 1; *Tamid* VII 3; j. *Yoma* III 8, 41ª 4 (III/2, 197). Cf. VII 1; *Soṭa* VII 7-8. Quando o sumo sacerdote apresenta suas condolências, o comandante do Templo mantém-se à sua direita, Tos. *Sanh.* IV 1 (420, 13) b. *Sanh.* 19ª bar.

106. *Yoma* IV 1: por ocasião do sorteio dos dois bodes para o sumo sacerdote, no Dia das Expiações, o comandante do Templo à sua direita ou o chefe dos sacerdotes da seção, fazendo o serviço cotidiano, e que se mantinha à esquerda, devia convidar o sumo sacerdote a erguer a mão na qual a sorte "para Iahweh" caíra, e mostrar o resultado da sorte a todo o povo. Aqiba opina que nos defrontamos aí com uma medida de precaução contra os saduceus (b. *Yoma* 40ᵇ; cf. Tos. *Yoma* III 2 [185, 11]; Büchler, *Priester,* 110s); ao que tudo indica, era uma questão discutida: o sumo sacerdote deveria segurar a sorte "para Iahweh" na mão esquerda no caso em que a extração dessa sorte a fazia cair nessa mão (opinião dos fariseus)? Ou deveria ele, nesse caso, fazer passar da mão esquerda para a direita (opinião dos saduceus)? Erguer a mão era uma medida de precaução contra os saduceus; isso é confirmado por uma regra semelhante na cerimônia da libação de água, por ocasião da festa das Tendas (*Sukka* IV 9). Os saduceus rejeitavam a libação de água como não bíblica; por causa disso, um sumo sacerdote saduceu, certo ano, derramou a água sobre seus pés (ver *infra,* p. 218, n. 67). Por conseguinte, ao erguer a mão, o sumo sacerdote devia tornar visível, o mais longe possível,

do Dia das expiações, substituto do sumo sacerdote, no caso em que surgisse algum empecilho e esse não pudesse exercer sua função [107]. Finalmente, a importância deste posto aparece num dado do Talmude da Palestina [108]: "O sumo sacerdote não seria nomeado sumo sacerdote se não tivesse sido, antes, comandante do Templo".

Na verdade, essa afirmação apenas possui um valor geral; com efeito, desde o início do reinado de Herodes, o Grande, a nomeação do sumo sacerdote foi com freqüência arbitrária e determinada, pura e simplesmente, por considerações políticas. Entretanto, essa indicação podia-se verificar em inúmeros casos; tornava-se facilmente o primeiro chefe dos sacerdotes como sucessor de um sumo sacerdote deposto.

Não resta dúvida, porém, de que o comandante do Templo era escolhido entre as famílias da aristocracia sacerdotal. O exemplo dos dois filhos do sumo sacerdote Ananias no-lo demonstra. Um, Anan [109], foi comandante do

o rito corretamente cumprido conforme a halaka farisaica. Por tal motivo podemos concluir que, segundo *Yoma* IV 1, o comandante do Templo devia fiscalizar o sumo sacerdote no desenrolar da cerimônia do sorteio.

107. Tos. *Yoma* I 4 (180, 12): "R. Ḥananya ben Gamaliel II (por volta de 120 d.C.) dizia: O comandante do Templo é designado para substituir o sumo sacerdote [no Dia das Expiações] no caso em que lhe aconteça alguma irregularidade que o torne inapto ao serviço [Lv 22,4 fim]". O testemunho de R. Ḥananya adquire maior importância por ser ele parente de Pinḥas, o último sumo sacerdote (*supra*, p. 217, n. 63). Mesma tradição em b. *Yoma* 39ª bar.; b. *Soṭa* 42ª bar.: "R. Ḥananya, comandante do Templo dizia: Por que postava-se o comandante do Templo à sua direita [à direita do sumo sacerdote para o sorteio dos dois bodes, *Yoma* IV 1, ver a n. precedente]? A fim de que, se acontecer ao sumo sacerdote tornar-se inapto para cumprir suas funções, o comandante do Templo o substitua". Aqui, há uma volta ao passado: é o próprio comandante do Templo, o sábio Ḥananya que relata essa tradição. Mas é sem dúvida a Tosefta que cita o verdadeiro relator; vê-se bem de que modo, através de uma tradição relativa ao serviço do Templo e trazendo o nome de um Hananya foi fácil atribuir ao comandante do Templo que levava o mesmo nome. Diversamente do que pensa Schürer, II, 321, não consigo encontrar contradição entre essas informações e a de *Yoma* I 1 segundo a qual, 7 dias antes do Dia das Expiações, designava-se o substituto do sumo sacerdote; a nomeação solene, cada ano, não exclui de modo algum o fato de a substituição do sumo sacerdote ter sido um privilégio do comandante do Templo.

108. j. *Yoma* III 8. 41ª 5 (III/2, 197).

109. *Ant.* XX 6, 2, § 131; *B. j.* II 12, 6, § 243.

Templo em 52 d.C.; o outro, Eleazar [110], em 66. Outro fato nos prova que se nomeava comandante do Templo um dos membros da aristocracia sacerdotal: os dois filhos de Aarão, Nadab e Abiú, são chamados *s^e ganê k^e hûnnah* [111]; ao nomear assim os dois filhos de Aarão "comandantes do Templo", o Midraxe remete ao passado um título e uma condição de época tardia. Devemos mencionar, enfim, os casos de substituição efetiva do sumo sacerdote. O sumo sacerdote Shimeon, filho de Kamith (17-18 d.C., aproximadamente), substituído por seu irmão no Dia das Expiações [112]; o sumo sacerdote Matias, filho de Teófilo entre 5-12 de março de 4 a.C. foi substituído no Dia das Expiações do ano 5 por um parente de nome José, filho de Ellem [113]; já Aristóbulo I (104-103 a.C.), enfermo por ocasião de uma festa das Tendas, fora também substituído por seu irmão Antígona [114].

De modo habitual, como vimos acima, o comandante do Templo era designado substituto do sumo sacerdote para o Dia das Expiações. Portanto, pelo menos nos dois primeiros casos de substituição para o citado Dia, podemos supor, mesmo sem ter sido explicitado, que o substituto foi o comandante do Templo. Conclui-se, pois, ser de uso escolher o comandante do Templo entre os parentes próximos e mesmo muito próximos do sumo sacerdote. O comandante do Templo devia fiscalizar, permanentemente, todo o serviço de culto e, conforme o próprio nome *s^e gan ha-kôhănîm* indica, o dos sacerdotes em serviço. As informações relativas ao comandante do Templo, Eleazar, de quem vamos nos ocupar, confirmam esse ponto, assim

110. *Ant.* XX 9, 3, § 208; *B. j.* II 17, 2, § 409.

111. *Lv. R.* 20, 2 sobre 16, 1 (51^b 22); *Lv. R.* 20, 7 sobre 16, 1 (53^a 14); *Tanḥuma, 'aḥarê môt,* § I, 427, 12.

112. Os textos são citados *supra,* p. 108, n. 51.

113. Relato concorde de Josefo, *Ant.* XVII 6, 4, § 166, e da literatura rabínica. Tos. *Yoma* I 4 (180, 14); b. *Yoma* 12^b; j. *Yoma* I 1 38^d 1 (III/2, 164). Quanto à investidura de Matias em meados do ano 5 a.C., ver *Ant.* XVII 4, 2, § 78: após a morte de Féroras. Destituição, segundo *Ant.* XVII 6, 4, § 167, na véspera do eclipse parcial da lua em 13 de março de 4 a.C. O Dia das Expiações caía em setembro-outubro; a substituição deu-se, pois em 5.

114. *Ant.* III 11, 1, § 304. Büchler, *Priester,* 109, n. 1, constatou que se tratava do papel de substituto realizado por Antígona.

como as que nos foram fornecidas por Hananya, chamado de Comandante do Templo e relativos aos costumes observados no desenrolar do culto. Por exemplo: "Em toda a minha vida, jamais vi uma pele [de vítima imprópria ao sacrifício] trazida para ser incinerada" [115]; essas palavras supõem uma longa familiaridade com a liturgia do santuário.

Além da fiscalização do culto, o comandante do Templo dispunha de toda a força policial. A tal título efetuava as prisões que quisesse; foi um deles que prendeu os apóstolos no adro externo do Templo [116]. Demonstremos, com um exemplo, qual a extensão dos poderes desses homens. O *sagan* do ano 66 d.C., Eleazar, decidiu suprimir o sacrifício para o imperador; tal ordem repercutiu como uma declaração de guerra aos romanos e ocasião imediata de início da guerra do extermínio [117] Nos fins desse ano 66, os chefes da revolta nomearam Eleazar governador da Iduméia [118]. Dificilmente poderíamos encontrar algo que ilustrasse melhor a plenitude de poder de que gozava o comandante como senhor do Templo, e de que prestígio era revestido.

Após o comandante do Templo, vinham, em ordem hierárquica, *os chefes das seções sacerdotais hebdomadárias,* em número de 24, e *os chefes das seções cotidianas,* abrangendo cerca de 156, pois, cada seção hebdomadária era dividida em 4 a 9 seções diárias [119]. Esses sacerdotes viviam dispersos na Judéia e na Galiléia; exceto nas três festas anuais de peregrinação, só estavam presentes em Jerusalém uma semana em 24, quando lhes tocava a vez de fazer o serviço sacrifical. Durante aquela semana de serviço, deviam cumprir as funções determinadas para o culto cotidiano e o sacerdote chefe da seção hebdomadária realiza as cerimônias de purificação para os leprosos

115. *'Ed.* II, 2.
116. At 5,24,26; cf. 4,1. Cf. igualmente a tradução de *sagan* por *strategós.*
117. *B. j.* II 17, 2, § 409s.
118. *B. j.* II 20, 4, § 566.
119. Tos. *Ta'an.* II 2 (216, 17). — j. *Ta'an.* IV 2, 68ª 14 (IV/1, 178): 5 a 9 seções cotidianas. — b. *Men.* 107ᵇ; 6 seções cotidianas.

e as mulheres parturientes que, tendo terminado seu tempo de purificação, haviam sido declaradas puras na Porta de Nicanor. Foi, pois, o chefe dos sacerdotes da seção hebdomadária em serviço que, na Porta de Nicanor, porta de comunicação entre o átrio das mulheres com o dos israelitas [120], recebeu o sacrifício da mãe de Jesus (Lc 2,24) "quando os [40] dias de sua purificação, prescritos pela Lei de Moisés, se completaram" (Lc 2,22). Era, igualmente, na Porta de Nicanor que o chefe da seção hebdomadária, para cumprir o ordálio, devia fazer a mulher suspeita de adultério [121], beber as águas amargas [122].

120. Em *Mid.* I 4, a Porta do Leste só pode ser a passagem entre o átrio dos israelitas e o das mulheres, conforme o demonstra a comparação com *B.* j. V 5, 2, § 198ss; é preciso, pois, entender *Mid.* II 6 no mesmo sentido. Além do mais, devemos levar em conta de *Nm. R.* 7, 8 sobre 5, 2 (37ª 28) e Tos. *Kel. B. Q. I* 12 (570, 13), segundo os quais o "campo dos levitas" se estendia até a Porta de Nicanor; ora, segundo *Sifre* Nm 5,3 § 1 (2ᶜ 7, 20), estendia-se até a Porta do adro (mais interior). Por conseguinte, a Porta de Nicanor é a entrada do adro que se acha mais para dentro. Enfim, e sobretudo, convém observar que o átrio das mulheres era acessível a todos aqueles que só tinham como último rito de purificação um sacrifício a oferecer (*Kel.* I 8; Tos. *Kel. B. Q.* I 10 [570, 1]); era o caso, por exemplo, do leproso que, antes da declaração final de pureza, devia banhar-se no *hall* dos leprosos, situado no átrio das mulheres. Devemos, pois, afirmar que a Porta de Nicanor, local de declaração da pureza, é a passagem que liga o átrio das mulheres ao átrio interior. Essa é também a opinião de Dalman, *Itinéraires,* 392 e n. 6, e mais recentemente, após um exame minucioso de todas as fontes, a de E. Stauffer, *Das Tor des Nikanor* em *ZNW* 44 (1952-1953), 44-66. Billerbeck, II, 622-624, é de opinião diferente; situa a Porta de Nicanor a leste do átrio das mulheres.

121. *Tamid* V 6: "O chefe da estação [nome coletivo que designava os representantes dos leigos que compunham uma seção hebdomadária, subindo a Jerusalém] colocava os impuros nas portas orientais [= Porta de Nicanor que, além do pórtico principal, compreendia, segundo *Mid.* II 6, duas pequeninas portas, e daí, o plural]. *Nm. R.* 9, 11 sobre 5, 16 (50ª 19): "'Diante de Iahweh', (Nm 5,16) [isto é] na Porta de Nicanor [o sacerdote coloca a mulher acusada de adultério]; por essa razão se diz [*Tamid* V 6]: O chefe da estação colocava os impuros na Porta de Nicanor". Quem é "o chefe da estação"? Os "impuros" que ele colocava à Porta de Nicanor designam, de modo mais preciso, as pessoas desejosas de serem declaradas puras, como leprosos, parturientes e mulheres suspeitas de adultério (*Sota* I 5; *Nm. R.* 9, 11 sobre 5, 16 (50ª 19); *Sifra* Lv 14,11 (35ᵇ 138, 21). É um sacerdote que deve fazer a cerimônia de purificação dessas pessoas segundo Lv 14,11 (leprosos) Lv 12,6 (mulheres que deram à luz), Nm 5,16 (mulher suspeita de adultério). Sabemos, portanto, que é um sacerdote que preside a purificação e isso é expressamente dito em

O chefe dos sacerdotes da seção cotidiana devia, no dia de serviço de sua seção, estar presente à oferenda sacrifical. Sabemos por diferentes informações que ele se colocava à esquerda do sumo sacerdote, enquanto esse oferecia o sacrifício [123]. Entretanto, eram o comandante do Templo e um de seus subordinados, o "designado a tirar a sorte" que dirigiam o culto realizado por seções que se alternavam, mudando cada semana.

Os dois últimos postos ocupados pelos chefes dos sacerdotes encontravam-se estreitamente ligados um ao outro; ambos eram postos permanentes do Templo. Seus titulares são citados juntos muitas vezes; são eles, por exemplo, que, de acordo, anunciam sua nomeação ao sacerdote Pinḥas, canteiro, designado sumo sacerdote de maneira tumultuosa [124]. Trata-se, 1º dos *'ammarkᵉlîn* e 2º, dos *gizbarîm,* tesoureiros.

O sentido de *'ammarkᵉlîn* é discutido. Segundo Schürer, seriam tesoureiros como os *gizbarîm* porque, em persa, a palavra significa, mais ou menos, "conselheiro do tribunal de contas" [125]. Essa aproximação não é, porém, concludente; com efeito, conforme nos mostra o Targum, essa palavra extraída do persa, tinha em aramaico o sentido geral de "chefe do povo"; adquiriu a seguir, o sentido

outra passagem (*Sifra* Lv 14,11 (35b 138, 21); "o sacerdote que ia proceder à cerimônia da purificação colocava o homem [leproso] a ser declarado puro... [138, 30] 'diante de Iahweh' (Lv 14,11) [a saber] diante da Tenda; [quer dizer que] colocava-o na Porta de Nicanor, as costas voltadas para o leste, o rosto para o oeste". O chefe da estação era, pois, certamente, um sacerdote (O. Holtzmann, *Tamid* [col. *Die Mischna].* Giessen, 1928. 63, em *Tamid* V 6 diz, incorretamente, que esse título "chefe da estação" poderia "designar a função determinada [!], no Templo, de um levita [!] ou [!] de um sacerdote"). Deve então ser idêntico ao chefe da seção sacerdotal hebdomadária.

122. *Yoma* III 9; IV 1. Cf. Tos. *Sin.* IV 1 (420, 13): quando o sumo sacerdote, após um falecimento em sua família, recebia as condolências, o chefe da seção diária em serviço mantinha-se, igualmente, à sua esquerda.

123. *Tamid* I 2-3; III 1-3; V 1-2; VI 3. Falaremos com mais minúcia *infra,* p. 275, do sorteio das funções para o holocausto cotidiano da comunidade (*tamîd*) de manhã e à tarde.

124. Tos. *Yoma* I 6 (180, 25).

125. Schürer, II, 327. Também H. Grätz, *Topographische und historische Streifzüge,* I: *Die letzten Tempelbeamten vor der Tempelzerstorung und die Tempelamter,* em *MGWJ* 34 (1885), 193.

particular de "chefe dos sacerdotes". As fontes indicam, claramente, qual a função dos *'ammark^{e}lîn*. Citemos, em primeiro lugar, o texto principal, "Os [sete] [126] *'ammark^{e}lîn* que faziam? As sete chaves do átrio [dos israelitas e do átrio dos sacerdotes] estavam sob sua guarda e, se um deles quisesse [pela manhã] abrir, não podia fazê-lo antes que todos estivessem reunidos" [127]. Evidentemente, essa informação é esquematizada; combina o número dos sete *'ammark^{e}lîn* com as sete chaves do átrio interno de sorte a dar, a cada *'ammark^{e}lîn* uma das chaves do átrio [128]. Entretanto, toda essa passagem não repousa, necessariamente, numa pura invenção; nessa informação é sem dúvida exato que os *'ammark^{e}lîn* detinham as chaves do Templo e fiscalizavam o santuário. É o que *Bik.* III 3 deixa supor. Em geral os *'ammark^{e}lîn* são nomeados de acordo com os tesoureiros [129], mas em *Bik.* III 3, os *s^{e}ganîm* apareciam em seu lugar ao lado dos tesoureiros. Os *'ammark^{e}lîn* são, portanto, os *vigilantes do Templo* (N.T. [Lc 22,4.52] e Josefo: *strategoí*); o estudo que faremos mais adiante sobre as duas listas de funcionários do Templo confirmará essa conclusão. Segundo a tradição rabínica, não deveria haver menos de sete *'ammark^{e}lîn* [130].

Na ordem hierárquica, os *gizbarîm* vinham após os vigilantes do Templo; não deviam ser menos de três [131]. Eram os *tesoureiros*. As finanças do santuário compreendiam imóveis, grandes quantias monetárias e jóias, administração das taxas e das ofertas, assim como capitais particulares ali depositados. A provisão em gêneros e em pro-

126. Falta o número no manuscrito de Viena da Tosefta (Viena, *Nationalbibl.* Hebr. 20); em contrapartida, figura no ms. de Erfurt (agora em Berlim, *Staatsbibl.* Ms. or. 2º 1220) e nas antigas edições.

127. Tos. *Sheq.* II 15 (177,6).

128. Em conseqüência, a mesma fonte de tradição que, no total das portas, conta também as do átrio das mulheres e fala, pois, (quanto ao interior do Templo) de treze portas (*Mid.* II 6; *Sheq.* VI 3: Abba Yosé ben Ḥanan) supõe que houvesse também treze *gizbarîm* (b. *Tamid* 27ª: R. Nathan).

129. *Sheq.* V 2; Tos. *Yoma* I 6 (180, 25); b. *Pes.* 57ª bar.; *Sifra* Lv 21,10 (47ᶜ 187, 9) e na lista de Tos. *Hor.* II 10 (476, 27) e par. citado *supra*, p. 224s.

130. *Sheq.* V 2; Tos. *Sheq.* II 15 (177, 6), ver, entretanto, *supra*, n. 126; j. *Sheq.* V 3, 49ª 30 (III/2, 295).

131. *Sheq.* V 2; Tos. *Sheq.* II 15 (177, 4).

dutos necessários ao culto, a fiscalização da venda das aves e outros gêneros para os sacrifícios, administrada no Templo e o cuidado na conservação e reparação dos objetos de ouro e prata, dos quais 93 eram utilizados num único serviço diário, proporcionavam aos tesoureiros [132] um vasto campo de atividade e exigiam um grupo grande de funcionários sob seu controle.

"Que faziam os três tesoureiros? A eles é que se pagava:

1. O equivalente [ao que era dedicado ao Templo, mas em dinheiro];
2. os anátemas [dons para o Templo sem que a pessoa pudesse pagá-lo];
3. as [outras] coisas consagradas ao Templo;
4. o segundo [133] dízimo [134] [podia ser-lhes pago];
5. [em suma], ocupavam-se de todas as operações [financeiras]" [135].

Eram, pois, as rendas do Templo que os chefes dos tesoureiros deviam, em primeiro lugar, administrar. Como sabemos, recebiam o trigo oferecido no santuário [136]; pagavam-lhe o equivalente [137]; os produtos colhidos [138], a massa ofertada [139]; decidiam do emprego dos objetos doados [140] e exerciam a alta gerência dos impostos [141], aquela dupla

132. Sobre os tesouros do Templo e os depósitos particulares de dinheiro no santuário, ver, por ex., *Ant.* XIV 7, 1, § 106ss; *B. j.* VI 8, 3, § 390ss; Billerbeck, II, 37-45. Os 93 utensílios: *Tamid* III 4. Cuidados dos utensílios prestados pelos tesoureiros: *Sheq.* V 6.

133. Informação do ms. de Viena e das edições.

134. Ver *supra*, p. 189-192.

135. Tos. *Sheq.* II 15 (177, 4).

136. *Pea* II 8.

137. *Pea* I 6.

138. *Pea* IV 8; *Ḥalla* III 4.

139. *Halla* III 3.

140. *Sheq.* VI 6.

141. *Sheq.* II 1: se o dinheiro fosse perdido ou roubado, no caso em que o depósito prévio já tivesse sido feito no tesouro do Templo (a partir da primeira arrecadação colocada no tesouro, quinze dias antes da Páscoa, o total do imposto do Templo do ano em curso tornava-se, de direito, posse do Templo), os enviados deviam prestar contas aos tesoureiros do Templo, sobre a causa do prejuízo; se fosse possível provar que os emissários não eram responsáveis, o tesouro do Templo arcava com o prejuízo. Ver ainda j. *Sheq.* III 2, 47c 31

dracma que cada israelita devia pagar anualmente (Mt 17,24). Além das rendas do Templo, os tesoureiros administravam as despesas: compravam a lenha [142], examinavam o vinho para as libações [143] e a farinha para os dois pães de primícias de Pentecostes [144]. Era também função deles a administração das reservas do Templo [145] e de seu tesouro, do qual a veste do sumo sacerdote constituía a parte mais sagrada [146].

Sobre os vigilantes e tesoureiros do Templo dos quais acabamos de tratar, possuímos informações mais minuciosas em duas listas de excepcional valor, relativas aos "chefes". Comecemos pela mais antiga (Tos. *Sheq.* II 14; 177,2) [147].

"Eis os 'chefes' do Templo [148]:

* 1. Yoḥanan ben Gudgeda [149] era *chefe porteiro,*
* 2. Ben Totephet, *encarregado das chaves,*
* 3. Ben Diphai *fiscalizava o lûlab para a festa das Tendas,*
* 4. Arza [150], *primeiro chefe de música* [151],
°5. Shemuel [152], encarregado dos *fornos,*

(III/2, 278s) bar.: os tesoureiros do Templo fiscalizavam aquele que fazia a arrecadação para o tesouro do Templo (o que acontecia quinze dias antes de cada uma das três festas de peregrinação).

142. *Me'ila* III 8.

143. *Men.* VIII 7.

144. *Men.* VIII 2. Quanto à data (70 dias antes da Páscoa é preciso semear o trigo que fornecerá a farinha), sou levado a crer, por assimilação com VIII 1, que não se trata da farinha para a oferta alimentar em geral, mas unicamente daquela para os dois pães de primícias.

145. Ver p. 143, n. 132.

146. *Ant.* XV 11, 4, § 408; XVIII 4, 3, § 93; cf. *supra,* p. 208.

147. Sigo o ms. de Erfurt (agora em Berlim, *Staatsbibl.* Ms. or. 2º 1220).

148. Os números enquadrados indicam os levitas; os números sublinhados, os sacerdotes; * = vigilantes; ° = tesoureiros.

149. Ele era levita. b. *'Ar.* 11ª.

150. Informação do ms. de Erfurt. Em compensação, no ms. de Viena (Viena *Nationalbibl;* Hebr. 20) e a edição original de Veneza, 1521 d.: Ben Arza.

151. Literalmente: "ele era chefe do *dûkkan*", quer dizer, do estrado sobre o qual permaneciam os levitas cantores e músicos.

152. No ms. de Viena e na edição original, os nomes de 5 a 6 foram invertidos.

°6. Binyamin, encarregado da *fabricação da oferenda do sumo sacerdote cozida no carvão*[153],

°7. Ben Maqlit, do *sal*[154],

°8. Ben Pelak, das *reservas de lenha*[155].

Temos pontos de referência garantidos para determinar a época à qual remonta essa lista. Segundo D. Hoffmann[156], data do período imediatamente anterior à destruição do Templo, pois, menciona, como chefe porteiro (n. 1) Yoḥanan ben Gudgeda que ainda vivia após a destruição do Templo. Esse argumento é sedutor, mas não convincente. Com efeito, a afirmação segundo a qual Yoḥanan viveu ainda após o ano 70 repousa numa informação do Talmude de Babilônia[157]; conforme mostra a passagem paralela do *Sifre* sobre Dt 1,16, esse texto falava primitivamente não de Yoḥanan ben Gudgeda, mas de Yoḥanan ben Nuri[158]. De outro lado, bem o sabemos, Yoḥanan ben Gudgeda ocupava seu cargo algum tempo antes da destruição do Templo[159]. Do momento que completassem seus

153. Evidentemente sacerdote, segundo *Tamid* I 3: os padeiros que preparavam a oferenda assada ao forno eram chamados para o trabalho antes do nascer do sol (cf. III 2), na época em que sua sala, situada ao lado da Porta de Nicanor (ver *supra,* p. 229, n. 120) só era acessível aos sacerdotes (ver *infra,* p. 287, n. 419).

154. Sacerdote, sem a menor dúvida: a Câmara Parwa (ao lado da Câmara do sal, na parte norte do átrio dos sacerdotes), onde se salgavam as peles das vítimas (*Mid.* V 3), achava-se em território sagrado (*Yoma* III 3).

155. Sacerdote, sem dúvida: a Câmara da lenha (*Mid.* V 4) achava-se no território sagrado, acessível somente aos sacerdotes, ao lado da Porta do combustível, na parte sudoeste do átrio dos sacerdotes; além do mais, havia, na parte nordeste do átrio das mulheres um local destinado à lenha onde examinavam as achas para saber se não estavam bichadas.

156. Em *Magazin für die Wissenschaft des Judenthums* 9 (1882), 96ss.

157. b. *Hor.* $10^{a\text{-}b}$.

158. *Sifre* Dt 1, 16, § 16 (30^{d} 120, 35). Eleazar *ḥsm',* citado ao mesmo tempo, era contemporâneo de Yoḥanan ben Nuri; somente esse último nome se enquadra no contexto. Bacher, *Ag. Tann.,* I, 368 n. 4, G. Kittel, *Sifre zu Deuteronomium,* Stuttgart, 1922, 24, n. 4, e outros, pensam igualmente que a informação original é a do *Sifre.*

159. Segundo b. *'Ar.* 11^{b}, ele instrui o levita Yoshua ben Ḥananya para o serviço; na época, esse último era ainda inexperiente no trabalho, quer dizer, mal tinha completado a idade canônica de vinte anos (Esd 3,8; ver *supra,* p. 222, n.o 89) quando então os levitas eram

cinqüenta anos, os levitas teriam de renunciar ao seu trabalho[160]. É provável que Yoḥanan — se depois de tudo sobreviveu à destruição do Templo — não estivesse mais exercendo sua função. A presença desse nome em nossa lista não comprova que remonte aos últimos anos antes de 70; remete-nos, antes, a uma época anterior[161].

Em contrapartida, o n. 3 da lista dá-nos um ponto de referência para a data. Com efeito, enquanto existiu o Templo, levavam para lá o *lûlab* durante os seis dias úteis da festa das Tendas cuja duração era de sete dias[162], excetuando-se o sábado. Entretanto, durante os primeiros anos de nossa era, quando o primeiro dia da festa caía num sábado, agitava-se o *lûlab* no Templo durante os sete dias[163], e, portanto, no sábado também. Era proibido nesse dia transportar qualquer objeto de um domínio privado para um domínio público; traziam, pois, os *lûlab* desde a sexta-feira, a fim de entregá-los aos servos (levitas) do Templo[164] que os empilhavam no pórtico do átrio externo[165]. Na manhã seguinte, atiravam-nos à multidão e cada pessoa apanhava um. Esse costume provocou confusões com risco para a vida dos assistentes; o tribunal decidiu então que nunca mais (portanto nem mesmo quando o primeiro dia da festa caísse num sábado) se agitaria o *lûlab* no Templo, mas sempre em casa[166]. No n. 3 da lista, Ben Diphai devia fiscalizar a ruma dos *lûlab* no Templo; ele vivia, portanto, numa época em que o tribunal não tinha ainda decidido a reforma dessa cerimônia. Vamos verifi-

admitidos ao serviço. Ora, Yoshua ben Ḥananya, ainda antes da destruição do Templo, era, entre os doutores de Jerusalém, um aluno conceituado (j. *Hag.* II 1, 77ᵇ 34 [IV/1, 272]; é, pois, de se supor que o episódio narrado por b. *'Ar.* IIᵇ situa-se algum tempo antes de 70. Nessa ocasião, Yoḥanan ben Gudgeda já era porteiro-chefe, portanto, um homem de idade madura; seu ingresso no serviço situa-se, por conseguinte, ainda na primeira metade do século I.

160. Nm 8,25; cf. 4,3.23.30.35.39.43.47; j. *Ber.* IV 1, 7ᵇ 63 (1, 74).

161. Ver n. 159.

162. O oitavo dia da festa, que era a festa do encerramento, era considerado como uma festa particular; nesse dia, o *lûlab* da festa ficava suprimido.

163. *Sukka* IV 1-2.

164. Levitas *ḥazzanîm.*

165. *Sukka* IV 4.

166. *Ibid.*

car, um pouco adiante, na segunda lista, que não se trata mais daquele ofício.

Outra característica pleiteia a favor de uma origem mais antiga dessa lista da Tosefta: apresenta um número mais restrito de funções. Finalmente, convém lembrar que, no manuscrito de Erfurt da Tosefta, o principal chefe da música chama-se Arza [167]; em compensação, na segunda lista, é o filho de Arza que aparece como primeiro chefe de música. Se a informação do manuscrito de Erfurt é a original — o manuscrito de Viena e a primeira edição de Veneza em 1521 dão igualmente o nome de Ben Arza na lista da Tosefta — foi porque, nesse ínterim, o filho herdou o posto do pai. Aliás, esse Arza é pessoa totalmente desconhecida; o fato torna-se argumento para afirmar que a informação do manuscrito de Erfurt é original [168].

Tudo o que precede leva a dizer que a lista de Tosefta remonta a alguns decênios antes da destruição do Templo.

A segunda lista [169] encontra-se em *Sheq.* V 1-2:

"V 1. Eis quais eram os 'chefes' no Templo:

°1. Yoḥanan ben Pinḥas, *chanceler* [170],
°2. Aḥia, *encarregado das libações* [171],
* 3. Matthia ben Shemuel, *encarregado dos sorteios* [172],

167. Ver *supra,* p. 233, n. 150.

168. Bem entendido, é possível que o ms. de Erfurt tenha, por erro, esquecido *bn.*

169. Cf. *supra,* p. 233, n. 148.

170. O Templo regia as libações e outros sacrifícios (ver *infra,* p. 237, n. 173). Aquele que quisesse oferecer uma libação pagava o preço a Yoḥanan que lhe dava um selo como recibo (*Sheq.* V 4). O escritório de Yoḥanan era a "Câmara da chancela" (*Tamid* III 3), parte nordeste da Casa do fogo do altar que se encontrava no ângulo noroeste do átrio dos sacerdotes; provavelmente a Câmara da chancela se achava em território profano.

171. Contra o selo de recibo (ver n. precedente), ele oferecia a libação correspondente.

172. Sobre o sorteio das funções dos sacerdotes ver *infra,* p. 275ss. Esse funcionário era sacerdote. Isso se deduz, claramente, de *Tamid* I 3 e IV 3: ele tinha acesso ao átrio dos sacerdotes. A função do encarregado do sorteio era a de proceder a todos os sorteios dos serviços; além disso, devia fiscalizar e dirigir toda a celebração do

°4. Petahia, *encarregado dos sacrifícios de aves*[173], ...[174],
°5. Ben Aḥia, *médico do Templo*[175],
* 6. Neḥunia, *encarregado das fontes*[176],
* 7. Gebini, *arauto,*
* 8. Ben Geber, *chefe de portaria*[177],
* 9. Ben Bebai, *esbirro*[178],
* 10. Ben Arza, *primeiro chefe de músicos*[179],
* 11. Hugdas[180] ben Levi, *cerimoniário do coro dos levitas*[181],

cerimonial de oferta do sacrifício público diário (*tamîd*) pela manhã e à noite (*Tamid* I 2-3; III 1-3; VI 1-2; VI 3).

173. Ele supervisionava o pagamento equivalente ao terceiro dos treze recipientes em forma de trombeta (cf. "o trombetear" em Mt 6,2; essa expressão tem por origem a forma dos cofres no Templo; tinham o feitio de uma trombeta, estreitos em cima e largos em baixo, para protegê-los contra os ladrões) esses recipientes encontravam-se numa das salas que cercavam o átrio das mulheres. O encarregado ainda vigiava a justa entrega dos pombos. Era sacerdote (Tos. *Sheq.* III 2, 177, 24).

174. Há, nesse local do texto, uma anotação marginal: "Petaḥia é [um apelido de] mardoqueu. Por que lhe deram tal alcunha de Petaḥia? Porque ele abria (*pataḥ*) as palavras, dando-lhes a sua interpretação; sabia, com efeito, 70 idiomas".

175. Literalmente: "encarregado das doenças do ventre". A alimentação dos sacerdotes era extremamente rica em carne; além disso, não podiam beber vinho em dias de serviço (Lv 10,9; Ez 44,21. Segundo *Ta'an* II 7, quanto à seção hebdomadária a proibição vigorava durante o dia, mas não à noite; quanto à seção cotidiana do serviço, vigorava noite e dia). As doenças abdominais eram, pois, freqüentes (é assim que explica, de modo exato, j. *Sheq.* V 2, 48^{d} 26 (III/2, 293s).

176. Literalmente: "poceiro", operário que abre poços; encarregado da manutenção do aqueduto e das cisternas do Templo e fiscalização dos banhos (H. Grätz, *Topographische und historische Streifzüge* em *MGWJ* 34 [1885], 204 destacou bem este último ponto).

177. Levita.

178. "Encarregado dos açoites". Tocava a ele mandar açoitar os sacerdotes que tentavam trapacear na hora do sorteio (b. *Yoma* 23^{a}). Outra tradução diz: "era encarregado [da fabricação e colocação] das mechas" (j. *Sheq.* V 2, 48^{d} 46 [não traduzido em III/2, 294 que remete ao par. II/1, 112]), fabricadas com as faixas e calções não mais em uso pelos sacerdotes (*Sukka* V 3). Abbaya sustentou essa segunda explicação; retratou-se espontaneamente (b. *Yoma* 23^{a}).

179. Literalmente: "manejava os címbalos", quer dizer que, durante o serviço litúrgico, dava aos levitas o sinal do início do canto, vibrando os címbalos. Tudo faz crer que fosse um levita.

180. =*Hógdos.*

181. Provavelmente um levita, como o demonstra seu patrônimo e sua atividade: o canto era exclusivamente executado pelos levitas,

°12. A família [sacerdotal] de Garmu se responsabilizava pela *fabricação dos pães de proposição*[182],
°13. A família [sacerdotal] de Abtinas[183], responsável pela *fabricação dos perfumes para queimar*[184],
°14. Eleazar era *encarregado das cortinas*[185] e
°15. Pinḥas, *das vestes dos sacerdotes*[186].

V 2. Não deve haver menos de sete *'ammarkᵉlîn* e de três tesoureiros. E, (em matéria financeira[187]) não se confie autoridade sobre a comunidade a menos de dois, exceto para Ben Aḥia, o médico (n. 5) e Eleazar, o encarregado das cortinas (n. 14) porque a comunidade encarregou-se delas"[188].

Essa segunda lista data de época mais tardia do que a primeira. O que torna provável tal asserção é, em primeiro lugar, o fato de ter sido suprimida na segunda lista, a função n. 3 e acrescidas muitas outras. A isso, devemos anexar o que nos conta Josefo[189]: em 70 d.C., "Finéias, tesoureiro do Templo" foi preso alguns dias depois da destruição do santuário; "mostrou" aos romanos "as tú-

e Ogdoos tinha atribuições particulares no canto (*Yoma* III 11; b. *Yoma* 38ᵇ *epassim*). Entretanto, ao lado da expressão "seus irmãos, os levitas" (*Cant. R.* 3, 9 sobre 3, 6 (40ᵃ II), encontramos também a expressão "seus irmãos, os sacerdotes" (b. *Yoma* 38ᵇ; j. *Sheq.* V 2, 48ᵈ 53 (III/2 294).

182. Trata-se de sacerdotes; deduz-se com certeza pelo fato de estar a "sala daqueles que fabricam os pães da proposição" (câmara sudeste da Casa do fogo do altar que se situa no ângulo noroeste do átrio dos sacerdotes) em território sagrado acessível somente aos sacerdotes (*Mid.* I 6).

183. *Euthúnoos* ou *Eúthinos.*

184. Família sacerdotal, pois, em seu local de trabalho os sacerdotes montavam guarda durante a noite (*Mid.* I 1; *Tamid* I 1). Supõe-se, portanto, que esse local se encontrava no átrio dos sacerdotes, logo, em território sagrado (cf. *Yoma* 1 5).

185. O encarregado das cortinas era sacerdote (*Ant.* XIV 7, 1, § 106s). Sobre as cortinas, ver *supra,* p. 40.

186. *Mid.* I, 4; *B. j.* VI 8, 3, § 390.

187. Falta no texto da Mishna da edição príncipe do Yerushalmi, Veneza, 1523. Em compensação, essa expressão figura na ed. de Riva di Trento, 1559, assim como no ms. de Cambridge da Mishna, ed. W. H. Lowe, Cambridge, 1883, e em *Sheq.* V 3, 49ᵃ 37 (III/2, 295).

188. Os outros "chefes" citados tinham, pois, pelo menos um auxiliar a seu lado, enquanto muitos trabalhavam sós, como, por exemplo, nn. 1 e 2.

189. *B. j.* VI 8, 3, § 390s.

nicas e faixas dos sacerdotes, grande quantidade de púrpura e de escarlate reservada para uma eventual reparação do véu do Templo, assim como grande quantidade de cinamomo, cássia e abundância de outros arômatas que iriam servir na mistura para o sacrifício dos perfumes. Apresentou-lhes ainda outros objetos preciosos e muitos paramentos sacros". Não nos resta dúvida de que esse "Finéias, tesoureiro do Templo", é o mesmo "Pinḥas, encarregado das vestes do sumo sacerdote, citado no n. 15 da segunda lista [190]. Conclui-se que estava em serviço no momento da destruição do Templo e, portanto, que a segunda lista cita os últimos altos funcionários do Templo antes de sua destruição.

A indicação de Josefo confirma outra conclusão importante. Designa como "tesoureiro do Templo" aquele já citado no n. 15 de nossa lista; noutra ocasião [191], deu igualmente este título de "tesoureiro do Templo" ao encarregado das cortinas, citado no nº 14. Acrescentamos ainda que essa segunda lista termina com uma observação segundo a qual não deveria haver no santuário menos de sete vigilantes e de três tesoureiros. Conclui-se, pois, que essa segunda lista dê os nomes e as funções dos vigilantes e dos tesoureiros do Templo; o mesmo se dá com a primeira lista, já que ambas concordam na enume-

190. Não se pode provar que nomes fixos, independentes do nome próprio dos titulares sucessivos, se tivessem introduzido para algumas funções e, nesse caso, o encarregado das vestes dos sacerdotes se chamasse sempre Pinḥas. Existia, sem dúvida, uma "Câmara de Pinḥas, encarregado das vestes" (*Mid.* I 4), ao lado da Porta de Nicanor. Mas essa designação não deriva, necessariamente, do fato de o encarregado de tal função chamar-se sempre Pinḥas. Pode explicar-se por ter o último titular desse cargo ficado muito tempo no posto e ser uma personalidade especialmente conhecida. Em 54 a.C., quando Licínio Crasso saqueou o tesouro do Templo, o encarregado das cortinas chamava-se Eleazar (*Ant.* XIV 7, I, § 106s); trazia o mesmo nome 120 anos depois em nossa segunda lista (n. 14). Não é de admirar porque o nome Eleazar era muito freqüente. Em 70 d.C. Jesus, filho de Thebouthi, entregou dois candelabros, duas mesas, utensílios do Templo, as cortinas, a veste do sumo sacerdote e outros tesouros (*B. j.* VI 8, § 387-389). Não é tido como tesoureiro (nesse caso deveria ocupar o lugar n. 14 da segunda lista, e a divergência de nome dos titulares seria espantosa); Josefo designa-o como "um dos sacerdotes".

191. *Ant.* XIV 7, 1, § 106s.

ração dos principais ofícios, apenas com pequenas diferenças nas especificações.

Devemos examinar essas listas com maior atenção e observar que ambas citam inúmeros levitas. Na lista I encontramos como levitas: certamente, o chefe dos porteiros (n. 1); sem dúvida também o primeiro chefe dos músicos que fiscalizava os levitas cantores (n. 4), e o funcionário que fiscalizava os levitas servidores do Templo por ocasião da festa das Tendas e, com certeza, em outras circunstâncias (n. 3). Provavelmente, também, o encarregado das chaves citado entre esses três levitas (n. 2)[192]. Na lista II são levitas: o chefe dos porteiros (n. 8), o primeiro chefe de música (n. 10), o mestre do coro (n. 11). De novo, entre esses três chefes levitas figura outra função, a de esbirro (n. 9). Com suficiente certeza podemos nele reconhecer o chefe do vigilante da lista I (n. 3); foi preciso, na lista II, dar outro nome a essa função já que a decisão do tribunal[193] fizera cair de uso o empilhamento dos *lûlab*. Falaremos desses quatro chefes levitas que exerciam a função de vigilantes (nn. 8-11) na parte consagrada, mais adiante, (p. 284) aos levitas. Os outros funcionários citados nas duas listas deveriam ser, na maioria, sacerdotes, pois, era em suas mãos que se achavam as finanças do Templo. Com efeito, na maioria dos casos podemos assegurar, — atendo-nos a seu lugar de trabalho[194] — que fossem sacerdotes.

As próprias listas demonstram, entre os funcionários citados, quais eram tesoureiros e quais eram *'ammarkᵉlîn*, vigilantes. Na lista I, os nn. 5-8 ocupam-se das finanças; por outro lado, os nn. 1-4 fiscalizam os levitas músicos e

192. Na lista II constam dois chefes de levitas músicos (nn. 10 e 11) e dois chefes de levitas funcionários do Templo (nn. 8 e 9). Pode-se pois facilmente imaginar que a lista I, ao lado de dois vigilantes dos levitas funcionários do Templo (nn. 1 e 3) menciona também dois chefes de músicos. Isso se confirma no n. 4. Assim sendo, pode-se supor que o encarregado das chaves (n. 2) conservava consigo as chaves das salas construídas sob o átrio dos israelitas, dando para o átrio das mulheres, salas essas onde se guardavam harpas, cítaras, címbalos e outros instrumentos de música dos levitas (*Mid.* II 6).

193. Ver *supra*, p. 191.

194. Ver *supra*, p. 234, n. 153-155; p. 236, n. 172s; p. 238, n. 182, 184s.

servos do Templo. Na lista II, quanto ao médico (n. 5) e ao encarregado das cortinas (n. 14), temos o testemunho do próprio texto (*Sheq.* V 2) segundo o qual eles exerciam "uma autoridade em matéria financeira"; o primeiro estava, efetivamente, ligado às finanças do Templo na medida em que o Templo fornecia os medicamentos e sobretudo o vinho [195]. Dos 14 e 15 temos o testemunho de Josefo, afirmando serem eles tesoureiros [196]. Além do mais, o chanceler (n.1), o encarregado das libações (n. 2), o responsável pelos sacrifícios de aves (n. 4), aqueles que se incumbiam da fabricação dos pães da proposição (n. 12) e da preparação dos perfumes para queimar (n. 13) lidavam com o dinheiro e reservas do Templo; pertenciam, pois, ao grupo dos que exerciam "uma autoridade em matéria financeira". Os outros funcionários da lista (nn. 3, 6, 7, 9, 10, 11) dos quais não podemos encontrar nenhuma relação com as finanças do Templo, são sete, o que demonstra termos diante de nós os sete *'ammarkᵉlîn* que constam no fim dessa lista II. O fato confirma que essas sete personagens são funcionários que exercem um posto de vigilância, o que corresponde a nossas considerações precedentes sobre o sentido da palavra *'ammarkal* [197]. Afirmamos, de novo, ser inadmissível a opinião que declara os *'ammarkᵉlîn* como funcionários das finanças [198].

Podemos ainda apresentar dados mais precisos sobre os vigilantes e tesoureiros do Templo. Entre os vigilantes achavam-se o sacerdote (lista II, n. 3) que, todos os dias, dirigia o sorteio das funções da seção cotidiana de serviço e, conforme nos mostra o tratado *Tamid* [199], o conjunto do culto diário, pela manhã e à tarde; além desses, o encarregado das fontes (II 6), que cuidava dos banhos e da manutenção das cisternas e do aqueduto; depois o arauto (II 7) que chamava para o culto sacerdotes, levitas e fiéis; finalmente, os quatro levitas chefes (lista I 1-4; II 8-11) supervisionando os levitas músicos e os guardas do Templo.

195. j. *Sheq.* V 2, 48ª (III/2, 294).
196. Ver *supra*, 238.
197. Ver *supra*, 231.
198. Ver *supra*, 229.
199. Ver *supra*, 236, n. 172.

No que concerne também aos tesoureiros, a idéia acima obtida[199 bis], extraída de fontes que deles fazem menção, confirma-se amplamente: além da administração das rendas do Templo, suas principais funções eram a gestão das reservas do santuário e seu emprego no culto (I 5-8; II 5, 12-13), a gestão das riquezas do Templo (II 14-15) e do comércio das libações e outros sacrifícios (II 1, 2, 4) por conta do Templo.

O desenrolar da liturgia, a administração das finanças, a vigilância do Templo, tais eram os três campos de atividade onde os chefes dos sacerdotes e os chefes dos levitas exerciam sua autoridade.

Nesta parte consagrada aos chefes dos sacerdotes, convém estudar o importante emprego do termo *archiereús, kôhen gadôl,* que aparece no Novo Testamento, em Flávio Josefo e no Talmude. Só o Novo Testamento cita 64 vezes *archiereîs* no plural, quando, entretanto, havia um só sumo sacerdote em exercício; emprega mesmo de bom grado uma frase feita: "os *archiereîs* e os anciãos". Poderíamos pensar que esse plural se explica pelo fato de a palavra designar não somente o sumo sacerdote em exercício (*kôhen mᵉšammeš*) mas, freqüentemente, também um sumo sacerdote demitido (*kôhen šeʿabar*)[200]. Essa solução não é, porém, a melhor; com efeito, em todas as fontes e de maneira repetida, encontramos, com o nome *kôhen gadôl, archiereús,* pessoas que não figuram na lista completa dos sumos sacerdotes dada por Josefo. Assim Sceva, "um *archiereús* dos judeus", cujos sete filhos são exorcistas em Éfeso (At 19,14). Simão, "do número dos *archiereîs*"[201]; Jesus, filho de Safias, "um dos *archiereîs*"[202], o *archiereús* Matias, filho de Boetos[203]; *archiereús* Levi que censurava Jesus por ter penetrado no santuário sem ter observado as

199bis. *Supra,* p. 231.

200. *Hor.* III 4. — De modo mais preciso, o sumo sacerdote destituído chama-se, em Tos. *Sanh.* IV 1 (420, 13), *ha-kôhen šeʿabar miggᵉdûllatô.*

201. *Vita* 39, § 197.

202. *B. j.* II 20, 4, § 566.

203. *B. j.* IV 9, 11, § 574; V 13, 1, § 527-531; VI 2, 2, § 114.

prescrições farisaicas sobre a pureza [204]; os *kôhănîm gᵉdôlîm* citados no Talmude, como Sadoc [205] e Izacar de Kephar-Barqai [206].

E. Schürer, cujo papel pioneiro no campo da história neotestamentária bem conhecemos, tentou resolver o enigma e todos os modernos o seguiram [207]. Via nesses *kôhănîm gᵉdôlîm, archiereîs* "membros de famílias ilustres no seio das quais se escolhiam os sumos sacerdotes" [208]. Para tanto, evocava *B. j.* VI 2, 2, § 114; At 4, 6 e dois textos da Mishna *(Ket.* XIII 1-2; *Ohal.* XVII 5).

Podemos desde já constatar, conforme veremos mais adiante, que Schürer não traduziu corretamente esses dois textos da Mishna. Na passagem da *Guerra,* Josefo conta: "Entre eles [os trânsfugas] encontravam-se os sumos sacerdotes José e Jesus e estes filhos dos sumos sacerdotes: três de Ismael, decapitado em Cirene, quatro de Matias e um de outro Matias que, conforme foi contado, fugiu logo depois de seu pai e três de seus filhos terem sido condenados à morte por Simão, filho de Gioras. Com os *archiereîs* fugiram ainda muitos outros dignitários". Conforme pensa Schürer, podemos realmente ver juntos nos *archiereîs* da última frase, os dois sumos sacerdotes depostos há pouco mencionados e os oito filhos dos sumos sacerdotes; assim sendo, o termo *archieréus* englobaria os parentes mais próximos dos sumos sacerdotes. Mas *archieréus* pode igualmente designar apenas os dois sumos sacerdotes depostos, citados no início do texto. Neste caso, *archieréus* nada mais significaria do que "sumo sacerdote não mais em exercício". Essa passagem de Josefo não constitui, pois, do ponto de vista de Schürer, uma prova irrefutável.

204. Fragmento de um papiro de Oxirinco em B. P. Grenfell e A. S. Hunt, *The Oxyrhynchus Papyri* V, Londres, 1908, n. 840.

205. *Lam. R.* 1, 49 sobre 1, 16 (35ª 14); no relato paralelo diferente, b. *Giṭ.* 58ª, temos Ishmael ben Elisha.

206. b. *Pes.* 57ª bar. Além do mais, é preciso citar aqui o relato a respeito do *kôhen gadôl* que a sorte escolhe para fazer beber as águas amargas (*Pesiqta rabbati* 26, 129ᵇ 5); o sumo sacerdote em exercício não precisava submeter-se ao sorteio dos serviços (*Yoma* I 2).

207. A. Schlatter faz uma exceção, como constatei depois (*ver infra,* p. 245, n. 217).

208. Schürer, II, 275-277.

Schürer apela, com maior razão, para At 4,6 onde "membros das famílias dos sumos sacerdotes" aparecem como um grupo no Sinédrio, quando, no entanto, o Novo Testamento chama-os, simplesmente "os *archiereîs*". O texto tampouco prova, de maneira convincente, que os membros das famílias pontifícias fossem chamados *archiereîs*. Podemos nos perguntar, com razão, se seria por motivo de sua origem, como Schürer vê-se obrigado a supor, que os membros das famílias pontifícias citadas em At 4,6 tinham voz ativa no Sinédrio ou antes, por motivo de sua função [209].

Faltam, pois, provas a favor do sentido que Schürer sustenta; mais ainda: podemos duvidar seriamente dessa solução. Yoḥanan zen Zakkai encontra em Bet-Rama (ou Ramat Bene Anat), provavelmente na Galiléia [210], um *kôhen gadôl* [211]. Será que antes de 70 d.C. membros das famílias pontifícias reinantes já moravam na Galiléia? É muito pouco provável! Segundo Schürer, os "membros das famílias sacerdotais" teriam atuado no Sinédrio [212], haveria lugar para todos nesse colégio de 71 membros? Em caso negativo, segundo que critério seria feita uma escolha da qual nunca ouvimos falar? Mas a dúvida maior [213] provém do fato de ser contrário à filologia o sentido confirmado por Schürer. *Kôhen gadôl, archiereús* significa arcipreste e nada mais; como poderiam um leitor grego em *archiereús*, um leitor judeu em *kôhen gadôl* chegar a compreender, sem outra explicação, que se tratava de um "membro de família sacerdotal?"

Os dois textos da Mishna podem nos ajudar a esclarecer o fato; vemos aí os "filhos" dos *kôhănîm g^edôlîm*

209. Ver *infra*, p. 268-271: a discussão sobre At 4,6 e o que foi exposto sobre o nepotismo que a hierarquia ilegítima praticava ao ocupar os postos de chefes dos sacerdotes.

210. Bet Anat está, sem dúvida, na Galiléia em Tos. *Miqw*. VI 3 (658, 5); ver Schlatter, *Joch. b. Zak.*, 27, n. 1. Os papiros Zenon mencionam também um Bait(i)anata na Galiléia (*Papiri greci e latini* [*Pubblicazioni della Società italiana*], vol. VI, Florença, 1920, n. 594, linha 18).

211. *ARN* rec. A ch. 12, 56ª 9; rec. B ch. 27, 56ª 29 (Ramat benê Anat).

212. Schürer, II, 276; conclusão a partir de At 4,6.

213. Observar, igualmente, *supra*, p. 243, a n. 206.

tomarem decisões em matéria de direito civil [214] e receberem cartas do estrangeiro [215]. Schürer, tão seguro, comete, entretanto, um erro filológico ao pensar em "filhos dos sumos sacerdotes" que, por tal título, "são pessoas providas de prestígio e de autoridade" [216]. Com efeito, outras passagens, de modo particular algumas variantes textuais, mostram que a expressão *b^e^ne kôhănîm g^e^dôlîm* não designa, conforme pensa Schürer, os "filhos dos sumos sacerdotes", mas os *kôhănîm g^e^dôlîm;* do mesmo modo, no Antigo Testamento (1Rs 20,35 e comumente) os profetas são chamados "filhos dos profetas"; no Novo Testamento (Mt 12,27) os escribas são chamados "filhos dos escribas". Com outras palavras, o termo "filho" designa não a descendência mas o sistema [217]. Servimo-nos desse elemento para a leitura das fontes. Ouvimos dizer que os *b^e^ne kôhănîm g^e^dôlîm,* isto é, os *kôhănîm g^e^dôlîm* constituíam um tribunal que tomava decisões em matéria de direito civil a respeito dos sacerdotes. Noutro trecho relatam-nos uma decisão dessa instância: no Dia das Expiações somente um sacerdote ou um levita poderá levar ao deserto o bode Azazel [218]. Conforme demonstram as questões analisadas, é do mesmo tribunal que se trata ao falar de um

214. *Ket.* XIII 1-2.
215. *Ohal.* XVII 5.
216. Schürer, II, 276.
217. Em j. *Sheq.* IV 3, 48ª 35 (III/2, 285), os sumos sacerdotes em exercício, que realizaram o rito da novilha vermelha (desde 200 a.C. são em número de cinco, segundo *Para* III 5) chamavam-se, globalmente, "os filhos dos sumos sacerdotes". Em *ARN* rec. A cap. 4, 24ª 10, temos os "sumos sacerdotes"; a rec. B cap. 7, 21ᵇ 33 diz "os filhos dos sumos sacerdotes". As duas expressões se mesclam, pois. *Sifra* Lv 2,3 (6ᵈ 24, 21): "Assim como o sumo sacerdote Aarão come [sua parte da oferenda alimentar] sem contestação [porque ele tem prioridade na escolha], também os *b^e^nê kôhănîm g^e^dôlîm* comem sem contestar". Esse texto põe em paralelo o primeiro sumo sacerdote e seus sucessores, os sumos sacerdotes em exercício desde Aarão; é evidente que se trata, também lá, dos sumos sacerdotes e não dos filhos deles. — É exata a tradução, em Schlatter, *Joch. b. Zak.*, 25, de *b^e^nê kôhănîm g^e^dôlîm,* por "chefe de sacerdotes" (*Ket.* XIII 1-2).
218. *Yoma* VI 3. A informação "decisão dos sacerdotes" em vez de "decisão dos chefes dos sacerdotes" (ed. príncipe, Nápoles, 1492; ed. de Veneza, 1609; ms. de Cambridge, ed. W. H. Lowe, Cambridge, 1883; ms. de Berlim, *Staatsbibl.* Ms. or. 567, 4ª ed.; ed. príncipe do Yerushalmi, Veneza, 1523) resulta de uma correção ou da omissão acidental de *g^e^dôlîm.*

"tribunal de sacerdotes" diante do qual surgiam, igualmente, assuntos de direito sacerdotal (direito matrimonial dos sacerdotes)[219] e das questões de culto (audição do calendário)[220]; em compensação, o tribunal[221], que sob Agripa I condena à morte uma filha de sacerdote culpada de adultério, é o Sinédrio[222]. Quem são os "arciprestes" que compõem esse tribunal? São sacerdotes de nível mais alto, como o demonstra também a sua teologia saducéia[223]; formam um colégio autônomo e exercem autoridade nas decisões a respeito dos sacerdotes e nas questões cultuais; trata-se, pois, de um clero superior do Templo de Jerusalém.

Temos a solução do enigma. As palavras *kôhen gadôl* designam o arcipreste, o sacerdote cuja posição ergue-se acima da multidão de sacerdotes e nada mais. Em sentido estrito, o arcipreste é pura e simplesmente o sumo sacerdote; em sentido lato, os arciprestes são os chefes dos sacerdotes, elevados a um nível superior aos demais. Ao lado do *kôhen gadôl* que "faz o serviço [no Santo dos san-

219. *Ket.* I 5: o Tribunal fixou em 400 denários (o dobro da tarifa comum) o montante da *keṭûbbah* (contrato de casamento) de uma jovem de família sacerdotal ou que se casou com um sacerdote.

220. *R. H.* I 7. Esse texto se refere a duas instâncias que fixam o calendário: o colégio dos sacerdotes e o Sinédrio. Explica-se porque, primitivamente, os sacerdotes tinham autoridade nesse domínio; mas como eram de opinião saducéia, o Sinédrio o assumiu para impor o ponto de vista fariseu. Essas mesmas duas instâncias aparecem também em *Yoma* I 5: ao lado dos "anciãos do Tribunal", mantêm-se os "anciãos do clero".

221. b. *Sanh.* 52b.

222. A respeito deste caso, eis o que é certo. *a*) Um tribunal judaico pode ocupar-se, sem embaraços, desse julgamento criminal; isso indica a época de Agripa I (Schlatter, *Tage,* 80s). Essa data é confirmada pelo fato de R. Eleazar ben Sadoc, criança, ter testemunhado a execução dessa sentença (Tos. *Sanh.* IX 11; 429, 30) ver *supra,* p. 200. *b*) A decisão foi tomada não segundo o direito farisaico (*Sanh.* VII 2: "Naquela época, o tribunal não era instruído [na Lei]", mas, segundo o direito saduceu (b. *Sanh.* 52b). Com efeito, conforme o ensinamento dos fariseus, a pena de morte por fogueira prescrita pela Lei em Lv 21,9 era infligida com chumbo derretido derramado pela boca, quer dizer, internamente; em contrapartida, segundo o ensinamento dos saduceus, era preciso queimar os culposos numa fogueira, portanto, exteriormente. Foi segundo o sistema saduceu que se puniu a filha do sacerdote em questão.

223. Ver *supra,* n. 220.

tos]"[224], que é "consagrado por investidura"[225], colocam-se os outros *b^e^ne kohănîm g^e^dôlîm,* os chefes dos sacerdotes[226].

Essa explicação filologicamente incontestável permite decifrar todos os textos. Compreendemos, então, por que se pode falar dos *kôhănîm g^e^dôlîm, archiereîs* no plural, por que se mencionam nomes de *archiereîs* que não constam da lista dos sumos sacerdotes em exercício, por que um *kôhen gadôl, archiereús* pode morar na Galiléia, por que pode submeter-se ao sorteio[227], por que o sumo sacerdote Pinḥas, que os zelotas elegeram por sorteio, era, sem dúvida, descendente de uma família pontifícia, mas não fazia parte dos *archiereîs*[228], e por que, no Sinédrio, havia lugar para os *archiereîs.* Em todos esses casos trata-se de chefes de sacerdotes do Templo.

Essa explicação esclarece sobretudo os trechos do Novo Testamento — há pelo menos 64 — que falam dos *archiereîs.* Na maior parte das vezes, são textos em que eles aparecem como membros do Sinédrio, ao lado dos escribas e anciãos. Os *archiereîs,* na qualidade de membros do Sinédrio, participam do processo de Jesus e de sua condenação; mais tarde, do processo dos apóstolos e do interrogatório de Paulo. São os chefes dos sacerdotes que ocupam um posto permanente no Templo e que, por motivo dessa função, têm voz ativa no Sinédrio onde constituem um grupo bem definido. Sabemos, com efeito, que o comandante do Templo[229] e um tesoureiro[230] eram membros do Sinédrio. O número mínimo (só conhecemos esse) era de 1 (sumo sacerdote) + 1 (comandante do Templo) + 1 (vigilante do Templo, sacerdote) + 3 (tesoureiros) = 6; ao número mínimo acrescentavam-se os sumos sacer-

224. *Hor.* III 4; *Meq.* I 9.
225. *Hor.* III 4; *Mak.* II 6; *Meg.* I 9; *Sifra* Lv 21,12 (47^c 187, 43); j. *Yoma* I 1, 38^d 39 (III/2, 166), e *passim.*
226. I *Q M* II 1 (ver *supra,* p. 224, n. 101) cita um ao lado do outro sumo sacerdote (*kôhen harôš*) e chefes de sacerdotes (*rašê ha-kôhănîm*).
227. *Pesiqta rabbati* 26, 129^b 5: ver *supra* p. 242, n. 206.
228. *B. j.* IV 3, 8, § 155.
229. At 4,5-6; sobre essa passagem ver *infra,* p. 270, especialmente a n. 328.
230. *Ant.* XX 8, 11, § 189ss.

dotes depostos, assim como os sacerdotes vigilantes e tesoureiros. Temos aí um total que está em relação provável com os 71 membros do Sinédrio.

Encontramos ainda, no Novo Testamento, algumas passagens que falam dos chefes dos sacerdotes ou dos chefes dos sacerdotes e dos chefes dos guardas (vigilantes) (Lc 22,4) ou dos chefes dos sacerdotes e de seus partidários (At 5,17-21). Trata-se aqui dos chefes dos sacerdotes enquanto autoridades autônomas do Templo, judiciárias e administrativas [231]. Conforme vimos acima, à p. 247, de acordo com fontes talmúdicas, os chefes dos sacerdotes constituíam um colégio autônomo, com atribuições para os assuntos do Templo e do clero. Enquanto corpo de administração, os chefes dos sacerdotes decidem o emprego do dinheiro da traição, trazido ao Templo por Judas, declarando que o "preço do sangue" não pode ser depositado no tesouro do santuário [232]. Autoridades da polícia do Templo projetam com Judas a prisão de Jesus [233], anteriormente decidida pelo Sinédrio (Mt 26-3-4 e par.), dão ordens de prender os apóstolos no átrio do Templo (At 5,17.21), recebem a notícia dos guardas do sepulcro a respeito da ressurreição de Jesus [234] e dos guardas da prisão, anunciando que os apóstolos escaparam à vigilância da polícia do Templo (At 5,24); é ainda nessa qualidade que concedem ao fanático fariseu Saulo um destacamento da polícia do Templo para perseguir os cristãos (At 26,12; cf. 9,14.21;26,10).

Eis o quadro obtido: o comandante do Templo, responsável pelo culto e pela ordem externa, encabeça os chefes dos sacerdotes, enquanto sacerdote que, na hierar-

231. Fazem exceção as passagens nas quais, conforme o mostram o contexto e os paralelos, "chefes dos sacerdotes" é uma designação *a parte potiori* do Sinédrio: Mc 15,3 (cf. Mt 26,12; os chefes dos sacerdotes e os anciãos); 15,10 (cf. Mc 15,1); 15,11 (cf. par. Mt 27,20: os chefes dos sacerdotes e os anciãos); Jo 12,10.

232. Mt 27,6; ver *supra*, p. 198.

233. Mc 14,10-11; Mt 26,14-15; Lc 22,4-5.

234. Mt 28,11; é difícil imaginar que os guardas do sepulcro fossem soldados romanos; esses, com efeito, não teriam ousado acusar-se de que haviam dormido durante a guarda (28,13). Assim também, o aviso aos chefes dos sacerdotes deixa entender que se trata da polícia do Templo (28,11). Por conseguinte, convém tomar o *héchete* de Mt 27,65 como indicativo e não como imperativo.

quia, ocupava o posto mais alto, imediatamente após o sumo sacerdote. Depois dele vem, em ordem hierárquica, o chefe da seção hebdomadária que regula o revezamento; depois, os chefes das quatro a nove seções diárias que fazem parte dessa seção semanal. A manutenção da ordem externa está nas mãos dos sete vigilantes permanentes, dos quais quatro são chefes de levitas; os três tesoureiros permanentes garantem, com seus auxiliares, a administração das finanças. Os chefes dos sacerdotes, continuamente de serviço, formam um colegiado bem definido; possuem jurisdição sobre os sacerdotes e seus membros opinam no Sinédrio.

O fato de os chefes dos sacerdotes de Jerusalém constituírem tal colegiado assume importância, acrescida pela indicação de At 4,6 segundo a qual os chefes dos sacerdotes eram membros da aristocracia sacerdotal. Não seria, portanto, qualquer sacerdote que tinha acesso a tais postos. O fato demonstra que, do ponto de vista social, existiam grandes diferenças dentro do clero; outras informações o confirmam. Entre os chefes dos sacerdotes de Jerusalém (*os archiereîs* do Novo Testamento) e os outros sacerdotes, vivas oposições se criaram nos tempos que precederam de perto a destruição do Templo; o Talmude e Josefo no-lo contam em perfeito acordo. O Talmude queixa-se dos atos de violência dos chefes dos sacerdotes; apropriavam-se compulsoriamente dos couros das vítimas que, todas as noites, numa das salas do Templo, eram repartidas entre os sacerdotes da seção cotidiana do serviço [235]. Na sua atitude violenta, os chefes dos sacerdotes nem sequer aceitaram a medida defensiva dos sacerdotes que consistia, simplesmente, em dividir mutuamente as peles uma vez por semana na presença da seção hebdomadária completa. Além desses fatos, a literatura rabínica queixa-se de sua política de força e do seu nepotismo [236]. Com total liberdade Josefo conta que os servidores dos chefes dos sacerdotes roubaram das eiras dos camponeses o dízimo des-

235. Trata-se, evidentemente, de um grosseiro abuso do direito do sumo sacerdote de escolher antes dos outros; esse direito é descrito *supra,* p. 211.

236. b. *Pes.* 57ª bar.; Tos. *Zeb.* XI 16 (497, 2-3).

tinado aos sacerdotes [237]. Essas diferenças sociais entre os chefes dos sacerdotes e o resto do clero, de acordo com o que os textos nos revelam, não nos serão compreensíveis a não ser que procuremos conceber, com clareza, a situação da aristocracia sacerdotal.

C. A ARISTOCRACIA SACERDOTAL

O sumo sacerdote e a maioria dos chefes dos sacerdotes de Jerusalém eram membros de "famílias pontifícias" [238], quer dizer, da aristocracia sacerdotal. Nesse domínio existem muitas idéias inexatas, até mesmo falsas; somente um olhar na história permite esclarecê-las.

Segundo o conceito histórico do judaísmo contemporâneo de Jesus, a família pontifícia sadoquita — o nome lhe vem de Sadoc, sumo sacerdote em exercício sob Salomão e Davi [239] — tinha dado, desde o tempo de Aarão, muitos sumos sacerdotes que se sucederam sem interrupção [240]. Desses temos a lista, sem nenhuma lacuna, de Aarão até o exílio [241], em 1Cr 5,29-41. Ne 12,10-11 apresenta-a, igualmente, sem uma falta sequer, até o século IV antes de nossa era. Em suas *Antiguidades*, Josefo lhe dá prosseguimento, desde essas referências até o sumo sacerdote Menelau (172-162 a.C.) [242] que, segundo seu ponto de vista certamente falso (ver abaixo, p. 254), foi o último sumo sacerdote sadoquita legítimo [243]. Contamos 14 gerações de

237. *Ant.* XX 8, 8, § 181; 9, 2, § 206s.
238. At 4,6; *Ant.* XV 3, 1, § 39.
239. 2Sm 8,17;15,24 e *passim*; 1Rs 1,8 e *passim*, especialmente 2,35.
240. Na verdade, o direito dos sadoquitas ao sacerdócio não remonta, pelo menos ao que sabemos, senão até a época de Salomão, ver Welhausen, *Pharisaer*, pp. 47ss.
241. Até a época de Salomão figura uma lista paralela, 1Cr 6,35-38, de acordo com a primeira.
242. *Ant.* XI 8, 7, § 347 a XII 5, 1, § 239. Quanto à crítica, ver infra, p. 254, n. 256 e *supra*, p. 212, n. 14.
243. *Ant.* XX 10, 3, § 235. Josefo dá em *Ant.* XX 10, 1-5, § 224-251 um panorama sumário de todos os sumos sacerdotes desde Aarão até a destruição do Templo.

sumos sacerdotes da casa de Sadoc desde a construção do Tabernáculo até a do primeiro Templo [244]. 9 sumos sacerdotes sadoquitas (1Cr 5,36-41; 18 segundo o Talmude e Josefo) [245] que se sucederam regularmente devem ter exercido sua função no primeiro Templo (salomônico); 15 do exílio a Menelau (inclusive) no segundo Templo (pós-exílico) [246].

Não nos cabe examinar aqui a autenticidade dessas listas [247], salvo para os últimos membros da série. Basta-nos constatar o conceito histórico do século I de nossa era, segundo o qual houve, sem interrupção, uma sucessão de sumos sacerdotes sadoquitas desde Aarão até a época do selêucida Antíoco IV Epífanes (175-164 a.C.) [248]; a intervenção desse rei na nomeação do sumo sacerdote e sua perseguição religiosa deram fim ao pontificado sadoquita.

São estes os últimos sumos sacerdotes deste período sadoquita:

	Duração do pontificado	Origem	Instalado por
Onias II	Até 175	filho do sumo sacerdote Simão	sucessão
Jesus (Jasão)	175-172	filho do sumo sacerdote Simão	Antíoco IV Epífanes
Menelau	172-162	sacerdote não sadoquita	Antíoco IV Epífanes
Yakim (Alcimo)	162-159	sacerdote ilegítimo	Antíoco V Eupator (?)

244. 1Cr 5,29-36; Josefo, *Ant.* XX 10, 1 § 228, conta treze.
245. j. *Yoma* I 1, 38c 37 (III/2 162); *Ant.* XX 10, 2, § 231.
246. *Ant.* XX 10, 2, § 234.
247. A historiografia do baixo judaísmo (Josefo) afirma que a família sadoquita contribuiu com sumos sacerdotes segundo sucessão regular. Essa afirmação é verdadeira para a época que vai do exílio a Onias II. Convém, porém, não procurar remontar a genealogia até

Excurso

A cronologia dos livros dos Macabeus

Antes de explicar esta lista, é necessário, para justificar as datas ali indicadas, dizer uma palavra sobre o cálculo da era selêucida nos dois livros dos Macabeus.

Como sabemos, existe uma divergência de opiniões quanto ao início da era selêucida que, nesses dois livros, serve de base à cronologia; se na primavera (1º nisan) 311 a.C.[249] ou 312 a.C.[250], ou no outono (1º tishri) 312 a.C.[251]; ou até mesmo, se não há, no 1º livro dos Macabeus, uma dupla cronologia, correspondendo, realmente, aos dois cômputos diferentes, o da Babilônia e o da Síria-Macedônia: a) uma cronologia para os eventos políticos, começando no outono de 312; b) uma cronologia para os eventos "eclesiais" da vida interna judaica, começando na primavera de 311. Baseando-se na lista dos selêucidas, *British Museum* 35 603 publicada pela primeira vez[252] em 1954, J. Schaumberger[253] propôs essa última solução. Realmente, essa hipótese de dupla cronologia no 1º livro dos Macabeus poderia ser exata, pois explica melhor as diferenças entre o 1º e o 2º livro dos Macabeus na cronologia dos acontecimentos políticos.

Aarão (ver *supra,* n. 241) nem imaginar o chefe dos sacerdotes do Templo de Jerusalém, antes do exílio, investido do primado sobre o clero da mesma maneira que após o exílio. Para a crítica mais minuciosa ver *infra,* p. 254, n. 256.

249. Segundo a lista dos selêucidas *British Museum* 35 603 publicada por A. J. Sachs e D. J. Wiseman em *Iraq* 16 (1954), 202-212, a morte de Antíoco IV deu-se entre 19 de novembro e 19 de dezembro 160 a.C. A mesma data em 1Mc 6,16: o ano da morte de Antíoco IV e o ano 149 da era selêucida = do outono 164 ao outono 163.

249. W. Kolbe, *Beiträge zur syrischen und jüdischen Geschichte,* Stuttgart, 1926, 47-57.

250. Schürer, I, 32-38, que retrata sua opinião anterior e muitas outras.

251. Meyer, *Ursprung,* II, 248, n. 1, e outras. Segundo S. Zeitlin, *Megillat Taanit as a Source for Jewish Chronology and History in the Hellenistic and Roman Periods,* em *JQR* n. s. 9 (1918-1919), 81, ao outono 313 a.C.; é impossível.

252. A. J. Sachs e D. Wiseman, *A Babylonian King List of the Hellenistic Period,* em *Iraq* 16 (1954), 202-212.

253. *Die neue Seleukidenliste B. M.* 35 603 *und die makkabaische Chronologie,* em *Bibblica* 36 (1955), 423-435; cf. R. Hanhart, "Zur Zeitrechnung des I und II Makkabaerbuches", em A. Jepsen-R. Ha-

Dois exemplos podem ilustrar essa dupla cronologia no 1º livro dos Macabeus [254]: o primeiro diz respeito a um acontecimento político; o segundo, a um acontecimento "eclesial" da vida interna judaica.

1. Em 1Mc 6,20-63 como em 2Mc 13,1 é narrada a campanha de Antíoco V Eupator contra a Judéia. Segundo 1Mc aconteceu em 150 da era selêucida, segundo 2Mc no ano 149 dessa era. Se seguirmos Schaumberger [255], não se trata de erro em um dos livros dos Macabeus, mas ambos partem de cálculos diferentes para situar a era selêucida. Estão de acordo sobre se a campanha se realizou no outuno 163 a.C. Na realidade, esse outono, segundo a cronologia do judaísmo empregada por 2Mc, pertence ainda ao ano 149 da era selêucida (= primavera 163-primavera 162); em contrapartida, segundo a cronologia sírio-macedônica utilizada por 1Mc para os eventos políticos, esse outono 163 a.C. já pertence ao ano 150 da era selêucida (= outono 163-outono 162).

2. Uma análise dos acontecimentos do ano 160 da era selêucida contados por 1Mc 10,1-21 mostra que 1Mc calcula também os acontecimentos "eclesiais" da vida interna judaica a partir da primavera (311 a.C.); uma vez Alexandre Balas tornado rei (1Mc 10,1), Demétrio Soter esforça-se por angariar a amizade dos judeus (10,2-7) que, a essa altura, fortificam Jerusalém (10,8-14). Então, Alexandre Balas também faz propostas aos judeus (10,15-20). Nessa situação política favorável, Jônatas, na festa das Tendas, reveste-se a si mesmo dos paramentos de sumo sacerdote (10,21). — Os judeus celebravam a festa das Tendas do 15 ao 21 tishri. Se a era selêucida tivesse começado no outono, todos os acontecimentos precedentes do ano 160 dessa era deveriam ter acontecido do 1º ao 14 tishri. É absolutamente impossível. Em contrapartida, todas as dificuldades desapareceriam se, para esse acontecimento da vida interna judaica, o ano 160 da era selêucida fosse contado a partir da primavera (311 a.C.); nesse caso, o ano 160 da era selêucida teria sido da primavera 152 à primavera 151. Sucede, pois, que 1Mc utiliza duplo cálculo da era selêucida:

nhart, *Untersuchungen zur israelitisch-jüdischen Chronologie, BZAW* 88, Berlim, 1964, 49-96.

254. Em 2Mc os fatos são mais simples já que, com exceção das duas cartas do cap. II, as datas são dadas segundo o cálculo da vida interna judaica.

255. *Art. cit.*, 429s.

os acontecimentos políticos são contados a partir do outono 312 a.C., os acontecimentos "eclesiais" da vida interna judaica a partir da primavera de 311.

Retomemos agora a lista dos últimos sumos sacerdotes apresentada um pouco acima. Segundo a opinião certamente exata do livro de Daniel (9,25-26;11,22), Onias II foi o último sumo sacerdote legítimo na sucessão sadoquita legal[256]. A mando de Antíoco IV, em 175 a.C.[257] substituíu-o seu irmão Jesus (helenizara seu nome para Jasão) que, em troca, prometera ao rei altas quantias e a introdução de costumes gregos em Jerusalém. De acordo com a Lei, entretanto, Onias II tinha direito vitalício à sua função, e seu filho que também se chamava Onias (III) seria o sucessor mais próximo no soberano pontificado[258]. Com a nomeação ilegítima de Jasão ao pontificado em 175, a confusão se introduziu na sucessão dos sumos sacerdotes; o povo tinha o sentido do que era certo e, a seus olhos, o fato de Jasão também ter o sangue de sumo sacerdote nas veias, nada mudava à ilegalidade de sua honra usurpada (ver o julgamento de Dn 9,26-27;11,22).

256. Segundo a numeração de Josefo, é o terceiro de igual nome. Na realidade, este Onias é o filho do sumo sacerdote Simão (o Justo, depois de 200 a.C.). Por erro, Josefo desdobrou Onias, como o fez para Simão, cf. *supra*, p. 210, n. 14 e H. Guthe, *Geschichte des Volkes Israel*, 3ª, Tübingen, 1914, 318. Para o que segue, ver 1Mc; 2Mc; *Ant.* XII 5, 1-11, 2, § 237-435; *B. j.* I 1, 1-6, § 31-47. Ainda O. Holtzmann, *Neutest. Zeitgeschichte*, 2ª ed., Tübingen, 1906, 27-29; Schürer, I, 194-226; B. Stade e A. Bertholet, *Biblische Theologie des A.T.* II, Tübingen, 1911, 203-207; 276-279; H. Guthe, *O. c.*, 318, 322-327; S. Zeitlin, *Megillat Taanit as a Source for Jewish Chronology and History in the Hellenistic and Roman Periods* em *JGR* n. s. 9 (1918-1919), 7-102; 10 (1919-1920), 49-80, 237-290; e especialmente Meyer, *Ursprung*, II, 131-166, 205-252; Schlatter, *Gesch. Isr.*, 102-129.

257. Quanto à data: Jasão foi instituído sumo sacerdote por Antíoco IV Epífanes, feito rei em 174 a.C., e por três anos exerceu a função (2Mc 4,23). Segundo Dn 9, 26-27 (ver *infra*, p. 255, n. 261), Menelau já era sumo sacerdote no fim de 172 a.C. (assassínio de Onias II). Jasão foi, portanto, sumo sacerdote de 175 a 172.

258. 2Mc 4,7-22. O relato de Josefo em *Ant.* XII, 5, 1, § 237 tenta esconder a irregularidade da sucessão de Jasão, fazendo morrer Onias de morte natural desde 175 a.C. e acrescentando que seu filho Onias III por ocasião da morte do pai era ainda menor. Essa apresentação é visivelmente tendenciosa. A morte violenta de Onias II é, além do mais confirmada por Dn 9,26;11,22, o que confirma a apresentação de 2Mc.

Jasão, porém, não desfrutou por muito tempo dessa função ilegalmente conquistada. Em 172, após três anos de pontificado (2Mc 4,23), Antíoco IV destituiu-o e o substituíu por um não sadoquita — ofensa aos sentimentos mais sagrados do povo — Menelau, da classe sacerdotal de Bilga, que prometera ao rei impostos ainda mais elevados [259]. A justo título, o povo considerava Onias II, ainda vivo, como o sumo sacerdote legítimo [260]; pela violação da fé jurada, Menelau condenou-o à morte em fins de 172 — início de 171 a.C. [261].

Onias III [262], revoltado com o assassínio do pai e para sempre sucessor legítimo do pontificado, declarou guerra. Em 170 conquistou Jerusalém num ataque inesperado e seguro, com exceção da fortaleza [263] onde Mene-

259. 2Mc 4,23-24. Descendência não sadoquita, 4,23, cf. 3,4 tradução latina e armênia. Josefo esforça-se por esconder a ilegitimidade de Menelau, explicando que ele é irmão de Onias II e de Jasão e dizendo que ele se chama, igualmente, Onias (*Ant.* XII 5, 1, § 238s; XV, 3, 1, § 41, XIX 6, 2, § 298; XX 10, 3 § 235), mas é absolutamente inverossímil que o sumo sacerdote Simão tenha tido dois filhos com o mesmo nome: Onias II e "Onias Menelau". Além disso, o caráter tendencioso da apresentação de Josefo, que já observamos na n. precedente, é evidente. Suas informações sobre a origem de Menelau são "uma falsificação grosseira destinada a legitimar o usurpador Menelau" (Meyer, *Ursprung,* II, 133).

260. Quanto ao julgamento pronunciado pelo povo, ver, por ex., *Assunção de Moisés* V 4: pessoas "qui non sunt sacerdotes sed servi a servis nati".

261. 2Mc 4,34. Essa indicação de 2Mc é preferível à apresentação de Josefo em *Ant.* XII 5, 1, § 237, segundo a qual Onias II morreu de morte natural em 175 a.C. Com efeito, Dn 9,26;11,22, e talvez também Zc 12,10-14, confirmam a morte violenta de Onias II. Dn 9,26-27 dá a data do assassínio de Onias II: segundo esse texto, aconteceu no início da semana de anos que vai de dezembro 171 a dezembro 164 a.C.

262. É por engano que Josefo em *B. j.* I 1. 1, § 31 e VII 10, 2, § 423 fala de Onias II, pois esse já havia morrido. Ver a n. precedente.

263. Convém sem reserva preferir a apresentação de Josefo em sua *Guerra judaica* I 1, 1, § 31s, vindo sem dúvida de Nicolau de Damasco, historiógrafo da corte de Herodes, àquela da *Antiguidade,* que é deturpada; entretanto, devemos utilizar as próprias informações de *Guerra* com precaução e crítica (ver n. 262 e n. 264). Segundo *Ant.* XII 5, 1, § 239s e 2Mc 5,5-10, foi o antigo sumo sacerdote Jasão que teria atacado Jerusalém. Mas a indicação de 2Mc 5,8, segundo a qual Jasão fora obrigado a fugir para o Egito, permite supor que se tratava primitivamente de Onias III que fugiu para o Egito e fundou o templo de Leontópolis. Além do mais, a apresentação de Josefo em

lau se refugiara (2Mc 5,5). Entretanto, Onias (III) não conseguiu manter-se na luta contra Antíoco IV; o rei retomou Jerusalém em 169 [264], e Onias teve de fugir, enquanto Menelau era reinvestido no sumo sacerdócio. Em situação desesperadora, Onias (III) voltou-se para o Egito cuja comunidade judaica distinguia-o como sumo sacerdote legítimo. Obteve de Ptolomeu VI Filometor (181-145 a.C.) e de sua esposa Cleópatra a permissão de construir o templo de Leontópolis [265]. Onias decidira construir um templo em país pagão e, mais ainda, encontrou, para executar seu plano, muitos sacerdotes e levitas, uma comunidade, e os meios necessários, realmente consideráveis. Enfim, esse templo rival subsistiu em país pagão durante 243 anos, até a sua destruição, pelos romanos, em 73 d.C. Essas circunstâncias seriam absolutamente incompreensíveis, se não soubéssemos com que força vivia, no povo, a convicção de que Onias III era o sucessor legítimo para o pontificado, enquanto filho de Onias II, último sumo sacerdote sadoquita legítimo [266]. A legitimidade do sumo sacerdote e

Antiguidades é deturpada de modo tendencioso visto que o relato de *Ant.* XII 5, 1, § 237ss é dominado pela preocupação de esconder alguma irregularidade na sucessão dos sumos sacerdotes (ver *supra,* p. 254s, n. 258-259-261). É por isso que, segundo *Ant.*, foi o antigo sumo sacerdote Jasão, e não Onias III que empreendeu o ataque a Jerusalém em 170 a.C.

264. Segundo 1Mc 1,20s e *Ant.* VII 5, 3, § 246, de volta de sua primeira campanha egípcia, em 143 da era selêucida = outono 170--outono 169. Segundo *B. j.* I 1, 1, § 31ss e 2Mc 5,1-10, de volta de sua segunda campanha egípcia, em 168 a.C.; contrária a essa, ver a cronologia na n. seguinte.

265. *B. j.* I 1, 1, § 33. Ainda *B. j.* VII 10, 4, § 436 (ou somente em VII 10, 2, § 423 Onias III é posto no lugar de seu pai Onias II): o templo de Leontópolis foi destruído em 73 d.C., 343 (ler 243) anos após sua construção. A fundação se deu, pois, em 170 ou 169 a.C. — Segundo *Ant.* XII 9, 7, § 387; XX 10, 2, § 236, foi somente após o assassínio do sumo sacerdote Menelau e a instituição de Alcimo (162) que Onias III teria fugido para o Egito. Essa data tardia não merece nenhum crédito, pois outras passagens nos mostraram que a apresentação de *Ant.* é suspeita (*supra,* p. 254, n. 258-259, 261-262). Além disso, a fundação de um templo rival é mais compreensível nos anos de crise religiosa que começam em 169 do que em 162, dois anos depois do fim dessa crise. Finalmente, a indicação que acaba de ser citada, relativa à duração do templo de Leontópolis é contrária às informações de *Ant.*

266. Ver em *B. j.* VII 10, 2-3, § 423-432 a esperança de Onias III de atrair para si a totalidade do povo judeu pela construção desse templo.

o fato de o Templo de Jerusalém ter sido profanado pelos sírios reduziam a silêncio todas as objeções que o caráter não sagrado desse novo templo podia despertar.

Nesse ínterim caiu sobre a Palestina o raio da perseguição religiosa (169 ou 167-164) e os Macabeus se sublevaram. Em dezembro 164 a.C., o Templo de Jerusalém que fora profanado, recebeu nova consagração. Ao ler Josefo temos a impressão de que os Macabeus nada alteraram da situação do sumo sacerdote Menelau [267]. Se essa apresentação é exata, a tolerância deles só pode ser explicada pela imensa deferência para com a dignidade do sumo sacerdote. Para compreender a atitude pacífica dos Macabeus em relação a Menelau, tal como chegamos a deduzi-la da narração de Josefo, poderíamos também levar em conta que o legítimo sucessor do pontificado, Onias (III) perdera seus direitos ao construir um templo rival, no Egito, e, de outro lado, que os Macabeus não eram ainda, de modo algum, os senhores poderosos da situação e tiveram, por exemplo, de aceitar, em 162 a.C., que o rei da Síria nomeasse o sumo sacerdote. Não é certo, porém, que os Macabeus tenham tolerado como sumo sacerdote o colaborador Menelau, quanto mais que 1Mc 4,42 declara: "Judas escolheu sacerdotes sem mácula, praticantes da Lei". Podemos somente afirmar que, até 162 a.C., Menelau foi, nominalmente, sumo sacerdote [268].

De uma coisa temos certeza: em 162, sob a instigação de seu tutor e primeiro ministro Lísias, Antíoco Eupator, com dez anos de idade, mandou executar Menelau [269] para atrair a simpatia dos judeus. O sacerdote Yakim

267. Segundo *Ant.* XII 9, 7, § 382ss, especialmente § 385, Menelau foi sumo sacerdote durante dez anos, até o início de 162 a.C. (tratado de paz entre Antíoco IV e os judeus).

268. Schürer, I, 215, n. 16 supõe que Menelau "durante a dominação efetiva de Judas não pôde exercer normalmente as funções de sumo sacerdote". Opinião semelhante em Schlatter, *Gesch. Isr.*, 116. Por outro lado Meyer, *Ursprung,* II, 211, 214, 224, 233 supõe que Menelau permaneceu no posto. Infelizmente nenhuma fonte nos indica claramente qual foi a atitude dos Macabeus em relação a Menelau.

269. *Ant.* XII, 9, 7, § 385; XX 10, 3, § 235; 2Mc 13,3-8. Data desta execução: segundo a apresentação de Josefo foi uma conseqüência da paz concluída em 162 a.C. entre Antíoco V Eupator e os judeus. Segundo 2Mc essa execução se deu antes da campanha que

(Alcimo) que os sírios alçaram então (162 a.C.) ao sumo sacerdócio[270], não era, com efeito, descendente do último sumo sacerdote legítimo Onias II, mas, pelo menos, sadoquita[271], e o fato de ter havido de novo, após Menelau, um sadoquita como sumo sacerdote, foi o suficiente para despertar as esperanças. Os assideus abandonaram os Macabeus e se coligaram a Yakim (1Mc 7, 12-15) que decepcionou amargamente aqueles que nele depositaram sua esperança[272], e sua morte, em maio de 159, pôs termo a seu pontificado[273].

A situação de Jerusalém era então confusa por causa das intervenções arbitrárias dos reis sírios na sucessão dos sumos sacerdotes e da partida para o Egito de Onias III, herdeiro legítimo do pontificado. Um fato revela, claramente, a intensidade dessa confusão: de 159 a 152 a.C., no dizer de Josefo, o cargo de sumo sacerdote dos judeus ficou vacante[274].

Antíoco V empreendeu contra a Judéia no fim do verão de 163; isso parece menos provável.

270. Segundo *Ant.* XII 9, 7, § 385 e XX 10, 3, § 235, Alcimo foi alçado a sumo sacerdote por Antíoco V Eupator (163. outono 162); em compensação, segundo 1Mc 7,5-21 e 2Mc 14,3-13, foi Demétrio I Soter (outono 162-150) que o instituiu. Mas, segundo 2Mc 13,3-8, como segundo Josefo (ver n. precedente), Menelau, o predecessor de Alcimo, fora executado já no reinado de Antíoco V em 162 a.C.; e segundo 2Mc 14,3-7, Alcimo tinha sido nomeado sumo sacerdote antes do reinado de Demétrio. Além do mais, a mudança do sumo sacerdote foi conseqüência do tratado de paz entre Antíoco V e os judeus no início de 162 (*Ant.* XII 9, 7, § 382ss). Assim, pois, a datação de Josefo é certamente exata (outra solução em Schürer, II, 216, n. 23, que não se justifica); a escolha de Alcimo já se dera no início do ano 162 a.C. e não somente no outono.

271. *Ant.* XX 10, 3, § 235: "da raça de Aarão", mas não da família de sumos sacerdotes reinantes, *Ant.* XII 9, 7, § 387: "Ele não pertencia à família dos sumos sacerdotes". 1Mc 7,14: "um sacerdote da raça de Aarão". Em 2Mc 14,7, Alcimo, diante de Demétrio I reivindica sua dignidade de sumo sacerdote, *progonikè dóxa.*

272. 1Mc 7,16-18;9,54-57; 2Mc 14; *Ant.* XII 10, 2-3, § 395ss.

273. Data segundo 1Mc 9,54: 153 da era selêucida = primavera 159-primavera 158 a.C., no segundo mês.

274. *Ant.* XX 10, 3, § 237. Em contrapartida, segundo *Ant.* XII 10, 6, § 414 e 11, 2, § 434, o povo, após a morte de Alcimo, acontecida ao que dizem, em 161 a.C., teria transmitido o pontificado a Judas Macabeu que teria sido sumo sacerdote durante três anos (161--158). De acordo com esses dados, *Ant.* XIII 2, 3, § 46 conta não sete, mas quatro anos de *intersacerdotium*. Tal parecer é visivelmente tendencioso e, aliás, impossível, simplesmente porque 1Mc ignora um

Lancemos de novo um olhar retrospectivo sobre a seqüência dos sumos sacerdotes durante os quinze anos estudados (175-159 a.C.).

Depois da destituição de Onias II, último sumo sacerdote legítimo da família de Sadoc, vemos, sucessivamente, como sumos sacerdotes: 1º um usurpador sadoquita, Jesus (Jasão), 175-172; 2º um sacerdote da classe de Belga Menelau, 172-162; 3º um sadoquita sem linhagem legítima, Yakim (Alcimo) 162-159. Quanto a Onias III, o legítimo herdeiro sadoquita do pontificado, fugiu para o Egito onde fundou o templo rival de Leontópolis. Em 159, Jerusalém viu-se sem sumo sacerdote. Essa vacância durou sete anos. No outono de 152 a.C., por ocasião da festa das Tendas[275], o chefe dos judeus na época[276], o asmoneu Jônatas (161-143/2), revestiu-se das vestes pontificais. Até então, o *bêt ḥašmônay*[277] era, dentro da classe sacerdotal de Yehoyarib, uma família comum, um dos grupos diários, como havia, em número de 4 a 9, em cada classe sacer-

pontificado de Judas e porque Judas, segundo a cronologia certamente exata de 1Mc 9,3 morreu no primeiro mês, quer dizer, no nisan do ano 152 da era selêucida = abril 160 a.C. (Com esse cálculo, supomos que os anos da era selêucida correm de primavera a primavera [ver supra, p. 252s], portanto, que o ano 152 da era selêucida vai da primavera 160 à primavera 159. Mesmo que contemos o ano selêucida a partir do outono, e nesse caso o ano 152 da era selêucida do outono 160 ao outono 159 [então a morte de Judas em nisan 152 da era selêucida, cai em abril de 159]; Judas teria ainda morrido antes da morte de Alcimo que, segundo 1Mc 9,54 morreu somente no ano seguinte, 153 da era selêucida. Ver a n. precedente).

275. 1Mc 10,21: "No sétimo mês [tishri] do ano 160, na festa das Tendas". 160 da era selêucida = primavera 152-primavera 151 a.C. O sétimo mês é tishri (setembro-outubro); a festa das Tendas celebrava-se de 15 a 22 tishri. Portanto, início de outubro 152.

276. Só mais tarde os asmoneus tomaram o título de rei: segundo Josefo (*B. j.* I 3, 1, § 70, *Ant.* XIII II, 1, § 301) com Aristóbulo I (104-103 a.C.); segundo o testemunho das moedas e de Strabon XVI 2, 40, somente com Alexandre Janeu (103-76 a.C.). Essas duas informações não são contraditórias; um emprego interno do título de rei pode ter precedido a proclamação oficial.

277. Targum do Pseudo-Jônatas em 1Sm 2,4: *ḥašmannay.* — *Ant.* XII 6, 1, § 265 chama Matatias, o sacerdote valoroso pai dos cinco macabeus: filho de João, filho de Simão, filho de Asamonaios". *B. j.* I, 1, 3, § 36, em compensação, chama Matatias "filho de Asamonaios". Conforme mostra a comparação dessas três informações, talvez não tenha sido o antepassado de Matatias que tinha o nome de Asmonaios (*ḥašmônay*); esse nome pertence à família.

dotal (seção hebdomadária)[278]. Os sírios ofereceram o pontificado aos asmoneus; esses consideraram-se em condições de aceitá-lo em vista dos serviços que prestaram ao povo, livrando-o do perigo de decadência religiosa durante a perseguição síria. Mas pesou também o fato de os oníadas, herdeiros legítimos do pontificado, estarem em exercício em Leontópolis, no templo de Onias, não reconhecido em Jerusalém.

Entretanto, a origem da família asmonéia não fora esquecida. Em contrapartida, os fariseus mantiveram-se numa atitude de desconfiança diante dos sumos sacerdotes e príncipes asmoneus, por terem saído de uma família sacerdotal comum. Contestaram-lhes o direito ao pontificado, baseando sua objeção relativa a João Hircano (134-104) e a Alexandre Janeu (103-76) no fato de a mãe de João Hircano ter sido prisioneira de guerra, decidiram que os asmoneus deviam renunciar ao pontificado[279]. Não podemos esquecer, porém, de que essa justificação da queixa dos fariseus representa apenas uma parte de seus protestos. A oposição deles visava aos filhos da prisioneira de guerra, e, sobretudo, dos descendentes de uma família sacerdotal comum que usurpou uma dignidade que não lhe era devida. A passagem seguinte da Tosefta[280] mostra a que ponto estavam conscientes da ilegitimidade dos sumos sacerdotes asmoneus originários de uma família sacerdotal comum, que, além do mais, não voltara a sua pátria senão muito tempo após o fim do exílio: "E [os profetas de Jerusalém] entretiveram-se assim com eles [as 24 classes sacerdotais hebdomadárias]: 'Mesmo que Yehoyarib [família sacerdotal à qual pertencem os asmoneus] deva voltar do exílio, nenhum de vós [de vossas seções hebdomadárias] deve-se afastar em benefício dela, mas, sim, integrá-la [uma de vossas seções hebdomadárias]' ". Segundo esse texto, por conseguinte, os asmoneus não têm sequer o direito de serem membros de uma seção sacerdotal

278. Tos. *Ta'an.* II 2 (216, 17); *j. Ta'an.* IV 2, 68ª 14 (IV/1, 178): 5 a 9 seções cotidianas.

279. Ver *supra,* p. 218.

280. Tos. *Ta'an.* II 1 (216, 15) par. j. *Ta'an.* IV 2, 68ª 8-12 (IV/1, 178); b. *Ta'an.* 27ᵇ; b. *'Ar.* 13ª.

e, com mais razão ainda, não têm o direito de se tornarem sumos sacerdotes.

Todavia, os asmoneus souberam arrostar com a situação. De Jônatas, primeiro titular do pontificado, essa nova dignidade passou a seu irmão Simão (142/1-134) e, a partir desse momento, permaneceu hereditário na família asmonéia. Os asmoneus foram sumos sacerdotes sem interrupção durante 115 anos, até a tomada de Jerusalém por Herodes, o Grande, e o governador romano da Síria C. Sósio, em julho de 37 a.C.; durante esse período houve oito sumos sacerdotes asmoneus. A seguir, Herodes exterminou os asmoneus; o *parvenu* idumeu considerava, com razão, os asmoneus como o maior perigo para a sua dominação. Em 35 a.C. houve ainda um sumo sacerdote asmoneu, Aristóbulo, com dezessete anos, instituído por seu cunhado Herodes. Quando Aristóbulo, em 35, subiu ao altar para a festa das Tendas, o povo o aclamou com tumultuosas manifestações de alegria e com lágrimas de emoção [281]. Aos olhos de Herodes, foi o suficiente para eliminá-lo; imediatamente após essa festa deu ordens para afogá-lo numa piscina de Jericó [282]. Aristóbulo foi o último sumo sacerdote de sua família. Herodes multiplicou os crimes, condenou igualmente à morte os parentes afastados [283] da família asmonéia, a fim de que não sobrevivesse nenhum em condições de tornar-se chefe e, conseqüentemente, sumo sacredote [284].

A tomada de Jerusalém em 37 a.C. marca o início de um terceiro período: a supressão do soberano pontificado vitalício e, ao mesmo tempo, a cessação do princípio de hereditariedade. Salvo duas exceções — o babilô-

281. *Ant.* XV 3, 3, § 50-52; *B. j.* I 22, 2, § 437.
282. *Ant.* XV 3, 3, § 53-56; *B. j.* I 22, 2, § 437.
283. Herodes mandou assassinar os filhos de Babas; inicialmente escondidos por um ilustre idumeu, Costobar, foram vítimas da jurisdição criminosa de Herodes em 28 ou 27 a.C. Deviam ser parentes afastados do ramo asmoneu reinante, pois seu nome não aparece em nenhum outro lugar. Entretanto, Herodes não os poupou. Eram os últimos representantes de sexo masculino da família asmonéia (*Ant.* XV 7, 10, § 260-266).
284. *Ant.* XV 7, 10, § 266; "de maneira que não sobreviveu ninguém da família de Hircano". Exterminação completa dos asmoneus em b. *B. B.* 3^b igualmente.

nio Ananel [285] e o asmoneu Aristóbulo há pouco citado — Herodes só nomeou sumos sacerdotes "membros das famílias sacerdotais comuns" [286]; instituía e destituía sumos sacerdotes a seu bel-prazer. Essa situação anárquica continuou até a destruição do Templo em 70 d.C.), de tal forma que, em 106 anos (37 a.C. — 70 d.C.), houve 28 sumos sacerdotes, dos quais 25 oriundos de famílias sacerdotais comuns. Esse número pode ser comparado a outro: durante um período mais longo, isto é, durante 115 anos, os asmoneus só instituíram 8 sumos sacerdotes.

Resumiremos a situação com o auxílio de números, seguindo os dados fornecidos por Josefo [287]. Convém notar que ele conta Menelau como décimo quinto sadoquita em exercício no segundo Templo; com efeito, os nove anos durante os quais ocupou o cargo devem ser contados no *intersacerdotium* porque Menelau não era sadoquita. Josefo conta 83 sumos sacerdotes [288] desde Aarão até a destruição do Templo.

LISTA COMPLETA DOS SUMOS SACERDOTES SEGUNDO JOSEFO

		Número de sumos sacerdotes	Duração
1º período: sadoquitas	a) Da saída do Egito [289] até a construção do primeiro Templo	13	612
	b) No primeiro Templo (salomônico)	18	466 ½
	O exílio	—	70
	c) No segundo Templo (Menelau incluído)	15	412
		46	1.560 ½

285. Ver *infra*, 272s.
286. *Ant.* XX 10, 5, § 247; Tos. *Yoma* I 7 (180, 28).
287. *Ant.* XX 10, 1ss, § 224ss.
288. *Ant.* XX 10, 1, § 227. Quanto a este número, ver a indica-

Intersacerdotium	a) O sacerdote Alcimo	1	3
	b) Período sem sumo sacerdote	—	7
2º período: asmoneus		8	113 ½ [290]
3º período: época herodiana e romana (37 a.C. — 70 d.C.)		28	107 [291]
	Total ...	83	1.791

Esse panorama histórico permite-nos compreender melhor o conceito de aristocracia sacerdotal. No século I de nossa era havia dois grupos de famílias pontifícias: as que eram legítimas e as que não eram. As famílias *legítimas* compunham-se unicamente de sadoquitas em serviço no Templo de Onias em Leontópolis e as famílias oriundas desse ramo dirigente; os *ilegítimos* eram as famílias de cujo seio o acaso e a política tinham, desde 37 a.C., elevado um ou diversos membros à dignidade suprema. (Quanto aos asmoneus, então já extintos, teriam constituído um intermediário entre os dois; descendiam de uma família sacerdotal comum, mas haviam entretanto detido o pontificado durante mais de um século, antes de serem exterminados). Tal é o quadro fornecido pelas fontes.

No IV livro de sua *Guerra judaica,* Josefo conta como o chefe dos zelotas, João de Giscala, apossou-se de Jerusalém por volta do início de novembro de 67 d.C., e de que maneira os zelotas estabeleceram, após uma nova

ção do Talmude, j. *Yoma* I 1, 38c 39 (III/2, 162): no segundo Templo (do exílio até 70 d.C.) estariam exercendo suas funções 80 sumos sacerdotes; segundo outros, 81, 82, 83, 84 ou 85.

289. *Ant.* XX 10, 1, § 230: Josefo conta a partir da saída do Egito e não a partir da construção do Tabernáculo.

290. Festa das Tendas 152-julho 37 a.C., portanto, na realidade, 114 anos e 9 meses.

291. Julho 38 a.C.-10 ab (cerca de agosto) 70 d.C., portanto, na realidade, 106 anos e 1 mês.

instância, a escolha do sumo sacerdote. Esses benfeitores do povo para cujo aumento de poder tudo contribuía, exploravam com suas maneiras os sentimentos da população fiel à Lei; pode ser que, em parte, tenham agido com seriedade. Inicialmente, "declararam inválidos os direitos das famílias no seio das quais, alternadamente, escolhiam-se sempre os sumos sacerdotes"[292]. Trata-se daquelas famílias de onde, desde 37 a.C., saíam os sumos sacerdotes; delas ainda falaremos com mais minúcias. Os zelotas tinham razão; tratava-se de famílias sacerdotais comuns e consideradas ilegítimas. Para substituí-las, os novos dirigentes, servindo-se de um velho costume, introduziram o sorteio para a escolha do sumo sacerdote. Em conseqüência, convocaram uma das tribos pontifícias, a de Eniaquin e sortearam um sumo sacerdote[293]. De propósito, Josefo escolhe a palavra "tribo" (*phulé*) como a única que convém aqui. Uma "tribo pontifícia" só pode designar uma família oriunda da família pontifícia sadoquita legítima que fornecera os sumos sacerdotes em Jerusalém, até 172 a.C., e, depois, em Leontópolis. Essa tribo pontifícia vivia no campo. Exteriormente, nada a distinguia das outras famílias sacerdotais, nem mesmo a educação de seus membros; o sumo sacerdote escolhido por sorteio, Fani, do vilarejo de Aftia[294], era um canteiro[295], totalmente inculto[296]. Todavia, essa tribo tinha a vantagem de ser descendente de sadoquitas; foi por esse motivo[297] que os zelotas pensaram nela, reatando assim com o passado. O último sumo sacerdote da história judaica foi, pois, um sa-

292. *B. j.* IV 3, 6, § 148, cf. 3, 7, § 153.
293. *B. j.* IV 3, 8, § 155.
294. Pinḥas de Ḥabta na tradição rabínica.
295. Segundo Tos. *Yoma* I 6 (180, 25); *Lv. R.* 26, 8 sobre 26, 8 sobre 21, 10 (71b 28); *Sifra* Lv 21,10 (47c 187, 8) os sacerdotes enviados para buscá-lo trouxeram-no da pedreira a Jerusalém. Apoiando-se em 1Rs 19,19, seu parente Ḥananya ben Gamaliel II (por volta de 120 d.C.) afirma que o trouxeram de sua charrua à nova dignidade (Tos. *Yoma* I 6 (180, 27); *Sifra* Lv 21,10 (47c 189. 10); não se trata senão de uma adaptação segundo 1Rs 19,19.
293. *B. j.* IV 3, 8, § 155.
297. Schürer, I, 618: "Era um homem do povo, e isso é essencial". Essa opinião não leva em conta o fato principal, isto é, a origem familiar do sumo sacerdote escolhido por sorteio.

doquita, se fizermos abstração do sumo sacerdote Eleazar, durante o levantamento de Bar Kokba.

Eniaquin não era a única "tribo" sadoquita. Outra família sacerdotal, procedente do ramo pontifício legítimo, vivia em Babilônia; dela saiu o sumo sacerdote Ananel, primeiro sumo sacerdote nomeado por Herodes após a tomada de Jerusalém em 37 a.C.[298]. Como os zelotas, Herodes também representou, neste ponto, o papel de guarda da tradição, ao nomear sumo sacerdote, em lugar dos "usurpadores" asmoneus, um descendente da família sadoquita legítima. Mas, como os zelotas mais tarde, escolheu prudentemente um homem sem qualquer projeção[299].

Do que precede, chegamos à conclusão de que havia, no século I antes de nossa era e no século I após, famílias sacerdotais descendentes do ramo sadoquita legítimo[300]; o primeiro e o último dos sumos sacerdotes em exercício entre 37 a.C. e 70 d.C., foram de origem sadoquita. O fato é muito ilustrativo; embora as famílias sadoquitas não gozassem de influência política, a consciência popular colocava-as bem acima das influentes famílias pontifícias ilegítimas. No Oriente, a descendência pesou sempre mais do que o poder porque é atribuída à vontade de Deus; muitas vezes teremos ainda ocasião de constatá-lo.

Sem dúvida, influência e poder encontravam-se do lado das famílias pontifícias ilegítimas, portanto daquelas que, desde 37 a.C. legaram os sumos sacerdotes, menos três. Entre os 28 últimos sumos sacerdotes judeus em exercício de 37 a.C. a 70 d.C. — foi apenas durante a guerra de Bar-Kokba que apareceu ainda uma vez um sumo sacerdote, Eleazar — somente o primeiro e o último da sé-

298. *Ant.* XV 3, 1, § 40, cf. 2, 4, § 22 (segundo *Para* III 5, ele era egípcio.

299. *Ant.* XV 2, 4, § 22 diz que Herodes nomeou não um sacerdote do país, homem influente, mas um estrangeiro insignificante. Em contradição com Josefo, interpretou-se essa indicação da seguinte maneira, que é completamente falsa: Ananel era "de origem sacerdotal comum" (Schürer, II, 269; opinião semelhante em Otto, *Herodes*, col. 38. Precisamente o que ele não era!

300. É a uma dessas famílias que pertencia R. Sadoc, sacerdote célebre que ministrava aulas em Jerusalém, antes de 70 d.C. *ARN* rec. A cap. 16 63ª 25 refere-se a ele como sendo da descendência pontifícia. Não é por acaso que se chamava Sadoc!

rie, como vimos, pertenciam a uma família legítima: o babilônio Ananel (sumo sacerdote em 37-36 [5], e a partir de 34 a.C. pela segunda vez) e Pinḥas de Habta, o canteiro (67 [8]-70 d.C.); além disso, um asmoneu foi ainda uma vez sumo sacerdote na pessoa de Aristóbulo (35 a.C.). Os 25 outros procediam de famílias sacerdotais comuns. Essas famílias assim enobrecidas de um momento para outro, vindas, em parte, do estrangeiro [301], e em parte da província [302], formavam rapidamente uma nova hierarquia, ilegítima, sem dúvida, mas poderosa. Compunha-se, especialmente, de quatro famílias; cada uma delas se esforçava por conservar, o mais tempo possível, o pontificado. Entre os 25 sumos sacerdotes ilegítimos da época herodiana e romana, não menos de 22 pertencem a essas quatro famílias, isto é, aos Boetos (8) [303], Anás (8), Fiabi (3) e Kamith (3); quanto aos três outros sumos sacerdotes [304], podemos supor que lhes estavam ligados.

Entre essas famílias a mais importante na origem foi a de Boetos [305], procedente de Alexandria. Seu primeiro representante foi o sumo sacerdote Simão [306], sogro de He-

301. A família de Boetos era originária de Alexandria.

302. O sumo sacerdote José, filho de Ellem, que oficiou em 5 a.C. no Dia das Expiações, no lugar do sumo sacerdote e, por conseqüência, figura na lista dos 28 sumos sacerdotes, era originário de Séforis (Tos. *Yoma* I 4 (180, 14); b. *Yoma* 12[b]; j. *Yoma* I 1, 38[d] 1 (III/2, 164). A família pontifical *bêt'alôbay* (j.: *'anôbay*) era originária de *ṣebiyyîm* (j.: *bêt sebô'îm* a família pontifical *bêt qayyapha* (j.: *neqîphî*), de *bêt meqôšeš* (j.: *bêt qôšeš*): Tos. *Yeb.* I 10 (241, 25); j. *Yeb.* I 6, 3[a] 47 (IV/2, 18) (desses nomes de lugares b. *Yeb.* 15[b] faz nomes de famílias). A última família citada poderia ser a do sumo sacerdote Caifás, cf. *supra,* p. 136, n. 95.

303. Aos seis membros da família de Boetos citados por Schürer, II, 275, é preciso acrescentar dois: Matias, filho de Teófilo (5-4 a.C.) que, segundo *Ant.* XVII 6, 4 § 164, era genro de Simão, chamado Boetos (22-5 a.C.), e José, filho de Ellem (5 a.C.). Esse último parente de Matias, e visivelmente parente muito próximo, pois, substituiu-o uma vez (*Ant.* XVII 6, 4, § 164); convém, pois, contá-lo entre os membros da família de Boetos.

304. São eles: Jesus, filho de See (até 6 d.C.); Ananias, filho de Nebedeu (a partir de 47, aproximadamente); Jesus, filho de Damnéia (cerca de 62-63).

305. Em b. *Pes.* 57[a] bar., ela é citada em primeiro lugar; em seguida vem a família de Qatros (Kanteras) que lhe é aparentada.

306. Chamam-no por vezes Boetos, segundo o nome de sua família, por ex., *Ant.* XIX 6, 2, § 297.

rodes (22-5 a.C.); notemos a duração de seu pontificado: 17 anos! [307]; essa família ainda conseguiu investir das funções pontifícias sete de seus membros. Um fato mostra também o poder de sua influência: uma parte dos saduceus e até mesmo todo esse partido é chamado "Boetusianos" [308]. Mais tarde a família de Boetos foi suplantada pela do sumo sacerdote Anás (6-15 d.C., no cargo, portanto, durante 9 anos) [309], de quem cinco filhos assim como o genro Caifás (18, aproximadamente, — 37, 19 anos em exercício!) [310] e o neto Matias (65) foram sumos sacerdotes. Segundo as informações de Josefo, a família de Kamith, como a de Fiabi deu três sumos sacerdotes; mas, segundo a lenda do Talmude, deu sete que eram, dizem, todos irmãos e dos quais somente um ou dois devem ter oficiado como substitutos de seu irmão impedido por alguma impureza ritual.[311].

307. Quanto a estas datas: Simão foi citado após o fim da fome (*Ant.* XV 9, 3, § 319ss). Baseando-nos na cronologia dos anos sabáticos, devemos situar essa fome em 24-22 a.C.; ver meu artigo *Sabbathjahr,* em *ZNW* 27 (1928), 98s.

308. Tos. *Sukka* III 1 (195,19); b. *Sukka* 43ᵇ; cf. Tos. *Yoma* I 8 (181, 3) e *passim.*

309. Lc 3,2; At 4,6; Jo 18,13.24.

310. Freqüentemente no Novo Testamento; ver também *supra,* p. 266, n. 302. Não nos devemos prender à data de 36 d.C., correntemente aceita para a destituição de Caifás. Segundo *Ant.* XVIII 4, 2, § 89, Vitélio, governador da Síria, enviou Pilatos a Roma para se justificar, depois veio a Jerusalém para a Páscoa e, nesta ocasião, destituiu Caifás (§ 95). Pilatos só chegou a Roma após a morte de Tibério, acontecida em 16 de março de 37; não foi, pois, destituído antes do fim de 36, provavelmente no início de 37. Por conseguinte, Vitélio encontrava-se em Jerusalém na Páscoa de 37 e foi então que Caifás foi revogado (cf. Otto, *Herodes,* col. 193ss n. Otto comete apenas o erro de confundir essa primeira visita de Vitélio com a segunda, contada em *Ant.* XVIII 5, 3, § 122ss. É absolutamente impossível, pois por ocasião dessa segunda visita, o destituído foi o sumo sacerdote Jônatas, sucessor de Caifás. Durante sua segunda visita, Vitélio recebeu a notícia da morte de Tibério. Ora, para chegar à Palestina, as notícias levavam de um a três meses, conforme os ventos fossem favoráveis ou não. Essa segunda visita realizou-se, pois, certamente, no Pentecostes de 37. Por conseguinte, Jônatas, sucessor do sumo sacerdote Caifás, ficou no cargo apenas 50 dias, da Páscoa até Pentecostes 37).

311. Segundo b. *Yoma* 47ª, os irmãos que oficiavam como substitutos foram Yeshébab e Josefo. A passagem paralela Tos. *Yoma* IV 20 (189, 14) menciona apenas um irmão substituto; chama-se Judas em *Lv. R.* 20, 7 sobre 16, 1-2 (53ᵇ 26); j. *Yoma* I 1, 38ᵈ 6 (III/2, 164); j. *Meg.* I 12, 72ª 49 (não traduzido em IV/1, 220 que remete ao par. III/2, 164); Tanḥuma, *'aḥarê môt,* § 7, 433, 24 e *passim.*

Sobre que repousava o poder dessas poucas famílias? Encontramos a resposta no lamento [312] pronunciado contra a nova hierarquia por Abba Shaul, filho da batanéia (que vivia em Jerusalém antes de 70 d.C. [313] e ministrando seus ensinamentos até quase 100), em nome de [314] Abba José ben Hanin [315] (antes de 70, em Jerusalém):

Ai de mim por causa da família de *Baithos* [Boetos],
ai de mim por causa de sua lança [316]!
Ai de mim por causa da família de *Hanin* (Tos.: Elḥanan; é [Anás] [317],
ai de mim por causa de suas murmurações [318]!
Ai de mim por causa da família de *Qatros* (Tos.: Qadros; é [Kantheras],
ai de mim por causa de seu cálamo! [319]
[Ai de mim por causa da família de *Elisha,*
ai de mim por causa de seu punho! - acrescentado em Tos.]
Ai de mim por causa da família de *Ishmael ben Fiabi,*
ai de mim por causa de seu punho! [320]

Por que eles são sumos sacerdotes, tesoureiros são os seus filhos, os genros, vigilantes do Templo [321], e seus servos maltratam o povo [Tos.: nós] com pauladas [322].

312. b. *Pes.* 57ª bar.; Tos. *Men.* XIII 21 (533, 33).

313. Ressalta de b. *Beṣa* 19ª bar. que ele vivia em Jerusalém ainda antes da destruição do Templo.

314. Tos.: "e".

315. Tos.: "Abba Yosé ben Yoḥanan, morador de Jerusalém". O nome é o mesmo; somente a transliteração é diferente. Pode-se dar, porém, que a Tosefta, por engano, tome-o pelo doutor do mesmo nome, mencionado em *P. A.* I 4 e que vivia por volta de 150 a.C.

316. Ou "por causa de sua maldição".

317. A lição de Babli é a melhor: Ḥanin.

318. = maledicências. — Tos.: "... ai de mim por causa da família e murmurações".

319. = decretos.

320. Essas oito últimas palavras faltam na Tos. que já as colocou na frase anterior.

321. *'Ammarkᵉlîn,* ver *supra,* p. 23ss.

322. O texto da Tosefta é menos bom (ver *supra,* p. 268, n. 314s, 318. É de admirar que nesse texto da Tosefta apareça outra família, a de Elisha. Na lista completa que Josefo nos dá dos sumos sacerdotes nos 100 últimos anos antes da destruição do Templo, não consta nenhum sacerdote com o nome Elisha ou filho de Elisha. Quanto à tradição rabínica: *a*) nesse texto ela cita uma família pontifícia de Elisha; *b*) em *Ber.* 7ª bar. e b. *Giṭ.* 58ª, ouvimos falar de rabi (sic!) Ishmael ben Elisha, sumo sacerdote, oficiando no Santo dos santos; só

Essa lamentação que nos revela de maneira característica o estado de espírito do povo e do baixo clero contra a nova hierarquia ilegítima, contém excelente material histórico. O autor, assim como aquele que narra a tradição, pertencem ainda à Jerusalém de antes da destruição do Templo, e o texto cita as três famílias pontifícias (Boetos, Anás, Fiabi; o sumo sacerdote Shimeon Kantheras era filho de Boetos, sua família pertence, pois, à família dos Boetos) que, como já pudemos ver pelos escritos de Josefo, mantinham as rédeas. Essas maldições nos mostram que a influência da nova aristocracia repousava sobre a política da força, em parte brutal (pauladas, murros), em parte intrigante (murmurações, cálamos). Essa política permitia-lhe obter as principais funções do Templo, assim como as taxas e os fundos. Quanto às funções, trata-se dos postos fixos de chefes de sacerdotes em Jerusalém: o de comandante do Templo — conforme vimos nas pp. 277s, era habitualmente preenchido pelo amigos íntimos e pelos mais próximos parentes do sumo sacerdote — e os de vigilantes do Templo que vinham logo a seguir, assim como os postos de tesoureiros. Segundo o texto dessa queixa era, pois, costume escolher todos os chefes dos sacerdotes entre os filhos e os genros dos sumos sacerdotes e dos antigos sumos sacerdotes.

Numa passagem freqüentemente interpretada erroneamente, o Novo Testamento afirma este nepotismo da nova hierarquia. At 4,5-6 descreve assim a convocação de uma seção do Sinédrio: "[5] No dia seguinte, reuniram-se em Jerusalém os chefes dos judeus, os anciãos e os escribas. [6] Estavam presentes o sumo sacerdote Anás, [o ancião] Caifás

pode ser um dos dois sumos sacerdotes portadores do mesmo nome Ishmael (Ishmael ben Phiabi I, cerca de 15-16 d.C., e Ishmael ben Phiabi II, até 61), que foi confundido com o célebre R. Ishmael ben Elisha (executado em 135 d.C.); *c*) em Tos. *Ḥalla* I 10 (98, 10), R. Ishmael ben Elisha jura pelas vestes pontificais de seu *'abba*. Não deve estar se referindo a seu pai, já que não existe nenhum sumo sacerdote com o nome Elisha; trata-se, portanto, de um antepassado, provavelmente o sumo sacerdote Ishmael ben Phiabi II. — É de se supor que o texto da Tosefta designe por família de Elisha, a família de Phiabi que se encontra assim duas vezes mencionada.

e Jônatas [323], Alexandre e todos os membros das famílias dos sumos sacerdotes".

O versículo 5 cita os três grupos conhecidos que formam o Sinédrio: chefes de sacerdotes, anciãos e escribas. A palavra "chefes" *archontes* aí figura no lugar de *archiereîs,* termo preferido alhures; o mesmo acontece no versículo 8 [324] e com freqüência em Josefo [325]. O v. 6 não menciona outro grupo de membros do Sinédrio; conforme o demonstra a inadequação do nominativo na construção, ele especifica os membros do primeiro grupo, o mais importante, isto é, o dos *archiereîs,* quer dizer [326], chefes dos sacerdotes de Jerusalém. São estes: *a*) o antigo sumo sacerdote Anás (em exercício de 6 a 15 d.C.), encabeçando a lista por causa de sua idade e influência; *b*) seu genro Caifás, sumo sacerdote em exercício (18-37 ap.); *c*) Jônatas, filho de Anás que, alguns anos após o evento narrado por At 4,1-22, sucedeu a Caifás como sumo sacerdote (37) [327] e que, segundo tudo indica [328], era, na época, comandante do Templo; *d*) Alexandre que não é conhecido de maneira mais precisa, aliás; *e*) outros membros das famílias sacerdotais na medida em que ocupavam os postos de chefes de sacerdotes no Templo de Jerusalém.

323. Na maioria dos mss. lê-se *Ioánnes.* Em contrapartida, em D d g p lê-se *Ionáthas.* João aparece cerca de 135 vezes no Novo Testamento, enquanto Jônatas não é encontrado em lugar algum; além do mais, a intervenção desses dois nomes encontra-se noutro lugar (Th. ZAHN, *Die Apostelgeschichte* I, 3ª ed., Leipzig, 1922, 167, n. 88). Razões de crítica interna permitem, pois, sem dúvida, decidir a favor da versão Jônatas das testemunhas ocidentais que acabam de ser citadas.

324. Comparar o v. 8 com o v. 23! — O mesmo emprego do termo se encontra já, talvez, em 1Mc 1,26 "Arcontes e anciãos" com 7,33 e 11,23 "sacerdotes e anciãos". De outro modo em 14,28, onde "sacerdotes, arcontes do povo e anciãos do país" encontram-se uns ao lado dos outros.

325. Ver as provas de Schürer, II, 252, n. 41 e 42.

326. Ver *supra,* 245s.

327. *Ant.* XVIII 4, 3, § 95. Sobre seu curto pontificado de apenas 50 dias, ver *supra.* p. 267, n. 310.

328. j. *Yoma* III 8, 41ª (III/2, 197): "O sumo sacerdote não era nomeado para tal dignidade se já não tivesse sido comandante do Templo"; sobre essa questão, ver *supra,* p. 227. É provavelmente o que se dá aqui, tanto mais que a família de Anás está em exercício, família que desfrutava então de poder particularmente grande; nenhum outro sumo sacerdote do século I manteve-se tanto tempo no exercício de suas funções quanto Caifás.

At 4,5-6 confirma, pois, os dados talmúdicos segundo os quais a nova hierarquia se conluiava para dar a seus membros os postos influentes do Templo: não somente o genro do antigo sumo sacerdote Anás é sumo sacerdote em exercício e um de seus filhos comandantes do Templo, mas a família pontifícia reinante, a de Anás, detém outros postos, na realidade, todos os outros postos-chave! A composição do governo em 66 d.C., quando estourou a revolta contra os romanos, permite-nos avaliar de que poder dispunha a nova hierarquia, e como tinha entre as mãos não somente o Templo, o culto, a jurisdição sobre os sacerdotes [329], um número considerável de cadeiras na assembléia suprema, o Sinédrio [330], mas também a direção política da assembléia do povo [331]. Em 66, com efeito, um dos dois governantes de Jerusalém foi o ex-sumo sacerdote Anan; um dos dois da Iduméia foi o chefe dos sacerdotes, o outro, o filho do sumo sacerdote Anan; além desses, três sacerdotes receberam o comando na Galiléia, mas ignoramos a origem dos outros quatro governantes, os de Jericó, Peréia, Tama e Gofua com Acrabata [332]. Pelo seu nepotismo, a aristocracia sacerdotal conseguiu ter nas mãos não somente a força política, mas também a administração dos fundos do Templo, que é igualmente importante. "Seus filhos são tesoureiros... e seus servos maltratam o povo com pauladas", lemos há pouco no lamento de Abba Shaul. A queixa a respeito das brutalidades dos servos faz pensar nos casos, acima narrados, de apropriação brutal e ilegal das taxas e porções de vítimas destinadas aos sacerdotes das 24 seções hebdomadárias. Na realidade, podemos constatar que a maioria das famílias, da nova hierarquia, assim como os Boetos, Anás, Fiabi, dispunham de grandes recursos [333].

A nova hierarquia podia exibir riquezas e poderio; nada substituía a legitimidade que lhe faltava.

329. *Supra,* pp. 245s.
330. *Supra,* p. 247.
331. São quase sempre os sacerdotes dirigentes que tomam parte nas embaixadas, por ex., *Ant.* XX 8, 11, § 194 e *passim.*
332. *B. j.* II, 20, 3 s., § 562ss; Galiléia: *Vita* 7, § 29.
333. Reuni as provas *supra,* p. 139ss. Cf. a prescrição de Tos. *Yoma*

D. OS SACERDOTES "COMUNS" [334]

Paralelamente a essa aristocracia sacerdotal encontrava-se a multidão dos sacerdotes. No meio do povo judeu, o clero constituía uma comunidade tribal fortemente organizada que fazia remontar sua genealogia até Aarão, e dentro da qual o sacerdócio se transmitia por herança. Segundo uma distribuição muito antiga, o clero era dividido em classes sacerdotais. Já em 455 a.C., por ocasião da assinatura solene da Lei, contavam-se 21 classes sacerdotais, seções para o serviço (Ne 10,3-9). No século IV, cerca do fim do período persa, aparece uma segunda lista que menciona 22; cinco das classes antigas desapareceram, seis novas lhes foram acrescentadas (Ne 12,1.7. 12-21). O primeiro livro das Crônicas cita, pela primeira vez, 24 classes de sacerdotes; de novo doze antigas classes desapareceram, catorze novas surgem (1Cr 24,1-19). Em 1Cr 24,7, a família sacerdotal de Joiarib à qual pertenciam os Macabeus (1Mc 2,1;14,29) é citada em primeiro lugar, enquanto não figura em Ne 10,3-9 e aparece num posto subordinado em Ne 12,1-7.12-21. Conclui-se, pois, que essa terceira lista só pode ter sido redigida no tempo dos Macabeus [335].

As divisão do clero em 24 classes sacerdotais, cumprindo alternadamente, segundo sua condição, uma semana de trabalho em Jerusalém, de sábado a sábado [336] — e por isso as classes se chamavam também seções hebdomadárias — estava em vigor no tempo de Jesus [337]. Essas 24 classes sacerdotais abrangiam todos os sacerdotes dis-

I 6 (180, 23) segundo a qual o sumo sacerdote deve superar em riquezas os outros sacerdotes.

334. *Kôhen hedyôṭ.*

35. O texto da Tosefta, citado *supra,* p. 260, mostra igualmente que a divisão de 1Cr 24,7-18 que coloca a classe de Yehoyarib em primeiro lugar, deve ser de data recente.

336. *C. Ap.* II 8, § 108; *Ant.* VII 14, 7, § 365; Lc 1,8.

337. *Ant.* VII 14, 7, § 365s; *Vita* 1, § 2; Tos. *Ta'an* II 1 (216, 12) e par. (ver *supra,* p. 260, n. 279); Lc 1,5-8; *Cant. R.* 3, 12 sobre 3, 7 (40ª 31) e *passim.*

persos na Judéia e na Galiléia [338]. Cada uma dessas classes sacerdotais (seções hebdomadárias) [339] dividia-se em 4 a 9 famílias de sacerdotes (seções cotidianas) [340], oficiando, alternadamente, durante os sete dias da semana de serviço de sua seção hebdomadária. Já encontramos [341] um exemplo dessa divisão, sob a forma do *bêt ḥašmônay,* seção cotidiana que fazia parte da seção hebdomadária de Joiarib. Encabeçando uma seção hebdomadária achava-se o *rôš-ha-mišmar*; encabeçando uma seção cotidiana, o *rôš bêt'ab* [342]. Vemos, pois, que o conjunto dos sacerdotes se compunha de 24 seções hebdomadárias, divididas em aproximadamente 156 seções cotidianas.

Na presente pesquisa não nos toca descrever a atividade litúrgica dos sacerdotes. Em compensação, ligado ao que expusemos sobre a sua distribuição social, devemos procurar saber o número dos sacerdotes judeus.

Com exagero incomum, o Talmude afirma que a menor das seções hebdomadárias com sede em Shihin, na Galiléia, contava com 85.000 jovens sacerdotes [343]. Opostamente, segundo o Pseudo-Hecateu [344], o número não excedia a 1.500 [345]. Nem mesmo esse número deve ser levado em consideração conforme deduziu Büchler [346]; talvez esse número correspondesse apenas aos sacerdotes que ha-

338. Sacerdotes na Galiléia: Shiḥin na Galiléia: j. *Ta'an.* IV 8, 69ª 53 (IV/1, 192); Séforis: ver *supra,* p. 266, n. 302; Tos. *Soṭa* XIII 8 (319, 20); j. *Yoma* VI 3, 43ᶜ 59 (III/2, 234); b. *Yoma* 39ª, Schlatter, *Gesch. Isr.,* 136; Büchler, *Priester,* 196-202.

339. *Mismar* (guarda). Josefo, *Vita* 1, § 2: *ephemerís, patriá* Lc 1,5-8: *ephemería.*

340. *Bêt'ab*; Josefo, *Vita,* § 2: *phulé.* De modo curioso, Josefo inverte os termos gregos e denomina a seção hebdomadária, "seção cotidiana" (*ephemerís*) e designa a seção cotidiana pelo termo geral de "tribo" (*phulé*). Encontramos o número das seções cotidianas de uma seção hebdomadária em Tos. *Ta'an* II 1-2 (216, 12): 4 a 9 seções cotidianas, e em j. *Ta'an* IV 2, 68ª 14 (IV/1, 178): 5 a 9.

341. *Supra,* p. 259.

342. *Supra,* pp. 228ss.

343. j. *Ta'an.* IV 8, 69ª 53 (IV/1, 192).

344. Quanto à atribuição da nota citada n. 347, p. 274, no Pseudo-Hecateu que se deve situar no fim do século II a.C., ver a exposição de B. Schaller, *Hekataios von Abdera über die Juden,* em *ZNW* 54 (1963), 15-31.

345. Citado por Josefo, *C. Ap.* I 22, § 188.

346. Büchler, *Priester,* 48ss.

bitavam Jerusalém[347]. A indicação de Ne 11,10-19 segundo a qual em 445 a.C., 1.192 sacerdotes se estabeleceram em Jerusalém, concorda com essa explicação[348]. Em contrapartida, podemos utilizar a indicação da carta do Pseudo-Aristeu, escrita nas últimas décadas do século II antes de nossa era[349]; por ocasião de sua visita ao Templo, 700 sacerdotes em exercício estão presentes, "além de uma grande multidão que oferece vítimas"[350]. No seu modo de interpretar, o número 700 representa o conjunto de sacerdotes e de levitas da seção hebdomadária em serviço. Aliás, aqueles que oferecem as vítimas, acrescentados pelo Pseudo-Aristeu, representam os membros da seção cotidiana que executam o serviço. As informações do Pseudo-Aristeu levam, pois, a um total de aproximadamente 750 × 24 = 18.000 sacerdotes e levitas.

A relação entre esse número e os dados veterotestamentários inspira confiança. Segundo Esd 2,36-39 = Ne 7,39-42, voltaram do exílio com Zorobabel e Josué quatro famílias de sacerdotes, compreendendo 4.289 homens, além de (Esd 2,40-42; Ne 7,43-45) 74 levitas; 128 (Ne: 148) cantores e 139 (Ne: 138) porteiros. Isso representa 4.630 (Ne: 4.649) sacerdotes e levitas. As condições históricas explicam porque o número de levitas é baixo. Com efeito, os sacerdotes de postos altos, reduzidos pelo Deuteronômio à categoria de levitas, não tiveram — e o compreendemos bem — nenhum prazer em voltar do exílio e só o fizeram aos poucos para Jerusalém. É uma época

347. O Pseudo-Hecateu diz: "O número de sacerdotes judeus que recebem o dízimo dos produtos e administram os negócios públicos é, no máximo de 1.500". Além da redução do número, a menção de uma atividade administrativa faz pensar, igualmente, em Jerusalém.

348. Os números estão em perfeito acordo. Visto o espaço do tempo de 300 anos aproximadamente, o número dos sacerdotes de Jerusalém cresceu relativamente pouco. É explicável se pensarmos que muitas famílias preferiram se estabelecer no campo (cf. Ne 11,2). Assim, pois, os sacerdotes da família de Yehoyarib residiam em Jerusalém segundo Ne 11,10; em compensação, segundo 1Mc 2,1.18-20.70; 13,25, habitavam, em parte, Modin.

349. É difícil precisar a data da carta do Pseudo-Aristeu, mas há uma tendência comum hoje em dia a pensar que ela não é certamente posterior a 100 a.C. Apresentação fundamental: E. Bickermann, *Zur Datierung des Pseudo-Aristeas* em *ZNW* 29 (1930), 280-298.

350. Pseudo-Aristeu § 95.

mais tardia que 1Cr 12,26-28 evoca, ao falar de mais de 3.700 sacerdotes e 4.600 levitas[351] (8.300 sacerdotes e levitas). O aumento do número dos levitas é explicável porque, no intervalo, os cantores e porteiros, ainda distintos dos levitas em Esd 2,41-58, foram elevados a levitas, e porque, ao mesmo tempo, um grande número de sacerdotes dos antigos postos altos tiveram de voltar de Babilônia. Em compensação, a queda do número dos sacerdotes explica-se pelo fato de certas pessoas, contadas no número dos sacerdotes em Esd 2,36-39 e paralelas, serem, em nossa lista, colocadas no número dos levitas. Se levarmos em consideração o intervalo de tempo entre a redação do livro das Crônicas (antes de 300 a.C.), podemos ter como digna de crença a avaliação em números do conjunto do clero, 8.300 (livro das Crônicas) a 18.000 (Pseudo-Aristeu).

Façamos um segundo cálculo para encontrar a totalidade do clero. Segundo *Yoma* II 1-5, na manhã dos dias de serviços ordinários, tirava-se a sorte, em quatro operações com intervalos, 1 + 13 + 1 + 9 = 24 serviços. Escolhiam-se assim os sacerdotes que deviam colaborar na preparação e na oferta do sacrifício público cotidiano da manhã; compunha-se do sacrifício dos perfumes, do holocausto de um cordeiro, da oferta alimentar, da oferta do sumo sacerdote, cozida nas cinzas e da libação. A esses 24 serviços juntavam-se três outros[352] que não eram sor-

351. Em compensação, o número 38.000 levitas em 1Cr 23,3-5, é um exagero inconseqüente.

352. Para a oferta do sacrifício dos perfumes, era preciso que dois sacerdotes ajudassem o sacerdote sorteado para esta função (cf. Lc 1,9). Com uma pá de prata, o primeiro ia até o altar dos holocaustos buscar os carvãos acesos e trazia-os para dentro do Templo, no Santo, sobre o altar dos perfumes (*Tamid* V 5; VI 2; VII 2). O segundo recebia do sacerdote que queimava os perfumes a bacia na qual se achava a capela contendo os aromas (*Tamid,* VI 3; VII 2) até que fossem ofertados. O sacerdote incumbido de oferecer o sacrifício dos pergumes escolhia, ele próprio, o segundo assistente (*Tamid* VI, 3). Há uma dupla tradição com relação ao primeiro assistente. Segundo R. Yuda (ben Elai, por volta de 150 d.C.), o próprio sacerdote que oferecia o sacrifício dos perfumes o escolhia (Tos. *Yoma* I 11: 181, 16). Lemos o oposto no tratado *Tamid* onde o primeiro assistente é "aquele a quem [por ocasião da distribuição dos serviços] coube a pá" (*Tamid* V 5; VI 2). O primeiro assistente é, portanto, igual ao sacerdote que, por ocasião do primeiro dos quatro sorteios, foi esco-

teados, de modo a ser 27 o total. À tarde, os mesmos sacrifícios eram repetidos. A purificação do altar dos holocaustos, que um sacerdote devia garantir de manhã, parece ter sido suprimida à tarde; mas essa supressão foi compensada pelo fato de, no sacrifício vespertino, ser designado um segundo assistente para o sacrifício dos perfumes. Além disso, à tarde, eram necessários dois outros sacerdotes para trazer a lenha ao altar dos holocaustos[353]. Para o sacrifício público da noite, havia, portanto, 29 serviços. Um único sacerdote, é verdade, podia ser incumbido de diversas funções no mesmo dia, pelos sorteios e pela distribuição dos serviços (mesmo sendo difícil crer que o sorteio feito de manhã fosse válido para o sacrifício vespertino). Não podemos, pois, concluir, desses números, que cada dia 27 + 29 sacerdotes diferentes estivessem de serviço. Sabemos, porém[354], que os sacerdotes da seção cotidiana em serviço, sobre quem, pela manhã, a sorte não tivesse caído, viam-se livres e tiravam suas vestes sagradas; essa informação permite concluir que, em geral, uma seção cotidiana ocupava mais de 30 sacerdotes.

Todavia é bom lembrar que os sábados e dias de festa exigiam um número bem mais elevado de sacerdotes do que em dias comuns. Naqueles dias, com efeito, além do holocausto matutino e o vespertino que acabamos de comentar (chamado *tamîd*, o "perfeito"), havia outros sacrifícios públicos; no primeiro dia das festas das Tendas atingiam o número mais elevado. Não nos cabe falar aqui das três festas de peregrinação porque, bem o sabemos, as 24 seções sacerdotais hebdomadárias encontravam-se todas em

lhido para purificar o altar dos holocaustos (cf. *Tamid* I 4). A diferença entre essas duas informações explica-se pelo fato de o altar dos holocaustos só ser purificado uma vez por dia, pela manhã. Com efeito, o tratado *Tamid* descreve o serviço litúrgico matutino quando, com evidência, R. Yuda tem em mente o serviço da tarde. Somente à tarde era preciso pedir a um sacerdote que exercesse a função de assistente para o sacrifício dos perfumes, já que à tarde não era feito o sorteio para o serviço de purificação do altar dos holocaustos. — Além disso, dois sacerdotes tocavam a trombeta de prata quando os levitas interrompiam o canto começado na libação que encerrava a oferta do *tamîd* (*Tamid* VII 3). Portanto, aos sacerdotes designados pelo sorteio, acrescentavam-se três sacerdotes de manhã, e quatro à tarde.

353. *Yoma* II 5.

354. *Tamid* V 3.

Jerusalém para essas festas, e as seções que não estavam em exercício eram então chamadas para ajudar as seções hebdomadárias designadas para o serviço [355]. Não vamos nos deter nas outras festas, neomênias, Ano novo, Dia das expiações, pois pode ter-se dado que a seção cotidiana em função tivesse sido, naqueles dias, ajudada pelas outras seções cotidianas da seção hebdomadária. Limitamo-nos ao *sabat*. Naquele dia, além do *tamîd* da manhã e da tarde, imolavam-se em sacrifício público dois outros cordeiros; era preciso um sacerdote para matá-los, outro para espargir o sangue, e oito para oferecer o sacrifício [356]. Ainda na manhã do sábado, no quarto sorteio, designavam-se dois outros sacerdotes [357], que com os seis sacerdotes assistentes, renovavam as duas taças de incenso sobre a mesa dos pães de proposição e os doze pães [358]. Como pode ver, no dia de sábado, 28 outros serviços eram acrescentados aos serviços cotidianos.

Além dos sacrifícios públicos que acabamos de mencionar, havia inúmeros outros sacrifícios particulares a oferecer diariamente. Dividiam-se em holocaustos, sacrifícios pelos pecados, sacrifícios de reparação e sacrifícios de comunhão. Cada israelita devia custear esses sacrifícios enquanto os sacrifícios públicos, segundo a opinião farisaica dominante, eram geralmente pagos pelos fundos do Templo. Os sacrifícios privados não davam ensejo ao sorteio para os serviços; pelo contrário, eram os próprios leigos que deviam, com base no Lv 1,5, encarregar-se de imolar [359] e depois esfolar a vítima e dividi-la em quartos [360]. A oferenda do sacrifício propriamente dita era deixada à decisão dos sacerdotes [361]. Podemos imaginar o número exorbitante dos sacrifícios privados oferecidos no Templo, sabendo que as hecatombes foram, por diversas vezes, ofe-

355. *Sukka* V 7.
356. Os números resultam de *Yoma* II 3-5.
357. *Yoma* II 5.
358. *Men.* XI 7.
359. *Zeb.* III 1; b. *Zeb.* 32ª; *Sifra* Lv 1,5 (4ᵇ 14, 32); Billerbeck, II, 193. — *Supra,* p. 113, citei as provas que mostram como os próprios leigos imolavam a vítima pascal.
360. *Yoma* II 7.
361. *Ibid.*

recidas nesse santuário [362]. Podemos também deduzir que a seção cotidiana de serviço, em tais circunstâncias, era ajudada, para a oferta dos sacrifícios particulares, por outras seções cotidianas da mesma seção hebdomadária.

Se recapitularmos a documentação e, em primeiro lugar, as indicações numéricas, concernentes aos serviços cotidianos para a oferta dos sacrifícios públicos, não caímos em exagero ao estimarmos em 50 o número dos sacerdotes de uma seção cotidiana. Uma seção hebdomadária compreendia, em média, seis seções cotidianas [363]; temos assim, aproximadamente, 300 sacerdotes para uma seção hebdomadária. Esse número apóia-se em dados como este: o véu diante do Santo tendo-se manchado, deve ser lançado num banho, sendo necessária a presença de 300 sacerdotes [364]; ou ainda: uma vez, 300 sacerdotes trabalharam na vinha de ouro que encimava a entrada do Santo [365]. Essas duas indicações provêm de testemunhas bem informadas. A primeira provém de Shimeon, filho do comandante do Templo [366]; a segunda é atribuída a Eleazar ben Sadoc, sacerdote, escriba e negociante que vivia em Jerusalém, quando o Templo ainda existia [367]. O número 300 não é, pois, inventado. Convém aí ver a média aproximada de uma seção hebdomadária, e teremos nossos cálculos confirmados. Como havia 24 seções hebdomadárias, o número total se elevava a 24 × 300 = 7.200 sacerdotes. A esses se acrescentem os levitas.

O número de levitas, igualmente distribuídos em 24 seções, era considerável. Segundo Josefo, teriam sido necessários 200 para fechar as portas do Templo [368]; é pro-

362. *Ant.* XVI 2, 1 § 14 (Marcos Agripa, outono 15 a.C.); XV 11, 6, § 422 (Herodes, 10 a.C.); Fílon, *Leg. ad Caium,* § 356 (três hecatombes sob o reinado de Calígula); *Lv. R.* 3, 5 sobre 1, 16 (9ª 5); *Oráculos sibilinos* III 576 e 626.

363. Ver *supra,* p. 228, n. 119.

364. *Sheq.* VIII 5.

365. *Mid.* III 8.

366. *Sheq.* VIII 5 (ed. príncipe do Talmude de Jerusalém, Veneza, 1523); *Men.* XI 9 (variante: + Rabbi) Shimeon ben ha-sagan. — b. *Ḥul.* 90b: Rabbi Shimeon ha-sagan. Convém rejeitar essa última versão, pois é a menos bem comprovada e pouco plausível.

367. Ver *Supra,* pp. 161, 163, 201.

368. *C. Ap.* II 9, § 119.

vável que esse número compreenda o conjunto de levitas porteiros e guardiões em serviço no quadro de uma seção hebdomadária. A esses guardas do Templo juntavam-se os levitas cantores e músicos. Seu número era, igualmente, muito elevado; podemos fixá-lo em 200, já que, segundo a tradição de 1Cr 23,5, o número de levitas porteiros e o de levitas cantores é o mesmo. Chegamos, portanto, a um número redondo de 400 × 24 = 9.600 levitas.

Que esses números — 7.200 sacerdotes e 9.600 levitas — sejam exatos, disso temos prova evidente ao verificar a relação dos dois grupos graças aos números fornecidos por 1Cr 12,26-28. Conforme vimos[369], esse texto menciona 3.700 sacerdotes e 4.600 levitas; o número de levitas excedeu, pois, o dos sacerdotes quando, no início, após o exílio, constituíam visível minoria. Segundo 1Cr, por conseguinte, a proporção entre sacerdotes e levitas é de 37 para 46. Para 9600 levitas, o cálculo nos dá 7.722 sacerdotes, número próximo, portanto, dos 7.200 que obtivemos por uma informação totalmente diferente. Lembremo-nos, enfim, de que, partindo dos dados da carta do Pseudo-Aristeu, chegamos a um total de 18.000 sacerdotes e levitas[370], quando nosso segundo cálculo dá 7.200 + 9.600 = 16.800. Cremos ter alcançado, com a ajuda das fontes hoje disponíveis, a certeza histórica, difícil de se obter. No tempo de Jesus havia, entre os judeus, um clero que, no total, compreendia, em números redondos, 18.000 sacerdotes e levitas[371].

De propósito, somente agora cito um texto de Josefo. Não é um texto claro, o que o torna, portanto, discutível,

369 *Supra*, pp. 274s.

370. *Supra*, p. 274.

371. É a um resultado semelhante que L. Herzfeld chega, mas por outro caminho: *Geschichte des Volkes Jisrael*, III, Nordhausen, 1857, 193. Para o clero ele dá um total de 24.000, baseando-se em três documentos: *a*) o texto do j. *Ta'an.* IV 2, 67^{d} 46 (não traduzido em IV/1, 178 que remete ao par. III/2, 47) bar., segundo o qual a "estação" (leiga) de Jerusalém compreendia 24.000 pessoas, a de Jericó 12.000; *b*) uma carta apócrifa de um cônsul Marcos relativa à celebração do Dia das expiações fala de 24.000 sacerdotes; *c*) o texto de *C. Ap.* II 8, § 108 que vai ser imediatamente discutido. — Büchler, *Priester*, 49s; baseando-se em *C. Ap.* II 8, § 108 e o Pseudo-Aristeu, § 95, conta 20.000 sacerdotes.

mas, presentemente, não se pode duvidar de sua legitimidade. Numa passagem de seu *Contra Apion,* passagem conservada somente em latim, Josefo exprime-se assim[372]: "Há quatro tribos de sacerdotes; cada uma compreende mais de 5.000 membros. Todavia, estão em serviço um só dia; depois, outros os substituem". Não há dúvida de que as últimas palavras se referem às seções hebdomadárias. Podemos, pois, supor quanto ao "quatro" uma corrupção textual e a conjetura de que existia, primitivamente. "vinte e quatro", portanto, que Josefo pretendeu fazer crer a seus leitores — num de seus exageros — que havia 24 × 5.000 = 120.000 sacerdotes[373]. Nosso resultado precedente convida, porém, a uma delimitação e não permite rejeitar precipitadamente o número 4 × 5.000 = 20.000. Em todo caso, podemos supor que Josefo nesta passagem tenha em mira uma divisão quadripartida do clero; o termo "tribo" (*tribus),* que ele não empregou em nenhum outro lugar para designar a seção hebdomadária, confirma essa hipótese. Com efeito, Tos. *Ta'an.* II 1 (216-12) mostra como as quatro seções de sacerdotes, de volta do exílio, segundo Esdras-Neemias[374] teriam sido repartidas em 24 seções hebdomadárias pelos profetas de Jerusalém; em seguida, ter-se-iam formado, por sorteio, quatro grupos, compreendendo, cada um, 6 seções semanais. Essa indicação permite supor que a antiga divisão quadripartida do clero conservou-se até o século I de nossa era na tradição sacerdotal, como esquema de distribuição do conjunto do clero. Se isso é exato, o número 20.000, deduzido desse texto, confirma o nosso resultado.

O conhecimento que temos do número de elementos que constituíam o clero é muito importante para avaliar a população palestinense na época de Jesus; vejamo-la pelo menos a título de complemento. Os sacerdotes e os levitas, com mulheres e filhos, deviam representar algo como 50 ou 60.000 pessoas. Os sacerdotes e os levitas de volta do

372. *C. Ap.* II 8, § 108.
373. Schürer, II, 288s. Leia-se *tribus quattuor* (*scil. viginti*).
374. Segundo Esd 2,36-39 = Ne 7,39-42, quatro famílias sacerdotais voltaram do exílio com Zorobabel e Josué. Ainda na época de Esd 10,18-22, elas formavam o conjunto do clero.

exílio com Josué e Zorobabel constituíam ao todo um décimo do conjunto da comunidade [375]; essa proporção é perfeitamente plausível. Portanto, segundo o nosso cálculo, a Palestina do tempo de Jesus tinha uma população judaica de 10 × 50.000 [ou 60.000] = aproximadamente 500 a 600.000. Na minha opinião, esse número é mais provável do que o milhão muitas vezes admitido [376]. Assim, por exemplo, segundo os números oficiais [377] do governo do mandato britânico para 1926, a Palestina contava com 865.000 habitantes. Nesse total estão incluídos a Transjordânia, a Samaria e outros territórios que, na época de Jesus, eram habitados principal ou exclusivamente por não-judeus, assim como 103.000 beduínos nômades. A hipótese de um milhão de judeus na Palestina no tempo de Jesus faria, pois, deduzir que a Palestina daquela época era duas vezes mais povoada do que em 1926. É absolutamente inverossímil. Pelo contrário, uma população judaica de 500 a 600.000 corresponde à densidade da população da Palestina após a Primeira Guerra mundial [378]. Esse fato constitui um novo e definitivo *confirmatur* do número 18.000 obtido quanto ao total do clero, excluindo-se mulheres e crianças.

Nas 24 semanas e ainda nas três festas anuais de peregrinação, cada seção sacerdotal hebdomadária, contando seguramente com 300 sacerdotes e 400 levitas e à qual se juntava um grupo de representantes leigos de seu distrito [379], subia a Jerusalém para exercer sua função de um sábado a outro. A seção entregava-lhe solenemente as chaves do Templo e os 93 objetos necessários para o sacrifício [380]. Foi assim que, nos últimos anos do reinado de He-

375. Esd 2,36-42, comparado com 2,64 (= Ne 7,39-45.66).
376. Por exemplo, R. Knopf e H. Weinel, *Einführung in das N.T.*, 2ª ed., Giessen 1923, 182: "na estimativa mais plausível, a Transjordânia incluída, não chegava a um milhão de judeus".
377. *ZDPV* 51 (1928), 238.
378. A. v. Harnack, *Die Mission und Ausbreitung des Christentums*. 4ª ed., I, Leipzig, 1924, 12, calcula, com razão, cerca de 500.000 judeus na Palestina do tempo de Jesus.
379. Cf. em *Bik.* 2 o relato da viagem a Jerusalém para levar as primícias; por vezes, toda a população de um distrito de uma seção sacerdotal hebdomadária se dirigia com ela para Jerusalém.
380. *C. Ap.* II 8, § 108.

rodes, a seção hebdomadária de Abia, que tinha o oitavo lugar, partiu da montanha da Judéia [381] ao Templo. No dia de serviço de sua seção cotidiana, o sacerdote Zacarias fora designado para a função privilegiada da oferta do sacrifício dos perfumes, ou mais exatamente, do *tamîd* da tarde [382]. Foi nesse momento que o Anjo do Senhor lhe apareceu no Santo.

As funções cultuais dos sacerdotes achavam-se, pois, praticamente limitadas a duas semanas por ano, e às três festas anuais de peregrinação. Os sacerdotes viviam em suas casas 10 a 11 meses (conforme a distância entre o domicílio e Jerusalém, a viagem de ida e volta, feita cinco vezes por ano, exigia tempo de duração diversa). Só muito ocasionalmente exerciam uma atividade sacerdotal. Era o sacerdote, por exemplo, que declarava puro um leproso após a sua cura [383], antes que esse fosse a Jerusalém; lá, após ter oferecido o sacrifício de purificação prescrito, seria definitivamente declarado puro. Os dízimos e outras taxas particulares constituíam a renda dos sacerdotes, mas insuficientes para permitir-lhes levar, no resto do ano, uma vida ociosa [384]. Pelo contrário, os sacerdotes eram obrigados a exercer uma profissão onde residiam; tratava-se principalmente de trabalho manual. Herodes encaminhou, para o ofício de carpinteiro e canteiro, mil sacerdotes; por ocasião da reconstrução do Templo empregou-os no átrio dos sacerdotes e para a construção do santuário, só podiam ser contratados os que eram sacerdotes [385]. Já encontramos Fani, sacerdote talhador de pedras [386]; rabi Eleazar ben Sadoc mantinha um comércio em Jerusalém e, ao que tudo

381. Com Ch. C. Torrey em *HThR* 17 (1924), 83ss, considero em Lc 1,39 *eìs polin Ioúda* como um erro de tradução; por inadvertência *m^edînah* foi traduzido por "cidade" em vez de "província".

382. Lc 1,5.8.9. — Lc 1,10 comparado com At 3,1 dá a entender que se trata do sacrifício vespertino.

383. Mt 8,4; Lc 17,14. O leproso devia de imediato apresentar-se ao sacerdote local. Essa prescrição se encontra em Tos. *Neg.* VIII 2 (628, 7); j. *Soṭa* II 2, 18ª 11 (IV/3, 246), além de *Sifra* Lv 14,3 (34ᶜ 135, 20) e *passim*.

384. Cf. *supra*, pp. 154s.

385. Ant. XV 1, 2, § 390.

386. *Supra*, p. 264, n. 295.

indica, um comércio de óleo[387]; um sacerdote de Jerusalém do qual encontraremos mais adiante (p. 300) um filho Zacarias, era açougueiro na Cidade santa[388]; o sacerdote Eleazar ben Azarias era criador de gado; finalmente, poderíamos tornar a falar de um grande número de sacerdotes que eram escribas.

Em muitos lugares, os sacerdotes tinham uma função nos tribunais de justiça, sem dúvida quase sempre a título honorário[389]. Ora, ali eram chamados em consideração a seu estado sacerdotal[390], ora por causa de sua formação de escribas, na medida em que eram categorizados[391] ou, enfim, para cumprir o preceito bíblico. Com efeito, quanto à estimação nas questões de votos, por exemplo, conforme o preceito bíblico que confiava a apreciação ao sacerdote, esse devia, normalmente, comparecer ao tribunal[392] para defender os interesses do Templo, ao qual convergia o equivalente das coisas dedicadas a Deus, quer dizer, ao Templo[393]. Ao lado dos sacerdotes do campo providos de uma formação escriturística aprofundada e que, como conta Fílon, viam-se encarregados do serviço sinagogal[394], a leitura e a explicação da Lei[395], havia os que eram incultos[396] e isso se compreende.

Conforme mencionamos acima[397], havia profundos contrastes entre a grande massa dos sacerdotes e os che-

387. Tos. *Beṣa* III 8 (205, 26). A comparação deste texto com b. *Besa* 29ª bar. permite supor se tratar de um comércio de azeite.
388. *Ket.* II 9.
389. b. *Yona* 26ª.
390. *C. Ap.* II 21, § 187.
391. b. *Yoma* 26ª. Visto os textos veterotestamentários como Dt 17,9-13;21,5; Ez 44,24; 1Cr 23,4 cf. 26,29; Ecl 45,17, segundo os quais os juízes saíam do clero; é muito provável que, ainda mais tarde, se nomeassem sacerdotes para a função de juízes. Mas nos últimos séculos antes da destruição do Templo, é a formação de escribas que determinava a habilitação à função de juiz.
392. *Sanh.* I 3; com base na prescrição de Lv 27,12.
393. Diferente do "banho" (*herem*), quando a oferta devia ser entregue *in natura.*
394. Billerbeck, IV, 153ss.
395. A passagem de Fílon é citada por Eusébio. *Proep. ev.* VIII 7, 12-13 (*GCS* 43, I 431s).
396. Segundo Josefo (*B. j.* IV 3, 8, § 155), Fani que os zelotas elegeram sumo sacerdote por sorteio era tão rude que não sabia sequer em que consistia a função de sumo sacerdote.
397. *Supra,* pp. 249s.

fes dos sacerdotes pertencentes, em sua maioria, à aristocracia sacerdotal. Não é, pois, de admirar que a massa dos sacerdotes, de acordo com os jovens mais esquentados da aristocracia — diversamente do resto do ciclo que compreendia os notáveis[398] — tenha-se mancomunado com o povo, quando em 66 d.C. estourou a revolta contra os romanos.

E. OS LEVITAS (CLERUS MINOR)

Os levitas, descendentes dos sacerdotes de postos altos, destituídos pelo Deuteronômio, constituíam o baixo clero. Em princípio, passavam por descendentes de Levi, um dos doze patriarcas das tribos de Israel; a relação deles com os sacerdotes era assim representada: esses, enquanto descendentes de Aarão, o levita, formamvam a classe privilegiada no seio dos descendentes de Levi; por sua vez, os sumos sacerdotes legítimos, enquanto descendentes de Sadoc, o aaronita, formavam a classe privilegiada no seio do sacerdócio. Os levitas, enquanto *clerus minor* eram, pois, inferiores aos sacerdotes e, como tais, não participavam do serviço sacrificial; encarregavam-se somente da música do Templo e dos serviços inferiores do santuário. Um fato é característico de sua posição: como aos leigos, era-lhes proibido, sob pena de morte, penetrar no edifício do Templo e chegar até o altar[399].

Os levitas, em número aproximado de 10.000[400], achavam-se, como os sacerdotes, repartidos em 24 seções hebdomadárias[401]; revezavam-se a cada semana para o serviço e cada uma tinha seu chefe[402]. Conforme vimos[403], existiam no Templo quatro postos permanentes de levi-

398 *B. j.* II 17, 2ss, § 408ss.
399 Nm 18,3; *Nm. R.* 7, 8 sobre 5, 2 (37ª 16).
400 Cf. *supra*, p. 279.
401 *Ant.* VII 14, 7, § 367; *Ta'an.* IV 2; Tos. *Ta'an.* IV 2 (219, 12).
402 1Cr 15, 4-12.
403 *Supra*, p. 240.

tas, isto é, dois vigilantes-chefes dos levitas músicos (um primeiro chefe e um mestre de coro) e dois vigilantes--chefes dos levitas servidores do Templo (um chefe porteiro e um guardião, outrora chamado vigia dos *lûlab* para a festa das Tendas). Isso correspondia à divisão dos levitas em músicos e servidores do Templo; esses dois grupos eram quase iguais em número [404].

Os *cantores* e os *músicos* constituíam a classe superior dos levitas; somente para eles era exigida a prova de uma origem sem mácula, quando desejavam ser nomeados para o posto [405]. Tinham por função o acompanhamento musical do culto diário, cantando e tocando instrumentos, pela manhã e à tarde, e por ocasião de festas particulares.

No serviço cotidiano, o chefe do coro dos levitas e os levitas músicos e cantores [406], assim como dois a doze tocadores de flauta na Páscoa e na festa das Tendas [407], colocavam-se sobre um estrado que formava a separação entre o átrio dos sacerdotes e o dos israelitas; achava-se a um côvado acima do átrio dos israelitas, a um côvado e meio abaixo do átrio dos sacerdotes [408]. Durante as alegres cerimônias noturnas que faziam parte da festa das Tendas, um considerável coro de levitas cantava, de pé, nos quinze degraus que levavam do átrio das mulheres ao dos israelitas [409]. Jamais, porém, os levitas músicos ocupavam lugar no átrio dos sacerdotes exclusivamente para eles reservado; apenas podiam, como qualquer leigo, entrar nesse átrio dos sacerdotes para oferecer um sacrifício [410].

Os serventes do Templo incumbiam-se das funções inferiores de sacristãos; consistiam em toda espécie de serviços anexos ao culto. Deviam, por exemplo, ajudar os sacerdotes a vestir e despir suas vestes sacerdotais: "Eles [os sacerdotes que não tinham sido designados pelo sor-

404. Cf. *supra*, p. 278.
405. Ver na parte seguinte, sobre *o caráter hereditário do sacerdócio*, as pp. ...
406. *'Ar.* II 6. Não deveria haver menos do que doze cantores.
407. *'Ar.* II 3-4; *Sukka* V 1; Tos. *'Ar.* I 15 (544, 7).
408. *Mid.* II 6, *B. j.* V 5, 6, § 226.
409. *Sukka* V 4.
410. *Kel.* I 8.

teio ao serviço e que se viam, por conseguinte, livres] entregavam-nas aos *ḥazzanîm* [serventes do Templo] que lhes retiravam as túnicas [brancas, de linho]"[411]. Ajudavam também em outras circunstâncias; nos dias de festa preparavam o livro da Lei para a leitura bíblica[412] e empilhavam os *lûlab* na festa das Tendas, quando o primeiro dia dessa festa caía num sábado[413]. Além disso, esses serventes cuidavam da limpeza[414], mas aí também, com exceção do átrio dos sacerdotes do qual os próprios sacerdotes se encarregavam[415]. Os levitas só podiam penetrar nele para oferecer um sacrifício[416]. Constituíam ainda, por fim, a polícia do Templo.

Fílon descreve, detalhadamente, as suas funções: "Entre eles [os levitas] uns, porteiros, mantêm-se junto às portas, na própria soleira; outros, do lado de dentro [da esplanada do Templo], no pronaus [no muro, *ḥêl,* que delimita a parte da esplanada onde os pagãos não podem penetrar]; interceptam a entrada a qualquer pessoa que sem o direito de transpô-la o faça intencionalmente ou não. Outros fazem a patrulha ao redor. O [serviço para o] dia e a noite é sorteado, segundo uma ordem [determinada de molde a serem os guardas divididos] em guardas do dia e guardas da noite"[417]. Dessa descrição sugestiva, completada por *Mid.* I 1, deduz-se que a vigilância do Templo, assegurada pelos levitas durante o dia como durante a noite, compunha-se de três grupos: *a*) porteiros das portas externas do Templo; *b*) guardas da "muralha"; *c*) patrulhas do átrio dos gentios e, de dia, sem dúvida, também do átrio das mulheres. À noite, os levitas serventes do Templo fechavam as portas sob a vigilância do porteiro-chefe[418]. Em seguida, os guardas da noite ocupavam seus postos, em número de 21, todos situados na

411. *Tamid* V 3.
412. *Yoma* VII 1; *Soṭa* VII 7-8.
413. *Sukka* IV 4; cf. *supra,* p. 235s, a modificação deste rito.
414. Fílon, *De spec. leg.* I, § 156: "Outros varrem os pórticos e as partes da esplanada que ficam ao relento".
415. *Pes.* V 8.
416. *Kel.* I 8.
417. *De spec. leg.* I, § 156.
418. *C. Ap.* II 9, § 119, *B. j.* 5, 3, § 294; b. *'Ar.* 11^{b}.

zona profana, isto é, nas portas externas e no átrio dos gentios [419]; eram os sacerdotes que guardavam a zona sagrada [420]. Além disso, a polícia do Templo, constituída por levitas, era chamada para diversas operações policiais. Mantinha-se à disposição do Sinédrio que se reunia na Sala das pedras talhadas, um dos cômodos a sudeste do átrio dos sacerdotes [421]. Sob as ordens dos vigilantes do Templo, essa polícia tinha autoridade para prender e, sob a orientação do guarda [422], levava à execução as penalidades infligidas.

Se nos lembrarmos de que o Sinédrio funcionava no Templo, não podemos duvidar de que a seção proposta por essa autoridade para prender Jesus (Mc 14,43; Mt 26,47; Lc 22,47; Jo 18,3.12) e comandada pelos chefes da guarda do Templo (Lc 22,52) era composta por essa polícia levítica, reforçada pela corte do sumo sacerdote em exercício (Mc 14,17 par.) e também, segundo João, por soldados romanos (Jo 18,3.12). De modo muito exato Jo 18,18 distingue, pois, os guardas [do sumo sacerdote] e os servidores [polícia levítica do Templo]. Além disso, as palavras repletas de censura de Jesus, ao dizer no momento de sua prisão, que ele ali estava todos os dias no átrio [exterior] do Templo a ensiná-los sem que o tivessem prendido (Mc 14,18), só são compreensíveis se tiver sido preso pela polícia do Templo. É preciso considerar também, como polícia levítica do Templo, os guardas já antes enviados pelo Sinédrio para prender Jesus (Jo 7,32. 45.46). O mesmo se dá com as pessoas que, sob a ordem

419. *Mid.* I 1. Deduz-se de *Tamid* I 3 que, à noite, o átrio das mulheres no qual se encontrava a padaria onde eram preparados os bolos na cinza para a oferta do sumo sacerdote estava fechada e fazia parte do setor guardado pelos sacerdotes.

420. *Mid.* I 1; *Tamid* I 1.

421. Conforme a Mishna, de modo muito preciso (*Mid.* V 5; cf. *Sin.* XI 2; *Tamid* II 5; IV 3 fim). Segundo *b. 'A. Z.* 8ᵇ, par b. *Shab.* 15ᵃ; b. *Sanh.* 41ᵃ, o Sinédrio se transferiu "40 anos" (número redondo) antes da destruição do Templo da Sala das pedras talhadas para um Bazar. Se Josefo pensa que a *boulé* (ou o *bouleutérion*) encostado ao Santuário ao lado do oeste (*B. j.* V 4, 2, § 144; VI 6, 3, § 354) é o Sinédrio, supõe essa mudança como já realizada; assim, também, provavelmente, At 23,10. Não dispomos, porém, de nenhum argumento para dizer se essa transferência já estava feita na época de Jesus.

422. Ver *supra,* p. 237, n. 238 e p. 241.

"dos sacerdotes e do comandante do Templo, assim como dos saduceus" (At 4,1), prendem os apóstolos para fazê-los comparecer diante do Sinédrio (At 4,5.12;5,17-18), que vigiam os apóstolos na prisão (5,23, particularmente v. 24) e que lhes batem com varas (5,40). Finalmente, os homens que, por ocasião do levante popular induzindo a prisão de Paulo, arrastam-no fora do "santuário", isto é, do Templo (At 21,30), levando-o do átrio dos gentios ao das mulheres, são evidentemente policiais do Templo, ou melhor, corpos de guarda levíticos estacionados, durante o dia, ao pé da "murada".

Além do porteiro-chefe e do guardião, cita-se como chefe dos levitas servidores do Templo o *'îš har ha-bayit,* "o homem da montanha do Templo". Segundo a Mishna, 21 corpos de vigia da seção levítica hebdomadária montavam guarda no átrio externo. "O homem da montanha do Templo" vinha inspecioná-los todas as noites; cada componente da guarda devia saudá-lo com o cumprimento da paz para mostrar-lhe que não dormia. Se o chefe encontrasse um deles adormecido, batia-lhe com seu bastão; tinha mesmo o direito de despertá-lo brutalmente, ateando fogo em sua roupa [423]. Sem dúvida, é o mesmo funcionário que aparece no relato onde Josefo nos conta que certa noite, durante a festa da Páscoa de 66 d.C., os levitas guardas do Templo avisaram a seu vigilante (*tô strategô*) que a Porta de Nicanor encontrava-se aberta [424]. É-nos dado supor que esse chefe dos corpos levíticos da noite é idêntico ao chefe-porteiro [425]. Enfim, convém seguramente ver também os chefes dos levitas guardas do Templo nos *strategoí* com os quais, segundo Lc 22,4, a prisão de Jesus é decidida e sob o mando dos quais, segundo Lc 22,52, Jesus é levado. Com efeito, conforme acabamos de ver, Josefo designa o chefe da guarda levítica da noite pelo termo *strategós.*

Em contrapartida, o *'îš ha-bîrah,* comandante da Fortaleza do Templo [426], nada tem a ver com os funcionários vigilantes

423. *Mid.* I 1-2.
424. *B. j.* VI 5, 3, § 294.
425. Ou ao esbirro (opinião de I. M. Jost, *Geschichte des Judenthums und seiner Secten* I, Leipzig, 1857, 151s e 152, n. 4.
426. *'Orla* II 12.

do Templo, contrariamente ao que sempre se supôs[427]. *Bîrah* é a fortaleza ao norte do Templo, a Antônia, e A. Schlatter bem viu que esta personagem, no tempo da independência, sob Agripa I (41-44 d.C.), comandava a fortaleza Antônia[428]. Com isso, concorda o fato de ser contemporâneo de Rabban Gamaliel I; como sabemos pelos Atos dos Apóstolos (At 5,34--39), esse doutor estava em plena atividade nos anos 30 e 40, e talvez ainda nos anos 40 a 50 de nossa era[429]. O *'îš ha-bîrat* é, pois, um comandante militar e não um dos chefes dos sacerdotes ou um dos chefes dos levitas. É igualmente errado, como tantas vezes se repete[430], ver os *paḥôt* como chefes dos sacerdotes ou vigilantes do Templo. Para tanto, apoiamo-nos em *Bik.* III 3 onde é dito que os *paḥôt,* com os vigilantes do Templo e os chefes dos tesoureiros, vêm ao encontro das procissões das primícias à sua entrada em Jerusalém. Por toda a parte e sempre, no Antigo Testamento como noutros lugares, a palavra *peḥah* designa apenas o pachá, o comandante que dispõe do poder militar. O contexto de *Bik.* III 3 mostra[431] que essa passagem descreve um evento do reino de Agripa I, portanto, de uma época onde havia judeus comandantes militares e funcionários de Estado. No Oriente, é óbvio que esses comandantes vêm, com os chefes dos sacerdotes, à frente da procissão. Em 1913, vi o pachá turco, em companhia das sumidades religiosas muçulmanas, ir ao encontro dos peregrinos da festa de Nébi-Musa que entravam em Jerusalém.

Do ponto de vista social havia um abismo entre os músicos e servidores do Templo, o que se explica pela evolução histórica. Ainda no tempo de Esdras, nem os "cantores" nem os "porteiros" faziam parte da corporação dos levi-

427. Schürer, II, 331, atribui-lhe a vigilância do Templo inteiro.
428. Schlatter, *Gesch. Isr.,* 271 e n. 243.
429. Segundo M. Mielziner, *Introduction to the Talmud,* 3ª ed., Nova Iorque, 1925, 24, Gamaliel morreu 18 anos antes da destruição do Templo, portanto em 52 d.C.; Billerbeck, II, 636 situa sua atividade em 25-50 d.C.
430. Explicação de Maimônides: "os *paḥôt* são *s*ᵉ*ganîm* sacerdotes"; J. J. Rabe, *Mischnah,* t. I. Onolzbach, 1760, 265: "os sacerdotes mais eminentes"; A. Sammter, *Mischnajoth,* t. I, Berlim, 1887, 192: "os representantes dos sacerdotes"; K. Albrecht, *Bikkurim* (col. *Die Mischna*), Giessen, 1922, 43: "os representantes dos sacerdotes"; Schürer, II, 322 e Billerbeck, II, 631: "os chefes dos sacerdotes"; Billerbeck, IV, 644: "os chefes dos sacerdotes [?comandantes]". Esse parêntese contém a solução exata.
431. *Bik.* III 4.

tas [432], pois não pertenciam a famílias levíticas [433]. Os cantores foram os primeiros a obter sua integração na corporação dos levitas (Ne 11,17.22-23;12,8-9.24-25) e, diferentemente dos porteiros, adquiriram, desde então, o nível superior entre os levitas. O abismo que separava os dois grupos no tempo de Jesus é bem definido na seguinte frase: "Possuímos uma tradição reconhecida segundo a qual um músico é passível de pena de morte se faz o serviço das portas para seus companheiros [levitas]" [434]. Na prática, é verdade, o rigor não era tão grande. Eis o que relata uma baraíta inserida na mesma passagem: "Um dia, R. Yoshua ben Hananya [levita e escriba] quis ajudar Yoḥanan ben Gudgeda [levita, porteiro-chefe] a fechar as portas. Yoḥanan disse-lhe: 'Meu filho, volta, pois tu pertences [à classe] dos músicos e não à dos servidores do Templo [literalmente: dos porteiros]'" [435].

Nesse contexto, uma luta de classes que os levitas em 64 d.C. empreenderam com sucesso é ilustrativa. Lança luz sobre a separação no seio dos levitas, mas também sobre o ressentimento desses contra os sacerdotes e sobre a atmosfera revolucionária dos anos agitados que precederam a revolta romana. Os levitas músicos, os "cantores dos salmos", diz Josefo, exigiram do rei Agripa II, a quem os romanos tinham confiado a vigilância do Templo, poder usar daí por diante a veste de linho branco dos sacerdotes — até então os levitas não tinham um traje oficial [436] —; quanto aos levitas servidores do Templo, reivindicaram o direito "de poder aprender os hinos", neste caso o poder de ficarem em pé de igualdade com os levitas músicos [437]. Agripa II estava então em conflito com os sacerdotes; ti-

432. Esd 2,40-42;7,7.24;10,23-24; Ne 10,29 e *passim*.

433. Os coraítas, por exemplo, eram, primitivamente, de descendência edomita segundo Gn 36,5.14-18; 1Cr 1,35. Descendiam de Caleb segundo 1Cr 2,42-43. Em ambos os casos eram, pois, não-israelitas. Em contrapartida, segundo 1Cr 12,6, eram benjaminitas. Foram empregados, inicialmente, como porteiros (1Cr 26,1.19;9,19; 2Cr 31,14), depois como cantores (2Cr 20,19; Sl 42-49;84-85;87-88).

434. b. *'Ar.* 11b.

435. *Ibid.*

436. Cf. o Targum do Pseudo-Jônatas em Ex 29,30.

437. *Ant.* XX 9, 6, § 216ss.

nham esses, em 62, enviado uma embaixada ao imperador que lhes dera razão na sua luta contra o rei [438]. Com o acordo do Sinédrio, Agripa II concedeu, pois, aos levitas, o que pleiteavam. O povo considerou, porém, como uma infração à lei dos antepassados essa nova organização da ordem social dos levitas. Vemos de novo confirmado que os músicos constituíam a camada superior dos levitas; lutaram por obter igualdade com os sacerdotes, enquanto os porteiros aspiravam a ser iguais aos músicos. A atmosfera revolucionária dos anos 60 lhes concedeu, por um breve período de seis anos, a satisfação parcial de seus desejos.

Contamos com escassas informações a respeito da formação dos levitas. O levita José Barnabé, um dos membros dirigentes da cristandade primitiva como profeta, doutor e missionário, era homem de valor no campo intelectual e possuía boa formação bíblica [439]; originário de Chipre (At 4,36), seu pai era, evidentemente, um daqueles levitas que não exerciam seu serviço em Jerusalém, ao que, aliás, ninguém se via obrigado. Sabemos que muitos levitas eram escribas [440], como, por exemplo, Yoshua ben Hananya que, em sua vida particular, como profissional, fabricava pregos, e o porteiro-chefe Yoḥonan ben Gudgeda.

Como dissemos, as informações sobre os levitas são muito esporádicas [441]; suficientes, entretanto, para nos traçarem um quadro da situação social dessa fração inferior do clero.

F. O CARÁTER HEREDITÁRIO DO SACERDÓCIO

Acabamos de esboçar um quadro do clero de Jerusalém, segundo a sua estrutura social. Seria incompleto se, para terminar, não disséssemos algumas palavras sobre o caráter hereditário do sacerdócio.

438. *Ant.* XX 8, 11, § 189ss.
439. At 9,27;11,22-26;12,25;13,1-15,39; 1Cor 9,6; Gl 2,1-10; Cl 4,10.
440. Cf. *Doc. Damasco* X 5.
441. O nome de Levi era comum entre os levitas, por exemplo.

A dignidade de sacerdote e de levita transmitia-se por herança e não podia ser adquirida por outra via; era, pois, da máxima importância conservar a pureza da descendência. Para tanto exigia-se, de início, um levantamento minucioso das genealogias, normas estritas para os matrimônios. Se um sacerdote não podia provar sua origem legítima, perdia para si e para seus descendentes, o direito à função e às rendas do sacerdócio; se contraísse um casamento ilegítimo, os filhos nascidos dessa união não podiam herdar o cargo.

No Templo de Jerusalém havia uma espécie de arquivo onde as *genealogias* do clero eram sempre atualizadas [442]. Encontramos diversas vezes na tradição, árvores genealógicas que indicam os antepassados de sacerdotes [443]. É assim que Josefo, sacerdote, dá sua genealogia do lado paterno, abrangendo um período de 250 anos [444], aproximadamente, "tal como a encontrou consignada nos registros públicos" [445], com a indicação das datas de nascimento de seus ancestrais [446]. O mesmo Josefo afirma, expressamente, que após grandes guerras, como sob Antíoco Epífanes, Pompeu, Quintílio Varo, Vespasiano e Tito, os sacerdotes sobreviventes, estabeleceram novas genealogias com o auxílio dos antigos documentos [447]. Essa medida visa aos casos em que as genealogias desapareceram nas confusões da guerra, e também a necessidade de verificar se mulhe-

R. Yoshua ben Levi que, segundo j. *M. Sh.* V 5, 56^b 37 (II/2, 253), opinava favoravelmente em relação aos levitas. Exceções (talvez somente aparentes): em *B. j.* IV 3, 4, § 141, aparece um Levi que é de família real (herodiana) segundo Josefo, e o nome Levi volta duas vezes na genealogia do Davi de Josefo, Lc 3,24-29.

442. *Sifre* Nm 18,7, § 116 (18^b 70, 9); ver *infra,* p. 294, n. 457.

443. No Antigo Testamento ver as listas de 1 e 2 Cr, Esd. Ne. Sobre a geenalogia dos sumos sacerdotes, ver *supra,* p. 249ss.

444. De duas gerações antes da época do sumo sacerdote João Hircano (134-104 a.C.) até a redação de sua *Vita* (depois de 100 d.C.).

445. *Vita* 1, § 6.

446. Esta lista contém algumas inexatidões. Explicam-se muito bem pela omissão de dois intermediários: visto o grande espaço de tempo que separa "Matias, o corcunda" (nascido em 135-134 a.C.) de Josefo (nascido em 67 a.C.), e este último de Matias (nascido em 6 d.C.), deve haver, cada vez, um intermediário. Schürer, I, p. 77, n. 4, dá uma explicação diferente, supondo uma falha textual (ou uma negligência) e um erro do autor.

447. *C. Ap.* I 7, § 34s.

res de sacerdotes não tinham sido prisioneiras de guerra; com efeito, após ter estado em cativeiro, elas não podiam mais ser consideradas esposas legítimas dos sacerdotes, e seus descendentes, a partir da época do cativeiro da mãe não podiam mais exercer suas funções sacerdotais.

Quando um filho de sacerdote atingia a idade canônica de vinte anos [448], o Sinédrio, sediado no Templo de Jerusalém na Sala das pedras talhadas, do lado sul do átrio dos sacerdotes, examinava-o [449] quanto às suas condições físicas [450] e quanto à *legitimidade de sua origem* [451], antes de permitir-lhe ser ordenado. Somente após considerado apto era admitido ao sacerdócio [452]: (depois de um banho de purificação), impunham-lhe a veste sacerdotal (veste longa de bisso, calção do mesmo tecido, faixa e turbante) e oferecia-se uma série de sacrifícios aos quais se acrescentavam cerimônias particulares; ao todo, esse ato solene durava sete dias.

Sabemos que para os levitas, músicos, procedia-se a igual exame de sua origem legítima antes de admiti-lo na sua nova função [453]. Também para esses existia uma idade canônica. O Antigo Testamento fala de trinta [454], vinte e cinco (Nm 8,23-26) e vinte anos [455]; trinta anos representava, ao que parece, a prática corrente no tempo de Je-

448. Ver *supra,* p. 222, n. 89.
449. *Mid.* V 4.
450. A ciência dos rabinos desenvolveu Lv 21,16-23, a ponto de distinguir 142 defeitos físicos que os podiam tornar inaptos ao serviço, Schürer, II, pp. 283s. Os sacerdotes inaptos ao serviço em conseqüência de deficiências físicas tinham acesso ao átrio dos sacerdotes, com exceção do espaço compreendido entre o altar e o vestíbulo do Templo (*Kel.* I 9) onde só podiam penetrar durante a procissão dos álamos em redor do altar dos holocaustos por ocasião da festa das Tendas (j. *Sukka* IV 5, 54[c] 3 [IV/1, 34]; b. *Sukka* 44[a]). Esses sacerdotes tinham o direito de receber os honorários dos sacerdotes, mas não podiam usar a túnica sacerdotal (*B. j.* V 5, 7, § 228). Sobre suas funções enquanto os outros sacerdotes executavam o serviço, ver *supra,* p. 188. — O caso do sumo sacerdote Hircano II (76-67, 63-40 a.C.) é célebre; Antígono (40-37 a.C.) mutilou-o, cortando-lhe as orelhas (*Ant.* XIV 13, 10, § 366) ou arrancando-as com os dentes (*B. j.* I 13, 9, § 240), a fim de torná-lo inapto às funções sacerdotais.
451. Ver n. 457, p. 294.
452. Ex 29; Lv 8.
453. *Qid.* IV 5.
454. Nm 4,3.23.30.35.39.43.47; 1Cr 23,3.
455. Esd 3,8; 1Cr 23,24-27; 2Cr 31,17.

sus [456]. O exame do jovem levita era feito na Sala das pedras talhadas. Lá "eles se assentavam e examinavam as genealogias dos sacerdotes e dos levitas" [457]. Tal exame, é verdade, parece ter sido limitado aos levitas músicos e somente assim podemos compreender os fatos que vamos narrar.

De uma filha de levita cujo pai ocupava lugar no estrado (dos levitas cantores e músicos) [458], dizem que sua origem foi considerada como legítima sem outro exame [459]; a propósito dos tocadores de charamela que aí se colocavam na Páscoa e na festa das Tendas, diz-se que suas filhas podiam casar-se com sacerdotes, portanto, que seus pais eram de origem pura [460]. Essas duas informações permitem concluir que não se exigia a prova de pureza da família para as funções inferiores dos levitas.

Sob que condições um sacerdote ou um levita músico era considerado de origem pura a ponto de não existir obstáculo à sua participação no culto? Quando tivesse nascido de um sacerdote ou de um levita com uma mulher de igual condição de pureza legal. Se um sacerdote ou um levita cantor se casava, era, pois, necessário examinar *a genealogia da esposa,* a fim de que um nascimento legítimo

456. *Tos. Sheq.* III 26 (179, 17).
457. Tos. *Sheq.* III 26 (179, 17).
458. Ver *supra,* p. 285.
459. *Qid.* IV 5.
460. Em *'Ar.* II 4, encontramos diversos pontos de vista sobre a origem dos tocadores de charamela: "*a*) eram escravos dos sacerdotes, dizia R. Meier; *b*) mas rabi Yosé declarava: eram as [duas] famílias bêt ha-Pᵉgarîm e bêt Ṣipparyyaa de Emaús, cujas [filhas] podiam casar-se com sacerdotes; *c*) quanto a rabi Ḥananya, filho de Antígono, assim opinava: eram levitas". Não se deve levar em conta o ponto de vista *a* porque esses escravos do Templo não devem a sua existência senão a conclusões teóricas tiradas de passagens veterotestamentárias. Os outros dois pontos de vista não se excluem. Rabi Yosé (*b*) rejeita a opinião de rabi Meir, servindo-se de dados históricos irrecusáveis de onde se deduz que não se trata de escravos, mas de israelitas livres, de pura descendência. A declaração de rabi Yosé é completada por rabi Ḥananya (*c*) que era, ele próprio, sacerdote e, segundo Tos. *'Ar.* I 15 (544, 10) tinha ainda conhecido pessoalmente levitas que tocavam flauta no altar. Os dois pontos de vista *b* e *c* tomados juntos contêm a verdadeira solução: eram levitas de descendência pura, membros de duas famílias de notáveis de Emaús que tocavam a charamela sobre o estrado dos levitas por ocasião da Páscoa e da festa das Tendas.

garantisse aos descendentes a dignidade sacerdotal ou levítica. Esse exame pré-nupcial da origem da mulher só se fazia na Palestina. Conforme afirma Josefo, os sacerdotes que moravam no Egito, em Babilônia ou noutro lugar "mandavam para Jerusalém um relatório, contendo o nome da esposa[461] e de seus antepassados do lado paterno, assim como o nome das testemunhas [para as informações particulares]"[462]; tais providências demonstram o cuidado exigido. Segundo Fílon, devia-se examinar se os pais, avós e bisavós eram de sangue puro[463]. A Mishna fornece indicações mais precisas. Se a esposa era de família sacerdotal, examinavam-se as quatro gerações anteriores do lado paterno e do lado materno; as cinco, se era filha de levita ou de israelita[464]. Para as filhas de sacerdotes e levitas músicos em exercício, assim como para as esposas cujo pai era membro de um corpo constituído (por exemplo, membro do Sinédrio, juiz, encarregado dos óbolos), ficava dispensado o exame de origem; nesses casos, com efeito, o pai já provara, ao tomar posse de seu cargo, a legitimidade de sua origem[465].

Lv 21,7 formulava assim a prescrição para a escolha de uma esposa de sacerdote: "Não tomarão por mulher uma desonrada ou uma vil prostituta, nem a que foi repudiada por seu marido". Essa passagem tão importante era interpretada da seguinte maneira[466]: por "repudiada" (*ḥălalah*), compreendia-se a jovem nascida do casamento ilegítimo de um sacerdote (casamento com uma das mulheres de condição de pureza legal inferior, proibido em Lv 21,7); por "prostituta", a prosélita, a escrava libertada

461. Laurentianus: *tês gegramménes.* Latim: nuptae. Essa última informação é a melhor; deve-se ler *tês gametês.*
462. *C. Ap.* I 7, § 33.
463. Fílon, *De spec. leg.* I, § 101.
464. *Qid.* IV 4. Quanto às filhas de sacerdotes examinavam-se oito ancestrais de sexo feminino, em relação à pureza de sua origem: *a*) a mãe, *b*) as duas avós, *c*) as duas bisavós do lado paterno e uma bisavó do lado materno, *d*) uma trisavó do lado paterno e uma do lado materno. Nos outros casos acrescentava-se ainda uma geração. De que modo explicar este esquema que dá a impressão de ser totalmente arbitrário?
465. *Qid.* IV 5.
466. Para o que segue, ver Billerbeck, I, 2-3.

e a deflorada [467]. Havia, pois, uma parte bem determinada da população que não podia casar com sacerdotes, isto é, todas as israelitas que não eram de origem pura [468]. Somente a filha de um sacerdote ou de um levita apto a exercer sua função e a filha de um cidadão israelita estavam, pois, em condição de contrair matrimônio regular com um sacerdote [469].

Todavia, dentro desse círculo de famílias legítimas, outras mulheres se achavam excluídas: a mulher repudiada [470], a *ḥălûṣah* (isto é, a mulher que, após a morte de

467. *Sifra* Lv 21,7 (47^b 186, 22); *Yeb.* VI 5. Detalhadamente temos: *a*) a *ḥălalah*: sem dúvida, ela não pode se casar com um sacerdote, mas no caso de se casar com um israelita, a filha nascida deste casamento pode desposar um sacerdote (*Qid.* IV 6). *b*) A prosélita: por causa de sua origem pagã, não pode se casar com um sacerdote, mas se se casar com um israelita, a filha nascida desta união pode se casar com um sacerdote (opinião de R. Yuda ben Elai, por volta de 150 d.C.; R. Eliezer ben Yacob, cerca de 150 d.C., só autoriza o casamento com um sacerdote à filha nascida do casamento de um prosélito com uma israelita; R. Yosé ben Ḥalafta, 150 d.C., o autoriza mesmo à filha nascida do casamento de um prosélito com uma prosélita). *Qid.* IV 6s; mesmo ponto de vista em *Bik.* I 5. Uma voz isolada (R. Shimeon por volta de 150 d.C.) invoca Nm 31,18 para permitir o casamento com um sacerdote à prosélita que se converteu ao judaísmo antes da idade de três anos e um dia (j. *Qid.* IV 6, 66^a 10 [não traduzido em V/2, 284 que remete ao par. II/2 363]). *c*) A escrava liberta: como *b*. *d*) Aquela que foi deflorada por um ato de prostituição; a esse grupo pertencem, entre outras, a prostituta (Targum do Pseudo-Jônatas a Lv 21,7; *Ant.* III 12, 2 § 276), a taberneira ou hospedeira (*Ant. ibid.*), a mulher que foi prisioneira de guerra (*Ant., C. Ap.* I 7, § 35; cf. *supra,* p. 218ss, os ataques contra os sumos sacerdotes João Hircano e Alexandre Janeu). Discutia-se para saber se uma jovem judia a quem um israelita de origem legítima violentara, entrava nessa categoria *d*. Em *Ket.* I 10, permitia-se a essa jovem casar-se com um sacerdote. Mas, conforme a explicação do rabi Eliezer (por volta de 90 d.C.), é preciso considerá-la como uma "prostituta", e, por conseguinte, não pode se casar com um sacerdote (*Sifra* Lv 21,7 (47^b 186, 24); b. *Yeb,* 61^b bar.). Ora, esse doutor representa, em geral, a tradição antiga; resulta, pois, daí que na época em que o Templo existia, aplicava-se, geralmente, o ponto de vista mais estrito.

468. Disso falaremos minuciosamente no cap. VIII: *Os israelitas ilegítimos,* ver *infra,* p. 420ss.

469. *Qid.* III 12.

470. Lv 21,7; Ez 44,22; *Qid.* III 12; *Mak.* I 1; III 1; *Ter.* VIII 1 e *passim.* A mulher cujo marido foi declarado morto e que torna a se casar, deve, se o primeiro marido voltar à casa, acompanhá-lo de novo. Não é tida como divorciada do segundo marido, pois esse segundo casamento tornou-se legalmente inválido (*Yeb,* X 3, *Sifra* Lv 21,7 (47^b 186, 35).

seu marido, libertara-se do casamento levirático pela cerimônia do "tirar o calçado" (Dt 25,9), colocada no mesmo nível [471], e a mulher estéril com quem um sacerdote podia se casar somente se já tivesse mulher e filho [472]. Ez 44,22 proíbe também aos sacerdotes desposar uma viúva, salvo a viúva de outro sacerdote. É somente ao sumo sacerdote que o Levítico proíbe o casamento com uma viúva (Lv 21,14); em contrapartida, silencia a respeito da interdição aos outros sacerdotes de desposarem uma viúva. O período posterior não seguiu as normas de Ezequiel. Josefo [473] diz expressamente que todos os sacerdotes, salvo o sumo sacerdote, podem contrair matrimônio com viúvas. Essas regulamentações não se destinavam aos levitas; interditavam-nos somente de desposar israelitas ilegítimas, portadoras de impureza grave [474] (bastarda, escrava do Templo, filha de pai desconhecido e criança enjeitada [475]).

Após esse exame de prescrições, vejamos a prática. Com freqüência, um sacerdote casava-se com uma filha de sacerdote; ocorrida, particularmente, nos círculos da aristocracia sacerdotal e entre os sacerdotes de Jerusalém cujo prestígio e formação elevavam a um nível superior. Sobretudo as famílias pontifícias casavam suas filhas de preferência com sacerdotes. Tal fato já se deduz da queixa estudada acima [476], segundo a qual os sumos sacerdotes impeliam seus genros aos postos lucrativos do Templo, o que faz supor que esses últimos fossem sacerdotes. Conhecemos vários sumos sacerdotes que, de seu lado, eram genros de sumos sacerdotes em exercício. Citemos, em primeiro lugar, o sumo sacerdote Matias, filhos de Teófilo e também Caifás [477]. Além disso, em duas famílias da aristocracia sacerdotal que deram sumos sacerdotes que desempenharam

471. *Yeb.* II 4; *Qid.* III 12; *Mak.* III 1; *Soṭa* IV 1; VIII 3; Tarum do Pseudo-Jônatas em Lv 21,7; *Sifra* Lv 21,7 (47ᵇ 186, 27) e *assim.*

472. *Yeb.* VI 5. R. Yuda ben Elai (cerca de 150 d.C.) proíbe o samento em todos os casos (*Sifra* Lv 21, 7 [47ᵇ 186, 23]).

473. *Ant.* III 12, 2, § 277.

474. *Qid.* IV 1.

475. Ver *infra,* pp. 446s.

476. Pp. 268s.

477. Ver as comprovações *supra,* p. 217, n. 61.

suas funções, sendo um, talvez, o sumo sacerdote Caifás [478], aconteceu — assim nos contam — que uma jovem casou-se com um tio paterno. O caso suscitou discussões acaloradas, porque as duas mulheres ficaram viúvas e sem filhos. Um casamento levirático com o próprio pai era, evidentemente, impensável. Mas uma questão excitou os espíritos dos hilelitas e dos shamaítas [479]: poderia o pai consumar um casamento levirático com a concubina de seu genro? O que nos interessa aqui é tão-somente constatar que, em duas grandes famílias da aristocracia pontifícia de Jerusalém, uma jovem tenha se casado com o irmão de seu pai, concluindo que os dois esposos tenham sido de famílias sacerdotais de alto nível. Há outro caso ainda: o casamento de Marta, da família pontifícia de Boetos, com o sumo sacerdote Yoshua ben Gamaliel I, de quem já falamos [480]; nesse caso também, os dois esposos pertenciam a famílias sacerdotais de alta posição. Os outros sacerdotes igualmente desposavam, de preferência, filhas de sacerdotes. Por exemplo, o sumo sacerdote Zacarias, da classe sacerdotal de Abia, desposou Isabel, filha de sacerdote (Lc 1,5). R. Tarfon, ele próprio sacerdote [481], tinha, em Jerusalém, um tio materno chamado Shimeão [482] ou Shimshão [483], também sacerdote [484]; os pais desse rabi pertenciam, pois, a famílias sacerdotais.

Entretanto, de modo algum, as famílias de sacerdotes se casavam unicamente entre elas; havia também uniões entre descendentes de sacerdotes, e descendentes de levitas ou de israelitas. Assim, o levita cantor R. Yoshua, fabri-

478. Ver *supra*, p. 266, n. 302; cf. p. 136, n. 95.

479. Em b. *Yeb.* 15ᵇ (ver *supra*, p. 136s), o caso em discussão relaciona-se com um debate sobre a poligamia em Jerusalém no tempo de Jesus.

480. *Supra*, 219.

481. j. *Yoma* III 7, 40ᵈ 57 (III/2, 196) e *passim;* Tos. *Neg.* VIII 2 (628,9).

482. Também em j. *Hor.* III 5, 47ᵈ 37 (não traduzido em VI/2, 274).

483. Também em *Qoh. R.* 15 sobre 3, 11 (85ᵃ 10).

484. j. *Yoma* I 1, 38ᵈ 82 (III/2, 165); j. *Hor.* III 5 47ᵈ 37 (não traduzido em VI/2, 274: embora este tio fosse manco, ele, como sacerdote, tocou a trombeta por ocasião de uma das festas das Tendas. *Qoh. R.* 3, 15 sobre 3, 11 (85ᵃ 10): coloca-se em companhia do sobrinho sobre o estrado do átrio.

cante de pregos, que viveu ainda até depois da tomada da cidade, casara-se com uma filha de sacerdote. Eis alguns exemplos de alianças com leigos. O sumo sacerdote Alexandre Janeu, como já vimos [485], desposou — dizem — uma irmã do rabi Shimeão ben Shetaḥ. O sacerdote e escriba Shimeão ben Natanael tinha por mulher uma filha [486] de Rabban Gamaliel I, célebre mestre de Jerusalém e membro do Sinédrio [487]. O bem conhecido doutor Eliezer ben Hircano, sacerdote [488], casou-se com uma filha de Gamaliel I [489]. Quanto a Pinḥas de Ḥabta, sacerdote e depois sumo sacerdote (em 67 d.C.), R. Ḥananya, filho de Gamaliel II, chama-o parente por aliança [490]. Portanto, três sacerdotes casaram-se com jovens da casa de Gamaliel. Assim, entre as famílias de leigos, os sacerdotes, pelo que parece, preferiam as dos escribas. Eis um último exemplo. O sacerdote R. Sadoc, célebre escriba, tinha como mulher uma benjaminita, cuja família paterna pertencia às famílias de notáveis incumbidas de trazer a lenha para o altar [491]. Os enlaces entre sacerdotes e filhas de leigos de nível elevado não foram raros, portanto, se bem que o Talmude, quando a ocasião se oferece, trace um juízo desfavorável sobre tais uniões [492]. Não temos nenhuma informação a respeito da origem das mulheres dos levitas; acabamos de ver o casamento do levita Yoshua com uma filha de sacerdote, e já falamos [493] da legitimidade das duas famílias de levitas de Emaús que tocam a charamela.

Quando um sacerdote ou um levita músico desposava uma mulher que a Lei proibia [494], era punido com impie-

485. *Supra,* p. 217, n. 62.
486. O ms. de Erfurt, agora em Berlim, *Staatsbibl.* Ms. or. 2º 1220, diz "filha". Razões cronológicas tornam essa informação inadmissível; ver Macher, *Ag. Tann.,* I, 75, n. 3 .
487. Tos. *'A. Z.* III 10 (464, 6).
488. j. *Soṭa* III 4, 19ª 3ss (IV/2, 261).
489. b. *Shab.* 116ª e *passim.*
490. *Sifra* Lv 21,10 (47ᶜ 187, 10).
491. Ver *infra,* p. 381.
492. b. *Pes.* 49ª bar.; b. *Pes.* 49ª.
493. *Supra,* p. 294, n. 460.
494. Isso acontecia. O escritor Josefo é um exemplo; prisioneiro dos romanos, casou-se entre 67 e 69 d.C., sob ordem de Vespasiano,

dosa severidade; o casamento declarado ilegítimo [495] e os filhos privados do direito do sacerdócio. Esse filho chamava-se *ḥalal* (profano) e fazia parte do grupo dos israelitas ilegítimos; seus filhos, como ele, também não podiam exercer o sacerdócio. As filhas de um matrimônio ilegítimo de sacerdote não podiam se casar com um sacerdote [496].

Esses princípios permaneciam em vigor. Já no tempo de Esdras [497], três famílias sacerdotais foram excluídas do sacerdócio, porque não puderam exibir a sua genealogia; os sumos sacerdotes asmoneus viram contestada pelos fariseus a legitimidade de seu sacerdócio, porque a mãe de João Hircano foi, dizem, prisioneira de guerra sob Antíoco IV Epífanes [498]; em seguida, por diversas vezes ouvimos falar de processos para a deposição de determinados sacerdotes do direito de exercer sua função [499]. Tais exemplos demonstram o rigor com que se agia para preservar a pureza do clero [500]. "R. Zacarias, filho do açougueiro, diz: [eu juro] pelo Templo! Sua mão [a mão de minha mulher] não largou a minha desde que os pagãos entraram em Jerusalém [sem dúvida por ocasião da tomada da cidade em 133/4 d.C., durante a guerra de Bar-Kokba] [501], até sua partida. — Responderam-lhe: ninguém pode testemunhar em causa própria" [502].

Um sacerdote não pode contrair matrimônio com uma israelita que foi prisioneira de guerra, pois não lhe poderá dar filhos legítimos, aptos a exercerem o sacerdócio [503]. Não é, porém, unicamente tal jovem que lhe será negada.

conforme diz, e contra a prescrição da Lei (ver *supra,* p. 296, n. 467 *d*), com uma judia, prisioneira de guerra, *Vita* 75, § 414.

495. b. *Ket.* 3ª, e sobre este ponto Billerbeck, III, 343 *b.*

496. *Qid.* IV 6. Cf. *supra,* p. 296, n. 467 *a.*

497. Esd 2,61-63; Ne 7,63-65.

498. Ver *supra,* pp. 218 e 260.

499. Generalidades em *Mak.* I 1; *Mid* V 4. Interpretação na continuidade de nossa exposição.

500. Para o que segue ver A. Büchler, "Familienreinheit und Familienmakel in Jerusalem vor den Jahre" 70, em *Festschrift Schwarz,* 133-162.

501. Quanto à data deste rabi, ver Schlatter, *Tage,* 41; deve-se datar a guerra de Bar Kokba dos anos 132-135 (6) d.C., ver C. H. Hunzinger, art. Qumran 6 em *Die Religion in Geschichte und Gegenwart,* 3ª ed., V (1961), col. 754s.

502. *Ket.* II 9.

503. Ver *supra,* p. 296, n. 467.

Ele não poderá continuar a viver com uma esposa que, mesmo sem ter sido prisioneira, viveu numa cidade tomada e ocupada pelo inimigo, não tendo condições de provar sua integridade através de testemunhas desinteressadas [504]; se mantiver tal aliança, será considerada concubinato e os filhos dessa união são ilegítimos. Semelhante regra é aplicada de maneira inexorável, mesmo que o próprio marido ateste, sob juramento, que a mulher não teve relações com pagãos. Mais ainda: os membros de uma família, evidentemente família de sacerdotes, foram tão longe que recusaram o direito de desposar um sacerdote com uma jovem menor que fora dada em penhor a Ascalon (ou que lhe fora levada como refém); entretanto, havia testemunhas para afirmar que não tivera relações ("que ela não tinha sido presa [com um homem] nem deflorada"), e os escribas decidiram que esse depoimento não era justificado [505]. Portanto, nesse caso, não somente se põe a jovem dada em penhor em pé de igualdade com a prisioneira de guerra, o que de modo algum seria óbvio [506], mas a própria família decide, no caso de um de seus membros, tornando a regra ainda mais intransigente, a fim de afastar dela qualquer suspeita de mancha. São, pois, os próprios sacerdotes que, por vezes, apesar mesmo dos protestos dos escribas, assumem o cuidado de aplicar, inexoravelmente, as prescrições sobre a pureza das famílias sacerdotais.

Não se trata de exceção, mas tornou-se regra que os próprios sacerdotes, contra as decisões dos escribas, dêem prova de implacável rigidez. Assim sendo, ouvimos dizer que os escribas permitiam às filhas de famílias *'îssah* (isto é, famílias de sacerdotes sobre as quais havia, em relação a um dos membros, certa dúvida sobre a legitimidade de sua origem) [507], casarem-se com sacerdotes. Os sacerdotes,

504. Neste caso permitia-se também a um escravo, homem ou mulher, testemunhar, *Ket.* II 9; mas não havia permissão para o próprio marido.

505. *'Ed.* VIII 2.

506. *Ket.* II 9: "O casamento com uma mulher prisioneira de pagãos por questões pecuniárias [como refém] é permitido".

507. O termo *'issah* significa massa, mistura. Não podemos precisar, com certeza, o sentido metafórico. R. Meir (cerca de 150 d.C.)

porém, não admitiam qualquer concessão [508]; bastava-lhes a mais leve suspeita para se manterem afastados das filhas de famílias *'îssah*. Vemos assim justificada a queixa levantada por Rabban Yoḥanan ben Zakkai, portanto, por um homem que exercia sua função em Jerusalém antes da destruição do Templo: os sacerdotes não seguem as decisões dos escribas a não ser que se declarem essas pessoas inaptas às funções sacerdotais ou ao casamento com sacerdotes; por outro lado, eles as desprezam se os escribas cedem, atenuando [509]. Os mesmos sacerdotes que, sob Agripa I (41-44 d.C.), quando os judeus podiam exercer a justiça criminal, fizeram queimar publicamente em Jerusalém uma filha de sacerdote acusada de adultério [510], zelavam pela pureza das famílias sacerdotais com inexorável severidade. Com efeito, os sacerdotes ofereciam os sacrifícios como investidos não pelo povo, mas por Deus [511]; por esse motivo, constituíam a fração santa do povo instituída por Deus. No fim dos tempos, formariam, com perfeição, a linhagem santa: "Quando o Santo, seja ele bendito, purifica as tribos, purifica, em primeiro lugar, a tribo de Levi" [512].

dá esta definição (b. *Ket.* 14b bar.): "Que é uma viúva *'issah?* Aquela com quem, eventualmente uniu-se um filho ilegítimo de sacerdote (*ḥalal*). Esse texto não tem sentido. Certamente, a palavra "viúva" foi introduzida por inadvertência a partir de *'Ed.* VIII 3 que fala da viúva *'issah,* e isso acarretou o erro. Se pudermos riscar a palavra "viúva" em b. *Ket.* 14b bar., o sentido torna-se claro; uma família *'issah* é uma família da qual se pergunta se um dos membros é de origem ilegítima; (aliás, em *'Ed.* VIII 3 igualmente, a palavra "viúva" é uma glosa, ver *infra,* p. 422, n. 17). As explicações de Büchler em *Festschrift Schwarz,* 155-160 não levam em consideração essa solução simples e não conseguem convencer. Por *'issah* ele entende as famílias ilegítimas apenas marcadas por uma falha leve (ver *infra,* p. 420ss), portanto: profanas (*ḥalalim*), prosélitas, escravas libertas.

508. *'Ed.* VIII 3.

509. *Ibid.* — 'Ed. VIII 7 conta o caso de certo Ben Sion (sem dúvida antes de 70 d.C. já que a tradição remonta a Yoḥanan ben Zakkai): sucessivamente ele tinha, de modo injusto e arbitrário, "afastado e aproximado" uma família — visto o contexto, trata-se de sacerdotes — isto é, declarara-se ilegítima e legítima.

510. *Sanh.* VII 2; b. *Sanh.* 52b. Minúcias *supra,* p. 246, n. 222.

511. b. *Qid,* 23b.

512. b. *Qid.* 70b 71a.

Capítulo II

A NOBREZA LEIGA

Ao lado da nobreza sacerdotal, existia em Jerusalém uma aristocracia leiga. Sua importância foi infinitamente mais fraca, como comprova a escassez de provas e testemunhas.

Examinemos, de início, como era formado o Sinédrio. Segundo lemos no Novo Testamento, essa assembléia judaica suprema, que compreendia 71 membros, compunha-se de três grupos: os chefes dos sacerdotes que, representados na pessoa do sumo sacerdote, escolhiam o presidente, os escribas e os anciãos.

Quem fazia parte do grupo dos *anciãos*? [1] A história da assembléia judaica nos dá a resposta. Após o exílio, os reorganizadores do povo, doravante sem rei, basearam-se na antiga composição em famílias, procedentes da divisão do povo em tribos, e nunca totalmente caída no esquecimento, nem mesmo depois do sedentarismo em Canaã. Talvez já em exílio, quer dizer, com a extinção da realeza, os chefes das linhagens e das famílias mais importantes assumiram a chefia do povo, dirigindo, individualmente, a instalação das famílias em Babilônia e governando-as a título de guias e juízes [2]. Após a volta do exílio, esses che-

1. No Novo Testamento (Mt 21,23;26,3.47;27,1-3.12.20;28,11-12; Lc 22,52; At 4,23;25,15; cf. 24,1) assim como na literatura rabínica (*Yoma* I 5; *Para* III, 7; cf. Tos. *Para* III 8 (632, 18): os anciãos apareciam como representantes do Sinédrio e guardiões da tradição farisaica nos ritos a observar no Dia das expiações e para queimar a novilha vermelha); a palavra indica, em amplo sentido, todos os sinedritas não sacerdotes. É preciso distinguir esse amplo sentido da palavra, incluindo os dois grupos do Sinédrio (escribas e anciãos em sentido restrito), do sentido restrito que vamos examinar, e que designa os anciãos como um grupo do Sinédrio distinto dos chefes dos sacerdotes e dos escribas.

2. Ez 8,1;20,1. Ver I. Benzinger, *Hebräische Archäologie,* 3ª ed., Leipzig, 1927, 269 e a dissertação de O. Seesemann, *Die Ältesten im A.T.*, Leipzig, 1895.

fes de famílias, os "anciãos dos judeus" (*śabê yehûdayê*) aparecem como representantes do povo com os quais o governador persa discute (Esd 5,9-16) e que, unidos ao "governador dos judeus", dirigem a reconstrução do Templo (Esd 5,5.9;6,7.8.14). Dessa maneira o Sinédrio, assembléia suprema do judaísmo pós-exílico, formou-se da reunião desses chefes de família não sacerdotes, dirigentes que representavam a "nobreza" [3] leiga, com a aristocracia sacerdotal. A esse respeito, a descrição da reforma judiciária de Josafá pelo Cronista (2Cr 19,5-11) descrição que reflete a situação pós-exílica, é elucidativa; a autoridade judiciária suprema de Jerusalém compunha-se de levitas, de sacerdotes e de chefes de famílias [4]. É, pois, um senado aristocrático composto de representantes da aristocracia sacerdotal e leiga que, nas épocas persa e grega, alcançou a chefia do povo judeu. Somente mais tarde, talvez no tempo da rainha Alexandra (76-67 a.C.), de pendor farisaico [5], os escribas fariseus foram admitidos nessa assembléia suprema até então puramente aristocrática. Não pode, pois, haver dúvida quanto à composição do grupo dos anciãos no Sinédrio: são os *chefes das famílias leigas mais influentes* [6], representando a "nobreza leiga" do povo neste conselho supremo.

3. Emprego esta palavra para exprimir o princípio da hereditariedade.

4. Cf. ainda: 1Mc, onde sacerdotes e anciãos do povo (7,33-11,23) aparecem como representantes do povo, e especialmente 14,28, onde a assembléia do povo que toma as decisões assim se compõe: *epì sinagogês megáles ton ieréon kaì laoû kaì árchonton éthnous kaì tôn presbutéron tês chóras.* Nobreza clerical e nobreza leiga (*árchontes éthnous*) dirigem o povo; os anciãos da comunidade (*presbúteoi tês chóras*) e a multidão do povo agregam-se a esses dirigentes para a assembléia do povo.

5. Encontramos sinedritas fariseus pela primeira vez em *Ant.* XIII 16, 5, § 428. Conforme mostra o contexto, aqueles que a passagem cita como "anciãos dos judeus" (sinedritas) são certamente fariseus desta casta.

6. Foi o que bem observou E. Meyer, *Die Entstehung des Judenthums,* Halle, 1896, e *Ursprung,* II, 12 e 29. Ver ainda J. Wellhausen, *Das Evangelium Marci,* Berlim, 1909, 65: "a nobreza leiga de Jerusalém"; Billerbeck, II, 631: "os membros leigos do Grande Conselho". — Schürer, II, 252, diz: "Os membros que não pertenciam a uma dessas duas categorias especiais *[archiereîs* e *grammateîs]* chamavam-se simplesmente *presbíteroi";* um bom expediente para sair-se bem.

O Novo Testamento, também Josefo e a literatura talmúdica admitem essa nobreza leiga. No Novo Testamento, "os chefes do povo" (Lc 19,47) aparecem uma vez no lugar dos "anciãos", como terceiro grupo do Sinédrio; essa expressão sinônima é extremamente esclarecedora. Como representante desse grupo encontramos José de Arimatéia[7], rico (Mt 27,57) proprietário[8].

Em Josefo, ao lado dos chefes dos sacerdotes, aparecem como personagens mais influentes de Jerusalém: "as autoridades da cidade"[9], "os chefes do povo"[10], "os notáveis"[11], "os poderosos"[12], "os poderosos e notáveis do povo"[13]. São os mesmos "anciãos" do Novo Testamento; temos esta certeza através de um texto de Josefo onde aparece, igualmente, a divisão tríplice do Sinédrio, corrente no Novo Testamento. Os três grupos aí são chamados "os poderosos, os sacerdotes-chefes e os notáveis fariseus"[14]; ressalta, pois, sem equívoco, a identidade dos "poderosos" de Josefo e dos "anciãos" do Novo Testamento. Em outras passagens, os "poderosos" aparecem ao lado dos membros do conselho supremo[15]; vemos, pois, que somente uma parte dos chefes das famílias de notáveis, por assim dizer como representantes de sua classe, tinham voz no Sinédrio. Um estudo comparado de dois textos de Jo-

7. Mc 15,43; Mt 27,57; Lc 23,50-51; Jo 19,38-42. Não é designado nem como sacerdote nem como escriba; devemos, pois, tomá-lo como pertencente ao grupo dos "anciãos" do Sinédrio.

8. Ao norte do segundo circuito setentrional, no próprio lugar da atual igreja do Santo Sepulcro (ver meu *Golgota*, Leipzig, 1926, 1-33), ele possuía uma propriedade com jardim (Jo 19,41;20,15; Mt 27,60 e par.). Além do mais, conforme faz supor o emprego de *euschémon* nos papiros, esse termo (Mc 15,43), designa, talvez, o rico proprietário de imóveis (cf. J. Leipoldt em *Theologisches Literaturblatt* 39 [1918], col. 180s).

9. *Vita* 2, § 9.

10. *Vita* 38, § 194.

11. *B. j.* II 17, 2, § 410 e *passim*.

12. *B. j.* II 15, 2 § 316 e *passim*.

13. *B. j.* II 14, 8, § 301.

14. *B. j.* II 17, 3, § 411: *sunelthóntes goûn hoi dunatoì toís archiereûsin eis tautò kaì tois tôn Pharisaion Gnorímois*. Cf. II 14, 8, § 301: *oí te archiereîs kai dunatoà tó te gnorimótaton tês póleos*.

15. *B. j.* II 16, 2, § 336: "Os chefes dos sacerdotes dos judeus com os poderosos e o conselho"; II 21, 7, § 627: "Os poderosos e alguns dos arcontes".

sefo confirma que os "anciãos" são os chefes das famílias de nobreza leiga. Por ocasião de seu acesso ao poder em 37 a.C. Herodes condenou à morte, segundo *Ant.* XIV 9, 4, § 475 "todos[16] os membros do Sinédrio"; de acordo com *Ant.* XV 1, 2, § 6 condenou "os 45 principais membros do partido de Antígono [rei e sumo sacerdote]". Conforme nos mostra a comparação desses dois textos, os principais membros da nobreza leiga, partidários dos asmoneus, tinham voz ativa no Sinédrio. Uma segunda sinonímia é ainda mais clara. Aqueles que *B. j.* II 12, 5, § 237 chama de representantes "dos magistrados [*árcontes*] de Jerusalém" são chamados, na passagem paralela dos *Ant.* XX 6, 1, § 123, "os principais habitantes de Jerusalém pela dignidade e nascimento; de novo, a comparação desses dois textos mostra que os chefes das famílias patrícias eram ouvidos no Sinédrio.

O exame da literatura rabínica leva à mesma conclusão, pois, fala também dos representantes da nobreza leiga como de um grupo do Sinédrio. Obtemos, assim, total certeza histórica sobre a característica dos "anciãos". Diversas vezes, na literatura rabínica aparecem "os grandes da geração", "os grandes de Jerusalém", "as pessoas de Jerusalém de alto nível". A enumeração mostra que formam um grupo restrito. O relato lendário do Midraxe segundo o qual Vespasiano locupleta três barcos com "os grandes de Jerusalém" e deporta-os[17] já faz parte deste contexto. Outras informações situam-se sob uma luz histórica. "R. Sadoc era um 'grande da geração' "[18]. "Uns hierosolimitanos da alta classe, tinham o costume de dar gratuitamente a bebida anestésica para os condenados à morte"[19]. "Abba Shaul [cerca de 150 d.C.] dizia: 'Uns hierosolimitanos de nível alto' cuidavam da manutenção [das mães que educavam seus filhos para o rito da novilha vermelha,

16. Não tomar ao pé da letra; o Sinédrio contava com 71 membros. S. Funk, *Die Männer der grossen Versammlung und die Gerichtsöfe im nachexilischen Judentum*, em *MGWJ* 55 (1911), 37-39 tinha em mente o pequeno Sinédrio composto, conforme diz. de 45 membros. É difícil dar-lhe razão.

17. *Lam. R* 1, 48 sobre 1, 16 (34ª 19).

18. *ARN* rec. A cap. 16, 63ª 19.

19. b. *Sanh.* 43ª bar.; ver *supra,* 140.

Nm 19]"[20]. Os filhos menores não podiam penetrar no átrio dos israelitas[21]. Em compensação, os filhos menores dos "hierosolimitanos de classe alta"[22] tinham o direito de participar no canto dos levitas durante o sacrifício cotidiano; para a circunstância ocupavam lugar no átrio dos israelitas, aos pés do estrado, colocado entre o átrio dos israelitas e o dos sacerdotes[23], onde ficam os levitas.

De grande importância a informação dada pelo apóstata Elisha ben Abuya, nascido em Jerusalém antes de 70 d.C. "Meu pai Abuya era um dos grandes de Jerusalém[24]. No dia de minha circuncisão, ele convidou todos os outros grandes de Jerusalém[25] e instalou-os num quarto"[26]. Esse convite faz-nos ver o pai, nobre de Jerusalém, como um homem abastado. A palavra "todos" e a informação segundo a qual pôde-se colocar juntos "todos" os grandes da cidade num mesmo cômodo, mostram que os chefes das famílias hierosolimitanos de alta classe formavam um grupo restrito.

Fazem parte desse grupo os três sólidos mercadores de Jerusalém que um relato bem conhecido procura realçar. Por ocasião da revolta contra os romanos, eles se comprometeram — assim dizem — a reabastecer a cidade com víveres e lenha, durante vinte e um anos[27]; são chamados ora como "três ricas personagens"[28]; ora como "grandes de Israel"[29] ou "grandes da cidade"[30], ora "con-

20. b. *Ket.* 106ᵃ.
21. *'Ar.* II 6; Tos. *'Ar.* II 1 (544, 14).
22. Tos. Tos. *'Ar.* II 2 (544, 16).
23. Segundo Tos. *'Ar.* II 2 (544, 14), mantinham-se no átrio das mulheres. Mas, como bem demonstra II 1 (544, 14), a Mishna *'Ar.* II 6 é que conservou a lembrança exata: "Eles se colocavam não sobre o estrado, mas no chão, de molde a que suas cabeças ficassem na altura dos pés dos levitas [colocados no estrado erguido a um côvado e meio = 75 cm. acima do átrio dos israelitas]". G. Dalman, *Der zweite Tempel zu Jerusalem* em *PJB* 5 (1909), 43, n. 6 rejeita igualmente a localização de Tos. *'Ar.* II 2 (544, 16).
24. Variante: "um dos grandes da geração" em *Qoh. R.* e *Rute R.*
25. *Qoh. R.*: "e todos os grandes da geração".
26. j. *Ḥag.* II 1, 77^b 33 (IV/1, 272) e par.: *Rute R.* 6, 6 sobre 3, 13 (17^b 14); *Qoh. R.* 7, 18 sobre 7, 8 (104^a 9). As últimas palavras faltam nas paralelas.
27. Ver *supra,* 57 e 139.
28. b. *Giṭ.* 65^a.
29. *ARN* rec. A cap. 6, 31^a 23.

selheiros"[31]. Pode ser que esse relato contenha particularidades lendárias, mas encerra um sólido nódulo histórico[32]; dele depreendemos que "os grandes da cidade" faziam parte do Sinédrio. Tudo isso se evidencia pelo fato de sabermos que "as principais personagens de Jerusalém" exerciam, no Dia das expiações, uma função oficial no quadro da liturgia da festa: a título de membros do Sinédrio evidentemente[33], acompanhavam até a primeira das dez barracas colocadas no caminho, aquele que deveria levar o bode Azazel ao deserto[34]. Ressalta, enfim, da comparação de dois textos midráxicos, que as designações "grandes da cidade" ("da geração" e "anciãos") parecem sinônimas[35]. Fechamos, assim, o círculo: no Sinédrio, o grupo dos anciãos compunha-se de *chefes das famílias patrícias de Jerusalém.*

No empenho de determinar a composição do Sinédrio, descobrimos a existência incontestável de uma nobreza leiga em Jerusalém. Trata-se agora de saber se podemos obter constatações mais precisas dessa casta. *Ta'an.* IV 5 fornece-nos uma lista preciosa das famílias privilegiadas[36], aptas a trazer a lenha para o altar:

"Nove dias [por ano] os sacerdotes e leigos traziam a lenha [conforme a ordem seguinte]:

1. em 1º nisan, a família de Area da tribo de Judá[37];

30. *Gn. R.* 42, 1 sobre 14, 1 (85ª 4); *ARN* rec. B cap. 13, 31ᵇ 21; *Pirge de R. Eliezer* 2.
31. *Qoh. R.* 7, 25 sobre 7, 11 (105ᵇ 29); *Lam. R.* 1, 32 sobre 1, 5 (28ᵇ 5). Neste último texto trata-se de quatro pessoas, pois Naqdemon ben Gorion foi, por erro, dividido em dois nomes.
32. Ver *supra,* p. 139, n. 116.
33. Cf. *Yoma* I 5.
34. *Yoma* VI 4.
35. *Lv. R.* 30, 7 sobre 23, 40 (82ᵇ 23) enumera: *a*) os grandes da cidade (da geração); *b*) as pessoas particulares; *c*) homens, mulheres, crianças. *Cant. R.* 6, 11 sobre 6, 5 (64ª 7) cita: *a*) as pessoas particulares; *b*) as crianças; *c*) os *zᵉqenîm.* A comparação desses dois textos permite dizer que *zᵉqenîm* designa, realmente, não a idade mas a dignidade. Sobre este ponto ver A. Büchler, *The Political and Social Leaders as the Jewish Community of Sepphoris,* Londres, 1909, 10.
36. Neemias fizera a escolha por sorteio (*Ne* 10, 35), cf. b. *Ta'an.* 28ª.
37. Cf. Esd 2,5; Nm 7,10.

2. em 20 tamuz, a família de Davi da tribo de Judá (cf. Esd 8,2);

3. em 5 ab, a família de Parosh da tribo de Judá [38];

4. em 7 ab, a família de Yonadab, da tribo de Recab [39];

5. em 10 ab, a família de Senaa, da tribo de Benjamim [40];

6. em 15 ab, a família de Zetua, da tribo de Judá [41] e, com ela, os sacerdotes, os levitas e todos aqueles sobre cuja origem pairava uma incerteza [42], [isto é] [43], os filhos de ladrões de folhas [ou: de morteiros] [44] e os filhos dos cortadores de figos;

7. em 20 ab, a família Faat-Moab, da tribo de Judá [45];

8. em 20 elul, a família de Adim, da tribo de Judá [46];

9. em 1º tebet, a família de Parosh, pela segunda vez".

É surpreendente encontrar nessa lista a menção de uma família recabita; a última informação histórica sobre os recabitas encontra-se, com efeito, em Nm 3,14 e 1Cr 2,55, pois podemos duvidar seriamente da indicação de Higésipo, reproduzida por Eusébio [47], segundo a qual Tiago, irmão de Jesus foi condenado à morte por um sacerdote recabita (*sic!*). Além do mais, é de admirar que ao lado da família recabita sejam citadas apenas as famílias mencionadas nos livros de Esdras e de Neemias. Essas duas observações são concordes e permitem dizer que a lista data de uma época um pouco posterior à volta do exílio; indiscutivelmente, provém diretamente do relato de Ne 10, 35-37;13,31 sobre o sorteio das entregas da lenha. Como

38. Cf. Esd 2,3;8,3;10,25; Ne 3,25;7,8;10,15.
39. Cf. 2Rs 10,15.23; Jr 35,8; 1Cr 2,55.
40. Cf. Esd 2,35; Ne 3,3;7,38;11,9.
41. Cf. Zattu: Esd 2,8;10,27; Ne 7,13;10,15.
42. Provável eufemismo para "cuja origem não era absolutamente pura".
43. A indicação da tribo falta para os dois pseudônimos seguintes; esses nomes constituem, portanto, a epixegese da observação precedente.
44. Informação de b. *Ta'an.* 28ª.
45. Cf. Esd 2,6;8,4;10,30; Ne 3,11;7,11;10,15.
46. Cf. Esd 2,15;8,6; Ne 7,20,10,17.
47. *Hist. eccl.* II 23, 4-18.

vemos, o relato talmúdico [48] é exato. Segundo esse painel, o privilégio de trazer a lenha é uma antiga perrogativa que remonta à época da reorganização da comunidade judaica após o exílio de Babilônia; as famílias privilegiadas conservaram-na com tenacidade durante séculos. Temos, portanto, todos os motivos para crer que essa lista conservou os nomes das famílias patrícias eminentes, cujo critério de ordem repousava em privilégios antiqüíssimos.

Conforme mostram as entregas em espécie para o Templo, conclui-se que essas famílias privilegiadas eram, primitivamente, *famílias de proprietários agrícolas;* daí decorre o fato de, na época de Jesus, a nobreza leiga compor-se especialmente de famílias abastadas. No Midraxe, a frase: "Fulano é rico; façamo-lo conselheiro" [49] é atribuída aos funcionários romanos. Compreendemos essa frase se tivermos em mente os hábitos do procurador. Era entre eles, os "anciãos" do Sinédrio, que habitualmente os procuradores escolhiam os funcionários para os impostos [50], os "decaprotos" [51]. Encarregavam-se esses de repartir entre os cidadãos sujeitos ao fisco, o tributo imposto pelos romanos à Judéia; respondiam pelo pagamento exato com seu próprio dinheiro [52]. Para ocupar esse cargo dito "litúrgico" [53] de decaproto, era preciso ter consideráveis recursos, antes de tudo, bens imobiliários, como acontecia no Egito. Esse fato prova que os chefes das famílias patrícias, na medida em que pertenciam ao Sinédrio, eram pessoas de

48. b. *Ta'an.* 28ª; Tos. *Ta'an.* IV 5 (219, 24); j. *Ta'an.* IV 2, 68ª 38 (não traduzido em IV/1, 183 que remete ao par. III/2, 280.

49. *Gn. R.* 76, 5 sobre 32, 12 (164ᵇ 24); cf. além de b. *Giṭ.* 37ª: "Rab Ḥisda [† 309] dizia: *'Bûlê,* são os ricos', pois está escrito [Lv 26,19]: 'Quebrarei a soberba de vossa dureza'; segundo a explicação de Rab José [† 333], isso designa os conselheiros [*bûla'ôt,* ver a este respeito Bacher, *Ag. Tann.,* I, 52, n. 6] de Judéia". Nesse texto, igualmente, os conselheiros são pessoas ricas.

50. *B. j.* II 17, 1 § 405; arcontes e conselheiros recolhem os impostos; § 407: arcontes e patrícios são apresentados ao procurador tendo em vista a nomeação dos funcionários para os impostos.

51. *Ant.* XX 8, 11, § 194.

52. Sobre o encargo dos decaprotos: C. G. Brandis art. *Dekáprotoi* em Pauly-Wissoma, *Real-Encyclopädie* IV (1901), col. 2417-2422; O. Seeck, "Decemprimat und Dekaprotie", em *Beiträge zur alten Geschichte,* ed. de C. F. Lehmann, I, Leipzig, 1902; Mitteis-Wilcken, 11, 218.

53. Este termo designa um cargo oficial ao qual se era obrigado de modo legal.

excelentes condições financeiras. Foi o caso de José de Arimatéia e dois dos três influentes negociantes de Jerusalém dos quais já falamos na p. 307.

Uma passagem do Midraxe, cujo sentido é difícil de captar, também faz parte deste contexto. Eis o que nos conta. Os conselheiros de Jerusalém, com muita astúcia, teriam obrigado certos ricos habitantes de Bitter a aceitar postos de conselheiros e, para tanto, lhes teriam roubado as propriedades [54]. Tanto quanto esse relato exagerado o demonstra, os membros leigos do Sinédrio em geral tinham fortuna, e sua função — é esse que parece ser o núcleo histórico — podia exigir sacrifícios pecuniários.

Algumas declarações de Josefo nos informam sobre a posição intelectual e religiosa da nobreza leiga. "Sua doutrina é seguida apenas por um pequenino número, mas são os primeiros em dignidade", diz ele dos saduceus [55]. Noutra passagem [56] conta que os saduceus só conseguiam atrair os ricos e não eram seguidos pelo povo. O quadro histórico de Josefo corrobora, de maneira convincente, essas indicações segundo as quais os membros da nobreza leiga eram, em grande parte, saduceus [57]. Descreve, por exemplo, os saduceus como os mais considerados e as principais personagens dentre as que cercavam o rei Alexandre Janeu (103-76 a.C.) que tinha idéias saducéias [58].

A opinião ainda muito difundida segundo a qual os saduceus eram um partido clerical que se recrutava, não

54. *Lam. R.* 2, 5 sobre 2, 2 (43ª 19); 4, 22 sobre 4, 18 (60ª 10); j. *Ta'an* IV 8, 69ª 22 (IV/1, 190).

55. *Ant.* XVIII 1, 4, § 17.

56. *Ant.* XIII 10, 6, § 298. Ver ainda *ARN* rec. A cap. 5, 26ª 12: "E eles [os saduceus e os boetusianos] serviam-se diariamente de utensílios de prata e ouro" (porque negavam a ressurreição dos mortos e queriam, assim gozar o mais possível dos bens da vida terrena). É certo que os partidários dos saduceus pertenciam aos meios afortunados. Lembremo-nos, enfim, de que as influências helenísticas se distinguem na teologia dos saduceus e no seu julgamento sobre a vida; isso também indica os meios mais afortunados, pois foram esses os mais atingidos pela cultura helenística.

57. A bibliografia sobre os saduceus encontra-se mais adiante, no cap. IV consagrado aos fariseus. Citemos aqui Wellhausen, *Pharisaer;* Schlatter, *Gesch. Isr.,* 165-170; R. Leszynsky, *Die Sadduzäer,* Berlim, 1912.

58. *Ant.* XIII 16, 2, § 411; *B. j.* I 5, 3, § 114.

exclusiva, mas principalmente nos círculos de sacerdotes de alta classe, precisa ser corrigida. É bem verdade que os últimos asmoneus e as famílias da aristocracia pontifícia ilegítima, ao contrário da multidão dos sacerdotes, conservavam, em grande parte, idéias saducéias [59]: vemos, por exemplo, João Hircano (134-104 a.C.), sumo sacerdote e príncipe dos judeus que, no início de seu reinado mantinha-se do lado dos fariseus e coligou-se a seguir aos saduceus [60]; assim Alexandre Janeu (103-76 a.C.), sumo sacerdote e rei [61]; assim, também, o sumo sacerdote Simão, filho de Boetos (cerca de 22 a.C.) [62]; assim, o sumo sacerdote José, cognominado Caifás (18-37 d.C.) [63]; assim Anan, o jovem, filho de Anan (62 d.C.) [64]; e assim ainda dois sumos sacerdotes saduceus dos quais fala a tradição rabínica, mas sem lhes mencionar os nomes; podemos identificar um deles como sendo Ishmael ben Fiabi II (até 61 d.C.) [65].

Também os chefes dos sacerdotes eram, em geral [66], saduceus; ainda no tempo de Agripa I, seu tribunal parece ter proferido uma sentença segundo o direito saduceu [67].

59. As medidas de precaução em *Yoma* I 5; IV 1 e *Sukka* IV 9, são explicadas de maneira exata por b. *Yoma* 19ᵇ: desconfiava-se que os sumos sacerdotes tivessem idéias saducéias.

60. *Ant.* XIII 10, 5-6, § 288ss; b. *Ber.* 29ª.

61. *Ant.* XIII 13, 5, § 371s, comparado com b. *Sukka* 48ᵇ onde o sumo sacerdote chamado "um certo saduceu" é Alexandre Janeu.

62. Ver *infra,* n. 68.

63. At 5,17 chama os saduceus "todo o seu partido" (do sumo sacerdote). Trata-se de Caifás então sumo sacerdote (At 4,6).

64. *Ant.* XX 9, 1, § 199.

65. Trata-se: 1º de um sumo sacerdote saduceu que, no Dia das expiações, ofereceu o sacrifício dos perfumes segundo o rito saduceu, b. *Yoma* 19ᵇ bar.; j. *Yoma* I 5, 39ª 45 (III/2, 170): Tos. *Yoma* I 8 (181, 6); 2º de um sumo sacerdote saduceu que queimou a novilha vermelha, Tos. *Para* III 8 (632, 18), e isso em presença de Rabban Yoḥanan ben Zakkai. Resulta, pois, daí, que este segundo evento não pode ter acontecido muito tempo antes de 70 d.C. Ora, segundo *Para* III 5, no século I de nossa era, somente dois sumos sacerdotes prepararam uma novilha vermelha: Elionaios, filho de Kanteras (cerca de 44 d.C.) e Ishmael, filho de Fiabi (até 61 d.C.). Só pode, pois, tratar-se de Ishmael.

66. É provável que dentre os sacerdotes de alto nível houvesse também alguns fariseus (ver *infra,* p. 347, no capítulo dedicado aos fariseus); mas não era de regra.

67. Ver *supra,* p. 246, n. 222. Talvez também um sacerdote saduceu em Lc 10,25-37.

Além do mais, é verdade que esses sacerdotes de nível elevado eram os dirigentes dos saduceus; os Atos dos Apóstolos designam os saduceus como partidários do sumo sacerdote (At 5,17; cf. 21), e um grupo de saduceus, talvez mesmo o conjunto dos saduceus[68], chamavam-se "Boetusianos", segundo o sumo sacerdote Simão, filho de Boetos[69]. Não significa, porém, de modo algum, que os saduceus tenham contato unicamente, ou pelo menos em maioria, com sacerdotes entre seus membros.

Essa possibilidade já se acha excluída pela inexistência de tal pronunciamento na apresentação dos saduceus por Josefo; a distinção apresentada nos Atos dos apóstolos, entre os sacerdotes (de idéias saducéias) e os saduceus[70] tomou o mesmo rumo. É At 23 que mostra a verdadeira situação. Comparecendo diante do Sinédrio, Paulo sabe que a assembléia se divide em dois grupos, os saduceus e os fariseus. Ele declara: "Sou fariseu, filho de fariseus. É por causa de nossa esperança, a ressurreição dos mortos, que sou submetido a juízo" (At 23,6); essas palavras ligam-no ao grupo dos fariseus. No dia seguinte, um *complô* fanático é armado contra a vida do Apóstolo e obtém o acordo dos "chefes dos sacerdotes e dos anciãos" (At 23,12-14). Já que os fariseus aprovam as atitudes de Paulo, vemos que só pode tratar-se do grupo saduceu do Sinédrio.

Verificamos, portanto, que os chefes dos sacerdotes, a nobreza sacerdotal e a nobreza leiga formam o partido dos saduceus. As famílias patrícias acham-se, pois, em relação à nobreza sacerdotal, do mesmo modo que os fariseus em face aos escribas. Em ambos os casos, os leigos formam a grande massa dos partidários; os "homens da

68. Algumas passagens paralelas empregam muitas vezes um por outro os termos saduceus e boetusianos. Em *ARN* rec. A cap. 5 26[a] 4, rec. B cap. 10, 26[b] 3, a distinção entre saduceus e boetusianos é artificial.

69. Tos. *Sukka* III 1 (195, 19); b. *Sukka* 43[b]; Tos. *Yoma* I 8 (181, 3); Tos. *R. H.* I 15 (210, 10); b. *Shab.* 108[a]; b. *Men.* 65[a]; *ARN* rec. A cap. 5, 26[a] II e *passim;* Billerbeck, II, 849s e 599 *a.*

70. At. 4,1. — Uma distinção correspondente entre um sumo sacerdote e um saduceu encontra-se em Ros. *Nidda* V 3 (645, 24); b. *Nidda.* 33[b]. Quanto ao texto primiitvo da passagem (xeque árabe em lugar de saduceu), ver *supra,* p. 216, n. 51.

religião" — clérigos entre os saduceus, teólogos entre os fariseus — forneciam os chefes.

Os saduceus constituíam um grupo organizado [71]; essa obervação é especialmente elucidativa para se conhecer a idéia que as famílias patrícias faziam de si mesmas como detentoras da tradição. O fato sobressai por ser restrito [72] o número dos saduceus, como conclui Josefo, e de possuírem uma *halaka* (tradição) que repousava numa exegese da Escritura, que os membros deviam seguir como diretriz de vida.

O caráter exclusivo do grupo dos saduceus ressalta ainda mais claramente quando Josefo os aproxima dos fariseus e dos essênios. Conta ele, em sua *Autobiografia,* de que modo praticou, sucessivamente, as observâncias dos fariseus, dos saduceus e dos essênios, para adquirir um conhecimento prático dessas três tendências, e, finalmente, agregou-se aos fariseus [73]. Sabemos, com certeza, que os fariseus e os essênios constituíam comunidades organizadas, com condições para admitir novos membros e com observâncias firmemente estabelecidas. Conclui-se, por conseguinte, que o mesmo acontecia quanto aos saduceus. Não era, pois, qualquer que podia penetrar no seu círculo.

A "teologia" saducéia é também esclarecedora e faz conhecer o conservadorismo institucional da nobreza leiga. Atinha-se estritamente à letra da Torá [74], particularmente às suas prescrições sobre o culto e o sacerdócio; via-se, pois, em nítida oposição com os fariseus e sua *halaka* oral que declaravam obrigatórias, mesmo para o círculo de leigos piedosos, as prescrições acerca da pureza relativa aos sacerdotes [75]. Os saduceus consignaram essa teologia numa *halaka* perfeitamente elaborada e exegeticamente funda-

71. Sobre este ponto B. D. Eerdmans, *Farizeën en Sadduceën,* em *Theologish Tijdschrift* 48 (1914), 1-26 e 223-230 (opondo-se a Wellhausen, *Pharisäer*) viu acertadamente, se bem que certos detalhes de sua exposição sejam, eles também, contestáveis. É falso, por exemplo, chamar os fariseus e os saduceus de "seitas", pois esses dois grupos não rejeitaram a comunidade do povo; também é errôneo contestar o caráter aristocrático dos saduceus.

72. *Ant.* XVIII 1, 4 § 17.

73. *Vita* 2, § 10ss.

74. R. Leszynsky, *Die Sadduzäer,* Berlim, 1912, deu-lhe a prova.

75. Ver *infra,* p. 357, no capítulo dedicado aos fariseus.

da[76]. Tinham, além do mais, seu próprio código penal[77] do qual inúmeros dados dão a conhecer a extrema severidade[78]. Já tivemos ocasião de encontrar[79] um tribunal saduceu de chefes de sacerdotes que se referem muitas vezes a sentenças proferidas segundo o direito saduceu[80]. Esses fatos conferem total garantia sobre a existência de escribas saduceus, e nunca deveriam ser contestados, pois, as fontes mencionam expressamente a sua existência[81]. Temos provas ainda de que as famílias patrícias saducéias formavam um grupo grandemente organizado, com uma tradição teológica e uma doutrina elaborada; apegavam-se estritamente ao texto da Escritura, o que mostra o caráter conservador desses círculos.

Graças às suas relações com a poderosa nobreza sacerdotal, as ricas famílias patrícias representavam um fator muito influente na vida da nação. Sob os asmoneus em particular, até a vinda da rainha Alexandra (76 a.C.), tinham nas mãos o poderio político. Com os sacerdotes de alta classe constituíam o Sinédrio; por conseguinte, possuíam, ao lado do soberano, o poder judiciário e a autoridade governamental. O declínio de seu poder data da época da rainha Alexandra; sob seu reino, os fariseus ingressaram no Sinédrio e a multidão chegou-se cada vez mais a eles. Os saduceus lutaram com Herodes, o Grande, de modo especial durante o longo pontificado do sumo sacerdote Simão (22-5 a.C.), filho de Boetos de quem advém o cognome Boetusianos; isso permitiu-lhes, ao

76.Cf. Mt 16,12: "a doutrina dos saduceus".

77. *Megillat ta'anit* 10, ao 14 tammuz (ed. H. Lichtenstein em *HUCA* 8-9 (1931-1932), 319, n. 12); ver os escólios em *Megillat ta'anit* 10 (ed. Lichtenstein, *ibid.*, 331, n. 12.

78. *Ps. Salomon* IV 2; *Ant.* XX, 9, 1, § 199; Billerbeck, IV, 349-352.

79. Pp. 245s.

80. *Ant.* XX 9, 1, § 199; b. *Sanh.* 52b.

81. *Ant.* XVIII 1, 4, § 16. — Cf. ainda At 23,9: "alguns escribas do partido dos fariseus"; Mc 2,16 par. Lc 5,30: "escribas dos fariseus". Essas expressões fazem pensar que havia, de modo inverso, escribas saduceus. Sobre esses últimos ver Billerbeck, I, 250; IV, 343-352; Meyer, *Ursprung*, II, 286ss; Schürer, II, 380s, 457; G. F. Moore em *HThR* 17 (1924), 350s; L. Baeck, *Die Pharisäer*, em 44. *Bericht der Hochschule für die Wissenschaft des Judentums in Berlim*, Berlim, 1927, 70, n. 87.

que parece, cerrar suas fileiras, mas não puderam conter a evolução. O declínio da importância política dos sumos sacerdotes na primeira metade do primeiro século de nossa era teve como conseqüência o declínio da nobreza leiga, e os fariseus, apoiando-se no grande número de seus partidários entre o povo, souberam fazer prevalecer cada vez mais fortemente a sua vontade no Sinédrio [82].

Ainda uma vez, a sorte pareceu colocar a nobreza à testa do povo: em 66 d.C., quando estourou a revolta contra os romanos, os jovens nobres tomaram entre as mãos o destino do povo. Mas foi de pouca duração. Desde 67, os zelotas se apossaram do comando; o declínio do Estado determinou a decadência da nobreza leiga e da corrente saducéia resultante da união entre a nobreza sacerdotal e a nobreza leiga. A nova e poderosa classe superior, a dos escribas, tinha em todos os sentidos superado a antiga classe da nobreza sacerdotal e leiga fundada no privilégio de origem.

82. *Ant.* XVIII I, 4, § 17 .

Capítulo III

OS ESCRIBAS

Paralelamente à antiga classe superior constituída pela nobreza hereditária do clero e do laicato, formou-se nos últimos séculos antes de nossa era, uma nova classe superior: a dos escribas. Durante o período que estudamos, século I de nossa era até a destruição do Templo, a luta pela supremacia, entre a antiga e a nova classe superior, atingiu o seu paroxismo e o prato da balança pendia a pouco e pouco a favor da nova classe. Como tal se deu? Em que círculos essa nova classe superior se recrutou? Em que força e prestígio essas pessoas repousavam para ousarem competir com a nobreza hereditária instalada desde épocas remotas? São essas as perguntas que formulamos agora.

Para responder a elas é preciso, desde logo, examinar a corporação dos escribas em Jerusalém [1]. Se procurarmos a *origem* desses escribas, uma imagem variegada apresenta-se a nós. Em Jerusalém até 70 d.C., podemos constatar a existência de grande número de sacerdotes com formação de escribas [2].

Entre eles encontram-se os sacerdotes da alta classe como o comandante do Templo R. Hanania [3]; o chefe dos sacerdotes, Simão [4]; outro Simão, filho de um comandante do Templo [5]; Ishmael ben Elisha, neto de um sumo sa-

1. É aos escribas e fariseus, enquanto fatores econômicos, que se aplica a exposição de M. Weber, *Religionssoziologie, III: Das antike Judentum,* Nachtrag: Die Pharisäer. E. Lohmeyer, *Soziale Fragen im Urchristentum,* Leipzig, 1921, segue-o amplamente.

2. Generalidades *supra,* p. 282s e *infra,* p. 330, n. 93.

3. *P. A.* III e passim.

4. *Vita* 39, § 197.

5. Referências *supra,* p. 278, n. 366. O título de rabi só se encontra numa parte dos testemunhos.

cerdote em exercício [6]; R. Sadoc [7], sacerdote nobre oriundo de uma família pontifícia e seu filho R. Eleazar [8]; o escritor Flávio Josefo pertencente à primeira seção hebdomadária, a de Yehoyarib [9].

Ao lado dos membros da aristocracia sacerdotal, simples sacerdotes usavam a túnica dos escribas: o sacerdote R. Yosé ben Yoezer, extremamente consciencioso nas questões de pureza [10]; os sacerdotes em cujas famílias se transmitia por herança o posto de chefe da sinagoga helenística de Jerusalém [11]; o sacerdote R. Yosé, discípulo de Yoḥanan ben Zakkai [12]; R. Eliezer ben Hircanos, sacerdote de alta cultura que vivia em Jerusalém antes da destruição do Templo [13]; o sacerdote Yoezer [14] e seu pai [15]; o sacerdote R. Tarfon que, em sua juventude participou ainda do culto do Templo [16]; não sabemos se os sacerdotes Zacaria ben Qebutal [17] e Shimeon, o Virtuoso [18], foram ordenados escribas, pois os textos não lhes dão o título de rabi.

Entre os escribas que viviam em Jerusalém antes da destruição do Templo, encontramos ainda membros do baixo clero [19]: Yoḥanan ben Gudgeda, chefe dos portei-

6. Em Tos. *Halla* I 10 (98, 10) ele jura pelas vestes de seu ancestral (*'abba*). Não pode ser o pai porque, no século I de nossa era, não havia sumo sacerdote de nome Elisha; trata-se, certamente, do avô Ishmael ben Phiabi II (até 61 d.C.), ver *supra,* p. 268, n. 322. Foi em Jerusalém, antes de 70, que Ishmael ben Elisha começou a receber as bases de sua cultura bíblica, antes que os romanos o levassem, ainda adolescente, ao cativeiro.

7. Ver *supra,* p. 265, n. 300.

8. Ver *supra,* p. 278, n. 367, p. 283, n. 387.

9. *Vita* I, § 1ss.

10. *Ḥag.* II 7.

11. Ver *supra,* 95.

12. *P. A.* II 8 e *passim.*

13. Depreende-se de j. *Soṭa* III 4, 19a 3ss (IV/2, 261) que ele era sacerdote.

14. *Vita* 39, § 197: o *Lózoros* (variante *Lózaros*). A forma exata do nome encontra-se na passagem paralela *B. j.* II 21, 7, § 628: *Ióesdros* = Yoezer.

15. *B. j.* II 21, 7, § 628.

16. Ele era sacerdote, Tos. *Neg.* VIII 2 (628, 9).

17. *Yoma* I 6.

18. Tos. *Kel. B. Q.* I 6 (569, 22).

19. Generalidades *supra,* p. 291.

ros[20]; rabi Yoshua ben Hananya, levita cantor que é fabricante de pregos[21]; o levita Barnabé, profeta e doutor das primeiras comunidades cristãs (At 13,1); rabi Eliezer ben Yacob, sobrinho de um levita[22]. Havia ainda, como vimos[23], os escribas procedentes dos círculos de famílias patriarcais que elaboraram a tradição saducéia.

Vêm em seguida — e é a grande massa dos escribas — pessoas de todas as outras camadas do povo; esses outros escribas de Jerusalém constituem, segundo as suas profissões, um quadro variado e multicolor. Citemos Yoezer, comandante da fortaleza do Templo sob Agripa I, um shamaíta[24]; aparecem diversos mercadores[25], entre os quais um mercador de vinho[26]; artesãos de diferentes ofícios: um carpinteiro[27], um cardador de linho[28], um fabricante de tendas[29], e há mesmo um operário, Hilel, posteriormente célebre doutor[30]. A maioria desses plebeus — e em grande escala — pertencia às camadas não abastadas da população[31]. Entre os escribas de Jerusalém, encontramos, ao lado de pessoas de família antiga como Paulo[32], até mesmo homens sem descendência israelita — a continuação de nossa pesquisa mostrará o que isso quer dizer — assim como Shemaya e Abtalion, os célebres doutores dos meados do século I antes de nossa era que, conforme dizem, descendiam de prosélitos[33]. Dois outros mestres de Jerusalém parecem também ter sangue pagão, pelo menos

20. Quanto à sua função ver *supra,* pp. 187s, 290. Era rabi segundo *Yeb.* XIV 3; *Giṭ.* V 5; b. *'Ar.* 11ᵇ; b. *Giṭ.* 55ᵃ. Segundo b. *Hor.* 10ᵃ⁻ᵇ, teria conhecimentos matemáticos fabulosos. Mas o paralelo *Sifra* Dt 1, 16, § 16 (30ᵈ 120, 35) fala, em seu lugar, de R. Yoḥanan ben Nuri, o que é certamente exato; ver *supra,* p. 234, n. 158.

21. b. *'Ar.* 11ᵇ; j. *Ber.* IV 1, 7ᵈ 19 (I, 79); b. *Ber.* 28ᵃ.

22. *Mid.* I 2.

23. *Supra,* p. 315, n. 81.

24. *'Orla* II 12; ver *supra,* p. 287s.

25. *Supra,* p. 161: Rabban Yoḥanan ben Zakkai.

26. *Ibid.* Abba Shaul, filho da batanéia.

27. *Ibid.*: Shammai.

28. Shimeon ben Shataḥ, j. *B. M.* II 4, 8ᶜ 18 (VI/1, 93).

29. Paulo: At 18,3; cf. *supra,* p. 10.

30. Ver *supra,* 161.

31. Ver *supra,* 160-166.

32. Fl 3,5; Rm 11,1.

33. b. *Yoma* 71ᵇ; b. *Giṭ.* 57ᵇ. Mais tarde, R. Aqiba também foi considerado descendente de prosélito; é falso.

do lado materno: R. Yoḥanan, "filho da hauranita" (cerca de 40 d.C.)[34] e Abba Shaul, "filho da batanéia" (cerca de 60 d.C.)[35]. Esses cognomes estranhos só podem ser explicados da seguinte maneira: suas mães eram respectivamente prosélitas hauranitas e batanéias (ver *infra*, p. 428). É claro, portanto, que se todos esses escribas representavam um papel importante, sua influência, porém, não se media pela nobreza nem pela sua profissão.

O *saber* é o único e exclusivo fator do poder dos escribas. Quem desejasse agregar-se à corporação dos escribas pela ordenação, seguia um ciclo regular de estudos de alguns anos. O jovem israelita, desejoso de consagrar sua vida à sábia atividade de escriba começava o ciclo de sua formação como discípulo (*talmîd*). Diversos exemplos mostram que o ensino começava, habitualmente, desde tenra idade. É o que nos conta Josefo, embora não levemos em conta boa parte de seu elogio pessoal por fazê-lo com prodigalidade, na sua *Autobiografia*[36]; desde os catorze anos, dominava plenamente a exegese da Lei. É o que mostra também o retrato relativo a R. Ishmael ben Elisha que já possuía um sólido conhecimento da Escritura, quando os romanos o levaram, ainda rapaz, para o cativeiro[37].

O aluno tinha convivência pessoal com seu mestre e ouvia seus ensinamentos. Quando tivesse aprendido a dominar toda a matéria tradicional e o método halaquita a ponto de poder resolver por si mesmo questões de legislação religiosa e ritual, tornava-se "doutor não ordenado" (*talmîd ḥakam*). Mas somente quando atingisse a idade canônica para a ordenação, fixada em 40 anos, segundo uma informação pós-tanaíta[38], é que podia, pela ordenação (*s^emikak*)[39], ser recebido na corporação dos doutores[40],

34. *Sukka* II 7 e *passim*.
35. b. *Beṣa* 29ª e *passim*. Talvez Naḥum, o Medo (cerca de 50 d.C.), *Shab.* II 1 e *passim*, pertencem também a essa categoria.
36. *Vita* 2, § 9.
37. b. *Giṭ*. 58ª bar. e par. Sobre este ponto ver Bacher, *Ag. Tann.*, I, 166, n. 1.
38. b. *Soṭa* 22ᵇ.
39. O costume correspondente do cristianismo primitivo (At 6,6 e *passim*) garante a vetustez do rito.

como membro legítimo, "doutor ordenado" (*ḥakam*). Estava então autorizado a resolver por si mesmo as questões de legislação religiosa e ritual [41], a ser juiz em processos criminais [42] e dar pareceres nos processos civis, seja como membro de uma corte de justiça, seja individualmente [43].

Passava a merecer o título de rabi, pois, tal título já era de uso para os escribas do tempo de Jesus [44]. Aliás, mesmo outros, os que não haviam seguido o ciclo regular de formação, culminando na ordenação, eram também chamados rabi; Jesus de Nazaré é um exemplo. O fato se explica: esse título, no início do século I de nossa era, passava por uma evolução; inicialmente título honorífico geral, iria ser exclusivamente reservado aos escribas. De todo modo, um homem desprovido da formação rabínica completa passava por *grámmata mè memathekos* (Jo 7, 15); não desfrutava dos privilégios de um doutor ordenado.

Somente os doutores ordenados transmitiam e criavam a tradição derivada da Torá que, segundo o ensinamento dos fariseus recebido pela massa do povo, colocava-se em pé de igualdade com a Lei escrita [45], até mesmo acima dela [46]. Suas decisões tinham o poder de "ligar" e "desligar" (cf. Mt 16,19;18,18) para sempre os judeus do mundo inteiro. Àquele que estudara, que freqüentara círculos acadêmicos, abriam-se por conseguinte, como ao detentor deste saber e desse poderio, as posições-chave do direito, da administração e do ensino. "Profissões acadêmicas" então surgiram; os escribas as exerciam ao lado de seu magistério didático e de sua profissão civil.

Com exceção dos chefes dos sacerdotes e dos membros das famílias patriarcais, o escriba era o único a poder ingressar na assembléia suprema, o Sinédrio; o partido fariseu do Sinédrio compunha-se inteiramente de es-

40. Cf. as "guildas dos escribas" (1Cr 2,55 *mišpeḥôt*), "a associação dos escribas" (1Mc 7,12 *sunagogé*) e *passim*.
41. b. *Sanh.* 5ª.
42. *Ibid.* 3ª.
43. *Ibid.* 4ᵇ bar.
44. Mt 23,7-8. G. Dalman, *Die Worte Jesu* I, 2ª ed., Leipzig, 1930 (reimpresso Darmstadt, 1965), 274, e *Jesu-Jeschua*, Leipzig, 1922, 12.
45. Billerbeck, I, 81s.
46. *Ibid.*, 691ss.

cribas [47]. Esse Sinédrio não era apenas uma assembléia governamental; constituía, em primeiro lugar, uma corte de justiça [48]. Ora, o conhecimento da exegese escriturística era obrigatório nas sentenças judiciárias. Acrescentemos a grande influência que o grupo fariseu do Sinédrio conseguira ter em sua atividade administrativa. Essas condições permitem-nos avaliar o privilégio dos escribas que os autorizava a fazer parte dos 71. É assim que encontramos no Sinédrio os principais escribas: Shemaya [49], Nicodemos (Jo 3,1;7,50), Rabban Gamaliel I (At 5,34) e seu filho Shimeon [50]. Outros escribas eram membros de tribunais: Yoḥanan ben Zakkai [51] e Paulo (At 26,10-11) participaram, como juízes, em processos criminais; três outros escribas formavam um tribunal civil em Jerusalém [52].

Quando uma comunidade devia escolher entre um leigo e um escriba para o posto de ancião da comunidade, de arqui-sinagogo ou juiz, supõe-se que, de modo geral, dava preferência ao escriba. Significa que um grande número de postos importantes, ocupados antigamente por sacerdotes e leigos de alta classe [53], haviam, no século I de nossa era, passado totalmente ou em grande parte para as mãos desses doutores.

O que vimos ainda não levou, porém, a concluir o motivo decisivo da influência dominante dos escribas sobre o povo. O fator definitivo dessa influência não consistia em os escribas serem os senhores da totalidade da tradição no domínio da legislação religiosa e poderem, por

47. No Novo Testamento, o grupo farisaico do Sinédrio é geralmente designado como "os fariseus" ou "os escribas" (cf. por ex. Mt 21,45: "os sumos sacerdotes e os fariseus" com o paralelo Lc 20,19: "os escribas e os sumos sacerdotes"); em contrapartida, jamais fariseus e escribas aparecem uns ao lado dos outros como grupos do Sinédrio.

48. Cf. Mt 26,57-66; At 5,34-40; *Ant.* XIV 9,4, § 172 e a abundante documentação rabínica.

49. *Ant.* XIV 9, 4, § 172.

50. *Vita* 38, § 190: comparar com *B. j.* II 21, 7, § 627.

51. *Sanh.* V 2.

52. *Ket.* XIII 1ss; b. *B. Q.* 58ᵇ.

53. Sacerdotes como juízes, antes e depois do exílio: Dt 17,9-13; 21,5; Ez 44,24. Sacerdotes que ensinam: Dt 33,10; Jr 18,18; Ml 2,7; Eclo 45,17. Levitas como juízes: 1Cr 23,4;26,29. Sacerdotes levitas e chefes de famílias como juízes: 2Cr 19,5-11, ver *supra*, p. 304.

esse conhecimento, atingir os postos-chave; consistia, sim, no fato, muito pouco notado, de serem portadores de uma ciência secreta, a *tradição esotérica*[54].

"Não se deve explicar publicamente as leis sobre o incesto diante de três auditores, nem a história da criação do mundo diante de dois, nem a visão do carro de Ezequiel diante de um só, a menos que ele seja sábio e criterioso. Para quem especula quatro coisas, melhor fora[55] não ter vindo ao mundo [isto é, primeiramente] o que é do Alto, [em segundo lugar] o que é da terra, [em terceiro lugar] o que existia antes, [em quarto lugar] o que será depois"[56]. O ensinamento esotérico, em sentido estrito, tinha, pois, como objeto, conforme muitos outros testemunhos o demonstram também, os ensinamentos mais secretos e ocultos sobre o ser divino (a visão do carro)[57] — sem dúvida o nome divino sagrado, dotado de uma virtude mágica[58] dele fazia parte igualmente — e os segredos das maravilhas da criação[59]. As conversações eram particulares, entre mestre e discípulo e versavam sobre teosofia e cosmogonia, tais como foram consignadas por escrito no primeiro capítulo do livro de Ezequiel e do Gênesis. Falava-se em tom baixo e ao abordar a sacrossanta visão do carro, cobriam ainda a cabeça[60] por temor reverencial diante do segredo do ser divino.

O final do texto que acaba de ser citado poderia ser explicado por uma polêmica antignóstica. Esse final vai mais longe ainda, interditando qualquer especulação 1) sobre a topografia cósmica com suas afirmações relativas ao mundo celeste e o subterrâneo, 2) sobre a eternidade,

54. Quanto à tradição esotérica no baixo judaísmo e no cristianismo, ver minha exposição desenvolvida em *Die Abendmahlsworte Jesu*, 4ª ed., Göttingen, 1967, 118-130. A exposição que segue apenas pode esboçar o essencial.

55. Talmude de Jerusalém, Veneza, 1523, e ms. de Cambridge: *ratûy*. A lição *ra'ûy* é uma correção, Billerbeck, I, 989, n. 1.

56. *Ḥag.* II 1; Tos. *Ḥag.* II 1 (233, 24) e II 7 (234, 22).

57. *Ma'ăšeh merkabah.* Ez 1 e 10.

58. I *Enoc* LXIX 14-25: efeitos maravilhosos do nome sagrado pelo qual Deus criou o mundo, e revelação do segredo aos homens. Abundante documentação em Billerbeck, II, 302-333, ver ainda meu *Golgotha*, Leipzig, 1926, 51.

59. *Ma'ăšeh berešit*, Gn 1.

60. b. *Yeb.* 6b.

antes da criação do mundo, e sobre os fins últimos[61]. Na verdade, o apocalíptico, tal como os escritos pseudepigráficos do baixo judaísmo nô-lo conservaram, com suas descrições dos acontecimentos escatológicos e da topografia cósmica do mundo celeste e subterrâneo, fazia parte da tradição esotérica dos escribas. Podemos concebê-lo pelo fato de, nesses escritos, encontrar-se de maneira repetida uma descrição da visão sacrossanta do carro de Ezequiel[62] e do relato da criação[63]. Não faltam testemunhas diretas.

O 4º livro de Esdras termina com a ordem dada ao Pseudo-Esdras de publicar os 24 livros precedentemente redigidos por ele, os 24 escritos canônicos do Antigo Testamento, "para aqueles que são dignos e para aqueles que são dignos de os ler"[64]. Mas o texto continua[65]: "Quanto aos 70 últimos [livros], tu os guardarás e os darás [somente] aos sábios de teu povo, pois, esses livros fazem correr a fonte da inteligência, o jato da sabedoria e fluir o rio da ciência". Trata-se dos escritos esotéricos apocalípticos aos quais a massa do povo não deve ter acesso. São inspirados como livros do cânone, mas superam-nos em valor e santidade.

Os escritos apocalípticos do judaísmo tardio continham, pois, os ensinamentos esotéricos dos escribas; o conhecimento desse fato permite descobrir, de imediato, a extensão e o valor que se lhes atribuía. Os ensinamentos esotéricos não são ensinamentos teológicos isolados, mas grandes sistemas teológicos, grandes construções doutrinais cujo conteúdo é atribuído à inspiração divina.

Estamos agora em condições de fazer a distinção, na tradição rabínica, entre as matérias esotéricas e as maté-

61 Sobre a reserva da literatura talmúdica na descrição do paraíso celeste e da felicidade de seus habitantes, ver Billerbeck, IV, 1146.

62 I *Enoc* XIV 9ss. LXXI 5ss; 2 *Enoc* XX-XXII. O texto do livro hebraico de Enoc editado por H. Odeberg, 3 *Enoch or the Hebrew Book of Enoch*, Cambridge, 1928, começa quando Deus o levou da terra (Gn 5,24) e continua: "Rabi Ishmael diz: Quando subi às alturas para contemplar a visão do carro..." (Odeberg, 3).

63 *Jubileus* II 1,22; I Enoc LIX 16-25; 4 Esd. VI 38-56.

64 4 *Esd.* XIV 45.

65 4 *Esd.* XIV 45-46. Quanto ao fato de manter secretos os escritos apocalípticos, ver também *Assunção de Moisés* I 17; *Test. de Salomão rec. C, XIII* 13s (ed. C. C. MaCown, Leipzig, 1922, 87), e sobre esse ponto, meu *Golgotha,* Leipzig, 1926, 51, n. 4.

rias exotéricas. Todos os ensinamentos da literatura apocalíptica dos escritos pseudepigráficos, estranhos à tradição talmúdica ou que nela só figuram esporadicamente, pertencem ao ensinamento esotérico; assim, por exemplo, o ensinamento sobre o Salvador, *bar naša* ("Filho do homem"); esse fato é de suma importância para compreender a mensagem de Jesus. É o conhecimento do caráter esotérico do apocalipse que permite, antes de tudo, explicar o liame orgânico que existe entre a literatura apocalíptica e a literatura talmúdica; observemo-lo à guisa de apêndice.

Afirmações como as de Bousset, segundo quem a literatura apocalíptica continha a religião do povo, e a literatura talmúdica a teologia dos escribas, provocam a mais completa confusão [66].

Alguns ensinamentos esotéricos de ordem exegético-jurídica juntam-se aos ensinamentos esotéricos teosóficos, cosmogônicos e apocalípticos. Alguns foram mantidos ocultos dado a sua santidade; é exato especialmente quanto aos "fundamentos da Torá", isto é, as razões que levaram Deus a estabelecer as prescrições legais particulares [67]; Deus fez saber, através do silêncio da Escritura sobre esses "fundamentos da Torá", que era vontade sua deixar a grande multidão no desconhecimento das razões pelas quais ele estabelecera exigências legais particulares.

Outros ensinamentos particulares de ordem exegético-jurídica não foram divulgados ao povo por razões pedagógicas, a fim de evitar mau uso deles. Assim se explica a prescrição mencionada no início deste relato [68], segundo o qual só se podem explicar as leis sobre o incesto diante

66. W. Bousset, *Die Religion des Judentums in späthellenistischen Zeitalter*. 1ª ed., Tübingen, 1902; 3ª ed. por H. Gressmann, Tübingen 1926 (reimpressão em 1966). Contra o conceito de Bousset e de Gressmann ver, entre outros, G. Kittel, *Die Probleme des palästinischen und das Urchristentum*, Stuttgart, 1926, 11s. A literatura apocalíptica nada mais é do que o midraxe e a hagadá criados a partir da Escritura; é o que A. Schlatter sempre acentuou com muito acerto. Mas somente a precisão midraxe "esotérico", hagadá "esotérica" torna perfeitamente compreensível a distinção entre literatura apocalíptica e literatura talmúdica.

67. b. *Pes.* 119ª; b. *Sanh.* 21ᵇ e passim.

68. *Supra*, p. 323, *Hag.* II 1.

de dois ouvintes. Assim também se explicam as prescrições relativas à leitura de certas histórias ou expressões escabrosas do Antigo Testamento, durante o serviço sinagogal. Algumas não podiam mesmo ser lidas em hebraico; outras só deviam ser lidas naquele idioma, sem tradução em aramaico, a língua popular; enfim algumas expressões chocantes deviam ser substituídas por outras mais amenas [69].

Considerações pedagógicas explicam também por que se mantinham secretas as fórmulas mágicas de efeitos maravilhosos utilizadas pelos rabinos [70], assim como as prescrições destinadas a atenuar as leis relativas à pureza [71], ao trabalho nos dias de festa intermediária [72], à santificação do sábado [73], etc. Razões pedagógicas, enfim, determinavam manter ocultas as tradições genealógicas de molde a desacreditar publicamente as famílias de notáveis [74].

Somente à guisa de apêndice, lembremos, para mostrar a exatidão das páginas que precedem, o papel representado pelo esoterismo nos escritos neotestamentários. Antes de tudo, no que concerne a pregação de Jesus, os sinóticos conservaram uma lembrança talvez muito exata, quando distinguem as palavras de Jesus à multidão, de suas palavras aos discípulos, e sua pregação antes da confissão de Pedro em Cesaréia de Filipe daquela que segue tal evento. O quarto evangelho o confirma. K. Bornhäuse [75] bem viu que Nicodemos veio encontrar Jesus à noite (Jo 3,1ss) para receber dele, durante um colóquio secreto, alguns ensinamentos a respeito dos últimos segredos do Reino de Deus (3,3), da regeneração (3,3-10) e da salvação (3,13ss). No sermão de despedida do quarto evangelho, Jesus revela o sentido supremo de sua missão e de seus sofrimentos durante a conversa íntima que manteve com seus discípulos (cap. 13 a 17).

O lugar ocupado pelo esoterismo é ainda maior no cristianismo primitivo. Compreende: *a*) os últimos segredos da Cristologia (o silêncio do segundo Evangelho sobre as aparições do Ressuscitado; o fato de todos os relatos evangélicos evitarem

69. *Meg.* IV 10; Tos. *Meg.* IV 31ss (228, 5).
70.b. *Ḥag.* 13ª; cf. *supra,* p. 323, n. 58.
71. b. *Ber.* 22ª bar.
72. j. *Besa* I 11, 60ᵈ 64 (IV/1, 114).
73. b. *Hul.* 15ª.
74. b. *Qid.* 70ᵇ-71ª, cf. b. *Pes.* 62ᵇ.
75. *Das Johannesevangelium*, Gütersloh, 1928, 26.

descrever a Ressurreição; Hb 6,1ss onde toda a parte 6,3-10,18 apresenta-se como o ensinamento perfeito que se deve revelar somente àqueles que são capazes de comprendê-lo [Hb 5,14]; cf. Cl 2,2); *b*) o esoterismo estende-se aos segredos do ser divino (2Cor 12,1-7, especialmente v. 4) e de seu plano de salvação (Rm 11,25 e *passim*), em particular aos segredos do plano de salvação escatológica (1Cor 2,6-3,2;11,51; todo o Apocalipse joânico segundo Ap 10,7;17,5-7); *c*) começou-se desde o século I a preservar da profanação [76] as palavras da Ceia.

Acabamos de falar dos ensinamentos esotéricos dos escribas em sentido estrito, aqueles que não se deviam transmitir às pessoas incompetentes. Todavia, não podemos esquecer um fato mais importante; na época que agora nos ocupa, o conjunto da tradição oral, a halaka em particular, era uma doutrina esotérica na medida em que, bem ensinada nos estabelecimentos de estudos e sinagogas, não podia ser difundida por escrito, sendo o "segredo de Deus" [77], mas devia ser transmitida só oralmente, de mestre a discípulo, pois era preciso não confundir escritura e tradição [78]. Foi somente no século II de nossa era que a luta contra o cânone neotestamentário levou os judeus a lhe oporem uma interpretação paralela do Antigo Testamento sob a forma de um escrito da Torá oral, tornada assim, acessível a todos. Desse modo, o conjunto das matérias ensinadas ficou despojado de sua característica de tradição esotérica.

Enfim, os próprios escritos sagrados do Antigo Testamento não se apresentavam acessíveis à massa; eram, com efeito, redigidos na "língua sagrada", a hebraica,

76. Sobre o conjunto desta parte, ver meu *Die Abendmahlsworte Jesu*[4], Göttingen, 1967, 123-130.

77. *Pesiqta rabbati* 5, 14[b] 3; *Tanḥuma, wayyar'*, § 5, 65, 30; *Tanḥuma, kî tiśśa*, § 34, 329, 4.

78. *Ex. R.* 47, 1 sobre 34, 27 (108[a] 29). Sobre a "interdição de pôr por escrito", ver Strack, *Einleitung*, § 2, 9-16. Num ponto convém completar a excelente exposição de Strack, 14: o caráter esotérico da ciência dos escribas aí não é reconhecido de modo suficientemente estrito como motivo determinante da interdição de difundir por escrito a tradição oral. — A isso podemos comparar a censura feita por Jesus aos escribas: tomastes a "chave da ciência" (Lc 11,52 par. Mt 23,13) e assim fecharam aos homens o acesso ao Reino de Deus.

quando a língua popular era a aramaica. Ainda no século I de nossa era, os doutores dirigentes combateram a difusão do Antigo Testamento em aramaico. O relato que concerne a Rabban Gamaliel I (cerca de 30 d.C.) é elucidativo quanto a Jerusalém. Na esplanada do Templo, trouxeram-lhe uma tradução aramaica, um targum do livro de Jó; ele, desviando do conhecimento público, o mandou esconder como produto proibido [79].

Somente após ter reconhecido o caráter esotérico do ensinamento dos escribas aplicados não somente aos ensinos esotéricos no sentido estrito, mas também ao conjunto da tradição oral, até mesmo ao texto da Bíblia, é que podemos compreender a posição social desses escribas. Do ponto de vista social eles são, enquanto possuidores da ciência secreta de Deus, os herdeiros imediatos e sucessores dos profetas. "A quem são comparados o profeta e o escriba? A dois enviados de um único e mesmo rei", diz o Talmude da Palestina [80]. Como os profetas, os escribas são os servos de Deus, ao lado do clero; como os profetas congregam em torno de si muitos discípulos aos quais transmitem sua doutrina; como os profetas, são qualificados não em razão de sua origem como os sacerdotes, mas simplesmente pelo seu conhecimento da vontade divina que anunciam ao ensinar, ao serem juízes e ao pregar. Pode acontecer que um escriba seja de origem muito duvidosa, até mesmo de origem não israelita; nada altera o seu prestígio. Pode acontecer ainda que seja miserável como Hilel, o diarista originário de Babilônia; sua ciência faz dele um homem universalmente célebre.

De todos os cantos do mundo, a juventude judaica afluía a Jerusalém para sentar-se aos pés dos mestres que ensinavam com uma reputação mundial no judaísmo de então. No tempo de Herodes, Hilel veio de Babilônia para ouvir Shemaya e Abtalião [81], sem recuar diante de uma

79. b. *Shab.* 115ª.
80. j. *Ber.* I 7, 3ᵇ 56 (I, 17). O contexto desenvolve a idéia de que o escriba tem autoridade maior do que o profeta por não precisar ser autentificado.
81. b. *Yoma* 35ᵇ.

viagem de muitas semanas [82] a pé; Hanan ben Abishalom veio do Egito a Jerusalém onde mais tarde foi juiz [83], e da Média chegou Naḥum, seu colega no mesmo tribunal [84]; de Tarso na Silícia, são Paulo encaminhou-se para Jerusalem onde deveria aprender tanto com Gamaliel (At 22,3).

Com efeito, no tempo de Jesus, Jerusalém constituía a cidadela da ciência teológica e jurídica do judaísmo. Já naquela época, os estabelecimentos de estudos de Babilônia eram importantes; deles é que saíram, por exemplo, os benê Bethyra [85] que, até os tempos de Hilel foram os escribas dirigentes e aos quais o próprio Hilel foi devedor da base de sua formação de escriba [86]. Todavia, por mais importantes que fossem essas casas de estudos babilônicos, não podiam competir com as de Jerusalém. Dizem que só ele, Hilel, reuniu em torno de si oitenta discípulos [87]. Era na vida cotidiana, como nos estabelecimentos de estudos que os alunos se instruíam junto aos mestres; as atitudes, até mesmo os mais simples gestos [88] dos instrutores eram vigiados e deles se extraíam regras para as questões religiosas. As decisões e ensinamentos desses docentes se irradiavam muito além dos limites da Palestina [89]. Os discípulos conservavam o que aprendiam como um bem precioso e transmitiam os benéficos ensinamentos, inserindo-os na cadeia da tradição.

Compreendemos, pois, que o povo tenha venerado os escribas como outrora os profetas, com respeito ilimita-

82. *ARN* rec. A cap. 12, 55ª 14; rec. B cap. 27, 55ᵇ 33; cf. *supra*, p. 86s.
83. *Ket.* XIII 1-9; b. *Ket.* 105ª.
84. *Shab.* II 1; *Naz.* V 4; *B. B.* V 2; b. *'A. Z.* 7ᵇ.
85. Seu nome vem, indubitavelmente, da colônia de Batira em Batanéia, estabelecimento de judeus babilônicos criada por Zamaris de Babilônia com a permissão de Herodes, o Grande (*Ant.* XVII 2, 1-2, § 23ss; Strack, *Einleitung,* 118). Argumentos a favor dessa explicação: R. Yuda ben Bethyra, que vivia na época em que o Templo ainda existia, tinha sua escola em Nisibe na Babilônia (b. *Pes.* 3ᵇ); nessa cidade, um doutor de igual nome exercia seu ministério no tempo da perseguição de Adriano (b. *Yeb.* 108ᵇ; *Sifre* Dt 12,29, § 80 (40ᵈ 160, 30).
86. Bacher, *Ag. Tann.,* I, 2s.
87. b. *Sukka* 28ª bar.
88. Por ex., *Sukka* III 9.
89. Por ex., *Yeb.* XVI 7.

do e um temor reverencial, como a detentores e mestres da ciência esotérica sagrada; suas palavras revestiam-se de soberana autoridade. Eram sobretudo as comunidades farisaicas que obedeciam, incondicionalmente, aos escribas fariseus. Esses constituíam o maior número. Se os ensinamentos dos escribas saduceus desapareceram em grande parte da tradição, deve-se ao fato de o papel dos saduceus ter-se encerrado com a ruína de Jerusalém e de a tradição chegada até nós, fixada por escrito somente a partir do século II, ter vindo, exclusivamente, de seus inimigos fariseus. Há outro fator ainda: já antes da destruição do Templo, os escribas saduceus exerceram na vida pública um papel muito menos considerável do que os escribas fariseus [90]. Os membros das sociedades farisaicas garantiram aos ensinamentos dos escribas sua grande influência sobre o povo.

Incontáveis provas atestam o *prestígio dos escribas* no meio do povo [91]; citaremos alguns exemplos. Segundo o relato do Talmude [92], num determinado ano, na noite do Dia das expiações, enquanto uma multidão acompanhava o sumo sacerdote até onde residia, Abtalião e Shemaya se aproximaram; a multidão abandonou então o sumo sacerdote — causando-lhe grande mágoa — para acompanhar os escribas muito amados. Nos últimos dias antes do eclipse da lua (noite de 12 para 13 de março) do ano 4 a.C., Herodes lutava contra uma enfermidade mortal que o levaria três semanas depois. Havia então dois escribas "tidos como grandes conhecedores especialmente da Lei dos patriarcas e aos quais o povo reverenciava de modo particular"; a eles "afluíam todos os jovens do local, quando explicavam a Lei, e ficavam por eles cercados todos os dias". Entre as obras profanas de Herodes, mandara ele colocar e consagrar uma águia de ouro de enorme tamanho e valor inestimável sobre o pórtico do Templo [93].

90. *Ant.* XVIII 1, 4, § 17.

91. Referindo-se à multidão, diz Josefo (*Ant.* XX 12, I, § 264): Reconheceu-se como sábios somente aqueles que possuem um conhecimento exato da Lei e são capazes de interpretar toda a força das Sagradas Escrituras.

92. b. *Yoma* 71^b.

93. *Ant.* XVII 6, 2, § 151: *húper toû megálou pulônos toû*

Apesar do perigo mortal a que iam se expor, os dois zelosos escribas instigaram seus discípulos a arrancarem-na [94]. Algumas dezenas de anos mais tarde, conta Josefo [95], um escriba chamado Simão ousou excitar publicamente o povo contra o rei Agripa I. Lemos que, por ocasião de um assassínio, R. Sadoc, escriba muito considerado, dirigiu aos sacerdotes, dos degraus do vestíbulo do Templo, um enérgico apelo à penitência [96]. Nos primeiros anos da revolta de 66-70 d.C. encontramos, à testa do movimento, alguns escribas fariseus tais como Shimeon, filho de Gamaliel I [97], e o escritor Flávio Josefo.

Nossas fontes fornecem-nos uma série de pequeninos casos típicos que realçam o prestígio dos escribas aos olhos do homem do povo. Vemo-lo levantar-se respeitosamente à passagem de um escriba, dispensados disso somente os operários durante seu trabalho [98]. Ouvimo-lo saudar o escriba em primeiro lugar [99], de maneira pressurosa, chamando-o "Rabi" [100], "Pai" [101], "Mestre" [102], quando passa com sua túnica de escriba [103] em forma de filactérios, caindo até os pés e munida de longas franjas (Mt 23,5). Quando os notáveis de Jerusalém oferecem um banquete, é uma hon-

naoû B. j. I 33, 3, § 651: *kathimésantes sphâs autoús apò toû tégous.* Se se trata da entrada do santuário, os autores, discípulos dos doutores, deviam ser sacerdotes, pois somente os sacerdotes podiam subir ao teto do santuário.

94. *Ant.* XVII 6, 2-3, § 149ss; *B. j.* I 33, 2-3, § 648ss.

95. *Ant.* XIX 7, 4, § 332ss.

96. Tos. *Yoma* I 12 (181, 20); j. *Yoma* II 2, 39d 13 (III/2, 179); b. *Yoma* 23a; Tos. *Shebu.* I 4 (466, 6); *Sifre* Nm 35, 34, § 161 (28c III, 18).

97. *Vita* 38, § 191 e *passim.*

98. b. *Qid.* 33a.

99. Mc 12,38; Mt 23,7; Lc 20,46; j. *Ber.* II 1, 4b 24 (I, 30).

100. 321.

101. Mt 23,9. — Billerbeck, I, 918s dá, para a época antiga, exemplos de *'abba* como título honorífico usado de modo permanente por certos doutores. Segundo A. Büchler, *Der galiläische 'Am-ha' Areṣ des zweiten Jahrhunderts,* Viena, 1906, 332ss, *'abba* seria o título dos doutores formados nas escolas galiléias. Talvez seja exato, mas não exclui por isso, como o demonstra b. *Mak.* 24a, o emprego do título *'abî* para outros doutores.

102. b. *Mak.* 24a (*marî*). — *Kathegtés* (Mt 23,10) não possui equivalente, como título, na literatura rabínica; mas o correspondente *odegós* aparece em Mt 23,16 com certeza como título. O título *Kathegelés-odegós* é suficientemente atestado por Mt 23,10.16 e Rm 2,19.

103. Mc 12,38; Lc 20,46. Billerbeck, II, 31-33; IV, 228 *b.*

ra contar com a presença de alunos de escribas e futuros doutores como Eliezer ben Hircano e Yoshua ben Hananya [104]. Os primeiros lugares são reservados aos escribas (Mc 12,39 e par.) e o rabi merece mais honrarias que os homens de idade mais avançada e até mesmo mais que os próprios pais. Também na sinagoga, ocupava lugar de honra; sentava-se de costas para o armário da Torá, olhando a assistência e visível a todos (*ibid.)*. Finalmente, só em caso excepcional contraíam matrimônio com filhas de pessoas que desconhecessem a Lei [105].

Para se ter, porém, uma idéia exata da veneração com que o povo cercava os escribas, e da ousadia que representou o ataque de Jesus contra eles, é preciso estudar as tradições talmúdicas relativas aos túmulos dos santos na Palestina [106]; é preciso inteirar-se das informações para ver como, ao lado dos túmulos dos patriarcas e profetas, são os túmulos dos rabinos que, envoltos em lendas e "sagas", encontram-se por toda parte venerados e conservados com um temor supersticioso [107]. Perceberemos, então, até certo ponto, como foi possível à aristocracia judaica suportar a concorrência da aristocracia intelectual e, após a destruição de Jerusalém, deixar-se finalmente superar por essa última. Túmulo de rabinos e túmulo de profetas lado a lado; é aí que se encontra a solução do enigma diante do qual nos colocamos desde o início do capítulo III.

104. j. *Hag.* II 1, 77b 34 (IV/1, 272).
105. Billerbeck, II, 378.
106. Ver J. Jeremias, *Heiligengräber in Jesu Umwelt,* Göttingen, 1958.
107. *Ibid.*, 141.

Capítulo IV

APÊNDICE: OS FARISEUS [1]

Sociologicamente, não se deve situar os fariseus na classe superior. Fariseu significa "os separados", quer dizer, os santos, a verdadeira comunidade de Israel [2]. Como vamos ver, eram eles, na maioria, pessoas do povo, sem formação de escriba. Todavia, mantinham elos estreitos

1. A documentação rabínica sobre os fariseus é apresentada de modo excelente por Billerbeck, II, 494-519 e IV, 334-352. Schlatter, *Gesch. Isr.*, 137-153 é um perfeito conhecedor da origem do farisaísmo. O brilhante estudo de J. Wellhausen, *Die Pharisäer und die Sadducäer,* Greifswald, 1874, continua instrutivo e sugestivo; ver ainda Meyer, *Ursprung,* II, 282-319. G. F. Moore, *The Rise of Normative Judaism, HThR* 17 (1924), 307-373 e 18 (1925), 1-38, apresenta, com clareza, a evolução histórica. B. D. Eerdmans, *Farizeën en Sadduceën,* em *Theologischa Tijdschrift* 48 (1914), 1-26, 223-230, bem definiu o caráter comunitário dos fariseus. A. Büchler, *Der galiläische 'Am-ha 'Areṣ des zweiten Jahrhunderts,* Viena, 1906, fornece-nos abundante documentação. Sua tese de base é que as comunidades farisaicas só aparecem depois da destruição do Templo; essa tese, com efeito, não se credencia diante dos documentos neotestamentários ignorados por Büchler. O trabalho de L. Baeck, *Die Pharisäer* em 44. *Bericht der Hochschule für die Wissenschaft des Judentums in Berlin,* Berlim, 1927, 33-71, contém observações interessantes, mas ele desconhece completamente a característica comunitária dos fariseus e erra por não distinguir os fariseus dos escribas. O estudo de R. T. Herford, *The Pharisees,* Londres, 1924 é ainda menos satisfatório; o autor não percebeu a distinção entre escribas e fariseus — para ele, os fariseus são "instrutores da Torá" — e ignorou totalmente a origem do farisaísmo assim como de sua característica comunitária. — Sobre o conjunto do problema, ver agora R. Meyer, "Tradition und Neuschöpfung im antiken Judentum. Dargestellt an der Geschichte des Pharisäismus" em *Sitzungsberichte der sächsischen Akademie der Wissenschaften zu Leipzig,* filolog-hist. Kl., vol. 110, fasc. 2, Berlim, 1965, 7-88; L. Finkelstein, *The Pharisees. The Sociological Background of their Faith,* 3ª ed., 2 vol., Filadélfia, 1966.

2. L. Baeck, *Die Pharisäer,* 34-41 forneceu disso a prova convincente. Baeck demonstra que, nos midraxes tanaítas, *parûš* e *gadôš* são sinônimos; ver os textos *infra,* n. 23. — Do mesmo modo, a comunidade essênia se define como a comunidade da "nova aliança" (*Doc. Dam.* VI 19, VIII 21, XIX 33s, XX 12), como o "resto" (*Doc. Dam.* I 4; I *Q M* XIII 8, XIV 8-9; I *Q H* VI 8), como os "sobreviventes" (*Doc. Dam.* II 11); seus membros devem se "separar" (*bdl*: I *Q S* V 10, VIII 13, IX 20; *Doc. Dam.* VI 14).

com os escribas a ponto de não os podermos separar, tanto mais que a ascensão dos escribas marcou, ao mesmo tempo, sua própria ascensão. Assim sendo, faremos um comentário a título de apêndice.

No que segue, procuraremos analisar a organização das comunidades farisaicas (*ḥabûrôt*) [3] de Jerusalém e descrever sua situação no quadro da sociedade. A esse respeito, convém que se diga, logo de início, tratar-se de *comunidades fechadas*. Com efeito, os fariseus não são simplesmente pessoas que vivem segundo os mandamentos religiosos dos escribas fariseus ou segundo as prescrições sobre o dízimo e a pureza; são membros de associações religiosas que visam a essa meta.

Na primeira aparição dos fariseus, no século II antes de nossa era, já os vemos como um grupo organizado; talvez se prendessem aos assideus que 1Mc 2,42 chama de "associação de judeus piedosos [*sunagogè Asidoíon*], denodados homens de Israel, extremamente devotados à Lei" [4].

Foi, igualmente, no século II antes de nossa era que se constituiu o grupo dos essênios [5]. Embora tenham sofrido influências estrangeiras em sua formação, sem dúvida são eles oriundos do mesmo tronco que os fariseus; as severas prescrições rituais dos essênios e seu esforço para a separação bem o demonstram [6]. Podemos, pois, inspirando-nos na vida estritamente comunitária dos essênios, inferir o caráter comunitário dos fariseus. Entre os textos essênios, é sobretudo o *Documento de Damasco* que apresenta importantes paralelos com a organização farisaica; disso teremos que falar longamente mais adiante (p. 350). No século I de nossa era existiram, somente em Jerusalém, diversas comunidades farisaicas.

3. O termo "comunidade" é preferível ao termo "sociedade" ou "associação".

4. Cf. 1Mc 7,13; 2Mc 14,6.

5. Primeira menção por volta de 150 a.C., *Ant.* XIII 5, 9, § 172, depois, cerca de 104, *Ant.* XIII 11, 2, § 311; *B. j.* I 3, 5, § 78.

6. A aparição curiosa da expressão *ḥbwe ysr'l* como designação da comunidade essênia em *Doc. Dam.* XII 8 poderia, também ela, indicar essa origem comum.

Da *santa comunidade de Jerusalém* é que, inicialmente, precisamos falar neste contexto. O Talmude palestinense menciona uma vez "a santa comunidade" [7]; no Midraxe, rabi Yuda I, redator da Mishna (cerca de 200 d.C.), transmite uma tradição que nela foi incluída [8].

De acordo com a interpretação tardia que o Midraxe dá à denominação "santa comunidade", trata-se, ao que se supõe, de dois doutores R. Yosé ben Meshullam e R. Shimeon ben Menasia que viveram por volta de 180 d.C., em Séforis, provavelmente. Ambos consagravam, segundo contam, um terço de seu dia ao estudo, um terço à oração e um terço ao trabalho manual; por esse motivo receberam o cognome de "santa comunidade" [9]. Mais tarde, R. Ishac ben Eleazar (280 d.C.) aplicou o nome de "santa comunidade" a R. Yoshua, filho de R. Timai e a R. Borqual [10].

Nos dois casos, a limitação da expressão "santa comunidade" constituída por duas pessoas, devido a uma interpretação evidentemente errônea do Talmude palestinense há pouco citado, já mostra que essa explicação não se impõe como exata[11]; as informações do Talmude de Babilônia tornam a conclusão absolutamente clara. Esse Talmude, com efeito, chama a mesma [12] associação "santa comunidade de Jerusalém" [13] e lhe atribui, por diversas vezes, algumas tradições. Entre outras, ouvimos dizer que os membros da associação tinham hábitos determinados para a oração [14] e que explicavam com particular severidade as prescrições relativas aos tecidos de fios misturados [15].

Que significa a expressão "santa comunidade de Jerusalém?" Bächer queria suprimir "de Jerusalém" [16], baseando-se na expressão mais sucinta "santa comunidade" do Talmude de Jerusalém e do Midraxe. Trata-se, pois, apenas de uma abreviatura. Büchler retomava a explicação do Midraxe e via

7. j. *M. Sh.* II 10, 53^d 2 (II/2, 218).
8. *Qoh. R.* 9, 7, sobre 9, 9 (115^a 2).
9. *Ibid.* 115^a 4.
10. *Ibid.* 115^a 7.
11. L. Baeck, *Die Pharisäer,* 39.
12. Bacher, *Ag. Tann.,* II, 490, n. 2.
13. b. *Beṣa* 14^b (= b. *Yoma* $69^{a\text{-}b}$; b. *Tamid* 27^b, 61^b); b. *Beṣa* 27^a; b. *R. H.* 19^b; b. *Ber.* 9^b (cf. Billerbeck, II, 692). Aqueles que transmitem estas tradições pertencem ao século II de nossa era, à segunda metade deste século para a maioria.
14. b. *Ber.* 9^b. Tinham o hábito de recitar, de manhã, as Dezoito bênçãos imediatamente depois do *šᵉma'*.
15. b. *Beṣa* 14^b e par. (ver *supra,* n. 13). — Lv 19,19; Dt 22,9-11.
16. Bacher, *Ag. Tann.,* II, 490, n. 6.

nessa associação um grupo de hierosolimitas que fugiram, após a queda de Jerusalém, para a Galiléia, especialmente para Séforis [17]. Sem dúvida, a estada de hierosolimitas em Séforis após a queda da cidade santa é bem confirmada [18], mas, como vimos um pouco acima, não convém nos atermos excessivamente à explicação da expressão "santa comunidade" do Midraxe que designa dois doutores da Galiléia. Com toda razão, pois, Baeck [19] e Marmorstein [20] sustentam a expressão "santa comunidade de Jerusalém". O primeiro aí via uma designação do conjunto da comunidade de Jerusalém; o segundo, a designação de um grupo organizado já existente na época dos grandes tanaítas.

Nas cartas do apóstolo Paulo [21], a comunidade cristã primitiva de Jerusalém é chamada "os santos"; Baeck nisso se apóia para a sua explicação. Essa designação cristã opõe-se à sua maneira de ver e justifica a de Marmorstein. Com efeito, os membros da comunidade primitiva chamam-se "os santos" em oposição categórica ao conjunto da comunidade, enquanto são a verdadeira comunidade messiânica da salvação, o "resto" que Deus escolheu dentre o povo da salvação, portanto, exatamente da mesma maneira como os fariseus chamavam-se "os separados", quer dizer, "os santos" [22].

Chegamos assim a um ponto em que a maneira de ver de Marmorstein também exige um complemento. *Qadôš* (santo) e *parûš* (separado, designação dos fariseus) são empregados como sinônimos nos midraxes tanaítas [23]. Convém ainda levar em conta os hábitos de vida e das tradições da "santa comunidade", de modo particular de sua fidelidade que todos estão de acordo em louvar [24], na observância das horas fixadas para as orações; é preciso aproximar essa minúcia ao fato de que, no século I de nossa era, a observância das horas fixadas para

17. Büchler, *Priester,* 39-41.

18. b. *Ket.* 77^{b} e *passim.*

19. L. Baeck, *Die Pharisäer,* 39.

20. A. Marmorstein, "Eine angebliche Verordnung Hadrians", em *Jeschurun,* Berlim, II (1924), 152s.

21. 1Cor 16,1; 2Cor 8,4;9,1.12; Rm 15,25-31.

22. Ver *supra,* n. 2.

23. L. Barck, *Die Pharisäer,* 36s. *Sifra* Lv 19,2 (44^{b} 174); " 'Sede *q^{e}dôšîm*', quer dizer, *p^{e}rûšîm*"; *Sifra* Lv 11,44 (29^{a} 113, 32): " 'Sede *q^{e}dôšîm* porque eu sou *qadôš*', quer dizer: como eu sou *qadôš,* assim deveis ser *q^{e}dôšîm;* como sou *parûš,* assim deveis ser *p^{e}rûšîm*". Mesma coisa em *Sifra* Lv 11,45 (29^{a} 113, 39); *Sifra* Lv 20,26 (46^{d} 184, 13); *Lv. R.* 24, 4 sobre 19, 2 (64^{b} 15).

24. *Qoh. R.* 9, 7 sor 9, 9 (115^{a} 4ss); b. *Ber.* 9^{b}. Ver *supra,* n. 14.

a oração era precisamente tida como sinal distintivo dos fariseus [25]. Todos esses fatos levam-nos a concluir que, provavelmente, a "santa comunidade de Jerusalém" era uma comunidade farisaica da Cidade santa no século I de nossa era.

É igualmente à época anterior à destruição do Templo que nos leva a seguinte informação da Tosefta: "R. Eleazar ben Sadoc [26] disse: Eis o costume das *ḥăbûrôt* [comunidades] em Jerusalém: alguns [dentre os membros de uma *ḥăbûrah*] iam a um banquete de núpcias, outros a um banquete de noivado, outros a uma festa de circuncisão, outros à reunião dos ossos [visando à sepultura definitiva] [27]; uns iam a uma ceia festiva enquanto outros a uma sala mortuária" [28].

De que natureza eram essas associações da Cidade santa? Diversas vezes encontramos, na literatura rabínica, a partir do século II de nossa era, associações de interesse público *(ḥeber 'ir)* em certas regiões do país; tinham como obrigatório consagrar-se às obras caridosas de toda espécie, entre outras, àquelas que estão indicadas nesse texto da Tosefta e observar as prescrições litúrgicas [29].

As *ḥăbûrôt* de Jerusalém de que fala o texto da Tosefta estão, incontestavelmente, ligadas a essas associações beneficentes: constituem a mais antiga organização dessa categoria referida nas fontes. É verdade que nem nesse texto, nem em ou-

25. b. *Ber.* 47ᵇ bar.: "Que é um *'am ha-'areṣ* [um não fariseu]? Aquele que não recita o *šᵉma'* de manhã e à tarde. Palavras de R. Eliezer [cerca de 90 d.C., o representante da antiga tradição entre os doutores de seu tempo]".

26. Conforme o contexto demonstra, trata-se de R. Eleazar I, nascido pouco depois de 35 d.C. em Jerusalém e ali tendo vivido até a destruição do Templo (ver *supra,* p. 201).

27. Se o cadáver estivesse deposto num túmulo cavado na rocha, recolhiam-se os ossos num ossuário cerca de um ano após o sepultamento.

28. Tos. *Meg.* IV 15 (226, 13); *Semaḥot* XII.

29. Sobre estas associações, ver A. Büchler, *Der galiläische 'Am-ha 'Areṣ des zweiten Jahrhunderts,* Viena, 1906, 207-221; J. Horovitz, *ḥbr 'îr,* Francfort-sur-de-Main, 1916; Billerbeck, IV, 607-610. Deveremos vocalizar *ḥeber 'îr* (associação de interesse público da cidade) ou *ḥăber 'îr* (doutor da cidade, ou membro de uma associação de interesse público)? Apesar da oposição de Horovitz, a questão, atualmente, pende a favor da primeira asserção (A. Geiger, *Urschrift und Übersetzungen der Bibel, Breslau,* 1857, 122s; Levy, *Wörterbuch,* II, 9 *b*; Eliezer ben Yehuda, *Thesaurus totius hebraitatis* III, Berlim, 1911, *sub verbo,* 1433: H. Gratz, *Geschichte der Juden* III/1, 5ª ed., Leipzig, 1905, 77, n.; A. Büchler, *o. c.,* 210-212; Schürer, II, 503, n. 10; Dalman, *Handwörterbuch,* discussão Tos. *Meg.* IV 29 (228, 2). Quais as relações entre essas associações de interesse público e as comunidades farisaicas? A questão ainda não foi esclarecida.

tras passagens que citam o *ḥeber ʿir,* mencionam-se obrigações dos membros, semelhantes às que deviam cumprir os membros das comunidades farisaicas quanto à pureza e ao dízimo; continua provável que esse texto da Tosefta refira-se também às associações caritativas privadas que deviam existir em Jerusalém [30].

Entretanto, podemos nos indagar se os fatos eram assim tão simples. Antes de mais nada, é preciso observar que precisamente esse texto não emprega a expressão *ḥeber ʿir,* mas o termo *ḥabûrah* que, além de associações e colégios de outra natureza, indica também as comunidades farisaicas [31]. Convém ainda lembrar que os fariseus davam grande importância às obras supererrogatórias e às boas obras. Além do mais, a realização das *opera supererogationis* eram parte integrante da essência do farisaísmo e de seu conceito de mérito [32]. Outro fato é digno de nota: uma fonte do início do século I de nossa era, a *Assunção de Moisés,* censura aos fariseus o serem pessoas que "a qualquer hora do dia gostam de banquetear-se e fartar-se" e que "da manhã à noite se aprazem em dizer: queremos ter festins e abundância, comer e beber" [33]. Essas censuras forçam-nos a procurar nos fariseus — se não os quisermos catalogar como puros beberrões e glutões — costumes semelhantes àqueles de que fala nosso texto da Tosefta, referindo-se às "comunidades" de Jerusalém.

Temos de levar em consideração uma última referência. Nas fontes talmúdicas, encontramos "os filhos da sinagoga" (*bᵉnê ha-kᵉneset)* [34], que observavam, como uma obrigação, em ocasiões oportunas, as regras litúrgicas e participavam das cerimônias fúnebres (litúrgicas). Trata-se, pois, de uma organização semelhante às associações caridosas citadas acima. *Zabim* III 2 supõe que essas associações sinagogais sigam as prescrições farisaicas de pureza para a preparação dos alimentos [35];

30. Também A. Büchler, *o. c.,* 208-212.
31. Por ex., Tos. *Demay* II 14 (48, 11) e *passim.*
32. Para mostrar a importância que os fariseus atribuíam às obras supererrogatórias, citamos aqui somente, entre os abundantes documentos, alguns exemplos extraídos do Novo Testamento. Dízimo supererrogatório: Mt 23,23; Lc 18,12; prescrições de pureza: Mt 15,1-2; Mc 7,1-4; Mt 23,26 e par.; jejuns: Lc 18,12; Mt 9,14 e par.; oração: Mt 6,5-8 (este trecho é dirigido contra os fariseus, ver *infra,* p. 343;) esmolas: Mt 6,2-4.
33. *Assunção de Moisés* VII 4.7-8. Trata-se dos fariseus; o contexto é evidente.
34. *Bek.* V 5; *Zabim* III 2; b. *M. Q.* 22ᵇ bar.; *Semaḥot* XI.
35. A. Büchler, *Der galiläische ʿAm-ha' Ares,* 74, n. 2.

aqui se encontra, pois, claramente expresso, o elo entre fariseus e as associações de interesse público que provêm às necessidades das sinagogas.

A existência, em Jerusalém, de associações caritativas de interesse comum, mas que teriam sido puramente privadas, nunca nos foi confirmada; toda a documentação estudada obriga-nos a concluir que os *ḥabûrôt* de que fala o texto da Tosefta acima citado têm relação com as comunidades farisaicas, supondo que essas não lhes sejam absolutamente idênticas.

As comunidades farisaicas de Jerusalém, muitas das quais, como acabamos de ver, são conhecidas, observavam *regras precisas para a admissão dos membros*; esse fato demonstra, mais uma vez, seu caráter de comunidades particulares. Antes de admitir qualquer pretendente, havia o período de provação que durava um mês ou um ano [36], durante o qual o postulante devia dar provas de sua aptidão para seguir as prescrições rituais. Josefo conta-nos, por exemplo, ter-se submetido sucessivamente às prescrições dos fariseus, dos saduceus e dos essênios; finalmente, aos dezenove anos, aderiu aos fariseus [37]. Esse exemplo preciso confirma a existência desse tempo preparatório para ser admitido a uma comunidade farisaica.

Uma vez terminado o período experimental, o candidato comprometia-se a observar o regulamento da comunidade; na época antiga, a única que nos ocupa aqui, esse compromisso se realizava diante de um membro da comu-

36. Ao século I de nossa era é que nos conduz a divergência da opinião entre shamaítas e hilelitas a respeito da duração do tempo de provação em Tos. *Demay* II 12 (48, 8): "No fim de quanto tempo [de provação] aceitar-se-á [o candidato]? Os shamaítas exigiam trinta dias para os líquidos [trata-se dos sete 'líquidos que tornam aptos à impureza': orvalho, água, vinho, azeite, sangue, leite, mel de abelhas; quando os alimentos sólidos ou secos entravam em contato com alguma coisa impura, não se tornavam impuros a não ser que tivessem sido antes molhados por um desses sete líquidos. O candidato devia provar que prestara atenção a essas regras e as havia observado, e que conservara esses sete líquidos afastados de suas frutas e legumes e outros alimentos secos] e doze meses para as vestes [as vestes tornavam-se impuras por pressão ou contato da parte de alguém em condição levitieamente impura, o que o fariseu procurava evitar]. Mas os hilelitas se contentavam, para as duas [provas] com trinta dias". Ver, sobre este ponto, Billerbeck, II, 505s.

37. *Vita* 2, § 10ss.

nidade que fosse escriba [38]. O recém-admitido prometia observar as prescrições farisaicas sobre a pureza e o dízimo [39]. Daí por diante, tornava-se membro de uma associação. Tais associações tinham seus chefes [40] e suas assembléias [41], essas, ao que parece, caracterizavam-se por uma refeição em comum [42], especialmente às sextas-feiras à noite, para a abertura do sábado [43]. Tudo indica que as associações farisaicas intervinham publicamente em ocasiões especiais, como, por exemplo, para exprimir condolências ou para festas alegres [44]. Possuiam sua própria justiça interna; entre outras decisões podiam pronunciar-se sobre a exclusão de um de seus membros [45].

Prudentemente não queremos subestimar o número dos membros das *ḥăbûrôt* farisaicas. De um dado merecedor de fé, transmitido por Josefo que o extraiu, sem dúvida alguma, de Nicolau de Damasco, conselheiro íntimo e historiógrafo da corte de Herodes, o Grande, portanto, fonte semi-oficial, temos "mais de 6 mil" fariseus na época de Herodes, na assembléia de seu reino [46]. A título de

38. Em b. *Bek.* 30ᵇ bar. (par. Tos. *Demay* II 13 [48,11] segundo o ms. de Viena e a ed. príncipe), o compromisso, segundo Abba Shaul (cerca de 150 d.C.) era prestado diante de um membro da comunidade que fosse escriba. Mais tarde, a admissão se processava diante de três fariseus (b. *Bek.* 30ᵇ bar). Billerbeck, II, 506 tinha toda razão de ver, nesse dizer de Abba Shaul, a descrição da antiga prática; é confirmado pela prática análoga dos essênios da qual falaremos *infra,* p. 351, cf. *Doc. Dam.* XIII 11-13; *XV* 7ss: recepção pelo vigilante; esse é escriba, XIII 6.

39. Quanto às prescrições de pureza, ver Mt 15,1-2; Mc 7,1-4; Mt 23,25-26; Lc 11,39-41. Quanto às prescrições do dízimo: Lc 18,12; Mt 23,23; Lc 11,42.

40. *Ant.* XV 10, 4, § 370; *B. j.* II 17, 3, § 411; Lc 14,1: "um chefe fariseu", e *passim.*

41. Mt 22,15 e par.; cf. 12,14;22,41.

42. b. *Pes.* 101ᵇ-102ᵃ, se os *bᵉne ḥaburâh* citados aqui e em b. *'Er.* 85ᵇ são membros de uma comunidade farisaica. Ver Lc 14,1;7, 36-50;11,37-38. Talvez se deva também considerar como refeição em comum, as refeições dos fariseus em Jerusalém dos quais Abba Shaul mencionado *supra,* n. 38 (Tos. *Sanh.* III 4 (418, 20); j. *Sanh.* I 2, 19ᵇ 57 (VI/1, 239); b. *Shebu,* 16ᵃ bar.). Lembremo-nos, antes de tudo, das refeições de comunidade entre os essênios.

43. b. *'Er.* ver a n. precedente.

44. Ver *supra,* p. 337.

45. b. *Bek.* 31ᵃ bar.

46. *Ant.* XVII 2, 4, § 42. I. Elbogen ("Einige neuere Theorien über den Ursprung der Pharisäer und Sadduzäer" em *Jewish Studies in Memory of Israel Abrahams.* Nova Iorque, 1927, 135-148) emitiu

comparação, citemos alguns outros números. A população de Jerusalém era de 25 a 30 mil habitantes [47]; o total dos sacerdotes e dos levitas elevava-se a 18.000 aproximadamente [48]; os essênios contavam com 4.000 membros [49]. Aliás, tais números confirmam que, juntamente com os fariseus, estamos diante de um grupo particular, e a importância desses números indica que, em Jerusalém do século I de nossa era, devia haver diversas comunidades farisaicas.

Não contamos com elementos elucidativos a respeito da composição das comunidades farisaicas, que são freqüentemente confundidas com os escribas [50]. Há muitos motivos para isso. Primeiramente, o fato de o termo *ḥaber,* designando o membro de uma comunidade farisaica ser, após o período neotestamentário, a designação do doutor não formado ("colega dos doutores"), mas, sobretudo, o fato de Mt e Lc englobarem muitas vezes, numa única fórmula, "escribas e fariseus". Mt, nos discursos de Jesus, e Lc nas narrativas de seu evangelho, empregam freqüentemente essa expressão [51]. Mc [52] e Jo [53], em compensação, não a mencio-

certas dúvidas a respeito deste número 6.000: *a*) trata-se somente dos fariseus que recusaram juramento a Herodes, *b*) o número 6.000 encontra-se também em *Ant.* XIII 13, 5, § 373 e 14, 2, § 379. Não posso compartilhar dessas dúvidas. Com efeito, *a*) em *Ant.* XVII 2, 4 § 42, parece-nos que Josefo supõe que todos os fariseus recusaram o juramento; *b*) as duas outras passagens que citam o número 6.000 tratam de acontecimentos de uns 80 anos anteriores. — Os evangelhos mostram que havia muitos fariseus na Galiléia, Mt 9,11.14 e *passim.* Segundo Lc 5,17 "vindos de todas as aldeias da Galiléia, da Judéia e de Jerusalém". Em At 23,6, Paulo de Tarso se diz *Pharisaîos uiós Pharisaíon.* Mas essas duas últimas palavras podem igualmente significar (cf. supra, p. 245) que ele era discípulo de mestres fariseus ou membro de uma associação farisaica.

47. Ver *supra,* p. 121.

48. Ver *supra,* 27-280.

49. *Ant.* XVIII 1, 5, § 20.

50. Ver *supra,* n. 1 e *infra,* n. 59.

51. Mt 5,20;12,38 (Lc 11,29: as multidões); 15,1 (Mc 7,1: os fariseus e alguns escribas vindos de Jerusalém); 23,2.13.15.23.25.27.29; — Lc 5,17.21 (Mt 9,3; Mc 2,6: alguns escribas); 5,30 (Mt 9,11: os fariseus; Mc 2,16: os escribas fariseus); 6,7 (Mt 12,10; Mc 3,2: eles); 7,30;11,53;14,3;15,2.

52. Em Mc 7,5, o artigo remete ao que precede; não é empregado de modo geral.

53. Salvo em Jo 8,3 que faz parte da perícope da "mulher adúltera", inserida no quarto evangelho.

nam. É lamentável que especialmente Mt conserve quase sempre[54] essa designação global dos dois grupos até mesmo nas palavras que reúne em seu cap. 23 contra os escribas e os fariseus. Com efeito, Mt introduz do mesmo modo, por "ai de vós, escribas e fariseus!", as palavras contra a vaidade e o desejo de honrarias entre os doutores, e as palavras contra a hipocrisia dos fariseus na observância das prescrições da legislação religiosa sobre a pureza e o dízimo; assim sendo, ele elimina a diferença entre os dois grupos. De modo mais feliz, a tradição paralela de Lc permite evitar conclusões errôneas; Lc estabelece uma nítida separação entre um discurso de Jesus contra os teólogos que são os escribas[55], e um discurso de Jesus aos "homens da prática" que são os fariseus[56].

Percebemos de modo especialmente claro a separação traçada entre os dois, se nos lembrarmos das censuras dirigidas por Jesus, segundo Lc, a cada uma das duas categorias. Aos escribas[57] eis o que ele censura: *a*) imporem às pessoas certas leis religiosas extremamente pesadas, enquanto eles próprios não as cumprem; *b*) constroem túmulos aos profetas, enquanto eles próprios estão prontos a condenar à morte os enviados de Deus; *c*) mantêm oculta a sua ciência e fecham assim à multidão o acesso ao Reino de Deus, enquanto eles mesmos não utilizam os seus conhecimentos; *d*) ambição de aparência, de honrarias e atenções, em particular o desejo do primeiro lugar nas sinagogas. Como se vê, são censuras relacionadas com sua sábia formação de escribas e com os direitos que dela decorrem na vida social.

54. Com exceção de 23,26.
55. Lc 11,46-52;20,46 (cf. 11,43).
56. Lc 11,39-44. Em 11,43 somente, um erro insinuou-se na tradição lucana; uma tradição paralela, porém, dentro deste terceiro evangelho e em Mc, permite corrigi-la completamente de modo incontestável. Com efeito, em Lc 20,46, com quem Mc 12,38-39 está de acordo, é aos escribas que se dirige, com razão, a censura do desejo ambicioso de ter os primeiros lugares nas sinagogas e receber, em primeiro lugar, as saudações nos bazares; em contrapartida, em Lc 11,43 a censura é, por erro, dirigida aos fariseus.
57. Lc 11,46-52;20,46; cf. 11,43. Quanto a 11,43, ver a n. precedente.

As censuras que, segundo Lc, Jesus dirige aos fariseus (Lc 11,39-42,44) são de outra natureza. Ei-las: *a*) hipocrisia no cumprimento das prescrições de pureza, quando eles mesmos são interiormente impuros; *b*) hipocrisia no pagamento do dízimo para os legumes verdes e os legumes secos isentos do dízimo segundo a Lei, ao passo que negligenciavam as exigências religiosas e morais da mesma Lei. Como se vê, essas críticas não têm nenhuma relação com uma formação teológica; dirigem-se a pessoas que conduzem sua vida segundo as exigências das leis religiosas dos escribas fariseus.

Lc mostra-nos, claramente e em perfeito acordo com os dados das fontes contemporâneas, que o discurso paralelo de Jesus em Mt 23 divide-se em duas partes: a primeira (vv. 1-22;29-36) é dirigida contra os escribas; a segunda (vv. 23-28) contém as censuras lançadas aos fariseus. No próprio texto de Mt esse fato aparece com clareza por diversas vezes, como, por exemplo, quando ele introduz os cinco "Ai!" (Mt 23,25-26) pela apóstrofe "Ai de vós, escribas e fariseus!", enquanto continua (v. 26) pela única apóstrofe: "Tu, fariseu cego".

Assim, também, os dois primeiros capítulos do Sermão da montanha contêm um discurso contra os escribas e um contra os fariseus. Em Mt 5,20, os dois grupos são citados no início, encabeçados por escribas. Mas logo a seguir, em 5,21-48 vem o discurso contra os escribas que transmitem e explicam a "tradição dos anciãos". Depois 6,1-18 volta-se contra os "hipócritas" (no primeiro evangelho esse termo designa, salvo nalguns casos [58], os fariseus); esses versículos são dirigidos não mais contra a tradição doutrinal, mas contra as pessoas que acumulam obras supererrogatórias (esmola, oração, jejum, cf. Lc 18,12).

É preciso, portanto, estabelecer uma nítida distinção entre escribas e fariseus, e rejeitar a idéia completamente falsa segundo a qual os fariseus, como tais, eram escribas [59].

58. Em Mt 23,13-29 (provavelmente também 23,15), os hipócritas são os escribas; em 24,51, os sem-deus; em 7,5 pessoas hipócritas.

59. Por ex., W. Bousset-H. Gressmann, *Die Religion des Judentums im späthellenistischen Zeitalter,* 3ª ed., Tübingen, 1926, 187: "Os fariseus são pessoas cultas". É um julgamento totalmente falso, mas muito difundido.

Um único ponto é indiscutível: os *chefes* e os membros influentes das comunidades farisaicas eram *escribas*. A tradição nos mostra que os escribas que vamos mencionar pertenciam a uma comunidade farisaica ou conformavam sua vida às prescrições farisaicas: antes de 162 a.C. Yose ben Yoezer[60]; por volta de 50, Abtalião e Shemaya[61]; cerca de 20, talvez Hilel[62]; em 30 d.C., no tempo de Jesus e da comunidade cristã primitiva, Nicodemos (Jo 3,1ss), ainda o rabi anônimo a quem Jesus interroga a respeito do maior mandamento (Mc 12,28), diversos outros escribas que entraram em contato com Jesus[63], Rabban I[64] e Saulo de Tarso[65]; por volta de 50, Yoḥanan, filho da hauranita, que se alimentava segundo as regras de pureza levítica[66] e R. Sadoc, sacerdote célebre que ingeriu igualmente seus alimentos segundo as regras de pureza levítica[67]; pelo ano 60, Josefo[68], sacerdote e escritor, e Shimeon, filho de Gamaliel I[69]; na época da destruição do Templo o filho desse Shimeon, Rabban Gamaliel II que, assim dizem, alimentava-se segundo as prescrições farisaicas de pureza levítica e conservava sempre as suas vestes em estado de suprema pureza levítica[70], e Yoezer, sacerdote escriba[71].

60. *Ḥag.* II 7.
61. *Ant.* XV 1, 1, § 3; 10, 4, § 370.
62. Podemos deduzi-lo do acontecimento (*'Er* VI 2) que Gamaliel conta de seu pai. O pai de Gamaliel I era Hilel; o Shimeon mencionado somente em b. *Shab.* 15ª bar., ao que se pretende presidente do Sinédrio depois de Hilel e antes de Gamaliel I, não é citado em nenhum outro lugar, e de qualquer modo não é dito ser pai de Gamaliel I. Entretanto, não sabemos se o relato de *'Er.* VI 2 vem de R. Gamaliel I ou de R. Gamaliel II; é somente no primeiro caso que se pode tirar uma dedução quanto a Hilel.
63. Mc 2,16; Lc 5,30; Mt 15,1-9; Mc 7,1-13. Os fariseus que discutem com Jesus da exegese do Dt 24,1 (Mt 19,3; Mc 10,2) são igualmente teólogos.
64. At 5,34; Tos. *'A. Z.* III 10 (464, 6).
65. At 23,6. Paulo era um escriba formado. At 26,10 onde ele fala de sua atividade de juiz, dá-nos esta certeza.
66. b. *Yeb.* 15ᵇ e par.
67. *Sukka* II 5.
68. *Vita* 2, § 12.
69. *Vita* 38, § 191. Supondo que o relato de *'Er.* VI 2 venha de Gamaliel II (ver *supra*, n. 62) diz respeito também a seu pai, R. Shimeon ben Gamaliel I.
70. Tos. *Ḥag.* III 2 (236, 18). Gamaliel II já estava em atividade

Como vemos, a lista não é extensa. A bem dizer, só conhecemos nominalmente uma ínfima parte de escribas que pertenciam a uma comunidade farisaica; o número, porém, era muito maior. Convém ainda observar que muitos escribas, opostos aos doutores saduceus, defendiam idéias farisaicas sem que nos seja expressamente confirmada a sua pertença à *ḥăbûrah*.

Yoḥanan ben Zakkai, por exemplo, em *Yab.* IV 6, sustenta contra os saduceus a opinião farisaica segundo a qual os livros santos mancham as mãos; ele fala, porém, dos fariseus na terceira pessoa, tanto que, baseando-se nesse texto, considerou-se [72] Yoḥanan como um saduceu *(sic!)*. Em Lc 11,45, um escriba diz a Jesus após a sua reprimenda aos fariseus: "Mestre, falando assim tu nos insultas também!" Esse escriba defende igualmente os fariseus sem se colocar diretamente no número deles. Se em semelhantes casos pode-se, sem hesitação, supor que o escriba, defendendo opiniões farisaicas, pertença igualmente a uma comunidade farisaica, não se deve de modo algum subestimar o número dos doutores não pertencentes a uma *ḥăbûrah* farisaica. Em todo caso, é consideravelmente mais elevado do que o pretende a tradição talmúdica, redigida de um ponto de vista unilateralmente farisaico.

O exemplo de Shimeon ben Nethanael é, a meu ver, particularmente elucidativo. Shimeon que vivia por volta do ano 70 d.C., era sacerdote e discípulo de Rabban Yoḥanan ben Zakkai [73] cujas idéias farisaicas constatamos há

antes de 70 d.C., como o confirmam os dados que se seguem. Tos. *Shan.* II 6 (416, 24): nos degraus da esplanada do Templo, ele escreve uma ordem para a Galiléia (com Billerbeck, I, 154 e G. Dalman, *Die Worte Jesu,* I, 2ª ed., Leipzig, 3; é preciso atribuir essa passagem a Gamaliel II); *Pes.* VII 2; manda assar em Jerusalém o cordeiro pascal pelo seu escravo Tabi (o nome do escravo é conhecido; mostra que se trata de Gamaliel II); *Sukka* III 9 (poderia ser preciso — juntamente com Billerbeck, II, 788 e — situar esse acontecimento na liturgia do Templo antes de 70, portanto); o fato faz, pois, supor que Rabban Gamaliel II já era nessa época uma autoridade reconhecida.

71. *Vita* 39, § 197. Quanto à forma deste nome, ver *supra*, n. 14.

72. B. D. Eerdmans, "Farizeën en Sadduceën", em *Theologisch Tiidschrift* 48 (1914), 9ss. Grande erro! Outras passagens também (b. Men. 65ª e passim) mostram, sem equívoco, que Yoḥanan ben Zakkai ocupava, sem dúvida, uma posição categoricamente anti-saducéia.

73. *P. A.* II 8.

pouco e desposou uma neta [74] do fariseu Rabban Gamaliel I [75]. Entretanto, Shimeon recusava tomar seu alimento profano, conformando-se às prescrições farisaicas sobre a pureza e, por ocasião de seu casamento, foi obrigado a prometer expressamente não exigir de sua mulher que preparasse alimentos puros em sua casa (já que, de certa maneira, ele não tinha observado a pureza ritual) [76]. Entre os escassos dizeres que dele chegaram até nós, um critica a determinação de tornar-se a oração "algo bem regulamentado", pois a intimidade da oração viria a sofrer com isso.[77]. Evidentemente, Shimeon critica o estabelecimento de horas fixas para orar ao que os fariseus davam tão grande importância [78].

Esse caso particular mostra-nos que é preciso não subestimar nem superestimar o número dos escribas não fariseus, e que somente uma parte — na realidade mais importante do que a outra — dos escribas pertencia às comunidades farisaicas.

Os membros das *ḥăbûrôt,* na maioria, não eram escribas. Sabemos que inúmeros sacerdotes eram fariseus. Entre os escribas fariseus que citamos há pouco, encontramos os seguintes sacerdotes: Yose ben Yoezer, R. Sadoc, Josefo e Yoezer. A esses podemos acrescentar membros do clero que, sem serem providos de uma formacão de escriba, eram fariseus. Conta-nos Josefo que João Hircano (134-104 a.C.), sumo sacerdote e príncipe dos judeus, foi, no princípio de seu reinado, "discípulo dos fariseus que o estimavam enormemente" [79]; além disso um fragmento de evangelho apócrifo cita Levi, sacerdote-chefe fariseu [80]; finalmente, devemos mencionar o levita Yoḥanan ben Gudgeda que já encontramos como porteiro-chefe do Templo [81].

74. Ver *supra,* p. 299, n. 486.
75. Tos. *'A. Z.* III 10 (464, 6).
76. *Ibid.* 464, 7.
77. *P. A.* II 13.
78. Ver *supra,* n. 25 e *passim.*
79. *Ant.* XIII 10, 5, § 289; b. *Ber.* 29ª.
80. B. P. Grenfell e A. S. Hunt, *The Oxyrhynchus Papyri,* t. V. Londres, 1908, n. 840. Sobre o sentido do termo *archiereús,* ver *supra,* pp. 242-248.
81. Ver *supra,* pp. 234s, 290, 318.

De modo esclarecedor o texto que vamos transcrever [82] mostra-nos o grau de consciência com que os membros do clero se submetiam às exigências farisaicas sobre a pureza: "Yose ben Yoezer [antes de 162 a.C.] era, entre os sacerdotes, um homem piedoso e suas vestes consideradas como *midras* [impuras somente por contato] para [a consumação] das coisas santas. Yoḥanan ben Gudgeda [cerca de 40 d.C.] durante a sua vida inteira só se alimentou dentro [das regras] da pureza das coisas santas, de sorte que sua veste era considerada como *midras* [impura somente por contato] pela [aspersão da água da] purificação".

Segundo esse texto, Yose ben Yoezer, mesmo fora do Templo, na vida cotidiana, observava com tal consciência as regras de pureza válidas para os sacerdotes, de modo particular preservava suas vestes da impureza com tamanho cuidado que podia, em qualquer ocasião, comer a primícia reservada aos sacerdotes sem mudar as vestes; só tinha de trocá-las quando fosse comer a carne das vítimas. Quanto a Yoḥanan ben Gudgeda, impunha a si próprio um grau de pureza ainda mais severo, ultrapassando o texto da prescrição farisaica sobre a pureza. Embora fosse levita, observava em toda a sua alimentação o grau de pureza exigido para a carne dos sacrifícios; assim sendo, se tivesse sido sacerdote, teria tido o direito de comer a carne dos sacrifícios com suas vestes diárias e só teria de mudá-las para a aspersão da água da purificação (Nm 19). Noutra circunstância tomamos conhecimento de um sacerdote, Shimeon ben Nethanaeï, que recusou submeter-se à prescrição farisaica sobre a pureza; o fato faz-nos, pois, compreender que a obediência dos sacerdotes a tal prescrição não era de modo algum óbvia.

Os sacerdotes tomaram grande parte no movimento farisaico. É explicável pelo fato de esse movimento ter seu núcleo no Templo; procurava erguer a nível de norma geral, válida igualmente para aqueles que não eram sacerdotes, as prescrições de pureza que a Escritura impunha

82. *Ḥag.* II 7. Cf. A. Büchler, *Der galiläische 'Am-ha' Ares*, Viena, 1906.

aos sacerdotes quando do consumo da arrecadação que lhes era reservada.

Os escribas que acabam de ser citados, sacerdotes e levitas, constituíam apenas a parte dirigente dos fariseus. Os *leigos* que se agregavam às comunidades farisaicas e se comprometiam a observar as suas prescrições sobre o dízimo e sobre a pureza eram muito mais numerosos.

É o que já verificamos, pela constante citação no Novo Testamento, de "escribas e fariseus" lado a lado. Conforme demonstra essa expressão, havia, junto aos chefes que eram os escribas, a grande massa popular desprovida da formação que aqueles possuíam. O Talmude acentua expressamente, a respeito de um fariseu que se voltou contra Alexandre Janeu, que era um "simples israelita" [83]; Josefo, referindo-se a duas pessoas de alta classe que faziam parte em 67 d.C. de uma embaixada na Galiléia, diz serem fariseus e leigos [84]. O "povo de Jerusalém" que escondeu na água seus doces de figos — certamente durante os anos da revolta em 66-70 d.C. — para os subtrair aos sicários e se preocupou com sua pureza ritual até que os escribas o tranqüilizaram [85], são fariseus de Jerusalém, gente simples do povo, sem formação ou cultura. Noutro lugar, vemos "gente de Jerusalém" cumprir com zelo seus deveres religiosos para a festa das Tendas: participação no culto sinagogal, visitas de condolências, visitas a enfermos, freqüência às escolas, oração [86]; também nesse caso, trata-se talvez [87] de fariseus e assim sendo, pensar-se-ia, antes de tudo, em leigos piedosos.

Há ainda em Jerusalém aqueles mercadores de vinho e azeite que, na delicadeza de sua consciência, encheram 300 odres com a espuma do vinho durante a venda e 300 com o azeite que sobrou nas vasilhas de medida; entregaram-nos aos tesoureiros do Templo por não considerarem esses restos propriedade deles [88]; trata-se, ao que tudo in-

83. b. *Qid.* 66ª.
84. *Vita* 39, § 197.
85. *Maksh.* I 6.
86. b. *Sukka* 41ᵇ; Tos. *Sukka* II 10 (195, 6); j. *Sukka* III 14, 54ª 38 (IV/1, 30).
87. Cf. a exposição detalhada *supra,* pp. 336-338.
88. b. *Beṣa* 29ª bar.

dica, de fariseus. Os fabricantes de aromas [89] dos quais se fala a propósito de um debate sobre a santificação do sábado [90] provavelmente são também fariseus. É um deles que, em Lc 18,9-14 se vangloria de jejuar duas vezes por semana e pagar o dízimo de tudo o que adquire (como produto colhido) [91]; temos de considerá-lo como um leigo, já que nenhum título lhe é atribuído.

As incontáveis prescrições sobre relações comerciais entre fariseus e não-fariseus fazem-nos conhecer melhor os círculos que formavam a grande massa dessa seita [92]. Esses textos não deixam a menor dúvida: eram sobretudo os mercadores, artífices e camponeses que faziam parte da *ḥăbûrah*. Em resumo: a comunidade farisaica compunha-se, especialmente, de plebeus, gente do povo sem formação de escriba [93], honestos, sérios e prontos a se dedicarem ao que fosse necessário. Muitas vezes, porém, mostravam-se severos e orgulhosos em relação à grande multidão, os *'ammê ha-'ares* [94] que não observavam, como eles, as prescrições das leis religiosas dos escribas fariseus e perante os quais os fariseus se consideravam como o verdadeiro Israel [95].

89. A palavra também pode designar mercador de animais. Segundo R. Yose, trata-se de mercadores de lã (*'Er* X, 9).

90. *'Er.* X 9.

91. Pode-se também traduzir: *a*) "pago o dízimo de tudo o que produzo"; ou *b*) "de tudo quanto ganho dou 10% para as obras de beneficência", ver Billerbeck, II, 244s. Em nossa tradução, escolhemos o sentido *c* segundo o qual o homem se gaba de pagar o dízimo de tudo o que compra e não somente do que ele próprio produz (porque não sabe com certeza se o vendedor, mesmo que o afirme, já desonerou-se do dízimo). Essa última asserção é a mais provável, pois, encerra, de maneira muito clara, um elemento característico dos fariseus (*Demay* II 2 [47,10]).

92. *Demay* II 2-3; VI 6; Tos. *Ma'as.* III 13 (85,19), e *passim.*

93. É bom notar que quando Jesus discute com os fariseus sobre questões exegéticas (Mt 22,41-46 e par.) e sobre outras questões teóricas, é com os chefes, com os escribas que o faz.

94. No singular, a expressão significa, ao pé da letra "povo do país [de Israel]". Primitivamente, designava a vasta multidão popular de Israel; depois, foi usada para a população mesclada judeu-pagã oriunda do povoamento da Palestina pelos pagãos durante o exílio de Babilônia; enfim depois do século II antes de nossa era, foi empregada para designar aquele que não conhecia a Lei, especialmente o não-fariseu.

95. Quanto ao sentido do termo "fariseu", ver *supra,* n. 2.

Analogias com o caráter [96] e a organização das comunidades farisaicas tal como acabamos de descrever, aparecem no *Documento de Damasco* [97] publicado em 1910, e, recentemente, em proporção menor, na *Regra da Comunidade* (1QS) [98], publicada em 1951. Antes das descobertas de Qumrã, considerava-se geralmente o *Doc. Dam.* como um texto fariseu (a primeira redação dessa parte em 1929 compartilhava também dessa opinião). Depois da publicação dos textos de Qumrã, tivemos a certeza de ser ele de origem essênia. A prova nos foi dada pelas semelhanças de base e pelo fato de os fragmentos do *Doc. Dam.* terem sido encontrados em Qumrã [99].

Todavia, a origem essênia do *Doc. Dam.* nada muda ao fato de poder ser ele de grande ajuda para se compreender a organização das comunidades farisaicas; com efeito, fariseus e essênios tiveram ambos, sem sombra de dúvida, sua origem no movimento dos assideus, na época macabaica [100], o que mostra muitas semelhanças entre os dois movimentos. Aparecem com maior nitidez no *Doc. Dam.* do que na *Regra.* O *Doc. Dam,* estabelecido provavelmente para grupos essênios dispersos no país, supõe formas de comunidade semelhantes àquelas que as regras farisaicas prevêem: em compensação, a *Regra* organiza a vida severa de Qumrã, centro monástico.

Se examinarmos a organização das comunidades essênias, vemos, de imediato, que se trata de grupos rigorosamente organizados. Mantêm membros [101] (*Doc. Dam.* XIII 12, cf. X 2) estabelecidos segundo a ordem igualmente válida para as reuniões: sacerdotes, levitas, israelitas, pro-

96. Ver *supra, ibid.*

97. S. Schechter, *Documents of Jewish Sectaries,* vol. I, Cambridge, 1910.

98. M. Burrows-J. C. Trever-W. H. Brownlee, *The Dead Sea Scrolls of St. Mark's Monastery* II/2, New Haven, 1951. — A Regra da Congregação (1 *Q Sa*), anexo da Regra da Comunidade, foi publicada por D. Barthélemy em *Qumran Cave* I (*Discoveries in the Judaean Desert,* t. I), Oxford, 1955, 109-111.

99. Na gruta 4 (J. T. Milik, *RB* 63 [1956], e a gruta 6 (M. Baillet, *ibid.*, 513-523).

100. Ver *supra*, p. 334.

101. 1 *Q S V* 23, VI (10)22(26), VII 2,21, VIII 19,IX,2; cf. 1 *Q Sa* I 21.

sélitos (XIV 3ss). Algumas prescrições regulamentam, pormenorizadamente, a admissão na comunidade. Somente "adultos" podem ser recebidos dentre aqueles que são examinados" (X 1-2, cf. XV 5-6). Como podemos ver em Nm 1,3 a regra fixa em 20 anos a idade mínima para o ingresso de qualquer pretendente [102].

Previamente, o candidato submete-se a um exame feito pelo escriba vigilante (*Doc. Dam.* XIII 11-12; XV 11) que tão-somente possui o direito de admiti-lo (XIII 12-13) [103] e a quem o postulante deve apresentar-se (XV 7-8). O vigilante dá-lhe logo a conhecer as disposições jurídicas secretas [104] da comunidade (XV 10-11); o candidato presta o juramento de entrada (XV 6), e é incluído na lista dos membros (XIII 12). Segue-se, então, segundo a Regra (1QS VI 13ss; cf. VII 19ss, VIII 24s), um período de provação que dura dois anos. Faltas graves são punidas por uma exclusão temporária ou definitiva (*Doc. Dam.* XX 1-13; ver também as disposições penitenciais na *Regra*, 1QS VI 24-VII 25).

Essas informações estão perfeitamente de acordo com o resultado da análise das comunidades farisaicas feita acima; torna-se especialmente claro se pensarmos que a sinagoga, ao contrário desses dois movimentos não adota exclusões e só aceita adultos em caso de conversões de pagãos.

No que concerne ao governo, um viligante (*m^{e}baqqer*) que não deve ter menos de trinta anos nem mais de 50 (*Doc. Dam.* XIV 8s) chefia cada "campo". É um escriba que informa sobre o sentido exato da Lei (XIII 7s). É a ele que se devem comunicar as faltas cometidas (IX 18s, 22). Unicamente ele tem o direito de admitir um candidato na comunidade (XIII 12s); examina e instrui os novos recrutas (XIII 11s; cf. XV 8,11). É ainda o pai espiritual da comunidade; "como um pai, compadece-se de seus filhos" (XIII 9). Suas relações com a comunidade são descritas sob a figura do pastor e do rebanho (*ibid.*). Por

102.. 1 *Q Sa I* 8 indica expressamente o limite da idade de vinte anos.

103. Apresenta-se diferentemente em 1 *Q S V* 8,20ss onde os sacerdotes e os membros com direitos de cidadania procedem juntos à admissão.

104. Aplica-se a justiça segundo as regras jurídicas específicas.

esse motivo, ao "desligar os elos de suas correntes" (XIII 10)[105], cuida para que ninguém da comunidade seja oprimido ou fisicamente atingido. Com os juízes, recebe da comunidade dons caritativos e vigia a sua distribuição (XIV 13).

Ao levar em conta a correspondência de organização estudada acima entre as comunidades essênias e farisaicas, podemos imaginar as funções dos *árchontes* fariseus (Lc 14,1), sobre os quais as fontes nos dão poucas informações, como análogas às funções do *m^e^baqqer* essênio. O fato deste *m^e^baqqer* ter também semelhanças com o bispo cristão concorre para essa aproximação. Tudo quanto foi explicado até agora quanto à origem dessa última função (a saber, o termo *episcopo* designava os membros das comissões comunais de construção nas cidades sírias[106], ou o chefe da sinagoga entre os judeus[107]) não nos satisfaz. Impõe-se uma dupla observação[108]: o título *m^e^baqqer* corresponde literalmente ao grego *episkopos.* De outro lado, a posição e as funções do *m^e^baqqer* são idênticas às do bispo na *Didascalia siríaca.* Esses fatos levam-nos a indagar se a função de chefe de uma comunidade essênia, função tal como a conhecemos pelos dados do *Doc. Dam.* sobre o *m^e^baqqer,* não terá sido o modelo do *episkopos* cristão (caberia uma segunda pergunta: a influência não se fez antes sentir por intermédio dos fariseus do que pelo dos essênios?).

Houve objeções contra a hipótese de tais dependências: um "vigilante de todos os campos" *(Doc. Dam.* XIV 8-9), portanto, uma autoridade monárquica na chefia, aparece no *Doc. Dam.* ao lado do vigilante de cada campo. Seria, com efeito, inverossímil que as comunidades cristãs da época neotestamentária tivessem retomado a função dos *episkopoi* das comunidades particulares (observe-se o plural em Fl 1,1) e não esse epíscopo monárquico. Ora,

105. "Ligar" e "desligar", cf. Mt 16,19.

106. A. Schlatter, *Geschichte der ersten Christenheit,* Gütersloh, 1926, 95; M. Dibelius, *An die Philipper,* 3ª ed., Tübingen, 1937, a Fl 1, 1.

107. K. G. Goetz, *Petrus,* Leipzig, 1927, 49ss.

108. G. Holscher, em *ZNW* 28 (1929), 39.

esse último, como se sabe, aparece pela primeira vez em Inácio de Antioquia.

Eis como se deve responder. É muitíssimo duvidoso que o *Doc. Dam.* conheça a função monárquica de um "vigilante-chefe". A expressão decisiva, *m^e^baqqer l^e^kol ha-maḥanôt* (XIV 8-9), pode apresentar diferentes significados. A tradução "vigilante de cada campo" concorda com o sentido do trecho; com efeito, as regras que seguem, XIV 9ss, não se podem aplicar a um vigilante-chefe único. Como o mostra IX 17ss, aplicam-se melhor ao vigilante de cada campo.

Em resumo, convém dizer que podemos levar em consideração os dados sobre a organização dos "campos" essênios, mas com a maior precaução, para dar contornos mais acentuados às raras e ocasionais informações acerca da organização das comunidades farisaicas.

A influência que as comunidades farisaicas e seus chefes, os escribas, souberam exercer é realmente admirável e, à primeira vista, enigmática.

Em nosso conhecimento de historiador, o primeiro grande sucesso que alcançaram situa-se nos seis anos de tumultos sangrentos e de guerras civis sob Alexandre Janeu (103-76 a.C.); a grande massa popular se uniu aos fariseus que contestavam a legitimidade dos sumos sacerdotes asmoneus [109]. Diversas vezes à beira da ruína, Alexandre Janeu conseguiu estabelecer a paz [110], mas a preço de um doloroso banho de sangue. Entretanto, os fariseus obtiveram a vitória. Em seu leito de morte, o rei aconselhou à esposa Alexandra (76-67) que se unisse aos fariseus [111]. Fizeram então a sua entrada no Sinédrio que, até aquela data compreendia exclusivamente representantes da aristocracia religiosa e leiga, e abandonaram sua oposição à família reinante. Alexandra governou, mas enquanto mulher, não pôde ser, ao mesmo tempo sumo sacerdote; essa circunstância deve ter facilitado a coligação dos fariseus. Apoiados no poder da rainha, tornaram-se, então, os verdadeiros chefes de estado [112].

109. Ver *supra*, pp. 219s, 259.
110. *Ant.* XIII 13, 5-14, 2, § 372-382; *B. j.* I 4, 3-6, § 88-98.
111. *Ant.* XIII 16, 5, § 401-404.
112. *B. j.* I 5, 2, § 110s.

Após a morte de Alexandra e sob Aristóbulo I (67-63 a.C.), a força dos fariseus diminuiu. Retomaram sua velha oposição à família reinante e, em 63, convenceram o povo a enviar uma embaixada a Pompeu, a fim de pedir a supressão da realeza nacional [113]; não esconderam seu regozijo pelo sucesso do projeto [114]. Foi sobretudo durante o reinado de Herodes, o Grande (37-4 a.C.), que se manifestou a extensão do seu poder. Ascendendo ao trono, Herodes fez perecer os dirigentes da nobreza leiga, seus inimigos mais influentes no Sinédrio; em compensação, poupou os chefes fariseus e conferiu-lhes todas as honras [115]. Quando mais tarde os fariseus recusaram, unanimemente, prestar juramento de fidelidade a Herodes e a César, o rei contentou-se em impor-lhes uma multa pecuniária, enquanto, pelo mesmo motivo, mandou executar outras pessoas [116]. Na corte de Jerusalém os fariseus tinham suas pequenas e grandes oportunidades e exerciam profunda influência no harém e entre os domésticos [117].

É na força dos fariseus que devemos, de modo especial, procurar a razão da indulgência do rei. Mesmo um Herodes tinha de reconhecer que os fariseus contavam com o povo [118]. Wellhausen não tem razão ao dizer que "os fariseus tiveram sua época de prosperidade sob Herodes" [119] — situa-se ela, com efeito, após 70 d.C. — mas um fato é certo: enquanto as famílias sacerdotais da nova hierarquia ilegítima dependiam das boas graças de Herodes de maneira total e indigna, os fariseus mantiveram-se tranqüilos; tinham, então, readquirido sua influência no

113. *Ant.* XIV 3, 2, § 41; com razão supõe-se, geralmente, que a embaixada foi organizada pelos fariseus.

114. *B. j.* I 8, 5, § 170.

115. *Ant.* XV 1, 1-2, § 3ss. Os fariseus tinham aconselhado a rendição de Jerusalém a Herodes.

116. É provável, conforme expôs Otto, *Herodes,* col. 64 n., na trilha de Wellhausen, que os dois relatos de Josefo, *Ant.* XV 10, 4, § 368-370 e XVII 2, 4, § 42, contenham o mesmo caso, mas segundo duas fontes, uma desfavorável aos fariseus (XV § 368), a outra simpatizante a Herodes e oposta aos fariseus (XVII § 42, sem dúvida Nicolau de Damasco).

117. *Ant.* XVII 2, 4, § 41ss, cf. XV 1, 1, § 35.

118. *Ant.* XVII 2, 4, § 41: estavam mesmo prontos a declarar guerra ao rei e a prejudicá-lo.

119. Wellhausen, *Pharisäer,* 109.

Sinédrio. Foi somente em 6 a.C., dois anos antes de sua morte que Herodes, em conluio com as intrigas da corte, rompeu com os fariseus [120].

Na época seguinte, até o início da Primeira Revolta (66 d.C.), os fariseus tiveram pouca influência na vida política do povo judeu. Continuavam a ter representantes na Assembléia suprema, mas é a aristocracia sacerdotal e leiga, de observância saducéia, que ali representava papel determinante. Os fariseus, membros do Sinédrio, sempre souberam fazer-se ouvir durante as sessões e tinham relações com Herodes Antipas, tetrarca da Galiléia [121]; pelo menos é a opinião dos evangelhos e dos Atos dos Apóstolos [122]; (segundo o quarto evangelho, a condenação de Jesus é, substancialmente, obra dos fariseus [123]; é difícil dar-lhe razão). Não causa estranheza que o fariseu Saulo tenha sido incumbido de representar papel ativo na perseguição aos cristãos [124]. Entretanto, a influência dos fariseus sobre a política e a administração da justiça na Palestina, antes de 66 d.C., não deve ser exagerada [125]. Bem diferente era o que acontecia no domínio religioso. Nesse ponto, os fariseus levavam vantagem sobre os saduceus. Assim sendo, encontramos toda a vida religiosa, especialmente a

120. *Ant.* XVII 2, 4, § 36-46; *B. j.* I 29, 1, § 569-571.

121. Mc 3,6; Lc 13,31; Mc 12,13 par. Mt 22,15-16.

122. At 5,34-39;23,6.

123. Jo 7,32.45-52;11,46;12,42; cf. "os judeus" em 7,13;9,22;19,38; 20,19.

124. At 9,1-4;22,3-8;25,9-14. Quanto à datação: segundo Gal 1,18; 2,1, a conversão de Paulo se deu dezessete anos — quer dizer, quinze, conforme nossa maneira moderna de contar — antes do concílio apostólico que se realizou no fim de 48 d.C., portanto, em 33 (ver meu artigo *Sabbathjahr*, em *ZNW* 27 (1928), 98-103.

125. A partir de 66 d.C., a situação mudou completamente. Ver a abolição do código penal cujo aniversário será celebrado alegremente, segundo *Megillat ta'anit* 10, em 14 tammuz (ed. H. Lichtenstein, em *HUCA* 8-9 (1931-1932), 319, n. 12). Essa abolição não se deu nem sob Alexandra (76-67 a.C.) nem sob Agripa I (41-44 d.C.), mas no momento em que estourou a revolta contra os romanos (66 d.C.). Com efeito, a condenação à morte da filha de um sacerdote, sob Agripa I, estudada *supra*, p. 246, n. 222 *a*, foi pronunciada segundo o direito saduceu.

liturgia [126], regrada segundo as prescrições farisaicas. O último rei judeu, Agripa I (41-44 d.C.), vivia como fariseu [127].

Os sumos sacerdotes saduceus eram obrigados, mesmo contra a vontade, a realizar as cerimônias litúrgicas segundo a explicação farisaica da Torá, assim como o sorteio dos dois bodes [128] e a oferenda do sacrifício dos perfumes [129] no Dia das expiações, a libação da água na festa das Tendas [130], o rito da novilha vermelha [131]; o mesmo acontecia quanto aos ritos que, como o da libação da água na festa das Tendas, não tinham fundamento bíblico [132].

O calendário em geral, especialmente a festa de Pentecostes, era fixado conforme a datação farisaica [133]. Cerca do ano 20 a.C., Hilel já conseguira fazer aceitar que se imolassem os cordeiros da Páscoa mesmo no dia de sábado e assim abolira a prática saducéia até então em uso [134]. O fato que vamos narrar mostra até onde ia a inaptidão dos saduceus. Tentaram, certa vez, por meio fraudulento, fixar o calendário conforme sua datação da festa de Pentecostes; para tanto, tentaram induzir em erro, através de falsas testemunhas, a comissão do calendário no Sinédrio [135].

A antiga geração dos saduceus revelou total resignação, pois, compreendia bem a impossibilidade de triunfar

126. *Ant.* XVIII 1, 3, § 15.

127. *Ant.* XIX 7, 3, § 331; Schürer, I, 554ss. Cf. o juízo favorável de que é o objeto no Talmude (Billerbeck, II, 709s).

128. Ver *supra,* p. 226, n. 106.

129. Tos. *Yoma* I 8 (181, 6); b. *Yoma* 19b bar.; j. *Yoma* I 5, 39a 46 (III/2, 170).

130. Ver *supra,* p. 225, n. 106.

131. Tos. *Para* III 8 (632, 18). Sobre este ponto ver A. Büchler, *Das Synedrion in Jerusalem,* Viena, 1902, 67s e 95.

132. b. *Ta'an.* 3a remonta o rito a uma halaka de Moisés no Sinai; segundo j. *Shebu.* I 9, 33b 50 (não traduzido em VI/2, 108), trata-se de uma ordem dos primeiros profetas. R. Yuda ben Bethyra (cerca de 110 d.C.) e R. Aqiba († após 135), b. *Ta'an.* 2b, assim como R. Natham (cerca de 160), b. *Ta'an.* 3a bar., tentaram encontrar uma prova escriturística.

133. O cálculo farisaico da data de Pentecostes encontra-se em primeiro lugar na Setenta Lv 23,11. No século I de nossa era, Fílon, *De spec. leg.* II, § 176; *De decalogo,* § 160, e Josefo, *Ant.* III 10, 5s, 250ss, atestam a importância da observância farisaica quanto à fixação da data do Pentecostes.

134. Tos. *Pes.* IV 1-2 (162, 21).

135. Tos. *R. H.* I 15 (210, 10).

do poderio dos fariseus. No Talmude [136], vemos um sumo sacerdote saduceu presidir o sacrifício dos perfumes no Dia das expiações segundo o rito saduceu; derramou-os sobre os carvões acesos enquanto estava ainda no Santo e não após ingressar no Santo dos santos como exigiam os fariseus. Seu pai disse-lhe então: "Meu filho, embora sejamos saduceus, tememos os fariseus [e conformamo-nos com seu modo de ver]". Em outra passagem, uma tradição tanaíta descreve o comportamento das mulheres dos saduceus. Observavam, assim dizem, as prescrições farisaicas sobre a pureza pois, de outro modo, os fariseus teriam-nas considerado maculadas da impureza das mulheres menstruadas que tornavam seus maridos continuamente impuros [137]. O testemunho de Josefo concorda perfeitamente com essas indicações. Eis o que conta dos saduceus [138]: "Quando se elevam às magistraturas, é contra sua vontade e por necessidade que se conformam às prescrições dos fariseus, pois, de outro modo, o povo não os suportaria". Como vemos, a massa popular segue incondicionalmente os fariseus; Josefo, em particular, não se cansa de realçar este fato [139].

Para compreender tal evolução, é preciso ver que o movimento farisaico desenvolveu-se por oposição ao movimento saduceu. No clero, essa oposição formou-se no século II a.C., isto é, sob a dominação selêucida antes do começo das lutas macabaicas [140], quando um grupo de sacerdotes, o grupo fariseu, operou uma grande transformação: para os sacerdotes em serviço, a Torá promulgara prescrições de pureza e alguns regulamentos sobre a alimentação; o grupo fariseu tornou-as normas válidas igual-

136. b. *Yoma* 16ᵇ bar.; Tos. *Yoma* I 8 (181, 8); j. *Yoma* I 5, 39ª 46 (III/2, 170). — Billerbeck, II, 78s e 848s.

137. Tos. *Nidda* V 3 (645,26); b. *Nidda* 33ᵇ bar.

138. *Ant.* XVIII 1, 4, § 17.

139. *Ant.* XIII 10, 5, § 288 (o povo crê nos fariseus mesmo se disserem algo contra um rei ou um sumo sacerdote); XIII 10, 6, § 298 (a multidão é sua aliada); XVII 2, 4, § 41s, ver *supra,* n. 118; XVIII 1, 3, § 15 (o culto, em seu conjunto, é celebrado segundo as regras farisaicas); XVIII 1, 4, § 17.

140. Cf. *supra,* p. 334, os fariseus já existiam no tempo das lutas macabaicas, cerca de 162 a.C. (1Mc 2,42). Mesma coisa *supra,* p. 347: Yose ben Yoeser, mencionado em *Ḥag.* II 7, viveu até 162 a.C.

mente para a vida diária do sacerdote e, ao mesmo tempo, do povo [141]. Os fariseus queriam, deste modo, formar a verdadeira "comunidade santa" de Israel [142]. Em troca, o grupo dos saduceus conservadores pensava que, conforme o texto da Escritura, o direito sacerdotal era limitado aos sacerdotes e ao culto.

O conflito entre fariseus e saduceus nasceu dessa oposição. Dominou a evolução religiosa profunda do judaísmo desde as lutas macabaicas até a destruição de Jerusalém; podemos julgar a sua agudeza ao ler os *Salmos de Salomão* [143]. Os representantes da antiga teologia e da tradição ortodoxa, que eram os defensores inflexíveis da letra do texto da Bíblia, refutaram a lei não escrita [144], para dominar os representantes da nova tradição. A luta assumiu particular acuidade pelo fato de uma oposição social juntar-se à oposição religiosa: a velha nobreza conservadora, isto é, a nobreza clerical, como a nobreza leiga, opunha-se à nova classe dominante dos intérpretes da Escritura e dos membros das comunidades. Essa última se recrutava em todos os meios, especialmente na pequena burguesia; submetia-se de bom grado às regulamentações dos sacerdotes e preparava assim o caminho para um sacerdócio universal.

Esses fatos comprovam que, religiosa e socialmente, os fariseus constituíam o partido do povo; representavam a massa em face da aristocracia tanto do ponto de vista religioso quanto social. Sua piedade que era respeitada — pretendiam ser o Israel verdadeiro — e sua orientação so-

141. Em Tos. *'A. Z.* III 10 (464, 9), rabi Meir (cerca de 150 d.C.) assim definiu o não-fariseu: alguém que "não toma seu alimento profano segundo a pureza levítica [prescrita para os sacerdotes na Torá]". — Schlatter, *Gesch. Isr.*, 138, diz de maneira clara e precisa: "O Templo e o clero constituiam o foco do movimento e é o direito sacerdotal que esse movimento se esforçava por incutir". Cf. I. Abrahams, *Studies in Pharisaism and the Gospels* II, Cambridge, 1924; I. Elbogen, "Einige neuere Theorien über den Ursprung der Pharisäer und Sadduzäer", em *Jewish Studies in Memory of Israel Abrahams,* Nova Iorque, 1927, 137; L. Baeck, *Die Pharisäer,* Berlim, 1927, 58.

142. É o sentido da palavra "fariseu", ver *supra,* n. 2.

143. Josefo, *Ant.* XIII 1, 3, § 12, insiste no caráter intratável e fanático dos fariseus.

144. Josefo, *Ant.* XIII 10, 6, § 287s, realça claramente a oposição: Lei escrita — Lei não escrita.

cial, visando a suprimir as diferenças de classes, fizeram deles o partido do povo e a pouco e pouco garantiram-lhes a vitória.

A maneira incondicional como a multidão seguia os fariseus contém algo impressionante. Os fariseus sustentavam dupla frente de batalha: opunham-se aos saduceus e, enquanto Israel verdadeiro, traçavam uma nítida separação entre eles próprios e a grande massa, os *'ammê ha-'areṣ* que não observavam as prescrições dos escribas fariseus sobre o dízimo e a pureza [145]. Essa oposição entre os membros das comunidades farisaicas e os *'ammê ha-'areṣ* repousava, especialmente, no abandono das obrigações do dízimo pelo povo [146]. O conflito tornou-se especialmente agudo nos anos em que João Hircano (134-104 a.C.) publicou sua célebre ordem sobre o dízimo, visando a impedir a negligência no pagamento do dízimo dos produtos agrícolas [147]; bem depressa assumiu as dimensões de uma separação de casta da parte dos fariseus. Comércio [148], casamento [149] e comensalidade [150] com o não-fariseu, suspeito — até prova contrária — de ser impuro, foram, se não completamente proibidos, pelo menos sujeitos à limitações muito precisas.

O povo não se perturbou com a situação. É certo que não faltaram manifestações de ira contra a nova classe superior; certo também que freqüentemente se manifestou um intenso desejo de se libertar do jugo do desprezo religioso. É preciso, pelo menos em parte, explicar através desse desejo o grande movimento dos "infelizes" e dos "aflitos", dos "publicanos" e dos "pecadores" que acompanharam Jesus. De modo geral, entretanto, o povo

145. Jo 7,49; Lc 18,9-14. — Billerbeck, II, 505ss; Schürer, II, 468s.
146. Ver *supra,* p. 151.
147. b. *Soṭa* 48ª bar.; cf. Tos. *Soṭa* XIII 10 (320, 4). Billerbeck, II, 500.
148. Tos. *Mas'as.* III 13 (85, 19): "Não se podem vender [cereais (salvo frumento), uvas e azeitonas] senão a um *ḥaber* [fariseu] submetendo-se às regras de pureza". *Demay* II 3 proíbe vender ao não-fariseu legumes e frutas úmidas e secas, e dele comprar o mesmo.
149. Exceção: Tos. *'A. Z.* III 10, (464, 7), ver *supra,* p. 346.
150. Mc 2,16; Mt 9,11; Lc 5,30; cf. Lc 15,2. — *Demay* II 3 proíbe ser recebido como hóspede na casa de um *'am ha-'areṣ* e recebê-lo como hóspede quando usa sua própria veste.

considerava os fariseus que se obrigavam voluntariamente a praticar obras suplementares como modelos da piedade e realizadores deste ideal de vida que os escribas haviam concebido; os escribas, esses homens da ciência divina e da ciência esotérica. Da parte de Jesus foi uma audácia sem par, brotada do poder que a consciência de sua soberania lhe dava, o ter dirigido, àquela gente, publicamente e sem receio, o apelo à penitência; tal audácia o levou à cruz.

Segunda Seção

A PRESERVAÇÃO DA PUREZA DO POVO

Numa dimensão até agora não suficientemente avaliada, a classificação, do ponto de vista social do judaísmo no tempo de Jesus era guiada pela idéia fundamental da preservação da pureza do sangue no povo. Enquanto chefes religiosos do povo, os sacerdotes velavam, meticulosamente, pela legitimidade das famílias sacerdotais e afastavam de seu meio todos os descendentes de sacerdotes nascidos de uma união ilegítima[1]. *Mas não eram os únicos: na teoria e na prática da legislação religiosa, no tempo de Jesus, a comunidade total do povo, também essa, era classificada segundo a pureza de sua origem. Somente os israelitas de origem legítima formavam o Israel puro; excluíam-se do núcleo impoluto da comunidade do povo todas as famílias em cuja origem se podia encontrar mácula. Como para o sacerdócio, a razão era de ordem religiosa: a Nação, considerada como um dom de Deus, e sua pureza como imposta por ele; as promessas do fim dos tempos eram válidas para o núcleo ilibado do povo.*

Já que, como dissemos, a classificação do povo, do ponto de vista social, era inteiramente comandada pela idéia da conservação da pureza na Nação, a única exceção a esse princípio assumia proporções muito graves. Tratava-se dos pagãos que se convertiam ao judaísmo. Certamente, não faziam parte do núcleo puro do povo israelita, mas eram, sem dúvida, recebidos na comunidade do povo em geral e tinham o direito de se casar com israelitas de origem pura, não sacerdotes. Também nesse caso, a razão era de ordem religiosa: a pertença à comunidade religiosa pesava mais do que a origem.

1. Ver *supra*, pp. 291-302.

Capítulo V

OS GRUPOS DA COMUNIDADE DO POVO

Uma lista de importância fundamental para a pesquisa que segue, informa-nos sobre os critérios segundo os quais se dividia a comunidade do povo judeu, no tempo

	I. *Qid IV 1*	II. Tos. *Meg.* II 7 (223, 23) [2]	III. *Hor.* III 8 [6]
A)	1. Sacerdotes	1. Sacerdotes	1. Sacerdotes
	2. Levitas	2. Levitas	2. Levitas
	3. Israelitas com direitos de cidadania.	3. Israelitas com direitos de cidadania.	3. Israelitas com direitos de cidadania
B)	4. Filhos ilegítimos de sacerdotes	4. Prosélitos	4. Bastardos
	5. Prosélitos	5. Escravos libertos	5. Escravos do Templo
	6. Escravos libertos		
C)	7. Bastardos	6. Filhos ilegítimos de sacerdotes [3]	6. Prosélitos
	8. Escravos do Templo	7. Escravos do Templo	7. Escravos libertos
	9. De pai desconhecido	8. Bastardos	
	10. Crianças expostas	9. Castrados [4]	
		10. *Ṭumṭôm* [5]	
		11. Andróginos	

2. Texto do ms. de Erfurt, agora em Berlim, *Staatsbibl.* Ms. or. 2º 1220; par. Tos. *Ber.* V 14 (12,14ss) e Tos. *R. H.* IV 1 (212, 6ss). Esses três textos, e de maneira especialmente clara Tos. *Meg.* e Tos. *R. H.* dividem a lista em quatro partes (1-3.4-5.6-8.9.11) Em Tos. *R. H.*, na edição de M. S. Zuckermandel, 212, linha 6, essa divisão não sobressai porque, contra todos os testemunhos (mss. de Erfurt e de

de Jesus. Essa lista chegou a nós através de diferentes redações; vejamos, inicialmente, que forma de tradição deve ser considerada como a mais antiga.

Essas três formas da lista que o leitor é convidado a comparar com atenção se igualam somente no início (1-3) onde são citados os israelitas de origem legítima; quanto ao restante, parecem divergir totalmente. Na realidade, a concordância é bem maior. Concerne, sobretudo, à *divisão tripartida da sociedade* segundo a origem, divisão que está na base de cada uma das três disposições da lista.

Qib. IV 1 diz imediatamente após ter apresentado a primeira lista:

"Sacerdotes, levitas e israelitas que gozam de todos os direitos de cidadania podem se casar entre si.

Levitas, israelitas, filhos ilegítimos de sacerdotes, prosélitos e escravos libertos podem se casar entre si.

Prosélitos, escravos libertos, bastardos, escravos do Templo, filhos de pai desconhecido e crianças expostas [7] podem se casar entre si".

Esse texto divide a sociedade em três grupos a saber: A) as famílias de origem legítima: sacerdotes, levitas e israelitas com todos os direitos de cidadania; somente essas famílias tinham o direito de contrair matrimônio com sacerdotes. B) em seguida, vêm as famílias de origem ilegítima, atingidas somente por uma mancha leve; não tinham, evidentemente, o direito de se casar com sacerdotes, mas podiam unir-se com levitas e israelitas legítimos. C) Finalmente, vêm as famílias de origem ilegítima lesadas por

Viena, Alfasi), Zuckermandel deixou escapar, diante de "israelitas" o "e" que separa o primeiro grupo. — Duas outras paralelas se encontram em Tos. *Men.* X 13 (628, 7s) e X 17 (528, 14s); não falta, enfim, a não ser o *ṭumṭôm* e o andrógino. Nessas duas passagens, igualmente, as divisões da lista são claras.

3. A palavra *ḥălalîm* falta em Tos. *R. H.* IV 1 ms. de Erfurt; foi entretanto encontrada no ms. de Viena e em Alfasi.

4. Citam-se quatro espécies de eunucos.

5. Alguém cujas partes sexuais são indefinidas.

6. Par. Tos. *Hor.* II 10 (476, 30) e *passim.*

7. A respeito de crianças de pai desconhecido e crianças enjeitadas, R. Eliezer (cerca de 90 d.C.) defende um ponto de vista diferente: por causa da incerteza existente a respeito de sua origem, é-lhes proibido unirem-se entre si (*Qid.* IV 3).

mancha grave; de modo algum podiam se unir, pelo casamento, com famílias legítimas, pois, o casamento passava por ilegítimo, isto é, por concubinato[8].

Essa divisão tripartida está na base de cada uma das três disposições da lista. Existe apenas, na lista III, interversão dos grupos B e C; essa forma julga, pois, muito desfavoravelmente os prosélitos e os escravos libertos, colocando-os socialmente abaixo dos bastardos israelitas, por causa de sua origem pagã. Talvez se baseiem numa antiga tradição.

A lista dos repatriados em Esd 2,2-63 par. Nm 7,7-65 dá, com efeito, esta continuação:

A) Famílias de origem pura:	Leigos:	Esd 2,2-35	par. Nm 7,7-38
	Sacerdotes:	Esd 2,36-39	par. Nm 7,39-42
	Levitas:	Esd 2,40-42	par. Nm 7,43-45
B) Servidores do Templo:		Esd 2,43-54	par. Nm 7,46-56
Escravos do rei:		Esd 2,55-58	par. Nm 7,57-60
Apêndice: Israelitas e sacerdotes sem genealogia:		Esd 2,59-63	par. Nm 7,61-65

Pode ser que a lista III tenha sido constituída diretamente desse esquema ou de um esquema antigo análogo, acrescentando os prosélitos e os escravos libertos. Outra explicação, porém, parece-me mais provável. Com o crescimento das comunidades cristãs, a atitude do judaísmo em face da missão e dos prosélitos passa a ter um sentido desfavorável. Desde a destruição de Jerusalém, julgam-se mais severamente os prosélitos, sobretudo depois que, por volta da guerra de Bar-Kokba (132-135[6] d.C.), cessa a intensa atividade missionária do judaísmo, tal como se reflete no Novo Testamento[9]. Uma mudança análoga se produz no julgamento sobre os pagãos; começa desde a época

8. b. *Ket.* 3ª, e sobre este ponto Billerbeck, III, 343 *b*.

9. Mt 23,15, e antes de tudo as informações dos Atos dos Apóstolos sobre os prosélitos e semiprosélitos na diáspora. Cf. G. Rosen, F. Rosen e G. Bertram, *Juden und Phönizier*, Tübingen, 1929.

pré-cristã e se comprova em seguida no agravamento das prescrições da legislação religiosa a respeito da impureza levítica dos pagãos. A lista III poderia refletir essa situação tardia, quando modifica a ordem do esquema das listas I e II para colocar o bastardo antes do prosélito [10].

As diferenças entre as listas I e II, em comparação, são muito menos importantes. Se fizermos abstração de minúcias sem valor [11], limitam-se aos diferentes critérios de apreciação a respeito dos filhos ilegítimos dos sacerdotes: a lista I coloca o filho ilegítimo do sacerdote (4) *antes* do prosélito (5) e o escravo pagão liberto (6); na lista II, em compensação, os descendentes ilegítimos de sacerdotes vêm *depois* dos pagãos que se converteram ao judaísmo e ao lado dos bastardos desprezados.

Não há dúvida na explicação dessa diferença. Como já vimos [12], existe uma profunda divergência entre sacerdotes e escribas na apreciação dos filhos ilegítimos de sacerdotes, pois, esses mantinham uma posição de rigorismo inflexível para conservar a pureza de sangue na sua classe. Esse fato recomenda a hipótese segundo a qual a lista I, contendo um julgamento mais favorável sobre os filhos ilegítimos de sacerdotes, tenha sido redigida nos círculos de escribas e a lista II, que os julga mais severamente, em círculos de sacerdotes. Fora dessa diferença de pontos de vista sobre os descendentes ilegítimos de sacerdotes, as listas I e II estão plenamente de acordo na classificação da comunidade do povo segundo a origem. Devemos aí reconhecer uma sólida tradição antiga; uma informação intenta mesmo dizer que a divisão em dez grupos que se encontra na lista I remonta a Hilel [13].

Iniciamos, assim, o roteiro de nosso trabalho. De início, descreve o núcleo legítimo do povo (cap. VI); mas

10. Mesma opinião em L. Ginzberg, *Eine unbekannte jüdische Sekte*, em *MGWJ* 56 (1912), 667s.

11. A lista I coloca o bastardo antes do *natîn* (escravo do Templo), enquanto vemos o inverso na lista II; é sem importância porque, no tempo de Jesus, o escravo do Templo era um elemento puramente teórico (ver *infra*, p. 453). A lista I cita, no final, os filhos de pai desconhecido e as crianças enjeitadas, enquanto a lista II cita ainda um quarto grupo (castrados etc.); não é digno de atenção.

12. *Supra*, pp. 299-302.

13. b. *Yeb.* 37a; b. *Qid.* 75a.

a esse respeito não podemos omitir que, além da origem, outros fatores eram igualmente determinantes na posição social (cap. VII). Em seguida, é preciso tratar dos grupos do povo atingidos por uma nódoa leve ou grave em sua origem (cap. VIII). E, finalmente, devemos apresentar — intermediários entre judeus e pagãos — os escravos pagãos (cap. IX) e os samaritanos (cap. X). Um capítulo final tratará, à guisa de apêndice, da posição social da mulher (cap. XI).

Capítulo VI

OS ISRAELITAS DE ORIGEM PURA

A. A ORIGEM LEGÍTIMA [1]

Com o clero (sacerdotes e levitas), os israelitas de origem pura constituíam o Israel íntegro.

Para exercer os direitos cívicos mais importantes, eram obrigados a provar sua origem legítima. Esse fato, por si só, confirma uma conclusão: como já vimos [2], não era somente o sacerdote admitido a exercer seu cargo que sem exceção, preocupava-se com sua genealogia: mesmo o *simples israelita* conhecia seus antepassados mais próximos e podia dizer de qual das doze tribos provinha. Após a volta do exílio, as famílias puras separaram-se daquelas que se haviam contaminado com os pagãos (Esd 9,1-10,44); desde essa época, por conseguinte, a prova da origem legítima tornou-se o verdadeiro fundamento da comunidade do povo restaurada. As famílias de pura cepa, e tão-somente elas, constituíam o verdadeiro Israel. Os dados genealógicos dos livros bíblicos de Esdras e de Neemias, especialmente as genealogias minuciosas das doze tribos (1Cr 1-9), refletem o interesse que despertaram no período pós-exílico. Nas épocas seguintes, essas informações constituíram a base que permitiu estabelecer genealogias.

Esse interesse manifesta-se também pelo fato de, no período pós-exílico ter-se começado a usar, como nomes próprios, os nomes dos patriarcas das doze tribos [3] e a exprimir assim, já pelo nome, a pertença à tribo.

1. Billerbeck, I, 1-6; IV, 792ss; A. Büchler, "Familienreinheit und Familienmakel in Jerusalem vor den Jahre 70", em *Festschrift Schwarz,* 133-164; L. Freund, *Uber Genealogien und Familienreinheit in biblischer und Talmudischer Zeit,* ibid., 163-192; G. Kittel, *Die genealogíai: der Pastoralbriefe,* em *ZNW* 20 (1921), 49-69; A. Bücheler, *Familienreinheit und Sittlichkeit in Sepphoris im zweiten Jahrhundert,* em *MGWJ* 78 (1934), 126-164; S. Klein, *Kleine Beiträge zur Erklärung der Chronik Dibre ha-jamim,* em *MGWJ* 80 (1936), 195-206.

2. *Supa,* p. 291s.

3. Provas, p. 395.

No tocante à época de Jesus, já vimos [4] que algumas famílias da nobreza leiga tinham o privilégio de entregar a lenha no Templo em dias determinados [5]; esse fato confirma que a tradição genealógica era bem conservada dentro da *nobreza leiga.* Todavia, no tempo de Jesus, outras famílias de pura cepa também conheciam sua origem. Portanto — e também isso já vimos — toda israelita, embora morando no estrangeiro, que quisesse casar-se com um sacerdote devia levar em consideração cinco gerações [6] de sua genealogia, e qualquer candidato a um posto público devia passar, igualmente, pela prova de sua legitimidade [7]. Essas disposições induzem a crer que cada israelita conhecia ao menos as últimas gerações de seus antepassados [8].

Algumas referências confirmam esses dados gerais. As mais numerosas são as indicações que concernem à pertença à *tribo de Judá* [9] e, entre elas, especialmente as que dizem respeito à pertença à *família davídica.* E é compreensível. E. Sellin mostrou a probabilidade do seguinte fato: mesmo depois da queda de Zorobabel, a *gens davidica* permaneceu, no judaísmo pós-exílico, a principal família leiga; de seu meio, é verossímil, escolhia-se o chefe supremo do Senado [10]. Além do mais, a esperança messiânica estava presa a essa família real; por tal razão, a tradição tantas vezes mencionava a origem davídica.

4. *Supra,* p. 306s: *Ta'an.* IV 5.

5. Cf. ainda os dados genealógicos de um membro de uma dessas famílias, *infra,* p. 381s.

6. *Supra,* p. 295, *Qid.* IV 4.

7. *Supra,* p. 295, *Qid.* IV 5.

8. Ainda hoje é normal para um palestinense conhecer toda a linha de seus ancestrais. P. Kahle, *Die Samaritaner im Jahre 1909* (A. H. 1327), em *PJB* 26 (1930), 89,103, o demonstrou ao publicar suas informações a respeito das genealogias dos samaritanos ainda vivos em 1909 (existiam 173).

9. Cf. a lista de *Ta'an* IV 5 impressa *supra,* p. 308, que atesta a existência de seis famílias judaicas no período anterior a 70 d.C.

10. E. Sellin, *Geschichte des israelitisch-jüdischen Volkes* II, Leipzig, 1932, 82ss, 121, especialmente 168s. Uma constatação reforça o que Sellin demonstrou: como logo vamos ver, os exiliarcas eram, segundo tudo indica, davídicos. Ver ainda G. Dalman, *Die Worte Jesu* I, 2ª ed., Leipzig, 1930, 266, que remete ao *Breviarium temporum* pseudofiloniano que dá uma série de príncipes (*duces*) davídicos, chegando até aos asmoneus.

Sobre este ponto convém lembrar que, segundo o testemunho unânime do Novo Testamento [11], Jesus Cristo pertencia à tribo de Davi, já que, segundo o direito familiar judaico, ele devia, legalmente [12], ser considerado filho davídico de José de Nazaré, da mesma tribo. Além do mais, conforme Eusébio que segue Hegésipo (cerca de 180 d.C.), os imperadores Vespasiano [13], Domiciano [14] e Trajano [15] teriam perseguido o ramo davídico para que não subsistisse nenhum descendente de linhagem real; infere-se daí que o número daqueles que se dizem da família de Davi não era pequeno. Diz o Talmude que R. Hiyya, o Ancião (por volta de 200 d.C.), provinha de Davi [16]. O sábio exilarca Rab Huna, chefe da comunidade judaica da Babilônia, vivendo também pelos anos 200, era de Judá [17] e, talvez, da mesma origem davídica; é o que mostra, entre outras, a informação segundo a qual ele fazia parte da família de R. Hiyya, o Ancião, há pouco mencionado [18].

Por fim, parece que entre os pretendentes messiânicos, do século I de nossa era, havia pelo menos uma família que atribuía a si uma descendência davídica; em todo caso, é o que explica, de maneira mais esclarecedora, a bem conhecida narrativa lendária que transfere para Belém, cidade de Davi, o nascimento da criança messiânica Menahem ben Hisqiyya [19] — trata-se do chefe da revolta que aparece em 66 d.C., Menahem[20], filho de Judas de Ga-

11. Ver *infra*, p. 388ss.
12. Por ex., do ponto de vista da herança.
13. Eusébio, *Hist. eccl.* III 12.
14. *Ibid.*, III 19-20.
15. *Ibid.*, III 32, 3-4.
16. b. *Ket.* 62ᵇ; cf. j. *Ta'an.* IV 2, 68ª 48 (IV/1, 180) e par.
17. j. *Kil.* IX 4, 32ᵇ 30 (II/1, 317) e par. Esse testemunho é garantido pelo fato de provir de R. Yuda I, o patriarca palestinense e concorrente do exiliarca que, no mesmo contexto, reconhece-se, como benjaminita, de descendência menos ilustre do que o exiliarca. Ver ainda b. *Sanh.* 5ª; b. *Hor.* 11ᵇ bar., onde a promessa de Gn 49,10: "O cetro não será tirado de Judá" é aplicada aos exiliarcas; eles passavam, pois, por judeus. Orígenes, *De princ.* IV 1, 3 (*GCS* 22, 297) conheceu a tradição segundo a qual os exiliarcas eram judeus e Gn 49,10 referia-se a eles.
18. j. *Kil.* IX 4, 32ᵇ 57 (II/1, 317).
19. j. *Ber.* II 4, 5ª 18 (I, 41s) e par.
20. *B. j.* II 17, 8-9, § 433ss. Cf. Schürer, I, 487.

mala, filho de Hisqiyya [21]. Durante mais de cem anos, a família de Hisqiyya fez-se notar de maneira sempre renovada por conflitos e pretensões ao trono [22]; tais fatos também tornam provável que fosse de descendência real.

Ao lado dos de Judá, são mencionados os *benjaminitas*. O 1º livro das Crônicas enumera as famílias benjaminitas de seu tempo (1Cr 7,6-11;8;9,7-9). Certo Menelau, ilegalmente entronizado sumo sacerdote em 172 antes de nossa era [23] e executado dez anos depois [24], não era benjaminita [25]; em contrapartida, Mardoqueu, o herói do livro de Ester [26], assim como o apóstolo Paulo [27] e seu mestre Rabban Gamaliel I [28], o eram, certamente. Na época anterior à destruição do Templo em 70 d.C., a família benjaminita de Senaá, de classe alta, é bem conhecida [29].

21. Cf. meu artigo *Erloser und Erlosung im Spatjudentum und im Urchristentum,* em *Deutsche Theologie,* Göttingen, 2 (1929), 116s.

22. Em 47 a.C., Herodes mandou executar o "assaltante" Ezequias (Hizqiyya); essa decisão aumentou consideravelmente a hostilidade do Sinédrio contra Herodes (*Ant.* XIV 9. 2, § 159; *B. j.* I 10, 5, § 204).

Em 4 a.C., revolta de seu filho Judas que aspirava à coroa (*Ant.* XVII 10, 5, § 271s; *B. j.* II 4, 1, § 56.

Em 6 d.C., novo motim de Judas (*Ant.* XVIII 1, 1, § 1ss; *B. j.* II 8, 1, § 117ss; At 5,37). Trata-se, com certeza, do mesmo Judas, conforme se pode supor pelo que diz Schlatter, *Theologie,* 82, n. 2.

Cerca de 47 d.C., execução dos dois filhos de Judas, Tiago e Simão, pelo procurador Tibério Alexandre (*Ant.* XX 5, 2, § 102).

Em 66, Menahem, filho de Judas tornou-se senhor de Jerusalém e reivindicou o título de rei (*B. j.* II 17, 8-9, § 433ss; cf. j. *Ber.* II 4, 5ª 14ss (I, 41s). — Em 73, Eleazar, parente e sucessos de Menahem, dirigiu a defesa de Masada (*B. j.* VII 8, 1ss; § 253ss; cf. II 17, 9, § 447.

23. *Supra,* 255.

24. *Supra,* 257.

25. Consta, por erro, na LXX de 2Mc 3,4; informação exata na tradução latina e armênia, ver *supra,* p. 254, n. 258.

26. Est 2,5; acréscimos da LXX em Est 1,1; *Ant.* XI 6, 2, § 198.

27. Rm 11,1; Fl 3,5. A dúvida completamente injustificada que K. Kohler, *JE* XI (1904), 79 exprimiu a respeito desse dado do apóstolo foi com razão rejeitada por W. G. Kümmel, *Römer 7 und die Bekehrung des Paulus,* Leipzig, 1929, 112, n. 1: "Paulo não teria inventado isto!"

28. Ver *infra,* p. 385. Gamaliel é um antepassado de R. Yuda cuja origem benjaminita é bem atestada.

29. *Ta'an.* IV 5 (ver *supra,* p. 309); b. *Ta'an.* 12ª, ver *infra,* 381s. — Em contraaprtida é sem valor a informação que atribui uma origem benjaminita a Ben Sisit ha-kassat, forte negociante de Jerusalém que viveu na época da destruição do Templo (j. *Ta'an.* IV 2 68ª 46 [IV/1 180] e par.), ver *infra,* p. 380.

A atribuição de origem a uma das dez[30] tribos, ou das nove tribos e meia[31] de Israel que estão "perdidas", certamente só é encontrada de modo esporádico. Indicam Tobias como descendente da tribo de Neftali (Tb 1,1-2); Judite deve proceder da tribo de Simeão (Jd 8,1;9,2); a profetisa Ana, filha de Fanuel, da tribo de Aser (Lc 2,36). Falamos há pouco (p. 309) de uma família recabita (cf. também Nm 3,14)[32] de um período anterior à ruína do Templo; mas é duvidoso[33] que R. Yose ben Halafta, célebre doutor e artesão de couro (150 d.C.), tenha sido recabita[34]. Hegesipo refere-se a um sacerdote recabita[35]. Se for preciso entendermos isso no sentido de uma origem recabita, a mensão de Hegesipo é certamente falsa; em nenhum outro lugar[36], com efeito, encontramos qualquer alusão ao fato de os recabiats (2Rs 10,15.23; Jr 35,2-19; 1Cr 2,55) terem sido, num período posterior, considerados como família sacerdotal[37]. ⓩ

De modo geral podemos crer que os leigos também possuíam tradições sobre sua origem. Essas tradições apresentavam suas famílias quase exclusivamente como sendo das tribos de Judá e de Benjamim; tal asserção corresponde à imagem que resulta de 1Cr 1-9, particularmente do cap. 9 e do conteúdo da lista citada acima (p. 308), mas, sobretudo, da situação histórica; essas duas tribos, com os sacerdotes e levitas, constituíram o núcleo do judaísmo pós-exílico. O texto seguinte nos mostra a extensão dessas tradições genealógicas: "Mar Zutra [II, † 417] dizia: En-

30. É o número corrente, 4 *Esd.* XIII 39ss e *passim*: Billerbeck IV, 903-906.

31. *Baruc siríaco* LXXVII 17ss, LXXVIII 1ss.

32. Sobre Nm 3,14 ver E. Sellin *Geschichte des israelitisch-jüdischen Volkes* II, Leipzig, 1932, 7.

33. Este dado faz parte das genealogias transmitidas por R. Levi (cerca de 300 d.C.). Para a crítica dessas genealogias, ver Israel Levi em *REJ* 31 (1895), 209ss ("uma fantasia popular") e *infra,* p. 380.

34. j. *Ta'an.* IV 2, 68a 48 (IV/1, 180) e par.

35. Eusébio, *Hist. eccl.* II 23, 4-18.

36. Não se ousou sequer concluir de Jr 35,19 (onde Iahweh promete aos recabitas que não lhes faltarão descendentes que estejam sempre diante dele) que fossem sacerdotes. *Sifre* Nm 10, 29, § 78, aplica esse versículo aos descendentes de filhas de recabitas casadas com sacerdotes.

37. S. Klein em *MGWJ* 70 (1926), 413 e 80 (1936), 200, manifesta maior confiança na historicidade dos dados relativos aos recabitas.

tre Asel [1Cr 8,37-38] e Asel (1Cr 9,43-44) ele [= Rab, † 247] lhe [= Rammi bar Yuda] impôs explicações escriturísticas que dariam para carregar 400 camelos"[38]. Entre Asel e Asel, 1Cr transmite listas genealógicas; ao lado de sacerdotes e levitas, trata-se exclusivamente, de informações sobre as famílias benjaminitas e de Judá. Confirma, pois, que nas tradições genealógicas, as informações sobre as famílias dessas duas tribos constituíam a totalidade dos elementos.

O que precede permite-nos não nos admirarmos com um fato: não somente ouvimos falar em geral de tradições genealógicas das famílias leigas, mas, ao lado das genealogias de sacerdotes deixadas por escrito e que estudamos acima[39], encontramos outras iguais para os leigos.

Quanto à época antiga, o relato do Cronista alusivo ao registro de todo[40] o povo por ocasião da volta do exílio e da reinstalação dos exilados em sua pátria[41], confirma o que dissemos, com uma prova importante. Baseando-se em documentos mais antigos[42], anotaram-se, então, os nomes dos chefes de cada família, com a indicação de seus ancestrais[43]; assim se constituíram as *genealogias dos leigos*. Quanto aos outros membros de cada família, somente o número foi indicado[44]; entretanto, assinalaram-se, particularmente, as famílias cuja origem israelita era incerta[45] e os israelitas casados com pagãs (Esd 10,18-44), tendo, portanto, deixado alguma mancha em seus descendentes (10,44). Além da correlação com as genealogias dos sacerdotes, continuadas com cuidado, temos um ponto de

38. b. *Pes.* 62b.
39. *Supra,* 291ss.
40. W. Rothstein e J. Hänel, *Kommentar zum ersten Buch der Chronik,* Leipzig, 1927, XXVIII e 188 (sobre 1Cr 9, 1 *a*).
41. Ne 7,6-7 par. Esd 2,1-2; Ne 11,3; Esd 8,1.
42. Ne 7,64 par. Esd 2,62. As genealogias de 1Cr 1-7 prendem-se aos dados genealógicos de Gn, Ex, Nm, Jos, 1 e 2Sm, 1Rs, Rt.
43. Esd 8,1-14; cf. Ne 7,6-69 par. Esd 2,1-67. — Ne 11,3-24 fornece informações sobre os chefes das famílias instaladas, após o exílio, em Jerusalém. A lista paralela 1Cr 9,1-17 que, segundo 9,1-3, procura dar a impressão de remontar à época real deve ser considerada como posterior a Ne 11,1-3.
44. Esd 8,3-14; Ne 7,6-69 par. Esd 2,1-67.
45. Ne 7,61-65 par. Esd 2,59-63.

apoio que nos permite dizer que as genealogias assim constituídas, pelo menos em parte, tiveram continuidade: 1Cr 3,1-24 transmite a genealogia da casa de Davi sob uma forma que vai até a época do Cronista; também 1Cr 2, 34-41 prossegue a genealogia dos shemasitas, um ramo do grupo de Caleb [46], talvez até a época do Cronista.

No que concerne ao período posterior, a existência por escrito de genealogias de leigos nos é muitas vezes apresentada. Para começar devemos citar aqui as duas genealogias de Jesus [47] transmitidas em Mt 1,1-17 e Lc 3, 23-28; Mt prende-se à 1Cr [48]. Shimeon ben Azzai (cerca de 110 d.C.) encontrou em Jerusalém um rolo de genealogias [49]; segundo a tradição posterior [50], trata-se também de dados genealógicos ligados sobretudo a famílias leigas. Convém ainda citar um comentário de Júlio, o Africano (cerca de 160-240), médico cristão. Eis o que ele observa a respeito da pretensa destruição pelo fogo das genealogias ordenada por Herodes (ver um pouco mais adiante): "Algumas pessoas cuidadosas guardam em seu poder suas próprias genealogias, quer as tenham reconstituído de memória, quer tenham se apossado das cópias [conservadas]; elas se vangloriam de ter mantido a lembrança de sua origem isenta de impureza" [51].

46. W. Rothstein e J. Hänel, *Kommentar zum Buch der Chronik*, Leipzig, 1927, LIIs e 27s.

47. É à genealogia de Lucas que se atribui a indicação odiosa de b. *Sanh.* 106[b]: "Vi uma crônica de Balaão [sobre Balaão como designação de Jesus ver H. L. Strack, *Jesus, die Häretiker und die Christen*, Leipzig, 1910, 26", n. 2] no qual se achava: "Balaão, o manco, tinha trinta e três anos quando Pin[e]ḥas lisṭa'a [Pôncio Pilatos] o matou". Essa informação remonta, sem dúvida, a Lc 3,23.

48. Mt 1,2-6 *a*: 1Cr 2,1-15; Mt 1,6 *b*-12: 1Cr 3-5,19. Em Mt 1,12, Salatiel (no hebraico de 1Cr 3,19: Pedaya) é o pai de Zorobabel; explica-se pela utilização da LXX cujos mss. A e B dão em 1Cr 3,19 a informação *Salathiel* recensão de Luciano: *Phadaias*). Essa constatação não exclui a existência de uma forma primitiva semítica da genealogia de Mt (ver *infra*, p. 392, n.o 149), pois foi o tradutor que pôde se utilizar da LXX de 1Cr.

49. *Yeb.* IV 13: "Shimeon ben Azzai dizia: Encontrei em Jerusalém um rolo genealógico [*m[e]gillat yûḥasîn*] onde estava escrito: N. N. é bastardo de uma mulher casada".

50. j. *Ta'an.* IV 2, 68[a] 54ss (IV/1, 180); ver *infra*, p. 380.

51. Júlio, o Africano, em sua *Carta a Aristides*, ed. W. Reichardt, *Die Briefe des Sextus Julius Africanus an Aristides und Origenes* (*Texte und Untersuckungen* XXXIV 3), Leipzig, 1909, 61, linhas 17ss.

O relato seguinte dá-nos ainda outra prova: "Rabi [Yuda I, por volta de 200 d.C.] ocupava-se [com os projetos de casamento] de seu filho R. Hiyya [o Ancião]; na ocasião de assinar o contrato de casamento, a noiva faleceu. Rabi pronunciou então estas palavras: Valha-me Deus! Não haveria oculta alguma impureza [e, então Deus impediu o casamento]? — Reuniram-se, pois, e fizeram uma pesquisa nas [genealogias das] famílias; [descobriram que] Rabi descendia de Safatia, filho de Abital [2Sm 3,4: filhos de Davi] e R. Hiyya de Semei [*sic*. Em 2Sm 13,3: Semaa], irmão de Davi"[52].

É, portanto, certa a existência de genealogias de leigos consignadas por escrito, mas é preciso ainda averiguar a veracidade da existência de genealogias de leigos registradas publicamente. Júlio, o Africano, afirma, com efeito, em sua *Carta a Aristides*[53], transmitida por Eusébio[54]: "Até agora [a época de Herodes] encontravam-se consignadas nos arquivos [em primeiro lugar] as famílias hebraicas e [em segundo lugar] as famílias daqueles cuja origem remontava a prosélitos, como[55] Aquior, o amonita, e Rute, a moabita, ou a mestiços[56] saídos do Egito ao mesmo tempo [que os judeus]. Herodes que não tinha sangue israelita nas veias, excitado pela consciência de sua origem obscura, ordenou que fossem queimados os documentos dessas famílias; passaria — pensava ele — por ser de origem nobre, pois, ninguém mais teria a possibilidade de provar, através de documentos públicos, que ele descendia de patriarcas ou [de prosélitos e][57] daqueles que se chamam *geiôrai*[58], os mestiços".

52. b. *Ket.* 62ᵇ; ver *infra*, p. 380.
53. Ed. Reichardt, 61.
54. *Hist. eccl.* I 7, 13.
55. Em vez de *os Achiór,* T E R M D lêem *héos Achiór,* "até Aquior".
56. Para os *epímiktoi,* cf. a LXX em Ex 12,38 e Nm 11,4.
57. Com E. Schwartz e W. Reichardt convém considerar *proselútous te* e *toús epímiktous* como glosas anteriores a Eusébio. Foram ocasionadas pela palavra estrangeira *geiôrai* que um primeiro copista interpretou corretamente "prosélitos", e um segundo, erroneamente, "mestiços".
58. É o aramaico *giyyôra,* "prosélito", isto é, prosélito completo; cf. a LXX em Ex 12,19 e Is 14,1: *gióras.*

Merecerá crença tal narração? *A gruta do tesouro,* escrito siríaco cujo conteúdo remonta a 350 confirma que Herodes destruiu pelo fogo as genealogias [59]; mas *A gruta do tesouro* é baseada em Júlio, o Africano [60]. Em b. *Pes.* 62^b, conta-se: "Rammi bar Rab Yuda diz em nome de Rab († 247 d.C.): Desde o dia em que o livro das genealogias foi escondido, a força dos sábios declinou e seu olhar tornou-se turvo" [61]. Essa passagem não constitui uma prova, pois o contexto tanto antecedente quanto subseqüente mostra que Rashi [62] tinha razão ao ver neste "livro das genealogias" os livros bíblicos das Crônicas [63]. Essa passagem do Talmude babilônico refere-se, portanto, ao momento em que a interpretação tradicional [64] de 1Cr foi incluída nos elementos esotéricos [65] — *nignaz,* "ser ocul-

59. *A gruta do tesouro* (ed. C. Bezold, *Die Schatzhöhle aus dem syrischen Texte dreier unedirten Handschriften in's Deutsche ubersetzt,* Leipzig, 1883, 53) distingue três destruições pelo fogo: *a*) na época de Antíoco (IV Epífanes); *b*) lacuna no texto; segundo *O livro de Adão,* o etíope (*Das christliche Adambuch des Morgenlandes aus dem Äthiopischen mit Bemerkungen übersetzt* por A. Dillmann, Göttingen, 1853, 133), é preciso, talvez, completar: por ocasião da destruição de Jerusalém (?); "nos dias de Herodes, quando Jerusalém foi destruída".

60. A. Götze, *Die Schatzhöhle. Überlieferung und Quellen* (*Sitzungsberichte der Heidelberger Akademie der Wissenschaften, philos.-hist. Klasse* 13, fas. 4), Heidelberg, 1922, 80-85 e 91 mostrou que a cronologia da *A gruta do tesouro* repousa sobre a de Júlio, o Africano.

61. Há uma ligação entre b. *Pes.* 62^b e a informação de Júlio, o Africano, segundo M. Sachs, *Beiträge zur Sprach- und Alterthumsforschung aus jüdischen Quellen* II, Berlim, 1854, 155ss; F. Rosenthal, *Über 'issah,* em *MGWJ* 30 (1881), 118ss; Krauss, *Talm. Arch.,* II, 434, n. 91; G. Kittel, *Die genealogíai der Pastoralbriefe,* em *ZNW* 20 (1921), 52.

62. Ele considera nossa passagem como explicações orais do livro das Crônicas.

63. O elo entre b. *Pes.* 62^b e a informação de Júlio, o Africano, é contestada por L. Freund, "Über Genealogien und Familienreinheit", em *Festschrift Schwarz,* 173, n. 3, e 187ss. Freund, assim como L. Ginzberg, *MGWJ* 56 (1912), 665, n. 4 e L. Goldschmidt, *Der babylonische Talmud* II, Berlim, 1930, 496, n. 72, aproximaram os dados de b. *Pes.* 62^b aos das genealogias profanas. — Com razão, Strack, *Einleitung,* 12 e Billerbeck, I, 6 aí reconhecem os livros das Crônicas.

64. Cf. a penúltima n.

65. Ver *supra,* p. 325. — A explicação do "livro das genealogias" fazia parte dos elementos esotéricos dos escribas; é o que nos diz, explicitamente, b. *Pes.* 62^b: R. Yoḥanan († 279 d.C.) ousou mostrar a R. Simlai (cerca de 260) o "livro das genealogias".

to" é o termo técnico para dizer que certos elementos são afastados da tradição ensinada publicamente — e lamenta a confusão causada por essa medida nas tradições genealógicas.

A notícia de Júlio, o Africano, sobre a destruição pelo fogo das genealogias encontra-se isolada. É verdade que não se pode com certeza atribuir uma excessiva importância ao silêncio de Josefo. Esse silêncio sobre uma redução a cinzas das genealogias ordenada por Herodes pode-se explicar pelo fato de Josefo, em sua história do reino, seguir amplamente Nicolau de Damasco, historiógrafo da corte e panegirista do rei. Herodes teria sido totalmente capaz de semelhante destruição; sabemos, com certeza, que ele procurou esconder sua origem [66]. Além do mais, ao destruir os documentos genealógicos, teria podido refrear a esperança messiânica ligada à família davídica, esperança que continuamente ameaçava sua autoridade soberana.

Se, entretanto, não conseguimos aqui nos desvencilhar do domínio das possibilidades, outra observação leva-nos mais longe. Segundo Júlio, o Africano, encontravam-se registrados nos arquivos, primeiramente as famílias hebréias, depois, as prosélitas. A prescrição do *Doc. Dam.* concorda totalmente com essa indicação; seria preciso registrar os membros da comunidade da nova aliança da seguinte maneira: "Todos devem ser inscritos pelo seu nome, um após o outro, primeiramente os sacerdotes, depois os levitas, os israelitas em terceiro lugar, e os prosélitos em quarto" [67]. Também aqui temos em primeiro lugar a inscrição das famílias israelitas e, em seguida, a dos prosélitos. Podemos deduzir que esse registro feito na comunidade de Damasco vem a ser uma reprodução; tal inferência impede considerar fábula a notícia de Júlio, segundo a qual havia nos arquivos algumas listas genealógicas semelhantes àquelas de que fala. (Segundo Rufino tratar-se-ia dos arquivos secretos do Templo) [68]. É preciso,

66. *Ant.* XIV 1, 3, § 9.
67. *Doc. Dam.* XIV 4-6.
68. Rufino em sua tradução latina de a *Hist. eccl.* de Eusébio, I 7 13 (*GCS* 9, 1, 61, linhas 3-4), observa a respeito da informação de

porém, prevenir-se para não tomar esse informe como uma situação geral da população[69]. É mais provável tratar-se de escritos referentes às tradições genealógicas. A menção dos mestiços saídos do Egito com os judeus, de Rute, a moabita, e de Aquior, o amonita conhecido através do livro de Judite, mostra que a lenda devia dar forte colorido ao conteúdo.

Nesse contexto encontramos ainda um dado de Josefo; infelizmente, seu valor é diminuído pela interpretação incerta da palavra-chave. Em seu *C. Ap.* I 6, § 29, Josefo fala do cuidado com que seu povo conserva os documentos públicos; diz ainda (I 7, § 30s): "Não nos contentamos em confiar, desde o começo, esse cuidado [o de organizar os documentos] a pessoas capacitadas e cheias de zelo pelo culto; tomaram-se ainda medidas para que a casta dos sacerdotes se mantivesse isenta de miscigenação e sem mácula. [31] Com efeito, aquele que participa do sacerdócio deve, para gerar, unir-se com uma mulher de sua própria nação e, sem considerar a fortuna ou outras distinções, fazer uma pesquisa sobre a família [da noiva], extraindo dos arquivos [é sem dúvida a boa lição][70] os ascendentes de seus pais e apresentando numerosas testemunhas"[71]. Se, pois, *ek tôn archeíon* é o conselho certo, as famílias leigas da época, no dizer de Josefo, encontravam nos arquivos os elementos básicos que lhes permitiam controlar sua origem de maneira irrefutável. Ainda aqui, podemos dar crédito a essa indicação, desde que não imaginemos que Josefo fale de um registro sistemático de todo o povo. Ele pensa muito mais nas genealogias de sa-

Júlio, o Africano: Quod per idem tempus omnes Hebraeorum generationes descriptae in archivis templi secretioribus habebantur.

69. O *Protoevangelho de Tiago* I 3 menciona um "registro das doze tribos"; não designa, de modo algum, um cômputo completo da população, mas, segundo parece 1Cr 1-9.

70. Em vez de *ek tôn archaíon* ("desde as antigas famílias"?), A. Gutschmid, *Kleine Schriften* IV, Leipzig, 1893, 398, propôs ler *ek tôn archeíon* "dos arquivos". Essa conjectura, cujo sentido se recomenda, apresenta menor dificuldade, visto que o texto dessa passagem repousa sobre um só ms., o *Laurentianus* plut. 69, God. 22, do século XI. É, pois, com razão, que Th. Reinach, *Flavius Josèphe, Contre Apion,* Paris, 1930 a introduziu no texto.

71. Ver o seguimento da citação *supra,* p. 295.

cerdotes[72] que se encontravam nos arquivos do Templo (contendo igualmente dados sobre as esposas dos sacerdotes[73] que tinham vindo, em parte, de famílias leigas); assim como das declarações de dívidas e outros documentos conservados nos arquivos[74], cujas indicações genealógicas podiam servir de base às famílias leigas, para formular a lista de seus antepassados.

Todo esse contexto garante, pois, para as famílias leigas, a existência de tradições genealógicas orais e escritas, de caráter privado e público. Ergue-se então uma pergunta: qual é o seu valor histórico?

B. VALOR HISTÓRICO DAS GENEALOGIAS DOS LEIGOS, PARTICULARMENTE AS DE MATEUS 1,1-17 E LUCAS 3,23-38

As genealogias das famílias de sacerdotes eram, em geral[75], autênticas e essa autenticidade garantida pelo menos para um ou dois séculos precedentes. É fato indubitável desde que se leve em conta a hereditariedade do sacerdócio estritamente mantida e do exame cuidadoso das genealogias, antes da consagração sacerdotal, assim como a distribuição do clero em linhagens e famílias sacerdotais[76]. Também é certo que os sacerdotes faziam pesquisas pré-nupciais sobre a pureza da família de suas futuras esposas, sobretudo se não eram de família sacerdotal[77]. O conjunto dessas informações exclui completamente qualquer idéia de que as tradições genealógicas das famílias leigas, das quais constatamos a existência (pp. 368s), sejam puras invenções.

72. Ver *supra*, p. 291ss.
73. 2Cr 31, 18; Josefo, *Vita* I, § 4.
74. *B. j.* II 17, 6, § 427.
75. Convém contar com algumas inexatidões no gênero daquelas indicadas *supra*, p. 292, n. 446.
76. *Supra*, 223s.
77. Ver as partes sobre a aristocracia sacerdotal legítima e ilegítima (*supra*, pp. 250-272) e sobre o caráter hereditário do sacerdócio (*supra*, pp. 291-302).

I

Na verdade, numa tradição que é, conforme se sustenta, genealógica, encontram-se, quando a ocasião se apresenta, jogos de palavras destituídos de qualquer valor, levando à conclusões genealógicas a partir da significação dos nomes, segundo a etimologia popular. Trata-se do seguinte texto [78]:

"R. Levi [cerca de 300 d.C.] diz: Encontrou-se em Jerusalém uma genealogia na qual se podia ler:

1. Hilel [cerca de 20 a.C.] descende de Davi;
2. Ben [a família] Yasaf [Yasa], de Asaf;
3. Ben [a família] Sisit ha-kassat [cerca de 70 d.C.], de Abner;
4. Ben [a família] Qobesin [Kobshin], de Acab;
5. Ben [a família] Kalba Shabua [cerca de 70 d.C.], de Caleb;
6. R. [a família] Yanar [cerca de 225 d.C.], de Eli;
7. Ben [79] [a família] Yehud [Yahn], de Séforis;
8. R. Hiyya Rabba [cerca de 200 d.C.], de Shefatia, filho de Abital [2Sm 3,4];
9. R. Yose bar Ḥalafta [cerca de 200 d.C.], de Ionadab ben Recab [2Rs 10,15];
10. R. Nehemia [cerca de 150 d.C.], de Neemias, o *tiršata* [Nm 8,9]".

Uma dupla observação é suficiente para caracterizar esta lista: *a*) supõe-se que tenha sido encontrada em Jerusalém, onde veio a lume no século III de nossa era — R. Yanai (6) exercia suas atividades pelo ano 225 aproximadamente. Ora, após a guerra de Bar-Kokba (132-135[6]), Jerusalém tornou-se colônia romana, *Aelia capitolina*, e a entrada na Cidade santa foi proibida aos judeus sob pena de morte [80]. Podiam entrar na cidade apenas em 9 ab, dia do aniversário da tomada de Jerusalém,

78. j. *Ta'an.* IV 2m 68ª 45ss (IV/1, 180); *Gn. R.* 98, 13 sobre 49, 10 (211ᵇ 12ss). j. *Ta'an.* dá a mais antiga tradição, porque apenas este texto conserva o jogo de palavras Yaṣaph-Asaph. Algumas variantes importantes da tradição paralela em *Gn. R.* são indicadas entre colchetes; a ordem é diferente em *Gn. R.*

79. É assim que se deve ler, em vez de *min.*

80. Ver meu *Golgotha,* Leipzig, 1926, 19s.

para fazerem suas lamentações nos lugares santos [81]. *b*) Os dados genealógicos dos nn. 2 e 5 resultam de um jogo de palavras; a indicação do n. 10 provém de uma identidade de nomes; a do n. 1 aparecerá um pouco adiante [82] como uma falsificação histórica.

Por conseguinte, essa genealogia que se julga ter sido encontrada em Jerusalém, é uma produção fantasista [83] que surgiu em Séforis pelo ano 250 de nossa era [84]. É igualmente impossível salvar os cinco primeiros membros [85] na hipótese de uma lista encontrada em Jerusalém antes de 70 d.C. e completada mais tarde [86]. Naturalmente os dados genealógicos do Antigo Testamento favoreciam amplamente semelhantes deduções genealógicas, graças a jogos de palavras e significado dos nomes [87].

Esse conhecimento não prova que todas as tradições genealógicas sejam destituídas de valor histórico; incita-nos, porém, à prudência e a um exame crítico das tradições. Por exemplo, devemos aceitar com certa reserva as informações genealógicas de Tb 1,1; Jd 8,1; Est 2,5. Fazem parte, ao que parece, do estilo desses romances históricos.

II

Em dois casos possuímos elementos que nos permitem fazer um exame crítico dos dados genealógicos do Talmude, relativos a famílias leigas. No primeiro caso, trata-se de R. Eleazar ben Sadoc, escriba hierosilomita

81. Orígenes, *In Librum Jesu Nave* XVII 1; *Itin. Burdigalense* 591 (ed. P. Geyer, *Itinera hierosolymitana saeculi IIII-VIII, CSEL* 39, 1898, 22); Jerônimo, *In Soph.* I 15ss; Schürer, I, 703s; meu *Golgotha,* 20, n. 13.

82. Ver *infra,* pp. 382-386.

83. I. Levi, *L'Origine davidique de Hillel,* em *REJ* 31 (1895), 209ss.

84. Demonstração de A. Büchler, *Priester,* 42.

85. Foi somente no século III que se afirmou a origem davídica dos hilelitas, ver *infra,* p. 384.

86. Contra Büchler, *Priester,* 42.

87. G. Kittel dá algumas provas em *Die genealogiai der Pastoralbriefe, ZNW* 20 (1921), 59-67; ver também b. *Pes.* 4.

em atividade antes da destruição da cidade [88]. Eleazar afirma descender dos filhos de Senaab (*sic!* Em Esd 2,35; Ne 3,3;7,38; *Ta'an* IV 5: Senaa), da tribo de Benjamim, uma das famílias que teve o privilégio de trazer lenha para o Templo [89]. Conta ele que o 10 ab, dia festivo em que essa família devia trazer a lenha [90], coincidiu, certo ano, com o aniversário da destruição de Jerusalém, o 9 ab, adiado naquela vez, para o 10. Naquele ano, com efeito, o 9 ab caiu num sábado e quiseram evitar fazer do sábado um dia de luto em Jerusalém [91].

Como se vê, trata-se de dados tão concretos que é impossível duvidar da pertença de R. Eleazar ben Sadoc a uma família de benjaminitas de alta classe. Diante disso encontramos a indicação segundo a qual seu pai, R. Sadoc, era de origem pontifícia [92], isto é, de origem pontifícia legítima, como sadoquita [93]. Poderíamos ser tentados a tomar esse último dado por uma conclusão genealógica sem valor, extraída de seu nome, Sadoc. Mas é impossível: um relato digno de fé, amplamente confirmado [94] conta-nos que um dia, por ocasião de um assassínio no Templo, R. Sadoc dirigiu aos sacerdotes e ao povo, do vestíbulo do Templo, um enérgico apelo à penitência. Um leigo não teria podido penetrar naquele recinto; conseqüentemente, podemos ter certeza de que R. Sadoc era sacerdote. Essas duas informações sobre a origem de Eleazar contêm elementos absolutamente autênticos. É, pois, bem provável

88. Quanto às datas, ver a exposição detalhada supra, p. 201. Ele era ainda muito jovem durante o reinado de Agripa I (41-44 d.C.); durante a fome que grassou no reinado de Cláudio (47-49, ver meu artigo *Sabbathjahr* em *ZNW* 27 [1928], 98-103), já era um discípulo de R. Yohanan, filho da hauranita. Nasceu, pois, no fim dos anos 30-40.

89. Ver *supra,* 308s.

90. *Ta'an.* IV 5.

91. b. *Ta'an.* 12ª; b. *'Er.* 41ª; j. *Ta'an.* IV 6, 68ᵇ 44 (IV/1, 195); j. *Meg.* I 6, 70ᶜ 13 (não traduzido em IV/1, 205 que remete ao par. IV/1, 195). Sobre este ponto, ver J. N. Epstein, *Die Zeiten des Holzopfers,* em *MGWJ* 78 (1934), 97-103; ele conclui que esta passagem (em oposição a *Ta'an.* IV 5) considera o 9 ab como o dia em que a família Senaa entregava a lenha.

92. *ARN* rec. A cap. 16, 63ª 25.

93. Ver *supra,* p. 265, n. 300.

94. Tos. *Yoma* I 12 (181, 20); Tos. *Shebu.* I 4 (446, 6); *Sifre* Nm 35, 34, § 161 (28ᶜ III, 18); j. *Yoma* II 2, 39ᵈ 13 (III/2, 179 bar.; b. *Yoma* 23ª bar.

que os tosafistas [95] tivessem razão ao concluir que Eleazar ben Sadoc pertencia à família benjaminita pelo lado materno. Essa conclusão torna-se ainda mais esclarecedora pelo fato de Eleazar mencionar sua origem benjaminita não relacionando-a com uma afirmação genealógica e sem intenção especial, por ocasião de informações acerca da celebração do 10 ab. Não temos, portanto, como rejeitar os dados relativos à sua origem.

O segundo caso diz respeito à origem do patriarca palestinense R. Yuda I (135 até depois de 200), descendendo de Hilel [96]. Existem informações contraditórias quanto à sua origem [97]: 1º, do lado paterno ele provém da tribo de Benjamim, e, da tribo de Judá [98], somente do lado materno. 2º, oriundo da tribo de Judá [99], isto é, de Davi [100]. 3º Outra tradição acrescenta que ele descende de Safatias, filho de Davi e de Abital (2Sm 3,4) [101]. Há pois, completa contradição; na realidade, o caso é absolutamente claro.

1. Yuda I diz que o exiliarca babilônio Rab Huna é de origem mais ilustre do que ele [102], pois Yuda é benjaminita e não pode descender da tribo de Judá senão pelo lado materno [103]. Esse testemunho autobiográfico é autêntico [104]. Com efeito, o patriarca aqui se coloca abaixo dos exiliarcas; por outro lado, não se pode pôr em dúvida a

95. *Tosafot* sobre *'Er.* 41ª. Mesma conclusão em Billerbeck, I, 5; V. Aptowitzer, em *HUCA* 4 (1927), 238; S. Klein *Zur jüdischen Altertumskunde,* em *MGWJ* 77 (1933), 192.

96. Não é absolutamente comprovado que a família de Gamaliel descenda de Hilel, mas é provável.

97. Os textos citados nas quatro notas seguintes foram traduzidas em Billerbeck, I, 4-5.

98. j. *Kil.* IX 4, 32ᵇ 30 (II/1, 317); *Gn. R.* 33, 3 sobre 8, 1 (66ª 18s). Edição crítica em G. Dalman, *Aramäische Dialektproben,* 2ª ed., Leipzig, 1927 (reimpressa Darmstadt, 1960) 27s.

99. b. *Sanh.* 5ª; b. *Hor.* 11ᵇ bar.

100. R. Yuda I davídida; b. *Shab.* 56ª. Hilel davídida: j. *Ta'an.* IV 2, 68ª 46 (V/1, 180) e par., ver *supra,* p. 380.

101. b. *Ket.* 62ᵇ, ver *supra,* p. 375.

102. Ele era provavelmente davídida, ver *supra,* p. 370.

103. Ver *supra,* p. 383, n. 98.

104. I. Levi, *L'origine davidique de Hilel,* em *REJ* 31 (1885), 209ss, apresentou a demonstração convincente. Insiste, antes de tudo, no fato de a afirmação da origem davídica da família de Hilel não se encontrar antes de 200 d.C.

informação segundo a qual a família de R. Yuda I possuía anotações genealógicas [105].

2. Mas, como o próprio texto indica, era penoso para R. Yuda I ouvir lembrar que o exiliarca babilônio pertencia à família mais nobre do que a sua [106]. Logo depois do testemunho autobiográfico de R. Yuda, conta-se o seguinte: "Certo dia, R. Hiyya, o Ancião [descendente de Davi [107] e que queria fazer com que R. Yuda I tomasse consciência da inferioridade de sua origem], entrou em casa dele e disse-lhe: Rab Huna [o exiliarca de então, parente de R. Hiyya] [108], está lá fora. — Rabi [Yuda I] empalideceu. Ele [Rabi Hiyya] diz-lhe: Trouxeram seu esquife" [109]. O incidente teve como conseqüência o degredo de R. Hiyya por trinta dias e a ruptura temporária entre os dois homens.

O fato fornece a chave dos dados contraditórios sobre a origem de R. Yuda I. Para não mostrar a família dos patriarcas palestinenses como inferior a dos exiliarcas babilônios, a tradição, pela primeira vez em b. *Sanh.* 56ª onde é transmitida por Rab († 247), discípulo de R. Yuda e sobrinho de R. Hiyya, atribuiu uma origem davídica a R. Yuda I. A conclusão pareceu muito possível visto o patriarca ser, com efeito, descendente da tribo de Judá, se bem que somente do lado materno.

O motivo dessa falsificação histórica é especialmente clara em b. *Sanh.* 5ª (bar.) [110], baraíta já conhecido de Orígenes [111], onde Gn 49,10 *a* "o cetro não será tirado de Judá" é aplicado aos exilarcas, e 49,10 *b*: "nem o príncipe de sua descendência" aos patriarcas palestinenses. Conforme nos demonstra essa passagem do Talmude, não

105. b. *Ket.* 62ᵇ. Ainda Josefo; *Vita* 38, § 191: R. Shimeon ben Gamaliel I (o bisavô de R. Yuda I) descendia de uma "família muito ilustre", portanto, de uma família que tinha uma garantida tradição genealógica.

106. Cf. também b. *Hor.* 11ᵇ.

107. Ver *supra,* p. 370.

108. *Ibid.*

109. j. *Kil.* IX 4, 32ᵇ 31 (II/1, 317) e par. (ver esses par. *supra,* p. 380, n. 80.

110. Cf. b. *Hor.* 11ᵇ; b. *Sanh.* 38ª.

111. Cf. *supra,* p. 370, n. 17.

é apenas "socialmente" que se deseja colocar os patriarcas no mesmo nível dos exiliarcas; querem atribuir-lhes, do mesmo modo que aos exiliarcas, uma participação na promessa de Gn 49,10 e assim, possivelmente, uma pretensão legítima ao domínio messiânico. Muito esclarecedor o fato de o baraíta não estabelecer uma igualdade total entre os dois; o escrito exprime claramente a superioridade dos exiliarcas que "reinam sobre Israel com seu cetro", em relação aos patriarcas que "têm o poder de ensinar publicamente em Israel". Para reforçar a falsificação histórica, a tradição palestinense, no século III de nossa era [112], a transferiu para Hilel, o antepassado de R. Yuda I, colocando sobre ele o sinal de descendente de Davi.

3. Paralelamente à idéia de relacionar patriarcas e exiliarcas, a comparação de R. Yuda com R. Hiyya, o Ancião, foi determinante no processo da tradição. Pareceu intolerável que R. Hiyya fosse de origem mais ilustre do que o patriarca pertencente à tribo de Benjamim. Saíram dignamente do cenário, dando um passo a mais; não somente fizeram de R. Yuda I um davídico, mas transferiram, pura e simplesmente para ele, a genealogia de R. Hiyya [113] e tornaram o patriarca um descendente de Safatias, filho de Davi e de Abital. Quanto a R. Hiyya, ficou sendo descendente, não de Davi, mas de um ramo colateral da família real; Shimea, irmão de Davi, conforme dizem, foi seu antepassado [114].

Essas constatações são particularmente instrutivas, não pelo fato de termos aí um caso onde se tentou, durante o século III de nossa era, uma falsificação histórica para a maior glória da família dos patriarcas palestinos, mas porque a verdadeira tradição não foi suprimida. Todos os esforços para provar a origem davídica da família de Hilel não puderam impedir que continuasse conhecida a sua

112. A testemunha mais antiga é R. Levi (cerca de 300 d.C.): j. *Ta'an,* IV 2, 68ª 45ss (IV/1, 180). Ver o texto *supra,* p. 380.

113. Supondo que essa seja dada com exatidão em j. *Ta'an.* IV 2, 68ª 48 (IV/1, 180), ver *supra,* p. 380.

114. b. *Ket.* 62ᵇ.

origem benjaminita. Os elementos da tradição genealógica eram sólidos demais para poderem ser sumariamente suprimidos pelas falsificações.

O fato de os círculos de doutores transmitirem as tradições sobre a legitimidade ou ilegitimidade de certas famílias contribuiu essencialmente para essa solidez da tradição genealógica.

A força foi dada a essas tradições pelo rigor — acima descrito (pp. 299-302) com que os sacerdotes se esforçavam em conservar sua classe pura de elementos ilegítimos ou de descendentes de sacerdotes cuja legitimidade de origem era duvidosa. Esses esforços levaram os sacerdotes a manterem firmemente a tradição para saber quais famílias de sacerdotes eram legítimas e quais eram duvidosas (as chamadas famílias *'îssah*) [115]. Por outro lado, em muitos casos, os escribas não aprovavam a severidade e os pontos de vista do clero; foram assim levados a conservar tradições sobre famílias que os sacerdotes erroneamente declararam ilegítimas ou legítimas.

Uma tradição de Rabban Yoḥanan ben Zakkai († cerca de 80 d.C.), evidentemente do tempo em que o Templo existia, narra: "Uma família de nome Bet Serifa vivia na Transjordânia; ben Sion afastou-a compulsoriamente [declarou-a ilegítima]. Outra família então aí vivia; ben Sion do mesmo modo a aproximou [declarou-a legítima]" [116]. Podemos supor tratar-se de famílias sacerdotais e que as decisões tomadas por ben Sion e não aprovadas pelos escribas [117] foram julgamentos pronunciados pelo tribunal de sacerdotes já mencionado (pp. 245s). Que posição assumiam os escribas em semelhantes casos? A continuação do texto na Tosefta no-lo mostra [118]: "E os doutores não quiseram revelar publicamente o caso; eles os [os nomes das famílias erroneamente declaradas legítimas]

115. Ver *supra*, p. 301, especialmente n. 507 e ss.

116. *'Ed.* VIII 7; *'Ed.* III 4 (459, 30); j. *Yeb.* VIII 3, 9^{d} 8 (IV/2, 124); j. *Qid.* IV 1, 65^{c} 51 (não traduzido em V/2, 281 que remete ao par. IV/2, 124); b. *Qid.* 71ª bar.

117. Este Rabban Yoḥanan ben Zakkai a quem remonta nossa tradição queixou-se do rigor dos sacerdotes, ver *supra*, p. 301.

118. Tos. *'Ed.* III 4 (459, 31); j. *Qid.* IV 1, 65^{c} 53 (não traduzido em V/2, 281 que remete ao par. IV/2, 124).

transmitiram a seus filhos e a seus discípulos uma única vez em sete anos [em segredo] "[119].

Com o tempo, tais tradições, apresentadas através da explicação dos dados genealógicos do 1º livro das Crônicas, assumiram tal importância[120] que se temeu pudessem ser desacreditadas em público as famílias dos notáveis, caso fosse divulgada alguma desonra em sua origem[121]. Decidiu-se[122], então — não sabemos quando, mas certamente antes da época de R. Yoḥanan (199 aproximadamente-279)[123] — proibir a interpretação pública de 1º livro das Crônicas e colocá-lo entre os elementos da tradição esotérica[124].

Eis, portanto, o que constatamos nessa segunda parte: há, sem dúvida, falsificações históricas nas genealogias, mas não se podem construir genealogias imaginárias, ao bel-prazer, pois existem meios de controle. Encontramos assim uma regra para julgar as genealogias neotestamen-

119. Cf. b. *Qid.* 71ª bar.: "Havia ainda outra [família compulsoriamente declarada legítima, Rashi *In loco*] e os doutores não quiseram denunciá-la publicamente, mas os doutores o [seu nome] revelaram a seus filhos e discípulos uma vez em sete anos". Exemplos de uma tradição esotérica a respeito de famílias ilegítimas em b. *Qid.* 70ᵇ.

120. Sobre a amplidão das tradições genealógicas, cf. b. *Pes.* 62ᵇ citado *supra,* p. 373.

121. b. *Qid.* 71ª par. j. *Qid.* IV 1, 65ᶜ 54 [não traduzido em V/2, 281 que remete ao par. IV/2, 124]; j. *Yeb.* VIII 3, 9ᵈ 11 [IV/2, 124]: "R. Yoḥanan († 279) diz: "Pelo Templo! nós sabemos de que família se trata [tratara-se antes de sua ilegitimidade], mas que posso fazer? Como podeis ver, os grandes do século estão unidos a ela". *Ibid.*: "Nos dias de R. Pinḥas (b. Ḥama, cerca de 360 d.C.), procurava-se considerar Babilônia 'massa', [*'îssah* designação de origem duvidosa, ver *supra,* p. 301] em comparação com a Palestina. Ele [Piḥas, que queria impedi-lo], disse a seus servos: 'Assim que eu tiver pronunciado duas sentenças na Escola, retirem-me na minha liteira, o mais depressa possível'! — Ele expôs seu pensamento: 1. 'O estrangulamento ritual das aves não está prescrito na Torá'. Enquanto os ouvintes sentados refletiam sobre o pronunciamento, ele continuou: 2. 'Todos os países são uma massa em relação à Palestina, e a Palestina é a massa em relação à Babilônia'. Eles [os servos] ergueram a liteira e saíram a correr. Os [ouvintes] o perseguiram, mas não conseguiram alcançá-lo. Sentaram-se de novo para examinar melhor [as tradições genealógicas] até chegarem ao perigo [de descobrir origens impuras]. Separaram-se então". Cf. Billerbeck, I, 1.

122. b. *Pes.* 62ᵇ, ver *supra,* pp. 376 e 325.

123. b. *Pes.* 62ᵇ, cf. a queixa deste doutor citado na antepenúltima nota.

124. Sobre esses elementos esotéricos, ver *supra,* pp. 323-326.

tárias de Jesus, a única que, fora dos documentos do próprio Novo Testamento, está a nossa disposição.

III

Qual o valor histórico das *genealogias de Jesus?* Mt (1,1-17) e Lc (3,23-38) transmitem cada um a sua. Ambas[125] dão os antepassados do carpinteiro José, e ambas querem mostrar a sua origem davídica.

Devemos aceitar essa afirmação da origem davídica de José. Poderíamos supor, sem dúvida, que, mais tarde, baseando-se no caráter messiânico de Jesus, ter-se-ia feito de José um descendente de Davi. Mas há, contra essa hipótese, o testemunho unânime do Novo Testamento[126], segundo o qual Jesus pertencia àquela linhagem; em seguida, as informações de Hegésipo que escreve por volta de 180, explorando a tradição palestinense: os netos de Judas, irmão do Senhor, foram denunciados a Domiciano como descendentes de Davi e reconheceram, durante o interrogatório, sua origem davídica[127]. Do mesmo modo, Simeão, primo de Jesus e sucessor de Tiago na chefia da comunidade de Jerusalém, foi denunciado como de origem davídica e messias, e depois crucificado[128]. Júlio, o Africano, confirma que os pais de Jesus se vangloriavam da sua origem davídica[129]. A essas diferentes informações acresce o fato de não podermos encontrar entre os judeus

125. As antigas e modernas tentativas para ver numa dessas duas genealogias a de Maria não obtiveram resultado.

126. Rm 1,3; 2Tm 2,8; Hb 7,14; Mt 1,1-17,20; Lc 1,27-32; 2,4;3, 23-38; At 2,25-31;13,23.34-37;15,16; Ap 5,5;22,16; cf. 3,7. Além do mais, é preciso citar aqui o título de "filho de Davi" dado a Jesus (Mc 10,47-48 e par.; Mt 9,27;15,22;21,9.15; cf. Mc 11,10; Mt 12,23. Sem dúvida, é, antes de tudo, um título messiânico, mas afirma ao mesmo tempo a origem davídica (G. Dalman, *Die Worte Jesu* I, 2ª ed., Leipzig, 1930, 262). — Em Mc 12,35-37 e par. Jesus luta contra o ideal messiânico político, invocando o Sl 110; este discurso de controvérsia não significa de modo algum que Jesus tenha renegado sua origem davídica.

127. Eusébio, *Hist. eccl.* III 19-20, 1-6.

128. *Ibid.* III 32, 3-6.

129. W. Reichardt, *Die Briefe des S. J. Africanus an Aristides und Origenes,* Leipzig, 1909: *Carta a Aristides,* 61, linhas 20s.

do tempo de Jesus e dos apóstolos, qualquer contestação sobre a origem davídica de Jesus [130]. Ora, para contestar o caráter messiânico de Jesus, a polêmica judaica dificilmente teria deixado escapar este argumento que podia exercer forte influência sobre o povo.

Todavia, as duas genealogias de Jesus diferem completamente uma da outra. De Abraão a Davi, elas se equiparam, porque ambas acompanham o Antigo Testamento (Rt 4,12.18-22; 1Cr 2,1-14). A seguir, aparecem as diferenças: 1º Mt continua a genealogia por Salomão, Lc por Natã, filho de Davi. 2º De maneira admirável, as listas estão de acordo no momento do exílio de Babilônia quanto ao nome de Salatiel, mas atribuem-lhe pais diferentes (Mt 1,12: Jeconias [cf. 1Cr 3,17] [131]; Lc 3,27: Neri). 3º A partir de Zorobabel, que as duas listas indicam como filho de Salatiel [132], divergem, de novo, totalmente. Continuam por dois filhos diferentes de Zorobabel (Mt 1,13; Abiud; Lc 3,27: Ressa). 4º As listas só se encontram novamente no momento de citar o carpinteiro José [133]; divergem, pois, desde já quanto ao avô de Jesus: chama-se Jacó segundo Mt 1,16, Eli, segundo Lc 3,23.

Fracassaram as numerosas tentativas — a começar por Júlio, o Africano — para harmonizar as listas genealógicas tão totalmente diferentes uma da outra. Muitas ve-

130. A polêmica levantada pelos judeus incrédulos em Jo 7,42 dirige-se contra Jesus, enquanto galileu. Davi é mencionado pura e simplesmente para reforçar que o Messias virá de Belém. — Ulla (cerca de 280 d.C.) diz que Jesus estava "próximo do reino" (*qarôb lᵉmalkut,*) b. *Sanh.* 43ª. Há grande propensão em ver aí um reconhecimento, pelo Talmude, da filiação davídica de Jesus (Derenbourg, *Essai,* 349; F. Delitzch, *Jesus und Hillel,* Francfort-sur-le Main, 1875, 13; S. Krauss, *Das Leben Jesu nach jüdischen Quellen,* Berlim, 1902, 205, e *passim*). Mas H. L. Strack, *Jesus, die Häretiker und die Christen,* Leipzig, 1910, 18*, n. 8 ergueu-se, com razão, contra esta interpretação, remetendo a b. *B. Q.* 83ª: em ambos os casos, estar "próximo do reino" significa "ter relações com o governo pagão".

131. Com razão, Mt interpretou ou colocou o artigo diante de *'assîr* (1Cr 3,17); compreendeu, pois, esse termo, como um atributo de Jeconias ("o prisioneiro") e não como nome próprio, assim como o fazem, erroneamente, a Massora e a Setenta.

132. Mt 1,12; Lc 3,27.

133. É possível que eles já se encontrem quanto ao avô de José (Mt 1,15-16: Matã-Jacó-José; Lc 3,23-24; Matat-Heli-José), cf. K. H. Rengstorf, *Das Evangelium nach Lukas* 10ª ed., Göttingen, 1965, 60. Mas não é certo que o nome de Matat seja originário em Lc; ver *infra,* p. 391.

zes os historiadores foram levados a considerar essas duas listas como invenções sem valor. O curso de nossa pesquisa não justifica tal ceticismo, mas impõe-nos o dever de examinar se uma das listas não é preferível à outra.

Uma comparação entre ambas, do ponto de vista da autenticidade, dá-nos os seguintes resultados:

1. Em 1,17 Mt diz, explicitamente, que sua lista se divide em 3 × 14 nomes. Esses números têm uma significação simbólica; há uma gematria (atribuição de valores numéricos às letras), baseada no fato de o nome Davi ter, em hebraico, o valor 4 + 6 + 4 = 14. Em Jesus se perfaz, pela terceira e última vez, o número de Davi [134].

Lc, segundo o texto de ℵ L T sa. bo., dá 77 nomes, incluindo o de Jesus. Pode ser que se fundamente num simbolismo dos números semelhante àquele que expusemos na nota 134, isto é, uma divisão da história do mundo em 12 períodos [135]: Jesus situa-se no fim da décima primeira semana do mundo, à qual segue a semana messiânica [136]. Entretanto, essa hipótese só muito dificilmente se justifica. Primeiramente, é preciso observar que a tradição textual não é uniforme: B N U e outros manuscritos

134. Pode ser que haja outro sentido simbólico na origem de Mt 1,17. Como podemos ver em I *Enoc* XCIII 1-10, 12-17, já na primeira metade do século II antes de nossa era, dividia-se a história do mundo da criação ao fim dos tempos, em dez semanas de sete gerações cada uma. Baseando-se nas listas de famílias no Gênesis, segundo as quais Abraão pertencia à vigésima geração humana desde a criação, punham-se as três primeiras semanas por conta do período pré-israelita da humanidade (I *Enoc* XCIII 3-5). Restavam, pois, sete semanas para a história israelita; a última semana compreendia o período messiânico (XCI 15-17). Se Mt 1-17 pensou nesse esquema, a divisão da história humana, de Abraão a Jesus, em 3 × 14 gerações queria dizer que a sexta das sete semanas cósmicas da história israelita termina com Jesus; a semana cósmica messiânica segue-a como sétima e última semana. Billerbeck, J., 44s., e com maior segurança, K. Bornhäuser, *Die Geburts- und Kindheitsgeschichte Jesu,* Gütersloh, 1930, 16ss, conservam essa possibilidade. Concede-se a possibilidade de uma alusão a este esquema, mas então nos perguntamos por que Mt 1,17 não exprime, mais claramente, essa alusão.

135. *Baruc siríaco LIII-LXXII,* tradução latina e árabe de 4 Esd. XIV 11; cf. *Apocalipse de Abraão* XXIX; Billerbeck, IV, 986s.

136. K. Bornhäuser, *o. c.*, 22; Ch. Kaplan, "Some New Testament Problems in the Light of the Rabbinics and the Pseudepigrapha", em *Bibliotheca sacra*, Dallas, 87 (1930), 465-471; K. H. Rengstorf, *o. c.* 61.

dão somente 76 nomes; sy.[sin.] contém 73 [137]; Irineu *Adv. Haer.* III 22, 3 apresentava apenas 72. É, porém, muito provável que no texto corrente de 77 nomes, os nomes seguintes não sejam originais: Lc 3,27 Ressa (originariamente não nome próprio, mas atributo de Zorobabel [= o príncipe] [138]; v. 31 Meléia ou Mená (ditografia) [139]; v. 33 Aminadab (falta, com razão, em B e sy.[sin.]; um glosador acrescentou esse nome, apoiando-se na LXX de 1Cr 2,10 e em Rute 4,19-20; não percebeu que, em Lc 3,33, o nome seguinte, Admin, outra coisa não era do que a forma abreviada de Aminadab) [140]. Além do mais, no v. 24, os nomes de Matatá e Levi são duvidosos, porque Júlio, o Africano [141] (e Irineu também, provavelmente) [142], nesse v. 24 não leu os dois nomes (voltando ao v. 29) [143]. Por conseguinte, na genealogia de Lc pode, de início, só ter constado 72 nomes. Duvida-se, sobretudo, de que Lc tenha feito a conta dos nomes. Em todo caso, se Lc dá um sentido simbólico ao número dos ancestrais de Jesus, seria de se esperar igualmente nele uma observação que correspondesse a Mt 1,17.

2. Mt acrescenta à sua genealogia os nomes de quatro mulheres (Mt 1,3 Tamar; 1,5 Raab e Rute; 1,6 Betsabéia), como tipos de Maria, na medida em que o poder de Deus se manifestou a elas [144]. Lc nada de semelhante apresenta.

3. Quanto à sua primeira parte, de Abraão a Zorobabel, Mt segue 1Cr [145]. Em contrapartida, a fonte de Lu-

137. Exatamente 72 mais uma lacuna, deixando lugar para um só nome.
138. Ver *infra,* p. 394.
139. A. Schlatter, *Das Evangelium des Lukas,* Stuttgart, 1931, 218.
140. Cf. G. Kuhn, *Die Geschlechtsregister Jesu bei Lukas und Matthäus nach ihrer Herkunft untersucht,* em *ZNW* 22 (1923), 217, n. 2.
141. Citado por Eusébio, *Hist. eccl.* I 7, 5.
142. Já que conta somente 72 nomes.
143. A. Schlater, *Das Evangelium des Lukas,* Stuttgart, 1931, 218.
144. Cf. E. Klostermann, *Das Matthäusevangelium,* 2ª ed., Tübingen, 1927, 2; A. Schlatter, *Der Evangelist Matthäus,* Stuttgart, 1929, 2s. — Opinião diferente em G. Kittel, art. *Thamar ktl* em *Theol. Wörterbuch zum N. T.* III (1938), 1s.
145. Ver *supra,* n. 48.

cas não reconhece ainda os livros das Crônicas [146] como Escritura sagrada [147]. Representa, portanto, uma forma mais antiga da tradição.

4. Um tríplice erro se insinuou em Mt ou em sua fonte. *a*) Na lista dos reis depois de Davi, em 1,8-9, Mt omite três nomes. Conforme demonstra a comparação seguinte, é certamente em conseqüência de um erro. Mt 1, 8-9: *Ioram* — *Ozias* — *Ioatham*. 1Cr 3,11-12: *Ioram* — *Ozias* (A V; *Ozeia* B; *Ochozia*[s] plurimi) — *Ioas* — *Amazias* — *Ozias* (recensão de Luciano; *Azarias* A; *Azaria* B) — *Ioatham* [148]. *b*) Por causa da semelhança dos nomes Joaquim e Joakim, o primeiro desses dois reis foi omitido [149] em Mt 1,11. *c*) Contrariamente ao que Mt 1,17 afirma, o terceiro grupo de nomes (Mt 1,12-16) contém 13 e não 14; Joakim é mencionado duas vezes, a primeira, acertadamente, como último membro do segundo grupo, e a outra, erroneamente, como último membro do terceiro grupo. Mt, ou sua fonte, não elaborou com precisão ou então deixou-se influenciar por dados inexatos sugeridos pelo esquema baseado no número 14.

5. Mt cita 12 nomes para o período que vai de Zorobabel (incluído) a Jesus (incluído). É uma cifra muito fraca para 600 anos, em números redondos (Zorobabel nasceu por volta de 570 a.C.) [150], dando a média de 50 anos por geração. A lista não terá sido abreviada pelo prazer do princípio do número 14? — Abrangendo o mesmo período, Lc, segundo o texto original (ver um pouco aci-

146. A canonização dos livros das Crônicas deu-se na Palestina entre 20 a.C. (*terminus post quem*) e 60 d.C. (*terminas ante quem*), cf. Schlatter, *Theologie* 131, n. 2.

147. Ver *infra*, p. 395 e a divergência total, estudada naquele lugar, das genealogias de Lc 3 e 1Cr 3.

148. O erro poderia remontar à forma semítica primitiva (que se deve supor, ver n. seguinte) da genealogia: no texto hebraico de 2Cr 22,6 (como na genealogia de Mt), 'Aḥazyahû e 'Azaryahû são igualmente confundidos (Ch. C. Torrey, *The Four Gospels*, Londres, 1933, 289). É mais provável, porém, que a admissão dos três nomes tenha-se dado na hora da tradução da genealogia para o grego.

149. Erro que remonta ao original semítico.

150. E. Sellin, *Geschichte des israelitisch-jüdischen Volkes* II, Leipzig, 1392, 89.

ma, no n. 1), cita 18 nomes, o que dá, para cada geração, o número, digno de fé, de 33 anos [151].

6. Mt, finalmente, — e essa observação é especialmente importante — remonta a genealogia de Jesus a Davi pelo ramo reinante dos davídidas (Salomão). Lc, de seu lado, por um ramo não reinante (Natã).

Todas essas observações levam a uma mesma conclusão: em relação a Mt, Lc apresenta uma tradição mais segura [152]. É pouco provável que a lista de Mt tenha sido pura e simplesmente inventada; na falta de elementos exatos, o primeiro evangelho serviu-se de dados de outra lista davídica.

Tais comentários não resolvem ainda a questão do valor absoluto da lista genealógica de Lc. Contamos, aqui, com dois pontos de apoio para a crítica: primeiramente, a diferença entre Lc e 1Cr; depois, uma pesquisa sobre os nomes da lista lucana.

A *diferença entre Lc e 1Cr* é tríplice: 1º segundo Lc, Zorobabel era filho de Salatiel (Lc 3,27), segundo o texto hebreu de 1Cr, filho de Fadaías (1Cr 3,19); 2º segundo Lc, Zorobabel descendia de Davi por Natã (Lc 3,27-31), segundo 1Cr por Salomão (1Cr 3,10-19); 3º Lc indica, como filho de Zorobabel um Ressa (Lc 3,27) que, em 1Cr 3,19-20 falta entre os filhos de Zorobabel. Se Lc difere de 1Cr, não quer dizer que tenha rejeitado — talvez por possuir elementos melhores — os dados de 1Cr; é antes porque o autor da genealogia de Lc (diversamente

151. Comparemos essa indicação com os números encontrados *supra,* p. 263s, a respeito dos sumos sacerdotes: segundo os cálculos de Josefo, temos, para cada geração uma duração média de 26 anos no período do primeiro Templo, de 27 anos e 6 meses no do segundo Templo até 168 a.C.

152. Isto hoje é amplamente reconhecido. K. Bornhäuser *Die Geburts- und Kindheitsgeschichte Jesu,* Gütersloh, 1930, 28 (enquanto a genealogia de Mt é determinada pelo ponto de vista da sucessão na família real, a genealogia de Lc repousa "no parentesco consangüíneo de seus membros"); A. Schlatter, *Das Evangelium des Lukas,* Stuttgart, 1931, 216 (a genealogia de Lc é preferível à de Mt por ser "mais comprovada"; Ch. C. Torrey, *The Four Gospels,* Londres, 1933, 305 (Lc inseriu uma genealogia "que ele considerava autêntica, contrariamente ao caráter muito artificial da de Mt"); K. H. Rengstorf, *Das Evangelium nach Lukas* (N. T. *Deutsch* 3), Göttingen, 1965, 62 (segue Bornhäuser).

de Mt que conhecia com certeza 1Cr) [153] não conheceu os livros das Crônicas [154] que, mesmo na Palestina, só foram aceitos, como canônicos, no correr do século I de nossa era [155].

Que dizer dessas diferenças? 1º Podemos verificar a primeira. Graças ao testemunho concorde de Ag 1,1.12.14; 2,2.23; Esd 3,2.8;5,2; Nm 12,1, ao qual se prende também a LXX A* B 1Cr 3,19; Josefo, *Ant.* XI 3,10, § 73; Mt 1,12 é absolutamente certo que Lc está com a razão, opondo-se a 1Cr: Zorobabel era filho de Salatiel [156]. Não prova, porém, que a genealogia de Lc seja autêntica; ele se contenta em seguir o testemunho dos livros que conhece. 2º Quanto à segunda diferença entre Lc e 1Cr um fato fala a favor de Lc: 1Cr descende Zorobabel do ramo davídico reinante [157], ao passo que Lc o faz descender de um ramo não reinante. Ora, em parte alguma do Antigo Testamento é dito que Zorobabel era, conforme afirma 1Cr 3,17-19, neto do rei Joakim levado em exílio. Teria 1Cr, erroneamente, considerado como neto do último rei, o restaurador do Templo sobre quem se concentrou durante algum tempo a esperança política, e à descendência do qual se prendeu ainda numa época tardia, a esperança messiânica [158]? 3º A terceira diferença é apenas aparente. Lc cita *Resá* como filho de Zorobabel, e *Ioanám* como filho de *Resá* (3,27). Assim, como já o constatara A. Hervey [159], Ressa nada mais é do que o aramaico *reša* = chefe, príncipe; primitivamente, essa palavra era atributo de Zorobabel [160]; assim sendo, *Ioanám* era citado como Filho

153. Ver *supra,* n. 48.
154. Th. Zahn, *Das Evangelium des Lukas 3-4,* Leipzig, 1920, 218.
155. Schlatter, *Theologie,* 131, n. 2: entre 20 a.C. e 60 d.C.
156. Após outros, E. Sellin, *Geschichte des israelitisch-jüdischen Volkes* II, Leipzig, 1932, 83s, mostrou a inexatidão da indicação de 1Cr 3,19 segundo a qual Zorobabel é filho de Pedaya.
157. Também Mt 1,1-17 que segue o Cronista.
158. Ver *Tanḥuma, tôledôt,* § 14, 48ᵇ 9s: "E de quem [de qual descendência] nascerá [o Messias]? De Zorobabel".
159. *The Genealogies of Christ,* Cambridge, 1853.
160. Entre os que seguiram Hervey, podemos citar entre outros A. Plummer, *The Gospel according to S. Luke,* 5ª ed., Edimburgo, 1922, *in loco;* Ch. C. Torrey, *The Four Gospels,* Londres, 1933, 306; F. Hauck, *Das Evangelium des Lukas,* Leipzig, 1934, 57.

de "Zorobabel, o príncipe" = Hananias, filho de Zorobabel, 1Cr 3,19. Somente a partir daqui é que Lc e 1Cr divergem: *Iodá* (Lc 3,26) não figura entre os filhos de Hananias (1Cr 3,21).

Em compensação, uma pesquisa sobre os nomes leva a julgar muito desfavoravelmente a parte pré-exílica. R. Fruin [161] mostrou que o costume de empregar os nomes dos pais das doze tribos como nomes de pessoas só se introduziu depois do exílio. Com efeito, quanto ao nome de José, as primeiras provas encontram-se em Esd 10,42; Nm 12,14; 1Cr 25,2.9; quanto ao nome de Judas, em Esd 3,9;10,23; Nm 11,9 e *passim;* quanto ao de Simão, em Esd 10,31. O nome de Levi, como nome próprio, só se encontra na época macabaica [162] e neotestamentária [163]. Quanto ao período real antigo, Lc cita, um após outro, os nomes de José, Judas, Simão, Levi, que teriam sido atribuídos aos descendentes de Davi, do sexto [164] ao nono; constatamos um anacronismo revelador de que a parte pré-exílica da genealogia de Lc não possui valor histórico.

É pouco provável dever-se estender esse juízo a toda a parte pós-exílica da genealogia de Lucas. Se pensarmos que essa genealogia lucana foi tida como superior à de Mt; se considerarmos depois o que constataremos mais adiante, quanto ao valor, no domínio civil e religioso da fidelidade à tradição a respeito da legitimidade de origem; se considerarmos que o carpinteiro José pertencia não somente a uma das famílias que tinha o privilégio de trazer a lenha para o altar *(supra,* p. 308), mas ainda a uma família real cuja tradição era cuidadosamente conservada,

161. "Oudchristelijke Studien", em *Nieuw Theologisch Tijdschrift* 20 (1931), 222. Cf. a observação de F. Delitzch, em Riehm, *Handwörterbuch des biblischen Altertums,* 2ª ed., I, Bielefeld-Leipzig, 1893, 919 *b;* R. de Vaux, *Binjamim-Minjamin,* em RB 45 (1936), 402.

162. Pseudo-Aristeu (redigido entre 1945 e 100 a.C., ver *supra,* 274, n. 349), § 48: *Levis.* Mesma forma do nome em 3 *Esd.* IX 14.

163. Mc 2,14 (par. Lc 5,27-29). Levi é ainda o nome do pai de dois contemporâneos de Josefo: o pai de João de Giscala (*B. j.* II 20, 6, § 575 e *passim*) e o pai de João de Tiberíades (*Vita* 26, § 131). No século I de nossa era, igualmente, o nome se encontra sobre um ossuário de Jerusalém (*CIJ* II, n. 1340).

164. *Toû Meleà toû Menná* (Lc 3,31) é, evidentemente, uma ditografia, e conta, pois, como um nome só.

como o demonstram provas garantidas; se, enfim, valorizarmos a conclusão obtida na p. 387 a respeito do valor das genealogias leigas contemporâneas, não hesitaremos em considerar possível que Lc, ou sua fonte, tenha conservado — pelo menos para as últimas gerações antes de José — elementos autênticos [165].

C. DIREITOS CÍVICOS DO CIDADÃO ISRAELITA

A comprovação da pureza de origem de uma família graças a tradições e notas genealógicas não tinha somente valor teórico; ela garantia à família em questão os direitos cívicos que os cidadãos israelitas possuíam. O privilégio mais importante exprimia-se na designação dos israelitas legítimos como aqueles *"que* [podem] *casar* [suas filhas] *com sacerdotes"* [166]. Somente mães israelitas de origem pura podiam dar à luz filhos dignos de exercerem o serviço do altar em Jerusalém [167]. Vemos, de novo o elo íntimo entre a estratificação social e a religião. Só faziam parte do Israel verdadeiro as famílias que conservassem a pureza de origem do povo, querida por Deus, tal qual Esdras a restabelecera pela sua reforma.

Todavia, o direito de contrair matrimônio com sacerdotes não era o privilégio único das famílias legítimas:

165. É a um resultado semelhante, embora por caminho totalmente diferente que chega G. Kuhn, *Die Geschlechtsregister Jesu*, em *ZNW* 22 (1923), 206-228, especialmente 209 e 222. — Kuhn remonta a antigos documentos "que passavam de uma geração a outra na família de Jesus" (p. 222) a lista de Lc 3,23-26 (de Jesus a Matatias) com a qual, a seu ver, concordava primitivamente a lista de Lc 3,29-31 (de Jesus a Matatias). Não posso aceitar a análise de Kuhn e as suas deduções por vezes ousadas (há entre outras dificuldades o fato de que Júlio, o Africano, segundo Eusébio *Hist. eccl.* I 7, 9-10.16, não interpretou os nomes de Matat e de Levi em Lc 3,24; seus principais pontos de apoio para a reconstrução da dupla lista conjecturada por Kuhn). Mas estou perfeitamente de acordo com ele quanto a apreciação positiva do início da genealogia de Lc.

166. *Qid.* IV 5; *Sanh.* IV 2; *'Ar.* II 4 e *passim.*

167. Ver *supra,* pp. 291 e 299. Sobre o exame das genealogias das noivas dos sacerdotes, *supra,* pp. 295-302.

todas as dignidades, todos os postos de confiança e todos os postos públicos importantes eram reservados aos cidadãos israelitas [168]. A prova da pureza de sua origem era exigida para se tornarem membros dos tribunais supremos [169], como o Sinédrio [170] ou um dos tribunais criminais de 23 membros [171] que, segundo a Mishna [172], tinham o direito de aplicar sentenças capitais. Uma fonte mais tardia [173] afirma que essa regra estendeu-se aos escrivães de justiça e aos introdutores dos tribunais. A prova de uma origem sem deslize era ainda exigida dos funcionários da comunidade [174] — convém lembrar, antes de tudo, do con-

168. A passagem mais importante, *Qid.* IV 5, assim se exprime: "Não se buscam [os ancestrais da esposa de um sacerdote ou de um levita músico], partindo do altar [se o pai da esposa é sacerdote em exercício, a legitimidade de sua origem está garantida], nem do estrado [dos levitas cantores], nem do Sinédrio. E todos aqueles cujos pais são conhecidos como servidores públicos e coletores de esmolas têm o direito de casar [suas filhas] com sacerdotes, sem que um exame de sua origem seja necessário".

169. Assim se explica também que b. *Shab.* 139ª possa falar de "famílias de juízes".

170. *Qid.* IV 5; b. *Qid.* 76ᵇ. Mesma coisa em *Hor.* I 4: prosélito, bastardo e escravo do Templo não podem fazer parte do tribunal (trata-se do Sinédrio [*Hor.* I 5]). — Tos. *Sanh.* IV 7 (421, 19s) constitui outra prova; eis o que se conta: o exemplar privado da Torá que o rei deve possuir, segundo Dt 17,18-19, e no qual ele deve fazer a leitura no Templo por ocasião de uma festa das Tendas que segue um ano sabático, foi corrigido pelo "tribunal dos sacerdotes, dos levitas e dos israelitas que podem casar [suas filhas] com sacerdotes". Em j. *Sanh.* II 7, 20ᶜ 48 (VI/1, 252) substitui-se por: "o tribunal dos dos 71". Somente os israelitas de origem pura podiam, pois, ser membros do Sinédrio.

171. *Sanh.* IV 2, cf. b. *Sanh.* 36ᵇ; b. *Qid.* 76ᵇ.

172. G. Allon, *Zur Erforschung der Halacha ei Philon,* em *Tarbis* 5 (5694 = 1933-1934), 28-36 e 241-246 defende o ponto de vista segundo o qual, conforme pensa Fílon, somente o Grande Sinédrio de Jerusalém podia pronunciar sentenças capitais.

173. j. *Qid.* IV 5, 65ᵈ 49 (V/2, 283).

174. *Qid.* IV 5; j. *Qid.* IV 5, 65ᵈ 48 (V/2, 283). É verdade que, segundo b. *Qid.* 76ᵇ, isso valia exclusivamente para Jerusalém. — Quando R. Shimeon ben Yosadaq (cerca de 225 d.C.) recomenda, b. *Yoma* 22ᵇ, não estabelecer como chefe da comunidade a não ser um homem que tem presa a si "uma cesta de répteis" (quer dizer, que tem máculas na série de seus antepassados), trata-se aí de um remédio radical contra a presunção; ao mesmo tempo, deve-se dar à comunidade, a oportunidade de se desembaraçar de seus chefes desagradáveis — o que significa que normalmente um pureza regulamentar da origem é a condição para ser chamado a essa função.

selho diretor local de sete membros das comunidades judaicas[175] — e dos homens de confiança, encarregados pela comunidade do cuidado das esmolas[176]. Em todos esses casos examinavam-se as genealogias antes de conferir um cargo. Chegou até nós uma única exceção e assim mesmo, duvidosa: os dois escribas célebres Shemaya e Abtalião (cerca de 50 a.C.), visto que o primeiro, certamente[177] membro do Sinédrio, descendia, assim dizem, de prosélitos[178].

Além do mais, Rabban Shimeon ben Gamaliel II (por volta de 140 d.C.) afirma que, em época anterior, os contratos de casamento das mulheres (de origem pura)[179], eram assinados unicamente por sacerdotes, levitas ou israelitas de origem pura[180]. Contrariamente aos hilelitas, os shamaítas só admitiam, dizem, em seus estabelecimentos de ensino, filhos de boas famílias[181]. Enfim, convém mencionar que os essênios inscreviam, de acordo com sua origem[182], os membros recém-chegados e atribuíam toda importância à ordem fixada segundo a origem[183].

Havia lugares da Palestina onde se desfrutava de determinada exclusividade e onde os privilégios dos israelitas legítimos erm ainda mais consideráveis do que os que constatamos até aqui. Eis o que se conta[184] de Séforis que foi, sem dúvida, a capital da Galiléia[185] no início do reino de Herodes Antipas: "R. Yose [por volta de 150 d.C.] disse: 'Mesmo aquele que foi reconhecido[186] [como

175 Sobre esse conselho, cf. Shürer, II, 224-226; Billerbeck, II, 641s e IV, 145. — *Sifre* Dt 17,15, § 157 (45ª 178, 46): "Não se estabelece como chefe da comunidade alguém 'que não seja teu irmão' [Dt 17,15]". Segundo b. *B. B.* 3ᵇ, esta expressão exclui o prosélito.

176 Qid. IV 5; j. Qid. IV 5, 65ᵈ 48 (V/2, 283); b. Pes. 49ᵇ bar.

177 *Ant.* XVI 9, 4, § 172-176; XV 1, 1, § 4. *Samaias* citado em *Ant.* XV 1, 1, § 4 é seguramente Shemaya e não Shammai (Schürer, II, 422-424; Schlatter, *Theologie,* 199, n. 1.

178 Ver *supra*, 319.

179 Este adendo encontra-se em j. *Sanh.* I 2, 19ᶜ 9 (VI/1, 240) bar.

180 Tos. *Sanh.* VII 1 (425, 1-2).

181 *ARN* rec. B. cap. 4, 14ᵇ 25.

182 *Doc. Dam.* XIV 3ss.

183 *Ibid.* XIV 6.

184 *Qid.* IV 5.

185 Schürer, II, 211 e n. 496.

186 Com os melhores mss. convém suprimir a palavra *'ed.*

membro] no antigo governo de Séforis [passa, sem outra exigência, por israelita de origem pura]'[187]. R. Hanania ben Antígona sentenciou: 'Mesmo aquele que foi recrutado para o campo do rei". Esse "campo do rei" é, sem dúvida, o mesmo que o "velho castelo de Séforis" mencionado noutra passagem[188]; temos, portanto, que procurá-lo também em Séforis[189]. Assim sendo, a informação de R. Hanania prende-se a um tempo em que havia naquele castelo uma tropa judaica[190] a serviço de um dos príncipes herodianos.

Infelizmente, estamos muito pouco informados para dizer até que ponto, sob os príncipes herodianos, os judeus prestavam seu serviço ao exército. Sabemos que a lei do sábado, proibindo qualquer ataque neste dia, limitava enormemente a utilização dos judeus no exército. Entretanto, sabemos também que Herodes, o Grande, instalou colonos militares judeus na Batanéia[191]. Por outro lado, o comandante do exército de Agripa I, cujo domínio compreendia Séforis, chamava-se Silas = Sh^{e}'îla[192]; esse nome leva a pensar que o comandante podia perfeitamente ser um judeu. Não é, pois, impossível que, em dado momento, sob Herodes, o Grande, Herodes Antipas[193] ou Herodes Agripa I, uma tropa judaica tenha sido aquartelada em Séforis, tropa em que os oficiais ou os graduados — é a esses que a indicação de R. Hanania poderá limitar-se — deviam dar prova de uma origem legítima. Em Séforis, a prova de uma descendência puramente israelita teria, pois, sido exigida não somente para se tornar magistrado, como era a regra numa cidade judaica, mas ainda para obter um posto na guarnição do lugar.

187. Schürer, II, 211, n. 495 deu a explicação exata da passagem.
188. *'Ar.* IX 6; Tos. *Shab.* XIII 9 (129, 27).
189. Büchler, *Priester,* 198, n. 2.
190. Guarnição pagã no castelo de Séforis: Tos. *Shab.* XIII 9 (129, 27).
191. *Ant.* XVII 1, 1-2, § 23-28.
192. *Ant.* XIX 6, 3, § 299; 7, 1, § 317ss. Josefo menciona quatro pessoas com este mesmo nome; todos são judeus.
193. J. Wellhausen, *Das Evangelium Matthaei,* Berlim, 1904, 35. "É possível que os soldados de Antipas sejam igualmente judeus".

Com Séforis na Galiléia [194] e Emaús-Nicópolis [195], é sobretudo Jerusalém a elogiada pelo zelo com que protegia os direitos dos israelitas de origem pura; e com justa razão [196]. Conta-se que na Cidade santa, todos os funcionários públicos gozavam dessa qualidade [197]. Segundo outra informação, as "pessoas de coração nobre em Jerusalém" não assinavam nenhum documento, não exerciam nenhuma função de juiz no tribunal e não aceitavam convite algum sem se garantirem da qualidade dos consignatários, dos colegas do tribunal ou dos comensais; sem dúvida procuravam saber assim, entre outras coisas, se esses israelitas eram de origem irrepreensível [198]. Podemos perceber com que exclusivismo as famílias hierosolimitanas legítimas se isolavam, até mesmo por causa de insignificâncias da vida cotidiana [199].

Alguns privilégios cívicos muito importantes eram, pois, reservados aos cidadãos israelitas [200]; entretanto, não mostramos ainda a principal vantagem dessas famílias de origem impoluta. Situava-se no domínio religioso. Graças a essa origem sem jaça, podiam participar dos méritos dos ancestrais que se transmitiam aos filhos e tinham uma função substitutiva. Essa participação se realizava de dupla forma. *a*) segundo o ensinamento geral, todo Israel participava dos méritos dos patriarcas, de Abraão em particular. Esses méritos deviam atender às suas preces, proteger no perigo, assistir na guerra, substituir os méritos

194. *Qid.* IV 5.

195. *'Ar.* II 4 (sobre essa passagem ver *supra,* p. 294, n. 460); hoje Amouas, ao sudeste de Lida.

196. A passagem de *Qid.* IV 5 acima estudado, 397s, concerne, sem dúvida, em primeiro lugar, à situação de Jerusalém.

197. b. *Qid.* 76[b].

198. b. *Sanh.* 23[a] bar. e par. Cf. ainda *Git.* IX 8 a propósito do cuidado com que as pessoas de Jerusalém faziam e assinavam os processos de divórcio.

199. Cf. ainda b. *Sanh.* 19[a] bar.: conta-se o ciúme existente entre duas famílias de Jerusalém que, em ocasião de apresentar condolências, uma queria passar à frente da outra.

200. Fazia-se exceção para os homens que não tinham filhos. Mesmo se fossem de origem pura, proibiam-lhes serem membros do Sinédrio (*Hor.* I 4; b. *Sanh.* 36[b] bar.; segundo Tos. *Sanh.* VII 5 [426, 7], interdição semelhante para o tribunal criminal de 23 membros), porque o fato de não ter filho passava por mácula e punição divina, cf. *Protoevangelho de Tiago* I 2.

que faltam em cada pessoa, expiar as culpas, aplacar a cólera de Deus e suspender seus castigos, salvar do *gêhinnôm* e conceder a participação no reino eterno de Deus [201]. *b*) Além do mais, cada israelita participava dos méritos de seus próprios antepassados, se houvesse justos entre eles [202]; inversamente, a escolha de uma mulher sem a mesma condição de pureza, seria vingada nos filhos [203]. "O pai merece para seu filho beleza, força, riqueza, sabedoria, longos anos de vida" [204]. "A oração de um justo, filho de um justo, não é igual à oração de um justo, filho de um malvado" [205].

Com tudo isso, porém, a última palavra ainda não foi dita. O profeta Elias devia preceder ao Messias para pôr em ordem a comunidade, para restaurar Israel em sua pureza primitiva, a fim de que o povo estivesse interior e exteriormente, preparado para receber a salvação [206]. O principal dever desse restabelecimento de Israel consistia em "restabelecer as tribos de Jacó" (Eclo 48,10), quer dizer, segundo a exegese rabínica: "declarar impuro" e "declarar puro", "afastar" e "aproximar" as famílias que, erroneamente foram declaradas legítimas ou ilegítimas [207]. Somente as famílias israelitas impolutas podiam

201. Documentação em Billerbeck, I, 116-120; F. Weber, *Jüdische Theologie auf Grund des Talmud,* 2ª ed., Leipzig, 1897, 292-294 e 296s.

202. F. Weber, *o. c.* 294-297. Citemos dois exemplos. R. Eleazar ben Azarya, descendente de Esdras em 10º grau, foi incumbido da direção da Escola de Jâmnia por causa "dos méritos de seus antepassados" (b. *Ber.* 27ᵇ). — R. Yoshua, de início, afastou Rabban Gamaliel II que lhe pedia perdão; mas quando esse último lhe renovou o pedido, acrescentando: "Procedo assim em honra de meus antepassados", R. Yoshua deixou de lado a sua intransigência (b. *Ber.* 28ª).

203. b. *Qid.* 70ª.

204. j. *Qid.* I 7, 61ª 27s (V/2, 234); par. *'Ed.* II 9.

205. b. *Yeb,* 64ª.

206. Cf. J. Jeremias, art. *Elias,* em *Theol. Wörterbuch zum N.T.* II (1935), 930-943.

207. *'Ed.* VIII 7. Neste texto, o papel de Elias limita-se aos casos em que algumas famílias foram declaradas compulsoriamente legítimas ou ilegítimas; essa limitação se apresenta como a exegese posterior de uma antiga tradição que ainda não conhecia tal limitação. — No meio do século II, duas tendências se opuseram: uma tendência mais rigorosa segundo a qual Elias só devia afastar as famílias ilegítimas; uma tendência mais clemente (e que venceu) segundo a qual devia somente acolher de novo as famílias declaradas, erroneamente, ilegítimas, Billerbeck, IV, 792-794.

ter certeza de participar da salvação messiânica[208], pois, somente a elas o mérito da legitimidade de origem" ajudaria[209]. Encontramos assim o sentido mais profundo do comportamento das famílias puramente israelitas, sentido que as fazia zelar com ansiedade pela manutenção da pureza do sangue e, antes do casamento dos filhos, examinar as genealogias de seus futuros genros e noras[210]. Da pureza de origem dependia não somente a posição social dos descendentes, mas também a certeza e participação definitivas da salvação por vir de Israel[211]. Entretanto, não era assim aos olhos do Batista, que exigia dos filhos legítimos de Abraão também a penitência como condição indispensável para participar do reino de Deus (Mt 3,9 par. Lc 3,8); nem o era para Jesus, que mostrou a seus compatriotas que arrogavam para si a descendência de Abraão (Jo 8,33.39) que o único caminho para se salvarem era a libertação através do Filho (Jo 8,36).

208. b. *Qid.* 70ᵇ: "R. Ḥama b. R. Ḥanina (cerca de 260 d.C.) disse: "Deus não fará repousar sua Shekina [na época messiânica] a não ser sobre as famílias israelitas de descendência legítima, pois está escrito [Jr 31,1]: 'Naquele tempo, oráculo de Yahweh, eu serei o Deus de todas as famílias de Israel'. Não foi dito: de todos os israelitas, mas: de todas as famílias". Segundo b. *Qid.* 70ᵃ, Elias anota num livro, no momento do casamento, aqueles que desposam uma mulher que não lhes é semelhante do ponto de vista da pureza.

209. *Midrash* Sl 20, § 3, ed. S. Buber, Vilna, 1891, 175ᵃ 4: "Naquele tempo, teu povo será salvo [do julgamento do *gêhinnom*], isto é, quem quer que esteja inscrito no livro [Dn 12,1]. Por qual mérito [será ele salvo?]... R. Shemuel b. Nahman [cerca de 260 d.C.] disse: 'Pelo mérito da legitimidade de sua origem'. Pois foi dito [no versículo escriturístico citado, Dn 12,1]: Quem quer que esteja inscrito no livro [guardado por Elias sobre a legitimidade dos casamentos]". Ver n. precedente.

210. Exemplo em b. *Qid.* 71ᵇ.

211. Numa linha diferente, Fílon, em seu tratado sobre a nobreza (*De nobilitate*) ao *De virtutibus,* § 187-227, defende, energicamente, a idéia de que a verdadeira nobreza não repousa sobre a origem, mas sobre a vida virtuosa; ele é guiado por idéias helenísticas, em particular pelo ideal estóico do sábio como único nobre (cf. L. Cohn, *Die Werke Philos von Alexandria in deutscher Uebersetzung* II, Breslau, 1910 (reimpresso em Berlim, 1962), 367, n. 1.

Capítulo VII

PROFISSÕES DESPREZÍVEIS. "ESCRAVOS" JUDEUS

A. PROFISSÕES DESPREZÍVEIS

A pureza de origem determinou certamente, e em larga escala, a posição social do judeu da época neotestamentária, dentro da comunidade de seu povo. Entretanto, compreenderíamos indevidamente os capítulos V e VI se deles concluíssemos que a origem era o único fator determinante. Conforme tivemos ocasião de ver no capítulo III, uma origem inferior pelo sangue ou pelo nível social não prejudicara de modo algum a posição social dos escribas. Inversamente, convém mostrar nas páginas seguintes que havia circunstâncias — igualmente independentes da origem deste ou daquele — que os desonravam aos olhos da opinião pública. Trata-se aqui, antes de tudo, do fato de uma série de profissões serem tidas como desprezíveis; de modo mais ou menos inexorável, rebaixavam socialmente aqueles que as exerciam [1]. Por diversas vezes foram redigidas listas dessas mencionadas profissões. Reproduziremos as quatro principais [1 bis].

1. Para o que segue, ver meu artigo *Zöllner und Sünder*, em *ZNW* 30 (1931), 293-300.

1 bis. As profissões comprovadas em Jerusalém são impressas em itálico.

2. Transcrevo o início da lista (1-6) segundo a melhor tradição encontrada em j. *Qid.* IV 1, 66b 25ss (V/2, 289) que cita nossa mishna como baraíta anônima.

3. O texto do Talmude palestino para essa passagem (ed. príncipe), j. *Qid.* IV 11, 65a 40 (V/2, 287, traduz somente "marinheiro") lit.: *sappar, sappan* (marujo, barbeiro); na Mishna *Qid.* IV 14, Stettin, 1865, há, igualmente, interversão. É, sem dúvida, uma ditografia, pois, o barbeiro nada tem a ver com os transportadores. O barbeiro falta, pois, com razão, no nosso texto (ver a nota precedente) e no da Mishna do Talmude babilônio, Leipzig, 1861.

I	II	III	IV
Qid. IV 14[2]	*Ket.* VII 10 [9]	b. *Qid.* 82^a bar[11]	b. *Sanh.* 25^b [18]
1. Tropeiro	1. Coletor de excremento de cães	1. Ourives (Tos.: fabricante de crivos)	1. Jogador de dados
2. Cameleiro	2. Fundidor de cobre	2. *Assedador de linho* [12]	2. Agiota
3. Marujo [3]	3. *Curtidor* de peles [10]	3. Cortador de pedras para moinhos	3. Organizador de concursos de pombos [19]
4. *Carreteiro*		4. *Mascate*	4. Mercador de produtos do ano de pousio
5. *Pastor*		5. *Tecelão*[13] (+ Tos.: *alfaiate*) [14]	5. *Pastor* [20]
6. *Lojista*		6. *Barbeiro* [15]	6. *Coletor de impostos* [21]
7. *Médico*		7. *Lavandeiro* [16]	7. *Publicano* [22]
8. *Açougueiro*		8. Sangrador	
		9. Encarregado dos banhos	
		10. *Curtidor*[17]	

4 O texto da Mishna do Talmude palestinense quanto à nossa passagem (j. *Qid.* IV 11, 65^a 40 [V/2, 287]) e o da Mishna do Talmude babilônio, Lemberg, 1861, citam o *qaddar* (comerciante de cerâmica) cuja menção entre pessoas que trabalham em transportes nos surpreende. Nosso texto (ver a penúltima n.) dá-nos a solução; fala de *qarar, qaddar* (comerciante de cerâmica, carreteiro). O contexto indica que "carreteiro" é o original; "comerciante de cerâmica" veio, igualmente, no texto por ditografia. — Carreteiros em Jerusalém, ver *supra,* p. 48.

5 Pastores a serviço de hierosolimitas: segundo b. *Ket,* 62^b, R. Aqiba, quando jovem, era pastor e trabalhava para ben Kalba Shabua, rico negociante de Jerusalém.

6 Quanto ao autor da primeira parte da lista I (nn. 1-6), o texto da Mishna do Talmude babilônio e a Mishna de Stettin 1865 dizem: "Abba Goryan [por volta de 180 d.C.?, Billerbeck I, 187] disse em nome de Abba Goriya". De novo um caso de ditografia! A boa explicação é dada pelo texto da Mishna do Talmude palestinense, ed. príncipe, que diz, j. *Qid.* IV 11, 65^a 39 (V/2, 287): "Abba Goryon de Sídon disse em nome de Abba Shaul". — Lojistas em Jerusalém, ver *supra,* pp. 12ss, 51, 161, 319.

7 Em Jerusalém, ver *supra*, p. 29.

8 Em Jerusalém: ver *supra*, pp. 17 e 300. — As profissões 7 e 8 foram acrescentadas por R. Yuda (cerca de 150 d.C.), *Qid.* IV 14.

9 Cf. Tos. *Ket.* VII 11 (269, 27); j. *Ket.* VII 11, 31^d 22 (V/1, 102); b. *Ket.* 77^a.

Se olharmos superficialmente essas quatro listas, teremos a impressão de que sobra pouco lugar para profissões dignas, já que enumeram tantas consideradas suspeitas. Pode-nos parecer que cada lista é organizada de modo fantasista, de um ponto de vista inteiramente subjetivo. Dá-se o contrário, entretanto.

Na lista I, nn. 1-6, Abba Shaul (cerca de 150 d.C)[23] cita as profissões a que um pai não deve incentivar num filho, pois são "profissões de ladrões"[24], isto é, profissões que, de modo ingente levam à desonestidade e é evidente nas profissões 1-4 que concernem aos transportes e carretos. É grande a tentação de subtrair algo das mercadorias confiadas. A lista cita, com efeito, todas as formas de transporte existentes na época, com exceção da profissão

10. Em Jersualém, ver *supra,* p. 14.

11. As profissões 1-7 encontram-se também em Tos. *Qid.* V 14 (343,8) com as seguintes diferenças: o fabricante de crivos aparece em primeiro lugar, e o alfaiate é colocado no sexto lugar; a ordem é diferente:

1. Fabricante de crivos;
2. Assedador de linho (interpretar com b. *Qid.* 82ª bar.: *ha-sᵉriqîm*);
3. Tecelão;
4. Mascate;
5. Canteiro de pedras e mós;
6. Alfaiate;
7. Barbeiro;
8. Lavandeiro.

12. Um comerciante de linho em Jerusalém, j. *B. M.* II 5, 8c 18 (VI/1, 93), ver *infra,* n. 68.

13. Em Jerusalém: ver *supra,* pp. 12s, 33, 40.

14. Em Jerusalém: ver *supra,* pp. 13, 32, 51.

15. Em Jerusalém: ver *supra,* pp. 30, 41.

16. Em Jerusalém: ver *supra,* p. 33 (pisoeiro).

17. Ler *ha-bûrsî* em vez de *ha-bûrsᵉqê* (curtição), Billerleck, II, 695. Em Jerusalém, ver *supra,* n. 10. — As profissões 8 e 10 são acrescentadas em b. *Qid.* 82ª bar.

18. As quatro primeiras profissões, *Sanh.* III 3 = *R. H.* I 8.

19. Jogo de azar (jogo com apostas).

20. Ver *supra,* n. 5.

21. Em Jerusalém: ver *supra,* p. 178.

22. Em Jerusalém, ver *supra,* p. 48; Lc 18,10-14. Os nn. 5-7 são acrescentados em *Sanh.* 25b bar. Da mesma maneira. Tos *Sanh.* V 5 (423, 25) acrescenta como nn. 5-8; 5. Salteadores, 6. Pastores, 7. Autores de atos de violência, 8. Os que são suspeitos em assuntos de dinheiro.

23. Ver *supra,* n. 6.

24. *Qid.* IV 14.

de mensageiro, sem dúvida por ele ser utilizado somente para pequenas distâncias e poder ser submetido mais facilmente a vigilância. Suspeita semelhante pesa sobre os pastores (5) que não gozavam de boa reputação [25]. Conforme provava a experiência, na maioria das vezes eram desonestos e gatunos; pastoreavam seus rebanhos em propriedades alheias [26] e, o que ainda é mais grave, extorquiam a renda dos rebanhos. Por esse motivo foi proibido comprar deles lã, leite ou cabritos [27]. No que diz respeito ao lojista ou feirante (6) facilmente se viam tentados a explorar seus clientes. R. Yuda (cerca de 150 d.C.) acrescenta um juízo severo contra os médicos (7) e os açougueiros (8): "O melhor médico só serve para o inferno e o mais honesto dos açougueiros é um associado dos amalecitas" [28]. Os médicos, sobre os quais ouvimos outras opiniões com razão desfavoráveis [29], são mencionados ao lado da profissão de ladrões, pois eram suspeitos de dar preferência aos ricos e descuidarem-se dos pobres que pagavam mal [30]. Quanto aos açougueiros, supõem-se que não sejam honestos pela tentação de vender para consumo, carne de *t^erepah* [31], quer dizer, segundo a interpretação rabínica do termo *t^erepah* [32], carne de animais com defeitos físicos mortais [33].

Por mais difundidos [34] fossem os critérios contidos na lista I, não podemos esquecer, entretanto, a existência de

25. Observemos que os pastores reaparecem na lista IV; ver *infra*, pp. 412s, as anotações sobre esta lista.
26. b. *Sanh.* 25^b^, Billerbeck, II, 114.
27. *B. Q.* X 9; Tos. *B. Q.* XI 9 (370, 24).
28. *Qid.* IV 14.
29. LXX Is 26, 14: *iatroì ou mè anantrésosin* e LXX Sl 87 (88) 11: *iatroì anantrésosin* [dentre os mortos] *kaì exomologésontai soi*; b. *Pes.* 113^a^ previne contra a permanência numa cidade cujo chefe é médico.
30. Rashi sobre b. *Qid.* 82ª bar. (Talmude de Babilônia, ed. de Lemberg, 1861, comentário de Rashi, linha 53) cita três motivos para julgar desfavoravelmente os médicos: *a*) iludem tranqüilamente os doentes e os mantêm, assim, longe da procura de Deus; *b*) carregam muitas vidas humanas na consciência; *c*) descuidam-se dos pobres. O terceiro motivo coaduna-se melhor ao contexto.
31. b. *Sanh.* 25^a^.
32. Sentido bíblico: "dilacerado", isto é, animal morto por uma fera.
33. É indiferente que o animal tenha morrido desse defeito físico (morte natural ou causada por um homem ou animal feroz) ou tenha sido estrangulado.

julgamentos contrários sobre as profissões "de ladrões" citados nessa lista. Assim, portanto, ouvimos falar de um tropeiro (1) versado na Escritura, que R. Yonathan (220 d.C.) honra com palavras e com atos[35]. R. Yuda (cerca de 150 d.C.) declara contra Abba Shaul (cerca de 150 d.C.) que se pode fiar na maioria dos condutores de camelos (2) e que os marujos (3), por causa dos perigos constantes a que estão expostos, são na maioria piedosos[36]. No que se refere aos pastores (5), sua imagem simpática que conhecemos através da pregação de Jesus é certamente um fato isolado; a literatura rabínica contém, quase sempre, opinião desfavorável a eles, com exceção dos textos que, desenvolvendo passagens do Antigo Testamento, apresentam Yahweh, o Messias, Moisés, Davi, como pastores. Por outro lado, encontramos em Jerusalém, como lojistas ou feirantes (6) escribas muito conceituados[37]. Quanto aos médicos (7), é preciso lembrar o elogio que lhes traça o livro do Sirácida (38,1-15); Tendas[38], médico de Lida, aparece na Mishna como responsável de uma tradição[39]. No que concerne os açougueiros (8), Rabi, por exemplo († 217 d.C.), recusa energicamente formular um juízo, baseando-se num só caso em detrimento de toda a classe[40]. E nada nos diz que as profissões citadas na lista I tenham sido nocivas quanto a sua posição social, desde que façamos abstração do pastor que aparece de novo na lista IV. Pelo contrário, sabemos que inúmeros rabinos eram lojistas (6). E soubemos, ocasionalmente[41], que Tobias, médico (7) em Jerusalém, foi mesmo aceito para testemunhar a nova lua e que certa vez pediu-se a opinião de todos os médicos de Lida antes de se tomar uma decisão em determinada questão de pureza ritual[42]. Devemos, por-

34. Ver *supra,* n. 25, 27, 29, 31.
35. *Gn. R.* 32 sobre 7, 19 (64ª 24ss).
36. *Qid.* IV 14.
37. Ver *supra,* p. 161 e 319.
38. Chama-se Teodoro em Tos. *Ohal.* IV 2 (600, 29).
39. *Bek.* IV 4; b. *Sanh.* 93ª bar.
40. b. *Ḥul.* 94ᵇ. — Encontramos supra, p. 300, um rabi de Jerusalém que era filho de um açougueiro.
41. *R. H.* I 7.
42. Tos. *Ohal.* IV 2 (600, 29).

tanto, convencer-nos de que temos, na enumeração das "profissões de ladrões" da lista I, um julgamento de valor pessoal de Abba Shaul, prendendo-se, é certo, a idéias altamente difundidas, mas de modo algum generalizadas.

O mesmo acontece com algumas listas menores, citando profissões que jamais atraem "um sinal de bênção", quer dizer, a menor bênção [43]. Citemo-las como apêndice [43 bis].

I a. b. *Pes.* 50^b bar. [44]	I b. b. *Pes.* 50^b bar.	I c. b. *Pes.* 50^b bar. [48]
1. Mercadores de produtos do ano de pousio [45]	1. *Copistas* [46]	1. *Copistas de livros* [46]
2. Criadores de gado miúdo	2. Intérpretes	2. Copistas de t^{e}phîllin
3. Pessoas que cortam árvores frutíferas	3. Pessoas que negociam com o dinheiro de órfãos	3. Copistas de m^{e}zûzôt
	4. *Aqueles que fazem comércio marítimo* [47]	4. Comerciantes de livros [46], t^{e}phîllin e m^{e}sûzôt
		5. Vendedores de fios de púrpura [49]

As pessoas citadas na lista I a. são suspeitas de transgredir prescrições definidas de leis religiosas: o manda-

43. Comerciantes de espetos de carvalho e de ânforas aparecem como primeiro grupo em b. *Pes.* 50^b bar. Esses não recebem a bênção porque a qualidade de sua mercadoria atrai sobre eles o mau olhado. Essa superstição não pertence à nossa narração que deve tratar de profissões desprezíveis.

43. [bis]. As profissões verificadas em Jerusalém são impressas em itálico.

44. Par. Tos. *Bik.* II 16 (102, 13).

45. Ler com Tos. ed. A. Schwarz, Vilna, 1890, *tagg^{e}rê š^{e}miṭṭah,* em vez de *tagg^{e}rê sêm^{e}ṭa,* "comerciantes de ruas", que não tem sentido no contexto.

46. Jerusalém: b. *B. B.* 14^a; *Soferim* IV 1 = j. *Meg.* I 9, 71^d 57 (IV/1, 218). Em nossa passagem, trata-se de copistas de rolos da Torá.

47. Em Jerusalém: ver *supra,* p. 31.

48. Par. Tos. *Bik.* II 15 (102, 10).

49. Empregavam-se fios de púrpura na fabricação de borlas *ṣîṣit:* o par. Tos. *Bik.* II 15 cita em quarto lugar aqueles que "se ocupam da cobrança do dinheiro".

mento do ano sabático (Ex 23,10-11; Lv 25,1-7) a proibição rabínica de mandar o gado miúdo pastar nas terras de Israel, com exceção das regiões de estepes (*B. Q.* VII 7), ou a lei bíblica sobre a proteção das árvores (Dt 20, 19-20). As pessoas citadas nas listas I b e I c ocupam-se de assuntos sacrossantos: o escriba que exige pagamento para a trancrição dos livros sagrados; o intérprete que cobra o seu trabalho e, além do mais, parece aceitar um salário sabático [50]; aquele que efetua negócios com o dinheiro dos órfãos, tentado a lesar esses infelizes protegidos por Deus [51]; finalmente (lista I c), os fabricantes e comerciantes de objetos rituais. Essas listas I a e Ic também não são documentos jurídicos; quem exerce uma das profissões citadas nas listas b e c não deve ser proscrito socialmente [52]. Urge considerar essas listas como uma advertência à delicadeza de consciência, advertência que, na verdade, repousa sobre experiências concretas desagradáveis.

A lista II cita três profissões que na verdade não eram consideradas desonestas e sim, repugnantes [53], especialmente por causa do mau cheiro produzido por tais atividades [54]. Coletor de excrementos e curtidor de peles estão ligados um a outro [55], porque o primeiro apanha e junta os excrementos para o pisoar do couro e a curtição. Se algum homem exercia uma das três profissões citadas por essa lista, sua esposa tinha o direito de exigir o divór-

50. Também b. *Pes.* 50[b].

51. As pessoas que tratam do comércio marítimo não são pertinentes ao contexto.

52. A lista I c, termina com estas palavras: "Mas quando se dedicam a esses negócios pelo interesse que suscitam [e não por atração ao dinheiro], eles vêem [sinais de bênçãos]". R. Meir (cerca de 150 d.C.) exercia a profissão de copista, b. *'Er.* 13[a]; onde se diz que as pessoas citadas na lista I c estão livres de todos os mandamentos mencionados na Torá, pois, sua profissão já significa o cumprimento dos mandamentos.

53. Como profissão repugnante, b. *Pes.* 113[a] cita ainda a de escorchador: "Escorcha um animal na rua e recebe teu salário" (o que sinifica: "não há trabalho desonroso; o mais humilde trabalho vale mais do que a mendicidade).

54. Cf. a diferença entre um comerciante de especiarias e um curtidor em *b. Qid.* 82[b] bar.

55. Identificam-se em Tos. *Ket.* VII 11 (269, 27); com efeito, o curtidor muitas vezes tinha também de recolher os excrementos.

cio diante do tribunal, reivindicando o pagamento da quantia que lhe fora prometida no contrato de casamento para o caso em que a mandassem embora ou em caso de morte de seu marido[56]. Mais ainda, o direito da mulher ia tão longe que podia exigir o divórcio mesmo se, no momento do casamento, soubesse que o marido exercia uma das três profissões em questão, e tivesse se casado com a condição explícita de que ele não abandonaria aquela atividade. Nesse caso podia explicar, pelo menos segundo a opinião de R. Meir (cerca de 150 d.C.): "Eu pensava poder suportar, mas reconheço agora que não consigo mais"[57]. Por outro lado, a mulher, a partir dos treze anos[58] só tinha licença para exigir o divórcio se o marido a obrigasse a compromissos abusivos à sua dignidade[59] ou se o marido fosse atacado[60] de lepra[61] ou de pólipos[62]; nos outros casos[63], o direito do divórcio cabia exclusivamente a ele. Se pensarmos em todas essas condições, podemos avaliar até que ponto aqueles que praticavam as profissões citadas na lista II eram destituídos de seus direitos cívicos. Uma observação aqui se impõe: não se tratava de nenhuma nódoa moral.

Os que exerciam as profissões citadas na lista III sofriam de maneira ainda mais sensível. Os trabalhadores enumerados lidavam com mulheres e eram suspeitos de imoralidade; por essa razão se diz que não se deve deixá-

56. Tos. *Ket.* VII 11 (270, 2).

57. *Ket.* VII 10.

58. Se dessem um noivo à filha ou a casassem menor (ela era *qeṭannah* até a idade de 12 anos e um dia, b. *Yeb.* 100b); podia, eventualmente, explicando a sua recusa, anular o noivado ou o casamento: *a*) durante a vida do pai, somente se já tivesse sido despedida por um libelo de divórcio (*Yeb,* XIII 6; o casamento precedente tinha-a subtraído do poder do pai); *b*) após a morte do pai, se tivesse contraído noivado ou se casado pela mãe ou os irmãos (*Yeb.* XIII 2; o casamento realizado sem o pai da menor só é válido sob condições).

59. Billerbeck, I, 318s.

60. *Ket.* VII 11 (270, 1.3).

61. Conforme conclui J. Preuss, *Biblisch-talmudische Medizin,* Berlim, 1911, 399s a partir de b. *Ket.* 20b; *Ker.* III 7; b. *Ta'an.* 21a, *mûkkeh šehîn* é o portador de uma lepra que mutila.

62. Sobre esta doença, ver J. Preuss, *o. c.,* 340.

63. Segundo indicações mais tardias, a impossibiliadde em que se vê o marido para manter sua mulher é também uma razão para anular o casamento, b. *Ket.* 77a.

-los sozinhos com mulheres [64]. Eis o que estava previsto a seu respeito: "Não se escolha entre eles rei ou sumo sacerdote [65], não por serem inaptos ao serviço, mas porque sua profissão é desprezível" [66]. Nesta frase, rei e sumo sacerdote são citados somente a título de exemplo de função pública. É o que mostra, primeiramente, uma sentença de R. Yose (cerca de 150 d.C.): "Sangrador, curtidor e encarregado dos banhos [cf. lista III, n. 8-10], entre eles não se escolherá chefe de comunidade" [67]. Segundo essa sentença, até mesmo o posto de chefe da comunidade ficava interditado àqueles que exerciam tais profissões; é o que lemos, em segundo lugar, num texto que declara ser incomum admitir tecelões como testemunhas. Conforme vemos, aqueles que exerciam profissões suspeitas de imoralidade passavam a ser marcados por uma nódoa em sua vida legal pública, não *de jure*, é verdade, — *de jure* seus membros eram "aptos" a aceder às funções públicas e a ser testemunhas — mas de *facto*.

Não é por acaso que, entre o grande número de escribas que exerciam um artesanato ou uma profissão, não haja um [68] do qual possamos dizer com certeza ter exercido uma das funções profissionais citadas na lista III. Os tecelões (5) e os curtidores (10) sempre foram os mais marcados por essa ignomínia. Para os tecelões, além da suspeita de imoralidade, acrescentava-se o fato daquela pro-

64. *Qid.* IV 14; Tos. *Qid.* V 14 (343, 8); b. *Qid.* 82ª bar. No que concerne especialmente à desconfiança contra os mascates (comerciantes ambulantes de especiarias), ver A. Büchler, *Familienreinheit und Sittlichkeit in Sepphoris im zweiten Jahrhundert*, em *MGWJ* 78 (1934), 138, n. 2.

65. Observemos a naturalidade com que se supõe que os sacerdotes exerçam uma profissão.

66. b. *Qid.* 82ª bar.

67. *Derek 'ereṣ zûṭa* 6 (Billerbeck, II, 642). Essa passagem não figura na ed. de A. Tawrogi, Konigsberg, 1885 (dissertação de Königsberg).

68. Conta-se que R. Shimeon ben Shetaḥ "ocupava-se do linho", j. *B. M.* II 5, 8ᶜ 18 (VI/1, 93 traduz: "estava ocupado em seus trabalhos [fatigantes] de fiação"). Essa expressão pode designar o assedador de linho (lista III, n. 2) ou o comerciante deste tecido. O contexto mostra como seus alunos lhe oferecem um asno para que se fatigue menos; é preferível, pois, pensar num mercador de linho, embora seja possível que tenha exercido os dois ofícios, como acontecia muitas vezes na época.

fissão, na Palestina, ser considerada como um trabalho de mulheres [69]. Citemos um fato especialmente significativo da posição social dessa classe, em Jerusalém: os escribas reconheceram o testemunho de dois tecelões hierosolimitas (que, além de tudo, moravam perto da Porta do Monturo que dava passagem para o vale denegrido do Hinom [70]); ora, a tradição conservou esse fato como extraordinário e como prova de especial liberalidade por parte dos escribas [71]. Quanto aos curtidores, acrescentava-se à pecha de imoralidade, o fato de sua profissão ser tida como repugnante (ver lista II, n. 3). "Ai daquele que é curtidor!", exclamava Rabi († 217 d.C.) [72]. A esse respeito não devemos deixar de lado At 9,43 que diz, de maneira muito simples, talvez mesmo não enfatizando a última palavra: "Pedro ficou em Jope por mais tempo, na casa de um certo Simão, o curtidor".

Exercer uma das profissões citadas na lista IV indicava impureza maior; quem praticava uma delas perdia os direitos cívicos e políticos. Essa lista reúne as profissões diretamente baseadas na trapaça e, por causa disto, passavam por condenadas *de jure*. As quatro primeiras de sete profissões desta lista são citadas pela Mishna [73]; as três últimas foram acrescentadas por uma baraíta [74]. Jogadores de dados, usurários [75], organizadores de jogos de azar e traficantes de produtos do ano sabático (1-4) são, com efeito, charlatães notórios. Já mencionamos [76] o desprezo pela propriedade alheia de que eram acusados os pastores (5). A experiência também mostrara que os coletores de impostos (6) e os titulares dos postos de publicanos (7) arrendados aos que ofereciam mais altas importâncias, assim como seus subordinados, quase sempre

69. *Ant.* XVIII 9. 1, § 314. Cf. *B. j.* I 24, 3, § 479: Alexandre e Aristóbulo ameaçam as mulheres da família, para a época em que chegassem ao poder, com o trabalho forçado à profissão de tecelagem.

70. Ver *supra*, pp. 13 e 28; cf. Billerbeck, IV, 1030, n. 1.

71. *'Ed* I 3.

72. b. *Qid.* 82b bar., par., b. *Pes.* 65a bar.

73. *Sanh.* III 3 = *R. H.* I 8.

74. b. *Sanh.* 25b bar.

75. Transgrediam a interdição veterotestamentária dos juros, Ex 22,24; Lv 25, 36-37; Dt 23,20-21.

76. *Supra*, p. 406; ver também *infra*, nn. 86 e 87.

aproveitavam-se desses cargos para enriquecerem-se indevidamente. Disse alguém[77]: "É difícil para os pastores, coletores de impostos e publicanos fazer penitência!" O motivo é jamais saberem a quantos lesaram ou ludibriaram para poderem fazer reparação.

É característico o costume de associar coletores de impostos e ladrões[78]; publicanos e ladrões[79]; chefes de cobrança, ladrões, cambistas e publicanos[80]; publicanos e pecadores[81]; publicanos e pagãos (Mt 18,17); publicanos e prostitutas (Mt 21,31-32); ladrões, trapaceiros[82], adúlteras e publicanos (Lc 18,11); assassinos, ladrões e publicanos[83]. O hábito levava a chamar os publicanos categoricamente de pecadores (Lc 19,7). Era proibido aceitar, proveniente da caixa de impostos de barreira e dos confiscos dos coletores de impostos[84], o dinheiro das trocas ou das esmolas para a caixa dos pobres, porque a injustiça impregnava esse dinheiro. Se, antes de receber seu cargo ou seu arrendamento, os coletores de impostos e publicanos fizessem parte de uma comunidade farisaica, eram dali expulsos e não podiam se reabilitar a não ser que abandonassem o posto[85] que ocupavam.

Não era, porém, somente no espírito do público que as profissões da lista IV apresentavam-se categoricamente desprezíveis[86], até mesmo odiadas[87]; *de jure* também eram

77. b. *B. Q.* 94ᵇ bar.
78. *Tohorot* VII 6.
79. *B. Q.* X 2; b. *Shebu.* 39ª bar. Cf. Lc 18,11; *Ned.* III 4; *Derek 'ereṣ* 2.
80. *Derek 'ereṣ* 2.
81. Mc 2,15-16; Mt 9,10-11; Lc 5,30; Mt 11,19 (par. Lc 7,34); Lc 15,1-2. Comparar Mt 5,46: "Com efeito, se amais aos que vos amam, que recompensa tendes? Não fazem também os publicanos a mesma coisa?" com o paralelo Lc 6,32: "Se amais os que vos amam, que graça alcançais? Até mesmo os pecadores agem assim!"
82. No contexto de Lc 18,11, *àdikoi* tem este sentido preciso, cf. E. Klostermann, *Das Lukasevangelium,* 2ª ed., Tübingen, 1929, *in loco.*
83. *Ned.* III 4.
84. *B. Q.* X 1. — "Mas pode-se aceitar [dinheiro] de sua casa ou na rua [como esmola]", *ibid.*
85. Tos. *Demay* III 4 (49,15); j. *Demay* II 3, 23ª 10 (II/1, 151).
86. Ver também *Midrash* Sl 23, § 2, ed. B. Buber, Vilna, 1891, 99ᵇ 12: "Não há profissão mais desprezível do que a de pastor"; Fílon, *de agricultura,* § 61: ocupar-se das cabras e carneiros passa por "pouco glorioso e humilde", b. *Yeb.* 16ª.
87. Tos. *B. M.* II 33 (375, 27): "Não se retira [de uma cisterna]

oficialmente ilegais e proibidas. Quem exercesse qualquer uma delas, nunca mais poderia ser juiz, e a impossibilidade de prestar testemunho [88] igualava-o ao escravo [89]. Dizendo melhor, ele próprio via-se privado dos direitos cívicos e políticos atribuídos a qualquer israelita, mesmo aquele que, como o bastardo, tinha uma origem seriamente maculada. Essa realidade permite avaliar o escândalo que foi o fato de Jesus chamar um publicano para ser seu discípulo de maneira tão íntima (Mt 9,9 e par.; 10,3) e anunciar a Boa-nova aos publicanos e aos "pecadores" sob o símbolo da comensalidade.

B. "ESCRAVOS" JUDEUS [90]

Entre as pessoas socialmente oprimidas, deve constar o escravo judeu. Na época neotestamentária eles existiam na Palestina e é só desses que vamos tratar por ora. Já o mostramos antes (p. 157ss) na exposição consagrada aos escravos e diaristas; Billerbeck defendeu, igualmente, com energia, esse ponto de vista [91]. Observemos ainda que os

os goyim, os pastores de animais miúdos e os criadores de animais miudos" (que criavam também porcos, Billerbeck, IV, 359; não são citados no par. b. *'A. Z.* 26a-b bar).

88. Em *Sanh.* III 3, par. *R. H.* I 8, essa impossibilidade se estende às quatro primeiras profissões da lista IV; às três outras em b. *Sanh.* 24b. A comunidade judaica de Cesaréia marítima confiou sua representação ao administrador judeu da alfândega portuária (*B. j.* II 14, 4, § 287); era um caso absolutamente fora do comum. Schlatter, *Theologie,* 186, explica o sucedido pelo fato de a comunidade não se achar sob direção farisaica.

89. *R. H.* I 8.

90. A designação "escravo" não corresponde, totalmente, à situação jurídica, na medida em que não se trata de uma servidão. — O pequenino tratado talmúdico sobre os escravos foi editado por R. Kirchheim, *Septem libri talmudici parvi hierosolymitani,* Francfort-sur-le-Main, 1851, 25,30, e traduzido por L. Gulkowitsch, em *Angelos,* Leipzig, I (1925), 89-95. A introdução de Gulkowitsch deixa a desejar pelo fato de confundir inúmeras vezes as prescrições sobre o tratamento dos escravos judeus e os escravos pagãos. — Billerbeck, IV, 698-716 apresenta em seu excursus 26 um quadro admirável das declarações rabínicas a respeito dos escravos judeus.

91. Billerbeck, IV, 689. Este ponto de vista foi de novo contestado

dados do Talmude sobre o preço do escravo judeu também correspondem a algumas condições concretas. Esse preço era de 1 a 2 minas [92], segundo outra informação, de 5 a 10 minas [93]; por outro lado, o escravo pagão valia até 100 minas [94]. O preço inferior do escravo judeu provém das circunstâncias; explica-se pelo fato de seu tempo de serviço só durar seis anos, diversamente da servidão perpétua do escravo pagão. O número dos escravos judeus na Palestina, na realidade, não se elevava muito. Sua situação harmonizava-se com as prescrições humanitárias do Antigo Testamento.

Um judeu podia tornar-se escravo de três maneiras.

1. Podia descer à escravidão *ex furto,* o que parece ter sido a maneira mais freqüente. Trata-se do caso de um ladrão não estar em condições de restituir o equivalente [95] ao furto. Levando em conta Ex 22,2, o tribunal o vendia compulsoriamente [96]. A venda, à qual estavam submetidos apenas os israelitas adultos de sexo masculino [97], só podia ser feita a judeus [98]. Entretanto, para liberar o país de toda espécie de pessoas marginalizadas, Herodes decidiu, em oposição ao direito em vigor, que os ladrões deveriam ser vendidos também no estrangeiro e a não-israelitas [99]. Podemos nos indagar se um agravamento ainda maior do direito penal não se terá introduzido nesta época. Com efeito, a *halaka* desconhece a venda da esposa [100] e da filha adulta [101]; ora, em Mt 18,25, numa pa-

por S. Zucrow, *Women, Slaves and the Ignorant in Rabbinic Literature and also the Dignity of Man,* Bostom, 1932.

92. b. *'Ar.* 30ª bar.; tratado *'Abadim* II 10.

93. b. *Qid.* 18ª bar.

94. *B. Q.* IV 5. Ver *infra,* p. 453s, detalhes sobre este ponto.

95. Segundo *Ant.* XVI, 1, 1, § 3, o ladrão teria de restituir quatro vezes o montante do roubo; essa afirmativa é provavelmente uma generalização errônea de Ex 21,37b. Em Lc 19,8, trata-se de um aumento voluntário.

96. *Mek.* Ex 21,7 (28ᵇ 17,20); *Sifre* Dt 15,12 (43ª 32).

97. *Mek.* Ex 21,20 (30ᶜ 42).

98. *Ant.* XVI 1, 1, § 3; *Sifre* Dt 15,12 (43ª 32).

99. *Ant.* XVI, 1, 1, § 1s.

100. Billerbeck, I, 798. A mulher não podia ser vendida por um furto que tivesse cometido, *Soṭa* III 8.

101. *Mek.* Ex 21,20 (30ᶜ 43); *Mek.* Ex 21,7 (29ª 20ss).

rábola de Jesus, supõe-se a venda da mulher e dos filhos por causa do desvio de fundos pelo marido. Nesse caso, devemos imaginar que essa parábola reflete uma situação alheia à Palestina.

2. Um judeu podia também tornar-se escravo *ex concessu,* vendendo-se, voluntariamente (Lv 25,39-43). Entretanto, somente os israelitas adultos [102], e unicamente em caso de extrema pobreza [103], tinham o direito de se venderem [104], o que era proibido às mulheres israelitas [105]. Aceitava-se a venda a não-judeus, mas impunha-se aos pais o direito de resgate [106]. A maioria das vezes tratava-se de um gesto de desespero de um endividado sem qualquer esperança.

3. Até aqui (salvo a propósito de Mt 18,25), falamos somente da venda de israelitas adultos do sexo masculino. Entretanto, podiam-se também vender jovens israelitas, desde que fossem menores [107], e até a idade de 12 anos [108]. Levando em conta, novamente, Ex 21,7, a *patria potestas* dava ao pai judeu o direito de vender suas filhas menores a um judeu [109]. Neste caso, na prática, a venda da jovem significava, na maioria das vezes, que estava destinada a ser mais tarde, mulher do comprador ou de seu filho [110].

Resulta de Josefo *(Ant.* XVI 1, 1, § 1ss) e do Novo Testamento (Mt 18,25), ambos de acordo neste ponto, que especialmente a venda compulsória por causa de roubo, citada em 1, não era incomum. Dar em penhor uma

102. Cf. *supra,* p. 415, n. 97.
103. *Sifra* Lv 25,39 (55^c 35).
104. *Mek.* Ex 21,7 (29^a 27).
105. *Mek.* Ex 21,7 (29^a 24.28).
106. Lv 25,47-52; b. *B. B.* 8^b; b. *B. M.* 71^a bar.; *'Ar.* 30^b; tratado *'Abadim* II 9. Diferentemente em *Giṭ.* IV 9.
107. *Mek.* Ex 21,7 (29^a 7); *Mek.* Ex 21,20 (30^c 43).
108. A jovem devia ser em seguida libertada no caso de nem o amo nem seu filho quererem desposá-la (ver *infra,* p. 417, n. 124).
109. *Mek.* Ex 21,7 (29^a 19ss), cf. *Soṭa* III 8. O pai não podia vender seus filhos (*Mek., ibid.*). Difere em *Giṭ.* IV 9: "Se alguém se vende ou vende seus filhos [*banaw*] a um não-israelita, não será resgatado"; trata-se aqui, porém, de um modo de agir legal. É também a razão pela qual não existe o resgate; só se resgatam as crianças após a morte do pai (*Giṭ.* IV, 9). Após a volta do exílio houve períodos de adversidade, conforme indica Ne 5,2.5, em que os pais vendiam seus filhos e filhas como escravos.
110. Tratado *'Abadim* I 10s.

moça menor e isso a pagãos! — talvez seja comprovado em caso concreto já comentado[111]; entretanto o texto poderia também tratar de um seqüestro (captura como refém).

O *estado de servidão* em face de um senhor judeu durava seis anos completos[112], sem ir além[113], a menos que o escravo homem — as escravas não tinham o direito[114] — renunciasse livremente à sua libertação e transformasse seu serviço de seis anos em serviço perpétuo (Ex 21,5-6; Dt 15,16-17), só findando com a morte do proprietário[115]. Tal caso sucedia sobretudo quando o escravo judeu tinha fihos de uma escrava não israelita, pertencente a seu senhor[116], e não quisesse separar-se dela e de seus filhos[117]. Esse fato poucas vezes sucedeu, porém[118]. O serviço do escravo podia terminar antes do termo dos seis anos através da alforria ou resgate, ou se ele próprio se resgatasse[119]. A escrava judia ficava liberada se o dono morresse[120] — sucedia o oposto ao escravo homem[121] que passava então ao poder do filho[122] — ou se atingisse seus doze anos[123]. Entretanto, segundo o uso corrente, o dono ou o filho, nesse último caso, desposava a escrava[124]. Seriam

111 *'Ed.* VIII 2, ver *supra*, p. 300.

112 Ex 21,2; Dt 15,12; cf. Jo 8,35: "O escravo não fica na casa para sempre". Ver ainda *Ant.* IV 8, 29, § 273; XVI 1, 1, § 3, e a halaka em Billerbeck, IV, 701s.

113 Afirmação curiosa em b. *Qid.* 14ᵇ bar.: "Quem vende a si mesmo pode vender-se por seis anos e por mais de seis anos". R. Eliezer (cerca de 90 d.C.), o defensor inquebrantável da antiga tradição rejeita, entretanto, essa possibilidade (*ibid.*). Se um escravo fugisse, deveria depois servir durante um tempo correspondente à duração de sua ausência, Billerbeck, IV, 702s.

114 *Mek.* Ex 21,7 (29ª 32) e *passim.*

115 Neste caso, o filho do proprietário não herdava o escravo, *Mek.* Ex 21,6 (29ª 1, 6); *Qid.* I 2; b. *Qid.* 17ᵇ bar., e *passim.*

116 Sobre este ponto ver o final da alínea seguinte.

117 Ex 21,5; *Ant.* IV 8, 28, § 273.

118 As prescrições rabínicas procuraram agravá-lo, Billerbeck, IV 707.

119 Não se levem em conta as prescrições sobre o ano jubilar, pois, não estavam em vigor.

120 *Mek.* Ex 21,6 (19ª 6); *Qid.* I 2 e *passim.*

121 *Mek.* Ex 21,6 (29ª 5) e *passim.*

122 Ninguém mais tinha, entretanto, o direito de herdar o escravo!

123 *Qid.* I 2; b. *Qid.* 4ª, 16ᵃ⁻ᵇ; tratado *'Abadim* I 4 e *passim*: "à aparição dos sinais da puberdade".

124 *Mek.* Ex 21,8 (29ᵇ 4). Tratado *'Abadin* I 7-10 e *passim.*

essas prescrições sempre observadas? É outra questão. Não nos esqueçamos de que Eclo 7,21 insiste no dever de não iludir a escrava quanto à sua libertação.

No que diz respeito à *situação jurídica* do escravo judeu, convém lembrar que seu encargo não era tido como desonroso, e seu senhor devia poupá-lo dos deprimentes trabalhos de um escravo [125]. Juridicamente igual ao filho mais velho da família, o escravo judeu tinha direito ao mesmo tratamento que seu senhor: boa alimentação, boa roupa, um lugar à mesa e local para dormir [126]. Diferentemente do escravo pagão, podia apossar-se de bens achados [127] ou doados [128] e oferecer um resgate para diminuir seu tempo de serviço. Também diversamente do escravo pagão, seu senhor não podia condená-lo à interdição [129]; se fosse casado, o amo era obrigado a manter a mulher e os filhos [130]. Em suma, a situação jurídica do escravo judeu era regulamentada segundo a prescrição do Antigo Testamento: ele deve estar em tua casa "como um mercenário" (Lv 25,40). Era "um operário que alugava, por seis anos, a um senhor determinado, sua capacidade de trabalho, contra um salário pago antecipadamente sob forma de preço de custo, por um período de igual duração" [131].

Sob um único aspecto via-se privado de seu direito; isso concernia, exclusivamente, ao escravo homem. Apoiavam-se na exegese rabínica de Ex 21,4 onde a Lei prescreve: "Mas, se o senhor lhe [o escravo judeu] tiver dado mulher e ela tiver filhos e filhas, a mulher e sua prole serão de seu senhor". Como uma hebréia adulta não po-

125. *Mek.* Ex 21,2 (28^b 42ss), por exemplo, lavar os pés do amo, calçar-lhe as sandálias etc. Ver ainda *Sifra* Lv 25,39 (55^c 40); *'Abadim* II 1. — Tampouco se devia pedir-lhe serviços que o mostrassem, publicamente, como escravo.

126. *Mek.* Ex 21,5 (28^d 22); *Sifra* Lv 25,39 (55^c 45); tratado *'Abadim* II 2 e *passim.* — Cf. Mt 10,24-25!

127. *B. M.* I 5.

128. Em compensação, a renda de seu trabalho de escravo pertencia totalmente a seu amo (cf. Mt 25,14-30; Lc 19,13-27).

129. *'Ar.* VIII 5.

130. *Mek.* Ex 21,3 (28^c 36) e *passim.*

131. Billerbeck, IV, 709. — L. Gulkowitsch, "Der kleine Talmudtraktat über die Sklaven", em *Angelos* 1 (1925), 88, afirma que o escravo judeu não tinha o direito de ser testemunha. É um erro; o texto que ele menciona, b. *B. Q.* 88^b, fala do escravo pagão.

dia ser escrava de um judeu, deu-se a esta passagem o seguinte sentido: o amo tinha o direito de dar uma escrava pagã como mulher ao escravo judeu [132], mesmo contra sua vontade [133]; quando da libertação do escravo, ela e os filhos ficavam de posse do senhor.

A dura realidade mostrava-se muitas vezes mais rude do que a legislação rabínica; disso temos prova através da ordem de Herodes segundo a qual os ladrões deviam ser vendidos no estrangeiro [134]. Quando a oportunidade se apresentava, com total falta de escrúpulo desprezava-se a Lei; é o que mostra a atitude de Macabeu Antígono: em 40 a.C., além de 1.000 talentos, ele prometeu aos partos, 500 mulheres, se o ajudassem a apoderar-se do trono [135]. Tinha assim em vista "a maioria das mulheres que se encontravam junto deles [seus inimigos Hircano, Fasael e Herodes]" [136], portanto, hebréias. No geral, convém dizer que, em tempos normais, a legislação do Antigo Testamento, protegendo tão fortemente os escravos judeus, fechou as portas a um excessivo absolutismo da parte dos senhores. É bem expressivo o tão conhecido ditado: "Quem compra um escravo hebreu, adquire um amo" [137]. Quanto à palavra de Jesus: "O discípulo não é maior do que o mestre, nem o servo maior do que seu senhor; basta que o discípulo se torne como o mestre e o servo como seu senhor" [138], é preciso, igualmente, considerá-la como o reflexo de um tratamento caridoso aos escravos judeus.

132. De acordo com a opinião seguramente antiga, apresentada por R. Eliezer (cerca de 90 d.C.) essa regra valia tanto para o escravo vendido *ex concessu* quanto para aquele vendido *ex furto* (b. *Qid.* 14b). — A limitação para um escravo já casado (com uma hebréia) só aparece no século IV (b. *Qid.* 20ª).

133. b. *Qid.* 14ᵇ, opinião de R. Eliezer (cerca de 90 d.C.); cf. *Tem.* VI 2.

134. *Ant.* XVI 1, 1, § 1ss.

135. *Ant.* XIV 13, 3, § 331; 13, 5, § 343; 13, 10, § 365; *B. j.* I 13, 1, § 248; 13, 4, § 257; 13, 11, § 273.

136. *B. j.* I 13, 4, § 257.

137. b. *Qid.* 20ª, 22ª e *passim.*

138. Mt 10,24-25; Jo 13,16;15,20.

Capítulo VIII

ISRAELITAS ILEGÍTIMOS

A. ISRAELITAS MARCADOS COM MANCHA LEVE

Nesta parte de nosso trabalho, vamos examinar três grupos da população dentre os quais os prosélitos constituem a parte mais numerosa. Os membros desses grupos têm em comum o fato de sua união com levitas e israelitas de origem pura ser reconhecida como legítima. Não podiam, porém, unir-se às famílias sacerdotais pelo matrimônio; tal privilégio pertencia exclusivamente aos levitas e cidadãos israelitas. Sua posição social apresentava-se, pois, nitidamente rebaixada; a exclusão das alianças com famílias sacerdotais era uma privação não somente social, mas, em última análise, religiosa. Além disso, esses grupos da população viam-se privados de direitos cívicos importantes: não podiam fazer parte de certas assembléias e tribunais e o acesso a qualquer cargo honorífico [1] era-lhes vedado.

1. Os descendentes ilegítimos de sacerdotes

Entre estes israelitas marcados por nódoa leve achavam-se, primeiramente, os "*profanos*" (*ḥalal* [2], *ḥălalah,* Lv 21,7.14), isto é, filhos ilegítimos de sacerdotes. Trata-se de crianças nascidas de um sacerdote com um mulher que não compartilha da mesma condição de pureza ou com quem ele não pode se casar por outros motivos [3]. Já ex-

1. As funções correspondentes são citadas *supra,* p. 397.
2. Termo técnico baseado em Lv 21,15.
3. b. *Qid.* 77^{a-b}.

pusemos minuciosamente (p. 293) os casos em que o casamento de um sacerdote era considerado proibido e sua descendência ilegítima. Conforme Esd 2,61-63 e Nm 7,63-65 tal filho ilegítimo de sacerdote, assim como seus descendentes, não podiam vir a exercer a função sacerdotal (ver *supra,* p. 300) [4]; era-lhe ainda proscrito casar-se com filha de sacerdote [5]. Se um filho ilegítimo de sacerdote tinha um meio-irmão de origem legítima [6], não podia, no caso desse último vir a morrer sem deixar filho, contrair matrimônio levirático com a viúva de seu irmão [7]; porque, visto a sua origem ilegal, não estava em condições de perpetuar, através de um filho, o "nome" (Dt 25,6) de um sacerdote legítimo. A filha ilegítima de um sacerdote não podia desposar um sacerdote legítimo [8], mesmo em casamento levirático [9]. Mais ainda: a viúva de um *ḥalal,* embora de descendência legítima, não podia, segundo o direito sacerdotal em vigor, desposar um sacerdote [10]; pelo casamento com um filho ilegítimo de sacerdote, tornou-se ilegítima [11] e sua própria origem legítima nada alterava à situação. Essas prescrições severas confirmam (ver *supra,* pp. 299-302) a intransigência com que os sacerdotes zelavam pela pureza de sua condição e por afastar os membros ilegítimos.

Mesmo os círculos farisaicos mais condescendentes [12] recomendavam, em princípio, excluir do estado sacerdotal

4. Tampouco podia pronunciar a bênção do sacerdote no serviço sinagogal, b. *Soṭa* 38b e 40a.

5. *Qid.* IV 1. — Opinião indulgente de Yuda (cerca de 150 d.C.): "Prosélito, escravo liberto e *ḥalal* podem desposar uma filha de sacerdote" (Tos. *Qid.* V 2 (341, 22), mas que não corresponde ao direito antigo.

6. O irmão é filho do mesmo pai (sacerdote) e de outra mulher de igual condição de pureza que o pai.

7. *Yeb.* IX 1.

8. *Qid.* IV 6; Tos. *Qid.* V 3 (341, 27).

9. *Yeb.* IX 2.

10. b. *Qid.* 75a: "R. Hisda [† 309 d.C.] diz: "Não reconhecem todos que a viúva *'îssah [sobre îssah* ver a alínea seguinte] está legalmente impedida de [casar-se com] um sacerdote?" O que valia para o caso da viúva *'îssah,* valia com maior razão para uma viúva *halal,* colocada em nível inferior do ponto de vista da pureza.

11. Cf. a disposição análoga para os prosélitos, b. *Qid.* 79a "O prosélito torna [uma jovem israelita legítima] inapta [ao casamento com um sacerdote], tendo coabitado [com ela]".

12. P. 300.

os descendentes ilegítimos de sacerdotes, e não hesitavam em exigir que sumos sacerdotes, tais como João Hircano e Alexandre Janeu renunciassem às suas funções; consideravam-nos filhos ilegítimos de sacerdotes [13]. Por outro lado, os escribas não aprovavam a atitude rigorosa dos sacerdotes na questão de casamento com descendentes ilegítimos de sacerdotes, especialmente no caso em que a ilegitimidade de um filho de sacerdote não fosse provada, mas apenas suposta. Trata-se das famílias *'îssah* [14], já mencionadas, p. 301, às quais os sacerdotes não queriam aliar-se. Com base em conjecturas de crítica textual, dei acima (p. 301, n. 507) a solução do problema a respeito de *'îssah*: são famílias de sacerdotes sobre as quais paira a incerteza da legitimidade de origem para um (ou mais) membros. Descobri um endosso dessa conclusão ao verificar que o mesmo sentido do termo *'îssah* já era aceito pelos tosafistas [15], assim como por Maimônides e Obadiah di Bertinoro [16]. Os escribas de tendência hilelita pretendiam transformar em casos de consciência os casos duvidosos acerca da legitimidade de filhos de sacerdotes, isto é, estavam prontos a aceitar as declarações da família *'îssah* em questão, desde que fossem pronunciadas de boa fé, e, portanto, decididos a legitimar as crianças daquela família [17]. Mas

13. P. 218.

14. Bibliografia: F. Rosenthal, *Über 'îssah. Ein Beitrag zur Sittengeschichte der Juden vor und nach der Zerstörung des zweiten Tempels,* em *NGWJ* 30 (1881), 38-48, 113-123, 162-171, 207-217; A. Büchler, *Familienreinheit und Familienmakel in Jerusalém vor dem Jahre 70,* em *Festschrift Schwarz,* 133-162; ver a crítica da opinião de Büchler *supra,* p. 301, n. 507.

15. Sobre b. *Ket.* 14ª: "Uma família na qual se intrometeram [quer dizer, se imiscuíram] um ou diversos *ḥălalîm*".

16. Sobre *'Ed.* VIII 3: "Uma família no meio da qual talvez se tenha imiscuído um *ḥalal,* de maneira que cada um dos filhos seja suspeito de ser este eventual filho ilegítimo".

17. *'Ed.* VIII 3: "R. Yoshua [cerca de 90 d.C.] e R. Yuda ben Bethyra [depois de 100 d.C.] opinaram a respeito da [*'almanat,* viúva; é preciso riscar esta palavra, de acordo com a passagem da Tosefta que vamos logo citar] da *'îssah* ser apta [dado o caso] a [se casar com] sacerdotes. Porque a *'îssah* é capaz de justificar-se [ela própria] quanto ao puro e o impuro, a [se] aproximar [dos sacerdotes] e a [se] afastar deles. R. Gamaliel (II, antes de 110 d.C. diz: Aceitamos o vosso testemunho. Mas que devemos fazer? Pois Yoḥanan ben Zakkai ordenou que não se recorresse aos tribunais para tais casos. Os

em sua intransigência, os sacerdotes, à primeira vista, rejeitavam as famílias *'îssah* e, se houvesse mera desconfiança, não desposavam as jovens que a elas pertenciam [18]. Em todos os casos relativos à origem dos descendentes de sacerdotes decidiam, por princípio, acentuando-lhes a gravidade [19].

Convém salientar que o número das famílias ilegítimas de sacerdotes não parece ter sido muito grande [20].

2. Os prosélitos

Os prosélitos [21] faziam igualmente parte do grupo de israelitas marcados por mácula leve; eram bem mais numerosos do que os *ḥălalîm*. Trata-se de prosélitos integrais,

sacerdotes vos escutarão [somente] quando se tratar de afastar, não de aproximar". — Tos. *'Ed.* III 2 (459, 23) diz claramente, a propósito das duas primeiras frases desta mishna: "Em seguida um tribunal ensinou: [A própria palavra] *'îssah* é digna de fé [*ne'ᵉmenet*] para se manifestar a respeito do puro e do impuro, para defender e para permitir [o casamento], para aproximar-se [dos sacerdotes] e para [deles] se afastar. Mas eles não cuidaram da viúva *'îssah*". Essa última frase mostra, de maneira garantida, que a palavra "viúva" em *'Ed.* VIII 3 não pertence à tradição original (o que já havíamos antes verificado através de outras conjecturas, ver *supra,* p. 301, n. 507. A própria família *'îssah* é, pois, aquela a quem, segundo a halaka, recusa-se o testemunho de legitimidade ou ilegitimidade para um de seus membros cuja origem é duvidosa. — Rosenthal na p. 43 de seu artigo citado *supra,* p. 422, n. 14, apresenta uma hipótese sugestiva: na sua opinião, o trecho da Tosefta indica que, primitivamente, na primeira frase de *'Ed.* VIII 3, havia não *'lmnt 'ysh,* mas *n'mnt 'ysh.* A falsa afirmação em *'Ed.* VIII 3 criou muita confusão para o sentido do termo *'îssah.*

18. *'Ed.* VIII 3; ver a n. precedente.

19. Ver *supra,* p. 296, o final da n. 467 e p. 301.

20. Tos. *Qid.* V 2 (341, 26) par. b. *Ket.* 14ᵇ bar.: Os israelitas reconhecem os *nᵉtînîm* (escravos do Templo, ver *infra,* p. 453) e os bastardos dentre eles, mas não os *ḥălalîm.* "A Büchler, em *MGWJ* 78 (1934), 159ss. cita algumas menções de *ḥălalîm* no século II de nossa era; ver também j. *Giṭ.* I 2, 43ᶜ 39 (Billerbeck, II, 377.

21. Bibliografia: tratado *Gerim,* ed. G. Polster (*Text, Übersetzung, Bemerkungen*), em *Angelos* 2 (1926), 1-38. — Billerbeck, II, 715-723; I. Levi, *Le prosélytisme juif,* em *REJ* 50 (1905), 1-9; 51 (1906), 1-31. — Bigliografia mais antiga em Schürer, III, 150, n. 1. O próprio Schürer, 150-188 trata do sucesso do proselitismo judaico e das diversas categorias de prosélitos; 186s, aborda as questões que vamos tratar, mas de modo superficial e insuficiente, pois, não utiliza, como fonte, senão a Mishna.

"prosélitos da justiça"[22], isto é, de pagãos convertidos ao judaísmo, submetendo-se à circuncisão, ao banho[23] ritual e à oferta do sacrifício[24]. É preciso distingui-los dos "tementes a Deus"[25] que aceitavam somente a profissão de fé monoteísta e a observância de uma parte das leis cerimoniais, sem se converterem totalmente ao judaísmo. Legalmente, eram considerados pagãos.

No século I de nossa era, objeto deste estudo, cessou, na realidade, a época das conversões forçadas[26] ao judaísmo como foram freqüentes no tempo dos macabeus, especialmente sob João Hircano na Iduméia[27] e sob Aristóbulo I no reino da Ituréia[28]. Mesmo na diáspora, neste século I, a julgar por Mt 23,15 tudo indica que ganhar um verdadeiro prosélito não era tarefa fácil, o que não é de admirar, levando em conta a difusão de correntes anti-semitas no mundo greco-romano[29]. Schürer tem razão de pensar que "as conversões formais ao judaísmo não devem ter sido tão freqüentes quanto a livre adesão sob a forma de *sebómenoi*"[30]. Entretanto, o banho dos prosélitos na piscina de Siloé em Jerusalém não era um acontecimento raro; sobretudo, é fácil conceber que muitos pagãos tenham vindo a Jerusalém para sua conversão ao judaísmo[31], ou apenas com o intuito de oferecer o sacrifício previsto para tal ocasião[32].

22. *Gerîm* = *gere ṣedeq.*

23. Quanto à ancianidade do batismo dos prosélitos como ato de iniciação, ver Billerbeck, I, 102-108, e meu livro *Die Kindertaufe in den ersten vier Jahrhunderten,* Göttingen, 1958, 29-34.

24. Quanto às mulheres, somente banho e oferta do sacrifício.

25. *Yir'e šamayim.* N. T., LXX, Josefo: *proboúmenoi* (*sebómenoi*) *tòm théon.*

26. Cf. *Nidda* VII 3: na regiões povoadas sobretudo por prosélitos.

27. *Ant.* XIII 9, 1, § 257.

28. *Ant.* XIII 11, 3, § 318. No § 319, Josefo apóia-se na obra histórica de Estrabão (que não chegou até nós) da qual faz uma citação propriamente dita.

29. Cf. Schürer, III, 126s e 150ss; J. Leipoldt, *Antisemitismus in der alten Welt,* Leipzig, 1933.

30. Schürer, III, 177.

31. *Pirqe de R. Eliezer* 10.

32. b. *Ker.* 81ª = 9ª; *Gerim* II 5. O sacrifício consistia, quase sempre, em um casal de pombos.

É para a Jerusalém das últimas décadas antes de nossa era que nos conduz o relato da conversão ao judaísmo de três pagãos rejeitados por Shamai, mas acolhidos por Hilel [33]. Além desse, um caso particular, objeto de uma discussão entre shamaítas e hilelitas, pertence ao período anterior do ano 30 de nossa era. Os shamaítas declaravam lícito o banho do prosélito no dia de sua circuncisão; os hilelitas, por seu lado, exigiam um intervalo de sete dias entre a circuncisão e o banho [34], pois, atribuíam ao pagão a impureza do cadáver. O texto acrescenta um relato que ilustra a antiga prática, a dos shamaítas [35]. "Havia em Jerusalém alguns soldados como [36] guardas das portas; [no 14 nisân] tomaram o banho ritual e ao entardecer comeram sua Páscoa [embora circuncidados naquele dia]" [37]. Infelizmente, nada mais sabemos dessa história e ignoramos de que soldados se trata. Uma única coisa é certa: são pagãos que se converteram ao judaísmo [38], e o fato se deu antes de 30, pois, conforme mostra o Novo Testamento [39], o critério shamaíta não servia mais de regra no tempo de Jesus. Entre 30 e 33 encontramos, em Jerusalém, Nicolau, prosélito originário de Antioquia que se agregou à comunidade cristã primitiva (At 6,5). Finalmente, no que diz respeito aos prosélitos hierosolimitanos, convém lembrar que já encontramos mestres célebres da Cidade santa, descendentes de prosélitos [40]. Um "Judas, fi-

33. b. *Shab.* 31ª bar.; *ARN* rec. A cap. 15, 61ª 1. — As tradições sobre Hilel e sobre o prosélito Ben He He (b. *Ḥag.* 9ᵇ, cf. Macher, *Ag. Tann.*, I, 8s) fazem igualmente parte deste contexto.

34. *Pes.* VIII 8; *'Ed.* V 2; Tos. *Pes.* VII 13 (167, 20).

35. Tos. *Pes.* VII 13 (167, 21; j. *Pes.* VIII 8, 36ᵇ 47 (III/2, 134).

36. Também em j. *Pes.* VIII 8, 36ᵇ 47 (III/2, 134). — Em Tos. *Pes.* VII 13 (167, 21): "e".

37. É preciso completar com este importante acréscimo; isso se conclui de *Pes.* VIII 8 e b. *Pes.* 92ª bar.

38. Segundo o contexto da passagem.

39. Ver meu artigo *Der Ursprung der Johannestaufe,* em *ZNW* 28 (1929), 312-320; ainda Jo 18,28, cf. Mt 8,8; as casas pagãs eram consideradas, no tempo de Jesus, como manchadas por uma impureza de cadáver. Mesma coisa em *Ant.* XVIII 4, 3, § 94.

40. Ver *supra,* p. 319. Cf. também Tos. *Sukka* I 1 (192, 11); j. *Sukka* I 1, 51ᵈ 24 (IV/1, 2): os sete filhos da rainha Helena de Adiabena, convertida ao judaísmo, foram todos escribas (*talmîdê ḥăkamîm*), segundo dizem. Ver ainda *infra,* n. 138, a explicação de Dt 10,18 por R. Yoshua.

lho do prosélito Laganion"[41] e uma prosélita Maria[42] são mencionados nos ossuários de Jerusalém.

Vejamos o que se passa quanto à *origem* dos prosélitos palestinos, em particular os de Jerusalém. A maioria vinha das regiões situadas no limite do território habitado pelos judeus. A Iduméia era a pátria da família real herodiana. As mães de dois escribas de Jerusalém de origem pagã (mencionados *supra,* p. 319), R. Yoḥanan, filho da hauranita (cerca de 40 d.C.)[43] e Abba Shaul, filho da batanéia (cerca de 60 d.C.), eram originárias, respectivamente, da Auranítide e da Batanéia. Depois de 23 a.C. essas duas regiões fizeram parte do domínio de Herodes, o Grande; de 4 a 34 d.C., da tetrarquia de Filipe; e a partir de 53, do domínio do rei Agripa II.

Além do mais, com base em Dt 23,8-9, discute-se a possibilidade de admitir amonitas e moabitas à conversão[44] e se perguntam se prosélitos edomitas e egípcios dos dois sexos podem casar-se com judeus logo após a conversão[45]. Não se tratava então somente de debates teóri-

41. *CIJ* II, n. 1385, inscrição grega.
42. *CIJ* II, n. 1390, inscrição hebraica.
43. Interpreto "Rabi Yoḥnan ben ha-ḥôrônît" com Tos. *Sukka* II 3 (193, 27) ms. de Erfurt; Tos. *'Ed.* II 2 (457, 14) ms. de Erfurt; *Sukka* II 7 na ed. príncipe do Babli, Veneza, 1522, e o ms. de Munique do Babli. Entretanto, a informação "Yoḥanan ben ha-ḥôrônî" é igualmente bem comprovada, cf. H. Bornhäuser, *Sukka* (col. Die Mischna), Berlim, 1935, 69s, que deixa a questão em aberto.
44. Dt. 23,4 proíbe aceitar amonitas e moabitas na comunidade de Israel. Como esse versículo não faz menção explícita das mulheres amonitas e moabitas, conclui-se que a interdição não as atingia (*Yeb.* VIII 3); explicou-se que a censura feita aos amonitas e aos moabitas em Dt 23,5 valia somente para os homens e não para as mulheres (j. *Yeb.* VIII 3, 9c 9 (IV/2, 199-120); b. *Yeb.* 77a; *Sifre* Dt 23,4, § 249 (5c 199, 4), ou então conclui-se da história de Rute, a moabita, e de Naama, a amonita (1Rs 14, 21), que Deus "rompeu os grilhões" (Sl 116,16), que encerravam as mulheres moabitas e amonitas (b. *Yeb.* 77a). Foram mais longe ainda. *Yad.* IV 4 mostra que, por volta de 90 d.C., já não se considerava em vigor a totalidade da interdição de Dt 23,4; limitavam-na aos amonitas e aos moabitas de antigamente. Cf. K. H. Rengstorf, *Jebamot* (col. Die *Mishna*). Giessen, 1929, 104-106; Billerbeck, IV, 378ss.
45. Segundo Dt 23,8-9, foi somente na terceira geração que descendentes de edomitas e de egípcios puderam pertencer à comunidade de Israel. Aplicava-se essa regra aos homens e às mulheres (aqui também R. Shimeon [cerca de 150 d.C.] exclui as mulheres: *Yeb.* VIII 3; *Sifre* Dt 23, 9 § 253 [50c 199, 41]), e explicava-se que duas gera-

cos. É o que mostra o relato segundo o qual, no tempo de Rabban Gamaliel II (Após 90 d.C.), um prosélito amonita, chamado Yuda, foi admitido à conversão na escola de Yabue [46], assim como a informação segundo a qual, entre os discípulos de R. Aqiba, encontrava-se um prosélito egípcio, Minjamin [47], casado com uma prosélita egípcia [48]. É à província romana da Síria que dirige a menção de Nicolau, prosélito originário de Antioquia, membro da comunidade cristã primitiva de Jerusalém (At 6,5). A discussão para saber se alguns carduanos armênios [49] e palmirianos podiam ser aceitos como prosélitos [50] — os hilelitas opinavam a favor; os shamaítas opunham-se — era provocada por casos concretos. É o que mostram os ossuários encontrados em Shafat, a 3 quilômetros ao norte de Jerusalém, que pertenciam, sem dúvida, a um cemitério para a diáspora judaica; apresentam nomes palmirianos escritos, em parte, em língua palmiriana [51]. É também o que mostra a menção de certa Miriam de Palmira que ofereceu em Jerusalém o sacrifício do nazireato [52], sendo, talvez, prosélita [53]. De uma região ainda mais afastada, o reino parto, vinham prosélitos de Adiabena, à frente dos quais achavam-se membros da família real de Adiabena que encontramos em Jerusalém nas últimas décadas antes

ções de prosélitos edomitas e egípcios — contados a partir da conversão, Tos. *Qid.* V 4 (342, 7) — não podiam contrair matrimônio com judeus (*Yeb.* VIII 3). Conforme demonstram Tos. *Yad.* II 17 (683, 34) e Tos. *Qid.* V 4 (342, 9), cerca de 90 d.C., limitava-se igualmente essa regra aos tempos idos; não a consideravam mais em vigor.

46. *Yad.* IV 4; Tos. *Yad.* II 17s (683, 26); b. *Ber.* 28ª bar. A decisão quanto à maioridade foi tomada contra o sufrágio de Gamaliel.

47. Ms. de Viena e antigas edições (diferentes em Zuckermandel): Benjamin. R. de Vaux, *Binjamin-Minjamin,* em *RB* 45 (1936), 400-402, pensa (sem conhecer nossa passagem), que Minjamin é outra forma de Binjamin. De seu ponto de vista, o nome Minjamin-Binjamin exprime a pertença à tribo de Benjamin. Nossa passagem, ao fazer-nos conhecer uma prosélita egípcia de nome Minjamin, restringe o alcance dessa opinião.

48. Tos. *Qid.* V 4 (342, 6).

49. Carduanos designa o Ararat bíblico.

50. b. *Yeb.* 16ª-ᵇ bar.; j. *Yeb.* I 6, 3ª 59ss (IV/2, 19-20) e *passim.*

51. F. M. Abel, em *RB* n. s. 10 (1913), 262-277, e *CIJ* II, nn. 1214-1239.

52. *Naz.* VI 11; Tos. *Naz.* IV 10 (299, 1).

53. S. Klein, *Jüdisch-palästinisches Corpus inscriptionnum,* Viena e Berlim, 1920, 25, n. 5.

de 70 d.C. e durante os anos da revolta (66-70) [54]. De mais longe ainda, a leste, provinha o escriba Naum, o medo (cerca de 50 d.C.) [55]. Não sabemos, porém, se ele descendia de judeus que moravam na Média ou de Medao; a primeira hipótese é a mais provável [56].

Qual era a *situação jurídica* dos prosélitos? A regra segundo a qual se deve considerar o pagão convertido "de todo ponto de vista, como um israelita" [57], não significa que o prosélito desfrutasse os mesmos direitos que o israelita com todos os seus privilégios de cidadania. Significa que o prosélito era, como qualquer judeu, obrigado a observar a totalidade da Lei (Gl 5,3) [58]. Quanto à situação jurídica do "estrangeiro" (*ger* = prosélito), o princípio *'ên 'ab lᵉgôy* "o pagão não tem pai" [59] era determinante. Nesse princípio jurídico, fundamental para o antigo direito relativo aos prosélitos, reflete-se o julgamento extremamente pessimista do judaísmo rabínico [60] sobre o paganismo, em particular sobre a vida moral: qualquer pagã, mesmo uma esposa, está sujeita à suspeita de ter praticado a prostituição [61]; por princípio põe-se em dúvida que o pagão possa conhecer seu verdadeiro pai [62]. Assim se explica que os escribas de origem pagã como R. Yoḥanan, "filho da hauranita" (cerca de 40 d.C.) e Abba Shaul, "filho da batanéia" (cerca de 60 d.C.) [63] sejam nomeados conforme sua mãe: "eles não têm pai".

54. Ver as explicações e comentários *supra,* pp. 24, 39, 54, 56, 98, 134, 182. Em Jerusalém, num sarcófago dos túmulos chamados túmulos dos reis, sepultura da família real de Adiabena, encontramos a inscrição "Rainha Sadda" (Inscrição bilíngüe, hebraica e siríaca muitas vezes estudada, por exemplo, S. Klein, *o. c.,* 26; *CIJ* II, n. 1388).

55. *Shab.* II 1 e *passim.*

56. Porque, ao que parece, chamava-se os descendentes de prosélito pelo nome da mãe (ver *supra,* p. 319) motivado pelo princípio de direito judaico segundo o qual o pagão não tinha pai legítimo (ver *infra,* n. 59).

57. b. *Yeb.* 47ᵇ.

58. *Mek.* Ex 12, 49 (7ᶜ 44-48).

59. *Ruth R.* 2, 14 sobre 1, 8 (8ª 8), palavra de R. Meir (cerca de 150 d.C.), b. *Yeb.* 98ª; *Pesiqta rabbati* 23-24, 122ª 11.

60. Billerbeck, III, 62-74.

61. Cf. *Yeb.* VI 5: "Considera-se como 'prostituta' (Lv 21,7) a prosélita, a escrava liberta e aquela que [israelita de nascença] sofreu uma relação de prostituição".

62. Billerbeck, I, 710, n. 1.

63. Ver *supra,* 317s e 422.

Foi seguramente bem mais tarde, ainda no período tanaíta que se deixou de reconhecer os elos de parentesco do prosélito com sua genitora, no caso em que ela fosse pagã quando ele nasceu. Invocava-se o princípio segundo o qual, "quando de sua conversão [ao judaísmo], o prosélito era como uma criança recém-nascida" [64]. Entretanto, conforme vemos pela literalidade deste princípio, seu emprego na passagem mais antiga [65] e a existência de expressões análogas na literatura rabínica [66] e neotestamentária [67], significavam que "Deus perdoa ao prosélito todos os seus pecados [no momento de sua conversão]" [68]. A comparação do prosélito com o recém-nascido tem, pois, originalmente, um sentido religioso; exprime de forma figurada os bens da salvação atraídos pela conversão ao judaísmo. O *tertium comparationis* é a inocência da criança recém-nata. Quando Paulo diz que os homens se tornam pelo batismo uma "nova criatura" (Gl 6,15; 2Cor 5,17), quando 1Pd 2,2 compara os batizados com "crianças recém-nascidas", temos nos dois textos a mesma [69] imagem igualmente inspirada no sentido religioso.

Não foi senão mais tarde que essa comparação do prosélito com o recém-nascido tornou-se um princípio jurídico; queria dizer então que era preciso considerar o pa-

64. b. *Yeb.* 48ᵇ bar., 22ᵃ, 62ᵃ, 97ᵇ; tratado *Gerim* II 6, ed. Polster, em *Angelos* 2 (1926), 6s.
65. b. *Yeb.* 48ᵇ bar.; *Gerim* II 6.
66. *Pesiqta rabbati* 16, 84ᵃ 8; *Cant. R.* 8, 1 sobre 8, 2 (74ᵃ 30).
67. Ver algumas linhas adiante.
68. j. *Bik.* III 3, 65ᶜ 61 (II/2, 386). — Ver principalmente b. *Yeb.* 48ᵇ bar. onde R. Yose (cerca de 150 d.C.) rejeita, de modo explícito, a teoria segundo a qual os sofrimentos e vexames que caem sobre os prosélitos são a punição daquilo que eles não observaram antes de sua conversão, os mandamentos noáquicos aos quais os pagãos devem obedecer. R. Yose (*Gerim* II 6: R. Yuda cerca de 150 d.C.) apóia sua rejeição no princípio: "No momento de sua conversão, o prosélito apresenta-se como um recém-nascido". Portanto, segundo R. Yose, o sentido desse princípio mostra que as faltas cometidas antes da conversão são perdoadas aos prosélitos (*Gerim* II 6: [Deus] lhas remete").
69. Já em Paulo (Rm 6,2ss e *passim*) constatamos influências helenísticas na explicação do batismo cristão. Não podemos, porém, nos esquecer de que são secundárias. Cf. meu artigo *Der Ursprung der Johannestaufe,* em *ZNW* 28 (1929), 312-320 que mostra a dependência de 1Cor 10,1ss em relação ao ensinamento batismal do judaísmo tardio e do cristianismo primitivo.

gão que se convertia como recentemente criado, isto é, "sem pai, sem mãe, sem [outro] parente"[70]. Naquela época, por conseguinte, recusou-se também ao prosélito as relações de parentesco com sua mãe. Essa rigidez, não isenta de ligação com o isolamento do judaísmo causado pela difusão do cristianismo, exprime-se de diversas maneiras, aliás semelhantes[71]; a expressão de R. Helbo (cerca de 300) é característica: os prosélitos são, para Israel, tão prejudiciais quanto a lepra[72]. Mas, conforme acabamos de dizer, o significado jurídico da comparação entre o prosélito e o recém-nascido é tardio[73]; era ainda discutido no século IV[74] e R. Naḥman, por exemplo, não o reconhecia[75]. Sobre o velho princípio jurídico segundo o qual "o pagão não tem pai"[76] é que se edificou o antigo direito relativo aos prosélitos, como, por exemplo, as leis sobre o incesto válidas para os prosélitos[77].

A antiga legislação para os prosélitos desenvolveu-se a partir desse fundamento jurídico. Concernia, principalmente, ao *direito matrimonial*; eis o que convém explicitar a este respeito.

70. Rashi sobre b. *Sanh.* 57ᵇ bar., Billerbeck, III, 354, n. 1.

71. Mas não faltaram tendências contrárias, favoráveis aos prosélitos, como podemos verificar nas pp. 423ss.

72. b. *Nidda* 13ᵇ e par.

73. A idéia de que o prosélito não "tem mãe" acha-se insinuada, pela primeira vez na baraíta b. *Sanh.* 57ᵇ-58ᵃ segundo a qual o prosélito não tem, do lado materno, parentesco segundo a carne a não ser que sua mãe se tenha convertido durante a gravidez: "Um prosélito cuja concepção não se deu em estado de santidade [ambos os pais eram pagãos] e cujo nascimento aconteceu em santidade [entre um fato e outro os pais, ou a mãe se converteram) obtém uma família segundo a carne do lado materno, mas não do lado paterno". Portanto, é somente no caso de a mãe de um prosélito ter-se convertido antes do nascimento que se reconhece um parentesco segundo a carne do lado materno. Quer dizer que, se a mãe é ainda pagã no momento do nascimento, o prosélito é considerado "sem pai nem mãe". Tos. *Yeb.* XII 2 (254, 22) confirma a justeza dessa explicação.

74. b. *Yeb.* 22ᵃ, 27ᵇ.

75. b. *Yeb.* 22ᵃ.

76. De acordo com isto é que se deve corrigir a explicação de K. H. Rengstorf, art. *gennáo ktl* e, *Theol. Wörterbuck zum N. T.* I (1933), 666, linhas 14ss.

77. Sobre estas leis ver Billerbeck, III, 353-358.

a) As filhas de prosélitos não têm idoneidade para se casar com sacerdotes[78]. Antes de sua conversão, podem ter-se entregue à prostituição; ora, segundo Lv 21,7, a "prostituta" não tem o direito de se casar com sacerdote[79]. No século II de nossa era, tentou-se amenizar essa severa prescrição. R. Shimeon ben Yoḥai (cerca de 150) ensinava a título de exceção: "Uma prosélita que se converte antes de completar três anos e um dia pode casar-se com sacerdote"[80]. Além do mais, no século II, discutia-se até que ponto a impossibilidade de unir-se com famílias de sacerdotes valia também para os descendentes de prosélitas[81]; a tendência menos rigorosa triunfou[82] (R. Yose ben Halafta, cerca de 150: permitiu à filha de um prosélito e de uma prosélita casar-se com sacerdote). Entretanto, os sacerdotes opuseram uma resistência passiva[83] a essas transigências da prescrição; eles e suas filhas[84] mantiveram-se o mais possível afastados dos prosélitos e dos seus descendentes[85].

b) Quanto ao mais, os prosélitos dos dois sexos podiam casar-se sem restrição com membros de todos os ou-

78. Tos. *Qid.* V 3 (341, 29); j. *Yeb.* VIII 3, 9ᵇ 29 (IV/2, 119); Josefo, *C. Ap.* I 7, § 31.

79. *Yeb.* VI 5; *Sifra* Lv 21,7 (47ᵇ 186, 22); ver *supra,* p. 295. Pode ser que essa sentença de imoralidade que pesa sobre a prosélita fundamente o ensinamento de R. Aqabya ben Mehalalel (cerca de 70 d.C.) que queria excluir a prosélita e a escrava liberta do processo prescrito em Nm 5,11-29 para a mulher suspeita de adultério. É verdade que ele não tinha adeptos e foi condenado por não querer renunciar a essa opinião rigorista (*Sifre* Nm 5,12, § 7 [3ᵇ 38ss] e par.).

80. j. *Qid.* IV 6, 66ª 10 (não traduzido em V/2, 284 que remete ao par. II/2, 363). Invoca-se a Escritura como prova: "'Não conservareis a vida senão às meninas [madianitas] que ainda não coabitam com homem e elas serão para vós' [Nm 31,18]. E Pinḥas [o sacerdote] estava entre eles [quer dizer, entre as pessoas citadas em Nm 31,18; portanto o 'para vós' da Escritura refere-se também aos sacerdotes]. Par. b. *Yeb.* b. *Qid.* 78ª. Cf. ainda j. *Bik.* I 5, 64ª 31 (II/2, 363) e *passim.*

81. *Qid.* IV 6-7; cf. *Bik* I 5. A minúcia das opiniões é citada *supra,* p. 296, n. 467.

82. b. *Qid.* 78ᵇ: a halaka era segundo a opinião de R. Yose.

83. Ver *supra,* p. 301; cf. em particular *'Ed.* VIII 3.

84. Ponto de vista de R. Yuda (cerca de 150 d.C.): "Prosélita, escrava liberta e *ḥalal* podem desposar uma filha de sacerdote". (Tos. *Qid.* V 2 [341, 22]; b. *Qid.* 72ᵇ bar.) não corresponde ao antigo direito nem ao uso.

tros grupos da população [86] (levitas, israelitas de origem pura [87], israelitas com mácula leve ou grave [88] em sua origem) [89]. As interdições bíblicas sobre o incesto só valiam para eles na medida em que se tratasse de consangüinidade do lado materno [90]; as interdições rabínicas, chamadas de segundo grau de parentesco [91], não lhes eram aplicadas [92]. No direito que o prosélito gozava de contrair matrimônio válido com uma bastarda ou com sua própria irmã uterina [93] exprimia-se a "santidade menor" [94] dos prosélitos, diferenciando da "santidade maior" dos israelitas de origem pura, rigorosamente separados [95].

85. b. *Qid.* 78ᵇ; j. *Bik.* I 5, 64ᵃ 27 (II/2, 363).
86. *Qid.* IV 1; ver *supra,* p. 365.
87. Entretanto, não faltavam vozes para dizer: "Os prosélitos... não podem ingressar na comunidade [quer dizer, não podem unir-se em casamento com israelitas legítimas]", Tos. *Qid.* V 1 (341, 15).
88. Mais tarde, sustentou-se a opinião que proibia o casamento de um prosélito com uma bastarda (também R. Yuda cerca de 150 d.C., b. *Qid.* 67ᵃ bar.; 72ᵇ bar.
89. Segundo *Yeb.* VIII 2, o casamento de uma prosélita com um homem, mesmo que tivesse os testículos esmagados, era válido; semelhante união era proibida às hebréias de nascença por causa de Dt 23,2.
90. Billerbeck, III, 353-358.
91. As proibições do incesto, Lv 18, contra qualquer transgressão para proteger os rabinos acrescentaram aos graus de parentesco proibido, um novo grau de cada lado. Esses oito graus rabínicos (não bíblicos) de parentesco proibido (*šᵉniyyôt*) são enumerados em Tos. *Yeb.* III 1 (243, 14); b. *Yeb.* 21ᵃ bar.
92. b. *Yeb.* 22ᵃ.
93. O casamento era permitido quando irmão e irmã eram, ambos, prosélitos, quando tinham pais e mães diferentes. Neste caso, irmão e irmã não eram parentes, visto o prosélito "não ter pai".
94. Para a expressão, cf. b. *Yeb.* 22ᵃ.
95. Do que acabamos de dizer colhemos, quanto ao direito matrimonial, algumas informações particulares: dois irmãos, desde que um foi concebido antes da conversão da mãe, não são obrigados ao casamento levirático (*Yeb.* XI 2), pois, juridicamente, não têm o mesmo pai; com muito mais razão quando dois irmãos nasceram antes da conversão da mãe (*Yeb.* XI 2). — Quanto à prosélita concebida ou nascida antes da conversão da mãe, no caso de o marido acusá-la de que não era virgem quando a desposou, não podem utilizar nem a prescrição para o pagamento da indenização a seu pai (Dt 22,19: se a acusação era falsa), nem a prescrição que ordena levá-la até diante da casa do pai para a lapidação (Dt 22,21: se a acusação fosse verdadeira), *Ket.* IV 3; com efeito, juridicamente, ela não tem pai. — Cf. ainda *Ket.* I 2. 4; III 1-2: quanto ao montante do contrato de casamento etc., somente as prosélitas que não tinham 3 anos e um dia na ocasião de sua conversão eram postas em pé de igualdade com as hebréias de nascença. Apenas nesse caso pensavam estar seguros de que eram virgens.

O *direito sucessorial* prende-se, em íntima conexão, ao direito matrimonial. Duas questões se levantam a esse respeito: 1º que direito tem o prosélito à herança do pai pagão? 2º que direito têm à herança do seu pai, os filhos dos prosélitos concebidos antes de sua conversão?

No que diz respeito à primeira pergunta, o prosélito tinha a permissão de apropriar-se, como descendente de pai pagão, exclusivamente dos objetos que, como o dinheiro e os produtos colhidos, não estavam relacionados com o culto dos ídolos. "Se um prosélito e um pagão [que são irmãos] herdam de seu pai pagão, ele [o prosélito] pode dizer: toma o culto [o que serve ao culto] dos ídolos, e eu, o dinheiro; tu, o vinho [por causa das libações que talvez tenham sido oferecidas] e eu, os produtos da colheita" [96]. Na verdade, o prosélito não tinha o direito de aproveitar-se nem direta nem indiretamente, como no exemplo citado, da parte da herança do pai pagão, parte empregada ou passível de emprego no culto dos ídolos. Entretanto, para não dar ensejo aos prosélitos de voltar ao paganismo, permitiam-lhes aproveitar-se, indiretamente, dessa herança [97].

No que concerne à segunda questão levantada, é o princípio segundo o qual o pagão "não tem pai" que prevalecia. Os filhos dos prosélitos concebidos antes da conversão não podiam, pois, reivindicar nenhuma parte da sucessão, mesmo que se tivessem convertido juntamente com o pai. Por exemplo: "Aquele que tomou emprestado de um prosélito cujos filhos se converteram com ele ao judaísmo, não está obrigado [caso o prosélito venha a falecer] a pagar aos filhos [98] a dívida contraída". Segundo os princípios rabínicos, a esposa, normalmente, não tem o direito à herança [99], portanto, os bens do prosélito que "morreu sem deixar herdeiros", isto é, sem deixar filhos

96. *Demay* VI 10; Tos. *Demay* VI 22 (57, 15). Aconteceu, porém, que os prosélitos especialmente escrupulosos agiram como Áquila, o tradutor da Bíblia (cerca de 120 d.C.), que "por si mesmo decidiu tornar mais grave o caso e atirou sua parte [da herança do pai pagão] no mar Morto". Tos. *Demay* VI 13 (57, 16).

97. W. Bauer, *Demay* (col. *Die Mischna*), Giessen, 1931, pp. 50s.

98. *Shebiit* X 9.

99. *B. B.* VIII I.

gerados após a conversão, ficam sem proprietário! Nesses "bens"[100], estão incluídos as terras[101], o gado[102], os escravos[103] e os direitos do defunto em assuntos pecuniários[104]; apenas se exclui a parte dos bens atribuída ao dever de pagamento a um credor[105] ou à viúva por motivo da quantia convencionada no contrato de casamento e cabendo à viúva no caso de morte do cônjuge[106]. Qualquer pessoa pode-se apropriar desses bens sem proprietário[107]; quem consegue em primeiro lugar a "tomada de posse"[108] é tido como privilegiado. Assim, escravos maiores de idade podem-se declarar livres[109], e apropriarem-se, por exemplo, dos rebanhos que já pastoreavam[110], também a viúva pode praticar a "tomada de posse" de um bem sem dono[111].

Vejamos agora o que diz respeito ao *direito de ocupar postos oficiais.*

Era proibido ao prosélito ser membro do Grande Sinédrio[112] e do tribunal de 23 membros, pronunciando penas capitais[113]; a participação de um prosélito numa decisão desses tribunais tornava a decisão nula[114]. O prosélito também não podia fazer parte[115] do tribunal de três

100. b. *Giṭ.* 39ª; *Gerim* III 8. Em *Gerim* III 8-13, trata-se do prosélito integral, diversamente de III 1ss que fala do semi-prosélito (*ger tôšab*).
101. b. *Giṭ.* 39ª; *Gerim* III 9-10.
102. *B. Q.* IV 7; *Gerim* III 13.
103. *Gerim* III 8.13.
104. *Shebiit* X 9; *B. Q.* IV 11.
105. *Gerim* III 11-12.
106. *Keṭûbbah* (*Gerim* III 11). Entretanto, o credor e a viúva devem apresentar suas reivindicações a tempo.
107. *Gerim* III (onde se deve ler *qeṭanîm* com b. *Giṭ.* 39ª): "Se os servidores são [ainda] menores, podemos adquiri-los, tornando-os nossos [assim se realiza a apropriação legalmente válida, por exemplo, quando se concluiu um negócio]" *Gerim* III 9-13.
108. *Gerim* III 9-10. 13.
109. *Gerim* III 13; III 8; cf. b. *Giṭ.* 39ª; b. *Qid.* 23ª.
110. *Gerim* III 13.
111. *Gerim* III 11.
112. *Hor.* I 4-5, ver *supra,* p. 397.
113. *Sanh.* IV 2; b. *Sanh.* 36ᵇ.
114. *Hor.* I 4.
115. *Sifre* Dt 25, 10, § 291 (53ª 209, 17ss); *Midrash ha-gadol* sobre Dt 25, 10, ed. D. Hoffmann, *Midrash Tannaim,* Berlim, 1908-1909, 167. A proibição foi extraída das palavras "em Israel" de Dt 25,10, pois as mesmas palavras, em Dt 25,7 excluem o prosélito. — L. Ginzber, *Eine unbekannte jüdische Sekte* I, Nova Iorque, 1922, 126, dúvi-

membros diante do qual se realizava a *ḥălîṣah*[116]. Em contrapartida, era-lhe permitido tomar uma decisão nos litígios relativos a bens, como membro de um tribunal de três membros[117].

Convém finalmente realçar que a falta de uma genealogia autenticamente israelita acarretava, para os prosélitos, conseqüências não somente jurídicas mas também religiosas. O prosélito que exercesse uma função de suplente[118] não participava de modo algum dos méritos de Abraão, pois, esses eram reservados aos descendentes do patriarca segundo a carne[119]. Para ser justificado, o prosélito contava, unicamente, com os méritos próprios[120].

Em compensação, no que toca ao *direito dos pobres,* os prosélitos igualavam-se totalmente aos israelitas indigentes[121]. A generosa legislação social do Antigo Testamento obrigava a dar também ao *ger* ("estrangeiro") necessitado o auxílio destinado aos pobres, mas a exegese rabínica limitou o sentido primitivo da palavra *ger,* vendo nesse termo a designação do prosélito.

O prosélito pobre tinha, pois, os seguintes direitos: *a*) Por ocasião da colheita, podia receber a parte destina-

da que obriga a "considerar a desqualificação dos prosélitos para as funções públicas como uma halaka antiga". Há uma verdade nisto, ver *supra,* p. 398.

116. O descalçar como recusa ao casamento levirático. Dt 25,9-10. 25,9-10.

117. *Sanh.* IV e Obadiah di Bertinoro sobre esta passagem; b. *Sanh.* 36ᵇ. Em alguns lugares, é verdade, o prosélito parece ter sido completamente excluído das funções públicas, b. *Qid.* 76ᵇ.

118. *Nm. R.* 8, 10 sobre 5, 10 (43ᵇ 12ss).

119. Billerbeck, I, 117ss. — O prosélito não participa disso, *Bik.* I 4. O ponto de vista oposto, segundo o qual o prosélito pode ao invocar Gn 17,5 incluir-se entre os descendentes de Abraão, não aparece antes do século II. Tos. *Bik.* I 2 (100, 4), limitado aos quenitas e depois generalizado, j. *Bik.* I 4, 64ᵃ 15 (II/2 362).

120. b. *Qid.* 70ᵇ: "Rabba bar Rab Huna [cerca de 300 d.C.] diz: Eis a superioridade dos israelitas [legítimos, ver o contexto] em relação aos prosélitos: enquanto é dito dos israelitas [sem condições] 'Eu serei seu Deus e eles serão meu povo' [Jr 31,33], diz-se dos prosélitos [com a indicação de uma condição] 'Quem tiver coragem de aproximar-se de mim, esses serão o meu povo e eu serei o seu Deus' [Jr 30,21-22]".

121. Aconteceu, então, que os pagãos se convertiam unicamente para se beneficiar do auxílio dos pobres, isto é, "para serem tratados como um pobre [israelita]", *Yalqut Shimeoni* I § 645 sobre Lv 23,22 (ed. de Zolkiew, 1858, 471, 46).

da aos pobres, quer dizer, "segar a messe até o limite extremo do campo" (de acordo com Lv 19,10;23,22), segar a messe na terra (Lv 23,22), vindimar a vinha (Lv 19,10; Dt 24,21) e retirar os feixes esquecidos (Dt 24, 19); todos esses textos bíblicos falam explicitamente do *ger*[122]. *b*) Além do mais, com base em Dt 14,29;26,12, o prosélito pobre era levado em conta quando da distribuição do dízimo para os pobres[123]; Tb 1,6-8 (informação do *Sinaiticus,* ver *supra,* p. 190) mostra que essa prescrição era efetivamente observada. *c*) Para terminar, tinha direito à assistência prestada aos indigentes[124]. Um relato muitas vezes transmitido[125], aumentado é verdade, de modo lendário, dá-nos um exemplo, enfocando uma família de notáveis de Jerusalém: "Uma família Nebalat[126] (Antebila[127], Nabtela[128] vivia em Jerusalém; sua genealogia ascendia a Araúna, o jebuseu [eram, portanto, prosélitos][129]. Os doutores lhe concederam [quando a família se viu na penúria] 600 *seqel* de ouro [como auxílio]; eles [os doutores] não queriam que a família saísse de Jerusalém"[130]. Podemos perceber um pequeno fato histórico na simplicidade desse relato: graças à ajuda assistencial, uma família de Jerusalém, extremamente necessitada, livrou-se da

122. *Sifra,* Lv 10, 10 (44ᵈ 176, 28) afirma que, nestas passagens, *ger* designa o prosélito integral.

123. A respeito do dízimo dos pobres, *Sifre* Dt 14, 29, § 110 (42ᶜ 26) afirma a mesma coisa que a nota precedente.

124. b. *'A. Z.* 20ª.

125. Tos. *Pea* IV 11 (23,30) e, com algumas divergências, j. *Pea* VIII 8, 21ª 44 (II/1, 114). Sem a indicação genealógica sobre a origem da família: *Sifre* Dt 14,29, § 110 (42ᶜ 30); *Sifre* Dt 26,12, § 303 (53ᵈ 26); *Midrash ha-gadôl* sobre Dt 26,12, ed. D. Hoffmann, *Midrasch Tannaim,* Berlim, 1908-1909, 179.

126. Informação da Tosefta ms. de Erfurt. Baseando-se em Ne 11,34 que menciona Neballat como nome de lugar, S. Klein, em *MGWJ* 77 (1933), 189s pronuncia-se a favor dessa informação. H. S. Horovitz e L. Finkelstein, *Siphre zu Deuteronomium* (em o *Corpus Tannaiticum* III, 3) Breslau, 1936, 171, 9 (§ 110 sobre Dt 14,29) o adotam igualmente.

127. Informe do Yerushalmi; H. Grätz, *Eine angesehene Proselytenfamilie Agatrobulos in Jerusalém,* em *MGWJ* 30 (1881), 289-294, deduz que Antebia corresponde a Agatóbulos. É difícil dar-lhe razão.

128. Tosefta ms. de Viena, e *Sifre* Dt 26,12, § 303.

129. A indicação genealógica falta em *Sifre* Dt, § 110 e 303, assim como no *Midrash ha-gadôl,* ver supra, n. 125.

130. Tos. *Pea* IV 11 (23,30).

dolorosa contingência de emigrar. Como o montante do auxílio foi, conforme dizem, extremamente alto [131], essa família deve ter sido anteriormente muito rica e considerada [132]. A tradição posterior [133] qualificou-a como prosélita, o que demonstra que eles também podiam se beneficiar da assistência aos pobres.

Na *vida prática,* as limitações públicas impostas ao prosélito não representaram papel importante; a origem pagã era "mácula leve" [134]. Segundo o *Documento de Damasco* [135], os essênios observavam a regra segundo a qual em cada estabelecimento da seita deviam-se registrar os membros conforme a ordem determinada pela origem: sacerdotes, levitas, israelitas, prosélitos [136]. Evidentemente, essa ordem não pretendia realçar a posição inferior dos prosélitos na seita; queria antes marcar uma separação visível entre os prosélitos e os israelitas marcados de mancha grave, "o lixo da comunidade" [137], da qual ainda falaremos nas pp. 446ss. Quanto à situação social dos

131. Supondo que o peso de um *šeqel* seja de 16,36 gramas, estes 600 *šeqel* representavam em números redondos 20 libras de ouro.

132. Segundo um princípio da ação caritativa, a assistência devia ser conforme à condição da pessoa socorrida, isto é, que correspondesse ao antigo nível e gênero de vida daquele que ficou pobre, cf. Billerbeck, I, 346s e IV, 538, 544s.

133. A indicação segundo a qual trata-se de descendentes de Araúna, portanto, de prosélitos, falta numa parte da tradição (ver *supra,* n. 125). Sua exatidão é, de modo justo, contestada por S. Klein, *Zur jüdischen Altertumskunde* em *MGWJ* 77 (1933) 189-193. Supõe ele que se tratasse originariamente de descendentes dos bené Arnâ mencionados em 1Cr 3,21, portanto, descendentes de Zorobabel. Mesmo que seja exato, no mais tardar no século II de nossa era, tal conclusão foi aplicada à família de prosélitos.

134. Quando a ocasião se oferece, Josefo chama os prosélitos *Ioudaíoi* (*Ant.* XIII 9, 1, § 258), cf. W. Gutbrod, art. *Israél ktl.* em *Theol. Wörterbuch zum N.T.* III (1936), 372s. Partindo das idéias assinaladas *supra,* p. 402, n. 211, Fílon demonstra pelos prosélitos uma grande estima em *De Virt.,* § 187-227 e *passim*; Abraão que passou do politeísmo ao monoteísmo, é "para todos os prosélitos regra de nobreza", § 219. — Para dizer a verdade, certo descrédito aparece no juízo que a literatura rabínica faz dos prosélitos, por exemplo, na prescrição que lhes proíbe adquirir um escravo judeu b. *B. M.* 71ª bar.) ou no princípio que proibia lembrar aos prosélitos o seu passado (*B. M.* IV 10).

135. Ver *supra,* p. 451.

136. *Doc. Dam* XIV 3-6.

137. L. Ginzberg, *Eine unbekannte jüdische Sekte* I, Nova Iorque, 1922, 124s.

prosélitos antes da destruição do Templo, dois fatos são elucidativos: encontramos escribas cuja mãe era prosélita [138]; aliás, fala-se com muito orgulho da família real de Adiabena convertida ao judaísmo [139]. A comunidade cristã primitiva rejeitou, totalmente, entre os irmãos, qualquer julgamento desfavorável a respeito dos prosélitos; At 6,5 conta que um prosélito fazia parte do colégio dos sete ao qual foi confiada a assistência aos pobres.

A *família real herodiana* pertencia igualmente a este grupo da população que abrangia os prosélitos. Herodes, o Grande, não tinha sangue judeu nas veias. Seu pai, Antipater, era de família iduméia [140]; sua mãe, Cipros, descendia de uma família de um xeque árabe [141]. Em vão Herodes tentou esconder sua descendência de prosélito, em vão procurou ocultar que era, o que Josefo chama, um "semi-judeu" [142]. Propagava pelo seu historiógrafo da corte, Nicolau de Damasco, descender dos primeiros judeus repatriados do exílio de Babilônia [143]; teria mesmo procurado atribuir-se uma origem sacerdotal, segundo diz Estrabão [144], e da família real dos asmoneus, segundo o Talmude de

138. Ver *uspra,* p. 319s. Cf. também *Gn. R.* 70 sobre 28, 20: R. Yoshua (cerca de 90 d.C.) vê no vestuário que Deus, segundo Dt 10,18 promete dar ao prosélito (é assim que o Midraxe compreende sempre a palavra *ger*) o manto de honra (dos doutores), Billerbeck, II, 843.

139. Ver *supra,* n. 54; Schürer, III, 169.

140. *Ant.* XIV 1, 3, § 8; *B. j.* I 6, 2, § 123. Ver também *Ant.* 15, 2, § 403.

141. *B. j.* I 8, 9, § 181: *toúto gémanti gunaîka tôn episémon ech Arábias Kúpron toúnoma. Ant.* XIV 7, 3, § 121 é discutido; com a maioria dos mss. é preciso ler: *pleístou tóte áchios ên* (Antipater) *kaì par' Idoumaíois* (lição de oito testemunos; somente o *Palatinus Vaticanus gr.* 14 lê: *Ioudaíon oî, par' ôn ágetai gunaîka tôn episémon ech Arabías Kúpron ánoma.* H. Willrich, *Das Haus des Herodes,* Heidelberg, 1929, pronuncia-se a favor da origem judaica de Kypros; mas a variante é pobremente comprovada para poder ser considerada como o texto original. Baseando-se na passagem de *B. j.* I 8, 9, § 181 citado no início desta nota, Schlatter, *Theologie,* 185, n. 1, conjectura como texto primitivo: *parà toîs Nabataíois.*

142. *Ant.* XIV 15, 2, § 403.

143. *Ant.* XIV 1, 3, § 9. Com razão Josefo rejeita esta afirmação, tendo-a como falsa. Ver ainda *supra,* p. 374s, a informação sobre a destruição pelo fogo dos registros genealógicos judaicos ordenadas por Herodes.

144. *Historikà hupomnémata* XVI 765. — *Assunção de Moisés* VI 2 afirma que Herodes não é de origem sacerdotal.

Babilônia [145]. Na verdade, teria Herodes sido um escravo (liberto) [146], ou melhor, neto de um hieródulo do santuário de Apolo em Ascalão [147], como pretendem alguns historiadores? Não se pode dar com certeza uma resposta afirmativa. Insinua-se talvez aí maldosa invenção de uma tradição judaica [148], samaritana [149] ou cristã [150], sobretudo por estar em contradição com Josefo que atribui a Antipater origem de alta classe [151]. Portanto, se a informação, como é bem provável, remonta a Ptolomeu de Ascalão (início do século I de nossa era) [152], a data é um argumento a favor de sua autenticidade.

Descendendo de prosélitos talvez mesmo de escravos libertos, Herodes não tinha direito algum ao trono real dos judeus; Dt 17,15 proibira expressamente: "É um de teus irmãos que estabelecerás como rei sobre ti". A exegese rabínica desse texto excluía também o prosélito da realeza; é o que vemos em b. *B. B.* 3b: "Ele [Herodes] diz: 'Quem interpreta Dt 17,15?' Os rabinos [explicaram-lhe]. Ele então levantou-se e mandou matar todos os rabinos [porque a sua exegese não lhe convinha] [153]. Os fariseus não aceitaram de Herodes o juramento de fidelida-

145. b. *B. B.* 3^b, 4^a; cf. b. *Qid.* 70^b.

146. b. *B. B.* 3^b: "Escravo da família dos asmoneus", cf. b. *Qid.* 70^b e *passim*.

147. Júlio, o Africano, em sua *Carta a Aristides,* ed. W. Reichardt, *Texte und Unters.* XXXIV 3, Leipzig, 1909, 60, linhas 15ss.

148. Ver a penúltima n.

149. Ver a crônica editada por E. N. Adler e M. Séligsohn, *Une nouvelle chronique samaritaine,* em *REJ* 45 (1902), 76, linhas 14-15: "E Herodes era bastardo". Sobre esta crônica, ver meu estudo *Die Passahfeier der Samaritaner, BZAW* 59, Giessen, 1932, 57.

150. Schürer, I 292, n. 3.

151. *B. j.* I 6, 2, § 123. É verdade que *Ant.* XIV 16, 4, § 491 é diferente: [*he árchè*] *metébe'eis Heroden tòu Antipátrou oíkias ónta demotikês kaì génous idiotikoû kaì upakoúontos toîs basileûsin.* Cf. também *supra,* p. 377, n. 66.

152. Eusébio, *Hist. eccl.* I 7, 12 conta que Júlio, o Africano, dissera de sua indicação sobre a origem de Herodes (ver *supra,* a nota 147): *kaì taûta mèn koinà kaì taîs Hellenon ístoríais.* Ora, sabemos que Ptolomeu de Ascalão (no início de seu trabalho sobre Herodes) falara da origem dos judeus e dos idumeus (Schürer, I, 48s). É, pois, fácil supor que Júlio, o Africano, ao indicar "a historiografia helenística" pense na obra de Ptolomeu de Ascalão, e que tal trabalho tenha lhe servido de fonte.

153. A impossibilidade para o prosélito de tornar-se rei encontra-se igualmente expressa noutro lugar, por exemplo, b. *B. Q.* 88^a.

de [154]. Segundo a Lei devia-se considerar Herodes como um usurpador ilegítimo; pode ter sido esse o motivo essencial daquela recusa.

Agripa I, neto de Herodes, teve de suportar que um rabi, chamado Simeão, reunisse o povo de Jerusalém e o excitasse contra ele, exigindo que "lhe proibissem o acesso ao Templo [mais precisamente, ao átrio das mulheres e dos israelitas], pois tal acesso só era permitido às pessoas do país" [155]. Agripa I, descendendo de prosélitos, é tido como não-judeu; neste exagero há um acentuado e acerbo desdém que bem mostra o desprezo com que o povo considerava a origem dos príncipes herodianos. A Mishna conservou-nos um relato de como Agripa I procurou, de maneira calculada, acalmar o ânimo do povo através de uma humildade levada à exibição. Dt 31,10-13 prescreveu que se devia ler a Lei no fim do primeiro dia (portanto, em 15 tishri) da festa das Tendas que segue um ano sabático [156]; realmente, sob os asmoneus, ao mesmo tempo reis e sumos sacerdotes, estabeleceu-se o costume de o rei, sentado naquela ocasião num estrado de madeira erguido no átrio das mulheres [157], fazer a leitura da Lei [158]. O ano de pousio 40-41 terminou em 1º tishri do ano 41; em 15 tishri Agripa I devia, pois, ler a Lei. Fez a leitura de pé; tal atitude já devia mostrar ao povo sua humildade, mas outra circunstância iria realçá-la muito mais: "Quando chegou na [frase]: 'Não poderás nomear sobre ti [como rei] um estrangeiro' [Dt 17,15] ele se pôs a chorar. Uma voz então se fez ouvir: Não temas, Agripa, tu és nosso irmão, nosso irmão, sim, tu és nosso irmão!" [159]. Os historiadores discutem para esclarecer se o relato se refere

154. *Ant.* XV 10, 4, § 370; XVII 2, 4, § 42.
155. *Ant.* XIX 7, 4, § 332.
156. Sobre este assunto, ver meu artigo *Sabbathjahr,* em *ZNW* 27 (1928) 98-103.
157. *Soṭa* VII 8.
158. Dt. 1,1-6;6,4-9;11,13-21;14,22-29;26,12-15; a parte sobre o rei 17,14-20;27,1-26;28,1-69 (*Soṭa* VII 8, com variantes nos mss. e nas tradições paralelas).
159. *Soṭa* VII 8 e par.; *Sifre* Dt 17,15, § 157 (45ª, 178, 47): *Midrasch Tannaim* sobre Dt 17,15, ed. D. Hoffmann, Berlim, 1908-1909, 104.

a Agripa I[160] ou Agripa II[161]; no segundo caso, a cena ter-se-ia passado em 15 tishri 55 ou 62 d.C.[162]. Mas a atribuição a Agripa I é muito mais provável[163]. Seja qual for a data, é particularmente característica do modo como o povo julgava a família real. Os próprios herodianos sabiam, de maneira precisa, não possuir, como descendentes de prosélitos, qualquer direito ao trono e deviam levar em conta a opinião pública; as lágrimas do rei que re-

160. D. Hoffmann, *Die erste Mischna*, Berlim, 1882, 15ss, e em *Magazin für die Wissenschaft des Judenthum* 9 (1882), 96ss; Schaller, *Gesch. Isr.*, 435, n. 244; *Theologie*, 83, n. 1 e 135, n. 1; Billerbeck, II, 709s; J. Jeremias, *Sabbathjahr* em *ZNW* 27 (1928), 100, n. 9; V. Aptowitzer, *Spuren des Matriarchats im jüdischen Schrifttum*, em *HUCA* 5 (1928), 277-280.

161. Derenbourg, *Essai*, 217; M. Brann, *Biographie Agrippa's* II, em *MGWJ* 19 (1879), 541-548; Büchler, *Priester*, 12ss. — Büchler invoca *a*) j. *Soṭa* VII 7, 22a 31 (IV/2, 309-310) bar.: "R. Ḥananias ben Gamaliel [cerca de 120 d.C.] dizia: Muitos foram mortos naquele dia porque eles o elogiaram". Como não houve revolta comprovada em 41 d.C., a indicação deste fato deve referir-se a Agripa II. Entretanto, Büchler não viu que o contexto se refere à festa de Páscoa; evidentemente essa passagem visa ao cálculo dos animais que Agripa II apresentou por ocasião de uma Páscoa (Tos. *Pes.* IV 3 [163, 4]; cf. *B. j.* VI 9, § 424) onde muitos foram emprensados. A esse fato acrescentou-se de modo lendário o caso narrado por *Soṭa* VII 8 que menciona, com efeito, Agripa II. A indicação não possui, portanto, valor histórico. *b*) *invoca* a seguir Tos. *Soṭa* VII 16 (308, 9): "Eles disseram em nome de R. Natã [cerca de 160 d.C.]: Os israelitas tornaram-se culpados, sujeitos à pena, por terem elogiado Agripa". Anteriormente foi feita menção de uma festa das Tendas à qual tomou parte R. Tarfon que era ainda um rapaz quando da destruição do Templo em 70 d.C.; só pode tratar-se, pois, do ano 62. — Não é dito, porém, que a observação de R. Natã se reporte à mesma festa da qual participou R. Tarfon.

163. Pelas seguintes razões: *a*) O relato de *Soṭa* VII 8 está de acordo com os constantes esforços de Agripa I a favor dos círculos fiéis à Lei (At 12,3 e *passim*). *b*) Em 62 d.C. houve sério conflito entre Agripa II e os chefes do povo unidos ao clero (*Ant.* XX 8, 11, § 189ss). O conflito se deu antes de Albino, certamente em exercício na festa das Tendas de 62, ter assumido o cargo (*Ant.* XX 9, 1, § 197). Nesta situação tensa uma manifestação de simpatia ao rei, da parte do povo, era pouco provável. *c*) Segundo Josefo, *Ant.* IV 8, 12, § 209, o sumo sacerdote deve fazer a leitura na festa das Tendas. Portanto, teria sido assim no último período antes da ruína do Templo; tal prática, o próprio Josefo presenciou ao assistir à festa do ano 62, quando era então um jovem sacerdote de 24 anos (a mudança no rito, segundo a qual a leitura seria feita não mais pelo rei mas pelo sumo sacerdote, deu-se, sem dúvida, no ano 48 [festa das Tendas após o ano de pousio de 47-48] quando não havia rei). Em *Soṭa* VII 8, é o rei quem faz a leitura; o fato situa-se, pois, antes de 62.

conheceu publicamente sua inferioridade foram o suficiente para despertar o clamor comovente e cheio de piedade: *'aḥînû 'attah*[164].

3. Os escravos pagãos libertos

A instituição da alforria dos escravos foi inspirada no direito romano. Os escravos libertos constituíam o terceiro grupo da população que fazia parte dos israelitas marcados por mácula leve. Trata-se de pagãos (homens e mulheres) de nascença[165] que, tornados escravos, servos a serviço de um judeu, submeteram-se ao se tornarem propriedade do seu amo judeu, à circuncisão e ao banho (banho dos escravos)[166], e em seguida libertos[167].

A libertação[168] podia-se fazer: *a*) por livre decisão do proprietário[169] que tinha a possibilidade de se exprimir também sob a forma de reconhecimento tácito[170], de solene liberação sacral na sinagoga[171], de disposição testamentária[172], de indicação dada no leito de morte[173]. *b*) Por resgate com o auxílio de outras pessoas[174]. *c*) Havia libertação forçada, por decisão do tribunal, quando um amo,

164. Essa exclamação parece presa a Dt 23,8: "Não abomines o edomita, pois ele é teu irmão".

165. Os escravos judeus submetiam-se a outro direito, ver *supra*, p 414ss.

166. Sobre este banho, ver b. *Yeb.* 46ª-47ᵇ bar., e Billerbeck, I 1054s; IV, 724, 744.

167. Somente os escravos pagãos que foram circuncidados (sobre a circuncisão dos escravos pagãos, ver *infra*, pp. 459ss.) podiam se tornar libertos no sentido do direito judaico.

168. Billerbeck, IV, 739-744; Krauss, *Talm. Arch.*, II, 98-101.

169. b. *Giṭ.* 38ᵇ e *passim*. Contestava-se, entretanto, que o amo tivesse a seu bel-prazer o direito de libertar seus escravos, cf. b. *B. Q.* 74ᵇ.

170. A seguir, este reconhecimento tácito de libertação era considerado como concedido quando o amo obrigava o escravo a fazer atos de um homem livre, Billerbeck, IV, 740, 742s.

171. Ver as provas epigráficas em Schürer, III, 23s, 93s; A. Deissmann, *Licht vom Osten,* 4ª ed., Tübingen, 1923, 271.

172. *Pea* III 8 e *passim*.

173. b. *Giṭ.* 40ª e *passim*.

174. *Qid.* I 3; tratado *'Abadim* III 4. Ao escravo pagão era proibido possuir bens ou adquiri-los. — Se um judeu vendia seu escravo

em presença de testemunhas [175], arrancava um olho ou um dente do escravo (Ex 21,26-27) ou o mutilava [176] numa das "24 extremidades dos membros" [177]; a alforria podia igualmente ser obtida por meia-libertação [178], mas nesse caso, o escravo deveria assinar um documento, obrigando-o a pagar a metade do seu valor [180]. *d*) Conforme vimos [181], obtinha a liberdade pela morte do seu senhor, no caso de ser esse um prosélito, não deixando, como herdeiros [182], filhos concebidos após a conversão. *e*) Finalmente, um escravo que não se tivesse ainda tornado propriedade total de seu mestre — o que acontecia através do "banho para ser escravo" [183] — podia por si mesmo procurar a liberdade, tomando um "banho para ficar livre" [184]. Em resumo, é preciso dizer que as possibilidades para os escravos pagãos de se tornarem livres eram muito pequenas.

Se o escravo liberto tomara o banho "para tornar-se livre" prescrito em todos os casos, toda e qualquer *potestas* do antigo amo cessava; doravante o liberto era juridicamente igual aos outros prosélitos integrais. Entretanto, os tribunais saduceus de sacerdotes [185] criaram distinções. Por exemplo, determinado tribunal não permitiu ao escravo li-

pagão a um pagão ou em país estrangeiro, o escravo pagão devia ser resgatado e depois, libertado. *Giṭ.* IV 6.

175. b. *B. Q.* 74ᵇ.

176. b. *Qid.* 24ª bar.: dedução de Ex 21,26-27 com o auxílio da regra hermenêutica *binyan 'ab.*

177. Dedos da mão, dedos do pé, ponta do nariz, membro viril ou bico dos seis da mulher, *Neg.* VI 7; b. *Qid.* 25ª bar.; tratado *'Abadim* III 4.

178. Esse caso se apresentava quando, por exemplo, se duas (ou diversas) pessoas herdavam um escravo em comum, uma lhe concedesse a liberdade.

179. Ou os 2/3 etc. O caso dependia do número de donos que ainda tivessem direito à propriedade e do número daqueles que, pela libertação, tinham renunciado à sua parte.

180. *Giṭ.* IV 5. Era o proprietário lesado pela libertação que recebia o documento.

181. Ver *supra,* p. 434.

182. Neste caso, os escravos — na verdade somente os adultos — podiam, eles próprios se declararem livres (a título de bem sem proprietário), *Gerim* III 13. — b. *Qid.* 23ª inclui, igualmente, os escravos menores.

183. Ver *supra,* n. 166.

184. *Mek.* Ex 12,48 (7ᶜ 36ss); b. *Yeb* 45ᵇ, 46ª.

185. Ver *supra,* p. 245 e 314.

berto de Tobias, médico de Jerusalém, testemunhar ter visto a nova lua [186]; colocou-o, portanto, no mesmo pé de igualdade do escravo servo [187], inapto para esse testemunho.

Os escravos libertos dos dois sexos viviam separados, como grupo particular, dos outros prosélitos integrais e seus filhos eram também distintos, como escravos libertos, dos outros descendentes de prosélitos [188], se bem que, de acordo com a opinião dominante, não deveria haver distinção do ponto de vista legal. A razão dessa diferença provém do fato de, para eles, à mancha de sua origem pagã, acrescentar-se a mancha de sua antiga servidão. Especialmente para uma escrava liberta, esse fato, representava algo moralmente penoso: não se podia cogitar que uma escrava pagã pudesse não ter sido profanada. Por esse motivo, juridicamente, a palavra "prostituta" em Lv 21,7 é explicada da seguinte maneira: "Considera-se como 'prostituta' a prosélita, a escrava liberta e aquela que foi deflorada pela prostituição" [189]; qualquer escrava liberta passava, pois, *ipso facto,* por prostituta! Sob este enfoque, ela se achava ainda abaixo da prosélita: "Por que pedem em casamento uma prosélita e não uma escrava liberta? Porque se admite que a prosélita tenha-se preservado [de relações sexuais] [190], ao passo que a escrava liberta é, em geral, uma prostituta" [191].

O número de escravas libertas não era elevado, e por volta do fim do século I de nossa era, os rabinos discutiam para saber se a libertação era, em última análise, permitida [192]. É certo, entretanto, que um direito dominante e uma prática real respondiam afirmativamente. Josefo menciona escravos libertos da corte herodiana que tomaram

186. *R. H.* I 7.
187. *R. H.* I 8.
188. Tos. *Qid.* IV 15 (341, 12).
189. *Yeb.* VI 5; *Sifra* Lv 21,7 (47b 186, 22); ver *supra,* p. 295.
190. Se ainda fosse pequenina por ocasião da conversão dos pais.
191. Tos. *Hor.* II 11 (477, 5). Par. j. *Hor.* III 9, 48b 56 (VI/2, 279).
192. Discutia-se para saber se, na frase do Lv 25,46: "Tê-los-eis perpetuamente como escravos", era preciso ou não ver uma interdição da alforria, b. *Giṭ.* 38b.

parte dos funerais de Herodes, o Grande [193]. No que diz respeito, especialmente, a Jerusalém, a literatura rabínica situa em meados do século I antes de nossa era, uma escrava liberta, chamada Karkemit [194], casada com um judeu, aliás, escravo liberto [195]. Os ossuários de um cemitério muito primitivo descoberto em Shafat a 3 km ao norte de Jerusalém, apresentavam inscrições em hebraico, em palmiriano e em grego [196]. Aí encontramos, entre outros, o nome do escravo Epiteto, assim como os nomes *Aphreicanos Phouleios, Phouleia Aphricana* [197]; é possível, mas não certo, que os mortos fossem, em parte, escravos libertos [198].

Um dito corrente em Jerusalém, é característico da situação social dos libertos: "Tua filha já se tornou púbere [passou dos doze anos e meio], liberta teu escravo e dá-o à tua filha [em casamento]" [199], o que significa: se tua filha ultrapassou a idade normal para o noivado [200], não hesites em casá-la com teu escravo liberto. Aqui, o liberto é mencionado como membro do grupo inferior da população com o qual o casamento era ainda permitido a uma israelita de origem pura; sim, porque, na hierarquia social, imediatamente após, vêm os israelitas marcados por mancha grave em sua origem aos quais os israelitas legítimos não podiam se aliar. Vê-se então que o escravo liberto era tratado com grande desdém [201]. A voz

193. *B. j.* I 33, 9, § 673: 500 escravos e libertos. — Libertados na corte de Féroras (*Ant.* XVII 4, 1, § 61); Eutico, liberto de Agripa I (*Ant.* XVIII 6, 5, § 168); Filipe, filho de Yakim, oficial superior de Agripa II, possui libertos em seu serviço (*Vita* II, § 48 e 51).

194. *'Ed.* V 6; *Sifre* Nm 5, 12, § 7 (3^b 39); b. *Ber.* 19^a bar.; *Nm. R.* 9 sobre 5, 31 (56^b 7). Sobre esse texto ver Billerbeck, IV, 309s; S. Mendelsohn em *REJ* 41 (1900), 32; K. G. Kuhn, *Sifre zu Numeri* (*Rabbinische Texte* II 3), Stuttgart, 1959, 33 (dá uma bibliografia mais ampla).

195. *R. H.* I 7.

196. F. M. Abel, em *RB* n. s. 10 (1913), 262-277; *CIJ* II, nn. 1214-1239.

197. = Furius Africanus, Furia Africana, Abel, *Art. cit.* nn. 3 e 4, 272s; *CIJ* II, n. 1227 *a* e *b*.

198. F. Bleckmann, em *ZDPV* 38 (1915), 239.

199. b. *Pes.* 133^a

200. Billerbeck, II, 374; doze anos a doze anos e meio.

201. j. *Hor.* III 9, 48^b 58 (VI/2, 279): "R. Yoḥanan († 279) dizia: Não te fies a um escravo judeu até a sexta geração [após a sua libertação]".

popular exprimia profundo desprezo quando colocava os membros da família real herodiana neste grupo da população [203]. E toda a humildade do cristianismo de Paulo reside no fato de chamar o cristão "um liberto de Cristo" (1Cor 7,22) quando, no domínio do conhecimento e das questões de fé, o cristão não é escravo de um homem, mesmo quando faz parte de escravos (1Cor 7,23).

B. ISRAELITAS MARCADOS POR MANCHA GRAVE

Acabamos de estudar os grupos da população marcados apenas por mácula leve, aos quais só era interditada a aliança com famílias sacerdotais. Em contrapartida, o casamento com levitas, israelitas de origem legítima e descendentes ilegítimos de sacerdotes era também proibido aos grupos que passaremos agora a estudar [203]. Essa interdição, apoiada em Dt 23,2-3, afastava da "assembléia de Iahweh" (*ibid.*) os israelitas marcados com mácula grave; eram "o lixo da comunidade" [204].

1. Os bastardos

Trata-se, inicialmente, dos bastardos, *mamzerîm* [205]. "Que é um *manzer? a*) Todos [os descendentes] de uma união proibida [na Escritura] pelo 'Tu não deves en-

202. Ver supra, n. 146.

203. *Qid.* IV 1 (ver *supra,* p. 365); III 12; *Yeb.* II 4; VIII 3, IX 2-3; *Mak.* III 1 (segundo o texto da ed. príncipe, Nápoles, 1492, e o da Mishna na ed. príncipe do Talmude de Babilônia, Veneza, 1520ss).

204. *Pesûlê qahal.*

205. Primitivamente, a palavra *mamzer* designava a população mesclada da planície filistéia na época persa (S. I. Feigin, em *The American Journal of Semitic Languages and Literature* 43 [1926], 53-60; M. Noth, em *ZAW* 45 [1927], 217). — Sobre o sentido desse termo na antiga literatura rabínica, ver A. Büchler, *Familienreinheit und Familienmakel in Jerusalem vor dem Jahre 70, em Festschrift Schwarz,* 140ss; V. Aptowitzer, *Spuren des Matriarchats im jüdischen Schrifttum,* Excursus II: *Das Kind einer Jüdin von einem Nichtjudeu,* em *HUCA*

trar', palavras de R. Aqiba [† depois de 135 d.C.]. *b*) Shimeon, o temanita [cerca de 110 d.C.], dizia: Todos [os descendentes de uma união] sobre a qual cai o castigo da exterminação pela mão de Deus — e a halak[206] corresponde à sua opinião. *c*) R. Yoshua [ben Hananias, cerca de 90 d.C.] assim declarava: "todos [os descendentes de uma união] sobre a qual cai a pena de morte [pronunciada] pelo tribunal [da terra]"[207]. Conforme podemos ver, os doutores do início do século I de nossa era não estavam de acordo quanto ao conteúdo jurídico do conceito de bastardo. Três opiniões se defrontavam.

a) R. Aqiba representa a opinião mais estrita. Declara bastardos todos os descendentes de uma *união proibida na Torá* (incesto, adultério etc.)[208], e exclui somente os descendentes da união (proibida por Lv 21,14) entre o sumo sacerdote e uma viúva[209], exceção à qual o próprio texto de Lv 21,15[210] o conduziu. É uma característica da severidade de Aqiba ir além do próprio texto da lei bíblica: declara igualmente bastardos os filhos de um casamento proibido somente pelos rabinos. Daremos alguns exemplos. Considera como bastardo o filho da união com

6 (1928), 267-277; A. Büchler, *Familienreinheit und Sittlichkeit in Sepphoris im zweiten Jahrhundert*, em *MGWJ* 78 (1934), 126-164.

206. O direito em vigor.

207. *Yeb.* IV 13. Maiores detalhes, *Sifre* Dt 23,2, § 248 (50^b 44ss); j. *Qid.* III 14, 64^c 44 (V/2, 275-276. Ver ainda Tos. *Yeb.* I 10 [241, 27ss] (opinião de R. Shimeon); j. *Yeb.* VII 6, 8^c 1ss [IV/2, 107] (opinião de R. Yoshua). Cita-se muitas vezes a opinião de R. Aqiba.

208. b. *Qid.* 64^a, 68^a, 76^a. Segundo Aqiba, o filho é bastardo mesmo se a Escritura não menciona o castigo (condenação à morte ou extermínio). Assim, por exemplo, segundo Aqiba, a criança é bastarda quando um marido torna a aceitar sua mulher divorciada, mesmo que, neste ínterim, ela tenha contraído outro casamento (cf. *infra*, n. 215); Dt 24,1-4 proíbe essa união sem mencionar castigo no caso de transgressão da ordem.

209. b. *Qid.* 64^a, 68^a; b. *Ket.* 29^b: ele declara os filhos *ḥălalîm* e não *mamzérim*. Segundo Tos. *Yeb.* VI 8 (248, 15), Aqiba teria excluído também os descendentes nascidos do matrimônio de um sacerdote com uma divorciada ou uma *ḥălûṣah* (sobre essa última, ver duas notas abaixo), embora essa união também fosse proibida, ver *supra*, p. 297.

210. "Ele não profanará", *ló yeḥallel;* as crianças são, pois *ḥălalîm* e não *mamzerîm*.

a *ḥălûṣah* [211], com parentes da *ḥălûṣah* [212], com uma mulher divorciada cuja carta de divórcio, dobrada e costurada [213], trazia a assinatura de um escravo em vez da de uma testemunha [214] etc. [215].

b) A segunda opinião sobre o sentido do termo *mamzer* parte do que já foi dito sobre as uniões proibidas na Torá: ameaçadas ora com a pena de extermínio, ora com a pena de morte; (por ex., Lv 20,10-16; pena de morte; 20,17-21: pena de extermínio): Shimeon, o temanita, cuja opinião foi durante o século I elevada a nível de direito em vigor [216], só declara bastardos os filhos nascidos de uma união ameaçada de *extermínio*, na Escritura, isto é, segundo a explicação rabínica, pelo julgamento divino de uma morte antecipada. Conforme mostra em *Ker.* I 1, o

211. (= Mulher do irmão falecido, sem filho, à qual o cunhado recusou o casamento levirático) *Yeb.* IV 12; Tos. *Yeb.* VI 5 (247, 16); b. *Yeb.* 44ᵇ. Aqiba apóia-se em Dt 25,9: *lô yibneh* (K. Rengstorf, *Jebamot* [col. *Die Mischna*], Gissen, 1929, 64).

212. *Yeb.* IV 12; Tos. *Yeb.* VI 5 (247, 16); b. *Yeb.* 44ᵇ. Aqiba põe a *ḥălûṣah* no mesmo plano que a mulher divorciada, e aplica-lhe Lv 18,18.

213. O processo de divórcio era feito de maneira complicada. Havia, alternadamente, uma linha escrita e outra em branco; nas linhas vazias, o processo era dobrado e costurado. Deste modo, havia uma série de pregas; do lado de fora de cada prega, pelo menos uma testemunha deveria assinar. Esse método complicado devia garantir tranqüilidade e reconciliação aos maridos impetuosos.

214. b. *Giṭ.* 81ª bar. — O processo de divórcio é inválido; os filhos são, pois concebidos no adultério.

215. Outros casos: *Yeb.* IV 12; Tos. *Yeb.* VI 5 (247,16); j. *Yeb.* X 1, 10ᶜ 62 (IV/2, 138); b. *Yeb.* 44ᵇ: se alguém, apesar da interdição de Dt 24,1-4, retoma sua mulher divorciada após te-rse casado de novo neste intervalo, o filho, segundo Aqiba, é bastardo. — *Yeb.* X 1: se, depois da notícia falsa da morte de seu marido, uma mulher contrai novas núpcias, seu filho é bastardo, pouco importa ser do primeiro ou do segundo marido. Aqui, Aqiba não é explicitamente indicado como autor, mas como bem o viu K. H. Rengstorf, *Jebamot* (col. *Die Mischna*), Giessen, 1929, *in loco,* esse ponto de vista só corresponde às suas idéias. — *Yeb.* X 3; Tos. *Yeb.* XI, 6 (253, 8ss): outros casos de notícias falsas no que concerne às circunstâncias imediatas da morte do marido: os filhos são bastardos. — j. *Yeb.* X 1, 10ᶜ 61 (IV/2, 138): segundo Aqiba, a criança nascida da união de um marido com sua mulher suspeita de adultério, é bastardo. — Outros casos: *Yeb.* X 4; Tos. *Yeb.* XI 6 (253, 17ss); Tos. *Giṭ.* VIII 6 (332, 29); b. *Qid.* 64ª e par.; b. *Yeb.* 49ª.

216. *Yeb.* IV 13.

agrupamento das 36 faltas ameaçadas de extermínio [217], trata-se de filhos nascidos de casos precisos de incesto [218].

c) A terceira opinião a respeito do sentido de *mamzer*, defendida por R. Yoshua, considera como bastardos somente os filhos nascidos de uma união ameaçada, na Torá, de *pena de morte legal*. O agrupamento, em *Sanh*. VII 4 — XI 6, dos delitos ameaçados das quatro penas de morte legais (lapidação, combustão, degolação, estrangulamento) mostram-nos que, segundo essa terceira opinião, alguns casos determinados de incesto e ainda de adultério [219], faziam igualmente com que os filhos fossem bastardos.

A questão que nos interessa é saber qual a opinião mais antiga. A quem se considerava bastardo, na Jerusalém anterior à destruição do Templo?

As informações fornecidas pela tradição permitem-nos tão somente constatar o seguinte: *Yeb*. IV 13 conta: "R. Shimeon ben Azzai [cerca de 120 d.C.] dizia: Encontrei em Jerusalém um rolo genealógico no qual estava inscrito: N. N. é bastardo de uma mulher casada". Por conseguinte, em Jerusalém, declararam-se bastardos os filhos concebidos em adultério. Um fato reforça essa constatação: R. Eliezer (cerca de 90 d.C.), o perpétuo representante da Antiga tradição, expõe diversas vezes o mesmo concei-

217. Tradução em Billerbeck, I, 272.

218. Exemplos quanto a opinião de Shimeon: é bastarda a criança nascida das relações com a cunhada (*Yeb*. X 3-4; cf. Lv 18,16). Com a irmã da mulher divorciada (*Yeb*. IV 12; cf. Lv. 18,18). Para ambos os casos, o castigo por extermínio é indicado em Lv 18, 29. — Shimeon não conta como bastardos os filhos concebidos durante o período de impureza mensal (Tos. *Yeb*. VI 9 [248, 16]), se bem que o caso, segundo *Ker*. I 1 (pena de extermínio) faça parte deste conjunto; além disso, segundo *Yeb*. IV 13, Shimeon parece não ter também contado como bastarda a criança concebida no adultério, embora o adultério pertença à lista das faltas mencionadas em *Ker*. I 1. As duas coisas se explicam, sem dúvida, pelo fato de a opinião de Shimeon limitar-se às proibições do incesto ameaçadas da pena de extermínio (Tos. *Yeb*. I 10 [241, 27]; Tos. *Qid*. IV 16 [341, 13]; b. *Quid*. 75b).

219. Segundo R. Yoshua, os filhos concebidos em adultério eram bastardos; *Yeb*. IV 13 o demonstra expressamente. — Segundo *Sanh*. VII 4-XI 6, estava também ameaçada da pena de morte legal a união com a noiva de outro, *Sanh*. VII 5 *et alii*: A. Büchler, *Familienreinheit und Sittlichkeit*, em *MGWJ* 78 (1934). 140 cita outros casos.

to[220]; além do mais, era transmitida por Hilel (cerca de 20 a.C.) e pelos doutores de seu tempo[221], e é igualmente admitida por Hb 12,8.

Se examinarmos de novo as três opiniões divergentes a respeito do termo bastardo, vemos que esse conceito corresponde à opinião de R. Aqiba e de R. Yoshua; em compensação, não corresponde à opinião de R. Shimeon, o tanaíta, elevada, durante o século I, a nível de direito em vigor. Ressalta, pois, que a época antiga guardava um conceito mais rigoroso do termo bastardo do que o século II; encontramos, aliás, os índices[222] dessa afirmação.

220. b. *Nidda* 10ª bar. (filhos da mulher de um impotente são bastardos). Ainda b. *Ned.* 20ª-ᵇ.

221. Tos. *Ket.* IV 9; 264, 29 (par. j. *Ket.* IV 8, 28ᵈ 61 [não traduzido em V/1, 60 que remete ao par. IV/2, 200]; b. *B. M.* 104ª bar.): após o noivado (e antes do casamento) mulheres hebréias em Alexandria são seqüestradas e violadas. Hilel infere do fato de que não são ainda casadas para rejeitar a opinião dos doutores de seu tempo que consideravam os filhos como bastardos: "Ele [Hilel] lhes [aos filhos] diz: Tragam-me o contrato de casamento de suas mães. — Trouxeram-no [e viram o que] estava escrito: Desde que tiveres entrado em minha casa [portanto, a partir do casamento e não do noivado, Billerbeck, II, 392], tu serás minha mulher segundo a Lei de Moisés e de Israel". Hilel sabe que, por ocasião do noivado, os judeus de Alexandria têm costume de dar, segundo um modelo egípcio (I. Heinemann, *Philons griechische und jüdische Bildung,* Breslau, 1932 [reimpressão Darmstadt, 1962], 298 e 301s), promessas escritas de casamento (Heinemann dá, 301, um exemplo de libelo) cuja redação é diferente dos contratos matrimoniais (*hetûbbah*) palestinos (cf. Fílon, *De spec. leg.* III, § 72). Como no caso precedente, tinham-se dado somente promessas de casamento deste gênero, e não contratos definitivos; o casamento não havia ainda começado com o noivado; os filhos não eram, pois, concebidos no adultério. Essa história faz ver que Hilel e os doutores de seu tempo declaravam bastardo o filho concebido no adultério.

222. A Setenta mostra um conceito muito extenso (portanto rigoroso) do termo quando, em Dt 23,3 traduzem por *èk pórnes* a palavra *manzer* que figura somente duas vezes no A.T. (Za 9,6: *allogenés* ver a este respeito A. Geiger, *Urschrift und Übersetzungen der Bibel,* Breslau, 1857, 52-55). — Uma indicação, aliás singular, parece mesmo supor que no século I de nossa era, considerou-se como bastarda a criança nascida da união de um judeu e de uma pagã. R. Sadoc, prisioneiro em Roma após a tomada de Jerusalém em 70, despediu uma escrava, alegando ser ele de origem pontifícia e não querer aumentar o número dos bastardos (*ARN* rec. A cap. 16, 63ª 19ss). Com razão A. Büchler, *Familienreinheit und Familienmakel,* em *Festchrift Schwarz,* 146, encontra aqui o prolongamento do termo bastardo à criança nascida da união de um judeu com uma pagã. A oposição de V. Aptowitzer, *Spuren des Matriarchats im jüdischen Schriftum* em

Devemos supor muito numeroso, por conseguinte, o grupo da população que, com seus descendentes, era designado por este termo. Reconheciam-se facilmente as pessoas marcadas com a mácula grave do *mamzer* [223], embora procurassem, o que se compreende, esconder sua mancha [224]; é o que mostra a observação do registro genealógico de Jerusalém, mencionado na alínea precedente.

Qual era a *situação jurídica* dos bastardos na sociedade? A Bíblia prescrevera: "Nenhum bastardo entrará na assembléia de Yahweh; e seus descendentes também não poderão entrar na assembléia de Yahweh até a décima geração" (Dt 23,3). A explicação rabínica formula assim esta prescrição: "Os *mamzerîm* e os *n*^{e}*tînîm* [escravos do Templo, ver *infra*, p. 453] ficam proibidos [de admissão à comunidade de Israel, quer dizer, a união sexual] e sua interdição é uma interdição eterna [válida] tanto para os homens como para as mulheres" [225]. Essa cláusula interditava aos bastardos o casamento, e também o casamento levirático [226] nas famílias de sacerdotes, levitas, israelitas e filhos ilegítimos de sacerdotes [227]; os bastardos podiam somente se casar nas famílias de prosélitos, escravos libertos e israelitas gravemente manchados. Se a filha de um sacerdote, de um levita ou de um israelita legítimo se une [228] a um bastardo [229], fica para sempre inapta ao casamento com um sacerdote [230]. Se é uma filha de sacerdote, não poderá mais comer da arrecadação destinada aos sacerdotes na casa paterna [231]. O filho de qualquer união

HUCA 5 (1928), 266s não é convincente e sua explicação é particularmente afetada. Contra ele, A. Büchler, em *MGWJ* 78 (1934), 134, n. 4.

223. Tos. *Qid.* V 2 (341, 26): "Os israelitas conhecem os escravos do Templo e os bastardos no meio deles".

224. Cf. o episódio contado em *Lv. R.* 32 sobre 24, 10 (88^{b} 25ss).

225. *Yeb.* VIII 3, cf. *Sifre* Dt 23,3, § 248 (50^{b} 53ss).

226. *Yeb.* IX 1: "Se um israelita desposa uma israelita e tem como irmão um bastardo, se um bastardo casa-se com uma bastarda e tem como irmão um israelita [legítimo], elas [as mulheres em questão] são concedidas [em casamento] a seus maridos, mas proibidas a seus cunhados [em casamento levirático]". Outros casos em IX 2.

227. *Qid.* IV 1, ver *supra,* p. 365.

228. Um casamento legítimo não é possível.

229. Quaisquer que fossem as circunstâncias desta união. *Yeb.* VI 2.

230. *Yeb.* VI 2.

231. *Yeb.* VII 5.

deste gênero é bastardo [232]; o mesmo acontece a qualquer [233] descendente seu; a época remota parece ter julgado com mais indulgência os descendentes de bastardos [234].

No que concerne ao *direito de herança,* verificamos que no fim do século I, discutiam-se os direitos do bastardo, como herdeiro [235]. Não tinha acesso às dignidades públicas; sua participação numa decisão do Sinédrio ou de um Tribunal de 23 membros tornava-a nula [236]. Permitiam-lhe apenas ser juiz nas decisões de direito civil num tribunal de três membros [237].

Se pensarmos no fato de que a mácula do bastardo marcava todos os descendentes do sexo masculino [238] para sempre e de modo indelével, e que se chegava mesmo a debater com ardor para saber se as famílias de bastardos participariam da libertação final de Israel [239], compreende-

232. *Qid.* III 12: "E onde quer haja noivados [possíveis, quer dizer, não proibidos pela lei do incesto] mas onde uma transgressão [aí] se [acrescenta], a criança toma a condição daquele [dos dois pais] marcado por uma mancha".

233. Somente mais tarde foi estabelecida a seguinte regra: "A escrava [pagã] é um banho de purificação para todos aqueles que estão incapacitados [os que estão marcados por uma nódoa grave em sua origem]". Tos. *Qid.* V 3 (342, 1). Significa que, numa união entre um bastardo e uma escrava (pagã), o filho segue a condição da mãe, e vê-se, por conseguinte, escravo; mas a escrava pode ser libertada e faz então parte (ver *supra,* p. 442) do grupo dos israelitas marcados de nódoa leve que podem se unir a israelitas legítimas. Assim ensinava R. Tarphon (cerca de 100 d.C.): "Alguns *mamzerim* podem-se tornar puros. Como? Se um bastardo desposa uma escrava [pagã], o filho é escravo. Se a torna liberta, o filho do [bastardo] torna-se homem livre". A perspectiva antiga era, porém, diferente. O texto continua: "R. Eliezer [cerca de 90 d.C., o representante da antiga tradição] dizia: Veja, é um escravo bastardo [a mancha do bastardo permanece em qualquer circunstância]". *Qid.* III 13.

234. Segundo b. *Yeb.* 78b, R. Eliezer (cerca de 90 d.C.) deu a seguinte explicação: "Se alguém me apresentasse uma bastarda na terceira geração, eu a consideraria [de] [origem] pura". Tudo faz crer que R. Eliezer limitava a interdição de admitir bastardos na comunidade (Dt 23,3); os bastardos de sexo masculino. Em contrapartida, o ensino dominante no século II estendia também Dt 23,3, aos bastardos e sua descendência.

235. Tos. *Yeb.* III 3 (243, 26) e sobre este ponto K. H. Rengstorf, em *Rabbinische Texte,* Erste Reihe: *Die Tosefta,* Band III, Stuttgart, 1933, 34, n. 21.

236. *Hor.* I 4; b. *Sanh.* 36b.

237. b. *Sanh.* 36b.

238. Sobre a descendência de sexo feminino, ver *supra,* n. 234.

239. Billerbeck, IV, 792ss.

mos que a palavra bastardo tenha constituído uma das piores injúrias; aquele que a empregava era condenado ao castigo de 39 chicotadas [240].

2. Escravos do templo, filhos de pai desconhecido crianças enjeitadas, eunucos

Do grupo dos israelitas marcados em sua origem por mácula grave, faziam parte os escravos do Templo, *n^etînîm*. Js 9,27 conta que Josué colocou (literalmente "deu", *wayyitt^enem*) os gabaonitas como rachadores de lenha e carregadores de água a serviço do povo e do santuário. Ora, visto que nos livros pós-exílicos do Antigo Testamento são mencionados, por diversas vezes, os escravos dos levitas (Esd 8,20), *n^etînîm* ("doados") conclui-se, pois, que esses escravos do Templo eram descendentes dos gabaonitas. O que a literatura rabínica nos diz dos escravos do Templo se limita a explicar a proibição, tirada de 2Sm 21,2 ("Os gabaonitas não faziam parte dos israelitas"), de ter relações sexuais com eles; de qualquer modo, não encontramos em parte alguma o menor indício [241], permitindo dizer que no tempo de Jesus, em Jerusalém ou noutro lugar qualquer do território judeu, houvesse ainda escravos do Templo. Há, sem dúvida, inúmeras menções dos "servidores do Templo" [242], incumbidos dos serviços inferiores do santuário; mas, conforme ressalta de uma indicação de Fílon [243], trata-se dos *neokóroi,* isto é, dos levitas.

Sobre os *"sem pai"* (homens cujo pai é desconhecido) e as *crianças enjeitadas* (encontradas) não contamos com minúcias dignas de serem mencionadas. Não podiam se casar com israelitas de origem pura ou com filhos ilegítimos

240. b. *Qid.* 28ª bar.

241. *'Ar.* II 4, par. Tos. *'Ar.* I 15 (544, 8), nada tem a ver aqui, conforme demonstramos *supra,* p. 294, n. 460. Ver também as passagens citadas por A. Büchler, *Familienreinheit und Familienmakel,* em *Festschrift Schwartz,* 153 e 154s.

242. Ver *supra,* p. 285.

243. *De spec. leg.* I, § 156, cf. *supra,* p. 286, n. 414.

de sacerdotes[244], pois, seu pai ou seus pais eram desconhecidos, e eles, tidos como bastardos[245]; por outro lado, seria preciso excluir a possibilidade de, sem o saber, contraírem com parente um casamento proibido[246].

Segundo Dt 23,2 os *eunucos* também não podiam ser admitidos na comunidade de Israel, quer dizer que um casamento com israelitas legítimas[247] era impensável[248]; entretanto, a explicação rabínica limitava essa interdição àqueles que tinham sido castrados pelos homens[249]. Era-lhes proibido ser membros do Sinédrio[250] ou do tribunal criminal[251]. As discussões a respeito da situação jurídica dos eunucos deixaram de ser puras controvérsias acadêmicas; ressalta do fato de serem numerosos, particularmente na corte do rei e no seu harém[252]. Uma confirmação do que foi dito encontra-se num fato narrado na Mishna[253].

Para resumir devemos dizer que os israelitas atingidos por mácula grave em sua origem compreendiam bastardos e eunucos. Apoiando-se em Dt 23,2-3, a legislação rabínica cuidava, energicamente, por manter a comunidade, o clero, em particular, afastados desses elementos, imprimindo-lhes a marca de uma casta privada de direitos.

244. *Qid.* IV 1, ver *supra,* p. 365.
245. Cf. *Ket.* I 8-9.
246. b. *Qid.* 73ª.
247. Podem-se casar com prosélitas e escravas libertas (*Yeb.* XIII 2), assim como com bastardas, pois, as primeiras não fazem parte, na origem, da comunidade de Israel, e os bastardos não fazem parte de modo duradouro (Dt 23,3).
248. Bem entendido, o casamento leviráico igualmente, *Yeb.* VIII 4; Tos. *Yeb.* II 6 (243, 11) e II 6 (243, 12).
249. Deduz-se de *Yeb.* VIII 6: "Um sacerdote eunuco de nascença que desposa uma israelita torna-a apta a comer o que foi arrecadado para os sacerdotes". Significa que o casamento é válido, pois, a mulher ilegítima de um sacerdote não tem o direito de comer o arrecadado na casa de seu marido, *Yeb.* VI 2-3.
250. b. *Sanh.* 36ᵇ bar.
251. Tos. *Sanh.* VII 5 (426, 7).
252. Ver *supra,* pp. 128s, 132.
253. *Yeb.* VIII 4: "R. Yoḥanan ben Bethyra declarou a respeito de ben Megusat que ele vivia em Jerusalém como alguém que foi castrado por homens e que [depois de sua morte] [seu irmão] contratou o casamento levirático com sua mulher".

Capítulo IX

OS ESCRAVOS PAGÃOS[1]

O grupo da população que vamos analisar agora, descendo a escala social, é o dos escravos pagãos. Esse grupo ocupava uma posição intermediária muito especial: mantinha relações estreitas com a comunidade judaica, embora sem dela fazer parte.

Pretender que a escravidão "estivera em uso" no judaísmo apenas no tempo do segundo estado"[2], é falso[3]. Realmente, da Palestina do tempo de Jesus nada sabemos sobre a existência de indústrias que ocupassem grande número de escravos. Também não existiam *latifundia* com amplos serviços[4] para aquela categoria de pessoas. Encontramos, porém, uma infinidade de escravos domésticos de origem pagã, nas casas dos notáveis de Jerusalém. Convém lembrar, de imediato, a corte herodiana[5] e ainda as

1. R. Kirchheim, *Septem libri talmudici parvi hierosolymitani*, Francfort-sur-le-Main, 1851, 25-30: tratado de *'Abadim;* Billerbeck, IV, 716-744. — J. Winter, *Die Stellung der Sklaven bei den Juden in rechtlicher und gesellschaftlicher Beziehung nach talmudischen Quellen*, Halle, 1886; R. Grunfeld, *Die Stellung der Sklaven bei den Juden nach biblischen und talmudischen Quellen* I (dissertação de Iena), 1886 (limita-se às declarações bíblicas); Krauss, *Talm. Arch.*, II, 83-111; G. F. Moore, *Judaism in the First Centuries of the Christian Era* II, Cambridge, 1927, 135ss; I. Heinemann, *Philons griechische und jüdische Bildung*, Breslau, 1932, 329-345. A obra de R. Salomon, *L'esclavage en droit comparé juif et romain*, Paris, 1931, é sem valor (pois para a documentação rabínica, ele depende, totalmente de Z. Kahn, *L'esclavage selon la Bible et le Talmud*, Paris, 1967).

2. L. Gulkowitsch, *Der kleine Talmudtraktat über die Sklaven*, em *Angelos* 1 (1925), 89.

3. A rejeição da escravatura pelos essênios (Fílon, *Quod omnis probus*, § 79; Josefo, *Ant.* XVIII 1, 5, § 21, ver, entretanto, *infra*, p. 459) e os Terapeutas (Fílon, *De vita contemplativa*, § 70) não teve nenhuma influência sobre a situação.

4. As parábolas e palavras de Jesus que se servem da imagem da agricultura mencionam, é verdade, por diversas vezes, os escravos (Mt 13,27-30; Lc 17,7-10;15,22), mas sobretudo os diaristas (Mt 9,37-38; 20,1-16; Lc 10,2;15,17-19; Jo 4,36).

5. Ver *supra*, p. 127ss. — Escravos na corte do rei, no N.T.: Mt 18,23-35;22,3-10; Lc 19,12-27.

casas da nobreza sacerdotal, onde os escravos eram numerosos [6]. Aliás, não nos faltam informações minuciosas a respeito. R. Eliezer ben Sadoc, educado em Jerusalém, cita este costume: na festa das Tendas, o hierosolimitano tinha o hábito, quando visitava a Escola, de fazer seu escravo levar o *lûlab* para casa [7]. Ouvimos falar de uma jovem que (certamente em Jerusalém) foi aprisionada com suas dez escravas [8]. Num ossuário descoberto em Shafat, a 3 quilômetros de Jerusalém, encontra-se o nome do escravo Epiteto [9]; assim também Rode, serva mencionada em At 12,13, na casa paterna de João Marcos, era uma escrava, conforme o próprio nome indica [10]. Enfim, convém nos reportarmos a um dito de Hilel que, sem dúvida, tem em mente a situação de Jerusalém, ao pronunciar a seguinte advertência: "Muitas escravas mulheres, muita impudicícia; muitos escravos homens, muita pilhagem" [11].

Os escravos de ambos os sexos eram comprados ou então nascidos nas casas das famílias. É provável que os mercadores de escravos, trazendo sua "mercadoria" para venda em Jerusalém [12], tenham vindo sobretudo da Fenícia (Mc 8,11). Como seu nome indica, Malco, escravo do sumo sacerdote (Jo 18,10) era originário da Arábia nabateana [13], de onde vinha, igualmente, Corinto, guarda pes-

6. *Ant.* XX 8, 8, § 181; 9, 2, § 206s; b. *Pes.* 57ª par. Tos. *Men.* XIII 21 (533, 36) e a menção de escravos dos sumos sacerdotes na história da Paixão, especialmente Mc 14,57 e par.; Jo 18,18 (distingue *doûloi e huperétai*); 18,26. Sobre Jo 18,10 ver *infra,* n. 13.

7. Tos. *Sukka* II 10 (195, 12) par. b. *Sukka* 41ᵇ.

8. *ARN* rec. A cap. 17, 66ª 1. Uma das escravas conta a seu novo senhor que a mãe da jovem tinha 500 escravas mulheres.

9. F. M. Abel, em *RB* n. s. 10 (1913), 276, n. 16, e *CIJ* II, n. 1238: *...s Pheidonos os kaì Epiktetos Koma tou Setou.*

10. Sobre Rode como nome de escrava, ver E. Preuschen, *Die Apostelgeschichte,* Tübingen, 1912, 78.

11. *P. A.* II 7.

12. Ver *supra,* p. 54.

13. Este nome é comum nas inscrições nabatéias e palmirianas; H. Wuthnow, *Eine palmyrenische Büste,* em *Orientalische Studien, E. Littmann überreicht,* Leyde, 1935, 63-69, fornece numerosas provas, especialmente quanto a Palmira. Dois reis nabateus trazem este nome: Malco I (50-28 a.C., mais ou menos) e Malco II (cerca de 40-71 d.C.). Inscrição de Hauran: *RB* 41 (1932), 403 e 578. Ver também o Index de Josefo. Encontra-se também o nome na Síria; Le Bas e Waddington, *Inscriptions grecques et latines recueillies en Grèce et en Asie mineure* III, Paris, 1870, dão 28 provas epigráficas da Síria.

soal de Herodes [14]. Em suma, a Arábia teria podido fornecer o contingente principal de escravos pagãos possuídos pelos judeus da Palestina; afirmam-nos que foi muito elevado o número dos prisioneiros de guerra árabes reunidos pelos judeus [15].

O preço dos escravos variava conforme a idade, o sexo, as qualidades ou defeitos físicos e espirituais. A situação do momento exercia também sua influência: os períodos de guerra faziam subir as ofertas e os preços baixavam, em tempo de paz, elevavam-se. No império romano, sob Augusto, os preços aumentaram consideravelmente. Horácio cita uma oscilação de 500 dracmas a 100.000 sestércios (segundo o valor ptolemaico-sírio da moeda representava de 5 a 152,8 minas), e Marcial, de 600 denários a 200.000 sestércios (de 3 a 305,6 minas) [16]. No século I antes de nossa era, o preço médio era, pois, aproximadamente, de 20 minas e, no século I de nossa era de 30 minas [17]. Na Palestina, igualmente, os preços sofriam sérias alterações. Durante as guerras macabaicas, Nicanor, em 166-165 a.C., certo de sua vitória, propôs aos fenícios, mercadores de escravos, vender-lhes 90 judeus por um talento [18]; era um preço derrisório se nos lembrarmos de que, algumas dezenas de anos antes [19], Hircano, filho do palestinense José, encarregado dos impostos, pagara a Alexandria um talento correspondente a cada escravo homem ou mulher (selecionado, é verdade) [20]. A Mishna, *B. Q.* IV 5, menciona como preço de escravo 0,25 a 100 minas [21] (de 100 denários); em comparação com o preço corrente fora da Palestina, tal preço representa valor bem mais bai-

14. *B. j.* I 29, 3, § 576s; *Ant.* XVII 3, 2, § 55-57.
15. *B. j.* I 19, 4, § 376.
16. O. Roller, Munzen, *Geld und Vermogensverhaltnisse in den Evangelien,* Karlsruhe, 1929, 14 e n. 17.
17. *Ibid.,* 15.
18. 2Mc 8,11. Infelizmente não dizem qual o valor do talento citado.
19. Quanto à data do fato na época anterior a 198 a.C., ver Schürer, I, 183, n. 4.
20. *Ant.* XII 4, 9, § 209.
21. A informação do Talmude da Palestina (0,25 a 1 mina) que Billerbeck defende, IV, 716s, não pode ser aceita porque resultaria num preço muito baixo.

xo. Certamente, deve-se ao fato de que, na Palestina, os escravos de luxo, homens (eunucos, pessoas instruídas) e mulheres (tocadoras de cítara, heteras) pelas quais se pagavam preços mais altos, representavam papel bem menor. O preço médio de 15 a 20 minas, que podemos concluir da Mishna *B. Q.* IV 5, é confirmado por Josefo: segundo Gn 37,28, José é vendido pelos seus irmãos por 20 moedas de prata (*seqel)*; apoiando-se na Setenta [22], Josefo avalia em 20 minas [23], levando em conta, naturalmente, o preço dos escravos em sua época, quer dizer, no fim do século I de nossa era [24]. Teremos uma idéia da importância dessa quantia, ao compará-la com o salário médio de um diarista da época que equivalia a um denário. O preço de 20 minas (= 2.000 denários) por um escravo correspondia, por conseguinte, a 2.000 vezes o salário diário de um operário [25]. Um escravo, homem ou mulher, representava, portanto, valor considerável.

Podemos compreender *a situação social* dos escravos pagãos por sabermos que eram propriedade total de seu senhor. O escravo não podia possuir bem algum; o amo era o dono da renda do seu trabalho, e também do que ele encontra [26], do que lhe dão [27], do que recebe sob forma de indenização por ferimento ou por humilhação sofrida [28], em suma, "tudo o que é seu [até os próprios filhos] pertencem a seu senhor" [29]. Como qualquer objeto pode ser vendido, dado, entregue como penhor [30], destinado a anátema [31], e constitui parte de herança. Como em qualquer lugar onde existissem escravos, essa situação fazia-se sentir, sobretudo, pelo fato de os homens serem entregues sem

22. LXX Gn 37,28: *eíkosi chruson*!
23. *Ant.* II 3, 3, § 33.
24. Josefo terminou sua *Antigüidades* por volta de 94 d.C.
25. Por arriscada que seja uma comparação com a situação atual, podemos dizer que a posse de um escravo correspondia à de um carro de luxo nos dias de hoje.
26. *B. M.* I 5.
27. j. *Qid.* I 3, 60^a 28 (V/2, 220).
28. b. *B. B.* 51^a.
29. *Gn.* R. 67, 5 sobre 77, 37 (143^b 10).
30. *Giṭ.* IV 4.
31. *'Ar.* VIII 4.

apelação a toda sorte de maus tratos, castigos, sevícias [32], e as escravas mulheres, sumetidas aos desejos sexuais de seu patrão [33]. Entretanto, a sorte dos escravos era, em geral, mais humana do que noutros lugares do mundo antigo: conforme vimos [34], certas mutilações causadas pelo senhor no seu escravo em presença de testemunhas [35] acarretavam a libertação do escravo com base na exegese de Ex 21,26-27, muito liberal na época [36]; além do mais — seria esse, pelo menos, o direito teoricamente em vigor — a execução premeditada de um escravo devia ser castigada como assassínio pela condenação à morte, se o escravo morresse no espaço de vinte e quatro horas [37].

Os escravos pagãos de ambos os sexos, que passavam a ser propriedade de um judeu, eram obrigados a tomar um banho ritual [38] "para se tornar escravo" [39]. Se fosse mulher, esse banho significava a *conversão ao judaísmo* [40]; os escravos homens deviam efetuar essa conversão, submetendo-se ainda à circuncisão [41].

O *Doc. Damasco* XII 10-11 mostra quão óbvia era essa conversão dos escravos pagãos. "E ele [o membro

32. Cf. os enérgicos conselhos dados por Eclo 30,33-38 (= LXX 33, 25-30 em Rahlfs): torturas, maltratos e grilhões nos pés para os escravos desobedientes. — Sevícias: tratado *'Abadim* III 5; b. *Qid.* 25ª e *passim.* — Escravos mutilados: Billerbeck, IV, 730ss; Krauss, *Talm. Arch.*, I, 246, II, 86, 95s. — Instrumentos de castigo e tortura: Billerbeck, IV, 734; Krauss, *Talm. Arch.*, II, 95s. — Rabban Gamaliel cujo comportamento em relação a seu escravo era tido como exemplar, danificou-lhe um olho (b. *B. Q.* 74ᵇ); mas, segundo o par. j. *Ket.* III 10, 28ª 13 (V/1, 46) apenas lhe quebrou um dente e não sabemos qual é a mais antiga tradição. — Cf. também Lc 12,46-48.

33. Tos. *Hor.* II 11 (477, 6); *Yeb.* VI 5; P. A. II 7; *Nm. R.* 10 sobre 6, 2 (64ᵇ 21); *Ket.* I 4 e *passim.*

34. P. 433.

35. Essa era certamente exigida, pelo menos segundo R. Yoshua (cerca de 90 d.C.), b. *B. Q.* 74ᵇ.

36. Billerbeck, IV, 729-731 e 735-737. Não se pode, porém, afirmar, a partir daí que "toda lesão corporal acarretava, imediatamente, a libertação" (L. Gulkowitsch, em *Angelos* 1 [1925], 89).

37. Billerbeck, IV, 737-739.

38. Ver *supra,* o banho "para tornar-se livre".

39. Billerbeck, I, 1054s.

40. Targum Yerushalmi I em Dt 21,13 a respeito da prisioneira de guerra: "E deves fazer com que tome um banho e torná-la prosélita".

41. Gn 17, 12-13; *Jubileus* XV (cerca de 120 a.C.).

da comunidade da nova aliança] não deve lhes [aos pagãos] vender seu escravo, homem e mulher, por terem ingressado com ele na aliança de Abraão". No século III de nossa era (R. Yoshua ben Levi, cerca de 250), concedia-se ao escravo doze meses para refletir; se recusasse a conversão ficava-se obrigado a revendê-lo a não judeus [42]. Em contrapartida, a época anterior parece ter exigido a circuncisão [43] imediata; baseava essa exigência no fato de o pagão poder contaminar ritualmente alimentos puros [44].

O escravo pagão vivia como escravo, mas circuncidado; explica-se assim a situação particularmente equívoca em que se encontrava. Pela circuncisão era "filho da aliança" [45], mas enquanto não fosse liberto, não pertencia à comunidade de Israel [46]. Tinha sido "separado da comunidade dos pagãos, mas não entrara na comunidade de Israel" [47]. Essa situação ambígua determinava seus deveres religiosos e seus direitos; uns e outros eram limitados, levando-se em conta os direitos de seu proprietário.

Para começar, vejamos os *deveres religiosos* impostos ao escravo pela sua conversão. Regia a determinação de seus deveres o princípio segundo o qual o escravo devia obedecer somente às prescrições não ligadas a um momento determinado [48], pois não era dono de seu tempo. Estava liberado da obrigação de recitar o *šᵉmaʿ*, do qual o israelita não podia se dispensar, todos os dias, ao nascer

42. b. *Yeb.* 48^b.

43. Em *Mek.* Ex 12, 44 (7^b 25ss), R. Eliezer (cerca de 90 d.C.) que, em discussões, realça de modo convincente a antiga tradição; defende essa opinião (em 7^b 20ss, ed. príncipe de Veneza, 1545, atribui-lhe a opinião contrária pelo fato de algumas palavras terem sido omitidas; mas, segundo a informação exata do *Yalqut Shimeoni* I, § 211, ed. de Viena, 1898, 134^a 14, essa opinião contrária é a de R. Ishmael († 135 d.C.). Há, entretanto, uma dúvida, pois, b. *Yeb.* 48^b bar. menciona R. Aqiba como autor no lugar de R. Eliezer.

44. *Pirqe de R. Eliezer* 29; b. *Yeb.* 48^b.

45. *Mek.* Ex 20, 10 (26^b 51).

46. b. *B. Q.* 88^a: "O escravo não é feito para entrar na comunidade".

47. b. *Sanh.* 58^b.

48. Billerbeck, III, 562 e IV, 722s; o princípio é válido somente como regra geral e não cobre toda a situação, pois, há uma série de mandamentos aos quais o escravo (como a mulher) não estava obrigado, embora a eles estivessem presos num determinado momento, cf. Billerbeck, III, 559 (por exemplo, a obrigação de estudar a Torá etc.).

e ao pôr do sol (portanto, em momentos determinados), assim como a de usar filactérios [49]; liberado também da obrigação de ir em peregrinação a Jerusalém, nas festas de Páscoa, de Pentecostes e das Tendas (portanto, de novo, em circunstâncias determinadas) [50], na festa das Tendas, de habitar em tendas [51] e agitar o *lûlab* [52], assim como a de tocar o *shofar* na festa de Ano Novo [53]. Em compensação, cabia-lhe a tarefa de proferir as orações após a refeição e recitar diariamente as "Dezoito bênçãos" [54]; para tanto dispunha da tarde inteira "até a noite" [55], e devia colocar na porta os *m^ezûzot* [56]. De modo geral, eram mínimas as obrigações religiosas às quais o escravo se via obrigado. Tratava-se de tarefas também exigidas da mulher; neste ponto estava em pé de igualdade com o escravo por ter, do mesmo modo, um amo superior a ela [57].

Os *direitos religiosos e cívicos* que o escravo obtinha pela sua conversão ao judaísmo eram, como seus deveres religiosos, limitados pela própria servidão; vemos aí o reverso da medalha, uma situação muito séria. As vantagens das leis religiosas judaicas só seriam concedidas ao escravo na medida em que não lesassem os direitos de seu dono. De início e essencialmente, com base em Ex 20,10; Dt 5, 14, o servo pagão tinha, como qualquer israelita, direito ao repouso sabático; além do mais, podia participar da festa de Páscoa, incluindo a refeição pascal [58]. A seu amo não era permitido vendê-lo a um pagão [59]. Conforme vi-

49. *Ber.* III 3.
50. *Ḥag.* I 1.
51. *Sukka* II 1, 8.
52. b. *Qid.* 33b bar. Sobre o agitar do *lûlab* ver Billerbeck, II, 784s.
53. Tos. *R. H.* IV 1 (212, 10).
54. *Ber.* III 3.
55. *Ber.* IV 1.
56. *Ber.* III 3. — Segundo b. *Men.* 43a bar., ele era igualmente obrigado a usar borlas no seu vestuário de baixo.
57. "Mulheres, escravos e menores" são muitas vezes citados juntos; por exemplo, *Ber.* III 3; *Sukka* II 8 e *passim*. Mulheres e escravos juntos, *R. H.* 18 e *passim*.
58. Ceia pascal: Ex 12,44; b. *Pes.* 88a bar.; Tos. *Pes.* VII 4 (166, 21). Conforme Lv 22,11, o escravo pagão cujo amo era sacerdote podia comer a arrecadação feita para os sacerdotes. *Yeb.* VII 1.
59. *Giṭ.* IV 6. Essa passagem chegava mesmo a proibir a venda do escravo a um judeu que vivesse fora da Palestina. Encontravam o

mos, o *Documento de Damasco* insistia, especialmente, nessa prescrição [60]; podemos, pois, concluir que, em tempos idos, a prescrição impunha-se como Lei pelo menos nos círculos de seus estritos observadores [61]. Consistiam mais ou menos nisso os direitos que o escravo obtinha pela sua conversão [62]. Não dispunha de outros e é o que vamos ver, começando pelo ponto de vista religioso: não podia, no Templo, impor as mãos (sobre a cabeça da vítima) ou balançar (as porções da vítima) [63]; na sinagoga, não podia ser contado para completar o número de dez presenças, mínimo prescrito para a oração pública [64], nem ser chamado para fazer a leitura [65]; à mesa, era afastado das pessoas convidadas a proferirem a bênção após a refeição [66]. Além do mais, não lhe era permitido depor como testemunha; salvo em casos excepcionais [67], não o consideravam idôneo para o ato [68]. Enfim, cortaram-lhe todo direito relativo ao matrimônio. Um escravo — homem ou mulher — não possuía as qualidades requeridas para o casamento com um israelita fosse qual fosse [69], mesmo com algum notoriamente lesado por mácula grave; a criança nascida da união de um israelita com uma escrava era (como a mãe) escrava [70] e pertencia a um dono. No que diz respeito ao direito matrimonial, os escravos dos dois sexos, embora convertidos ao judaísmo, eram considerados pagãos.

fundamento escriturístico em Dt 23,16, cf. *Sifre* Dt 23, 16, § 259 (50^{d} 32ss).

60. *Doc. Dam.* XII 10-11, ver supra, p. 459.

61. É difícil crer que a prescrição fosse observada de modo geral; ouvimos falar da penhora e da venda de escravos para pagãos, b. *Giṭ.* 43^{b}-44^{a}.

62. Para ser bem exato convém dizer que ele tinha o direito de fazer votos, desde que isso não prejudicasse seu amo, que, neste caso, deveria estar de acordo, Billerbeck, IV 723s.

63. Tos. *Men.* X 13-17 (528, 9.16).

64. Uma vez, R. Eliezer libertou seu escravo para completar a lista de dez, b. *Giṭ.* 38b.

65. Ressalta de b. *Giṭ.* 40^{a}.

66. *Ber.* VII 2.

67. Podia, por exemplo, testemunhar que, numa cidade tomada por pagãos, uma mulher de sacerdote não fora tocada, *Ket.* II 9; Rashi em *R. H.* I 8 dá dois outros exemplos (cf. Billerbeck, III, 560, no fim do § *c*).

68. *Ant.* IV 8, 15, § 219; *R. H.* I 8.

69. *Qid.* III 12; *Giṭ.* IV 2 e muito freqüentemente.

70. *Qid.* III 12; b. *Qid.* 68^{b}; *Yeb.* 17^{a}, 22^{b}, 23^{a}; *Pirqe de R.*

Convém ter em mente esta situação social que fazia da palavra "escravo" uma das piores injúrias, punidas com o anátema [71], para compreender a revolta dos ouvintes quando Jesus os chamou de escravos (Jo 8,32-35).

Eliezer 36 e *passim*, segundo o princípio jurídico de que a criança nascida de uma união inválida toma a condição da mãe. Gl 4,21-23 supõe que esse princípio de direito estava em vigor. Tal conceito jurídico é, aliás, confirmado por Jo 8,41: Jesus chamou seus ouvintes escravos (do pecado), 8,34 e negou que fossem descendentes (espirituais) de Abraão 8,39; eles protestam contra a censura de terem nascido *ek pornéias*. Esses judeus supõem em vigor o princípio de direito segundo o qual o filho de um israelita e de uma escrava é escravo. É somente no caso de os pressupostos desse princípio de direito serem verdadeiros no que lhes toca, que Jesus, segundo opinam, teria tido o direito de fazer tal censura. — Inversamente, segundo o antigo direito, a criança nascida da união de um escravo e de uma israelita, passava por hebréia. Ainda aqui, trata-se, sem dúvida, de uma união inválida na qual a criança toma a condição da mãe (provas em V. Aptowitzer, em *HUCA* 5 [1928], 267ss; A. Büchler, em *MGWJ* 78 [1934] 143ss). V. Aptowitzer, *Spuren des Matriarchats im jüdischen Schrifttum*, em *HUCA* 4 (1927), 207-240; 5 (1928), 261-297 mostrou, de maneira convincente, que os dois princípios de direito citados ao longo desta nota são vestígios de um antigo direito matriarcal; esses restos são especialmente interessantes porque, em toda a legislação o direito patriarcal, desde a época bíblica, a superou.

71. b. *Qid.* 28ª bar.

Capítulo X

OS SAMARITANOS [1]

Descendo ao último degrau, chegamos aos samaritanos. Durante o período pós-bíblico, a *atitude dos judeus* para com seus vizinhos, os samaritanos, povo judeu-pagão mesclado, passou por fortes variações e por vezes mostrou-se nada comedida. Os antigos enunciados sobre o assunto não o observaram, resultando deles uma imagem falsa.

Desde o momento em que os samaritanos separaram-se da comunidade judaica e construíram seu templo sobre o Garizim (no mais tardar ao longo do século IV antes de nossa era) [2], sérias tensões surgiram entre judeus e samaritanos. Do começo do século II antes de nossa era, temos o testemunho das palavras cheias de ódio de Eclo 50,

1. Compilação fundamental de fontes em Billerbeck, I, 538-560. Para nosso estudo, encontramos poucos dados sobre os samaritanos no pequeno tratado talmúdico *Kutim,* pois reflete sobretudo uma situação posterior; foi editado por R. Kirchheim, *Septem libri talmudici parvi hierosolymitani,* Francfort-sur-le-Main, 1851, 31-37, e traduzido por L. Gulkowitsch, em *Angelos* I (1925), 48-56. — J. A. Montgomery, *The Samaritans,* Filadelfia, 1907; Schürer, II, 18ss (suas observações sobre a situação dos samaritanos em matéria de legislação religiosa são, entretanto, falsas quanto ao século I de nossa era, e válidas somente para o século II quando a situação é diferente); Schlatter, *Theologie,* 75-79; J. Jeremias, *Die Passahfeier der Samaritaner, BZAW* 59, Giessen, 1932.

2. A tradição samaritana situa a construção do Templo na época do segundo retorno do exílio, portanto no século V antes de nossa era (Et-taulida, ed. A. Neubauer, em *Journal asiatique,* 6ª série, 14 [1869], 401, linhas 16-18; *Liber Josuae,* ed. Th. G. J. Juynboll, Leyde, 1848, cap. 45; Abu'l-fath, ed. E. Vilmar, *Abulfathi annales samaritani,* Gotha, 1965, 61ss do texto árabe; *Chronique samaritaine,* ed. E. N. Adler e M. Seligsohn, em *REJ* 44 [1902], 218s). — Diante desta tradição samaritana encontra-se a indicação diferente de Josefo, datando a construção deste templo em 322 a.C. (*Ant.* XI 8, 4, § 324; cf. XIII 9, 1, § 256). E. Sellin, *Geschichte des israelitisch-jüdischen Volkes* II, Berlim, 1932, 169-171 interveio a favor da exatidão desta última informação. A. Alt, *Zur Geschichte der Grenze zwischen Judäa und Samaria,* em *PJB* 31 (1935), 106-111 (reimpresso em seus *Kleine Schriften* II, Munique, 1953, 357-362), coloca a construção do Templo sobre o Garizim nos últimos tempos do período persa, pouco antes da entrada de Alexandre na Ásia, portanto, em meados do século IV.

25-26: "Há duas nações que minha alma detesta e uma terceira que nem sequer é nação [cf. Dt 32,21]: os habitantes da montanha de Seir, os filisteus e o povo estúpido [cf. Dt 32,31] que mora em Siquém"[3]. No que diz respeito ao período imediatamente anterior a 150 a.C., Josefo nos fala de uma disputa religiosa entre os judeus do Egito e os samaritanos, apresentada a Ptolomeu Filometor (181-145 a.C.): tratava-se da rivalidade entre os dois santuários de Jerusalém e do Garizim[4]. Foi durante o governo do asmoneu João Hircano (134-104 a.C.) que as tensões assumiram maiores proporções; pouco depois da morte de Antíoco VII (em 129), Hircano apoderou-se de Siquém e destruiu o templo de Garizim[5]. Não é de admirar que, a seguir, o ambiente se tenha mantido carregado de ódio[6].

Uma trégua passageira se deu pelo fim do século I antes de nossa era. Herodes desposou uma samaritana (ver *infra*, p. 471); Schlatter daí conclui que o rei tentara — e foi o único — fazer desaparecer a animosidade existente entre as duas comunidades[7]. Poder-se-ia lembrar, em favor dessa hipótese, o fato de os samaritanos no reino de Herodes terem tido acesso ao átrio interior do Templo de Jerusalém[8]. Mas, sem dúvida, já teriam perdido este direito doze anos após a morte de Herodes, quando, sob o procurador Copônio (6-9 d.C.) alguns samaritanos, por ocasião de uma Páscoa, espalharam, durante a noite, ossos humanos nos pórticos do Templo e no santuário[9]. Trata-se certamente de um ato de vingança sobre o qual Josefo, num gesto significativo, preferiu calar-se. Esta grave profanação do Templo que acarretou uma interrupção da festa de Páscoa, proveu de um novo combustível o velho rancor.

A partir de então a hostilidade tornou-se cada vez mais implacável, é o que nos mostram, de maneira plena-

3. Segundo o texto hebraico.
4. *Ant.* XIII 3, 4, § 74ss, cf. XII 1, 1, § 10.
5. *Ant.* XIII 9, 1, § 255s.
6. *Test. de Levi* VII 2: "A partir de hoje [isso é dito a propósito de Gn 34,25-29], Siquém será chamada a cidade dos idiotas, porque nós zombamos deles como se zomba de um louco".
7. Schlatter, *Theologie,* 75.
8. *Ant.* XVIII 2, 2, § 30.
9. *Ibid.,* § 29s.

mente concordes, os dados do Novo Testamento, o desprezo com que Josefo fala dos samaritanos e a severidade com que o antigo direito rabínico os trata (ver *infra*, p. 469). Quando os judeus da Galiléia se encaminhavam para Jerusalém, especialmente para as festas, era hábito, no século I de nossa era, fazer o percurso, atravessando a Samaria [10]; sempre, porém, ocorriam incidentes [11], por vezes, até mesmo choques sangrentos [12]. No século II de nossa era, as relações melhoraram de novo. Conforme nos mostra a Mishna na regulamentação das relações com os samaritanos, esse povo foi julgado de modo mais tolerante do que no século I; faziam-no "passar por israelitas em toda parte onde seu comportamento correspondia às diretivas da legislação religiosa farisaica" [13], e somente em relação a outros aspectos foram tratados como não israelitas. Essa tendência à amenidade associa-se, principalmente, à autoridade de R. Aqiba. O Pe. Billerbeck [14] supôs que Aqiba, por sua atitude amigável, visara, quando da revolta de Bar-Kokba (132-135[6]), fazer com que os samaritanos participassem do combate contra os romanos. Desde antes de 200, o julgamento em relação aos samaritanos tornou-se de novo severo e, por volta do ano 300, a ruptura foi completa; passaram depois por pagãos [15]. A oposição era tão total que, segundo uma informação de Epífanes, os samaritanos, convertendo-se ao judaísmo, deviam submeter-se a nova circuncisão; os samaritanos responderam a essa determinação, tomando medida [16] semelhante. Mais

10. *Ant.* XX 6, 1, § 118; *B. j.* II 12, 3, § 232. Confirmado em Lc 9,51-55; Jo 4,4-42.

11. Lc 9,53; Jo 4,9.

12. Um fato é característico; Josefo a ele se refere por causa das afastadas conseqüências políticas que acarretou (*B. j.* II 12, 3-7, § 232-246; *Ant.* XX 6, 1-3, § 118-136): em 52 d.C., grupos judaicos irregulares atacaram cidades samaritanas para vingar o assassínio de um (*B. j.*) ou diversos (*Ant.*) peregrinos galileus que, indo em peregrinação a Jerusalém para a festa, quiseram tomar o caminho que atravessava o território samaritano e foram atacados na fronteira norte da Samaria, na cidade fronteiriça de Ginaé, isto é, Djenin.

13. Billerbeck, I, 539.

14. *Ibid.*, I, 538.

15. *Ibid.*, I, 552s.

16. Epifânio. *De mens. et pond.* XVI 7-9 (ed. P. de Lagarde, *Symmicta* II, Göttingen, 1880, 168s) conta: "[7]No tempo de Verus, Símaco,

tarde o judaísmo proibiu totalmente a conversão de samaritanos [17].

Continuando a analisar o século I de nossa era, vemo-nos numa época de relações tensas entre judeus e samaritanos. Quando Jesus atravessa a Samaria, não encontra asilo por estar a caminho do detestado Templo de Jerusalém (Lc 9,52-53); negam-lhe até mesmo água para beber (Jo 4,9). Esses fatos revelam a ira dos samaritanos contra os judeus; o santuário destruído de Garizim reanimava-a incessantemente. De seu lado, os judeus chegaram a chamar os samaritanos de "cutianos" [18], e "samaritanos" tornou-se uma grave injúria na boca de um judeu [19]. Vemos, por essas e outras [20], com que desprezo os judeus consideravam essa população mesclada.

As mudanças freqüentes, assim descritas, nas relações entre judeus e samaritanos acarretaram, é mais do que evidente, mudanças correspondentes nas disposições da legislação religiosa judaica relativas aos samaritanos. Sendo na maioria escritas posteriormente, é, portanto, difícil definir quais as leis em vigor no século I de nossa era. Temos, porém, vários recursos. Além dos dados do Novo Testamento e de Josefo, são especialmente os comentários de R. Eliezer (cerca de 90 d.C.) que nos ajudam a esclarecer os fatos, pois, a respeito dos samaritanos, como nas outras questões, ele defende energicamente a antiga tradição, e muitos outros doutores tanaítas unem-se a ele neste ponto [21].

doutor samaritano, uniu-se aos judeus. Não era estimado por seus compatriotas; doente de ambição pelo poder, vivia exasperado contra seus concidadãos. Tornou-se prosélito e foi de novo circuncidado. [8]Não te admires, leitor; isto acontece. [9]Com efeito, os judeus que se retiraram para junto dos samaritanos... são de novo circuncidados, assim como os samaritanos que se juntam aos judeus" (é muito incerto que Símaco fosse samaritano; segundo Eusébio, *Hist. ecl.* VI 17, ele era ebionita).

17. *Tanḥuma, wayyešeb,* § 2, 117, 38; *Pirqe de R. Eliezer,* 38.
18. Cf. *infra,* nn. 23-25.
19. Jo 8, 48; b. *Sota* 22a.
20. Em Lc 10,37, o escriba evita pronunciar a palavra "samaritano". Usa de um subterfúgio: "aquele que usou de misericórdia para com ele". — Quando os filhos de Zebedeu, Lc 9,54, querem fazer descer o fogo do céu sobre a inóspita cidade samaritana, é o ódio nacional, evidentemente, que se inflama com justa indignação contra a violação do direito hospitaleiro.

Os samaritanos davam grande importância — como hoje ainda — ao fato de descenderem de patriarcas judeus [22]. Esse atributo foi-lhes negado; eram "cutianos" [23], descendentes de colonos persa-medos [24], estranhos ao povo [25]. Era essa a concepção judaica predominante no século I de nossa era [26], chegando a negar aos samaritanos qualquer elo de sangue com o judaísmo [27]. Embora reconhecessem a Lei mosaica [28] e observassem suas prescrições com zelo meticuloso, nada mudava à sua *exclusão da comunidade de Israel,* pois, eram suspeitos de culto idólatra por causa da veneração no Garizim como montanha sagrada [29]. Entretanto, a exclusão dos samaritanos era causada mais pela sua origem do que pelo culto no Garizim. Não houve, por exemplo, qualquer ruptura com a comunidade judaica do Egito, apesar da existência do templo de Leontópolis, por não existirem lá impedimentos análogos [30].

Esse preconceito em relação aos samaritanos fazia surgir uma primeira conseqüência: desde o início do século

21. R. Ishmael († 135 d.C.), R. Yuda ben Elai (cerca de 150), R. Shimeon ben Yoḥai (cerca de 150), cf. Billerbeck, I, 538ss.

22. Jo 4, 12; *Ant.* IX 14, 3, § 291; XI 8, 6, § 341-344 (nas duas passagens, Josefo insiste no fato de que, por questão de oportunismo, os samaritanos ora afirmam seu parentesco com os judeus, ora o negam; é uma apresentação certamente parcial); *Gn. R.* 94, 6 sobre 46, 8ss (203ª 7): "R. Meir viu um samaritano e disse-lhe: De quem extrais tua origem? — Ele respondeu: Da descendência de José".

23. O apelativo "cutianos" para os samaritanos não figura no Antigo Testamento, nem mesmo nas partes aramaicas. Vemo-lo pela primeira vez em Josefo *Kouthaîoi,* uma vez (*Ant.* XIII 9, 1, § 256, variantes) *Kouthaîoi* ao lado de *Samareîtai, Samareîs,* mais freqüente). Na Mishna, *kûtîm* já é o cognome exclusivo dos samaritanos.

24. Lc 17,18: *allógenes* = estranho ao povo.

25. "O povo de Cuta" (2Rs 17,30, cf. 17,24) era uma das tribos instaladas como colonos na Samaria pelos assírios no século VIII antes de nossa era. Josefo explica que sua pátria é o país dos medos e dos persas (*Ant.* XII 5, 5, § 257); cf. *Ant.* IX 14, 3, § 288: foram transplantados do país de Cuta, na Pérsia, para a Samaria.

26. Quanto a data ver *supra,* nn. 23 e 24.

27. *Ant.* XI 8, 6, § 341.

28. O Pentateuco constituía a base da religião dos samaritanos; não reconheciam, no cânone judaico, nenhum outro escrito sacro.

29. *Ḥul.* II 7 (ou com o texto do Talmude da Babilônia, ed. de Francfort-sur-le-Main, 1721, e de Lemberg, 1861, convém interpretar *lᵉkûtî,* cf. Billerbeck, I, 538) opinião de R. Eliezer (cerca de 90 d.C.).

30. Schlatter, *Theologie,* 79.

I de nossa era, foram postos, do *ponto de vista cultual e ritual,* em pé de *igualdade com os pagãos.* Conforme vimos [31], o acesso aos átrios interiores do Templo, desde o ano V era-lhes proibido. A essa interdição corresponde um dispositivo nitidamente antigo [32] da Mishna: ela proíbe aceitar dos samaritanos o imposto do Templo, sacrifício pelo pecado ou de reparação, assim como sacrifício de aves (para a purificação depois do parto e por ocasião da impureza mensal), e só permite aceitar ofertas por ocasião de votos e dons voluntários que também eram aceitos dos pagãos [33]. Essa similitude dos samaritanos com os pagãos no domínio cultual e ritual é igualmente comprovada através de uma palavra de R. Yuda ben Elai (cerca de 150 d.C., representante da antiga tradição relativa aos samaritanos): um samaritano não deve circuncidar um judeu, pois, dirigiria sua intenção [34] para a montanha do Garizim [35]. Dentro da mesma linha encontramos a proibição de R. Eliezer aos samaritanos (cerca de 90 d.C.) de comer pães sem fermento, feitos por um samaritano, na Páscoa, "porque os samaritanos não estão a par das precisões dos mandamentos" [36], e a de comer um animal morto por um samaritano [37], "porque a intenção do samaritano [durante o sangramento] está geralmente voltado para o culto dos ídolos" [38].

Dada essa extensa assimilação dos samaritanos com os pagãos, compreendemos que não se podia cogitar de

31. Ver *supra,* 462.
32. Data provavelmente da época em que o Templo ainda existia.
33. *Sheq.* I 5. Sobre as oferendas não sangrentas que se aceitavam da parte dos pagãos, ver Billerbeck, II, 549-551; Schürer, II, 357-363.
34. Ele circuncidou *l^ešôm* (= em nome de = dirigindo sua intenção para) a montanha de Garizim. De maneira correspondente é preciso, no batismo neotestamentário, compreender o "em nome de" como exprimindo a intenção ligada ao batismo.
35. Tos. *'A. Z.* III 13 (464, 18); b. *'A. Z.* 27ª bar.: tratado *Kutim* I 9ᵇ.
36. b. *Qid.* 76ª bar.; b. *Ḥul.* 4ª bar.; Tos. *Pes.* I 15 (156, 17). Nesta última passagem deve-se entender de acordo com a ed. príncipe da Tosefta por Alfas i"R. Eliezer", e não "R. Eleazar" como nos mss. de Viena e de Erfurt.
37. Sobre a informação "Samaritano", ver *supra,* n. 29.
38. *Ḥul.* II 7.

casamento com eles [39]. Neste ponto, os judeus eram inflexíveis. Segundo uma informação tardia [40], mas merecedora de fé [41], nas últimas décadas antes da ruína do Templo [42] foi posta em vigor uma importante determinação segundo a qual os samaritanos eram considerados "desde o berço" (portanto, sempre) impuros em mais alto grau e portadores de impurezas [43]; o que determinou essa disposição foi

39. Encontramos muitas vezes expressa essa interdição do casamento: *Qid.* IV 3; Tos. *Quid.* V 1s (341, 19); b. *Qid.* 74ᵇ-76ᵇ; tratado *Kutim* I 6; II 9 e *passim.* — Seguramente, *Sheiit* VIII 10 também faz parte deste contexto: "Além do mais, dizia-se em sua [R. Aqiba, † depois de 135 d.C.] presença: R. Eliezer [cerca de 90 d.C.] ensinou: Aquele que come o pão de um samaritano [assim se deve entender com Billerbeck, II, 420, n. 1 e IV, 1183], é como se comesse um porco. — Disse-lhes ele então: Calai-vos, não quero vos dizer o que R. Eliezer ensinou sobre este ponto". Segundo essa tradição, R. Eliezer teria proibido radicalmente comer pão feito por samaritanos. Mas os transmissores mais diferentes nos contam que ele permitiu comer após a Páscoa o pão fermentado e as massas dos samaritanos (j. *'Orla* II 7, 62ᵇ 55. 62ᶜ 1ss [II/2, 342]); j. *Shebiit* VIII 10, 38ᵇ 60 (II/1, 409); considerava ele, de modo diferente, o pão ázimo dos samaritanos, ver *supra,* n. 36). Sua sentença apresentada em *Shebiit* VIII 10 deve, pois, ter outro sentido, conforme indica igualmente a réplica descontente de Aqiba. Assim R. Yose (cerca de 350 d.C.) provavelmente tem razão de dizer (j. *Shebiit* VIII 10, 38ᵇ 59 [II/1, 409]) que "comer o pão", na sentença de R. Eliezer, é um subterfúgio eufêmico para designar o matrimônio.

40. R. Naḥman bar Isḥaq († 356 d.C.), b. *Shab.* 16ᵇ-17ᵃ.

41. *Nidda* IV 1 e *Tohorot* V 8 mostram que a regra estava em vigor no século II. Ora, conforme vimos *supra,* p. 466, o século II era favorável aos samaritanos; é, pois, difícil que essa regra só tenha vindo à luz no século II.

42. R. Naḥman garante, b. *Shab.* 16ᵇ-17ᵃ que essa regra era uma das Dezoito ordens promulgadas no primeiro estágio do tempo de Ḥananya ben Ḥizqiyya ben Garon após mútua deliberação entre hilelitas e shamaítas. Essa deliberação aconteceu antes de 48 d.C. (Pouco tempo antes de sua morte em 23 de dezembro de 1932, Paul Billerbeck explicou-me, de viva voz, que ele situava, como eu, essas célebres decisões antes do Concílio apostólico (48). Segundo M. Hengel, *Die Zelotem,* Leyde e Cologne, 1961, 207 e n. 4, as famosas Dezoito ordens só foram promulgadas no tempo da primeira revolta contra os romanos. Mesmo neste caso, convém levar em conta uma possibilidade: essas ordens já podiam ter sido, em parte, observadas, antes de terem sido elevadas a nível de uma halaka obrigatória).

43. Trata-se da regra segundo a qual consideram-se as samaritanas "menstruadas desde o berço" e seus maridos como perpetuamente maculados pelas menstruadas (cf. Lv 15,24), *Nidda* IV 1, Tos. *Nidda* V I (645, 21). Por causa desta disposição, qualquer lugar onde tivesse sentado ou repousado um samaritano era considerado leviticamente impuro (*ibid.*); a impureza se comunicava aos alimentos e bebidas que tocassem esse local. Portanto, aquele que, durante uma viagem

a vontade de impedir os casamentos entre judeus e samaritanos. Uma única vez durante o período pós-bíblico, isto é, no caso de Herodes, o Grande, ouvimos falar que um judeu tenha desposado uma samaritana [44]; pode ser que Herodes tenha sido levado a este casamento pelo zelo — já mencionado [45] por nós — em estabelecer uma ponte entre judeus e samaritanos. Convém notar, aliás, que esse casamento realizou-se antes que tivesse tomado corpo a animosidade das relações acima descritas (p. 466).

Portanto, antes de 70 d.C., a atitude dos judeus em relação aos samaritanos não se diferençava fundamentalmente da que tinham em relação aos pagãos. Eles "não possuem mandamentos, nem mesmo o vestígio de um mandamento; são, portanto, desprezíveis e pervertidos" [46], declarou R. Shimeon ben Yoḥai (cerca de 150 d.C.) que representa a antiga tradição a respeito dos samaritanos [47]. Pelo menos na porção do povo que observava as prescrições farisaicas sobre a pureza, as relações com os samaritanos eram, antes de 70, tão difíceis quanto com os pagãos. A constatação do antigo glosador de Jo 4,9 é exa-

através do território samaritano, deles aceitasse alimento ou bebida, nunca poderiam vir a saber se eles estariam ou não impuros. Além do mais, por causa desta disposição, o escarro dos samaritanos era tido como impuro; se, pois, houvesse na cidade uma única samaritana, todos os escarros eram considerados impuros, *Tohorot* V 8. — Pela razão indicada na penúltima nota, uma disposição análoga transmitida pela Mishna pertence, seguramente, ao século I: desconfiava-se de que os samaritanos se descartavam do feto em caso de aborto nas "casas impuras" (*bêt ha-tum'ôt* "gabinete"). Assim sendo, esses lugares enodoavam com impureza de cadáver aquele que neles entrasse (*Nidda* VII 4). — Podemos realizar e compreender o rigor ferino dessas disposições, lembrando-nos de que, se os samaritanos (o que é certo, ver *supra,* p. 465), até o ano 8 d.C. mais ou menos, tinham acesso aos átrios internos do Templo, não existia até esta data nenhuma razão levítica para sua exclusão daquele santuário.

44. Maltace. *B. j.* I 28, 4, § 562: *Samareítis. Ant.* XVII 1, 3, § 20: não havia, até aquela data, razão levítica para a sua exclusão do Templo.

45. Ver *supra,* p. 465s.

46. j. *Pes.* I 1, 27^b 51 (III/2, 5).

47. Segundo Schürer, II, 23, os samaritanos eram, no ponto de vista da legislação religiosa, colocados no mesmo plano dos saduceus. Essa conclusão repousa em passagens da Mishna que refletem as disposições favoráveis aos samaritanos em largos círculos no século II de nossa era, contradizendo o que se atribuía ao século I.

ta [48]: os "judeus não se dão com os samaritanos". Somente conhecendo o cenário da situação contemporânea assim descrita podemos apreciar devidamente a posição no Novo Testamento em relação aos samaritanos e, por exemplo, medir até que ponto as palavras de Jesus devem ter parecido duras a seus ouvintes: colocou sob os olhos de seus compatriotas um samaritano como modelo, humilhante para eles, da gratidão (Lc 17,17-19) e do amor ao próximo que vence o ódio nacional há tanto tempo enraizado (Lc 10, 30-37).

48. Esta frase falta no * D a b d e.

Capítulo XI

APÊNDICE

A SITUAÇÃO SOCIAL DA MULHER[1]

No Oriente, a mulher não participa da *vida pública*; o mesmo acontecia no judaísmo do tempo de Jesus, pelo menos entre as famílias judaicas fiéis à Lei. Quando a mulher saía de casa, trazia o rosto escondido por um manto, peça de pano dividida em duas partes, uma cobrindo-lhe a cabeça (espécie de *couffieh* de hoje), e a outra, cingindo a fronte e caindo até o queixo, tipo de rede com cordões e nós. Desta forma, não se podia reconhecer os traços de seu rosto[2]. Certa vez, um sumo sacerdote de

1. Entre a abundante literatura, citemos: Krauss, *Talm. Arch.*, II; M. S. Zuckermandel, *Die Befreiung der Frauen von bestimmten religiosen Pflichten nach Tosefta und Mischna* (suplemento do *Festschrift zu Israel Lewys 70. Geburtstag*), Breslau, 1911; S. Krauss, *Die Ehe zwischen Onkel und Nichte,* em *Studies in Jewish Literature, issued in Honour of Prof. K. Kohler,* Berlim, 1913, 165-175; J. Neubauer, *Beitrage zur Geschichte des hiblisch-talmudischen Eheschliessungsrechts. Eine rechtsvergleichend-historische Studie* (*Mitteilungen der vorderasiatischen Gesellschaft,* 24º-25º anos) I-II, Leipzig, 1920; J. Leipoldt, *Jesus und die Frauen,* Leipzig, 1921; V. Aptowitzer, *Spuren des Matriarchats im jüdischen Schrifttum,* em *HUCA* 4 (1927), 207-240, 5 (1928), 261-297, especialmente 4, 232ss (casamento com uma sobrinha) e 281ss (direito de compra, direito sucessorial, endogamia); Billerbeck, IV (1928), Index a "Frau"; S. Bialoblocki, *Materialien zum islamischen und jüdischen Eherecht,* Giessen, 1928; M. Friedmann, *Mitwirkung von Frauen beim Gottesdienst,* em *HUCA* 8-9 (1931-1932), 511-527; I. Heinemann, *Philons griechische und jüdische Bildung,* Breslau, 1932, 231-329; Schlatter, *Theologie,* 162-170; S. Zucrow, *Women, Slaves and the Ignorant in Rabbinic Literature,* Boston, Mass., 1932; A. Gulak, *Das Urkundenwesen im Talmud im Lichte der griechisch-agyptischen Papyri und des griechischen und römischen Rechts,* Jerusalém, 1935, J. Leipoldt, *Die Frau in der antiken Welt und im Urchristentum,* Leipzig, 1955. — Quanto a Palestina atual, H. Granqvist, *Marriage Condition in a Palestinian Village* I-II, Helsinki, 1931-1935 (dá uma bibliografia mais abundante).

2. Billerbeck, III, 427-434; cf. Dn 13,32; 1Cor 11,5; *Ant.* III 11, 6, § 270.

Jerusalém não reconheceu a própria mãe, quando lhe aplicou a sentença prescrita para a mulher acusada de adultério [3]. A mulher que saía de casa sem ter a cabeça coberta, quer dizer, sem o véu que ocultava o rosto, faltava de tal modo aos bons costumes que o marido tinha o direito, até mais, tinha o dever [4] de despedi-la sem ser obrigado a pagar a quantia que, no caso de divórcio, pertencia à esposa, em virtude do contrato matrimonial [5]. Havia mulheres tão rigorosas que não se descobriam nem mesmo em casa, como aquela Qimḥit que viu — assim contam [6] — sete filhos se tornarem sumos sacerdotes, o que foi considerado uma recompensa de Deus pela sua austeridade: "Caiam sobre mim [isto ou aquilo] se as traves de minha casa viram os meus cabelos" [7]. Somente no dia do casamento a esposa, se fosse virgem e não viúva, aparecia de cabeça descoberta no cortejo [8].

Em conformidade com tais regras, as mulheres, em público, deviam passar despercebidas. Ouvimos falar da sentença de um dos mais antigos escribas que conhecemos, Yose ben Yoḥanan de Jerusalém (cerca de 150 a.C.): "Não converse muito com uma mulher"; — acrescentaram depois: "[Isso vale] no caso de tua mulher e mais ainda em relação à mulher do próximo" [9]. As regras do decoro proibiam encontrar-se sozinho com uma mulher [10], olhar para uma mulher casada [11], e até mesmo cumprimentá-la [12]. Seria vergonhoso para um aluno de escriba falar com uma mulher na rua [13]. Aquela que conversasse com alguém na rua ou ficasse do lado de fora de sua casa podia ser repudiada

3. *Pesiqta rabbati* 26, 129^{b}.
4. Tos. *Soṭa* V 9 (302, 7s).
5. *Ket.* VII 6.
6. Ver *supra,* p. 268.
7. j. *Meg.* I 12, 72^{a} 53 (não traduzido em IV/2, 274); j. *Yoma* I 1.38^{d} 9 (III/2, 164).
8. *Ket.* II 1.
9. *P. A.* I 5. Ver a história contada em b. *'Er.* 53^{b} e a observação de Josefo, *B. j.* I 24, 2, § 475: Com Salomé, Antipater ter-se-ia "entretido como se ela fosse sua mulher".
10. *Qid.* IV 12; b. *Qid.* 81^{a}; Jo 4, 27.
11. Billerbeck, I, 299-301; Schlatter, *Gesch. Isr.* 161s e n. 145 (417); Schlatter, *Der Evangelist Matthaus,* Stuttgart, 1929, 175s.
12. b. *Qid.* 70^{a-b}.
13. b. *Ber.* 43^{b} bar.

sem receber o pagamento previsto no contrato de casamento[14].

Preferia-se que a mulher, especialmente a moça antes de seu casamento, não saísse de casa. Eis o que diz Fílon[15]: "Negócios, conselhos, tribunais, procissões festivas, reunião de muitos homens, em suma, toda a vida pública com suas discussões e assuntos, em tempo de paz ou de guerra, é feita para homens. As jovens devem permanecer nos cômodos afastados, fixando como limite a porta de comunicação [com os aposentos dos homens][16]; e as mulheres casadas, como limite, a porta do pátio". As mulheres judaicas de Alexandria, diz Fílon[17] noutro lugar, são mantidas em reclusão: "Não passam além da porta do pátio. Quanto às moças, ficam confinadas nos quartos das mulheres e, por pudor, evitam o olhar dos homens, mesmo de parentes próximos". Inúmeras provas nos demonstram que essa reclusão da mulher, desconhecida na época bíblica, era usual mesmo fora do judaísmo alexandrino. "Eu era uma jovem casta que não passava além da soleira da casa paterna", diz a mãe dos sete mártires a seus filhos[18].

Os dados seguintes nos levam a Jerusalém e nos mostram o estrito costume observado nas casas dos notáveis. Quando Ptolomeu IV Filopator quis, em 217 a.C., penetrar no Santo dos santos, "as jovens confinadas em seus aposentos precipitaram-se para fora com suas mães; cobriram a cabeça com cinza e pó e encheram as ruas com suas lamentações"[19]. Semelhantes manifestações de grande excitação se repetem em 176 a.C.; sabendo que Heliodoro, ministro do rei Seleuco IV, tentava apoderar-se do tesouro do Templo, "as jovens que estavam retidas em casa acor-

14 *Ket.* VII 6, sobre o contrato de casamento, ver *infra*, p. 483s, n. 73s, e p. 484.

15 *De spec. leg.* III § 169.

16 Fílon tinha em mente uma casa helenista.

17 *In Flaccum* 11, § 89. Quanto a Fílon, ver I. Heinemann, *Philons griechische und jüdische Bildung*, 233-235.

18 4 *Mac.* XVIII 7. Cf. o pseudo-Phocylide 215 (ed. R. Diehl, *Anthologia lyrica graeca* (col. Teubner), 3ª ed., fasc. 2, Leipzig, 1950, 107): "Conserve a jovem em seus aposentos bem fechada à chave". Igual recomendação em Ecl 26,10; 42,11-12.

19 3 *Mc.* I 18, cf. 19.

riam, umas às portas, outras, por sobre os muros; e ainda outras debruçavam-se às janelas" e as mulheres cingidas de tecido grosseiro aglomeravam-se nas ruas (2Mc 3,19). Foi um espetáculo absolutamente sem precedente [20], quando, em 29 a.C., sem levar em conta os bons costumes, a rainha-mãe Alexandra correu às ruas de Jerusalém para invectivar, em altos brados, sua filha Mariana, condenada à morte [21]. De modo análogo, o Talmude vê nas palavras do salmo 45,14: "Vestida com brocados a filha do rei é levada para dentro", a descrição da vida retirada das mulheres, não saindo de seus aposentos [22]. Como vemos, a jovem de uma família de notáveis de Jerusalém, observando estritamente a Lei tinha o hábito de ficar o mais possível em casa, antes de seu casamento; a mulher casada, de só sair com o rosto oculto pelo véu [23].

Entretanto, para sermos bem exatos, não devemos generalizar. Nas cortes governamentais pouco se preocupavam com o costume. Basta pensarmos na rainha Alexandra que, durante nove anos (76-67 a.C.), com prudência e energia, manteve nas mãos as rédeas do poder, não se distinguindo, em nada, das princesas dos ptolomeus ou dos selêucidas [24]; ou na irmã de Antígono (último rei macabeu 40-37 a.C.), defendendo a fortaleza de Hircânia contra as tropas de Herodes, o Grande [25]. Lembremo-nos também de Salomé, dançando diante dos visitantes de Herodes Antipas (Mc 6,22; Mt 14,6). Aliás, mesmo onde se conservava rigorosamente o uso, havia exceções. Duas vezes por ano, em 15 ab e no Dia das expiações, realizavam-se algumas danças nos vinhedos das cercanias de Jerusalém; as jovens

20. *Ant.* XV 7, 5, § 232s.

21. Cf. também *Actus vercellenses* (= *Atos de Pedro*), cap. 17 (ed. L. Vouaux *Les Actes de Pierre,* Paris, 1922, 331): a nobre Eubola jamais aparecera em público; assim sendo, sua primeira aparição causou grande sensação. A história se passa na Judéia, quer dizer, em Jerusalém; não é porém, suficiente para fazer-nos conhecer a situação na Palestina.

22. b. *Yeb.* 77ª. O mesmo texto bíblico é aplicado a Qimḥit (sobre essa ver *supra,* p. 474) em j. *Yoma* I 1 38ᵈ 11 (III/2, 164).

23. Este costume estrito permite compreender, com I. Heinemann, *o. c.* 235, por que o Talmude julga tão desfavoravelmente "o orgulho" das profetisas Débora e Hulda, b. *Meg.* 14ᵇ.

24. H. Willrich, *Das Haus des Herodes,* Heidelberg, 1929, 49.

25. *B. j.* I 19, 1, § 364.

se exibiam diante dos rapazes [26]. Segundo o Talmude da Palestina, as moças das melhores famílias também participavam desses festejos [27].

Todavia, as mulheres dos meios populares não podiam levar uma vida totalmente retirada como as da alta classe, rodeadas de domésticos, e isso, principalmente por razões econômicas. Em muitos casos, por exemplo, a mulher precisava ajudar o marido em sua profissão, talvez mesmo como comerciante [28]. Que nos meios mais simples havia menos rigor, podemos concluir também da descrição das festas populares que se realizavam no átrio das mulheres, durante as noites da festa das Tendas: a multidão aí se via tão descontraída que foi necessário construir galerias para as mulheres, a fim de separá-las dos homens [29]. Além do mais, relações mais livres reinavam no campo. Ali, a jovem vai à fonte [30], a mulher dedica-se, juntamente com o marido e filhos, ao trabalho agrícola [31], vende azeitonas à porta [32], serve à mesa [33]. Nada indica que as mulheres observassem de modo tão estrito no campo, como na cidade, o hábito de cobrir a cabeça; pelo contrário, existia, sem dúvida, nesse sentido, entre a cidade e o campo, uma diferença semelhante àquela que vemos na população árabe da Palestina atual. Uma mulher não deveria, entretanto, ficar sozinha no campo [34] e não é comum, mesmo ali, um homem manter conversa com uma estranha [35].

26. *Ta'an.* IV 8; b. *Ta'an.* 31ª bar. — R. Eisler, em *Archiv für Religionswissenschaft,* 27 (1929), 171ss queria considerar estas danças como uma sobrevivência de ritos dos mistérios dionisíacos; W. Witterkindt, *ibid.* 28 (1930), 385-392, opinou contra, dizendo que essas danças no meio dos vinhedos eram uma reminiscência dos ritos da festa do casamento de Marduc, celebrada em Babilônia por ocasião da festa do Ano Novo.

27. j. *Ta'an.* IV 11, 69ᶜ 47 (IV/1, 197): mesmo a filha do rei e do sumo sacerdote.

28. *Ket.* IX 4.

29. Tos. *Sukka* IV 1 (198, 6). — Abin (cerca de 325 d.C.) dizia: "A praga do ano [do ponto de vista moral] é a festa", b. *Qid.* 81ª.

30. *Ket.* I 10; *Gn. R.* 49 sobre 18, 20 (103ᵇ 9).

31. *B. M.* I 6. — Uma mulher "chega da colheita", *Yeb.* XV 2; *'Ed.* I 12.

32. b. *B. Q.* 119ª.

33. Mc 1, 31 e par.; Lc 10,38-42; Jo 12,2.

34. b. *Ber.* 3ᵇ.

35. É o que explica a admiração dos discípulos de Jesus quando o vêem conversando com a Samaritana, Jo 4,27.

A situação da mulher em casa correspondia a essa exclusão da vida pública. Na casa paterna, o lugar das filhas vinha após o dos meninos; sua formação limitava-se ao aprendizado dos trabalhos domésticos, costura e fiação, especialmente; tomavam conta dos irmãos e irmãs menores [36]. Para com o pai tinham, certamente, os mesmos deveres que os filhos: alimentá-lo e dar-lhe de beber, vesti-lo e cobri-lo, ajudá-lo a entrar e sair, quando se tornasse velho, lavar-lhe o rosto, as mãos e os pés [37]. Não tinham, porém, os mesmos direitos que os irmãos; do ponto de vista da sucessão, por exemplo, os filhos homens e seus descendentes [38] passavam à frente [39].

O *pátrio poder* era grandemente exercido sobre as filhas menores até se casarem; dele dependiam totalmente. Para maior precisão, vejamos como as distinguias: 1º a menor (*qᵉṭannah,* menina até a idade de "doze anos e um dia"); 2º a moça (*na'ărah,* entre 12 anos e 12 anos e meio); e 3º, a maior (*bôgeret,* acima de doze anos e meio). Até a idade de doze anos e meio, a autoridade do pai é soberana [40]. A filha nada pode possuir; a renda de seu trabalho e o que encontra, pertencem a ele [41]. A filha com

36. b. *B. B.* 141ª; b. *Nidda* 48ᵇ bar.

37. Tos. *Qid.* I 11 (336, 3).

38. *B. B.* VIII 2; *Sifre* Nm 27, 4, § 133 (23ᶜ 41) e sobre este ponto K. G. Kuhn, *Sifre zu Numeri, Rabbinische Texte* II 3, Stuttgart, 1959, 539, n. 44, 542, n. 18.

39. Se houvesse filhos, eles eram os únicos herdeiros. Cabia-lhes unicamente a obrigação de sustentar, com a herança paterna, até o casamento, suas irmãs solteiras, *B. B.* IX 1, e pagar-lhes um dote, *Ket.* VI 6. Esse direito das irmãs era prioritário; por isso dizia-se que, se os bens são escassos, as moças devem ser sustentadas ainda que os filhos sejam obrigados a mendigar nas ruas, *B. B.* IX 1. — Os saduceus, é verdade, pretenderam exigir que a filha do falecido fosse colocada em pé de igualdade pelo menos com a filha de seu filho (portanto, com a neta do defunto) no que dizia respeito ao direito sucessorial, b. *B. B.* 115ᵇ; neste ponto, porém, não venceram. Quanto a este assunto, ver V. Aptowitzer *Spuren des Matriarchats im jüdischen Schrifttum,* em *HUCA* 5 (1928), 283-289 (Excurso 5: o direito sucessorial das filhas entre os saduceus.

40. A menos que a filha já não seja, como menor, noiva e separada; o casamento dispensa, então, da autoridade paterna (por exemplo b. *Ket.* 40ª a *passim*).

41. *Ket.* IV 4; b. *Ket.* 40ᵇ. e *passim.* É também ao pai que pertence o dinheiro de punição, de humilhação, de degradação e de indenização por ter violado a filha, Dt 22,29; *Ket.* IV 1; III 8; b. *Ket.* 29ª, 40ᵇ e *passim.*

menos de 12 anos e meio também não dispõe de si mesma: o pai pode anular seus votos [42]; representa-a em qualquer assunto legal [43]; a aceitação ou recusa de um pedido de casamento pertence exclusivamente [44] ao poder paterno ou ao de um representante seu [45]. Até a idade de 12 anos e meio, uma jovem não tem direito de recusar o casamento decidido pelo genitor [46], mesmo que o escolhido seja disforme [47]. Mais ainda: o pai tinha o direito de vender sua filha como escrava, conforme vimos [48], mas somente até aos doze anos. A filha maior (acima de 12 e meio) é autônoma; seu noivado pode ser decidido sem o consentimento paterno [49]. Entretanto, mesmo que a filha seja maior, a quantia para o casamento, que o noivo pagava por ocasião do noivado, pertence ao pai [50]. Esse autoritarismo tão dilatado do pai levava-o naturalmente a considerar as filhas, sobretudo as menores, como aptas ao trabalho e fonte de renda; "alguns casam a filha e contraem grandes dí-

42. *Sifre* Nm 30,4, § 153 (26ª 37ss), cf. K. G. Hunh, *Sifre zu Numeri,* 616ss.

43. J. Neubauer, *Beiträge zur Geschichte des biblish-talmudischen Eheschliessungsrechts* II, 159ss.

44. "Se, enquanto o pai viver, uma menor [*geṭannah,* abaixo de doze anos] ficar noiva ou se casar, o noivado não é considerado noivado, nem o casamento será tido como casamento [ambos são inválidos]", Tos. *Yeb.* XIII 2 (256, 27). Ver uma exceção *supra,* n. 40.

45. *Ket.* IV 4; *Qid.* II 1 — Se o pai morresse, o direito era transferido para os parentes mais próximos, em geral à mãe ou aos irmãos. É, por exemplo, a situação prevista em Ct 8,8-10 onde vemos os irmãos discutirem para saber como poderão aproveitar-se melhor do casamento de sua irmã (cf. S. Krauss, *Die Rechtslage im biblischen Hohenliede,* em *MGWJ* 80 [1936], 330-339); ver ainda Josefo, *C. Ap.* II 24, § 200 e *Ant.* XX 7, 1, § 140; Agripa II dá (cerca de 53 a.C.) sua irmã Mariana a Arquelau "a quem seu pai Agripa I [morto em 44] a tinha comprometido antes como noiva". Mas a menor a quem a mãe ou os irmãos fizeram ficar noiva ou casar-se após a morte do pai tinha o direito de anular o casamento, declarando que o recusava, *Yeb.* XIII 1-2.

46. Basta que ela exprima o desejo de permanecer na casa paterna até crescer, isto é, até atingir a puberdade.

47. b. *Ket.* 40ᵇ. Podia mesmo acontecer que um pai distraído tivesse se esquecido com quem comprometera a filha. *Qid.* III 7.

48. *Supra,* p. 416. — Não tem mais o direito de vender a *na'ărah* (entre doze anos e doze anos e meio) e a filha maior, *Ket.* III 8.

49. b. *Qid.* 2ᵇ, 79ª.

50. b. *Ket.* 46ᵇ; b. *Qid.* 3ᵇ.

vidas; outros a casam e recebem dinheiro por ela"; diz uma frase lacônica [51].

Os noivados [52] realizados em idade extremamente precoce, segundo nosso modo de ver, mas aceitável no Oriente, preparavam a transferência da jovem de sob o poder do pai para a submissão ao esposo. A idade normal para o noivado era entre 12 e 12 anos e meio [53], mas noivados e casamentos ainda mais precoces são comprovados [54]. Muito freqüente o noivado entre parentes [55] e isso não só no meio de notáveis onde o conhecimento das jovens tornava-se difícil pelo fato de viverem muito à parte, excluídas do mundo. Ouvimos dizer, por exemplo, que um pai e uma mãe discutiram acerbamente porque cada um queria casar a filha com um rapaz de sua própria parentela [56]. Quando na falta de filhos, as filhas eram herdeiras, a própria Torá ordenada que se casassem com parentes (Nm 36, 1-12). O livro de Tobias (6,10-13;7,11-12) mostra-nos um caso em que tal prescrição foi aplicada; aliás, seu uso vigora até hoje na Palestina [57]. Os sacerdotes, particularmente,

51. j. *Ket.* VI 6, 30^d 36 (V/1, 87) cf. também b. *Qid.* 18^b bar., onde a entrega da filha menor ao noivo é chamada "venda da filha para o matrimônio", expressão que conserva traços de um antigo direito.

52. Sobre o aspecto jurídico, ver J. Neubauer, *Beiträge zur Geschichte des biblisch-talmudischen Eheschliessungsrechts* I-II, Leipzig, 1920; Billerbeck, II, 384ss; A. Gulak, *Das Urkundenwesen im Talmud,* Jerusalém, 1935.

53. Billerbeck, II, 374.

54. Ver *supra,* n. 40. — Enquanto viveu, Agripa I fez duas filhas ficarem noivas: Mariana (nascida em 34-35) e Drusila (nascida em 38-39), *Ant.* XIX 9, 1, § 354. Como ele morreu em 44, Mariana tinha no máximo 10 anos por ocasião de seu noivado e Drusila, no máximo seis.

55. O casamento dentro da tribo e da família é normal é desejável, j. *Ket.* I 5, 25^c 34 (V/1, 14); j.*Qid.* IV 4, 65^d 46 (V/2, 282). Levando seguramente em consideração Nm 36,1-12, Fílon declara que aquele que tem autoridade deve casar com parentes as filhas dos falecidos. Segundo seu *C. Ap.* II 24, § 200 (de acordo com a maioria das testemunhas) Josefo diz que, conforme a prescrição da Lei, aquele que quer se casar deve pedir "sua [a da noiva] mão àquele que dispunha do poder de dá-la e [pedir] aquela que convém pelo seu parentesco" (ms. L: *tèn epitédeion.* Eusébio. *Praep. ev.* VIII 8, 33 [*GCS* 48, 1, 438] ms. I: *epitédeion. Latim*: oportunam. — Informação dos mss. B O N: *epitedeíon,* "àquele que é qualificado pelo parentesco").

56. b. *Qid.* 45^b.

57. H. Granqvist, *Marriage Conditions* I. Helsinki, 1931, 76ss.

tinham o costume, como já vimos [58], de escolher suas esposas nas famílias sacerdotais; casamento de leigos com parentes são comprovados, por exemplo, em Tb 1,9;4,12; Jd 8,1-2. O livro dos *Jubileus* parece recomendar o casamento com a prima; freqüentemente, com efeito, ele conta, passando por cima do relato bíblico, que os patriarcas, antes e após o dilúvio, desposaram filhas da irmã [59] ou do irmão [60] de seu pai. O período posterior apresentou o casamento com a sobrinha [61], isto é, com a filha da irmã, de preferência [62] e até mesmo como obra pia [63]; diversas vezes, pois, ouvimos dizer que um rapaz contrai matrimônio com a filha de sua irmã [64]. Não raro, também, o casamento com a filha do irmão [65]. Já vimos acima que tais casamentos se realizavam nas famílias sacerdotais de alto nível [66]. A violenta polêmica do *Doc. Damasco* contra o casamento com a sobrinha, quer se trate da filha do irmão, quer da filha da irmã [67], confirma a freqüência dessas uniões. Fi-

58. *Supra,* p. 217, n. 61, e p. 297.
59. *Jubileus* IV 15. 16. 20. 27. 28. 33; XI 14.
60. *Ibid.,* VIII 6; XI 7.
61. S. Krauss, *Die Ehe zwischen Onkel und Nichte,* em *Studies issued in Honour of Prof. K. Kohler,* Berlim, 1913, 165-175; A. Büchler, em *JQR* n. s. 3 (1912-1913), 437-442; S. Schechter, em *JQR* n. s. 4 (1913-1914), 454s; V. Aptowitzer, *Spuren des Matriarchats,* em *HUCA* 4 (1927), 232ss.
62. Tos. *Qid.* I 4 (334, 32): "Que um homem não tome uma mulher antes que a filha de sua irmã seja adulta".
63. b. *Sanh.* 76ᵇ bar.; b. *Yeb.* 62ᵇ: um casamento com a filha da irmã tem por conseqüência que a oração seja atendida.
64. *Ned.* VIII 7 discute o caso daquele que é obrigado a casar-se com a filha de sua irmã. IX 10: após uma primeira recusa, R. Ishmael († cerca de 135 d.C.) induz um homem a desposar a filha de sua irmã. Seguindo os conselhos de sua mãe, R. Eliezer en Hircano (cerca de 90 d.C.) casou-se com a filha de sua irmã (j. *Yeb.* XIII 2, 13ᶜ 50; *ARN* rec. A cap. 16, 63ᵃ 33). Também R. Yose, o galileu (antes de 135 d.C.), *Gn. R.* 17, 3 sobre 2, 18 (35ᵃ 9).
65. Abba casou-se com a filha de seu irmão Rabban Gamaliel II, b. *Yeb.* 15ᵃ. Ver ainda as discussões em b. *Yeb.* 15ᵇ 16ᵃ, particularmente no início de 16ᵃ. V. Aptowitzer, *art. cit.* 211s indica ainda b. *Sanh.* 58ᵇ que interpreta assim Gn 20,12 (Abraão diz que Sara é sua consangüínea): "Ela era filha de seu irmão". Quanto à questão da ancianidade do casamento com a sobrinha, especialmente com a filha do irmão, a observação de S. Krauss, *o. c.,* 169 é muito importante: em hebraico, "tio paterno" se diz *dôd,* isto é, "bem-amado".
66. *Supra,* p. 297s; cf. p. 136, n. 95.
67. *Doc. Damasco* V 7ss baseia a proibição, aplicando às mulheres interdições do incesto, Lv 18. — As afirmações de S. Krauss, *o. c.,*

nalmente, os dados fornecidos por Josefo a respeito dos casamentos na família real de Herodes[68], mostram o quanto eram usuais as alianças entre parentes; a maioria das uniões mencionadas por Josefo são com parentes, isto é, com a sobrinha (filha do irmão[69] ou da irmã[70]) a prima[71] e a prima em segundo grau[72].

172, são insustentáveis: no *Doc. Damasco,* dizem, a interdição do casamento com a sobrinha vem de círculos saduceus; foram levados a impor tal proibição por causa de uma lei romana de 49 d.C. que permitia a uma mulher casar-se com o irmão de seu pai, mas proibindo que o fizesse com o irmão de sua mãe. Esta construção de Krauss apóia-se no julgamento errôneo, fazendo do *Doc. Damasco* um escrito saduceu (ver *supra,* pp. 166, contra essa opinião), e de outro lado sobre uma datação tardia demais deste texto (ver *supra, ibid.:* data, aproximadamente de 100 antes de nossa era).

68 Cf. a árvore genealógica da família de Herodes no final do estudo de Otto, *Herodes.*

69 Desposaram:

Herodes, o Grande	— a filha (nome desconhecido) de [um irmão
Herodes (filho de Herodes, o Gr.)	— Herodíades (neta de Herodes, [o Grande)
Herodes Antipas (filho de Herodes, [o Gr.)	— Herodíades (neta de Herodes, [o Gr.)
Herodes Filipe (Filho de Herodes, [o Gr.)	— Salomé (neta de Herodes, o [Gr.)
Herodes de Calcis (neto de Hero- [des, o Gr.)	— Berenice (bisneta de Herodes, [o Gr.)

70 Herodes, o Grande desposou uma filha (nome desconhecido) de sua irmã Salomé. — No casamento entre José, tio de Herodes, o Grande, com sua sobrinha Salomé, não sabemos se essa última era filha do irmão de José ou de sua irmã.

71 Desposaram:

Fasael (sobrinho de Herodes, o [Gr.)	— Salampsio (filha de Herodes, [o Gr.)
Aristóbulo (filho de Herodes, o [Gr.)	— Berenice (sobrinha de Herodes, [o Gr.)
Antipater (sobrinho de Herodes, [o Gr.)	— Cipros (filha de Herodes, o [Gr.)
José (sobrinho de Herodes, o Gr.)	— Olimpia (filha de Herodes, o [Gr.)
Um filho de Féroras (sobrinho de [Herodes, o Gr.)	— Rosana (filha de Herodes, o [Gr.)
Um filho de Féroras (sobrinho de [Herodes, o Gr.)	— Salomé (filha de Herodes, o [Gr.)
Aristóbulo (bisneto de Herodes, o [Gr.)	— Salomé (bisneta de Herodes, [o Gr.)

72 Desposaram:

Agripa I (neto de Herodes, o Gr.)	— Cipros (neta de Fasael, irmão [de Herodes, o Gr.)
Herodes de Cálcis (neto de He- [rodes o Gr.)	— Mariana (neta de José, irmão [de Herodes, o Gr.)

O noivado que precedia o pedido em casamento e a execução do seu contrato [73], expressavam "a aquisição" (*qinyan*) da noiva pelo noivo, e, assim, a conclusão válida do casamento; a noiva passa a se chamar "esposa", pode ficar viúva, é repudiada por um libelo de divórcio e castigada de morte em caso de adultério [74]. É característico da situação legal da noiva [75] que "a aquisição" da mulher e a do escravo sejam postas em paralelo: "Adquire-se a mulher pelo dinheiro contrato e relações sexuais" [76]; assim "adquire-se" também o escravo pagão por dinheiro, contrato e tomada de posse (*ḥazaqah,* consistindo para o escravo em fazer, para o novo patrão, um serviço inerente aos deveres do escravo) [77]. Assim se formula a pergunta à qual se responde negativamente [78]: "Há, pois, por acaso, alguma diferença entre a aquisição de uma mulher e a de um escravo?"

Todavia, era com o *casamento* — geralmente realizado um ano após o noivado [79] — que a moça passava definitivamente do poder do pai ao do marido [80]. O jovem

73. A importância fundamental do contrato de casamento consistia na regulamentação das relações jurídicas entre cônjuges para as questões financeiras. Suas principais disposições eram: *a*) Determinação do que o pai da noiva devia pagar: bens parafernais (*niksê m^elog*) = bens de usufruto, isto é, bens cuja propriedade ficava para a mulher e cujo marido tinha o usufruto) o dote (*niksê sôn barsel* = bens em moeda, quer dizer, bens que se tornavam propriedade do marido, mas cujo equivalente devia ser garantido à mulher no caso de rompimento do casamento). *b*) Estabelecimento do contrato do casamento, *k^etûbbah,* isto é, da quantia devolvida à mulher em caso de separação ou morte do marido. — Cf. Billerbeck, II, 384-393; S. Bialoblocki. *Materialien zum islamischen und jüdischen Eherecht;* A. Gulak, *Das Urkundenwesen im Talmud* (a distinção de Gulak entre o ato do noivado, 36ss, e o contrato de casamento, 52ss, não se aplica à Palestina do tempo de Jesus).

74. Billerbeck, II, 393ss.

75. S. Bialoblocki, *o. c.,* 26s.

76. *Qid.* I 3. Na época da Mishna, o noivado se efetuava geralmente pela entrega do presente oferecido pelo noivo.

77. *Qid.* I 3. Em terceiro lugar consta, para a mulher como para a escrava, uma ação que faz parte dos novos deveres daquele ou daquela que é adquirida.

78. j. *Ket.* V 4, 29^{d} 52; j. *Shebiit* VIII 8, 38^{b} 51 (II/1, 409).

79. *Ket.* V 2.

80. *Ned.* X 5.

casal ia morar, quase sempre, com a família do marido [81], o que representava para a recém-casada, na maioria das vezes ainda muito jovem, o árduo e penoso dever de ingressar numa comunidade familiar que lhe era estranha e que não escondia, em relação a ela, seus sentimentos hostis [82]. Juridicamente, a esposa se distinguia de uma escrava: em 1º lugar, por poder conservar o direito de possuir (mas não de dispor) bens que trouxera consigo como bens parafernais [83]; em 2º lugar, pela garantia que lhe dava o contrato de casamento, *k*ᵉ*tûbbah*: fixava a quantia que se devia pagar à mulher, em caso de separação ou morte do marido [84]. "Qual a diferença entre uma esposa e uma concubina? R. Meir [cerca de 150 d.C.] respondia: A esposa dispõe de um contrato de casamento, a concubina não o possui" [85].

Na *vida conjugal,* quer dizer, depois de efetuado o casamento, a mulher tinha o direito de ser mantida pelo marido e podia exigir a aplicação de tal direito diante do tribunal [86]. Cabia ao marido provê-la de alimento, vestuário, habitação e cumprir o dever conjugal; era também obrigado a resgatá-la em caso de eventual cativeiro [87], pro-

81. Krauss, *Talm. Arch.,* II, 40. É uso ainda hoje, H. Granqvist, *Marriage Conditions in a Palestinian Village* II, Helsinki, 1935, 141ss. Mc 1,29-31 dificilmente pode-se compreender uma habitação de Pedro na casa da sogra.

82. Em princípio, as disposições legais supõem que a sogra (da esposa) e suas filhas, a concubina, a cunhada (por aliança) e a nora (filha do esposo e de outra mulher) tenham ciúmes da esposa, *Yeb.* XV 4; *Soṭa* VI 2; *Giṭ.* II 7 — Cf. Granqvist *o. c.,* II, 145ss.

83. Quanto aos bens parafernais, ver *supra,* n. 73. Durante a vida conjugal podiam ser aumentados por dotes ou herança, Billerbeck, II, 384s. Geralmente (exceções em b. *B. B.* 51^b) o marido podia aproveitar-se do usufruto desses bens, mas a mulher permanecia a única proprietária, S. Bialoblocki, *Materialien zum islamischen und jüdischen Eherect,* 25.

84. Billerbeck, II, 387-392. A quantia compreendia, ao lado de uma taxa de base (com suplementos), o dote da mulher trazido por ela (não confundir com os bens parafernais, ver *supra,* n. 73). Lançando uma hipoteca geral sobre todos os seus bens, o marido devia responder pela quantia fixada no contrato do casamento, b. *Ket.* 82^b bar.; *Ket.* IV 7; *Yeb.* VII 1. Essa regulamentação foi sem dúvida influenciada pelo direito helenístico (provas quanto ao Egito da época ptolemaica e romana em A. Gulak, *Urkundenwesen im Talmud,* 57s).

85. j. *Ket.* V 2, 29^d 16 (V/1, 69), cf. b. *Sanh.,* 21^a.

86. b. *Ket.* 77^a, 107^a.

87. *Ket.* IV 4.8-9; Tos. *Ket.* IV 2 (264, 7).

videnciar-lhe medicamentos necessários quando doente [88], e sepultura por ocasião do falecimento: até mesmo o mais pobre tinha de providenciar pelo menos dois tocadores de flauta e uma carpideira. Ainda mais: onde era costume haver discurso fúnebre no enterro das mulheres, ele teria de providenciar [89].

Os deveres da esposa consistiam, especialmente, em atender às necessidades do lar. Devia moer, cozinhar, lavar, amamentar os filhos, fazer a cama do marido e, para compensar sua manutenção [90], fiar e tecer a lã [91]; outras acrescentavam aos deveres de esposa, preparar a bacia para o marido, lavar-lhe o rosto, as mãos e os pés [92]. A situação de serva em que se encontrava a mulher diante do marido já se exprime suficientemente nessas prescrições, mas os direitos do esposo iam mais longe ainda. Ele podia requisitar o que ela encontrasse [93], assim como a renda de seu trabalho manual, e tinha o direito [94] de lhe anular os votos [95]. A mulher era obrigada a obedecer ao marido como a seu senhor — ele se chamava *rab* — e essa obediência revestia-se de dever religioso [96]. Tal dever de obediência ia tão longe que o marido podia exigir da mulher a profissão de votos, mas os votos que colocassem a mulher numa situação indigna, conferiam-lhe o direito de exigir a separação perante o tribunal [97]. As relações entre filhos e pais eram também determinadas pela obediência que a mulher devia a seu marido; os filhos tinham de colocar o respeito ao pai acima do respeito à mãe, pois essa, por seu lado, devia prestar respeito semelhante em relação ao pai de seus

88. *Ket.* IV 9.
89. Tos. *Ket.* IV 2 (264, 7); *Ket.* IV 4.
90. b. *Ket.* 58b.
91. *Ket.* V 5. — Em V 9 prescreve-se até mesmo uma medida semanal de tecedura que a mulher do pobre deve executar; só é diminuída quando a mulher amamenta.
92. b. *Ket.* 61a, cf. 4b, 96a.
93. *B. B.* I 5: neste ponto, a mulher se iguala com o escravo pagão, ver *supra*, p. 458.
94. Por causa de Nm 30,7-9.
95. *Yeb.* X 1.
96. Josefo, *C. Ap.* II 24, § 201.
97. *Ket.* VII 1ss, ver *supra*, p. 410.

filhos [98]. No caso de perigo de morte era necessário primeiro salvar a mãe [99].

Dois fatos são particularmente característicos do grau de dependência da mulher do esposo.

a) A poligamia era permitida [100]. A esposa devia, portanto tolerar a presença de concubinas a seu lado. Sem dúvida alguma, temos de admitir que, por questões pecuniárias, a posse de muitas mulheres não era freqüente. Em todo caso, ouvimos falar de maridos que admitiam uma segunda mulher quando não se entendia bem com a primeira e não podia repudiá-la devido à alta quantia mencionada no contrato do casamento [101]. Uma constatação serve de estatística para determinar a freqüência da poligamia: em 1927, na cidade de Artas, perto de Belém, dentre 112 homens casados, doze tinham diversas mulheres, portanto, em números redondos, 10%: onze tinham duas, e um tinha três [102]. Evidentemente, é preciso tomar esses números como pontos de referência e não transpô-los, levianamente, à época de Jesus.

b) O direito de divórcio achava-se exclusivamente [103] do lado do homem; os raros casos em que a mulher tinha o direito de requerer a anulação jurídica do casamento já foram mencionados (p. 410). Na época de Jesus (Mt 19,3)

98. b. *Qid.* 31ª, frase de R. Eliezer (cerca de 90 d.C.); *Ker.* VI 9.

99. *Hor.* III 7. Faz-se uma exceção se a castidade da mulher estiver ameaçada (*ibid.*).

100. Ver *supra*, pp. 131, 136s, provas da poligamia em Jerusalém. Cf. Schlatter, *Theologie*, 165. A luta violenta contra a poligamia entre os essênios emigrados de Jerusalém (*Doc. Damasco* IV 21 e *passim*) também confirma a sua existência em Jerusalém. Em Mc 10,6-9, Jesus parece visar a poligamia e rejeitá-la: em Mc 10,6; Mt 19,4 ele cita Gn 1,27, isto é, a própria passagem sobre a qual o *Doc. Dam.* baseia sua repulsa à poligamia; em Mc 10,8; Mt 19,5, ele cita Gn 2,24 sob sua forma antipoligâmica, quer dizer com as palavras *oì dúo* que se encontram somente na LXX, Eclo, Vulgata e Targum do Pseudo-Jônatas, e J. Leipoldt, *Jesus und die Frauen*, Leipzig, 1921, 60.

101. b. *Yeb.* 63ᵇ. Ver ainda *infra*, n. 114.

102. H. Granqvist, *Marriage Conditions in a Palestinian Village* II, Helsink, 1935, 205.

103. Quando Salomé, irmã de Herodes, o Grande, enviou o libelo de divórcio a seu marido Costabaro (*Ant.* XV 7, 19, § 259s), ela agia, conforme constata Josefo, em contradição com as leis judaicas que só concediam ao marido este direito.

os shamaítas discutiam com os hilelitas sobre a exegese de Dt 24,1 que menciona, como justo motivo para o homem repudiar a esposa, o caso em que ele encontre nela "qualquer coisa de vergonhoso", *'erwat dabar*. Contrariamente à exegese dos shamaítas, anuindo ao sentido do texto, os hilelitas explicavam essa passagem da seguinte maneira: 1º uma impudicícia (*'erwat*) da mulher e 2º, qualquer coisa (*dabar*) que desagradasse ao marido davam-lhe o direito de afastar de casa a mulher [104]. Como vemos, o ponto de vista hilelita reduzia a uma total fantasia o direito unilateral de divórcio que o marido detinha. De Fílon [105] e de Josefo [106], que só conhecem o critério hilelita e o defendem, deduzimos que esse prevaleceu desde a primeira metade do século I de nossa era. A reunião dos esposos separados podia acontecer [107]. Decorrente do divórcio, uma impureza pública podia ser atribuída ao marido, assim como à mulher e às filhas [108]. De outro lado, em caso de divórcio, o marido era obrigado a entregar à mulher a fiança prescrita no contrato de casamento. Na prática, esses dois motivos muitas vezes criavam obstáculo ao repúdio precipitado da esposa [109]. Quanto à mulher, podia eventualmente fazer justiça a si mesma e voltar à casa paterna no caso, por exemplo, de injúrias recebidas [110]. A despeito de tudo isso, o

104. *Sifre* Dt 24, 1, § 269 (51ᵇ 23); b. *Giṭ.* 90ª bar.

105. *De spec. leg.* III, § 30.

106. *Ant.* IV 8, 23, § 253. Cf. a própria atitude de Josefo que despediu sua mulher por estar "descontente com sua conduta", *Vita* 76, § 426.

107. Tos. *Yeb.* VI 4 (247, 8): "A repudiada pode voltar para seu marido"; *M. Q.* I 7 e *passim.* Isso, porém, não era permitido se, neste ínterim, ela se tivesse casado de novo (Dt 24,1-4; Jr 3,1; *Yeb.* VI 5), ou se o divórcio se tivesse processado pelo fato de ser estéril (*Giṭ.* IV 8), porque fora suspeitada de adultério ou porque freqüentemente fizera votos contra a vontade do marido (*Giṭ.* VII 7). Entretanto, os doutores não estavam de acordo sobre todos estes pontos, por exemplo, quanto aos votos (Billerbeck, I, 310s). — Deduz-se do que foi dito *supra,* p. 297, que os sacerdotes não tinham o direito de aceitar novamente a esposa repudiada.

108. *Ned.* IX 9.

109. b. *Yed.* 89ª, 63ᵇ; b. *Pes.* 113ᵇ. — *Gn. R.* 17, 3 sobre 2, 18 (35ª 10ss) é característico: R. Yose, o galileu (antes de 135 d.C.) tinha uma mulher má, mas não podia repudiá-la porque a quantia fixada no contrato de casamento fora muito elevada. Seus discípulos trouxeram-lhe, então, o dinheiro necessário.

110. Tos. *Yeb.* VI 6 (247, 18), b. *Ket.* 57ᵇ — No meio helenizado

ponto de vista hilelita revelava grande degradação da mulher. Entretanto, se, a partir das disposições legais, tirarmos conclusões relativas à prática quanto ao número de divórcios, por exemplo, convém guardarmos extrema reserva. H. Granqvist constatou que na cidade de Artas, perto de Belém, de 264 casamentos realizados em cem anos, de 1830, aproximadamente, a 1927, somente 11, isto é 4% terminaram em separação [111]. Tais dados garantem contra uma superestima do número de divórcios. Se, como convém supor [112], em caso de divórcio os filhos ficam com o pai, essa solução constituía a provação mais intensa para a esposa que se divorciava.

Podia a mulher ser considerada propriedade do marido a ponto de ser vendida como escrava para acobertar um furto cometido por ele? Conforme vimos *supra* (p. 415), é muito duvidoso.

Dentro de seus limites, a situação da mulher variava, certamente, de acordo com os casos particulares. Dois fatores representam certa importância: de um lado, a mulher encontrava grande apoio junto de seus parentes consangüíneos, sobretudo seus irmãos; tal fato era capital para a sua posição na vida conjugal. Recomenda-se como louvável o casamento com uma sobrinha (ver *supra,* p. 481); relaciona-se ao fato de a mulher encontrar aí maior proteção por causa de seu parentesco com o marido [113]. De outro lado, o ter filhos, especialmente filhos homens, assumia grande importância para a mulher. A falta de filhos era tida como desonra, até mesmo como castigo divino [114].

das famílias principescas herodianas era freqüente a mulher deixar o marido. Por exemplo: Herodíades deixou Herodes (*Ant.* XVIII 5, 4, § 136; Mc 6,17 onde, por erro, Filipe é mencionado no lugar de Herodes). Também as três filhas de Agripa I abandonaram seus maridos: Berenice deixou Polemão de Cilícia (*Ant.* XX 7, 3, § 146); Drusila, Azizos de Emésio (XX 7, 2, § 142); Mariana, Júlio Arquelau (XX 7, 3, § 147). Lembremo-nos de que, nos dois últimos casos tratava-se de noivados de crianças (ver *supra,* n. 54). Cf. também *supra,* n. 103.

111. H. Granqvist, *o. c.,* II, 268.

112. É o que se passa, atualmente, entre os árabes da Palestina, *ibid.,* II, 287.

113. *Ibid.,* I, 67ss. A mulher, vinda de longe, recebe a mais fraca proteção, I, 94. Cf. ainda II, 144, 218ss. — Ver ainda, *supra.*

114. b. *Pes.* 113ᵇ; Lc 1,25; 4 *Esd.* IX 45. — Cf. Lc 23,29. — Após

Sendo mãe, a mulher via-se valorizada; dera ao marido o mais precioso presente.

Como viúva, a mulher permanecia eventualmente ligada a seu marido, isto é, no caso em que ele morresse sem deixar filho (Dt 25,5-10; cf. Mc 12,18-27). Nessa circunstância, a viúva deveria esperar, sem poder sugerir de forma alguma, que o ou os irmãos do falecido marido contraíssem com ela o casamento levirático ou lhe manifestassem a recusa, sem a qual ela não podia tornar a se casar[115].

As condições descritas refletem nas prescrições da legislação religiosa da época. *Do ponto de vista religioso* também, especialmente por sua posição em face da Torá[116], a mulher não era igual ao homem. Devia sujeitar-se a todas as proibições da Torá[117] e a todo o rigor da legislação civil e penal[118], pena de morte incluída[119]. Quanto aos mandamentos da Torá, em compensação, eis o que vigo-

dez anos de vida conjugal sem filhos, é permitido ao marido tomar outra mulher.

115. A prática da "recusa" (*ḥălîšah,* "descalçar", cf. Dt 25,9-10) é muitas vezes repetida (K. H. Rengstorf, *Jebamot* (col. *Die Mischna*), Giessen, 1929, 31s). Quanto à própria conclusão de um casamento levirático na Jerusalém do tempo de Jesus, é comprovado em três casos (*Yeb.* VIII 4; Tos. *Yeb.* I 10 [241, 24], cf. *Theol. Literaturzeitung* 54 [1929] col. 583). Acompanhando J. Wellhausen (*Das Evangelium Marci,* 2ª ed., Berlim, 1909, 95), K. H. Rengstorf (*Die Tosefta. Seder Naschim, Rabbinische Texte* I 3, fasc. 1, Stuttgart, 1933, 18ss) supõe, pelo contrário, que o casamento levirático estava completamente fora de uso na época de Jesus; sua demonstração não me convenceu. Segundo Rengstorf, o *ben mᵉgûsat* mencionado em *Yeb.* VIII 4 é um prosélito, pois é chamado com o nome da mãe; a lei do levirato não valeu, portanto, para sua viúva. Essa explicação não é garantida; nada impede de considerá-la, com Dalman, *Handwörterbuch,* 224 *a*, *mᵉgûsat* como nome próprio masculino. E sobretudo, Rengstorf deve tomar o verbo *yibbem,* em *Yeb.* VIII 4 no sentido geral, "desposar a cunhada"; contraria o uso estabelecido (cf. Rengstorf, ele próprio, em sua edição de *Jebamot* [col. *Die Mischna],* Giessen, 1929, 3) e o contexto de *Yeb.* VIII 4, onde *yibbem* tem o sentido técnico ordinário, "contrair casamento levirático com a viúva de um irmão morto sem descendente masculino".

116. Para o que segue, ver Billerbeck, III, 558-562.

117. Salvo três interdições, concernindo somente aos homens, Lv 19,27*a*;19,27*b*;21,1-2 (*Qid.* I 7).

118. Apenas um ponto é duvidoso: não sabemos se, na época antiga, a mulher era vendida por causa de um roubo, ver *supra,* pp. 415ss; a Mishna proíbe vendê-la, *Soṭta* III 8.

119. b. *Qid.* 35ª; b. *Pes.* 43ª.

rava: "Os homens são obrigados a seguir todos os mandamentos ligados a um tempo determinado; as mulheres ficam isentas [120] dessa obrigação". Por motivo dessa fórmula que não é inteiramente exata [121], cita-se uma série de mandamentos aos quais a mulher não se obriga: ir em peregrinação a Jerusalém para as festas da Páscoa, de Pentecostes e das Tendas [122], abrigar-se nas tendas [123] e agitar o *lûlab* por ocasião desta festa [124], tocar o *shofar* no dia do Ano Novo [125], ler a *m*ᵉ*gillah* (o livro de Ester) na festa de Purim [126], recitar diariamente o *š*ᵉ*ma'* [127] etc. Dispensavam-na também de estudar a Torá; R. Eliezer (cerca de 190 d.C.), enérgico representante da antiga tradição, lançou a seguinte sentença: "Aquele que ensina a Lei à sua filha, ensina-lhe a devassidão [ela fará mau uso do que aprendeu]" [128]. A idéia de que se devia ensinar também a Torá às moças [129] e que somente era proibido transmitir-lhes a tradição oral [130] não representa, de modo algum, o direito antigo. Em todo caso, as escolas lá estavam unicamente para os meninos e vedadas às meninas [131]. Das duas repartições da sinagoga mencionadas na lei de Augusto, *sabbateîon* e *andrón* [132], a primeira reservada para as cerimônias

120. *Qid.* I 7, cf. *Soṭa* II 8 (295, 14).

121. Billerbeck, III, 559; ver *supra,* n. 48. Há mandamentos dos quais a mulher está isenta, embora não estejam presos a um tempo determinado, por exemplo, o de estudar a Torá, o que vamos mencionar logo a seguir.

122. *Ḥag.* I 1. Freqüentemente, aliás, as mulheres delas participam voluntariamente (sobretudo a peregrinação da Páscoa), Lc 2,41; Tos. *Ned.* V I (280, 14); b. *R. H.* 6ᵇ, e também b. *'Er.* 96ᵃ bar. Sobre a tentativa de harmonizar teoria e prática, ver Billerbeck, II, 141s.

123. *Sukka* II 8; Tos. *Qid.* I 10 (335, 29).

124. Tos. *Qid.* I 10 (335, 29).

125. Tos. *R. H.* IV 1 (212, 10).

126. Tos. *Meg.* II 7 (224, 1).

127. *Ber.* III 3; 1 *š*ᵉ*ma'* compunha-se de Dt 6,4-9;11,13-21; Nm 15,37-41.

128. *Soṭa* III 4. — Ver outra sentença deste doutor: "Mais vale queimar a Torá do que transmiti-la às mulheres", j. *Soṭa* III 4, 19ᵃ 7 (IV/2, 261).

129. *Ned.* IV 3. — *Soṭa* III 4, frase de Ben Azzai (cerca de 110 d.C.). Cf. também b. *Qid.* 29ᵇ, 34ᵃ; b. *Sanh.* 94ᵇ.

130. Krauss, *Talm. Arch.* II, 468, n. 373 *e.*

131. M. S. Zuckermandel, *Die Befreiung der Frauen von bestimmten religiosen Pflichten,* Breslau, 1911, 22.

132. *Ant.* XVI 6, 2, § 164.

litúrgicas, era igualmente acessível às mulheres; em contrapartida, o outro lado, destinado às instruções dos escribas, só se abria para os homens e meninos, conforme o próprio nome indica. Entretanto, nas famílias de classe alta, dava-se às jovens uma formação profana, ensinando-lhes, por exemplo, o grego, "pois era um adorno para elas" [133].

Os direitos religiosos da mulher eram tão limitados quanto seus deveres religiosos. Segundo Josefo, no Templo só lhes era permitido penetrar no átrio dos gentios e no das mulheres [134]; durante os dias de purificação mensal e, além desses, no período de 40 dias após o nascimento de um filho (cf. 2,22), de 80 dias se fosse menina [135], não podiam penetrar nem mesmo no átrio dos gentios [136]. Não era hábito as mulheres imporem as mãos sobre as cabeças das vítimas [137] e sacudirem as porções do sacrifício [138]; quando ocasionalmente se menciona ter sido permitido às mulheres impor a mão, logo se acrescenta: "Não que seja de uso para as mulheres, mas para acalmá-las" [139]. Segundo o Dt 31,12, as mulheres podiam, como os homens e as crianças, penetrar na parte da sinagoga utilizada para o culto [140], mas estacas e grades separavam o local que iriam ocupar. Mais tarde [141], chegou-se mesmo a construir para elas uma

133. j. *Pea* I 1, 15^c^ 16 (II/1, 8).

134. *Ant.* XV 11, 5, § 418s; *B. j.* V 5, 2, § 199. Segundo Tos. *'Ar.* II 1 (544, 14), elas podiam também entrar no átrio interno, mas somente para oferecer um sacrifício, cf. G. Dalman, em *PJB* 5 (1909), 34, e seus *Itinéraires,* 387 e n. 5.

135. Lv 12,2-5; Billerbeck, II, 119s.

136. Josefo, *C. Ap.* II 8, § 133; *Kel.* I 8.

137. Tos. *Men.* X 13 (528, 8): não é de uso. Segundo a Mishna *Men.* IX 8, não é permitido.

138. Tos. *Men.* X 17 (528, 15): não é de uso. A imolação por uma mulher (o que também não é costume) é válida segundo *Zeb.* III 1.

139. b. *Ḥag.* 16^{b}.

140. b. *Ḥag.* 3^{a} bar., e par. j. *Ḥag.* I 1, 74^{d} 35 (IV/1, 257) e *passim.* Também Fílon, *De spec. leg.* III, § 171; *De vita cont.,* § 69. Por exemplo, os judeus de Sardes reúnem-se no seu local sagrado "com mulheres e crianças", *Ant.* XIV 10, 24, § 260.

141. A sinagoga mesopotâmica de Dura-Europos, trazida à luz em 1932, data de 245 d.C.; não tem tribuna. Segundo C. H. Kraeling, em *the Bull. of the American Schools of Oriental Research,* n. 54, abril de 1934, 19, vemos aí um tipo de sinagoga mais antigo do que o das sinagogas da Galiléia construídas dos séculos III ao VII. — C. Wat-

tribuna com entrada particular. No serviço litúrgico, a mulher comparecia somente para escutar. Não se nega que, em época muito antiga, tenham-se chamado mulheres para ler a Torá: já na época tanaíta, porém, esse costume tinha caído, e não eram mais solicitadas para tal mister [142]. O ensino também lhes era vedado [143]. Em casa, à mesa, não pronunciavam a bênção [144] e não tinham o direito de prestar testemunho [145], pois, consideravam-nas mentirosas [146], conforme interpretação de Gn 18,15. Aceitava-se seu testemunho somente em alguns casos excepcionais precisos, e, nos mesmos casos [147], aceitava-se o testemunho de um escravo pagão; por exemplo, para o novo casamento de uma viúva contentavam-se com o testemunho de uma mulher acerca da morte do primeiro marido [148].

zinger, *Denkmäler Palästinas* II, Leipzig, 1935, 108 remonta à época helenística o tipo de sinagoga com tribunas. Apóia-se na descrição que o Talmude faz da grande sinagoga de Alexandria chamada "diplostoon", termo que, segundo Watzinger, significaria "de dois andares", quer dizer, com tribunas nas naves laterais". Mas, assim como mostra o próprio texto do Talmude (trata-se de Tos. *Sukka* IV 6; 198, 20), a palavra *diplostôn* significa "dupla colunata" e quer apresentar a sinagoga como uma construção de cinco naves (duas fileiras de colunas de cada lado).

142. Tos. *Meg.* IV 1 (226, 4): "Todos são tidos como pertencendo ao número dos sete [que devem ler a Torá nas manhãs do sábado], mesmo um menor, mesmo uma mulher. [Mas] não é permitido a uma mulher aproximar-se para ler [a Torá] em público". Par. b. *Meg.* 23ª bar. I. Elbogen, *Der jüdische Gottesdienst in seiner geschichtlichen Entwicklung,* 3ª ed., *Francfort-sur-le-Main,* 1931 (reimpressão Hildesheim, 1962), 170, em Billerbeck, III, 467 considera, pelo contrário, que se chamavam as mulheres para ler a Torá unicamente como uma reverência a elas, mas que, na prática, não exerciam esta função. — Somente na diáspora, aconteceu, em conseqüência de influências estrangeiras que algumas mulheres recebessem o título de *archisunágogos,* Schürer, II, 512.

143. *Qid.* IV 13. — 2Tm 3,14 deduz que Timóteo tenha sido instruído na Escritura desde a mais tenra idade, portanto, pela mãe e avó piedosas (1,5). Trata-se, porém, neste caso, de um ensinamento domiciliar; era de resto uma situação especial, pois, o pai de Timóteo era pagão (At 16,3).

144. *Ber.* VII 2.

145. *Shebu.* IV 1; *Sifre* Dt 19,17, § 190 (46ᵈ 52); b. *B. Q.* 88ª; *Ant.* IV 8, 15, § 219.

146. *Yalqut Shimeoni* I, § 82, ed. de Vilna, 1898, 49ª em baixo. — Josefo, *Ant.* IV 8, 15, § 219: "por causa da leviandade e temeridade do sexo delas".

147. *R. H.* I 8.

148. *Yeb.* XVI 7.

A situação da mulher na legislação religiosa de modo geral é expressa, e da melhor maneira, pela fórmula constantemente repetida: "Mulheres, escravos [pagãos] e filhos [menores]" [149]; como o escravo não-judeu e o filho menor, a mulher conta com um homem superior a ela, como senhor [150]; tal fato limita igualmente a sua liberdade no serviço divino. Por esse motivo, do ponto de vista religioso, acha-se inferior ao homem [151].

A tudo o que foi dito acrescentemos o fato de não faltarem sobre a mulher opiniões desdenhosas [152]; é impressionante o quanto essas superam os julgamentos favoráveis que, no entanto, não lhes faltam [153]. É característica a alegria ao nascer um menino [154], enquanto o nascimento de uma menina é acompanhado de indiferença, até mesmo de tristeza [155]. Temos a impressão de que o judaísmo do tempo de Jesus também alimentava pouca consideração para com a mulher; situação comum no Oriente, onde ela é valorizada antes de tudo pela sua fecundidade e vê-se afastada tanto quanto possível do mundo exterior, submissa ao poder do pai ou do marido, e onde, do ponto de vista religioso, não é igual ao homem [156].

149. *Ber.* III 3; *R. H.* I 8; *B. M.* I 5 e *passim.*

150. b. *Qid.* 30ᵇ, Billerbeck, III, 562.

151. Eis a oração que recomendavam recitar todos os dias: "Louvado [seja Deus] que não me criou mulher", Tos. *Ber.* VII 18 (16, 22.24). J. Leipoldt *Jesus und Paulus,* Leipzig, 1936, 37 repete uma observação de R. Meyer: nem o Antigo Testamento nem a Mishna tinham forma feminina para os adjetivos hebraicos *ḥasîd* (piedoso), *ṣaddîq* (justo), *gadoš* (santo).

152. J. Leipoldt, *Jesus und die Frauen,* Leipzig, 1921, 3ss. Abundante documentação em Billerbeck, ver o Index, IV, 1226s. Nos seus julgamentos sobre a mulher, Fílon é ainda mais severo do que o Talmude.

153. Billerbeck, *ibid.*

154. Jr 20,15. *Mek.* Ex 12,6 (3ᶜ 49) dá como exemplo de uma "boa nova" o anúncio do nascimento de um filho; b. *Nidda* 31ᵇ.

155. b. *Nidda* 31ᵇ. — b. *Qid.* 82ᵇ (par. b. *Pes.* 65ᵃ bar): "Ai daqueles cujos filhos são mulheres!" — A palavra de R. Ḥisda: "As filhas me são mais caras do que os filhos" (b. *B. B.* 141ᵃ) pareceu tão incompreensível aos comentaristas posteriores que recorreram a explicações realmente curiosas: ele foi mais feliz com as filhas porque os filhos homens morreram (Rashi); suas filhas teriam se casado com doutores eméritos (segundo os tosafistas) etc., cf. S. Zucrow, *Women, Slaves and the Ignorant,* Boston, 1932, 34s.

156. *C. Ap.* II 24, § 201: "A mulher é em tudo inferior [*cheíron*] ao homem".

Somente a partir desta perspectiva da época é que podemos apreciar devidamente a posição de Jesus em face da mulher (Lc 8,1-3); Mc 15,41 e par. (cf. Mt 20,20) falam das mulheres que acompanhavam Jesus; trata-se de um fato sem precedente na história da época. O Batista pregou às mulheres (Mt 21,32) e batizou-as [157]; Jesus altera conscientemente os costumes, deixando que algumas o sigam. Por assim proceder é que exige dos discípulos a atitude de pureza que supera qualquer desejo: "Quem olhar para uma mulher [casada] com desejo libidinoso já cometeu adultério com ela em seu coração" (Mt 5,28). Jesus não se contenta de elevar a mulher acima do nível em que a tradição a mantinha; enquanto Salvador, enviado a todos (Lc 7,36-50), coloca-a em pé de igualdade com o homem (Mt 21,31-32).

Além do mais, a posição de Jesus a respeito do casamento representa novidade ímpar. Não se contenta com insistir a favor da monogamia [158]; proíbe, categoricamente [159] o divórcio a seus discípulos (Mc 10,9) e não hesita em criticar a Torá por permitir o divórcio por causa da dureza do coração humano (Mc 10,5) [160]. O casamento é para ele tão indissolúvel que considera adultério novo casamento dos divorciados, homem ou mulher [161], pois o primeiro casamento subsiste. Pelo valor que atribui ao matrimônio e por essa maneira de santificá-lo que não tem precedentes, Jesus leva a sério a palavra da Escritura que declara ser o casamento uma disposição criadora de Deus [162].

157. *Evangelho dos Nazireus*: Ecce mater domini et frates ejus dicebant ei: Joannes Baptista baptizat in remissionem paccatorum; eamus et baptizemur ab eo (Jerônimo, *Dial. adv. Pelag.* III 2 [P. L. 23, col. 570]. Sobre este ponto ver J. Leipoldt, *Jesus und die Frauen,* Leipzig, 1921, 15s.

158. Ver *supra,* n. 100.

159. A exceção *parektòs lógou porneías* encontra-se somente em Mt (5,32, cf. 19,9); em compensação não figura em Mc 10,11, nem em Lc 16,18. Já que tampouco Paulo conhece esta limitação, devemos considerá-la secundária.

160. b. *Sanh.* 99ª bar. é talvez um eco desta palavra de Jesus: "Mesmo que alguém diga: 'Toda a Torá pertence ao céu com exceção deste [único] versículo que com os próprios lábios Moisés pronunciou e não Deus', a este se aplica [o texto]: 'Ele desprezou as palavras do Senhor' [Nm 15,31]".

161. Mt 5,32;19,9; Mc 10,11-12; Lc 16,18.

162. Gn 1,27;2,24; Mc 10,6-7.

ÍNDICES

I. ÍNDICE BÍBLICO

ANTIGO TESTAMENTO

II. ÍNDICE DE NOMES E DE MATÉRIAS

III. OS GRÃO-SACERDOTES de 200 a.C. a 70 d.C. (lista completa)

Os 8 grão-sacerdotes macabeus (152-37 a.C.)

Os 28 grão-sacerdotes de 37 a.C. a 70 d.C.

IV. OS ESCRIBAS DE JERUSALÉM

Exerceram sua atividade em Jerusalém nos últimos anos antes de 70 d.C.:

Estudaram em Jerusalém cerca de 70 d.C.:

ÍNDICE GERAL

SEGUNDA PARTE

A SITUAÇÃO SOCIAL

PRIMEIRA SEÇÃO

AS CLASSES ALTAS

SEGUNDA SEÇÃO

A PRESERVAÇÃO DA PUREZA DO POVO